ESSAI

DES DROITS ET DES DEVOIRS

DE LA

FAMILLE ET DE L'ÉTAT

EN MATIÈRE

D'ENSEIGNEMENT ET D'ÉDUCATION

OUVRAGE COURONNÉ

PAR L'ACADÉMIE DES SCIENCES MORALES ET POLITIQUES

AUGMENTÉ D'UNE

ÉTUDE COMPLÉMENTAIRE

SUR

LES DROITS ET LES DEVOIRS DE L'ÉGLISE

EN LA MÊME MATIÈRE

par l'Abbé Jⁿ CROZAT

MEMBRE CORRESPONDANT DE L'ACADÉMIE DELPHINALE

A la Famille de faire des hommes par l'éducation.
A l'État de gouverner les citoyens dans le droit.
A l'Église de gouverner les âmes dans la vérité.

PARIS

PEDONE-LAUREL, Éditeur

13, Rue Soufflot, 13

DES

DROITS ET DES DEVOIRS

DE LA FAMILLE, DE L'ÉTAT ET DE L'ÉGLISE

EN MATIÈRE

D'ENSEIGNEMENT ET D'ÉDUCATION

Tous droits réservés.

MONTBÉLIARD, IMPRIMERIE P. HOFFMANN

ESSAI
DES DROITS ET DES DEVOIRS
DE LA
FAMILLE ET DE L'ÉTAT
EN MATIÈRE
D'ENSEIGNEMENT ET D'ÉDUCATION

OUVRAGE COURONNÉ

PAR L'ACADÉMIE DES SCIENCES MORALES ET POLITIQUES

AUGMENTÉ D'UNE

ÉTUDE COMPLÉMENTAIRE

SUR

LES DROITS ET LES DEVOIRS DE L'ÉGLISE

EN LA MÊME MATIÈRE

par l'Abbé Jⁿ CROZAT

MEMBRE CORRESPONDANT DE L'ACADÉMIE DELPHINALE

> A la Famille de faire des hommes par l'éducation.
> A l'État de gouverner les citoyens dans le droit.
> A l'Église de gouverner les âmes dans la vérité.

PARIS

JULES GERVAIS, Éditeur   PEDONE-LAURIEL, Éditeur
29, Rue de Tournon, 29.   13, Rue Soufflot, 13.

OUDIN, FRÈRES, Éditeurs
51, Rue Bonaparte, 51.

AVANT-PROPOS

L'Académie des Sciences morales et politiques *avait mis au concours pour le prix du* Baron Stassart *(année 1882) la question suivante :*

DES DROITS ET DES DEVOIRS

DE LA FAMILLE ET DE L'ÉTAT

EN MATIÈRE D'ENSEIGNEMENT ET D'ÉDUCATION

L'Ouvrage que nous avons l'honneur d'offrir ici au public, est un des sept manuscrits qui ont été présentés au concours et un des trois qui se sont partagés le prix proposé. (N° 6)

Nous devons cependant signaler les améliorations considérables que nous y avons introduites, en soumettant à une refonte générale le texte primitif de notre travail.

Le Mémoire que nous avons envoyé au Secrétariat de l'Institut, se composait de plus de 800 pages ; nous en avons condensé la matière en moins de 500.

Pressé par le temps, nous n'avions pu n'y pas laisser des lacunes et des points obscurs ; nous avons éclairci les uns et comblé les autres.

Enfin, nous y avons ajouté une Etude complémentaire sur

LES DROITS ET LES DEVOIRS DE L'EGLISE

EN LA MÊME MATIÈRE

Avons-nous besoin de dire pourquoi ? Est-il possible, quand il s'agit d'enseignement et d'éducation, lorsqu'il est question des Droits et des Devoirs de la Famille et de l'Etat sur ce terrain, de ne pas traiter de la mission et des prérogatives que, de son côté, l'Eglise y prétend ? C'est la Religion qui a toujours et partout présidé à la formation intellectuelle et morale des jeunes générations. C'est l'Eglise qui a été seule en Europe, pendant près de quinze cents ans, la grande institutrice de l'enfance et de la jeunesse et la maîtresse souveraine des intelligences. Et, quoi qu'on en dise, elle ne prétend déchoir ni aujourd'hui ni demain de sa souveraineté doctrinale et du rôle intellectuel qu'elle a rempli dans le passé. Malgré toute l'opposition qu'elle rencontre, elle garde et elle gardera sa place dans des centaines de millions d'âmes. Comment, dès lors, ne pas tenir compte du poids immense dont elle pèse sur les destinées des individus et des peuples ? Est-ce que la guerre même qui lui est faite, n'oblige pas d'étudier ce qu'elle est et d'examiner avec soin les fondements de ses prétentions ?

Du reste, impossible de scruter un peu profondément la constitution naturelle de l'humanité sans se heurter à des problèmes qui n'ont point en elle leur nécessaire solution. Non, il n'est pas plus possible de trouver dans la nature humaine *le couronnement qu'elle appelle par toutes les voix de son intelligence et de son cœur, qu'il ne l'est de trouver dans le calcul des quantités finies la solution des difficultés qui relèvent du calcul infinitésimal. Par conséquent, de même que dans l'étude des dimensions, le mathématicien, s'il ne veut rien laisser à s'expliquer, est obligé de s'élever à la conception de l'infiniment grand et de l'infiniment petit, ainsi, quand il s'agit des âmes humaines, le philosophe chrétien qui veut avoir le dernier mot à leur grandeur et de leurs destinées, est obligé de s'élever jusqu'à l'étude de la société intellectuelle qu'elles doivent former dans la vérité et par la vérité, sous le gouvernement doctrinal de Dieu même. Telle est la raison pour laquelle, au sujet du concours proposé par l'*ACADÉMIE DES SCIENCES MORALES ET POLITIQUES, *nous avons cru bon d'ajouter une Etude complémentaire sur l'Eglise et sur sa mission en matière d'enseignement et d'éducation. Nous espérons que personne ne le trouvera mauvais et que la plupart de nos lecteurs nous sauront gré de n'avoir pas laissé dans l'ombre un si vaste et si intéressant côté de notre sujet. Sans cette Etude, il ne peut pas y avoir de travail complet en cette matière.*

TABLE ANALYTIQUE DES MATIÈRES

                                                                                     Pages.

AVANT-PROPOS   I

INTRODUCTION. *De l'importance et de l'opportunité de cet ouvrage.*
I, Droit et Devoir. II, Importance du Droit en matière d'éducation. III, Importance de l'éducation même. IV, Puissance de l'instituteur sur l'enfant. V, Du véritable instituteur de l'enfant d'après l'ordre de la nature. VI, Combien il importe de le découvrir. VII, Trois systèmes principaux. Division de l'ouvrage   1

LIVRE 1

Historique de la Question.

CHAPITRE Ier. *Etat de la Question.*
I, Chez les Grecs et les Perses. II, Chez les Romains. III, Chez les Juifs et les Egyptiens   19

CHAPITRE II. *Etat de la question dans l'Eglise.*
I, Doctrine. II, Mission revendiquée par l'Eglise. III. Dans quelle limite l'Eglise refuse aux parents le droit d'élever leurs enfants à leur gré. IV, Elle n'a jamais reconnu à l'Etat le droit d'enseigner l'enfance en dépit de leurs parents et de la liberté individuelle   32

CHAPITRE III. *Etat de la question de 1312 à 1789.*
I, Révolution constitutionnelle de 1812. II, Elle n'atteignit point encore le pouvoir doctrinal du Saint-Siège. III, Visées secrètes des Légistes. IV, Du rôle des Universités à cette époque. V, Ce qui restait de liberté dans le régime de l'enseignement sous l'ancienne monarchie .   53

CHAPITRE IV. *Etat de la question de 1789 à 1828.*
I, Mouvement en faveur d'une éducation nationale. II, Idées de Mirabeau. III, Projet du prince de Talleyrand ; IV, de Condorcet ; V, de Lanthenas, de Lakanal, de Michel Lepelletier. VI, Constitution de l'an III. VII, Sous le Directoire. VIII, Création de l'Université, son but, ses privilèges   69

CHAPITRE V. *Etat de la question de 1828 à 1882.*
I, La lutte contre le monopole et la proclamation de la liberté d'enseignement. II, Loi de 1833. III, Loi de 1844. IV, Loi de 1850. V, Loi de 1875. VI, Décrets du 29 mars 1880. VII, Loi du 28 mars 1882 . . .   81

CHAPITRE VI. *Etat de la question.*
I, en Belgique, II, en Espagne, III, en Italie et en Suisse   95

CHAPITRE VII. *Etat de la question.*

I, en Autriche, II en Russie, III, en Suède et en Norwège, IV, en Danemarck et en Islande, V, en Allemagne. 106

CHAPITRE VIII. *Etat de la question.*

I, en Angleterre, II, aux Etats-Unis, III, Conclusion 115

LIVRE II

Des Droits et des Devoirs de la Famille.

CHAPITRE Ier. *Notion de la Famille.*

I, Du mariage. II, Il dépend moins des époux que du Créateur. III, Il ne relève de l'Etat ni comme contrat ni comme sacrement. IV, Pourquoi il ressortit à l'Eglise 127

CHAPITRE II. *Constitution de la Famille.*

I, Unité du mariage. II, Son indissolubilité. III, Egalité et inégalité des époux. IV, Les rapports de la Famille ne dépendent d'aucun pouvoir créé 140

CHAPITRE III. *Devoirs des Parents.*

I, Pourquoi l'éducation, en général, incombe aux parents. II, Pourquoi, en particulier, la formation de l'esprit et du cœur. III, Les parents seuls sont faits pour cette tâche. IV, L'éducation, suite et continuation nécessaires de la génération. V, De ceux envers qui les parents sont redevables de l'éducation de leurs enfants 149

CHAPITRE IV *Des Devoirs des parents* (Suite).

I, Peu de parents sont à la hauteur de leur mission. II, Leur 1er devoir : concevoir une juste idée de leur responsabilité. III, Leur 2e : faire par eux-mêmes la première éducation de leurs enfants. IV, Leur 3e : concourir activement à la seconde éducation. V, Leur 4e : ne pas abandonner leurs enfants à eux-mêmes après la sortie du collège . . 161

CHAPITRE V. *Des Devoirs des Parents.* (Suite)

I, Ils doivent protéger l'action de la nature dans la formation de leurs enfants. II, Y travailler eux-mêmes d'une manière active. III, Agir avec une autorité souveraine. IV, Leurs devoirs ne sont pas subordonnés à la volonté de leurs enfants. V, Développer, fortifier, polir ce que la nature a produit, tel est le but de tout travail dans l'éducation. 173

CHAPITRE VI. *De l'Education physique que les parents doivent à leurs enfants.*

I, Opinions et pratiques. II, Nécessité de l'éducation physique. III, Ce qu'elle doit comprendre. IV, Elle doit consister en leçons pratiques. V, Combien il importe de former l'homme à la pratique de quelque travail corporel 182

CHAPITRE VII. *De l'Education mentale que les parents doivent à leurs enfants.*

I, De l'éducation professionnelle. II, De la sensibilité. III, De l'imagination. IV, De la mémoire 190

CHAPITRE VIII. *De l'Education mentale* (suite).

I, De la nécessité de l'instruction. II, Elle n'est pas le but de l'éducation. III, De la formation du sens intime, du goût et de la conscience. IV, De l'éducation du jugement. 196

CHAPITRE IX. *De l'Education mentale, etc.* (suite).

I, Nécessité de l'éducation intellectuelle. II, Des principes premiers de l'intelligence. III, Combien l'enseignement de ces principes est particulièrement nécessaire de nos jours. IV, Des voies pour s'y élever : l'induction et l'analogie. V, De la méthode de déduction. VI, Combien la formation de l'intelligence importe à celle de la liberté. 204

CHAPITRE X. *De l'Education mentale, etc.* (suite).

I, L'instruction de l'école n'est pas nécessaire pour faire un homme. II, Elle n'y suffit pas 214

CHAPITRE XI. *De l'Education morale que les parents doivent à leurs enfants.*

I, Nécessité de l'éducation morale. II, De la dignité du caractère. III, De la fermeté du caractère. IV, Des moyens pour élever et fortifier le caractère 219

CHAPITRE XII. *De l'Education religieuse que les parents doivent à leurs enfants.*

I, Raisons générales. II, Raisons particulières : l'Education religieuse est nécessaire pour former l'intelligence ; III, pour former la conscience ; IV, pour former la liberté ; V, pour fonder solidement dans l'âme, la connaissance de la loi morale ; VI, pour élever le citoyen sans abaisser l'homme 227

CHAPITRE XIII. *Des devoirs des parents relativement à la dignité de leurs enfants.*

I, Mettre les enfants en possession de la dignité humaine, en en faisant des êtres intelligents et libres, telle est la mission des parents. II, Erreur et vérité touchant la liberté et la dignité humaine. III, Accord de la vraie doctrine avec celle de saint Thomas sur le respect qui est dû au jugement et à la liberté de l'enfant. IV, Les parents n'ont pas à prendre conseil de leurs enfants pour savoir s'ils en feront, ou non, des hommes. V, Ils n'en doivent vaincre les résistances que pour élever leurs intelligences à la lumière de la vérité et leurs cœurs à l'amour du bien. VI, Ils sont obligés de proportionner l'éducation qu'ils leur donnent, à leurs aptitudes naturelles. VII, Des enfants qui ne peuvent être élevés que par la pratique de la vie. VIII, Des enfants incapables d'éducation. IX, Les parents ne sont pas tenus de laisser de patrimoine à leurs enfants. 245

CHAPITRE XIV. *Des Droits de la Famille.*

I, Corrélativité des droits et des devoirs. II, Fondements des droits des parents. III, Combien est solide celui qui est tiré de la paternité. IV, Des régimes légaux par lesquels a passé l'autorité paternelle 261

CHAPITRE XV. *Des caractères, de l'étendue et des limites de la souveraineté paternelle.*

I, L'autorité paternelle, pouvoir de l'amour. II, Elle est inaliénable et imprescriptible. III, Elle n'est limitée que par ce qui est contraire à sa mission. IV, Du Droit des parents de recourir à la contrainte pour remplir leur mission. V, De leur droit de choisir leurs aides. **270**

CHAPITRE XVI. *Des droits de la mère et de la suppléance des parents*

I, Les droits de la mère égaux à ceux du père. II, De la suppléance des parents pendant la vie. III, De leur suppléance testamentaire. IV, De la tutelle légale. De la tutelle charitable **285**

LIVRE III

Des Droits et des Devoirs de l'Etat.

CHAPITRE I. *De la Notion de l'Etat.*

I, Notion césarienne et notion chrétienne. II, Contingence de l'Etat. III, Il n'est ni le principe premier ni la loi suprême, ni la fin dernière de l'homme. IV, Œuvre de l'homme en partie, l'Etat ne peut être constitué que pour l'homme **297**

CHAPITRE II. *De la mesure dans laquelle l'homme doit être soumis à l'Etat.*

I. L'Etat, simple fin accidentelle de l'homme. II, L'homme soumis à l'Etat dans la mesure restreinte de cette même fin **307**

CHAPITRE III. *De la mesure dans laquelle l'Etat doit être subordonné à l'homme.*

I, Du pouvoir politique et du droit de propriété. II, Les gouvernants, monarques ou majorités, sont pour les gouvernés. III, La loi, ordre de la raison dictée pour le bien commun **312**

CHAPITRE IV. *Des limites de la souveraineté de l'Etat.*

I, La raison. II, Les lois naturelle et éternelle. III, Les conditions nécessaires du bien commun. IV, Accord de ces limites avec le principe de la souveraineté politique **316**

CHAPITRE V. *Dans quelle mesure le bien commun autorise-t-il à restreindre la jouissance des droits individuels.*

I, Deux principes. II, Lois régissant leur application **325**

CHAPITRE VI. *Des Devoirs de l'Etat envers la société en matière d'enseignement et d'éducation.*

I, L'Etat ne doit ni instruction ni éducation aux enfants qui en peuvent recevoir le bienfait de leurs auteurs. II, Il ne peut néanmoins se désintéresser de ces matières. III, Son devoir de surveillance et dans quel but. IV, L'Etat n'est tenu de gouverner ni l'éducation, ni les âmes, ni les doctrines. Erreurs des anciens et des modernes Césars. V, Il doit pourvoir à ce que l'éducation, tout en restant étrangère à la politique, soit nationale et moderne ; VI, Il doit enfin tendre à promouvoir par la loi les progrès de l'instruction publique **329**

Pages.

CHAPITRE VII. *Des Devoirs de l'Etat envers l'enfant et ses auteurs.*

I, L'Etat doit garantir aux uns et aux autres leurs droits réciproques. II, Aux parents, leurs droits sur leurs enfants et les moyens de remplir envers eux leurs devoirs. III, Aux enfants, leurs droits sur leurs parents. Législation. Devoirs particuliers de l'Etat relativement aux enfants pauvres, orphelins et abandonnés 343

CHAPITRE VIII. *Des Droits de l'Etat en matière d'enseignement et d'éducation.*

I, Droits sur les finances pour remplir ses devoirs. II, Droits sur les rapports des parents et des enfants soit au regard de la loi naturelle, soit au regard de la constitution. III, Droit de fonder les écoles et de réquisitionner les instituteurs réclamés par les besoins de l'enseignement public. IV, Principe général 353

CHAPITRE IX. *Des faux Droits attribués à l'Etat.*

I, Pourquoi l'Etat n'est pas maître de l'éducation de l'enfant. II, L'Etat ne peut pas plus faire un homme qu'un enfant 360

CHAPITRE X. *Des faux Droits de l'Etat*, etc. (suite).

I, Exposé du système Césarien. II, Dans quelle mesure l'Etat est fait pour constituer la société humaine en organisme vivant. III, Pourquoi l'Etat n'a pas le droit de soumettre l'homme tout entier. IV, L'Etat n'est pas plus capable de former le citoyen que l'homme lui-même. V, Limites de l'action politique sur l'esprit public et le caractère national . 364

CHAPITRE XI. *Des faux Droits de l'Etat,* etc. (suite).

I, Des prétentions du Césarisme sur les âmes. II, Impuissance de l'Etat à gouverner les âmes. III, Encore pourquoi. IV, L'Etat n'est pas plus capable de connaître intellectuellement de la morale et de la politique que des dogmes de la Religion. V, Impuissance du pouvoir politique à réunir les âmes en société dans la vérité. VI, Les empiètements de l'Etat sur les âmes, obstacles aux progrès de l'esprit public. VII, A l'Etat de respecter le domaine de la conscience et non à la conscience de respecter les empiètements de l'Etat dans la sphère intellectuelle . 370

CHAPITRE XII. *Des faux Droits de l'Etat,* etc. (suite).

I, Prérogative de l'Etat sur l'école publique. II, La fonction de l'instituteur n'est point de l'ordre politique. III, Le droit des parents sur l'éducation de leurs enfants, reconnu par tous les peuples. IV, L'Eglise a toujours combattu les empiètements de l'Etat 382

CHAPITRE XIII. *Contre le monopole et pour la liberté d'enseignement.*

I, Défenseurs et adversaires du monopole. II, Le monopole contraire à la nature de la vérité et du bien : III, à la nature de l'âme humaine ; IV, au droit des maîtres ; V, au droit des disciples 388

CHAPITRE XIV. *Contre le monopole et pour la liberté d'enseignement* (suite).

I, Le monopole viole le droit des enfants et de leurs auteurs. II, Il est funeste aux sciences et à leur enseignement. III, Il est contraire à la liberté de la pensée, de la presse, de la conscience et des cultes . . 395

CHAPITRE XV. *Contre le monopole et pour la liberté d'enseignement.* (suite).

I, Le droit d'enseigner ne vient en aucun cas de l'Etat. II, Le monopole, terrible instrument de despotisme. III, L'Etat est incapable d'enseigner   405

CHAPITRE XVI. *Contre le monopole et pour la liberté de la collation des grades.*

I. La collation des grades n'est point un acte politique. II, La liberté des grades fait intégralement partie de la liberté d'enseignement. III, Réponse aux arguments des Césariens.   415

CHAPITRE XVII. *Du vrai rôle de l'Etat en matière d'instruction publique.*

I, La liberté d'enseignement, en face de l'Etat enseignant, n'est qu'une duperie et un leurre. II, L'instituteur représente, non l'Etat, mais les familles. III, Pouvoirs de l'Etat sur les programmes des écoles officielles ; IV, sur les programmes des écoles libres. V, Limites de sa surveillance. VI, Les institutions scientifiques devant l'Etat et la liberté   424

CHAPITRE XVIII. *De la Gratuité légale de l'instruction.*

I, Réfutation de ses partisans. II, La gratuité contraire à l'ordre naturel ; III, à l'équité ; IV, aux intérêts de l'instruction et aux principes de l'économie politique   438

CHAPITRE XIX. *De la laïcité légale de l'instruction.*

I, De la laïcité par l'exclusion des instituteurs religieux. II, De la laïcité par l'exclusion des doctrines religieuses. III, De la nécessité de l'éducation religieuse pour faire l'honnête homme   445

CHAPITRE XX. *De l'obligation légale de l'instruction.*

I, Opinions et historique de la législation. II, Motifs pour et contre la loi. III, Principes pour en juger.   458

CHAPITRE XXI. *La Sanction*   464

LIVRE IV

Des Devoirs et des Droits de l'Eglise.

CHAPITRE Ier. *Combien la société des âmes dans la vérité est nécessaire au genre humain.*

I, Nécessaire aux âmes ; II, aux familles ; III, à l'Etat   47

CHAPITRE II. *Le pouvoir nécessaire pour reconstituer les âmes en société dans la vérité, ne peut être que le pouvoir de Dieu.*

I, Dieu seul roi et maître des âmes. II, Les âmes expressément créées pour faire un royaume à Dieu.   479

CHAPITRE III. *De la reconstitution de la société des âmes dans la vérité par le Fils de Dieu Jésus-Christ.*

I, Jésus-Christ a reconquis les âmes. II, Il s'est fait reconnaître pour leur maître et leur roi en se faisant reconnaître pour leur Dieu . . .   483

CHAPITRE IV. *De la reconstitution de la société des âmes dans la vérité par Jésus-Christ* (suite).

I, Pourquoi Jésus-Christ a dû se constituer des mandataires parmi les hommes pour gouverner son Eglise. II, Institution du collège apostolique et de l'ordre sacerdotal. III, L'Eglise est une monarchie divine continuant sur la terre la hiérarchie angélique   489

CHAPITRE V. *L'Eglise catholique est vraiment le royaume de Dieu sur la terre.*

I, Démonstration par son établissement ; II, par son immortalité ; III, par sa catholicité ; IV, par son unité immuable et progressive ; V, par sa sainteté   494

CHAPITRE VI. *L'Eglise catholique est une société complète, indépendante et souveraine.*

I, Complète ; II, indépendante ; III, souveraine   502

CHAPITRE VII. *L'Eglise réunit dans l'ordre surnaturel la double mission que la Famille et l'Etat se partagent dans l'ordre de la nature.*

I, Mission d'enseignement et d'éducation qui appartient à la famille. II, Mission de gouvernement politique qui appartient à l'Etat   508

CHAPITRE VIII. *L'Eglise a le droit et le devoir d'enseigner toutes les sciences.*

I, L'Eglise essentiellement faite pour enseigner. II, Objets de son enseignement.   515

CHAPITRE IX. *L'Eglise a le droit et le devoir d'enseigner tous les âges de la vie.*

I, En particulier ; II, en public.   522

CHAPITRE X. *L'Eglise a le droit et le devoir d'enseigner les nations et leurs gouvernements.*

I, Démonstration. II, Réponse à quelques difficultés.   530

CHAPITRE XI. *L'Eglise a le droit et le devoir de veiller sur l'enseignement de la Famille et des écoles publiques et d'exiger que ses enfants soient élevés chrétiennement :*

I, Vis-à-vis de l'Etat ; II, vis-à-vis de la famille   539

CHAPITRE XII. *De la sanction des Droits de l'Eglise.*

Protection de l'Eglise par les gouvernements ; défense de l'Eglise par les citoyens ; vengeance de l'Eglise par Dieu ; sanction des lois ecclésiastiques par le pouvoir spirituel lui-même.   516

MONTBÉLIARD

IMPRIMERIE P. HOFFMANN

1883

DES
DROITS ET DES DEVOIRS

DE LA FAMILLE
DE L'ÉTAT ET DE L'ÉGLISE

EN MATIÈRE
D'ENSEIGNEMENT ET D'ÉDUCATION

INTRODUCTION

De l'Importance de cette question et de l'opportunité de son étude.

I

Il n'est personne qui, instruit des préoccupations de l'opinion et quelque peu exercé à regarder au fond des choses, n'entrevoit de prime abord l'importance des problèmes que couvre ce titre et l'opportunité qu'il y a à en faire l'objet d'une étude approfondie.

Quand il s'agit de droits et de devoirs, n'est ce pas tout ce qu'il y a ici bas de plus grand en soi et de plus cher au cœur humain qui est en cause? Les hommes ne s'occupent jamais d'un pareil sujet qu'avec le plus vif intérêt et les solutions qu'ils donnent à de semblables questions, ont toujours les plus graves conséquences pour l'humanité.

Mais, d'abord, qu'est-ce que le droit ? — le devoir ?

A ces premières questions, les hommes déjà ne s'entendent plus. S'il fallait en croire A. Comte, il faudrait dire que « la notion du droit doit disparaître du domaine politique, comme la notion de cause du domaine philosophique. » Suivant cette théorie, nous n'aurions point à chercher quels sont les droits et les devoirs de la famille, de l'Etat et de l'Eglise relativement à la formation intellectuelle et morale de l'enfant, nous n'aurions qu'à chercher quelle est la force respective que possèdent ces trois sociétés pour faire prévaloir leurs volontés. La question serait dès lors très simple et sa solution très facile. Telle était bien la pensée de Feuerbach quand il disait : « Que la volonté de l'homme soit faite ! » (1) Or la volonté de l'homme s'accomplit quand elle est la plus forte.

Bentham n'entend guère le droit autrement. » Pesez, dit-il, les peines et les plaisirs, et selon que les bassins de la balance inclineront de l'un ou de l'autre côté, la question du tort et du droit devra être décidée. » « Si une pareille maxime venait à triompher dans le monde, s'écrie Mgr Freppel, l'idée du droit serait absorbée dans l'idée de l'intérêt » (2)

Mais comme l'intérêt ne peut être réalisé que par la force, le système du publiciste anglais revient à la théorie de l'Ecole hégélienne. « Le droit, dit Schopenhauer, n'est que la mesure de la puissance de chacun. » (3)

Ainsi parlent, pour le fond, Ihering (4) et Max Stirner (5).

D'après cette doctrine, il ne faudrait pas traiter des choses humaines d'une autre façon que des choses physiques.

Darwin a également faussé la notion du Droit pour la plier aux exigences de l'*évolutionisme*. Dans le combat pour la vie, l'individu ne compte pas devant l'espèce pour laquelle il doit vivre et à laquelle il doit être sacrifié.

« Ce qui frappe tout d'abord l'esprit, dit M. E. Caro, dans cette tentative systématique pour appliquer les lois de l'histoire naturelle aux rapports et aux phénomènes sociaux, c'est le sacrifice du droit individuel au droit social qui n'est autre que l'intérêt spécifique. »

---

(1) Cité par M. Saint-Girons. Essai sur la séparation des Pouvoirs p. 228.
(2) Revue catholique des Institutions et du Droit, Novembre 1879.
(3) Ethique, p. 109.
(4) Voir Ihering. Le Combat pour le Droit, p. 258.
(5) Stirner L'Individu et la Propriété individuelle, p. 275.

« Pour nous, je dirai pour les hommes de toute école, de tout parti, de toute race (en dehors des systèmes) il y a une garantie inviolable de la personne humaine qui s'appelle le droit et ce droit est sacré, parce que ce n'est pas une convention humaine qui l'établit et parce que une autre convention n'en peut rien enlever (1). »

Il ne faut donc pas dire avec le Code Justinien : « le droit c'est ce qui est commandé » *Jus est id quod jussum est.* Tout ce qui est commandé n'est point en effet d'obligation, car les volontés humaines ne sont point assez élevées pour être la source des droits qui leur sont propres ; trop souvent du reste elles se mettent en opposition avec le droit, en s'éloignant du vrai, du juste et du bien. (2)

L'intérêt bien entendu constitue-t-il le droit au sens propre du mot ? Non, l'intérêt bien entendu, c'est toujours le sacrifice d'un intérêt inférieur et passager au triomphe d'un intérêt durable et supérieur.

Or, l'intérêt, quel qu'il soit, peut bien être l'objet du droit, mais il n'est pas le droit lui-même. L'intérêt d'ailleurs n'est l'objet du droit que lorsqu'il est conforme à la raison, voulu par la raison.

Enfin la force peut servir le droit, elle peut également l'opprimer. Elle n'est donc pas davantage le droit. La force, c'est la puissance aveugle qui appartient à la nature physique d'un être intelligent ou non ; le droit c'est, au contraire, la puissance rationnelle qui appartient à la nature morale de l'être intelligent.

Pour comprendre le droit, en effet, il faut s'élever non seulement au dessus de la nature matérielle, mais encore au dessus de la spirituelle, en tant qu'être physique; car les esprits n'ont pas le droit rationnel de faire tout ce qu'ils ont le pouvoir physique d'accomplir. Même dans les esprits, le pouvoir physique n'est point identique au droit proprement dit, l'un peut être plus ou moins grand que l'autre. En Dieu seul, pouvoir et droit sont une seule et même chose. (3)

A parler exactement et avec précision, le droit, c'est le pouvoir moral que la raison attribue et que le Créateur a conféré à l'être in -

---

(1) Revue des Deux Mondes 1875. La Démocratie devant la morale de l'avenir.

(2) Voir M. Jules Simon. Liberté politique p. 2-22 etc. Le Devoir, IIIe partie. L'Idée. Mgr Paulinier. Revue catholique des Institutions et du Droit. Janvier 1873 M. Cousseyroux M. R. Août 1879. Février 1880. M. Lucien Brun m. R. Août 1876.

(3) Voir St Thomas. Sum. theolog. quæst. III.

telligent, comme lui étant dû et lui appartenant en vertu de son principe, de sa nature et de sa fin. Comme la force est le pouvoir physique de l'être physique, le droit, c'est le pouvoir rationnel de l'être raisonnable. (1)

Ce pouvoir peut-il être douteux en l'homme ? (2) Non, dès lors que l'homme est un être intelligent, il se connaît, il se possède, il est maître de lui-même et de sa destinée. Il faut donc qu'il ait tout le pouvoir dont il a besoin pour disposer de soi, parcourir ou non sa carrière et atteindre ou non sa fin. Si sa nature physique a le pouvoir physique d'accomplir sa destinée, il faut, parce qu'il est raisonnable, qu'il ait le pouvoir rationnel de faire tout ce qui est nécessaire pour parvenir au terme de son existence.

Nier cela, c'est nier la raison même, et, dès lors, s'interdire de raisonner pour combattre la réalité de ce pouvoir.

Le droit a pour corrélatif le devoir. L'un suppose l'autre. La notion de celui-ci confirme l'idée de celui-là.

Si, en effet, le droit, c'est ce qui est dû à l'être intelligent d'après l'ordre de la raison, le devoir, c'est ce que, d'après le même ordre et la même lumière, se doit l'être intelligent soit à lui-même soit aux êtres de son espèce.

L'homme ne s'étant pas fait lui-même, ne peut être complètement et absolument maître de soi. Il y a du reste dans sa nature intellectuelle une telle grandeur qu'il n'est pas lui-même personnellement assez élevé pour avoir le droit d'en disposer complètement et absolument. Il s'en suit que l'homme a des droits qu'il n'est pas maître de sacrifier et qu'il a envers lui-même des devoirs dont il ne peut se dispenser.

Mais tous les hommes sont égaux ; les droits des uns sont par là même le fondement des devoirs des autres, et réciproquement, les devoirs de ceux-ci sont la garantie des droits de ceux-là. (3)

Ainsi droits et devoirs, pouvoirs et charges sont des termes corrélatifs dont l'un implique essentiellement l'autre.

---

(1) Voir M. Cousin. De la Justice et de la Charité. Mémoire de l'Académie des sciences morales. T. VII.

(2) Voir M. Jules Simon. Le Devoir, L'Idée. ch. 1.

(3) Voir J. Simon ibid. M. Chesnel. Les droits de Dieu et les Idées modernes ch. XI.

II.

L'homme n'a donc pas des droits pour le plaisir d'avoir des droits, ni des devoirs pour la peine de les accomplir.

La raison fondamentale et essentielle de tous les droits et de tous les devoirs, ce sont les fins mêmes pour lesquelles Dieu a créé l'homme. Etant imparfaits, et étant cependant créés pour acquérir la perfection qui nous manque en nous servant de celle que nous avons, nous possédons le droit de jouir des biens qui sont en nos mains et celui de poursuivre la conquête des biens qui nous sont réservés. « Le bien de tout être, dit saint Thomas, c'est d'atteindre sa fin ; son mal, c'est de s'en écarter. » (1) Par conséquent les droits et les devoirs de l'homme, qui ne peuvent être que pour le bien de l'homme, ne peuvent être non plus que pour l'accomplissement de sa fin.

C'est par la même raison que Domat explique, sous le nom de lois, les droits et les devoirs.... « Les lois de l'homme, dit-il, ne sont
« autres choses que les règles de sa conduite et.... cette conduite
« n'est autre chose que les démarches de l'homme vers sa fin. Pour
« découvrir donc les premiers fondements des lois de l'homme, il
« faut connaître quelle est sa fin, parce que sa destination à cette fin,
« sera la première règle de la voie et des démarches qui le con-
« duisent et, par conséquent, sa première loi est le fondement de
« toutes les autres. (2) »

Aussi tous les droits et les devoirs sont pour réaliser les destinées qui sont assignées à l'homme en raison de sa nature et de son principe.

Voit-on maintenant l'importance capitale, suprême des droits et des devoirs ? Cette importance ne peut s'estimer que par la considération des destinées mêmes pour la réalisation desquelles les uns ont été imposés et les autres conférés à l'homme. Quelles sont donc ces destinées ?

La destinée essentielle de la vie organique dans l'homme, c'est de se reproduire exactement dans des êtres qui ressemblent à leur principe.

La destinée essentielle de la vie raisonnable, c'est sa conservation et sa perfection dans le bonheur infini du ciel.

---

(1) Cont. Gent. L. III. Ch. 132.
(2) Cité p. M. Lucien Brun 2ᵉ conférence.

Toutes les autres fins sont accidentelles et sont subordonnées à celles-là.

Nous n'avons pas à nous préoccuper ici de la destinée éternelle de l'âme. « Que sert à l'homme de gagner l'univers, a dit Jésus-Christ, s'il vient à perdre son âme. » (1) Au fond, « il n'y a qu'une seule chose de nécessaire », (2) ajoutait-il ailleurs, c'est le salut éternel.

Ce que nous avons à montrer, c'est l'importance capitale de la fin terrestre de l'homme. Cette fin, c'est sa perfection organique suprême ; c'est pour elle que tout en lui est fait. Comme organisme, l'homme ne peut se consoler de la mort qui l'attend, qu'en se reposant dans la pensée qu'il revivra parfaitement en ses enfants. Aussi pas de besoin plus violent dans son cœur que celui de se reproduire pleinement tout entier par la génération d'abord, et ensuite, par la nourriture, l'enseignement et l'éducation de ses enfants.

Peut-on contester l'intérêt que les enfants eux-mêmes ont à être convenablement nourris, instruits et élevés ?

L'Etat n'est pas sans avoir aussi d'immenses intérêts dans la reproduction normale de ses membres. Car si ceux-ci mouraient sans transmettre à personne l'héritage de leur double vie physique et morale, l'Etat périrait par le fait même, tout entier. S'ils ne se reproduisaient pas intégralement selon toutes les lois de l'humanité, ils ne produiraient pas les êtres achevés dont l'Etat doit se composer pour être digne de l'homme.

Enfin, qui ne voit combien l'Église qui est la société des âmes dans le temps et, audelà du temps, dans l'éternité, est profondément intéressée à la parfaite formation des hommes ? Si, en effet, les hommes ne sont pas formés avec soin dans la vérité et la vertu, ils lui demeurent étrangers, ou bien, sont ses ennemis ; ils ignorent ou ils rejettent le moyen nécessaire sans lequel il n'y a pas de salut et ils périssent.

Faite pour les sauver en se les incorporant, l'Église périt elle-même avec et dans les membres dont elle doit se composer et qui lui manquent ou se retournent contre elle.

III

Voit-on dès lors l'importance souveraine de l'enseignement et

---

(1) Matth. XVI. 36.
(2) Luc. X. 42.

de l'éducation dans la formation d'un homme ? Le travail de la génération ne produit qu'un germe. La parturition ne met au jour qu'un enfant. Or, qu'est-ce qu'un enfant ? « Fannius, dit Cicéron, c'est une chose difficile que de louer un enfant ; car un enfant n'est pas une chose à louer, ce n'est qu'une espérance. » (1)

L'enfant n'est encore, en effet, qu'un ensemble de germes qui attendent de la nourriture, de l'enseignement et de l'éducation tout ce qui leur manque pour se développer, atteindre leur perfection et leurs fins particulières.

Sans doute l'enseignement et l'éducation ne créent dans l'enfant ni substance ni faculté nouvelle, mais ils créent les développements et la puissance des organes et des facultés dont la génération a produit les germes.

« Instituer l'homme, dit M. Laurentie, c'est le former, c'est presque le créer, car l'homme arrive si frêle à la vie qu'il faut l'affermir, le diriger, le façonner, le faire en un mot par l'instruction et l'éducation (2). »

« L'éducation, s'écrie Mgr. Dupanloup, quelles nobles idées, quelle forte action les étymologies expriment ici ! C'est presque tirer du néant, c'est presque créer ; c'est au moins tirer du sommeil et de l'engourdissement les facultés endormies ; c'est donner la vie, le mouvement et l'action à l'existence encore imparfaite. (3) »

« Quand un être parfait, dit Kant, en aura élevé un autre, on saura quelles sont les limites du pouvoir de l'éducation. (4) »

« On pourrait tellement préparer l'éducation de l'homme, dit Joubert, que tous ses préjugés seraient des vérités et tous ses sentiments des vertus. (5) »

Disons encore avec M° de Genlis : « Une bonne éducation nous rend capable de tout ce qu'il y a de bon, de beau et de grand. (6) » Avec M. Curel : « L'éducation peut donner aux bons instincts de notre âme assez d'empire pour dominer nos mauvaises inclinations ». Les

---

(1) Fanni, causa difficilis laudare puerum, non enim res laudanda, sed spes est. Cicero De Republica cité par Servius. Eneid. VI. 877.
(2) Encyclopédie du XIX° siècle au mot Education.
(3) De l'Education T. 1, p. 2.
(4) Cité par L. J. Larcher, Opinions des Anciens et modernes sur l'Education p. 39.
(5) Ibid.
(6) Ibid. p. 38.

pères, les mères, les instituteurs, écrit aussi le Dr. Courtin peuvent, par l'éducation, créer dans leur postérité naissante, les vertus, les talents que les familles réclament dans leurs enfants. (1) »

Rien de moins irrécusable ; par la génération, l'homme ne produit qu'un animal incapable de vivre de ses propres forces ; c'est par l'enseignement et par l'éducation qu'il produit proprement un homme semblable à lui-même, un homme capable de remplir toutes ses destinées. (2) En effet, n'est-ce pas par son instruction et son éducation que l'homme vaut à peu près tout ce qu'il vaut au triple point de vue physique, intellectuel et moral. On pourrait en conclure que l'enseignement et l'éducation valent ce que vaut l'homme élevé à sa plus haute dignité et puissance. On ne peut certes nier qu'ils ne valent ce que valent ses destinées célestes et terrestres, car qu'un homme ait le pouvoir, ou non, d'atteindre ses fins temporelles et éternelles, cela ne dépend, pour la plupart du temps, que de l'enseignement et de l'éducation qu'il a reçus.

C'est ce qu'ont reconnu et proclamé tous les penseurs et tous les hommes de sens et d'expérience (3). « Sachez qu'il m'est né un fils, écrivait Philippe, roi de Macédoine, à Aristote. Je ne rends pas tant grâces aux Dieux du bonheur de l'avoir que du bonheur de l'avoir pendant que vous vivez. Car j'espère qu'instruit et élevé par vous, il ne sera point indigne de nous et qu'il sera à la hauteur d'un aussi grand royaume (4). »

Pour Alexandre, il n'hésitait pas à dire qu'il ne devait pas moins à Aristote qu'à Philippe, car celui-ci lui avait donné de vivre et celui-là de bien vivre (5).

« Que personne, dit Platon, ne mette son application à ramasser des richesses pour ses enfants, en vue de les laisser plus riches. Cela n'est bon ni pour eux, ni pour la patrie. La meilleure fortune est celle qui n'expose pas les jeunes gens à la flatterie et qui suffit aux besoins de la vie. Ce n'est donc pas beaucoup d'or, mais beau-

---

(1) Cité par Larcher op. cit. p 38. Voir aussi M. Dauphin, Doyen de Sainte Geneviève 11. Discours. La Chalotais. Essai d'Education Nationale p. 5. Les rapports de Talleyrand et Condorcet sur l'Instruction publique.

(2) M. Gérard, Histoire critique des Doctrines de l'Education en France.

(3) Voir avec les auteurs ci-dessus ; Cicero De Orat. III. 95., Senec. De Ira II. 18. Quint. I. 2. 3.

(4) Voir Aulu-Gell. IX. 3.

(5) Plutarch. in Vita Alex.

coup de vertu qu'il faut laisser aux enfants (1). » Sénèque tient le même langage (2).

« Un père, dit Cicéron, ne peut laisser de lui-même un monument plus glorieux qu'en laissant un fils qui soit l'image fidèle de ses mœurs, de sa vertu, de sa constance, de sa piété et de son génie (3). »

Mais l'enseignement et l'éducation n'ont pas moins d'importance pour l'Etat que pour les familles.

Platon fait de la bonne éducation des enfants le fondement et comme le séminaire de sa république (4).

Aristote oblige la cité de donner tous ses soins à la bonne éducation de la jeunesse sous peine de périr (5).

Xénophon n'a pas un autre sentiment (6).

« Il n'y a pas dans un Etat, dit Cicéron, de ministère plus salutaire et plus important que de bien instruire et de bien élever la jeunesse, surtout, lorsque, par suite des temps et des mœurs, elle est tellement licencieuse qu'il faut la réprimer et la contenir par toutes espèces de moyens (7). »

Ecoutons Juvénal : « On te doit de la reconnaissance, dit-il à un père, pour avoir donné un citoyen à la patrie et à la nation, pourvu que tu t'appliques à le rendre utile à son pays, utile aux champs, propre à traiter des affaires de la paix et de la guerre, car les connaissances et les mœurs dans lesquelles tu le formeras sont de la plus haute importance (8). »

C'est ce qu'avait compris Henri IV, comme le prouve le règlement qu'il donna autrefois à l'Université. « La félicité des royaumes et des peuples et surtout d'un Etat chrétien dépend de l'éducation de la jeunesse (9).

On connaît la parole tant de fois citée de Leibnitz : « J'ai toujours pensé qu'on réformerait le genre humain, si l'on réformait l'éducation de la jeunesse.

---

(1) Voir De Legibus V.
(2) Voir Epist. 30.
(3) Voir Philip. IX. 5.
(4) De Républ. L. I. L. IV. L. VII. De Leg. V
(5) Voir Polit. L. V C. 1.
(6) Voir Cyrop. C. 1 et II.
(7) V. De Offic. L. II.
(8) V. Sat. XIV.
(9) Rollin, Traité des Etudes Disc. prélim.

La bonne éducation de la jeunesse, c'est le fondement de la félicité humaine. »

« Derrière l'éducation, a dit aussi Kant, est caché le mystère du perfectionnement et du bonheur de l'humanité.

« En effet, dit Mgr. Dupanloup, c'est l'éducation qui, par l'influence décisive qu'elle exerce sur l'enfant et sur la famille, éléments primitifs de toute société, fait les mœurs domestiques, inspire les vertus sociales et prépare des miracles inespérés de restauration sociale, morale et religieuse. C'est l'éducation qui fait la grandeur des peuples et maintient leur splendeur, qui prévient leur décadence et, au besoin les relève de leur chute (1). »

Cependant, pour faire des enfants de Dieu et pour unir les intelligences dans la vérité, l'enseignement et l'éducation sont encore en quelque sorte plus nécessaires que pour former des hommes et des citoyens. Sans doute, la grâce, pour procréer des enfants de Dieu, ne contribue pas moins que la nature pour produire des hommes. Mais la perfection divine qu'il s'agit de greffer sur la perfection humaine est si élevée, qu'il faut à certains égards plus de soins et de culture pour en développer les germes que pour former simplement l'homme à l'usage de sa raison et de sa liberté. C'en est assez pour montrer combien l'Eglise doit attacher d'importance à son droit d'enseignement et d'éducation.

IV

Ainsi, l'enseignement et l'éducation, voilà les deux forces puissantes qui font proprement l'homme, le citoyen, l'élu du ciel.

Fort bien ; toutefois l'enseignement et l'éducation ne peuvent jamais donner que ce qu'ils renferment et les hommes qui sortent de l'école ne peuvent être et valoir que ce que vaut l'école elle-même. Certainement, sans aucune culture intellectuelle et morale, l'homme n'est qu'une triste brute ; mais quand son instruction est fausse et que son éducation est vicieuse, la culture qu'il a reçue, n'a servi qu'à développer et fortifier les principes du mal qui lui sont venus avec la vie, qu'à lui procurer les moyens de faire le mal avec plus d'habileté d'une part et, de l'autre, avec des garanties d'impunité plus grandes.

---

(1) De l'Education. Introduction, p. VI. Voir aussi M. Dauphin, 13ᵉ Discours. De l'Education comme moyen de réforme sociale.

Avec une instruction à rebours, c'est-à-dire qui éteint la vraie lumière, avec une éducation à contre-sens, c'est-à-dire qui fomente le vice, l'homme est une brute pervertie et corrompue d'une puissance effrayante pour propager la perversion et la corruption.

Toute éducation n'est donc pas bonne ? Non, il y a une éducation qui tue la liberté, quand elle ne l'a pas empêchée de naître, qui décapite l'esprit, quand elle ne l'a pas étouffé en son germe, qui, égarant l'imagination et pervertissant la sensibilité, va jusqu'à déformer l'organisme par le vice et à le rendre incapable de remplir ses fonctions.

« L'instruction, par elle-même, a écrit M. Albert Sorel, n'est ni bonne ni mauvaise ; elle n'a de valeur en réalité que lorsqu'elle est soutenue par un agent moral supérieur. (1) » Si cet agent supérieur fait défaut, ou si c'est un agent inférieur qui règne à sa place, l'instruction est un principe terrible d'aveuglement et d'abaissement, de dissolution et de ruine. Mais à quel signe devra-t-on reconnaître l'éducation vraie qui élève, l'instruction salutaire qui donne la véritable lumière ? Sans doute il n'y a que la vérité qui éclaire ; il n'y a que la vertu qui produise le bien à tous ses degrés.

Il n'y a donc d'éducation et d'instruction dignes de ces beaux noms que celles qui possèdent et qui donnent aux âmes la connaissance de la vérité et l'amour effectif du bien.

Mais, comme la vérité et la vertu ne se peuvent communiquer aux disciples qu'autant qu'elles règnent dans les maîtres, il faut dire que l'éducation et l'instruction valent tout juste ce que valent ceux qui les donnent. Il est de règle que toute œuvre soit marquée au coin de son auteur et qu'il ne se retrouve dans un effet que ce qu'il y a dans sa cause. « Un bon arbre, dit l'Evangile, ne peut porter de mauvais fruits, ni un mauvais arbre n'en peut porter de bons. (2) »

Un instituteur ne donnera jamais à ses élèves ce qu'il n'a pas. S'il est dans l'erreur, ce n'est pas la vérité qu'il communiquera. Il est donc impropre à éclairer les esprits.

S'il a des affections dépravées, des mœurs corrompues, il ne réussira pas à inspirer la vertu ni à allumer le feu de nobles amours ; il ne pourra que répandre les principes mauvais dont il vit et sous l'empire desquels il agit et parle.

(1) Voir Revue des Deux Mondes 15 mai 1881.
(2) Matth. VII. 17.

Ne sait on pas, en effet, avec quelle puissance souveraine l'instituteur agit sur l'enfant? Pour celui-ci, les principes ne sont rien par eux-mêmes ; ils n'ont de valeur que par l'autorité du maître qui les enseigne. « Le Maître l'a dit » ; telle est pendant longtemps toute la raison pour laquelle les enfants acceptent tout ce qui leur est inculqué. Par une admirable disposition de la nature, d'ailleurs, l'enfant éprouve une inclination invincible à se confier sans réserve à celui qu'il voit chargé de son éducation. Quand il désobéit ou résiste, ce n'est pas qu'il se défie de celui qui lui commande, c'est qu'il se laisse entraîner par des inclinations aveugles qui le dominent.

On l'a dit avec raison, l'âme de l'enfant est une cire molle apte à recevoir et à garder toutes les impressions.

« Il est donc très utile pour le reste de la vie, dit Sénèque, de la former salutairement dès le commencement. Car il est facile de façonner les cœurs alors qu'ils sont encore tendres (1).»

C'est aussi le sentiment de Quintilien qui rappelle le vers de Virgile : *Adeo teneris consuescere multum est* (2). Aussi le célèbre rhéteur a-t-il soin d'ajouter : « Il est très bon de donner aux enfants des précepteurs et des gouverneurs exempts de vice, car les enfants prennent et retracent les mœurs de ceux-ci comme ils le font de celles de leurs nourrices. (3) » C'est la même vérité qu'exprimait M. Thiers, lorsqu'il disait à ses électeurs d'Aix : « Les instituteurs sont en quelque sorte le moule dans lequel on jette la jeunesse.... »

« Les hommes chargés de l'enseignement, vous a dit M. de Fontette, ont ordinairement une telle influence sur l'esprit des jeunes gens, ils leur inculquent tellement leurs idées et jusqu'à leurs opinions politiques, qu'il vous est impossible de laisser la jeunesse aux mains de qui elle est maintenant. »

L'instituteur est donc maître de l'homme à former ; car il a le pouvoir de le former tel qu'il le voudra.

« Oui, Messieurs, s'écriait l'honorable M. Dauphin en 1848, l'éducation, c'est l'avenir. Il y en a qui, pour résoudre plus facilement cette question, s'efforcent d'en diminuer l'importance, ce n'est ni courageux ni loyal. Non, il ne s'agit pas d'apprendre aux enfants

---

(1) V. De irâ II. 18.
(2) V. 1. 3.
(3) Ibid.

plus ou moins de langues, de littérature ou de sciences, il s'agit en réalité de former des hommes.

« Imprimer une direction aux esprits, en leur donnant non pas seulement des connaissances, mais des idées, des croyances, des doctrines ; imprimer une direction aux consciences, en leur donnant non pas seulement de vagues prescriptions, mais des sentiments, des goûts, des habitudes ; s'emparer, en un mot, par l'intelligence et par le cœur, des générations naissantes, voilà ni plus ni moins ce que se propose l'éducation (1). »

Sans doute l'âme humaine a une nature déterminée ; elle ne peut être belle et bonne que par l'observation des lois fixes et immuables qui forment sa constitution. Cependant telle est, si l'on peut dire, sa malléabilité dans l'enfant et son aptitude à recevoir toutes les impressions et toutes les formes, que, par un régime d'éducation à contre-sens, l'instituteur peut renverser complètement sa raison et son cœur ; oui, l'instituteur, par un système de perversion et de corruption, peut amener son élève à regarder et à aimer sincèrement comme vérité et comme bien ce qui est faux et mal. Il n'est pas douteux que, par un travail habile et prolongé, on ne puisse opérer dans un jeune cerveau qui est encore en formation, des troubles et des dérangements analogues à ceux d'où naît la folie.

V

C'est établir combien il importe de découvrir le véritable instituteur auquel le Créateur, suivant l'ordre qu'il a fondé, a imposé le devoir et conféré le droit de former l'esprit et le cœur de l'enfant. La formation d'un homme, en effet, est essentiellement et avant tout une œuvre de la nature.

S'il ne s'agissait que d'une merveille artistique, il suffirait d'avoir du génie pour la produire. Mais, quand c'est un homme qu'il s'agit de former, le génie ne suffit plus, le génie n'est plus même nécessaire. C'est une œuvre qui est en dehors et au-dessus du domaine du génie humain. Ce qu'il faut à un homme pour produire un homme, c'est d'être agent de la nature, et de participer, comme tel, à son pouvoir générateur, formateur.

Oui, voilà ce qu'il faut nécessairement et indispensablement, qu'il

---

(1) 12° Discours. De l'Éducation.

s'agisse d'engendrer organiquement un enfant, ou qu'il s'agisse de faire de cet enfant un homme achevé, complet, en formant son esprit et son cœur par l'enseignement et l'éducation (1).

Sans doute, l'intelligence et la liberté humaine ont une plus grande part dans la formation intellectuelle et morale d'un homme que dans la procréation organique de l'enfant.

Toutefois il ne faut pas confondre la liberté avec l'arbitraire sans règle, ni l'intelligence avec les fantaisies du caprice.

Quand il s'agit d'une œuvre d'art, l'esprit est bien jusqu'à un certain point maître absolu de donner à sa création la forme qu'il lui plait d'adopter ; cependant, comme il n'est pas maître de faire que ce qui est laid en soi devienne beau par le seul effet de sa volonté, il est obligé, s'il veut que son œuvre soit belle, de la faire conforme aux lois de la beauté.

A plus fortes raisons, l'homme ne peut-il faire son œuvre au seul gré de sa volonté, quand c'est un homme qu'il s'agit de former. Car, comme nous le montrerons au cours de cet ouvrage, l'homme est un être qui s'appartient en droit, même dans son enfance, alors qu'il ne peut s'appartenir en fait ; il ne peut donc être à la merci de celui qui a la charge de sa formation. En outre sa constitution a été déterminée et fixée immuablement par la volonté du Créateur. Par conséquent, son instituteur n'est point maître de concevoir l'homme et de tendre à le produire sous une autre forme, avec d'autres lois, d'autres attributs, d'autres destinées, avec une autre nature que celle que le Créateur lui a donnée en principe.

Le premier acte d'intelligence et de liberté que doit faire l'instituteur, c'est de se soumettre aux lois et conditions de l'humanité. L'instituteur qui aura des visées d'indépendance à cet endroit, ne sera qu'un aveugle qui faussera, gâtera, perdra tout, qui déformera et défera ce qu'il y avait déjà de l'homme dans l'enfant.

Dans ce domaine, l'homme ne peut être un maître que dans la mesure de son habileté à subordonner son action personnelle à celle de la nature, en vue de réaliser plus parfaitement les vœux de celle-ci. L'instituteur n'est un vrai maître pour l'enfant qu'autant qu'il sert les forces de celui-ci pour leur aider à se développer suivant leurs lois et à atteindre le terme naturel de leur perfection. Il s'ensuit que, dans l'ordre de la nature, le seul vrai instituteur de

---

(1) Voir Mgr. Dupanloup. De l'Education T. I. L. IV. ch. 1.

l'enfant, c'est celui-là seul que le Créateur a fait pour en former un homme. S'il n'est pas possible, en effet, de coopérer utilement aux œuvres de la nature sans se faire son serviteur et sans se mettre à sa suite, il n'est pas davantage possible de troubler avantageusement l'ordre dans lequel elle est établie et de substituer heureusement l'arbitraire humain aux dispositions fondées sur la volonté de son Créateur. Incontestablement, c'est celui-là seul que le Créateur a préparé pour élever l'enfant, qui a le droit et la charge de se dévouer à ce ministère, qui a, en principe, tout ce qu'il faut pour y réussir. Celui-là seul est l'agent de la nature ; seul, comme tel, il tient de la nature les pouvoirs et les vertus qu'il faut avoir pour être à la hauteur d'une telle mission.

VI

Toutefois ne peut-il se faire que le Créateur ait institué plusieurs agents également propres pour former l'homme au triple point de vue de l'organisme, de l'intelligence et de la liberté ? Non, car le Créateur n'a rien fait d'inutile.

Sans doute la nature tient en réserve avec une admirable prévoyance d'immenses ressources de rechange. Quand fait défaut l'agent propre d'une fonction nécessaire, on en voit ordinairement un autre tout prêt à en recueillir les pouvoirs, à en prendre la place et à en remplir le ministère.

Mais aussi rien ne repose sur une plus sage économie que l'ordre de la nature. Dans ce domaine, rien ne fait double emploi ; point de pouvoir sans fonction et sans agent qui l'exerce, et réciproquement point d'agent ni de fonction sans une fin à poursuivre et sans les pouvoirs nécessaires pour l'atteindre.

Telle est même la précision que le Créateur a mise dans les rapports des pouvoirs à leurs fonctions et des fonctions à leurs fins respectives, qu'il n'y a pas de pouvoir universel pour remplir avec succès toutes les fonctions ni de fonction générale pour réaliser effectivement toutes les fins. Chaque pouvoir, nous l'avons dit, a sa fonction, sa vertu, sa fin spéciale, et il n'y a dans chaque pouvoir que ce qu'il lui faut pour remplir sa propre mission. Ainsi le pouvoir qui fait les plantes n'a point la vertu nécessaire pour produire les animaux, ni celui qui produit les animaux n'a la vertu essentielle pour produire seulement des plantes. Nous aurons à démontrer que, pareillement le pouvoir civil et politique qui est fait pour gouverner les peuples, est impropre à former des individus et que le pouvoir paternel qui est fait pour produire des hommes, manque des attributions qu'il faut pour régir les États.

Par là on voit combien il importe de chercher et de déterminer exactement le rôle et la mission, les droits et les devoirs que la famille, l'État et l'Église peuvent et sont obligés de revendiquer dans l'œuvre sublime de la formation intellectuelle et morale des nouvelles générations.

L'erreur sur ce point ne peut pas ne pas avoir les plus terribles conséquences pour les individus, pour les nations et pour l'humanité tout entière. Livrez l'enfant à un pouvoir qui n'est point fait pour le former d'après sa nature et suivant ses destinées, vous jetez cet enfant dans un moule qui le déformera au lieu d'achever en lui la ressemblance divine, vous le soumettez à l'empire d'une force qui l'abaissera et l'amoindrira au lieu de l'élever et de le faire grandir.

De même qu'il n'y a qu'un pouvoir qui ait la vertu d'engendrer organiquement l'enfant, ainsi il n'y a qu'un pouvoir qui ait assez de vertu et de fécondité pour former l'homme sous le rapport intellectuel et moral.

Voilà pourquoi il est d'un grand intérêt de résoudre exactement cette question complexe des droits et des devoirs de la famille, de l'État et de l'Église en matière d'enseignement et d'éducation. De la solution qui lui est donnée dépend le bonheur ou le malheur de l'humanité dans le temps et dans l'éternité.

VII

Cependant ce qui ajoute encore à l'intérêt intrinsèque de cette question, c'est son opportunité ou plutôt sa brûlante actualité.

Certes, si haut que l'on remonte à travers les âges, on voit combien elle a fortement préoccupé l'esprit des sages et quelle grande place elle a tenu dans la pensée des législateurs.

Néanmoins comme si elle n'eût jamais été sérieusement traitée ni définitivement tranchée, elle n'a pas cessé de faire l'objet des plus vives et des plus opiniâtres discussions. Pour juger de la grandeur des intérêts qui sont en jeu, il suffirait de voir la passion ardente et constante que les adversaires apportent dans la lutte.

Les uns, reprenant, à la suite de la Convention, le fil interrompu de la tradition antique, tendent à ressusciter les doctrines qu'Athènes et surtout Sparte ont jadis professées et pratiquées. Au nom des intérêts et de la souveraineté de l'État, ils tendent à absorber les droits de la famille et de l'Église dans l'omnipotence de l'État.

Les autres, exaltant de la même manière la souveraineté de l'autorité paternelle et entendant l'absolutisme du père en un sens qui supprime complètement l'action du pouvoir politique sur la famille, interdisent à l'État toutes espèces d'intervention dans la formation de l'enfant. Pour eux, le foyer domestique serait un sanctuaire rigoureusement fermé à tout regard et à toute action du pouvoir social, sous peine de sacrilége et de tyrannie.

Enfin, il est des publicistes qui tachent de suivre une voie intermédiaire, qui sentent le besoin de défendre également les prérogatives de l'autorité paternelle et la souveraineté du pouvoir social, mais qui, n'ayant pas une lumière sûre pour faire la part légitime de ces deux pouvoirs, attribuent tantôt à l'Etat et tantôt à la famille des droits incompatibles avec leur mission respective et les devoirs qui en découlent.

N'oublions pas de remarquer qu'un grand nombre ne se préoccupent nullement des droits de l'Eglise, quand, du reste, ils ne se coalisent pas pour en combattre directement les intérêts. Si, du moins, ces luttes étaient des luttes de pure doctrine, renfermées dans les écoles, les fausses solutions qui pourraient un instant triompher feraient moins vite sentir à la société leurs funestes effets.

Mais non, ces luttes sont, aujourd'hui comme toujours, surtout politiques. L'enseignement et l'éducation sont aux yeux et entre les mains des partis, des moyens de domination et de gouvernement dont ils se disputent la puissance. Il en résulte que les solutions passionnées et intéressées qui sont données à ces questions, se traduisent par des lois plus ou moins pernicieuses qui répandent aussitôt sur la société une plus ou moins grande quantité de maux.

Toutefois, même lorsqu'elles ont été traitées dans le calme de la méditation désintéressée, ces questions n'ont jamais été envisagées dans leur ensemble, c'est-à-dire dans les rapports qu'elles ont entre elles. C'est la lacune que nous allons tâcher de combler.

Certes, si nous voulions épuiser la matière, nous serions entraînés à écrire bien des volumes. Rien de plus vaste que le champ ouvert à nos investigations. Mais notre travail deviendrait onéreux sous tous les rapports. Nous jugeons donc utile de nous restreindre à ce qu'il y aura de nécessaire pour résoudre d'une manière complète et décisive les nombreuses questions que nous allons soulever sous nos pas.

Voici dès-lors, en quelques mots, le plan de notre travail.

Dans un premier livre, nous ferons rapidement l'historique de notre sujet.

Nous consacrerons le second à établir la notion de la famille et à en déduire ses droits et ses devoirs en matière d'éducation.

Dans le troisième, nous aborderons la notion de l'Etat, et, à la lumière qui en jaillira, nous montrerons les vrais droits et les vrais devoirs qu'il faut lui attribuer ; nous rejetterons ensuite les faux droits et les faux devoirs par lesquels le Césarisme l'exalte au mépris de l'ordre naturel et aux dépens de l'autorité nécessaire du père de famille.

Nous traiterons, dans le quatrième, de la notion de l'Eglise et de a mission dont l'a investie son divin Fondateur.

LIVRE Ier.

HISTORIQUE DE LA QUESTION

DANS LES

TEMPS ANCIENS ET MODERNES

CHAPITRE Ier.

Etat de la question dans l'Antiquité chez les Grecs, les Perses, les Romains, les Juifs et les Egyptiens.

> La Cité antique avait reconnu à la famille seule la puissance, le droit et le devoir de l'éducation.
> RAPETTI,
> *Correspondant 1845.*

I

Commençons, par les Grecs, l'historique de la question.

« Il s'en faut de beaucoup, dit M. Fustel de Coulanges, que l'éducation fût libre chez les Grecs. Il n'y avait rien au contraire où l'Etat tînt tant à être maître.

« A Sparte, le père n'avait aucun droit sur l'éducation de son enfant. La loi lui paraît avoir été moins rigoureuse à Athènes ; encore la cité faisait-elle en sorte que l'éducation fût commune sous des maîtres choisis par elle. Aristophane, dans un passage éloquent, vous montre les enfants d'Athènes se rendant à leurs écoles ; en ordre, distribués par quartiers, ils marchaient en rangs serrés, par la pluie, par la neige, au grand soleil. Ces enfants semblent déjà comprendre que c'est un devoir civique qu'ils remplissent. (1)

« L'Etat voulait diriger seul l'éducation, et Platon dit le motif de cette exigence. « Les parents ne doivent pas être libres d'envoyer ou de ne pas envoyer leurs enfants chez les maîtres que la cité a choisis, car les enfants sont moins aux parents qu'à la cité. (2).

« L'Etat considérait le corps et l'âme de chaque citoyen comme lui appartenant, aussi voulait-il façonner ce corps et cette âme de manière à en tirer le meilleur parti. Il lui enseignait la gymnastique parce que le corps de l'homme est une arme pour la cité, et qu'il fallait que cette arme fût aussi forte et aussi maniable que possible. Il lui enseignait aussi les chants religieux, les hymnes et les danses sacrées, parce que cette connaissance était nécessaire à la bonne exécution des sacrifices et des fêtes de la cité (3).»

« On reconnaissait à l'Etat, ajoute le même écrivain, le droit d'empêcher qu'il y eût un enseignement libre à côté du sien. Athènes fit un jour une loi qui défendait d'instruire les jeunes gens sans une autorisation des magistrats, et une autre qui interdisait spécialement d'enseigner la philosophie (4). »

Mais ces lois ne durèrent pas longtemps (5).

Et, la raison que Platon nous a donnée de l'omnipotence de l'Etat sur l'enseignement et l'éducation, Aristote l'explique ainsi : « Il faut que l'éducation des enfants et des femmes soit en harmonie avec l'organisation politique, s'il importe réellement que les enfants et les femmes soient bien réglés pour que l'Etat le soit comme eux. Or, c'est là un objet d'une grande importance, car les femmes composent la moitié des personnes libres et ce sont les enfants qui formeront un jour les membres de l'Etat (6). »

« Comme l'Etat tout entier n'a qu'un seul et même but, l'éducation doit être nécessairement une et identique pour tous ses membres ; d'où il suit qu'elle doit être un objet de surveillance publique et non particulière, bien que *ce dernier système ait généralement prévalu, et qu'aujourd'hui chacun instruise ses enfants chez soi par les*

---

(1) Aristoph., Nuées 960-965.
(2) Plat. Lois. VII.
(3) Aristoph. ibid.
(4) Xénoph. Mém. 1. 2; voir aussi Diogène de Laerte Theoph.
(5) A. Fustel de Coulanges, Cité antique. p. 264-265.
(6) Polit. L. I. Ch. V. 12. Traduction de M. Barthélemy Saint-Hilaire.

méthodes et *sur les objets qu'il lui plaît*. Cependant ce qui est commun doit s'apprendre en commun et c'est une grande erreur de croire que chaque citoyen est maître de lui-même ; ils appartiennent tous à l'Etat, puisqu'ils en sont tous des éléments et que les soins donnés aux parties doivent concorder avec les soins donnés à l'ensemble. A cet égard on ne saurait trop louer les Lacédémoniens. L'éducation de leurs enfants est commune et ils y attachent une extrême importance. Pour nous, il est de toute évidence que la loi doit régler l'éducation et qu'elle doit être commune (1). »

Ne manquons pas de constater et de retenir la plainte que le philosophe du Lycée exhale dans ce dernier paragraphe. Il la reproduit dans sa morale à Néomaque. « Lacédémone est le seul Etat, on peut dire, où le législateur, peu imité en cela, paraît avoir pris un grand soin de l'éducation des citoyens et de leurs travaux. Dans la plupart des autres Etats, on a négligé ce point essentiel, et chacun y vit comme il l'entend, « gouvernant sa femme et ses enfants à la façon des Cyclopes. »

« Le mieux serait que le système de l'éducation fût public en même temps que sagement conçu et qu'on se trouvât soi-même en mesure de l'appliquer » (2).

Ces doctrines ont-elles franchi les étroites limites de la Grèce ? Oui, s'il faut en croire Xénophon. D'après ce général écrivain, les Perses n'auraient pas commis la faute de négliger, comme presque tous les législateurs, l'éducation des enfants et des adolescents et de l'abandonner tout entière à la volonté et aux caprices des parents. Ils auraient eu la sagesse de créer des établissements publics où, sous la direction de maîtres choisis par l'Etat, les enfants, les adolescents, assujétis à un régime sévère, auraient appris en commun à pratiquer la vertu, à observer les lois et à servir la patrie (3). Mais on sait que la Cyropédie est plutôt un roman à thèse que l'histoire vraie de l'éducation de Cyrus.

En dehors des Grecs et des Perses, nous ne trouvons plus aucun peuple qui ait enlevé aux parents, pour le remettre à l'Etat, le droit d'élever l'enfance et la jeunesse. C'est ce qu'avouent et ce dont se plaignent, nous venons de le voir, Aristote et Xénophon.

---

(1) P. Lib. V. Cap. I. 12.
(2) Mor. L. X. C. X. 13. Vers. Voir aussi M. Paul Janet. Histoire de la Science politique Ch. 2.
(3) Xénoph. Cyrop. L. I. C. II.

Athènes même, au sein de la Grèce, fut loin de sacrifier toujours la famille à la cité. Sans doute les liens de la famille y furent généralement assez faibles et relâchés. Cependant les inventions capricieuses d'une politique fantaisiste ou systématique n'y purent jamais triompher des révoltes du cœur humain, les sentiments de la nature y reprirent assez vite leurs droits un instant méconnus et alors, comme le dit Aristote cité plus haut, *chacun en revenait à instruire ses enfants chez soi par les méthodes et sur ces objets qu'il lui plaisait.* C'est ce qu'atteste aussi Socrate qui nous représente la femme comme la mère et la ménagère, chargée de gouverner la maison, d'assurer les intérêts du mari, de soigner les serviteurs, de nourrir, de bercer et d'élever les enfants (1).

On peut donc dire en général, avec M. Gréard, que les mœurs étaient plus douces et plus humaines à Athènes que les lois et les institutions (2), et même avec M. Rapetti, que la famille seule, dans la cité antique, a eu le plus ordinairement la puissance, le droit et le devoir de l'éducation (3).

On sait la place immense que la religion occupait dans la constitution des sociétés antiques. On démontre aujourd'hui que toutes les institutions civiles et politiques des peuples anciens découlaient de leurs croyances religieuses. On ne peut donc douter de l'action profonde et large que les prêtres y exerçaient partout sur la formation intellectuelle et morale de la jeunesse. On peut dire que la partie principale de l'instruction et de l'éducation consistait à apprendre les hymnes et les rites sacrés pour participer convenablement au culte que la patrie rendait à ses Dieux. On voit par là le rôle et la puissance du sacerdoce sur les écoles.

Oui, mais alors le sacerdoce était lié au pouvoir politique, le royaume de Dieu n'était qu'une portion de l'empire de César. Il en résultait que les prêtres n'avaient aucune indépendance dans leur action sur l'école, qu'ils n'étaient que les agents de l'Etat dans leur ministère auprès de l'enfance et de la jeunesse, qu'au fond ils ne faisaient que travailler au profit de l'ordre politique établi dans la part dont ils contribuaient à l'éducation des jeunes générations.

---

(1) V. M. P. Janet op. cit. T. I. Ch. I.
(2) Voir M. Gréard. Histoire critique des Doctrines de l'Education en France.
(3) Voir le Correspondant 25 septembre 1845.

II

II. Venons-en aux rapports qu'eurent, à Rome, la famille et l'Etat sur le terrain de l'enseignement et de l'éducation.

S'il fallait s'en rapporter à la lettre d'un décret que rendirent les Censeurs en l'an 92, avant Jésus-Christ contre les rhéteurs latins, on pourrait croire que les Grecs, en important en Italie leur langue et leur littérature, y avaient aussi importé leurs idées et leurs institutions politiques. « Nos ancêtres, dit en effet ce décret, ont statué sur ce que les enfants devaient apprendre et sur les écoles où l'on devait les envoyer. » (1)

Mais nous avons de Cicéron un témoignage plus récent et tout à fait explicite qui nous montre que le sens apparent de ces paroles n'est point le sens réel qu'il faut leur donner d'après les circonstances.

« Principio, dit Cicéron, disciplinam puerilem ingenuis de quâ Græci multum frustrà laboraverunt et in quâ unâ Polybius, noster hospes, nostrorum institutorum negligentiam accusat, nullam certam, aut destinatam legibus aut publice expositam aut unam omnium esse voluerunt. » Nos pères ont voulu, dès le commencement, qu'il n'y eut pour les enfants d'origine libre aucun régime d'éducation arrêté d'avance, aucun qui fut établi par les lois, aucun qui fut public et le même pour tous : point sur lequel les Grecs ont beaucoup travaillé pour rien, le seul sur lequel notre hôte, Polybe, accuse nos fondateurs de négligence. » (2)

Rien de plus clair et de plus formel : les fondateurs de Rome ont expressément voulu que l'éducation fût libre, qu'elle fût dès lors abandonnée à la volonté des familles. Mais alors comment concilier le témoignage de Cicéron avec le décret des Censeurs ?

M. Naudet tranche la difficulté en disant que le décret vise, non des ordonnances expresses, mais de simples usages, des exemples ayant force d'institutions. (3)

Fort bien ; mais quels sont précisément ces usages et ces exemples qui ont force d'institutions ? Sont-ce des usages et des exemples qui,

---

(1) Sueto. De Rhet. 1.
(2) De Repub. IV, 3.
(3) Mémoire de l'Académie des Inscriptions et des Belles lettres, T. IX. Ann. 1831.

comme les lois de Sparte, suppriment la liberté de l'éducation, méconnaissent l'autorité parternelle, enlèvent à la famille le droit de former l'âme de l'enfant pour en conférer la charge et le privilège à la société politique ? Non, Cicéron vient de nous dire le contraire, nous assurant que les fondateurs des institutions romaines ont formellement voulu dès le commencement que l'éducation des enfants libres ne fût ni déterminée par les lois, ni commune ni identique pour tous ; ils ont donc voulu positivement qu'elle restât une prérogative du père de famille.

Voilà sans doute les institutions auxquelles se rapporte le décret des Censeurs cité par Suétone. Les Censeurs s'élèvent contre les Rhéteurs qui tendaient à introduire dans Rome le système des écoles grecques au préjudice des vieilles institutions romaines auxquelles le peuple tenait alors plus que jamais (1).

Ce qui confirme cette interprétation, ce sont les faits que l'histoire nous a conservés en ce sens. Ainsi, sous Sylla,(137-78 av. J.C.), le professeur Stabérius reçoit gratuitement les enfants des proscrits et leur enseigne les lettres sans être inquiété par le dictateur (vers l'an 82). Il en est de même sous Auguste ; Cecilius Epirota, bien qu'ami intime de Cornelius Gallus mis à mort par ce prince, continua de donner librement ses leçons. (2)

Il n'en pouvait être autrement sous une constitution qui proclamait la souveraineté absolue du père de famille.

A Rome, l'État, sous l'empire de la religion, base, règle et raison des institutions sociales, faisait du père de famille le maître absolu de ses enfants ; il lui attribuait le droit de les exposer, de les vendre, de les tuer même suivant son jugement et sa volonté. (3) Comment dès lors eut-il pu lui refuser logiquement celui de les instruire et de les élever à son gré ?

Le fils de famille, tant que son père était vivant, n'appartenait point personnellement à l'Etat; il n'avait ni justice à demander, ni compte à rendre à l'Etat, il était la chose de son père, *res patris*, il n'était responsable qu'envers son père et c'était son père qui répon-

---

(2) Suétone, de Gramm., 13 cité par M. Devaux, professeur de lettres latines. Notes inédites.

(3) Suet. op. eod. 16, cité par le même.

(4) Fustel de Coulanges. Cité Antique p. 105. Voir dans la Revue catholique des Institutions et du Droit deux art. de M. Donat Béchamp. Mars 1881 et janvier 1882.

dait pour lui, sauf le cas où il était sous les drapeaux. (1) Evidemment, sous un tel régime, l'éducation du fils ne pouvait ressortir à la juridiction de l'Etat, mais était essentiellement du domaine du pouvoir paternel ?

En effet, c'est autour du foyer paternel et suivant les traditions de la famille que Cornelia (2) élève les Gracques, qu'Aurélia forme Jules César, que Attia, mère d'Auguste, préside à l'éducation de ses enfants. (3) Ainsi voyons-nous Caton l'ancien travailler personnellement à la formation de son fils, (4) Paul Émile présider aux exercices de ses enfants, Auguste lui-même donner souvent à ses neveux des leçons de grammaire et d'autres sciences. (5)

Impossible de nier que, jusqu'à Julien l'Apostat, l'éducation n'ait été complètement libre à Rome sous la seule surveillance des Censeurs.

M. Troplong a pourtant soutenu le contraire. « Chopin, dit-il, re-
« cherchait les lois de la Grèce qui avaient soumis les écoles à la
« surveillance de l'Etat, celles de Rome qui avaient plié l'enseigne-
« ment à la centralisation impériale. On citait l'expulsion d'Épicure,
« de Théophraste et d'autres philosophes dont les leçons avaient
« blessé Athènes ; la sévérité de Caton le Censeur qui fit rendre par
« le Sénat un décret pour chasser les professeurs de rhétorique et de
« philosophie et toute cette vaine science qui obscurcissait la raison
« et faussait le jugement de la jeunesse. » (6)

M. Troplong s'est fait illusion. Les faits qu'il cite n'ont ni la même signification ni la même portée à Rome qu'à Athènes, sauf sur un seul point, c'est le point constitutionnel. Il est certain que, constitutionnellement, l'Etat, à Rome comme à Athènes, était et voulait être maître de l'homme tout entier, de son esprit et de son corps, de ses idées et de ses biens. C'est, en vertu de cette omnipotente politique qu'Athènes a chassé les philosophes et fait mourir Socrate, que Rome a proscrit les chrétiens et s'est baignée dans leur sang.

Mais pendant qu'en Grèce, l'Etat avait pour principe non seulement

---

(1) M. Fustel de C. eod. op. p. 104.
(2) Cic. in Brut. XXVII.
(3) Tacit. Dialog. de Corrupt. Eloq. 29.
(4) Plut. In Cat. maj.
(5) Suet. in Aug.
(6) Revue de législation et de jurisprudence par Wolowski, etc. T. XIX année 1844.

de dominer les esprits et de gouverner leurs croyances, mais encore d'absorber la famille, de s'emparer de l'enfant et de l'élever à sa guise sans égard pour les droits de l'autorité paternelle, à Rome, au contraire, l'Etat, tout en s'attribuant l'empire des âmes et en bannissant les doctrines contraires à sa constitution, avait pour principe que l'autorité paternelle fût souveraine et que l'éducation comme la vie de l'enfant ne dépendît que de celui qui l'avait mis au jour.

Ainsi chez les Grecs point ou presque point de famille ; chez les Romains, par contre, une famille despotiquement constituée, voilà une différence qui ne permet pas d'assimiler le régime de l'éducation chez les premiers au régime de l'éducation chez les seconds.

Maintenant il est certain qu'à Rome, les Censeurs avaient la surveillance des écoles et de l'éducation comme ils avaient celle des mœurs.

Mais combien il y a loin entre surveiller l'enseignement et l'éducation pour empêcher qu'ils ne soient contraires à la constitution, aux lois et aux bonnes mœurs, et d'autre part, donner soi-même l'enseignement et l'éducation, au mépris des droits et de l'autorité des parents ! La surveillance que les Censeurs exerçaient sur l'éducation prouve précisément que celle-ci était libre, car si l'éducation eût été aux mains de l'Etat, elle n'eût pas eu besoin d'être surveillée par l'Etat. (1).

Le bannissement des rhéteurs et des philosophes ne prouve rien non plus en faveur de la thèse soutenue par M. Troplong. Au contraire à Rome, les rhéteurs et les philosophes furent bannis pour avoir travaillé à faire prévaloir les institutions de la Grèce sur celles de la patrie, et l'éducation commune dans les écoles publiques sur l'éducation privée au sein de la famille, pour s'être efforcés de s'emparer de la jeunesse aux dépens du pouvoir paternel et de lui donner une formation contraire à celle qu'elle recevait autour du foyer domestique suivant les antiques mœurs romaines.

On cite encore des actes de rigueur exercés par les empereurs contre certaines écoles et certains professeurs. Ces actes ont été parfois des actes de despotisme et d'arbitraire, ils ne prouvent rien dès lors contre l'ordre légal ; ils ont pu être justes et nécessaires, ils s'expliquent, dans ce cas, par le pouvoir politique que le gouvernement possède sur tout ce qui intéresse l'ordre public.

---

(1) Voir M. Rapetti ubi supra.

Il faut raisonner de même pour les actes de faveur que les empereurs firent, par exemple, à l'égard de la fameuse école de droit de Beryte. Des actes de protection et de faveur ne constituent pas un régime de droit.

La vérité, M. Rapetti l'exprime en ces termes : « Les empereurs, pendant plusieurs siècles, n'influèrent que par des récompenses sur l'enseignement ; ils favorisaient et encourageaient des maîtres en particulier ; ils laissaient la liberté à tous les autres. L'empire fut, de la sorte, l'ère véritable de la liberté d'enseignement. « Dans le milieu, dit M. Naudet, résumant son histoire de l'instruction chez les Grecs et chez les Romains, dans le milieu, l'âge d'or des professeurs, les récompenses et les encouragements pour quelques uns avec la liberté générale (1). »

Il faut ainsi arriver jusqu'à Julien l'Apostat pour trouver, chez les Romains, la première atteinte à la liberté d'enseignement.

Par un premier décret, en effet, ce prince fit interdiction aux chrétiens d'étudier et d'enseigner les belles lettres grecques et latines. (2)

Par un second, il soumit ceux qui voulaient enseigner, à l'examen de la curie et il se réserva à lui-même de confirmer leur nomination (3).

Ces décrets étaient des innovations inouies ; ils étaient si contraires aux idées reçues, que Ammien Marcellin, panégyriste de Julien, va jusqu'à les qualifier par deux fois de tyranniques et les voue à un éternel oubli (4).

Du reste ces décrets tombèrent avec Julien qui périt en 363 dans son expédition contre les Perses.

Vingt ans après environ, Théodose le Grand ressuscitait le premier et le retournait contre le paganisme. Cependant il faut reconnaître, comme M. Troplong a été obligé de le faire (5), que Trébonien y avait effacé la disposition relative à l'approbation de la nomination des professeurs par l'empereur.

L'abandon de cette disposition impliquait l'abandon du monopole

(1) M. Rapetti ubi supra.
(2) Rohrbacher, Histoire de l'Eglise catholique, L. XXXIV.
(3) Rohrbacher ibid. Voir M. Troplong ubi supra.
(4) Voir Amm. Marcel. L. XXII N. 10 et L. XXV. N. 4.
(5) Voir la Réponse de M. Troplong à M. Rapetti et M. Rapetti lui-même ubi supra.

officiel. Il pouvait y avoir à côté des écoles de l'Etat d'autres écoles dont les professeurs et l'enseignement ne procédaient pas de lui. L'Etat n'était plus la source ni la règle unique de la science et de son enseignement.

Nous ne nions pas que ce décret n'ait posé une limite à la liberté absolue d'enseignement qui avait régné jusqu'à Julien, puisque il maintenait l'obligation pour les professeurs de se faire approuver par les Curies. C'était jusqu'à un certain point l'institution du régime de l'autorisation préalable. Du moins le droit d'autoriser était enlevé au pouvoir politique et il était remis au pouvoir le plus rapproché du pouvoir paternel, au pouvoir le plus intéressé à n'interdire que les candidats incapables ou indignes et à n'approuver que des maîtres instruits et vertueux.

La loi *De professoribus qui in Urbe Const.* du même Code n'a pas une autre portée.

N'en serait il pas de même de celle qu'édicta Théodose le jeune en 425 ? L'empereur, par cette loi, exclut des écoles publiques ceux qui ont usurpé le titre de professeur, et il menace d'infamie et de bannissement ceux qui tenteront de le reprendre indûment. Il n'exempte des dispositions de cette loi que ceux qui enseignent d'une manière privée dans les maisons particulières (1).

L'empereur ressaisit-il par cette loi le droit d'autorisation qu'avait abandonné Théodose le Grand ? Nous ne le croyons pas. Cette loi ne paraît avoir eu d'autre but que de renouveler et de faire exécuter les deux lois dont nous venons de faire mention. Sans doute il s'était établi dans les villes et bourgs des professeurs qui s'étaient mis à enseigner publiquement sans avoir demandé ni obtenu l'approbation de la Curie. Voilà les usurpateurs que l'empereur exclut des écoles publiques. Toutefois on ne voit pas qu'il revendique pour lui-même le droit de les autoriser. Il ne paraît que rappeler au respect du droit des curies ceux qui affectaient de n'en pas tenir compte.

Ainsi, sous les empereurs chrétiens, la liberté d'enseignement dépend des curies ; mais les curies autorisent largement ceux qui sont reconnus capables et dignes. Sans doute, elles se servent parfois de leurs pouvoirs pour rejeter les payens. Car depuis la Constitution *Cunctos populos* portée par Théodose le Grand en 380, l'empire est chrétien. C'est la peine du talion infligée dans une certaine

---

(1) Voir M. Troplong ubi supra.

mesure aux payens qui, sous la constitution payenne de l'empire, ne souffraient pas, non seulement que les chrétiens enseignassent, mais même qu'ils vécussent.

La liberté civile dont un peuple jouit, est d'ailleurs toujours renfermée dans les limites que lui pose sa constitution politique. Sous la Constitution payenne de l'empire, le christianisme qui lui était irréconciliablement opposé, ne pouvait pas avoir la liberté de se propager par l'enseignement. Sous la Constitution chrétienne du même empire, c'est le paganisme qui ne peut pas avoir la liberté d'ouvrir des écoles pour se maintenir. On a beau proclamer la liberté absolue de l'enseignement, cette liberté est toujours limitée par la constitution politique du pays où elle est en vigueur.

III

On sait avec quelle force la famille était constituée chez les Juifs. Elle y était la base de la tribu et de tout l'ordre politique. Grand était le pouvoir, profonde était la vénération dont le front du père de famille était couronné en Israël. Au père appartenait le droit de bénir et de maudire, et autant sa bénédiction portait bonheur, autant sa malédiction amassait de maux sur la tête du réprouvé. (1)

Pourquoi ces prérogatives? C'est que, comme auteur de ses enfants, le père est une frappante image de Dieu. Comme c'est Dieu qui fait grandir ses créatures, c'est au père de nourrir ses enfants, de les élever et de leur apprendre la loi. (2)

« As-tu des fils, dit l'Ecclésiastique, intruis-les et discipline-les dès leur enfance. » (3)

La mère était associée au père dans sa mission et ses devoirs. Sans doute la faculté accordée à l'homme d'avoir plusieurs femmes, faisait à la mère une condition inférieure au sein de sa maison. Toutefois, toute la loi juive met la mère, relativement à l'enfant, sur le même pied que le père. « Honore ton père et ta mère, comme le Seigneur ton Dieu te l'a ordonné » c'est le quatrième précepte du Décalogue. (4)

---

(1) Gen. IX. XXVI. LIX.
(2) Deutér. IV.
(3) Eccli. VII. XXX.
(4) Deutér. V. 16.

« Ecoute, mon fils, disent les Proverbes, l'enseignement de ton père et n'abandonne pas la loi de ta mère » (1)

Terribles sont les anathèmes et les châtiments qui sont la sanction de ces préceptes. « La bénédiction d'un père consolide les maisons des enfants, c'est l'Ecclésiastique qui parle, mais la malédiction d'une mère en arrache les fondements. » (2) « Il est maudit de Dieu celui qui exaspère sa mère. » (3) « Qu'il soit puni de mort celui qui a frappé son père et sa mère ! » (4)

Tels sont les titres que la loi juive reconnaissait aux parents sur leurs enfants. Il n'y s'agit jamais sans doute explicitement de leurs droits ; mais leurs droits sont implicitement proclamés et dans les devoirs de leurs enfants envers eux, et dans leurs propres devoirs envers leur enfants.

C'est donc dans l'étendue des devoirs qu'il faut chercher l'étendue des droits de l'autorité paternelle. Les devoirs des parents sont de faire de leurs enfants des hommes. Leur autorité a donc le droit de prendre tous les moyens nécessaires pour atteindre cette fin. La correction, la contrainte corporelle est un de ces moyens : « Qui ménage la verge, hait son fils, » disent les Proverbes. (5) « Courbe le cou de ton fils pendant sa jeunesse, dit aussi l'Ecclésiastique, et frappe ses flancs pendant qu'il est enfant, de peur qu'il ne s'endurcisse, qu'il ne t'écoute plus et qu'il soit pour ton cœur un sujet de douleurs. (6) »

Les parents sont-ils impuissants à élever leur enfant. Voici le terrible recours que leur donne la loi juive, au vingtième chapitre du Deutéronome : « Si un homme a un fils rebelle, indomptable, qui ne reconnaisse pas l'autorité de son père et de sa mère et qui refuse avec mépris d'obéir à la contrainte,

Les parents le saisiront et le conduiront aux anciens de la cité et à la porte du jugement ;

et ils leur diront : « Notre fils est insoumis et indomptable, il dédai-
« gne d'écouter nos avertissements, il se livre à la bonne chère, à la
« luxure et à la débauche. »

---

(1) Prov. I. 8.
(2) Eccli. III. 11.
(3) ibid. 18.
(4) Exod. XXI.
(5) Prov. XXIII. 24.
(6) Eccli. XXX, 12.

Alors « le peuple l'accablera de pierres et le fera mourir, afin que « le mal soit ôté du milieu de vous et que tout Israël, en apprenant « cela, soit saisi de crainte. »

Voilà le seul passage des codes juifs où nous voyons l'Etat intervenir dans les rapports des parents avec leurs enfants. Comme on le voit, ce n'est pas pour se substituer aux premiers malgré eux et au mépris de leur propre autorité ; non, c'est sur la demande même des parents et pour les venger du mépris que leurs enfants ont fait de leur autorité.

Par son impitoyable rigueur, cet article de la loi juive dépasse de beaucoup la portée des articles 375 et suivants du code civil français ; par la salutaire terreur qu'il devait inspirer aux enfants, il appuyait fortement l'autorité paternelle et sous ce rapport, il est susceptible d'être rapproché des dispositions de la loi française que nous venons de rappeler.

Ainsi l'Etat n'était, chez les Juifs, qu'un auxiliaire des parents dans l'œuvre de l'éducation de leurs enfants. Nulle part on ne voit qu'il se soit jamais arrogé le droit de supplanter l'autorité paternelle dans sa mission et son ministère. Quand Samuel déclare au peuple qui lui demande un roi comme en ont les autres nations, les droits qu'un roi aura sur lui, suivant les idées du temps, il leur dit bien : « Un « roi vous prendra vos fils et s'en fera des cavaliers qui courront devant « lui et autour de son char... Il se fera aussi de vos filles des « parfumeuses, des cuisinières et des ouvrières pour faire son « pain. (1) »

Mais nulle part nous ne voyons le prophète leur dire : « Il prendra « aussi vos enfants pour les élever suivant sa volonté de manière à « vous enlever et à s'attribuer à lui le bénéfice d'en être le père. » Ce genre de tyrannie paraît avoir été complètement inconnu des Etats au milieu desquels le peuple juif vivait.

Tel fut aussi le régime de l'éducation chez les Egyptiens.

On sait que c'étaient les prêtres qui étaient en Egypte les dépositaires et les maîtres de toutes les sciences, que c'était des prêtres que les rois recevaient la direction morale qu'ils devaient donner à leur gouvernement et enfin que c'était par les prêtres, auxquels s'unissait la nation, qu'ils étaient jugés après leur mort.

Dans de telles conditions, les rois ne pouvaient rien sur la cons-

---

(1) I L. Reg. VIII.

titution de la famille qui, après le temple, était précisément le domaine où les prêtres exerçaient, le plus absolument, leur autorité.

C'est ce qui faisait que l'éducation de l'enfance était, sur les rives du Nil, l'œuvre et le droit exclusifs de la famille sous la direction de la religion.

CHAPITRE II

Etat de la question dans l'Eglise.

> Dum omni modo....... Christus annuntietur.... in hoc gaudeo et gaudebor.
> PHILIP. I. 18.

I

« Nous ne connaissons aucun pays où une organisation scolaire ait pu être établie en dehors de l'Eglise ou de l'Etat ; » c'est un ancien ministre de l'Instruction publique en Italie, M. Charles Matteucci, qui tient ce langage. (1) L'Eglise a ainsi occupé une trop grande place dans l'éducation de l'humanité, elle joue encore un trop grand rôle dans le mouvement des idées pour ne pas se demander comment elle a résolu cette question complexe des droits et des devoirs de la famille et de l'Etat, et pour ne pas s'enquérir du ministère qu'elle s'attribue en matière d'enseignement.

Nous consacrerons donc ce chapitre à cette étude.

Héritière du peuple juif et réalisation de ce qui n'était en lui que

---

(1) Revue des Deux-Mondes octobre 1863.

figures et prophéties, l'Eglise prend comme son bien tout ce que l'ancien Testament renferme d'universellement et d'éternellement vrai.

Son Fondateur, d'ailleurs, proclame « qu'il n'est pas venu pour abolir, mais pour accomplir la loi (1), » pour enchaîner, mais pour affranchir les esclaves, pour ruiner tout à fait, mais pour restaurer ce qui était abattu.

Conséquemment, il a commencé par relever ce qui était tombé, par délivrer ce qui était opprimé. Or, d'abord, l'un des êtres qu'il a racheté de l'abjection dans laquelle la force tenait sa faiblesse et auquel il a rendu sa dignité et ses droits méconnus, c'est l'enfant.

Qu'était, en effet, l'enfant dans les mains de l'homme ? que pesait-il dans la balance des calculs de l'homme ? Rien, ou plutôt ce qu'il pouvait valoir par l'intérêt qu'il pouvait représenter. Personnellement et pour lui-même, il ne comptait pas en face de l'intérêt ou de la passion qui dominaient.

Eh bien, c'est contre les contempteurs de l'enfant que le Christ a lancé ses plus redoutables malédictions. « Malheur à celui qui scandalise un seul de ces petits qui croient en moi ; il lui serait préférable d'être précipité au fond de la mer, avec une meule de moulin au cou. » (2)

De cet être en apparence si méprisable et en fait si méprisé, il a fait un modèle pour les grands et les puissants de la terre, un objet de vénération pour ses anges, et, pour lui-même, un sujet de complaisance (3).

Par là, il a déclaré aux pouvoirs terrestres que non seulement ils n'ont pas le droit de se faire la fin de l'enfant, mais encore que tous ils doivent être ses serviteurs, s'employant tous à son bien, chacun suivant sa mission et sa vertu propre (4).

Mais il a également restauré l'autorité paternelle que les traditions pharisaïques tendaient à fouler aux pieds. « Vous violez ouvertement la loi de Dieu, disait-il aux Juifs, afin de garder votre tradition. Car Moyse a dit : Honore ton père et ta mère, » et encore : « Celui qui aura maudit son père et sa mère, qu'il soit mis à mort.

Vous, au contraire, vous dites : « Si un homme dit à son père ou

---

(1) Matth. V. 17.
(2) Matth. XVIII.
(3) Marc. X. 14.
(4) Matth. XX.

à sa mère : « Le présent que je fais, vous sera profitable : » Cet homme sert Dieu, bien qu'il n'honore ni son père ni sa mère. Et ainsi, vous ne lui permettez de faire aucun bien soit à son père soit à sa mère. Vous transgressez donc la parole de Dieu à cause de votre tradition. » (1).

Qui ne voit qu'en rappelant ainsi les enfants au respect et à l'amour qu'ils doivent à leurs auteurs, Jésus-Christ rétablissait du même coup ceux-ci dans les droits qu'ils ont sur leurs enfants ?

Enfin, l'Etat se faisait la fin de l'homme ; il prétendait dès lors étendre son pouvoir sur les âmes et sur les institutions de la nature. Le Sauveur arrache l'homme à cet esclavage qu'il brise d'une seule parole : « Rendez à César ce qui est à César et à Dieu ce qui est à Dieu. » (2). Cela veut dire : A César le gouvernement civil et politique des choses qui appartiennent à l'homme, mais à Dieu seul le gouvernement de l'homme lui-même et de tout ce qui constitue sa nature. »

La doctrine des Apôtres ne sera que le commentaire de celle de leur Maître. Avec saint Paul, les ministres de l'Evangile enseigneront aux fidèles le devoir d'obéir aux puissances qui sont établies de Dieu (3) et ils diront, d'autre part, aux enfants : « Enfants, obéissez à vos parents dans le Seigneur, car c'est juste (4).

Et vous, pères, ajouteront-ils, ne provoquez pas vos fils à la colère mais élevez-les dans la science et dans la vertu du Seigneur. » (5)

C'est ainsi que les Apôtres distinguent les ministères, font la part de chacun. Aux parents d'élever leurs enfants (6), à l'Etat de leur assurer la paix dont ils ont besoin pour s'acquitter de ce devoir (7).

Saint Augustin n'est donc qu'un écho de l'enseignement apostolique, lorsqu'il écrit à une veuve : « Vous n'êtes pas à louer pour avoir des enfants, mais pour vous appliquer pieusement à les nourrir et à les élever. Car qu'ils vous soient nés, c'est l'effet de votre fécondité ; qu'ils vivent, c'est celui de votre bonheur ; mais qu'ils soient élevés comme ils le sont, c'est le propre de votre volonté et de votre vertu. » (8)

(1) Matth. XV.
(2) ibid. XXII.
(3) Ad Rom. XIII.
(4) Ad Eph. V.
(5) Ibid.
(6) Voir I ad Timoth.
(7) Ibid. II.
(8) De Bono viduitatis.

Saint Jean Chrysostôme enseigne que les parents ne doivent pas avoir de plus grand soin que de bien élever leurs enfants et de leur donner de bons maîtres pour former leurs mœurs. « Car, dit-il, il n'y a pas de champ ni de biens qui doivent leur être plus chers que leurs enfants, puisque c'est pour leurs enfants qu'ils recherchent et acquièrent les champs et les biens. » (1)

Saint Jérôme tient le même langage dans sa lettre à Gaudence.

Du reste, parcourez toute la tradition catholique, allez du plus ancien au plus récent docteur, fouillez toutes les théologies, depuis le plus obscur jusqu'au plus célèbre, vous trouverez partout la même doctrine : aux parents la charge et le droit de nourrir, d'entretenir, d'enseigner et d'élever leurs enfants ; à l'Etat d'assurer aux familles la paix et l'aide dont elles ont besoin pour remplir leurs destinées.

II

Maintenant, l'Eglise n'a-t-elle pas revendiqué pour elle-même le droit et le pouvoir d'enseigner et d'élever les générations qu'elle a baptisées, à la vie morale et divine de son auteur ?

Rien de plus éclatant que ses prétentions à ce sujet.

D'abord son Fondateur assure que c'est là sa mission : « Il faut, disait-il, que j'annonce aussi le royaume de Dieu aux autres cités, car c'est pour cela que j'ai été envoyé. » (2)

Allez, dit-il à ses apôtres avant de les quitter, enseignez toutes les nations, (3) prêchez l'Evangile à toute créature. » (4)

Emprisonnés, frappés de verges, les apôtres s'écrient tous avec Pierre et Jean devant leurs juges : « Jugez s'il est juste devant Dieu de vous écouter plutôt que Dieu lui-même ; car nous ne pouvons pas ne pas dire ce que nous avons vu et entendu. » (5)

« Si je vous enseigne, écrit saint Paul aux Corinthiens, ce n'est pas la gloire, c'est la nécessité qui me presse ; malheur à moi si je ne vous enseignais pas l'Evangile ! » (6)

---

(1) Hom. 9. in 1 ad Tim. 11.
(2) Luc, IV, 43.
(3) Matth. ult. cap.
(4) Marc. ult. cap.
(5) Act. Ap. IV, 19, 20.
(6) I-Cor. IX, 16.

L'Eglise prétend n'avoir pas d'autre raison d'être, en principe, que sa mission d'enseigner : pour garder la liberté d'enseigner, il n'est pas de combat qu'elle n'ait livré ou soutenu, pas de souffrance qu'elle n'ait endurée, de sacrifice qu'elle n'ait été prête à faire.

La raison de son droit et de son devoir, c'est qu'elle est auteur, c'est qu'elle est mère du chrétien.

C'est en effet comme auteur et mère qu'elle revendique le droit de nourrir et de développer dans le chrétien par l'enseignement le germe qu'elle a formé par une espèce de génération spirituelle.

Aussi l'Eglise n'a-t-elle jamais cessé de faire un devoir à ses ministres d'enseigner la vérité divine dont ils sont dépositaires, bien plus d'ouvrir des écoles, afin d'éclairer les âmes dès la plus tendre enfance. En 539, les écoles anciennes étant tombées sous les ruines que les invasions des barbares avaient amoncelées sur l'empire romain, le Concile de Vaison exhortait vivement les curés à en établir de nouvelles dans leurs paroisses.

Pendant ce même siècle, se fondaient de nombreuses écoles autour des églises cathédrales et des monastères.

En 789, c'est Charlemagne qui, au Concile d'Aix-la-Chapelle, ordonne aux prêtres de tenir des écoles dans leurs paroisses.

En 797, Théodulfe, évêque d'Orléans, émet son fameux capitulaire dans lequel il prescrit que les prêtres établissent des écoles dans les villages et les bourgs pour y recevoir les enfants de leurs paroissiens.

Le Concile de Mayence, en 813, sanctionnant les prescriptions de Charlemagne, enjoignait aux prêtres d'exhorter le peuple chrétien à envoyer ses enfants aux écoles.

Nous n'en finirions pas si nous voulions citer tous les actes par lesquels l'Eglise a usé de son droit d'enseigner et obligé ses ministres à en remplir le devoir. Nous renvoyons aux auteurs qui ont traité cette matière. (1) Enumérons simplement le Capitulaire d'Hérard de Tours, 858, l'ordonnance de Vautier d'Orléans, 860, celle d'Hincmar de Reims, la constitution de Riculfe de Soissons, 889, etc. etc.

L'Eglise ne voulait pas seulement que toutes les paroisses eussent

---

(1) Voir sur ce sujet M. Troplong op. cit. 1844. M. Douhaire, Correspondant Novembre, 1861. M. Albert Duruy, Revue des Deux-Mondes, 15 avril 1881. L'abbé Allain, L'instruction primaire avant la Révolution. Mgr Jacobini, Discours aux Pélerins italiens cité par le journal la Civilisation du lundi 9 janvier 1882.

leurs écoles, elle voulait encore que les peuples n'en fussent pas éloignés par la nécessité d'en payer l'enseignement.

Voilà pourquoi le Concile de Latran tenu en 1149 ordonne que les églises cathédrales donneront gratuitement leur enseignement. Le douzième Concile général, qui fut célébré en 1179, oblige aussi les évêques d'ouvrir sur les fonds de leurs cathédrales et des monastères des écoles publiques gratuites.

Le bienheureux Guillaume, abbé de Saint-Bénigne de Dijon, établit des écoles gratuites pour le public dans quarante monastères de sa réforme.

L'Eglise n'obligeait pas seulement ses ministres d'ouvrir des écoles ; elle exhortait ceux de ses enfants qui en étaient capables, à faire des lectures publiques et à donner des leçons de grammaire et de science aussi bien que de religion, et les Conciles dressaient des canons pour empêcher qu'on ne suscitât des difficultés à ceux qui avaient donné des preuves de leur capacité. « *Districte præcipimus ut quicumque viri idonei et litterati voluerunt regere studia litterarum, sine molestia et exactione qualicumque regere patiantur.* Nous ordonnons rigoureusement que tous les hommes qui, étant instruits et capables, voudront enseigner les lettres, puissent le faire sans vexation ni exaction d'aucune sorte. (1)

Par ce canon, la liberté d'enseignement n'est pas seulement reconnue, elle est encore protégée, garantie.

Et quand l'Eglise ne trouvait point dans ses ressources, le moyen de fonder les écoles nécessaires, elle s'adressait aux empereurs.

C'est ce que fit le Concile de Paris qui se tint sous Louis-le-Débonnaire. Les Evêques y prièrent ce prince d'établir des écoles dans les lieux où le besoin s'en faisait sentir.

Il est vrai qu'on ne voit pas l'Eglise, à la suite de son triomphe sous Constantin, se préoccuper comme elle l'a fait depuis, d'ouvrir aux peuples des établissements d'instruction. Quoi d'étonnant ! Elle fut longtemps à panser ses blessures et à reconstituer sa hiérarchie décimée par la persécution. Et puis ne voyait-elle pas l'empereur travailler à lui soumettre au point de vue doctrinal les écoles existantes ? Pourquoi se serait-elle hâtée d'en établir de nouvelles ?

Cependant, lorsque Julien fit défense aux chrétiens d'étudier et d'enseigner les lettres grecques et latines, elle montra ce qu'il y avait

---

(1) Cité par M. Douhaire *ubi suprà*.

en elle de zèle et d'aptitude pour propager l'instruction et pourvoir à la bonne éducation de l'enfance. Immédiatement ses docteurs se mirent à l'œuvre pour créer une littérature chrétienne et ses évêques pour ouvrir des écoles aux fidèles, en remplacement de celles qui leur étaient fermées.

Mais la tempête dura peu. L'Eglise retrouva la faveur des empereurs et elle n'eut qu'à applaudir aux efforts du pouvoir pour la seconder dans sa mission et plier les écoles anciennes à la discipline de l'Evangile. C'est ainsi que le pape Agathon, à la tête d'un Concile de Rome, donnait à l'empereur Justinien les plus grands éloges pour avoir fait servir sa puissance à tout restaurer dans la vérité et dans le bien.

Aussi, pendant plus de quatre siècles, l'Eglise n'eut que fort peu d'écoles publiques en son propre nom. Les chrétiens fréquentaient les écoles municipales bien que les professeurs souvent payens ou indifférents en matière religieuse, fussent assez malveillants pour la religion nouvelle. (1)

Mais quand, avec l'empire, sombrèrent les écoles de la vieille société sous le flot envahissant des barbares, les lettres et les sciences n'eurent d'autre refuge que le sein même de l'Eglise qui se mit à fonder partout des établissements d'instruction pour remplacer ceux qui avaient péri.

« Du VIe au VIIIe siècle, dit M. Guizot, il n'y a plus de littérature profane ; la littérature sacrée est seule ; les clercs seuls étudient ou écrivent, et ils n'étudient, ils n'écrivent plus, sauf quelques exceptions rares, que sur des sujets religieux. Le caractère général de l'époque, c'est la concentration du développement intellectuel dans la sphère religieuse......

« Le IVe et le Ve siècles ne manquèrent pas d'écoles civiles, de professeurs civils, institués par le pouvoir temporel et enseignant les sciences profanes. Toutes ces grandes écoles de la Gaule dont je vous ai indiqué l'organisation et les noms, étaient de cette nature. Je vous ai même fait remarquer qu'il n'y avait point encore d'écoles ecclésiastiques (2), et que les doctrines religieuses de jour en jour

---

(1) Voir M. Guizot, Histoire de la Civilisation, Leçon IV.
(2) M. Guizot est trop absolu. Ce qui est vrai, c'est que les écoles fondées par l'Eglise étaient encore rares. Voir la Revue catholique des Institutions et du Droit. Janvier et Juin 1875.

plus puissantes sur les esprits, n'étaient point régulièrement enseignées, n'avaient point d'organe légal officiel. Vers la fin du VIe siècle, tout est changé ; il n'y a plus d'écoles civiles ; les écoles ecclésiastiques seules subsistent. Les grandes écoles municipales de Trèves, de Poitiers, de Vienne, de Bordeaux, etc., ont disparu ; à leurs places se sont élevées les écoles dites cathédrales ou épiscopales, parce que chaque siége épiscopal avait la sienne. L'école cathédrale n'est pas toujours la seule ; on trouve dans certains diocèses d'autres écoles d'origine et de nature incertaines, débris peut-être de quelque ancienne école civile qui s'est perpétuée en se métamorphosant. Dans le diocèse de Rheims, par exemple, subsistait l'école de Mouzon, assez éloignée du chef-lieu du diocèse et fort accréditée, quoique Rheims eût une école cathédrale. Le clergé commence aussi, vers la même époque, à créer dans les campagnes d'autres écoles également ecclésiastiques et destinées à former de jeunes lecteurs qui deviendront un jour des clercs.... Enfin il y avait des écoles dans les grands monastères. » (1)

On ne peut nier toutefois que du VIe au IXe siècle il ne se soit fait sur le monde une nuit intellectuelle bien épaisse. Les clercs eux-mêmes n'échappèrent pas à l'envahissement de l'ignorance et des mœurs grossières que les barbares vainqueurs déchaînèrent sur la société.

Faut-il en accuser l'Eglise ? Autant vaudrait accuser le laboureur de n'avoir pas une riche moisson, quand son froment a souffert des rigueurs de l'hiver ou de celles de l'été. L'Eglise n'a jamais cessé d'appeler les peuples à la lumière ; mais elle a souvent fait entendre sa voix à des âmes fermées aux choses de l'intelligence.

Les peuples et les rois ont, du reste, rendu à son zèle et à sa compétence le témoignage le plus désintéressé et le plus éclatant. La société civile, en effet, était encore plus malade que le clergé. Aussi se désintéressa-t-elle, dès le VIe siècle, des choses de l'enseignement et de l'éducation, et abandonna-t-elle complètement à l'Eglise le soin de pourvoir seule à l'instruction des peuples et de régler souverainement tout ce qui concerne cette matière. (2)

Charlemagne vint, qui stimula le zèle languissant des évêques et prit souvent lui-même l'initiative des mesures que réclamaient les besoins intellectuels de ses sujets. Pendant un siècle à peu près, le pouvoir politique et le pouvoir ecclésiastique associèrent et com-

---

(1) M. Guizot op. cit. leçon XVI. Voir aussi M. Troplong op. cit.
(2) M. Troplong, ibid. Ch. XIII.

binèrent leur action sur la société pour l'élever dans la lumière et dans la vertu. Mais ensuite l'Eglise resta de nouveau seule capable de travailler à son instruction et à sa moralisation. Par la force même des choses, elle devint de nouveau seule maîtresse absolue non seulement de la doctrine elle-même, mais encore de l'organisation civile et de la police des écoles. Du IXe siècle au commencement du XIVe, l'Eglise règne en souveraine sur l'enseignement. C'étaient les peuples et les rois eux-mêmes qui, dans leur impuissance propre et dans la confiance qu'elle leur inspirait, l'investissaient spontanément de tous les pouvoirs politiques qui appartiennent aux Etats sur cette matière ; c'étaient les écoles elles-mêmes, professeurs et écoliers, qui en appelaient à son autorité et lui demandaient de prononcer sur leurs difficultés. (1)

Le droit du Saint-Siége était si bien établi au commencement du XIIIe siècle que les papes jugeaient et tranchaient souverainement les questions d'enseignement, et cela, parfois même contre le jugement de la couronne, comme cela arriva sous la régence de Blanche de Castille. (2) Saint Louis qui était assez jaloux des droits de son autorité, reconnaissait aussi lui-même cet ordre de choses que les circonstances des temps avaient politiquement constitué.

Ce fut Philippe-le-Bel qui, par son ordonnance de 1212, fut le premier à le méconnaître et à le renverser. Du moins l'Eglise gardat-elle encore jusqu'à la révolution la direction et la surveillance politique des écoles primaires. (3)

III

Il nous reste à répondre aux objections soulevées contre l'exposé que nous venons de faire des droits, de la conduite et de la doctrine de l'Eglise en matière d'enseignement et d'éducation.

D'abord, il en est qui accusent l'Eglise de s'arroger le droit d'élever les enfants malgré la volonté de leurs parents, et de refuser à ceux-ci le pouvoir de former ceux-là à leur gré.

Cette objection est faite de confusions que nous allons tâcher de dissiper.

---

(1) M. Troplong. op. cit. ch. XIV.
(2) ibid.
(3) Voir M. Albert Duruy, Revue des Deux Mondes 15 avril 1881.

Il est vrai que l'Eglise revendique le droit d'élever chrétiennement les enfants qu'elle a baptisés et elle revendique ce droit contre leurs parents eux-mêmes qui voudraient les élever dans l'ignorance, le mépris ou la haine du christianisme.

Mais il est vrai aussi que l'Eglise ne baptise personne malgré lui, ou contre la volonté de ceux dont il dépend.

A cette question, en effet ; « Faut-il baptiser les enfants des Juifs et des infidèles malgré leurs parents, saint Thomas répond : » L'usage de l'Eglise a une très grande autorité ; il faut toujours le suivre. C'est du reste de l'Eglise que la doctrine des Docteurs tire sa force. Par conséquent il faut s'en tenir à l'autorité de l'Eglise plutôt qu'à celle d'Augustin ou de Jérôme ou de tout autre docteur.

Or, il n'a jamais été dans l'usage de l'Eglise de baptiser les enfants des Juifs malgré leurs parents. Cependant il y a eu dans les âges passés des princes très puissants, tels que Constantin et Théodose ; en même temps que ces princes, il y a eu de très saints évêques qui furent très-étroitement liés avec eux ; ainsi le furent Silvère avec Constantin et Ambroise avec Théodose. Certainement, s'il eut été conforme à la raison de baptiser les enfants des hérétiques malgré leurs parents, les premiers eussent obtenu des seconds le pouvoir de le faire.

Il parait donc dangereux de soutenir qu'il faille baptiser les enfants des Juifs, malgré leurs parents ; de plus, c'est contraire à l'usage qui a été suivi jusqu'à ce jour dans l'Eglise ; et cela, pour deux raisons. La première, c'est le danger même que courrait la foi en ceux qui recevraient le baptême dans ces conditions..... La seconde, c'est qu'il est de droit naturel que l'enfant, avant d'avoir l'âge de raison, demeure sous la garde de son père. L'enfant est quelque chose de son père *aliquid patris*. Par conséquent, ce serait contre la justice naturelle de soustraire aux soins de ses parents un enfant qui n'a pas l'âge de raison, ou bien de disposer de lui en quelque façon malgré leur volonté. (1) »

Tel est l'éclatant hommage que la doctrine et la pratique de l'Eglise rendent à l'autorité paternelle. L'Eglise baptise les enfants, quand leurs parents le lui demandent ; elle défend de les baptiser, quand leurs parents s'y opposent.

Mais, voici un enfant qui a été baptisé conformément au droit de chacun; l'Eglise prétend-elle avoir le droit de l'élever chrétiennement ? C'est incontestable. Refuse-t-elle aux parents le droit de l'élever en

(1) 2. 2. Quæst. X. art. 12.

opposition avec la foi de son baptême ? Ce n'est pas plus douteux. Le droit canon est formel. (1)

L'Eglise est-elle fondée à s'attribuer ce droit ? L'Eglise s'affirme auteur et mère ; elle a, pour développer dans l'enfant le germe divin qu'elle y a procréé, les mêmes titres que les parents suivant la chair pour développer l'homme raisonnable qu'ils ont ébauché en lui. C'est ce que nous établirons plus amplement dans notre quatrième livre. Comme, en mettant un enfant au monde, ses auteurs se sont engagés à en faire un homme, ainsi en le faisant naître par le baptême à la vie chrétienne, ils ont pris l'engagement d'en faire un chrétien.

Par conséquent, en leur refusant le droit d'élever leur enfant en opposition avec le baptême qu'ils lui ont fait donner, l'Eglise ne fait que leur refuser le droit de violer leurs engagements, de manquer à leurs devoirs et d'être injustes. Elle ne leur dénie pas un droit qu'ils possèdent réellement. Elle ne porte donc aucune atteinte réelle à leur autorité naturelle ; elle empêche seulement que, sous le couvert de leur autorité, ils ne fassent le mal que leur autorité même devrait empêcher.

Du moins, l'Eglise ne lèse-t-elle point directement elle-même l'autorité paternelle, en permettant à l'enfant, dès qu'il est parvenu à l'âge de raison, de recevoir le baptême et de professer la foi chrétienne, malgré l'opposition et la défense de ses parents ? Au texte que nous avons cité plus haut, saint Thomas, en effet, ajoute : « Mais, lorsque l'enfant a acquis l'âge du libre arbitre, il commence dans la même mesure à être maître de lui-même et à s'appartenir ; il a donc proportionnellement le pouvoir de disposer de lui-même pour l'avenir dans l'ordre des choses qui sont de droit naturel ou divin. Il faut alors l'amener à la foi, non par la violence, mais par la persuasion. Dans ces conditions, il a le droit de donner, même malgré ses parents, son assentiment à la foi et de recevoir le baptême. Toutefois, cela n'est pas possible avant qu'il ait l'âge de raison. » (2)

Eh bien, y a-t-il dans cette doctrine quelque chose qui blesse réellement la souveraineté de l'autorité paternelle ? Non ; comme nous le dirons plus loin, la mission et le but de l'autorité paternelle, c'est de former l'enfant à l'usage de sa raison et de sa liberté ; cette autorité ne peut donc pas avoir le droit d'empêcher que l'enfant ne se

---

(1) V. Cap. Judœorum II Causa 28 quæst. I. Ex Concil. Tolet. 4 can. 54.
(2) Ubi suprà.

serve du degré de raison qu'il possède afin de s'élever à un degré supérieur, ni du degré de liberté morale auquel il est parvenu afin d'en acquérir un autre plus éminent.

C'est incontestable : un enfant reconnaît clairement la vérité de l'Evangile, il reconnaît avec évidence le devoir où il est de l'embrasser. Qui pourrait l'en empêcher ? Il est fait pour se connaître, pour connaître sa fin et l'embrasser librement. Du moment qu'il se connaît et qu'il connaît sa fin, il s'appartient, il est maître de lui-même.

Il n'y a pas et il ne peut pas y avoir de pouvoir qui ait le droit de l'empêcher, en dépit de sa nature, de professer la vérité et d'aimer le bien qu'il connaît, de poursuivre, en un mot, la destinée suprême pour laquelle il se voit et se sent fait. Non, il n'y en a pas et il ne peut pas y en avoir ; Dieu lui-même ne s'est pas réservé ce droit. Non, Dieu ne peut pas empêcher un être raisonnable de s'appartenir et de faire sa destinée ; il ne peut pas empêcher un être qu'il a fait pour la vérité et le bien, d'aller à la vérité et au bien connus. Comment dès lors les parents auraient-ils ce pouvoir ? Certes, rien ne serait plus opposé à la raison même de leur autorité. N'ayant de pouvoir sur l'enfant que pour le former à user de sa liberté et de sa raison, comment en pourraient-ils avoir pour l'empêcher de faire acte de raison et de liberté ? C'est impossible. En cela, l'Eglise ne lèse donc pas l'autorité réelle des parents ; elle s'oppose simplement à ce que les parents s'arrogent une autorité qu'ils ne peuvent pas avoir, des droits qui seraient contre la fin et la raison même des pouvoirs qu'ils possèdent.

Du reste, la loi à laquelle l'Eglise soumet l'autorité paternelle n'est pas aussi exorbitante qu'au premier abord on voudrait se l'imaginer. L'Etat moderne la maintient sur un terrain plus restreint. Les articles 334 et 335 du Code pénal refusent aux parents le droit de former leurs enfants à une vie d'immoralité ; bien plus, ils dépouillent de l'autorité paternelle ceux qui *excitent, favorisent* ou *facilitent habituellement la débauche et la corruption* de leurs enfants au-dessous de l'âge de vingt-un ans, et ils remettent l'éducation de ces mêmes enfants à des personnes vertueuses qui méritent la confiance de la société.

Telle est le principe qui dirige l'Eglise, lorsqu'elle refuse aux parents le droit de former et de pervertir leurs enfants au mépris de la vraie foi comme de les scandaliser et de les corrompre au mépris des bonnes mœurs.

Le principe est le même dans l'Eglise et dans l'Etat ; seulement l'Eglise l'applique à des matières plus étendues que ne le fait l'Etat ; c'est là toute la différence entre la conduite de l'un et celle de l'autre.

IV

L'Eglise a-t-elle reconnu à tous les hommes instruits et vertueux le droit d'enseigner et d'élever l'enfance ?

M. Troplong a nié que l'Eglise ait admis la liberté d'enseignement, alors qu'elle était maîtresse des écoles. Parlant de la défense qu'Anselme l'Ecolâtre avait faite à Abeilard d'enseigner à Laon, il dit en note : « Abeilard prétend que cette opposition ne fut de la part d'Anselme qu'une chicane et qu'elle n'avait jamais été faite à personne. Mais cette accusation me paraît suspecte et je n'admets pas, comme Fleury et autres, qu'il y ait eu à cette époque liberté d'ouvrir des écoles (1). »

« Je n'admets pas, » c'est bien vite dit ; mais, savant Jurisconsulte, quelles raisons avez-vous de ne pas admettre ? Vous oubliez de nous les dire. Voici celles que nous avons, nous, pour croire au témoignage d'Abeilard et embrasser le sentiment de Fleury et autres :

D'abord, Abeilard n'est contredit par aucun de ses contemporains. Ensuite, Abeilard n'eût pu s'en prendre publiquement à la mauvaise volonté d'Anselme, si Anselme eût pu lui-même s'autoriser de quelque loi. Le témoignage d'Abeilard est ainsi d'un poids réel ; rien n'autorise à le rejeter.

Du reste, la liberté d'enseignement n'a été d'abord supprimée qu'au profit de l'université qui en a reçu le monopole.

Or, au commencement du XIIe siècle, ce monopole n'était point encore établi. Pendant fort longtemps après, il n'empêcha pas la liberté des cours isolés. La liberté était donc certaine au temps d'Abeilard et d'Anselme. Le Canon que nous avons cité plus haut la proclame et la garantit formellement.

« Nous ordonnons rigoureusement, dit le Concile en question, que les hommes instruits et vertueux qui voudront enseigner les lettres, puissent gouverner leurs écoles sans vexation ni exaction d'aucune sorte. (2). »

---

(1) M. Troplong op. cit.
(2) M. Douhaire. Correspondant, Novembre 1864.

Enfin il est contre la nature et la mission de l'Eglise de restreindre la diffusion de la vérité, en en restreignant l'enseignement. L'Eglise ne cesse de répéter avec son fondateur : « Que de pays qui sont prêts pour la moisson ! Mais ce sont les moissonneurs qui manquent (1) » Aussi ne cesse-t-elle d'appeler des ouvriers nombreux au champ du père de famille.

Parfois elle a trouvé devant elle et contre elle des adversaires, des concurrents ; elle n'a jamais fait que redire avec saint Paul : « Quelques-uns enseignent le Christ, non sincèrement mais par esprit de contention, pensant par là me susciter dans mes fers un sujet d'affliction. Que m'importe ? pourvu que le Christ soit annoncé en toutes manières, par accident ou suivant l'ordre, je m'en réjouis et je m'en réjouirai encore. » (2).

Que demande l'Eglise aujourd'hui comme autrefois ? Des âmes qui soient toutes lumineuses des pures clartés de la vérité et qui soient toutes brûlantes de zèle pour les répandre sur la société. Peu lui importe l'habit qu'on a vêtu, dès qu'on enseigne la vérité, qu'on propage la vertu, on remplit ses vœux et on la réjouit.

La liberté qu'elle n'admet pas, qu'elle condamne énergiquement, c'est la liberté d'enseigner l'erreur, de propager le mal. Quoi de plus logique, de plus rigoureusement voulu par la nature même des choses ! Est-ce que le but, la raison même essentielle de l'enseignement et de l'éducation n'est pas de communiquer la vérité et le bien, afin de dissiper l'erreur et le mal ? (3). Comment dès lors admettre que la liberté de l'enseignement et de l'éducation puisse avoir pour fin d'éteindre la lumière de la vérité et d'étouffer les ardeurs du bien, pour établir à leur place le règne de l'erreur et du mal ? Ce serait le renversement du sens commun. Il est évident que si quelqu'un revendique le droit d'enseigner, ce ne pourra jamais être que pour combattre l'ignorance et le vice et faire triompher la vérité et le bien.

D'autre part, la liberté d'enseignement, nous l'avons dit, est toujours limitée par la constitution des êtres. Aucun être ne peut consentir à ce qu'on soit libre de l'attaquer et de le détruire.

Or, l'Eglise se donne comme toute faite de vérités, comme cons-

(1) Joan IV. 35.
(2) Ad Phil. I.
(3) C'est ce que reconnaît Condorcet lui-même dans son rapport à l'Assemblée législative. La première condition de toute instruction étant de n'enseigner que des vérités, etc. p 3.

tituée pour être la colonne, le fondement, l'organe de la vérité. Il serait donc contre sa nature, contre sa constitution qu'elle admît la liberté, le droit d'enseigner l'erreur ; s'il en était ainsi, elle se contredirait, elle se renierait.

Quand donc l'Eglise condamne ou refuse la liberté d'enseigner l'erreur, elle ne fait qu'user du droit de tous les Etats qui interdisent tout enseignement contraire à leur constitution, à leurs lois et aux bonnes mœurs.

Ainsi l'Eglise ne pose à la liberté d'enseignement et d'éducation que les limites mêmes de la vérité et du bien. Sous cette seule restriction, elle répète à qui veut l'entendre, la belle parole du prophète Daniel : « Ceux qui auront été instruits brilleront comme la splendeur du firmament, et ceux qui instruiront beaucoup d'esprits pour la justice, seront comme des étoiles voguant vers de perpétuelles éternités (1). »

M. Troplong, avec les légistes, veut bien reconnaître que l'Eglise a ouvert des écoles, et même que, durant de longs siècles, elle a régné en souveraine sur l'enseignement. « Mais, dit-il, ce n'est pas en vertu de son droit propre qu'elle a exercé cet empire, qu'elle a rempli ce ministère ; c'est en vertu des pouvoirs qu'elle tenait, par délégation, de l'État ; c'est donc au nom de l'Etat qu'elle a gouverné les écoles et l'instruction publiques, fonction dont le pouvoir civil, par suite de l'ignorance et des malheurs des temps, n'était pas capable de s'acquitter convenablement par lui-même.

Le droit d'ouvrir des écoles et d'y enseigner est en effet un droit essentiellement régalien, une prérogative de la souveraineté politique. L'Eglise elle-même l'a reconnu ; car, elle n'a pas toujours eu les superbes prétentions qu'ont plus tard affichées quelques-uns de ses Pontifes. On la voit, sous les premiers empereurs chrétiens, s'inclinant avec respect devant tous les actes qu'ils exercent sur le domaine de l'enseignement (2).

Pour prouver sa thèse, le savant jurisconsulte cite, entr'autres, le décret de Julien que Théodose fit revivre et qui est entré dans le code Justinien, puis il conclut : « Le choix des professeurs est donc subordonné à la volonté de l'empereur sur toute l'étendue de l'empire. La Curie fait subir les examens et présente les candidats. L'empereur les nomme ou les écarte. A l'action pleine et entière du

---

(1) Daniel XII. 3.
(2) M. Troplong op. cit. passim. in princip.

prince ne vient se mêler aucune influence rivale procédant d'un pouvoir d'un autre ordre (1).

Et, plus loin, parlant toujours des mesures impériales en matière d'enseignement, M. Troplong ajoute : « L'Eglise, témoin de ces louables efforts, n'eut garde d'accuser les moyens qui servaient à les rendre profitables à elle et à l'Etat.

« Loin de blâmer, elle approuvait donc et le pape Agathon, à la tête du Concile de Rome, rendait à Justinien qui avait sanctionné et rajeuni ces édits, ce témoignage éclatant que, par sa religion autant que par sa sagesse, il avait renouvelé toutes choses et les avait rétablies en un meilleur état (2). »

Maintenant, par quelle suite d'évènements, les idées avaient-elles dévié de cette législation théodosienne et justinienne si fortement empreinte du droit exclusif de la puissance temporelle, jusqu'à une théorie qui, renversant les situations, attribue à l'Eglise la haute prérogative de l'enseignement ? La royauté, descendue au dernier degré d'abjection et d'imbécillité, lui avait abandonné cette prérogative régalienne qu'elle n'était plus capable d'exercer. Les princes étaient devenus trop profondément grossiers et ignorants pour croire à autre chose qu'à la puissance de leur épée ; ils ne pouvaient même soupçonner ce qu'il y avait de force, pour gouverner les peuples, dans l'enseignement et dans l'éducation. Ils abandonnèrent donc complètement les écoles à l'Eglise qui, sachant bien l'influence que, par ce moyen, elle pouvait acquérir sur la société, reçut ce mandat avec joie et s'appliqua à le remplir avec zèle.

Ainsi, il faut arriver à Charlemagne pour trouver un prince qui, comprenant l'importance de l'enseignement, s'aplique à ressaisir ce moyen de gouvernement détaché de sa couronne.

Aussi le voit-on rappeler aux Evêques et aux Abbés le devoir où ils sont d'enseigner les peuples, et, par son capitulaire d'Aix-la-Chapelle, leur faire commandement d'établir des écoles dans leurs évêchés et dans leurs monastères. C'est lui-même qui va jusqu'à tracer le programme de ces écoles ; il défend qu'on y lise et qu'on y explique autre chose que les livres canoniques et catholiques et les écrits des saints Pères (3). »

(1) Ibid. p. 10.
(2) Op. cit. p. 18.
(3) Voir M. Troplong op. cit. p. 27-31. Baluze T. I. p. 128. Conciles des Gaules T. I, p. 121. Thomassin T. II, p. 621.

Ses fils suivirent sa politique. Mais leurs faibles descendants laissèrent retomber le droit de diriger l'enseignement dans les mains du clergé qui, seul, en savait l'efficacité pour gouverner les hommes.

« L'Eglise, ainsi, quand elle a été maîtresse de l'enseignement n'a fait que remplacer le pouvoir temporel dans une affaire du gouvernement. »

Tel est l'ingénieux système qu'ont inventé les légistes, dès le règne de Philippe-le-Bel, qu'ils ont développé dans la suite des siècles, et que M. Troplong a renouvelé dans l'ouvrage que nous avons déjà plusieurs fois cité.

Essayons de débrouiller les obscurités et les confusions dont les auteurs en ont fait la trame.

1° Est-il vrai que l'Eglise ait exercé sur les écoles un pouvoir civil et politique qui avait été détaché de la couronne ? Cela est irrécusable. L'Eglise, du sixième au huitième siècle et du neuvième au commencement du quatorzième, a été constitutionnellement investie, par la confiance des peuples et des rois, non pas de la direction doctrinale de l'enseignement, (cette direction, elle la tient de Jésus-Christ), mais de la direction civile et politique des écoles.

Il est incontestable, en effet, que l'établissement des écoles, leur existence et leur gouvernement, que l'exercice de l'enseignement lui-même intéressent profondément l'ordre public et le bien social. Il y a donc là un domaine qui appartient directement et en propre au pouvoir politique dont la mission spéciale est de sauvegarder la paix sociale, de veiller aux intérêts généraux de la société. C'est là un objet qui n'est point immédiatement et proprement du ressort du pouvoir spirituel de l'Eglise dont la fin spéciale est de pourvoir au bien éternel des âmes.

Eh bien, durant les époques que nous avons indiquées, ce n'a point été le pouvoir civil et politique qui a réglé les conditions civiles et politiques des écoles. ç'a été l'Eglise elle-même, du consentement et avec l'aide des princes et des peuples. Or, l'Eglise a ainsi civilement et politiquement gouverné le domaine des écoles avec une autorité souveraine et parfois contre la volonté des rois, comme cela est arrivé sous Blanche de Castille et sous Saint Louis. Son pouvoir sur ce domaine n'était donc point l'effet d'une tolérance mais d'une concession véritable ; il était constitutionnellement reconnu comme faisant partie de l'ordre social propre à ces époques.

Pourquoi ? Les peuples s'étaient convaincus que les papes étaient plus capables que les rois d'exercer utilement pour eux cette partie du pouvoir social et ils s'étaient mis d'accord pour en dépouiller les seconds et en revêtir les premiers.

2° Est-il vrai que Charlemagne ait songé à ressaisir systématiquement les droits qui avaient été enlevés à sa couronne et à reconquérir un moyen de gouvernement dont le clergé s'était emparé ?

« Les actes de Charlemagne en faveur de la civilisation morale, dit M. Guizot, ne forment aucun ensemble, ne se manifestent sous aucune forme systématique ; ce sont des actes isolés, épars ; tantôt la fondation de quelques écoles, tantôt quelques mesures prises pour le perfectionnement des offices ecclésiastiques et le progrès de la science qui en dépend ; ailleurs des recommandations générales pour l'instruction des clercs et des laïques... il n'y a rien là de systématique... » (1)

Moins encore pourrait-on y reconnaître des signes de rivalité à l'égard de l'Eglise. Si le grand empereur domine le clergé, c'est par le génie et le zèle qu'il met au service de la foi. Loin d'abuser de sa puissance pour dicter la loi à l'Eglise, il est soumis comme un enfant à toutes ses décisions et il ne songe qu'à lui prêter l'appui de son bras pour affermir et étendre son empire. Constantin s'était donné le titre d'évêque des affaires extérieures, *episcopus exteriorum* ; lui, il se qualifie en tête de ses lettres d'*Auxiliaire du Siége apostolique* en toutes choses. (2)

Bien loin de reprendre à l'Eglise les pouvoirs que les peuples lui avaient conférés, Charlemagne n'a fait qu'aiguillonner le clergé dans l'accomplissement de sa mission sociale en matière d'instruction et d'éducation, que lui fournir souvent le moyen d'en porter le lourd fardeau, que le seconder enfin, en toutes manières, soit pour ériger des écoles, soit pour pourvoir à leur bonne administration, soit pour veiller aux progrès de leur enseignement. En tout cela, loin de se poser en adversaire du pouvoir spirituel, il en a pris les intérêts, il s'en est fait le serviteur, il en a comblé les vœux.

3° Et maintenant, l'Eglise a-t-elle jamais reconnu dans les premiers siècles de son triomphe que le droit d'enseigner est un droit essentiellement régalien, une prérogative exclusivement propre à la couronne ? Nous avons déjà vu que rien n'est moins soutenable.

M. Troplong nous objecte la modestie, l'humilité de son attitude

---

(1) M. Guizot, Histoire de la Civilisation XX° leçon.
(2) Baluze, T. I, p. 189, cité par Rohrbacher, Histoire de l'Eglise catholique, T. V.

devant les Constantin et les Théodose, et il en conclut qu'elle ne prétendait nullement alors partager avec l'Etat le droit d'enseigner. Cette conclusion n'est point légitime. M. Guizot va nous exposer les raisons de sa conduite et nous faire comprendre sa situation en face de l'Etat.

« Il serait faux de dire, s'écrie-t-il, que l'Eglise est tombée alors sous le gouvernement de l'Etat ; que le système de sa subordination temporelle a prévalu. En général, les empereurs n'ont pas prétendu régler la foi ; ils ont accepté la doctrine de l'Eglise....
Cependant on y rencontre un grand nombre de faits dans lesquels le système de la souveraineté de l'Etat sur l'Eglise a pu prendre et a pris en effet son origine. Vers la fin du troisième et au commencement du quatrième siècle, par exemple, les évêques avaient avec les empereurs un ton extrêmement humble et soumis ; ils exaltaient sans cesse la majesté impériale. Si elle avait prétendu porter atteinte à l'indépendance de leur foi, ils se seraient défendus et ils se défendirent souvent en effet avec énergie. Mais ils avaient grand besoin de sa protection... A peine venaient-ils d'être reconnus et adoptés ; ils traitaient le pouvoir temporel avec beaucoup d'égards et de ménagements. D'ailleurs la société religieuse ou plutôt son gouvernement n'avait à cette époque aucun moyen de faire exécuter ses volontés ; ... il était sans cesse obligé de recourir à l'intervention du gouvernement civil. Ce besoin continuel d'un aveu étranger donnait à la société religieuse un air de subordination et de dépendance plus extérieure que réelle ; au fond l'indépendance et même la puissance étaient grandes... l'Eglise se servait de la force de l'empire, se couvrait de sa majesté. » (1)

Ainsi, il n'est pas possible de conclure des égards dont l'Eglise a rempli sa conduite envers les empereurs, qu'elle leur reconnaissait le droit souverain de gouverner seuls le domaine de l'enseignement. M. Troplong est obligé lui-même de confesser que sa conduite était simplement inspirée et dirigée par des règles de sagesse et de prudence.

Et, en effet, quels sont les pouvoirs que l'Eglise a reconnus à l'Etat sur les écoles ? Les pouvoirs purement civils et politiques de définir par la loi les conditions civiles et politiques auxquelles les exigences de l'ordre social et du bien public prescrivent de soumettre les écoles

---

(1) M. Guizot, Histoire de la Civilisation 111ᵉ leçon.

et leur enseignement. L'établissement des écoles et l'exercice de l'enseignement intéressent la société, nous l'avons dit ; il est donc juste qu'ils relèvent, sous le rapport politique, du pouvoir qui a la charge de veiller aux intérêts de la société.

Mais l'Eglise a-t-elle jamais reconnu à l'Etat le droit exclusif de définir ce qui est vérité ou erreur, de déterminer ce qui doit être enseigné et ce qui doit ne pas l'être ? Non, bien loin de là, elle a soutenu les plus grandes luttes et souffert les maux les plus cruels pour arracher les âmes au joug de César, pour défendre le domaine des intelligences contre les envahissements de la force. Qu'il suffise de rappeler les héroïques résistances d'Hilaire de Poitiers contre Constance, de Basile contre Valens, de Léon-le-Grand contre Théodose le jeune, de Sergius contre Justinien III, de Maxime contre Constant.

L'Eglise a-t-elle jamais reconnu que le droit d'instruire un enfant fût un droit régalien, une prérogative de la couronne, ou en d'autres termes, que le pouvoir politique fût la source unique du pouvoir et des droits dont ont besoin un père pour élever son enfant, un maître pour donner son enseignement ? Non, pas davantage, jamais elle n'a fait à un père le devoir d'aller demander au souverain le droit ou la permission d'élever à son gré son enfant, ni à un professeur instruit et vertueux celui de solliciter des magistrats l'autorisation de communiquer sa science et de répandre les clartés de la vérité. Au père elle répète les paroles de l'Ecclésiastique et de l'Apôtre : « Tu as des fils, instruis-les, (1) élève-les dans la discipline du Seigneur. » (2) Au docteur, elle redit celles de Daniel : « Ceux qui instruisent beaucoup d'esprits vogueront comme des étoiles dans de perpétuelles éternités. » (3) Elle proclame aussi les droits et les devoirs des individus. Quant aux empereurs et aux rois, elle leur rappelle l'enseignement de Saint Paul : « Vous n'êtes que les ministres de Dieu, vous ne portez le glaive que pour punir les méchants et assurer aux bons la jouissance de leurs droits (4).

Or, en défendant les droits de la famille et des individus, en rappelant à l'Etat les limites du rôle dans lequel il doit se renfermer, l'Eglise a-t-elle renoncé au droit d'ouvrir des écoles pour y former

(1) Eccli VII, 25.
(2) Ad Eph. VI. 4.
(3) Daniel XII. 3.
(4) Ad Rom. XIII.

l'esprit et le cœur de l'enfance ? C'est ce que soutient M. Troplong. D'après lui, l'Eglise se serait cantonnée dans la région sereine des principes au dessus de la sphère agitée des luttes qu'engagent entre eux les intérêts opposés ; ou autrement elle se serait bornée à définir théoriquement le dogme, elle n'aurait pas eu la prétention d'ouvrir des écoles pour l'enseigner pratiquement à l'enfance. Rien de moins fondé ni de plus contraire à l'histoire. Sans doute, l'Eglise s'est cru le pouvoir de définir souverainement la vérité révélée, mais elle ne s'est pas moins crue obligée de faire pénétrer dans l'esprit des peuples par la prédication, et surtout dans l'esprit de l'enfance par l'enseignement des écoles, les dogmes et les principes moraux qu'elle découvre dans le trésor de la révélation. Ainsi, elle ne se contente pas de se réunir en Concile, ni de parler par la bouche de son Chef suprême pour définir ce qui est de foi, elle bâtit des églises, elle y rassemble ses membres pour leur enseigner ce qu'ils doivent croire. Et, pour que son enseignement jette de plus profondes racines dans le cœur humain, à côté de l'église, elle ouvre des écoles dans lesquelles elle forme l'enfance à la vie chrétienne. M. Troplong objecte qu'elle n'a pas songé à bâtir des écoles sous les premiers empereurs chrétiens. Nous avons dit pourquoi : les empereurs chrétiens mettaient les écoles anciennes au service de sa foi. Du reste, nous l'avons vu, quand Julien ferma aux chrétiens les écoles municipales, l'Église n'hésita ni ne tarda un instant de travailler à en ouvrir de nouvelles. Elle ne fut arrêtée dans son élan que par la mort même de Julien. C'est ainsi que, à travers tous les siècles, l'Église a affirmé, revendiqué et exercé, suivant les circonstances et les besoins, son droit d'avoir des établissements d'enseignement et d'éducation.

CHAPITRE III

Etat de la question de 1312 à 1789.

> Sous l'ancienne monarchie, l'État en vint peu à peu à soumettre l'enseignement à un régime de plus en plus despotique, du moins il n'enseigna jamais lui-même.

I

L'Église, de par le droit constitutionnel des peuples, régna souverainement sur les écoles jusqu'au commencement du XIVe siècle.

En 1307, le pape Clément V, en vertu du droit antique reconnu au Saint-Siége, avait constitué l'université d'Orléans. Philippe le Bel, sous l'inspiration des légistes, cassa l'institution régulière de cet établissement, en revendiquant les prérogatives de sa couronne. Puis, de sa propre autorité et sans aucune intervention du Pape, il le reconstitua par sa fameuse Ordonnance de 1312, en lui attribuant l'étude de l'un et de l'autre droit, mais en lui défendant d'enseigner la théologie. (1)

C'était une révolution contre le régime constitutionnel sous lequel la France vivait depuis cinq siècles.

Toutefois, ce n'était qu'un premier pas dans un envahissement qui ne cessera de s'étendre pendant plus de cinq siècles.

Ainsi, dès 1326, Charles II érige l'école de Montpellier en faculté de droit.

Philippe de Valois fait passer l'Université de Paris sous la juridiction du Prévôt qui est le représentant du pouvoir royal.

Charles VII ordonne que les causes de la même Université seront portées devant le Parlement. Louis XI va jusqu'à faire défense de citer les écoliers en cour de Rome. Evidemment, à mesure que l'autorité royale s'affirme et grandit au sein des Universités, celle du

---

(1) Voir M. Troplong op. cit. p. 10. M. Albert Duruy, Revue des Deux Mondes Février 1870.

Pape décline et s'amoindrit. Elle finira par disparaître à peu près vers le commencement du XVII⁰ siècle. Déjà, au milieu du siècle précédent, sa part dans la direction des Universités est réduite au simple concours qu'elle prête à l'action du roi.

Ce qui n'est pas moins à remarquer, c'est que l'Église accepte cette déchéance politique et qu'elle reconnaît de bonne grâce le nouvel ordre de chose. Le Cardinal de Lorraine, dans l'allocution qu'il adressait au roi, le 23 mai 1573, relativement à la réformation prescrite par l'Ordonnance d'Orléans, disait : « Aidez-nous, sire, à réformer les Universités de votre royaume et spécialement celle de Paris...., car *nous ne le pouvons faire sans votre autorité.* »

Ce langage était bien celui que voulait la royauté ; il proclamait sa victoire sur un régime universitaire qui attestait son humiliation et son amoindrissement.

Le roi y répondit par l'Ordonnance de Blois 1579. Après avoir insisté sur l'exécution de celle d'Orléans, il règle la police intérieure des collèges, les devoirs des principaux et des professeurs, il impose aux recteurs des obligations pour la surveillance et la visite de ces établissements et détermine les conditions à remplir pour être admis à l'enseignement (1).

Cette ordonnance fit faire un pas décisif à l'autorité royale et à la centralisation gouvernementale en matière d'instruction. Ce même édit maintenait à la couronne le droit d'autoriser les institutions d'enseignement et renouvelait l'obligation des épreuves et des grades pour les aspirants au professorat. (2)

Celui de 1598 le confirma.

C'est par ces actes que la royauté affermissait et étendait son autorité sur les Universités. Sous Henri IV, elle y était déjà assez absolue pour arrêter la réforme des écoles de Paris sans aucun concours ni intervention du Saint-Siége.

« Il suffit de parcourir la correspondance du chancelier d'Aguesseau, dit M. Troplong, pour y trouver à chaque instant la preuve éclatante, non seulement de la direction donnée par le chef de la Justice à l'administration des écoles, mais encore de la centralisation du pouvoir enseignant que la révolution a sans doute complétée et fortifiée, mais qui a aussi des bases évidentes dans la monarchie de l'ancien régime. » (3)

(1) M. Troplong, op. cit. p. 170, et M. Albert Duruy, ubi supra.
(2) Ibid.
(3) Ibid.

M. Troplong confond ici le pouvoir tyrannique que l'ancienne royauté a exercé sur la direction politique de l'enseignement, avec le pouvoir enseignant lui-même qu'elle ne s'est jamais arrogé.

L'Edit de février 1763 porta à un degré d'intensité plus violent encore l'action despotique de l'Etat sur l'enseignement. Dans le préambule, le roi déclare de nouveau qu'aucune école publique ne peut s'établir dans son royaume sans son autorité, que tous les établissements de collèges particuliers, actuellement existants, ne sont qu'un effet de la concession des rois, ses prédécesseurs.

Voici quelques-unes des dispositions qui se rapportent à notre sujet :

« Ceux qui sont chargés de la direction et de l'administration des dits collèges, soit qu'ils se trouvent régis et desservis par des congrégations religieuses ou séculières, ou par quelqu'autre personne que ce puisse être, seront tenus de nous remettre dans six mois pour tout délai, des états exacts pour tout ce qui peut concerner les établissements desdits collèges et les unions de bénéfices qui y ont été faites, le lieu et le diocèse où ils sont situés, le nombre des classes, des professeurs, régens, écoliers, la manière dont ils sont régis, et généralement tout ce qui peut faire connaître leur administration et leur situation actuelle, pour que, sur le compte qui nous sera rendu et sur les représentations que nos cours et procureurs généraux pourront nous présenter, nous soyons en état de nous déterminer sur ceux des dits collèges qu'il y aura lieu de placer ailleurs, de réunir à d'autres ou même de supprimer, et de pourvoir définitivement par nos lettres patentes à l'état de ceux que nous aurons jugé bon de conserver. »

L'article III porte : « Nos cours et autres juges qui en doivent connaître, exerceront dans lesdits collèges l'autorité et la juridiction qui leur ont été confiées par nous ou par les rois, nos prédécesseurs, sur tout ce qui concerne la police, règles et administration des dites écoles. »

Quant aux évêques, ils n'ont droit, d'après l'article II, que sur le spirituel, la célébration de l'office divin, l'administration des sacrements, la représentation et censure des livres et cahiers par rapport à l'enseignement de la foi.

Les articles IX, XI et XII les chargent de la nomination ou de l'approbation des professeurs de théologie dans les écoles autres que celles des universités.

Ainsi l'Etat met la main sur toutes les écoles, sur les universités et sur les collèges qui appartiennent soit à des congrégations, soit même à toute autre personne. Il s'attribue le pouvoir souverain de les déplacer, de les réunir et même de les supprimer suivant qu'il le jugera bon.

A cette heure, et depuis longtemps, il n'est plus question du Pape. Cependant les évêques ont encore quelque autorité sur l'enseignement. Relativement aux établissements d'instruction supérieure, leur autorité, nous venons de le voir, se borne aux matières spirituelles. Elle est plus étendue sur les écoles primaires. Ce sont encore les paroisses qui, par leurs Fabriques, payent la rétribution scolaire. Mais, d'autre part, les intendants les poussent à la fournir proportionnellement au marc le franc sur la tête de chacun de leurs membres. Cette innovation a pour but de préparer aux agents du roi le moyen de se substituer un jour à l'administration paroissiale, et, en attendant, de leur donner l'occasion de s'immiscer dans les délibérations et les décisions des Fabriques.

L'Eglise, à cette époque, tient toujours sous son pouvoir les instituteurs ou recteurs des écoles ; c'est elle qui les examine, les nomme, les inspecte, les révoque sans aucune intervention du pouvoir civil. Les communautés n'avaient le droit que de les élire sous la condition de faire approuver leurs choix par les évêques. La loi portée par le Concile de Narbonne en 1551, fut reconnue et confirmée par un arrêt du Parlement de Navarre en 1737, sur la plainte de l'évêque de Bayonne. Mais, chez les instituteurs, la révolte couvait au fond des cœurs. Dans le cahier de leurs doléances présenté aux Etats généraux réunis à Paris, les instituteurs des petites villes, bourgs et villages de Bourgogne demandaient à dépendre de l'Etat sous la simple surveillance du Clergé. La sécularisation des écoles était déjà dans l'air au dix-huitième siècle. (1)

Maîtresse souveraine de l'enseignement au moyen-âge, l'Eglise n'a pas seulement perdu tous ses pouvoirs politiques, en cette matière, elle est sur le point de se voir même contester et refuser son droit naturel d'avoir des écoles et d'y donner librement ses leçons.

II

Mais quel est bien le sens précis de la révolution commencée par l'Ordonnance de 1312 ? Cette révolution fut-elle purement constitu-

---

(1) M. A. Duruy, Revue des Deux Mondes 15 avril 1881.

tionnelle et politique, ou bien fut-elle aussi religieuse ? Les rois n'ont-ils eu en vue que de reprendre les droits régaliens que le passé avait détachés de leur couronne, ou bien, allèrent-ils jusqu'à la pensée de s'emparer de la souveraineté religieuse propre à l'Eglise dans le domaine de l'enseignement ? Est-il vrai, comme le dit M. Troplong, que le seizième siècle commence avec Philippe le Bel. (1)

Nous ne nierons pas que dans la pensée des légistes qui l'ont inspirée, cette révolution ne dût aller jusqu'au renversement complet de l'autorité de l'Eglise. Mais nous avons des raisons de croire que les légistes tinrent cachée et secrète une partie de leurs vues lointaines, qu'ils glissèrent bien des sous-entendus dans leurs propositions de réforme et qu'ils jouèrent leur partie sur des équivoques avec une profonde habileté, pour ne pas dire hypocrisie. Nous estimons que moins de cinquante ans après la mort de Saint Louis, il n'eût été permis à personne de pousser ouvertement la royauté à s'arroger la direction de l'enseignement lui-même aux dépens du pouvoir doctrinal de l'Église. D'ailleurs, dans les longs démêlés de Philippe le Bel avec Boniface VIII, il n'est jamais question pour le roi que de défendre l'indépendance politique de sa couronne, et pour le Pontife, que d'affirmer son pouvoir de juger les actes des rois dans leurs rapports avec la loi divine. Jamais le Pape ne laisse entendre qu'il soit pour lui question de défendre son autorité doctrinale contre les envahissements du pouvoir civil ; jamais le roi ne parle de s'affranchir de l'autorité du Saint-Siège aux points de vue du dogme et de la morale.

Aussi pendant plus de deux cent cinquante ans, les actes de la royauté concernant les écoles n'ont pour objet que l'institution, l'administration ou la réforme de ces établissements sous les rapports matériels, disciplinaires et politiques. Il faut arriver à la fameuse Déclaration de 1682 pour rencontrer un acte qui, fait « par ordre exprès du roi », définisse une doctrine d'Etat en opposition avec celle du Saint-Siège. Il faut arriver à l'Edit du 23 mars 1682, pour trouver un acte royal érigeant en loi d'Etat un enseignement contraire à celui de la Cour de Rome.

A partir de cette date, l'Etat n'a pas seulement la direction civile et politique des établissements d'instruction, il veut en avoir, dans une certaine limite, le gouvernement doctrinal. L'article XV de l'Edit de 1763 porte : « Tous les professeurs de théologie, ainsi

(1) M. Troplong, op. cit. 2e Partie.

nommés (par les évêques), seront tenus de se conformer aux dispositions de l'Edit de 1682, concernant les quatre propositions contenues dans la Déclaration du Clergé de France de la dite année. »
Ces édits ne restaient pas lettre-morte. Tournély s'est plaint qu'on ne lui permit pas de s'écarter de la Déclaration du Clergé gallican, et de dire librement ce qu'il croyait être la vérité. A Bossuet qui proteste vivement contre la prétention de faire passer par la censure d'un docteur de la Sorbonne, son ordonnance et son instruction pastorale contre le Nouveau Testament de Richard Simon, le chancelier Pontchartrain répond « qu'il faut être attentif à ce que les évêques peuvent écrire contre l'Etat. »

Ainsi, la révolution de 1312 contre le pouvoir politique du Pape sur les écoles devient, en poursuivant sa marche, une révolution contre son pouvoir doctrinal. Le roi, après avoir ressaisi sur le Pape les droits de sa couronne, s'essaie à usurper les droits propres du souverain Pontificat. Sous ce régime, il ne suffit plus, pour être bons citoyens, d'être simplement bons catholiques ; il faut encore, avoir été formé dans la profession des quatre articles.

III

Mais cette atteinte à la liberté d'enseignement et de conscience est, en fait, de bien longtemps antérieure à l'édit de 1682. Les légistes avaient inventé et rendu obligatoire l'enseignement des maximes gallicanes près de deux siècles avant que le roi en fît une loi d'Etat.

Nous avons vu, en effet plus haut, que Philippe de Valois avait placé l'Université sous la juridiction du Prévôt, que Charles VII avait ordonné de porter devant le Parlement les causes concernant l'Université, et que Louis XI avait interdit de citer les écoliers en Cour de Rome.

Les parlements étaient donc les juges des Universités. Les jurisconsultes s'étaient servis de l'influence que leur donnait leur science pour pousser Philippe le Bel à revendiquer les prérogatives de la couronne en matière d'enseignement. « C'est par eux, dit M. Emile Ollivier, que la notion de l'Etat, retrouvée dans les écrits des jurisconsultes romains, a été conservée et transmise intacte entre les mains de la société moderne » (1).

---

(1) M. Emile Ollivier. L'Eglise et l'Etat, T. 1. p. 272. Voir Troplong. op. cit. p. 179. Voir aussi Coquille, Les Légistes.

Voici quelques-unes de leurs maximes relatives à notre sujet :
« Le roy, disait Servin, est le premier et le principal fondateur des éscholes. C'est de lui que l'Université tient sa dignité, et c'est lui qui peut en ériger les études, c'est une marque principale de sa royauté... Le recteur est vicaire du roy en ce qui concerne les droits universels des lettres. Et cela sert pour la claire connaissance des droits de notre roy T. C. lequel, étant empereur en ce royaume, a tous les droits impériaux. Et c'est ce que Constantin disait de soy : Episcopus exteriorum. » (1)

« L'Université de Paris, dit Pasquier, a été grandement chérie, aimée et favorisée de nos roys, et certainement, non sans cause, car si les roys ont été ordonnés par Dieu pour contenir les peuples en devoir et obéissance par saintes loys, ceux qui plus sainement ont discouru sur le fait des républiques, ont été d'avis ou que les loys sont du tout frustratoires ou pour le moins de petit effet, si elles ne prennent leur commencement et racine en une sage conduite et prudente administration des éscholes. » (2)

D'après Coquille, les fondations des collèges appartiennent au droit public. (3)

Tel est aussi l'avis de Chopin qui dit : « C'est un droit et privilège entièrement royal de pouvoir fonder, établir, ériger universités pour enseigner les escholiers. » (4)

Les jurisconsultes du temps de Richelieu et de Louis XIV tiennent le même langage.

Les rois récompensèrent donc les légistes de leur zèle à revendiquer les droits de leur couronne sur les écoles, en soumettant les écoles elles-mêmes à la juridiction des Parlements. En retour, les légistes usèrent de leurs pouvoirs sur les écoles, non pas seulement pour les régir au point de vue politique, mais pour leur imposer la profession et l'enseignement des maximes gallicanes. Les faits abondent, qui en témoignent.

En 1561, au collège d'Harcourt, raconte Pasquier, un bachelier en théologie, Jean Tancquerel, prit pour sujet de dispute publique entre autres propositions, la suivante : « Qu'il est en la puissance du

---

(1) Cité par Troplong, Revue de Législation et de Jurisprudence, année 1844. p. 10.
(2) Ibid.
(3) Ibid.
(4) Ibid.

Pape d'excommunier un roi et de délier ses sujets du serment de fidélité, lorsqu'il a favorisé les hérétiques. »

Le Parlement, en ayant été informé, ne permit pas que la grandeur et l'indépendance du roi fussent mises en discussion dans les écoles et, par un arrêt du six décembre 1561, il déclara cette proposition séditieuse. En même temps, défense fut faite au collège d'Harcourt de disputer théologie pendant quatre ans.

Le Parlement gardera l'œil ouvert sur la faculté de théologie. A dater de ce moment, on le voit fréquemment faire des injonctions à celle-ci pour qu'elle rappelle et renouvelle les doctrines orthodoxes, pour qu'elle condamne et proscrive les opinions dangereuses pour l'ordre public.

« L'observation des règlements et la bonne administration des études, disait M. l'avocat général Dumesnil, en 1564, n'est pas le seul objet de l'inspection des magistrats ; le soin de veiller à la doctrine qui s'enseigne dans les universités, rend cette inspection beaucoup plus nécessaire. Plus nos maximes sur l'indépendance de la couronne et sur les libertés de l'Eglise gallicane sont importantes, plus il est essentiel que la jeunesse ne soit point élevée dans des préjugés contraires, et même que les principes sur lesquels cette doctrine est appuyée, soient solidement établis et clairement expliqués. Les ecclésiastiques sont surtout ceux qui doivent en être le mieux instruits, à cause de l'autorité que le saint ministère leur donne sur l'esprit des peuples. » (1)

On sait les raisons pour lesquelles le Parlement s'opposa avec tant d'opiniâtreté à l'autorisation des Jésuites. « C'est, dit Servin, en ses conclusions, que les Jésuites refusèrent de déclarer franchement et sans équivoque, qu'ils se conformeraient aux anciennes maximes de l'Université de Paris, notamment aux quatre points suivants :

Le premier relatif à la sûreté des princes ;

Le second, à la supériorité du roi T. C. des Français aux choses temporelles ;

Le troisième, que nulle puissance au monde, même l'Eglise assemblée en concile, ne peut dispenser les sujets du serment de fidélité ;

Le quatrième, relatif aux libertés de l'Eglise gallicane.

Sur les conclusions de Servin, la Cour ordonna que les Jésuites demandeurs souscriraient l'engagement de se conformer à la doctrine

---

(1) Cité par M. Troplong, op. cit. p. 181.

de l'Ecole de Sorbonne, et du même coup leur refusa l'autorisation qu'ils sollicitaient.

Voici encore une preuve de la tutelle étroite dans laquelle le Parlement tenait l'Université.

Au commencement du XVIe siècle, l'Université d'Orléans fut violemment troublée à l'occasion de l'élection d'un professeur nommé Jourdan. Les trois candidats qui avaient été écartés au profit de celui-ci, attaquèrent son élection devant le Parlement.

L'avocat général J. O. Talon reconnut en ses conclusions que l'élection attaquée était régulière, mais, en même temps, il examina la thèse du candidat préféré. M. Jourdan, entr'autres propositions, avait soutenu que la puissance spirituelle est autant au-dessus de la temporelle que le soleil est plus brillant que la lune, que les deux puissances ont aussi deux justices, etc. etc.

« Ces propositions, dit l'avocat général, sont fausses, scandaleuses, tendant à la diminution de l'autorité royale et à soustraire les sujets à l'obéissance qu'ils doivent à leur prince, etc. »

L'arrêt du 25 juin 1626, conforme à ces conclusions, ordonna la suppression de la thèse et fit défense aux professeurs, régents, de permettre que, dans leurs collèges, on soutînt à l'avenir des propositions contraires à l'autorité royale à peine d'en répondre personnellement. »

Ainsi, l'Etat rend des ordonnances pour régir l'existence civile et politique des écoles, les Parlements rendent des arrêts pour étendre le sens de ces ordonnances jusqu'à la doctrine elle-même. « La jurisprudence des Parlements, dit M. Troplong, développa les principes du droit public en cette matière et justifia par une application vigilante le vœu des ordonnances. » (1) Bien avant que l'édit de 1682 fît une loi d'Etat des doctrines de la Déclaration du Clergé, les Parlements avaient fait des maximes gallicanes la loi de l'enseignement dans les Universités. Pleins d'enthousiasme pour les institutions romaines et pour les conceptions des jurisconsultes de l'empire, les légistes rêvaient de ressusciter le pouvoir impérial au profit du roi de France. Mais, comme ils n'avaient qu'une teinte de christianisme fort légère, ils ne s'arrêtèrent pas à reconstituer l'empire des Théodose le Grand et des Justinien I si soumis à l'autorité dogmatique de l'Eglise, ils visèrent à faire revivre l'empire des Constant et des Justinien II qui ne cessèrent de travailler à s'emparer du pouvoir spirituel des Papes.

(1) Op. cit. p. 172.

Regardant la reconstitution du pouvoir impérial comme leur œuvre, ils veillaient sur ses progrès avec la sollicitude d'une mère. Pour cette raison même, plus jaloux des droits régaliens que le roi, ils voyaient dans les doctrines du Saint-Siège des dangers que le roi ne savait y voir, et, afin de les combattre, ils forçaient en quelque sorte la main au souverain pour attacher à sa couronne des prérogatives et des titres qu'il n'était pas pressé de prendre et qui parfois inquiétaient sa conscience. (1)

Qui en souffrit ? L'Eglise et la liberté.

Ecoutons Fleury : « Mais il faut dire la vérité, s'écrie-t-il, ce ne sont pas seulement les étrangers et les partisans de la Cour de Rome qui ont affaibli la vigueur de l'ancienne discipline et diminué nos libertés ; les Français, les gens du roi, ceux-là même qui ont fait sonner le plus haut le nom de liberté, y ont donné de rudes atteintes en poussant les droits du roi jusqu'à l'excès ; en quoi l'injustice de Dumoulin est insupportable. Quand il s'agit de censurer le Pape, il ne parle que des anciens canons. Quand il s'agit des droits du roi, aucun usage n'est nouveau ni abusif. Et lui, et les jurisconsultes qui ont suivi ses maximes, inclinaient à celles des hérétiques modernes, et auraient volontiers soumis la puissance spirituelle de l'Eglise à la temporelle du prince. » (2)

Veut-on savoir ce qu'étaient les maximes gallicanes pour les Parlements qui s'en sont fait les champions ? « Liberté gallicane, dit Fénelon, le roi, dans la pratique, est plus chef de l'Eglise que le pape, en France. Libertés à l'égard du pape, servitude envers le roi. Autorité sur l'Eglise dévolue aux juges laïques ; les laïques dominent les évêques.... Abus de vouloir que des laïques demandent et examinent les bulles sur la foi.... Maximes schismatiques du Parlement, etc.... » (3)

Ainsi, il est vrai de dire que les légistes ont inventé une doctrine d'Etat et qu'ils ont travaillé de toutes leurs forces à soumettre les âmes au pouvoir royal. On peut même ajouter qu'en maintes circonstances, ils ont fait violence aux souverains pour les soumettre à la forme constitutionnelle du pouvoir dont ils ont trouvé le modèle dans le Césarisme impérial. Comme le fait fort bien remarquer M. Emile Ollivier, « le roi n'est que leur second maître, le droit passe

---

(1) Voir M. Troplong, op. cit. et M. Em. Ollivier, op. cit. p. 274 et suiv.
(2) Nouveaux Opuscules, publiés par l'abbé Emery, p. 156 et 157.
(3) Fénelon, T. XXII, p. 586 et 587. Plans de Gouvernement, etc.

avant » (1). Souvent même, ils se mirent en révolte contre le roi, quand le roi se refusa obstinément à passer par leurs conditions, c'est-à-dire à se servir contre les adversaires du Césarisme de l'absolutisme césarien dont ils l'investissaient comme malgré lui. Impossible de contester qu'ils n'aient été les plus implacables ennemis des libertés publiques et surtout de la liberté de l'enseignement et de la liberté de l'Eglise.

IV

Un autre ennemi de la liberté d'enseignement, ce fut l'Université elle-même avec ses privilèges et son monopole.

Au onzième siècle, l'Université n'était encore pour ainsi dire qu'un germe ; mais c'était un germe vigoureux qui renfermait en lui-même de quoi faire un arbre à puissante et vaste ramure.

Il y avait, en effet, dans les écoles de Notre-Dame et de Sainte-Geneviève, un principe de vie qui, en se développant, devait en faire une des institutions les plus considérables et les plus glorieuses de la France.

Par la science de leurs professeurs, par l'ardeur de leurs disciples à l'étude, par l'éclat de leurs succès, ces écoles ne cessèrent de grandir. Bientôt elles attirèrent l'attention des pouvoirs et du monde ; les rois et les papes prirent plaisir à les combler à l'envi de leurs faveurs, à leur accorder des exemptions de toutes sortes, à leur conférer les privilèges les plus importants.

L'un de ces privilèges, celui dont les conséquences étaient les plus graves, ce fut le monopole de l'enseignement.

L'Université, en effet, s'éleva si rapidement à un tel degré de gloire que papes, rois et peuples s'entendirent pour ne reconnaître qu'à elle le droit de distribuer les sciences et d'en conférer les palmes. (2)

Au commencement du treizième siècle, elle était déjà si bien établie dans la possession de ce privilège qu'elle osa le défendre avec une opiniâtre énergie contre la volonté du Pape et du roi réunis. Voici à quelle occasion : (3)

(1) Em. Ollivier, op. cit. T. 1, p. 274 et 275.
(2) Voir l'Histoire de l'Université par Crevier, T. 1.
(3) Voir Crevier, op. cit. Troplong, op. cit. Ch. XIII et XIV. Encyclopédie du XIXe siècle au mot Université.

Ses professeurs, pour protester contre certaines mesures de réforme, avaient quitté Paris et abandonné leurs chaires. Les Franciscains et les Dominicains qui désiraient joindre le professorat à la prédication, profitèrent de cette faute pour ouvrir des cours et obtinrent du pape, en 1224, les honneurs académiques.

L'Université, revenue à elle-même et à son poste, protesta contre la concurrence qui lui était faite et retrancha de son sein les Dominicains.

Le Pape Alexandre IV les y réintégra. Le roi, ayant appuyé la décision du Saint-Siège, l'Université se déclara dissoute. Le Pape ne faiblit pas ; il s'en prit au détestable esprit de ses docteurs, manda à Rome un des plus opiniâtres, Guillaume de Saint-Amour, condamna un de ses livres et le fit expulser de France. L'Université, vaincue, se soumit et rentra dans ses écoles ; les Dominicains étaient reconnus et admis. Sans la fermeté du Pape soutenu par le roi, le monopole de l'Université eût fermé l'enseignement à saint Thomas et à saint Bonaventure.

Fille des rois et des Papes, l'Université, comme on le voit, fut loin d'être toujours une fille soumise. Elle aima beaucoup ses privilèges qu'elle étendit le plus possible et qu'elle défendit toujours avec ardeur et constance. Elle travailla sans cesse à conquérir son indépendance à l'égard de ses auteurs. Dès 1203, elle avait invoqué l'autorité du Saint-Siège pour s'affranchir de celle du Chancelier et de l'évêque de Paris. (1) En 1229, elle demanda encore au Pape sa protection contre le pouvoir royal.

Plus tard, Philippe le Bel la conquit par ses faveurs. Excommunié par le Pape, il trouva dans son sein des docteurs qui l'autorisèrent à déposer le Pape. Elle revint au Saint-Siège pour passer de nouveau dans le parti du roi. (2)

On peut dire qu'elle ne fut jamais fidèle qu'à son ambition. Être indépendante du Pape et du roi, et être seule maîtresse dans le domaine de l'enseignement, tel fut toujours le but de sa politique jusqu'au jour où Charles VII et Louis XI la mirent sous la main du Parlement.

A dater de ce moment, elle dut suivre la voie que lui tracèrent les légistes inexorables. Parfois, elle tenta de défendre la suprématie du Pape ; mal lui en prit, nous l'avons vu. Le plus souvent, elle

---

(1) M. Troplong ubi supra.
(2) Voir Crevier, Histoire de l'Université, T. V.

rivalisa avec les Parlements pour défendre les prérogatives royales et combattre l'autorité de la Cour de Rome. Dans le principe, la faculté de théologie obligeait ses bacheliers de faire le serment de ne rien écrire et de ne rien dire de contraire aux décrets et aux constitutions des Papes. Elle en vint ensuite à désirer, avec les Auteurs de la Déclaration de 1682, qu'on modifiât la formule du serment dans le sens des quatre articles. Ce fut Louis XIV lui-même qui s'y refusa.

Son dévouement et son zèle lui avaient été déjà payés du reste. Elle ne voulait point de rival dans l'enseignement. Les parlements servirent donc ses intérêts et comblèrent ses vœux par l'opposition qu'ils firent à l'établissement des Jésuites.

En outre, l'Ordonnance de 1625 avait renouvelé, rajeuni, confirmé ses anciens privilèges et, en particulier, son monopole. « Nul ne sera reçu aux degrés d'une Université, dit cette ordonnance, qu'il n'ait étudié l'espace de trois ans dans ladite Université, ou en une autre pour partie du temps, et en ladite Université pour le surplus ; dont il rapportera certificat suffisant. » L'article 44 porte : « A ce que les Universités de notre royaume puissent être consacrées et entretenues dans la fréquence et célébrité requises pour l'avancement des bonnes lettres, nous défendons à toute personne, soit de l'Université ou autre, de faire lectures publiques ailleurs qu'ès dites Universités, etc. »

L'Ordonnance de 1625 acheva ainsi de tuer la liberté d'enseignement, si toutefois il en restait encore une étincelle. En vertu de cet article 44, il ne fut plus possible d'établir en dehors de l'Université une école qui eût le droit de conférer les grades, qui eût même le pouvoir de donner l'enseignement supérieur.

L'Université, en effet, ne souffrait pas que ses titres demeurassent à l'état de lettre morte. Les évêques, s'appuyant sur les décrets du Concile de Trente qui avaient été reçus en France, se hâtèrent d'ouvrir des séminaires pour l'instruction et l'éducation de leurs jeunes clercs. Ils eussent voulu couronner les études ecclésiastiques par les épreuves et les degrés académiques. Plusieurs d'entre eux en sollicitèrent l'autorisation du roi. En vain appuyèrent-ils leur demande de mémoires fortement motivés, l'Université répondit à leurs écrits par des écrits semblables. Retranchée derrière les Edits royaux, soutenue par les Parlements, elle ne voulut rien céder de son monopole et finit par avoir gain de cause.

Quant aux Jésuites qui avaient réussi à s'établir dans leur collège de Clermont, à Paris, l'Université, comme le Parlement, garda sur le cœur les succès diplomatiques et littéraires qu'ils avaient remportés et qu'ils remportaient chaque année. Elle ne cessa, de concert avec les légistes, de chercher les moyens de les perdre. Elle ne contribua pas peu à soulever contre eux l'opinion et à les amener à la barre des Parlements.

Quand elle les eut fait condamner, elle applaudit à leur ruine et recueillit les épaves de leur naufrage, en recueillant leurs élèves.

L'Université était donc débarrassée de concurrents redoutés ; elle avait résisté victorieusement aux évêques ; mais, en retour, elle était absolument livrée aux caprices des Parlements et de l'Etat.

Un triomphe acheté si cher ne devait pas être de longue durée. De 1762 au décret par lequel la Constituante la fit disparaître, il n'y a que 29 ans.

L'Université qui avait justifié tous les progrès de l'absolutisme gouvernemental depuis plusieurs siècles, ne pouvait légitimement se plaindre de mourir étouffée par le monstre qu'elle avait caressé et contribué à faire grandir. Malheureusement aussi elle avait réussi à supprimer jusqu'aux derniers vestiges de la liberté d'enseignement. Le pouvoir qui la tuait, allait achever d'en ruiner tout-à-fait le principe, en instituant un enseignement officiel.

V

En effet, malgré le régime tyrannique que faisaient peser sur les écoles les passions jalouses et haineuses des Parlements et des Universités, la France avait vu se créer, avant 89, vingt-trois à vingt-quatre Universités et un nombre de collèges plusieurs fois supérieur au nombre de tous les établissements d'instruction qu'elle possède aujourd'hui. Et il y avait dans ces écoles deux fois plus d'élèves que n'en renferment nos institutions actuelles. (1)

Sans doute l'absolutisme royal, sous la pression des légistes, emmaillotait ces établissements de langes fortement serrés qui ne leur laissaient la liberté d'aucun mouvement ; du moins, ces établissements avaient une vie propre qui ne procédait point de celle de l'Etat. Sans doute le roi avait son représentant dans les Universités,

(1) Voir les discussions des lois de 1833, de 1850 et de 1875. Voir aussi M. Albert Duruy, Revue des Deux Mondes 15 Avril 1881.

cependant les Universités se régissaient elles-mêmes par un conseil qui était présidé par un régent et qui n'était point une émanation du pouvoir civil. C'étaient les Universités elles-mêmes qui l'élisaient ainsi que le corps de leurs professeurs.

Sans doute l'Etat avait fini par avoir une doctrine officielle indépendante et par en imposer la profession et l'enseignement dans les écoles ; néanmoins comme les professeurs de celles-ci n'étaient point ses agents, il n'était lui-même qu'un législateur qui imposait des lois à des hommes libres, ce n'était pas un maître qui imposait ses volontés à des serviteurs livrés à sa merci.

Sans doute l'Université avait le monopole de l'enseignement et de la collation des grades, toutefois dès qu'elle avait une existence et une administration autonome, l'enseignement et la collation des grades n'étaient point identifiés avec la politique, et n'en subissaient pas les variations et les contradictions.

Sans doute enfin les professeurs se plaignaient tout bas et quelquefois tout haut de manquer de la liberté nécessaire ; malgré tout, comme ils se nommaient entre eux au concours, ils avaient une dignité et une force que ne possèderont jamais de simples fonctionnaires de l'Etat.

Mgr Dupanloup avait donc au fond raison de dire dans son discours à l'Assemblée nationale, le 4 décembre 1874 : « La liberté d'enseignement n'était pas dans les lois, mais elle était dans les faits avec ses vingt-trois Universités libres... elle était dans les mœurs, et cela est préférable, car... *quid vanæ proficiunt leges sine moribus.* »

Il faut bien en effet convenir avec M. le comte de Montalembert, que, « sous l'ancien régime, l'enseignement n'était pas donné par l'Etat, qu'il n'était pas dirigé par lui... et ce qui le prouve, ajoutait-il, c'est que je défie mes adversaires de citer dans l'ancienne organisation de la France, des fonctionnaires investis en quelque manière que ce soit d'une autorité semblable à celle des inspecteurs généraux ou du conseil royal de l'Université. » (1)

« Instruction publique. Ces mots dans la langue moderne, dit aussi M. Laurentie, énoncent le droit de l'Etat dans l'organisation et dans l'administration de tout ce qui se rapporte à l'enseignement public.

Dans la langue ancienne, ils n'existaient même pas. Il y avait pourtant un enseignement public, mais l'Etat ne le gouvernait pas ;

---

(1) Discours à la Chambre des Pairs dans la discussion de la loi de 1841.

l'Etat gouvernait les choses matérielles, mais il laissait à l'intelligence sa libre action. Ce n'est pas que les corps enseignants fussent indépendants de l'autorité politique, mais le droit d'enseigner leur était propre et l'instruction publique n'était pas une instruction légale, dérivant directement de la pensée et de la volonté de l'Etat.

L'instruction publique ne paraît en France sous ce nom qu'à l'époque où disparaissent toutes les institutions anciennes d'enseignement.... Alors l'Etat se substitue aux corps enseignants ; c'est lui qui se charge d'enseigner la jeunesse, c'est l'établissement du monopole politique et jusqu'à un certain point la mise en pratique de la théorie de Sparte qui voulait que l'enfant fût à l'Etat avant d'être à sa famille. » (1)

Tel est le sentiment que vient d'exprimer M. Albert Duruy. (2)

« L'idée d'une éducation nationale dirigée par l'Etat et payée par la communauté, n'était pas encore née, écrit-il ; l'Etat n'enseignait pas, a dit M. de Salvandy ; il se contentait d'encourager l'instruction et s'en remettait volontiers à l'initiative individuelle inspirée par l'esprit chrétien pour le soin de fonder et d'entretenir les écoles. »

Nous résumerons en un mot la conclusion de ce chapitre :

Sous l'ancienne monarchie, l'enseignement avait fini par tomber sous un régime politique fortement empreint de despotisme ; toutefois, il n'a jamais été la propriété de l'Etat, il n'a jamais découlé de l'Etat.

---

(1) Encyclopédie du XIXe siècle. Art. Instruction publique.
(2) Revue des Deux Mondes 15 avril 1881.

CHAPITRE IV.

Etat de la question de 1789 à 1828.

> La liberté promise sombre d'abord dans une violente tempête ; elle est ensuite régulièrement étouffée par une organisation méthodique de la servitude.

I

L'idée d'une éducation nationale, dirigée et payée par l'Etat, germait depuis longtemps dans quelques cerveaux. Elle est déjà exprimée dans le Télémaque de Fénelon. (1)

« Les lois de l'éducation, dit Montesquieu, sont les premières que nous recevons, et comme elles nous préparent à être citoyens, chaque famille particulière doit être gouvernée sur le plan de la grande famille qui les comprend toutes.» (2)

Écoutons La Chalotais : « Je prétends revendiquer pour la nation une éducation qui ne dépende que de l'Etat, parce qu'elle lui appartient essentiellement, parce que toute nation a un droit inaliénable et imprescriptible d'instruire ses membres, parce qu'enfin les enfants de l'Etat doivent être élevés par l'Etat. » (3)

Rolland voulait qu'un conseil et un directeur supérieur de l'éducation, placés sous les ordres immédiats du ministre de la Justice, fussent chargés de maintenir l'unité de l'enseignement avec subordination des établissements privés à l'autorité de l'Etat. » (4)

M. Troplong n'était donc pas loin du vrai, quand il disait qu'à la fin de l'ancien régime « cette maxime de nos jurisconsultes que le droit d'enseigner appartient au domaine de la souveraineté de la

---

(1) Voir M. Gréard, Histoire critique des doctrines de l'Education en France.
(2) Esprit des Lois, L. IV. C. I.
(3) Plan d'éducation nationale, p. 16.
(4) M. Albert Duruy, ubi supra.

couronne était devenue depuis longtemps un principe constitutionnel incontestable et incontesté. » (1)

En effet, les cahiers des Etats Généraux, en 89, montrent combien était universel le vœu d'une éducation nationale.

Ceux des Clergés de Rhodez, de Saumur, de Bar-sur-Seine, de Lyon, étaient unanimes à demander qu'il fût fait un plan « d'éducation nationale. »

Les cahiers de la Noblesse sont aussi explicites. Ceux de Lyon réclament dans l'éducation de l'un et de l'autre sexe des changements qui lui impriment « un caractère national. » Ainsi en est-il de ceux de Saintes, de Paris, de la Tourraine, de la Guyenne, de Blois.

Les Cahiers du Tiers-Etat sont encore plus nombreux, qui réclament cette réforme. (2)

On voit par là combien l'idée d'une éducation nationale, c'est-à-dire donnée ou dirigée par l'Etat lui-même, était devenue générale à la fin du siècle dernier, combien elle préoccupait vivement les esprits, et combien elle devait donner de force au gouvernement pour entreprendre tout ce qu'il voudrait en ce sens.

II

Le premier homme d'Etat qui, par ordre de date, ait donné à cette époque un plan de réforme pour l'enseignement, c'est Mirabeau.

L'idée fondamentale de son projet est pourtant la liberté.

« Dans un Etat bien ordonné, dit-il à plusieurs reprises, l'enseignement devrait être abandonné à l'industrie des maîtres et à l'émulation des élèves.

Conséquemment, l'Assemblée nationale devrait borner sa tâche « à soustraire l'enseignement à des pouvoirs ou à des corps qui peuvent en dépraver l'influence. »

Toutefois, « dans les circonstances actuelles, si l'éducation n'était pas dirigée d'après des vues nationales, il pourrait en résulter plusieurs inconvénients graves et menaçants pour la liberté. » D'où la nécessité d'un plan qui enchaîne les instituteurs et donne à l'esprit de la jeunesse la forme que requiert le bien de l'Etat.

Cependant, Mirabeau ne veut pas que l'Assemblée songe à rédiger

---

(1) Op. cit., p. 7.
(2) M. Albert Duruy, ubi supra.

des plans d'étude, ni à imposer des méthodes pour les sciences. Ces matières ne sont pas de sa compétence.

Il ne veut pas non plus que « l'Etat intervienne entre le maître et l'élève, ni pour contraindre le dernier à fréquenter l'école, ni pour obliger le premier à l'ouvrir gratuitement, moyennant une rémunération payée par la société. La société n'a pas le droit de prescrire l'instruction comme un devoir, ni la puissance sociale celui de franchir, à l'égard des membres du corps social, les bornes de la surveillance contre l'injustice, et de la protection contre la violence. »

Enfin, Mirabeau ne veut pas que l'enseignement dépende de l'Etat. « Aucun pouvoir permanent, dit-il, ne doit avoir à sa disposition une arme aussi redoutable que celle de l'Education. »

Les maîtres d'école devront être nommés par le Directeur du district sur la présentation de la commune. Les régents des collèges et les recteurs des Universités ne devront dépendre que de l'administration du département. (1)

Des intérêts de l'Eglise, comme on le voit, il n'est pas tenu, dans ce plan, le moindre compte.

III

C'est le caractère de tous les projets que nous allons passer en revue.

Le prince de Talleyrand fut chargé par l'Assemblée Constituante de rédiger un rapport sur les réformes que réclamait l'enseignement.

M. Mignet nous expose la pensée dominante sous l'inspiration de laquelle elle voulait que ce plan fût conçu et exécuté. « L'éducation, dit-il, parut à l'Assemblée le meilleur moyen de compléter son œuvre et d'assurer la durée de tous les autres changements, en les opérant dans les intelligences elles-mêmes. Aussi le système qui fut alors projeté en son nom et qui s'est réalisé plus tard avec des modifications, avait-il pour principal caractère, de séculariser l'enseignement, en le fondant, comme tout le reste, sur une base civile, et en le faisant donner par l'Etat et non par l'Eglise. Le vaste et beau rapport présenté par M. Talleyrand à l'Assemblée, obtint et a conservé une célébrité méritée. » (2)

---

(1) Voir les Discours de Mirabeau. M. Al. Duruy, R. des Deux-Mondes, 15 juin 1881.

(2) Notices Historiques. Talleyrand.

L'ancien évêque d'Autun voulait que l'instruction fût donnée à tous, qu'elle fût libre et qu'elle fût universelle quant à son objet.

On devait apprendre à chacun : 1° la constitution de la société ; 2° l'art de la défendre ; 3° le moyen de la perfectionner ; 4° les principes de la morale qui lui sont antérieurs.

Talleyrand proposait d'établir à Paris une Commission générale, assistée d'un corps d'inspecteurs, dont la mission serait de faire exécuter les lois et de veiller à toutes les branches de l'instruction publique. » (1)

Talleyrand « conclut, dit M. Laboulaye, à ce que l'éducation, pour être nationale, ne soit pas centralisée, et à ce que... l'Etat n'ait pas de puissance sur l'enseignement ; en d'autres termes, c'est au département qu'il arrête la hiérarchie. Il ne veut pas d'ailleurs qu'il y ait de hiérarchie entre les différents départements et il demande que l'enseignement soit ainsi soustrait à la puissance centrale. » (2)

Il est évident qu'il ne voulait pas davantage que l'école dépendît de la famille, ni, à plus fortes raisons, de l'Eglise.

Sur le rapport de Talleyrand, l'Assemblée Constituante émit, le 13 et 14 novembre, un décret qui renfermait la résolution suivante : « Il sera créé et organisé une instruction publique, commune à tous les citoyens, gratuite à l'égard des parties d'enseignement indispensables pour tous les hommes, et dont les établissements seront distribués graduellement dans un rapport combiné avec la division du royaume. »

C'était décréter la suppression des écoles anciennes. Du reste, en abolissant précédemment les dîmes et les octrois dont vivaient ces mêmes écoles, l'Assemblée les avait déjà supprimées en principe. L'ancien ordre de chose était donc bien renversé, fini en matière d'enseignement et d'éducation.

VI

A la Législative, ce fut Condorcet qui fut nommé rapporteur du Comité de l'Instruction publique.

Condorcet part de ce principe que la nation doit l'instruction à tous ses membres. En conséquence, il veut que l'instruction soit universelle et égale pour tous.

---

(1) Voir Rapport présenté à l'Assemblée Constituante, le 27 septembre 1791.
(2) Discours au Sénat, 27 janvier 1880.

Il ne se prononce pas sur les opinions concernant le plus ou moins d'autorité à conserver aux parents ou à céder aux maîtres, mais il reconnaît au législateur tout pouvoir pour que l'instruction atteigne son but qui est de faire disparaître les préjugés. » Il n'admet dans les écoles que l'enseignement des principes de la morale, fondés sur nos sentiments naturels et sur la raison, et commune à tous les hommes. Il en bannit l'enseignement de toute religion.

« Dira-t-on, s'objecte-t-il, que l'idée de cette séparation s'élève trop au-dessus des lumières du peuple ? Non, sans doute, car, puisqu'il s'agit ici d'instruction publique, tolérer une erreur, ce serait s'en rendre complice ; ne pas consacrer hautement la vérité, ce serait la trahir. »

« La première condition de toute instruction étant de n'enseigner que des vérités, les établissements que la puissance publique y consacre, doivent être aussi indépendants qu'il est possible de toute autorité politique. »

« Un pouvoir qui interdirait d'enseigner une opinion contraire à celle qui a servi de fondement aux lois établies, attaquerait directement la liberté de penser, contredirait le but de toute institution sociale, le perfectionnement des lois, suite nécessaire du combat des opinions et du progrès des lumières. »

De là, indépendance absolue des opinions pour tous les esprits qui s'élèvent au-dessus de l'instruction primaire.

« Tout citoyen pouvant former librement des établissements d'instruction, il en résulte pour les écoles nationales l'invincible nécessité de se tenir au moins au niveau des institutions privées, et la liberté, ou plutôt l'égalité pour les particuliers, reste aussi entière qu'elle peut l'être en face d'un établissement public. »

« Cependant l'enseignement étant une fonction publique, il faut en exclure ceux qui sont suspects d'erreur et d'ignorance. »

Enfin, pour que tous les citoyens puissent également profiter des écoles, l'instruction sera donnée gratuitement. (1)

Telles sont, dans le rapport de Condorcet, les principales dispositions relatives à notre sujet. On peut dire que la liberté y est proclamée dans les mots et qu'elle est supprimée dans les faits. Ainsi, liberté pour tous d'enseigner, mais cependant pas pour les suspects. Liberté pour tous de fonder des écoles ; toutefois y aura-t-il des écoles pos-

---

(1) Rapport à la Législative présenté le 20 avril 1792. Voir M. A. Duruy, Revue des Deux-Mondes, 15 juin 1881.

sibles en face de celles de l'Etat ? Indépendance des écoles à l'endroit de tout pouvoir politique ; néanmoins le législateur trahirait la vérité, s'il ne l'imposait pas en matière d'instruction. On ne décrète pas que les pères de famille seront dépouillés de toute autorité ; mais on décide que leurs enfants seront élevés sans même qu'ils soient consultés, etc. etc.

On conçoit que Condorcet ait senti le besoin de s'excuser pour avoir attribué tant de pouvoirs à l'Etat. (1)

Cependant, comme Mirabeau et Talleyrand, il ne veut pas que ce soit l'Etat qui dirige l'instruction et nomme les professeurs des établissements scolaires ; c'est un corps dépouillé du droit d'enseigner qu'il charge de cette délicate fonction. Ce n'est point assez pour guérir la liberté des blessures qui lui sont faites par les dispositions antérieures du projet.

V

La Convention s'est beaucoup occupée de l'organisation de l'instruction publique.

Lanthenas, son premier rapporteur, lui apporta le 12 décembre 1792, un projet d'instruction, qui n'était à peu près que la reproduction de celui de Condorcet.

Le 26 juin 1793, Lakanal lui en présenta un second dont voici les dispositions les plus intéressantes pour nous :

Art. 17. « Il y a auprès du Corps législatif et sous son autorité immédiate, une Commission centrale d'instruction publique, chargée d'arrêter une méthode uniforme d'enseignement, les règlements généraux fixant les devoirs des instituteurs et des institutrices, le régime et la discipline des écoles » qu'elle administrera « par l'intermédiaire des bureaux d'inspection. »

Un des derniers articles disait : « La loi ne peut porter atteinte aux droits qu'ont les citoyens d'avoir des cours et des écoles particulières et libres sur toutes les parties de l'instruction et d'en désigner les maîtres comme bon leur semble. » (2)

Ces projets aboutirent à un décret du 23 septembre 1793, ordonnant la création d'écoles primaires et d'un corps d'instituteurs qui,

---

1) Voir M. Dareste. Histoire de France, T. VII, L. 51.
(2) Voir ces rapports et aussi M. A. Duruy ubi supra.

en outre de leurs classes, étaient chargés de faire des instructions dans les villages les jours de dimanches et de fêtes.

Ce décret ne relevait pas toutes les ruines qu'avait faites la suppression des anciennes écoles et des congrégations religieuses.

Robespierre, pour remédier au mal, présenta le projet de Michel Lepelletier, marquis de Saint-Fargeau.

Plus formellement que Condorcet, Lepelletier pose en principe que la République doit l'instruction à tous ses enfants et que tous ses enfants ont le droit de la lui demander et de la recevoir.

Mais il y a des difficultés à instruire des enfants qui sont obligés de gagner leur vie. D'autre part, jusqu'à six ans, l'enfant échappe à la vigilance du législateur, et cette partie importante de la vie reste abandonnée aux préjugés subsistants et aux vieilles erreurs.

En conséquence, « Je demande, dit Lepelletier, que vous décrétiez que depuis l'âge de cinq ans jusqu'à douze ans pour les garçons, et jusqu'à onze pour les filles, tous les enfants, sans exception et sans distinction, seront élevés en commun aux dépens de la République, et que tous, sous la sainte loi de l'égalité, recevront même vêtement, même nourriture, même instruction, mêmes soins.

Jusqu'à cinq ans, on ne peut qu'abandonner l'enfance aux soins des mères ; c'est le vœu, c'est le besoin de la nature.... Toutefois, la loi peut encore exercer quelque influence sur ces premiers instants de l'existence humaine.

L'instruction publique des enfants sera-t-elle d'obligation pour les parents, ou les parents auront ils seulement la faculté de profiter de ce bienfait national ?

« D'après les principes, tous doivent y être obligés ;

« Dans l'intérêt public, tous doivent y être obligés ;

« Dans peu d'années, tous devront y être obligés.

La prudence commande pour le moment, de ménager les préjugés.

Il va sans dire que ce projet excluait de l'école tout enseignement religieux. (1)

Ce projet fut renvoyé, pour être amendé, à une Commission qui supprima d'abord l'obligation de l'école. Mais Danton et Saint-Just défendirent l'œuvre de Lepelletier et les droits de l'absolutisme gouvernemental.

La discussion fut vive au sein de la commission des 9. La liberté y

---

(1) Projet d'Education nationale présenté par Robespierre à la Convention.

fut chaudement défendue. Ce fut le parti de la tyrannie qui triompha. Romme fut nommé rapporteur. Il s'inspira du projet de Condorcet auquel il avait collaboré, mais il renchérit sur Lepelletier, au moins sous certains rapports. Il proposa que l'instruction fut laïque, gratuite et obligatoire ; il n'admit que des écoles nationales, tenues par des fonctionnaires, et ne voulut pas que la liberté pût leur susciter la moindre concurrence. Il interdit l'enseignement aux cidevant nobles et aux ministres de tous les cultes, aux femmes nobles et aux religieuses et aux personnes qui auraient antérieurement tenu leur nomination de quelque noble ou de quelque ecclésiastique. (1) »

Ajoutons au décret qui érigea ce projet en loi d'Etat, le décret du 9 pluviôse an II pour la composition des livres classiques élémentaires et celui du 18 prairial de la même année pour la composition d'une nouvelle grammaire et d'un nouveau vocabulaire de la langue afin d'établir l'unité d'idiôme, et nous aurons quelque idée de la tyrannie que la Convention tenta de faire peser non seulement sur la famille, mais encore sur l'esprit même de l'homme. Heureusement ne réussit-elle pas à l'établir.

VI

Après le neuf thermidor, la Commission qui devait préparer la constitution de l'an III, s'occupa de la liberté d'enseignement. Dans un premier rapport du 23 septembre 1794, Foucroy avait qualifié tout ce qui s'était fait jusque là « de conjuration contre les progrès de la raison et des sciences. » Daunou vint après, qui se plaça franchement sur le terrain de la liberté. « Pour nous, dit-il, nous avons cru d'abord devoir rechercher quelles étaient les limites naturelles de la loi dont nous avions à vous présenter le projet, et nous avons aperçu ces limites dans les droits individuels que la Constitution nous ordonnait de respecter. Nous nous sommes dit : « Liberté de l'éducation domestique ; liberté des établissements particuliers d'instruction. » Nous avons ajouté : « Liberté des méthodes instructives. » Car, dans l'art de cultiver les facultés de

---

(1) Romme, Rapport à la Convention. M. Duruy, Revue des Deux-Mondes 15 juillet 1881.

l'homme, il existe un nombre presque infini de détails secrets qui sont tout à fait inaccessibles à la loi. (1) »

La Constitution de l'an III, la plus libérale, dit M. Laboulaye qu'on ait eue pendant la Révolution, proclamait dans son article 300e le droit suivant :

« Les citoyens ont le droit de former des établissements particuliers d'éducation et d'instruction, ainsi que des sociétés libres pour concourir aux progrès des sciences, des lettres et des arts. (2) »

Dans son article 289, elle interdisait la hiérarchie de l'enseignement. « Les divers établissements d'instruction publique n'ont entre eux aucun rapport de subordination ni de correspondance administrative. »

« Ainsi, conclut M. Laboulaye, la politique de la Révolution, la politique républicaine considérait deux choses : l'une que l'enseignement était libre et, l'autre, qu'il ne devait pas être soumis à la toute puissance du pouvoir central. (3) »

VII

Mais il ne suffit pas de décréter la liberté pour en assurer le règne. Les mœurs sont plus fortes que les lois.

Le Directoire, qui succéda à la Convention, s'occupa à son tour de l'instruction publique. L'un de ses actes les plus remarquables en cette matière, fut un arrêté du 17 novembre 1797. Le gouvernement, « considérant, y était-il dit, qu'il était de son devoir de faire prospérer par tous les moyens dont il pouvait disposer, les diverses institutions républicaines et spécialement celles qui ont rapport à l'instruction publique », prescrivait à tous les fonctionnaires et à tous ceux qui désiraient le devenir, « l'obligation d'envoyer leurs enfants aux écoles centrales de la République ; la faveur du gouvernement était à ce prix. » « Un vaste contrôle, dit M. Laurentie, était organisé à cet effet, et quiconque aurait fui l'enseignement de l'Etat pour ses enfants, devait être traité en ennemi. » (4)

---

(1) Rapport à la Convention. Voir aussi M. Laboulaye, Discours au Sénat le 27 janvier 1880.
(2) Constitution de l'an III.
(3) M. Laboulaye ibid.
(4) Encyclopédie du XIXe siècle. Art. Instruction publique.

Il ne manquait certes pas de voix qui s'élevaient dans les assemblées pour revendiquer les droits de la liberté ; mais, il faut en convenir, les caractères avaient été trop profondément brisés par la tempête, pour recouvrer si tôt un peu de vigueur. Les bons citoyens, toujours effrayés des excès de la licence et des emportements de la violence, étaient généralement à se défier de la liberté, bien qu'ils n'eussent souffert que du despotisme. L'opinion se prononçait en général pour un gouvernement autoritaire qui rassurât les citoyens tranquilles et qui, en matière d'enseignement, eût la force d'empêcher de se produire celui qui serait capable d'éveiller des inquiétudes.

VIII

Le gouvernement du premier Consul avait donc beau jeu pour s'emparer de l'éducation. Les droits de la famille et de l'Eglise ne pesaient plus depuis longtemps dans les calculs de l'Etat. Deux chimistes furent chargés de préparer un plan d'organisation pour l'enseignement. Chaptal, cependant, voulait toujours qu'il fût libre à tous les citoyens de former des établissements d'instruction. Mais Fourcroy qui avait défendu la liberté contre le régime de la terreur, sut néanmoins mieux comprendre les instincts despotiques du premier Consul. Ce fut son projet qui fut adopté et qui devint comme le fond d'où Napoléon tira l'organisation de l'Université.

En 1806, l'empereur fit en effet porter au Corps législatif un décret dans lequel on lisait ce qui suit :

« 1° Il sera formé, sous le nom d'Université impériale, un corps chargé exclusivement de l'enseignement et de l'éducation publique dans tout l'empire ; 2° les membres du Corps enseignant contracteront des obligations civiles spéciales et temporaires ; 3° l'organisation du corps enseignant sera présentée sous forme de loi au Corps législatif, à la session de 1810. »

Napoléon n'attendit pas, pour réaliser sa conception, le terme qu'il avait lui-même fixé. Dès le 17 Mars 1808, il instituait de sa pleine puissance, par un décret, le nouveau corps enseignant sous l'autorité d'inspecteurs et d'un conseil présidé par un grand Maître. Cette vaste création était divisée en un certain nombre d'académies qui devaient être gouvernées, chacune, par un recteur assisté d'inspecteurs. Elle embrassait dans sa juridiction toutes les écoles, sans exception, les primaires, les secondaires et les supérieures.

Il n'est pas douteux qu'en instituant l'Université et en lui donnant le monopole de l'enseignement sur tout le territoire de l'empire, Napoléon n'ait voulu, comme tous les gouvernements antérieurs depuis plusieurs siècles, faire un moule unique pour y couler toutes les générations futures conformément aux principes du nouvel ordre de choses qu'il venait de fonder. Il n'y eut pas jusqu'à la formation des clercs sur laquelle il ne voulût mettre la main et qu'il ne prétendît marquer de son empreinte, comme le prouvent les décrets de 1809 et de 1811 qui s'y rapportent.

Que l'empereur ait voulu, par l'Université, se rendre maître de l'éducation de tous ses sujets, c'est ce qu'attestent les discours et les mémoires du temps, en dépit des dénégations intéressées de quelques-uns de ses partisans. Napoléon disait lui-même, en l'instituant, quelle était destinée « à régler les principes de la morale et de la politique. » (1)

On connait le mot de Royer-Collard qui, après les Cent Jours, fut mis quelque temps à la tête de son administration. Selon cet homme d'Etat, « l'Université fut le gouvernement appliqué à la direction universelle de l'instruction publique. Elle eut le monopole de l'enseignement à peu près comme les tribunaux ont le monopole de la justice et l'armée celui de la force publique. » (2)

« Lorsque Napoléon a fondé le nouveau système d'enseignement, a dit M. Thiers, il avait une tâche à remplir, c'était de faire une société homogène.

Les instituteurs sont en quelque sorte le moule dans lequel on jette la jeunesse. Eh bien, il faut que le moule soit surtout semblable à la société pour laquelle la jeunesse est faite. » (3)

« L'Université, a écrit M. Laurentie, fut une vaste administration d'écoles ; elle embrassa tout l'empire et aussi tout l'enseignement. Ce fut la concentration la plus exorbitante de pouvoir qui se fût vue en aucun temps. » (4)

Ecoutons M. J. Simon : « Cette Université, d'après la définition même de son organisateur, M. de Fontanes, n'était autre chose que l'Etat enseignant. Elle laissa subsister à côté d'elle des écoles d'enseignement primaire et secondaire, mais en leur imposant des con-

---

(1) Décret de 1808.
(2) Royer-Collard. Discours.
(3) A ses électeurs d'Aix.
(4) Encyclopédie du XIX° siècle au mot Université.

ditions onéreuses et un véritable vasselage. Ces écoles furent astreintes à obtenir de l'Université l'autorisation d'exister ; elles durent lui payer un tribut pécuniaire, accepter d'elle leurs livres et leurs méthodes, subir l'inspection de ses agents, reconnaître sa juridiction en matière disciplinaire et présenter leurs élèves à ses jurys pour l'obtention des grades. L'Université ainsi privilégiée et dominante fut pour l'enseignement ce qu'est pour les cultes une religion d'Etat. »(1)

M. Spuller n'a-t-il pas écrit aussi dans son rapport sur le projet de loi Ferry, en 1879 : « Il reste vrai historiquement que l'institution de l'Université, bien qu'elle ait été l'œuvre d'un despote, était en conformité avec les institutions qui eurent pour objet d'affermir les conquêtes de la Révolution française. » (2)

« Plus tard, disait M. Laboulaye au Sénat, le 27 janvier 1880, Napoléon établit l'Université. Il fit une fondation que nécessitaient les circonstances et il eut l'idée de tout centraliser et de ramener à lui toutes les forces vives de la société. Il mit dans l'Université un assez grand nombre de membres des anciennes congrégations et l'enseignement devint alors un monopole.

Assurément vous avez le droit d'invoquer Napoléon comme les théories de Robespierre ; mais je ne crois pas que ce soient là des théories de liberté. » (3)

Tel est bien le but, le sens qu'a eu, aux yeux de tous les hommes impartiaux, l'institution de l'Université. Par elle, l'Etat devint le maître absolu de la formation des âmes. Sous son règne, toute science, pour avoir le droit de circuler, dut porter l'estampille d'un ministère, et les méthodes d'enseignement durent rechercher et obtenir la marque officielle, sous peine de poursuite et de suppression immédiate.

L'Université sentit bien ce qu'il y avait d'énorme dans les pouvoirs dont elle était investie. Aussi n'en usa-t-elle d'abord qu'avec une certaine modération qui fit supporter ses privilèges.

La Restauration, malgré la prudence des Universitaires, comprenant combien le monopole intellectuel est « injustifiable », songea un instant à en rejeter la responsabilité et à rétablir les anciennes universités dans leur indépendance et leur autonomie d'autrefois. Mais l'ordonnance qui fut rendue à cette fin, resta lettre-morte, et l'Etat se résolut à se servir de l'arme qu'il avait sous la main. C'est

(1) Liberté de Conscience. Introduction.
(2) Rapport sur la loi Ferry.
(3) Discours au Sénat, 27 janvier 1880.

ainsi que vers le commencement de 1817, le ministre Lainé et, en 1824, le ministre Corbière voulurent obliger les évêques à faire enseigner à leurs clercs la Déclaration de 1682. En 1826, le même ministre et Mgr Frayssinous, ministre des affaires ecclésiastiques, firent condamner un livre de M. de Lamennais, pour délit de provocation à la désobéissance, relativement à l'enseignement des quatre articles. Enfin, en 1828, Mgr Feutrier, par des Ordonnances demeurées célèbres, interdisait aux évêques d'employer dans leurs séminaires les religieux de la Compagnie de Jésus.

Le gouvernement, qui poursuivait ainsi les doctrines ultramontaines, n'était guère plus tolérant à l'endroit de la philosophie rationaliste. MM. Villemain, Guizot, Cousin, Jouffroy en firent l'expérience à leur tour.

Bref ! l'excès de la compression intellectuelle provoqua une violente réaction. Les catholiques et les libéraux se coalisèrent contre le monopole universitaire et entreprirent contre sa tyrannie une campagne aussi vive que brillante. C'est la lutte à laquelle nous allons assister dans le chapitre suivant.

CHAPITRE V

Etat de la question de 1828 à 1880.

> La liberté, après avoir remporté une demi-victoire, ne sera pas loin de succomber tout à fait de nouveau sous une résurrection du Césarisme.

I

Ce furent les évêques qui, les premiers, ouvrirent le feu contre les excès du monopole. L'Université, nous l'avons vu, prétendait diriger la formation du Clergé. L'Episcopat, au nom de la liberté de l'Eglise, opposa à cette prétention sacrilége une résistance énergique, indomptable. Les évêques ne se contentèrent pas longtemps de se défendre ; bientôt ils sentirent la nécessité de démolir l'institution qui était le principe de tous les maux et ils prirent vivement l'offensive.

Sous la Restauration, la philosophie, molestée dans son enseignement, ainsi que nous l'avons dit, fit cause commune avec l'Eglise. On vit à cette époque, Benjamin Constant s'élever au-dessus des préjugés d'une foule de ses contemporains et demander la liberté pour tout le monde (1).

Jusqu'à 1828, les évêques avaient été à peu près laissés seuls sur la brèche par les catholiques ; mais à partir de cette date, ils se virent suivis et soutenus par les membres influents de leurs ouailles, et le monde put admirer ce phénomène rare d'une armée de doctrinaires et d'une autre de catholiques combattant côte à côte pour la même cause, la liberté d'enseignement. (2)

Cette alliance de tant de talents réussit à renverser l'opinion et la liberté d'enseignement fut nettement proclamée dans la charte de 1830. (Art. 69).

II

La liberté d'enseignement fut bien inscrite dans l'art. 69 de la charte qui constitua la monarchie de Juillet ; mais son organisation pratique restait à faire.

Durant trois ans, l'initiative individuelle enfanta quatre ou cinq projets de loi qui furent déposés sur le bureau de la Chambre, mais dont aucun ne fut discuté.

En 1833, le gouvernement se résolut à soumettre à la Représentation nationale le projet qu'il avait conçu pour l'enseignement primaire. A cette heure, le monopole était renié de tout le monde et l'on était universellement d'accord pour l'abolir promptement.

M. Guizot, alors ministre, fit justice du système absolu et chimérique de l'Assemblée Constituante et de sa prétention de mettre l'enseignement tout entier, fut-ce l'enseignement élémentaire, à la charge et sous la responsabilité de l'Etat. Rappelant l'échec complet des

(1) M. Laboulaye, Discours du 27 janvier 1880.
(2) M. Dufaure, Séance du Sénat 9 mars 1880.

gigantesques projets alors élaborés, il en concluait qu'il ne valait pas la peine d'annoncer que l'Etat devait l'instruction à tous pour aboutir encore à ne le mettre en mesure de payer cette dette à personne.

« Quel est le but d'une loi sur l'Instruction, disait à son tour M. Cousin, le rapporteur ? Apparemment de la répandre le plus possible et même de la rendre universelle. Il faut donc se garder de mettre contre elle aucune force réelle, aucune prétention légitime. »

Et dans la séance du 21 mai, il s'écriait : « La liberté d'enseignement est dans la Charte, elle est dans le droit des familles, elle est dans celui des particuliers, elle est dans l'intérêt général de l'instruction primaire qu'elle vivifie par la concurrence et qu'elle enrichit par de perpétuelles innovations. » (1)

La loi n'eut donc pas de peine à passer. Mais le Gouvernement qui tenait à rester maître des écoles primaires, fit voter un article qui livrait l'exécution de cette loi, non aux tribunaux ordinaires, mais au Conseil royal de l'Instruction publique. C'était livrer les établissements libres à leurs ennemis eux-mêmes. Ceux qui ne s'en doutaient pas, durent être éclairés par l'arrêt que la Cour de Cassation rendit le 27 novembre en faveur de la compétence du Conseil royal et contre la compétence de la juridiction judiciaire, par conséquent, contre la liberté qui semblait accordée par la loi et qui, au fond, était réduite à la discrétion de ses adversaires. (2)

La loi de 1833 ne fit donc que ouvrir une brèche au monopole, elle ne le détruisit point en réalité.

III

La promulgation de cette loi fut comme le signal d'une réaction énergique en faveur de l'Université. On eût dit que celle-ci n'était tombée un moment en disgrâce que pour se relever avec plus de vigueur dans la faveur publique. Autant elle avait été attaquée violemment, autant elle fut défendue avec ardeur et dévouement. Aussi, ne tarda-t-elle pas à reprendre ses allures de maîtresse et à user largement de sa force nouvelle sur le dos de ses ennemis.

Les excès de son despotisme soulevèrent de nouveau contre elle toute une légion de brillants orateurs et de puissants écrivains. Les années 1843 et 1844 furent toutes remplies du bruit de la bataille

(1) Voir M. Charles de Riancey, Correspondant, Juillet, septembre 1847.
(2) Voir M. Henri de Riancey. Correspondant, 1er semestre 1847.

qui fut livrée au monopole. Dans le haut clergé, Mgr Affre, archevêque de Paris, Mgr. Parisis, évêque de Langres, Mgr Clausel de Montals, évêque de Chartres ; dans la presse, MM. Veuillot, les abbés Combalot, Dupanloup, Gratry, Lacordaire, pour ne nommer que les plus illustres, revendiquaient énergiquement les droits sacrés de la foi, de la conscience, de la famille, de la liberté individuelle. Comme M. Berryer avait défendu M. de Lamennais dans son procès de 1826, M. de Riancey défendait l'abbé Combalot contre les poursuites de M. Villemain.

Le ministère ne pouvait plus se dispenser de porter le combat devant les Chambres, sur le terrain législatif. Il présenta une loi pour l'enseignement secondaire. Il s'agissait de savoir si ce serait le monopole qui triompherait ou si la liberté réussirait à reconquérir ses droits.

A la Chambre des Pairs, (1) le rapporteur du projet ministériel fut M. le duc de Broglie. L'œuvre de l'illustre pair fut digne de sa haute réputation. Si cependant, de toutes parts, elle reçut des éloges, elle ne reçut pas moins aussi de toutes parts les plus vives critiques. Les Universitaires félicitèrent l'auteur de ses conclusions en faveur du maintien de l'Université, mais l'accusèrent d'abandonner les anciens droits de l'Etat au profit de la liberté. Les catholiques, au contraire, le louèrent chaudement d'avoir proclamé les vrais principes, mais le blâmèrent d'en sacrifier la pratique au maintien de l'Université.

Quand vint la discussion devant la Chambre des Pairs, M. Cousin qui avait défendu la liberté en 1833, défendit le monopole avec la même conviction ; il soutint que le droit d'enseigner est, non un droit individuel, mais une délégation du pouvoir public. (2) Il fut suivi par MM. de Saint-Priest, Rossi, Merélhon, etc.

La liberté n'eut pas des champions moins vaillants. Ce fut M. de Montalembert qui démontra l'incompatibilité du monopole avec la liberté politique, avec la liberté de conscience, avec la Charte. (3)

Ce fut M. de Saint-Barthélemy qui, dans deux discours, fit voir l'impossibilité pour les établissements libres de lutter contre l'Université de l'Etat et ses privilèges. (4)

---

(1) A la Chambre des Députés, le rapporteur fut M. Thiers, mais son rapport ne fut pas discuté.
(2) Journal Officiel, séance du 22 avril 1844.
(3) Séance du 26 avril.
(4) Séances du 4 et 6 mai.

Ce fut encore M. le comte Beugnot qui établit le droit du père de famille sur l'éducation de ses enfants et sur le choix de leurs instituteurs. (1)

Bref ! la cause de la liberté demeura vaincue, et l'Université parut sortir de la lutte avec une force nouvelle. (2)

Toutefois, les partisans de la liberté ne furent point découragés. Ils sentaient que les forces vives de la nation, que les grandes influences du pays leur étaient acquises. Aux noms que nous avons déjà cités, il faut joindre en effet ceux de MM. de Saint-Marc Girardin, de Sade, de Tracy, de Schauenburg, Silvestre, Portalis, Delespaul, Drault, etc., qui tous parlaient et agissaient pour la liberté.

Le Gouvernement comprit qu'il ne pouvait se reposer sur sa victoire. Pour satisfaire ou au moins endormir l'opinion, il présenta un nouveau projet de loi en 1847. M. Liadière, qui en fit le rapport, se prononça encore vivement contre la liberté d'enseignement. (3)

La lutte se poursuivait dans la presse quand éclata la révolution de Février 1848. Le Gouvernement qui soutenait le monopole tombé, avec lui étaient également tombés les principaux obstacles qui s'opposaient à la liberté d'enseignement. Quand il s'agit de redonner une constitution politique à la France, les hommes de tous les partis furent d'accord pour inscrire parmi les droits les plus indiscutables celui de fonder des établissements d'instruction, et d'y enseigner conformément à la loi. (Art. 9). (4)

Dès la fin de 1849, M. le comte de Falloux déposait le projet de loi qui a gardé son nom.

Ce fut le 14 janvier 1850 que la discussion s'en ouvrit. La note dominante y fut en faveur de la liberté d'enseignement. Ses adversaires invoquaient bien les droits de l'Etat ; les ennemis de l'Eglise criaient surtout au danger de cléricalisme que la loi allait déchaîner sur la société ; il ne se trouvait plus personne pour dire comme M. Cousin en 1844 : « Le droit d'enseigner n'est pas un droit naturel. » S'il se fut trouvé quelqu'un pour tenir ce langage, M. Crémieux lui eût répondu ce qu'il disait le 18 janvier : « Pour moi, je le déclare, le principe de la liberté d'enseignement est un principe sacré. Il n'é-

---

(1) Séance du 24 avril.
(2) Voir le discours de M. Dufaure, le 9 mars 1880.
(3) Voir sur ce rapport un article de M. de Montalembert, Correspondant 1847.
(4) Voir le discours de M. Dufaure cité plus haut.

tait pas besoin que la Constitution le déclarât ; il est dans l'homme, dans son essence. C'est son devoir, c'est sa loi.»

Cependant le caractère de la loi de 1850 fut surtout, comme on l'a dit, d'être un compromis, une transaction entre les partis. (1)

D'abord, cette loi ne supprima pas le système de l'Etat enseignant, ce qui eût été nécessaire pour établir la liberté d'enseignement comme les catholiques le désiraient.

Ainsi, elle maintint l'enseignement de l'Etat dans toutes ses institutions publiques et dans tous ses privilèges financiers. Mais il résulte aussi de ses deux premiers chapitres que la partie gouvernante de l'instruction publique ne se composait plus uniquement des membres du corps universitaire. De la sorte, l'Etat enseignant disparaissait comme souveraineté à la tête de la nouvelle organisation pour faire en quelque sorte place à la société enseignante. (2)

Sans doute, l'Etat y garda la présidence de tous les conseils et la partie exécutive de toutes les affaires, mais il n'enseigna plus lui-même et il ne put, quant à l'enseignement donné en son nom, sortir des limites qui lui étaient tracées par le Conseil supérieur dont la loi réglait la composition.

Sans doute encore, l'Etat pénétrait par sa surveillance dans l'enseignement libre pour veiller aux intérêts de la société ; mais là s'arrêtait son immixtion ; d'autre part, l'Eglise recevait le pouvoir de pénétrer dans l'enseignement de l'Etat pour y assurer la pureté des croyances et la liberté religieuse.

La loi de 1850 amoindrissait donc sérieusement le régime de l'Etat enseignant, et elle faisait faire à la liberté des progrès sensibles. Ainsi, elle supprimait l'obligation de l'autorisation préalable (Art. 25 et 60). Elle réduisait à des conditions modérées les garanties de capacité et de moralité exigées par la Constitution (Art. 25 et 26). Elle abolissait pour ceux qui se présentaient aux examens, l'injuste exigence du certificat d'études (Art. 82). Elle admettait au bénéfice du droit commun, relativement aux conditions requises pour l'exercice de l'enseignement à tous les degrés, les membres des congrégations religieuses non reconnues et même précédemment proscrites (Art. 25 et 26). (3)

---

(1) Officiel, séance du 18 janvier 1850. Mgr Parisis. La Vérité sur la loi de l'Enseignement. Deuxième reproche.
(2) Ibid.
(3) Voir Mgr Parisis, op. cit.

D'autre part aussi, elle organisait un système de surveillance sévère pour écarter de l'enseignement, par voie de mesures administratives, les instituteurs que l'Etat jugerait dangereux (Art. 18 et 19). Elle réservait à l'Université le droit d'examiner les élèves des établissements libres et de leur conférer le diplôme de bachelier ou le brevet de capacité pour l'instruction primaire (Art. 46 et 62). Enfin, en investissant de la sorte l'Université du droit d'examen et de la collation des grades, et en la maintenant dans la jouissance de ses privilèges financiers (Art. 17 et 72), la loi créait à l'enseignement libre une situation inférieure qui lui rendait la concurrence avec l'enseignement public bien difficile, pour ne pas dire écrasante et impossible.

Sous ces divers rapports, la loi de 1850 était bien loin de donner la liberté qui était désirée et attendue. Elle reçut des critiques méritées ; elle ne fut pour beaucoup qu'un premier pas dans la voie de l'affranchissement pour lequel avaient été livrés tant de combats.

IV

La loi en question en annonçait une autre analogue pour la liberté de l'enseignement supérieur. Mais en 1852, l'empire succéda à la république, et au lieu d'acquitter les promesses de celle-ci, reprit les traditions napoléoniennes.

Ce n'est pas que les catholiques n'aient profité des circonstances pour faire entendre leurs vœux et revendiquer leurs droits. Napoléon III avait rétabli le service religieux aux Tuileries. Le père de Ravignan y prêcha le carême en 1855. Son éminente vertu et sa parole apostolique lui conféraient un grand ascendant. Il put se faire l'interprète des catholiques. « Si l'Etat, disait-il, ne veut pas empêcher l'Université de semer des doctrines fausses et perverses, il doit au moins permettre à l'Eglise de les combattre et d'affirmer la vérité ; il ne doit pas mettre les familles dans la cruelle nécessité de livrer leurs enfants à des maîtres dont elles détestent le langage. »

Le prédicateur de la cour fut, en 1856, le père Ventura. Le célèbre Théatin développa devant son impérial auditoire les caractères et les obligations du pouvoir politique chrétien. Il insista sur la nécessité d'opposer à l'Université rationaliste le libre enseignement de l'Eglise catholique.

Un certain nombre de catholiques espéraient que le Gouvernement céderait enfin cette liberté pour reconnaître la condescendance de Pie IX qui consentait à être le parrain du prince impérial. Ils furent bientôt désabusés. (1)

Quinze ans s'écoulèrent sans que le monopole universitaire ait reculé d'une ligne, soutenu qu'il était par l'influence active des légistes de l'époque. Alors les catholiques reportèrent la question sur le terrain législatif. La pétition Giraud, déposée sur les bureaux du Sénat, en juin 1867, vint remettre sollennellement à l'ordre du jour cette importante question.

Le débat eut lieu en mai, l'année suivante. Il fut très vif, très brillant ; l'opinion publique s'y intéressa avec passion.

Le Gouvernement, avant même que la pétition lui fut renvoyée, avait compris que le moment était venu de faire quelque chose pour répondre à l'attente de la France catholique et libérale, et il avait saisi le Conseil de l'Instruction publique, réuni en session ordinaire, d'un projet de loi sur la liberté de l'enseignement supérieur. Ensuite une Commission extra-parlementaire était nommée, sous la présidence de M Guizot, pour étudier et mûrir cette question.

Les libéraux et les catholiques attendaient les résultats de ces mesures, quand la guerre de 70 éclata et vint porter ailleurs l'attention publique.

Dès que la paix fut rétablie, les recherches sur les causes de nos désastres amenèrent l'Institut lui-même à conclure contre le monopole universitaire. (2) La nécessité de la liberté pour l'enseignement supérieur fut reprise avec ardeur dans les journaux, les revues, les brochures et les congrès réunis à cette fin.

L'Assemblée nationale fut saisie à son tour de la question et elle ne put éviter, malgré des efforts contraires, de la mettre à son ordre du jour.

Ce fut M. E. Laboulaye qui fut nommé rapporteur du projet.

La discussion en commença le 3 décembre 1874.

Les partis opposés ne disputaient que sur deux points : les conditions dans lesquelles la loi devait accorder la liberté d'enseignement et la question de la collation des grades.

Les catholiques, désespérant de pouvoir réunir une majorité pour

---

(1) Voir M. Guillaume, continuateur de Rohrbacher. Liv. 92. Voir le discours de M. Jules Ferry, séances du Sénat 5 et 6 mars 1880.

(2) Voir au Journal officiel, la séance de l'Académie des Sciences, du 6 mars 1871.

enlever à l'Etat ce dernier retranchement du monopole, finirent par ne demander, pour les futures Universités, que le droit de faire, par leurs professeurs, partie du Jury d'examen devant lequel devraient comparaître leurs étudiants.

C'est ce que ne voulaient à aucun prix les Césariens.

Quelques efforts, cependant, que tentèrent les membres les plus éloquents de ce parti, la majorité se fit sur la transaction acceptée par les catholiques. Le Jury mixte fut voté avec la loi tout entière le 12 juillet 1875.

Nous allons indiquer rapidement ce que cette loi donne et ce qu'elle refuse à la liberté.

L'article premier en proclame le principe en disant : « L'enseignement supérieur est libre. »

« Tout Français, n'ayant encouru aucune incapacité légale, pourra former un établissement d'enseignement supérieur ; à moins qu'il ne s'agisse d'une faculté de médecine, il n'a besoin de justifier d'aucun grade ; mais cet établissement ne pourra prendre le titre de faculté libre (art. 5), que s'il compte au moins le même nombre de professeurs pourvus du grade de docteur, que les facultés de l'Etat qui ont le moins de chaires ; quand trois facultés d'ordre différent rempliront ces conditions, elles pourront former une Université libre et en prendre le titre. » (art. 5)

L'article 6 exige qu'avant d'ouvrir leurs cours, les administrateurs des nouveaux établissements prouvent qu'ils ont réuni les conditions matérielles requises pour les besoins de l'enseignement supérieur.

L'ouverture des cours isolés est soumise au préalable d'une déclaration remise à l'autorité universitaire.

Le titre II de la loi règle le droit d'association dans le but de former des établissements d'enseignement supérieur. (art. 10 et 11)

Le titre III est relatif à la collation des grades. L'article 13 est ainsi conçu : « Les élèves des facultés libres pourront se présenter pour l'obtention des grades devant les facultés de l'Etat, en justifiant qu'ils ont pris devant la faculté dont ils ont suivi les cours, les inscriptions voulues par les règlements. Les élèves des universités libres pourront, s'ils le préfèrent, se présenter devant un Jury spécial formé dans les conditions déterminées par l'article 14. »

.... Le baccalauréat ès-lettres et le baccalauréat ès-sciences resteront exclusivement conférés par les facultés de l'Etat. »

Ainsi l'enseignement libre reste interdit de l'examen pour le baccalauréat qui demeure la propriété exclusive de l'Université officielle.

Il n'obtient de cette loi qu'une participation secondaire à l'examen des candidats qu'il présente à la licence et au doctorat.

En effet, art. 14 : « Le Jury spécial sera formé des professeurs ou agrégés des Facultés de l'Etat et des professeurs des Universités libres, pourvus du diplôme de docteur. Ils seront désignés pour chaque session par le ministre de l'Instruction publique et si le nombre des membres de la Commission d'examen est pair, ils seront pris en nombre égal dans les facultés de l'Etat et dans l'Université libre à laquelle appartiendront les candidats à examiner. Dans les cas où le nombre est impair, la majorité sera du côté des membres de l'enseignement public.

La présidence appartiendra à un membre de l'enseignement public. »

Ainsi l'Etat ne se réserve pas seulement la collation des grades, il se réserve encore la part prépondérante dans l'examen. C'est dire combien la liberté a été étroitement mesurée aux Universités que l'on a appelées libres

En outre, l'article 7 dit que « les cours ou établissements libres d'enseignement supérieur seront toujours ouverts et accessibles aux délégués du ministre de l'Instruction publique. La surveillance ne pourra porter sur l'enseignement que pour vérifier s'il n'est pas contraire à la morale, à la Constitution et aux lois. »

Pourquoi la surveillance de l'enseignement libre est-elle dévolue au ministre de l'Instruction publique et non au ministre de la justice? Evidemment par cet article, les Universités libres sont soumises à l'empire de l'Université officielle. C'est encore une atteinte à la liberté et à l'égalité.

Enfin, le Conseil supérieur de l'Instruction publique jouit de très grands pouvoirs, (Art. 11, 12, 14, 15, 22, etc) ; le sort des Universités libres lui est en partie abandonné. Eh bien, les Universités libres n'y sont pas proprement représentées, elles ne sont pas admises à y défendre elles-mêmes leurs prérogatives et leurs intérêts.

On voit par là combien, d'après la loi de 1875, la liberté de l'enseignement supérieur est mal assurée, combien son exercice est précaire.

Le titre IV renferme les pénalités. En vertu de l'article 22, introduit par l'amendement Giraud, tout professeur dont l'inconduite sera notoire ou l'enseignement contraire à la morale et aux lois, sera traduit, sur la plainte du préfet ou du recteur, devant le Conseil du département de l'Instruction publique. Il pourra être soumis à la réprimande avec ou sans publicité et l'enseignement pourra lui être interdit à temps ou pour toujours. » Avec une telle disposition, un gouvernement athée pourra frapper un professeur déiste comme un gouvernement déiste pourra s'en servir pour mettre de côté un professeur athée. La juridiction judiciaire n'est-elle pas nécessaire pour garantir ici encore la liberté et ses droits ?

Telle est l'étroite mesure dans laquelle la loi du 12 juillet 1875 a donné la liberté de l'enseignement supérieur. (1)

V

Et cependant, la loi était à peine promulguée que ses adversaires en annonçaient déjà la mutilation sinon la complète abolition. Elle fut, en effet, attaquée dès 1876 dans la Chambre qui recueillit la succession de l'Assemblée nationale. Sur la proposition de M. Wadington, la Chambre supprimait le Jury mixte et restituait à l'Etat le monopole de l'examen. Mais le Sénat refusait son vote à cette mesure.

Le triomphe que les républicains césariens remportèrent aux élections du 14 octobre 1877 et du 9 janvier 1878, était la condamnation irrémissible de la loi en question dans ses points les plus importants.

Pour mettre à exécution la politique victorieuse, M. Jules Ferry déposait, à la fin de 1879, un projet de loi qui changeait complètement la composition du Conseil de l'Instruction publique, telle que l'avait définie la loi de 1850. Cette loi de transaction, on le sait, avait constitué le Conseil de l'Instruction publique de telle sorte que l'Université n'était plus maîtresse absolue de l'enseignement libre et qu'au contraire l'enseignement officiel était au point de vue du dogme et de la morale contrôlé par l'Eglise. La loi de M. Ferry a eu pour objet de soustraire l'Université à ce contrôle gênant et de lui livrer, en outre à merci, les établissements d'enseignement libre. La grande majorité du Conseil de l'Instruction publique est, en effet, aujourd'hui composée de membres appartenant à l'Université officielle.

Le 23 janvier 1880, M. Paul Bert, député, déposait dans le même esprit, un autre projet qui abrogeait la loi de 1875.

Le 15 mars suivant, M. Jules Ferry, ministre de l'Instruction publique, déposait à son tour un nouveau projet qui complétait

(1) Voir M. Enn. Perier, Revue catholique des Institutions et du Droit, septembre 1875. M. Enn. Everat, même Revue, novembre 1875.

celui de M. Paul Bert. Le ministre, dans son exposé des motifs, nous révèle le principe qui le dirige et la fin qu'il poursuit. « La loi de 1875, dit-il, a été le dernier terme de la campagne entreprise depuis bientôt trente ans, contre les droits du pouvoir civil sur les choses de l'enseignement. Pas plus qu'aucun des gouvernements qui l'ont précédé, le gouvernement républicain ne doit abdiquer son droit de haute direction sur la jeunesse française. » (1)

Pour atteindre son but, le ministre supprimait le jury mixte, rendait à l'Etat le monopole des examens, enlevait aux établissements libres leurs titres de Facultés et d'Universités, les dépouillait de leurs moyens d'existence en les privant de toute participation à l'examen et des bénéfices pécuniaires qui y étaient attachés, et en obligeant leurs élèves à prendre leurs inscriptions dans les facultés de l'Etat.

Par son fameux article 7, il disait : « Nul n'est admis à participer à l'enseignement public ou libre, ni à diriger un établissement de quelque ordre que ce soit, s'il appartient à une congrégation religieuse non autorisée. »

C'est par là que le ministre prétendait ressaisir, au nom de l'Etat, la direction de la jeunesse française.

On sait dans quelles limites fut voté, au Sénat, ce projet de loi : les articles seuls qui interdisaient aux établissements libres de garder leur nom de Facultés, et aux congrégations non autorisées de se livrer à l'enseignement, furent rejetés par la Chambre haute.

La Chambre basse trouva que c'était encore trop ; par son ordre du jour du 26 mars, elle mit le Gouvernement en demeure d'appliquer aux congrégations les lois anciennement portées contre elles. Le Gouvernement émit alors les décrets du 29 mars par lequel il décidait l'expulsion et la dispersion des congrégations non autorisées.

Ainsi, au mois d'octobre 1880, les établissements libres d'enseignement étaient dépouillés de leur nom d'Université, de leurs droits de participer aux examens et de recevoir les inscriptions de leurs élèves ; plus de deux mille religieux se voyaient interdire par simple mesure administrative la carrière de l'enseignement à tous les degrés ; plus de vingt mille enfants étaient privés des maîtres auxquels la confiance de leurs parents avait remis le soin de leur éducation.

Par les effets de la loi de 1880 combinés avec ceux des Décrets du

---

(1) Voir M. Migneret, Revue catholique des Institutions et du Droit, juin 1879.

29 mars de la même année, la liberté d'enseignement rétrogradait, sous certains rapports, au-delà de 1848 et de 1830, jusqu'aux fameuses Ordonnances de Juillet qui chassaient les Jésuites des grands séminaires.

VI

Le Césarisme républicain ne devait pas s'arrêter là. Il restait encore dans la loi de 1850 des dispositions favorables à l'Eglise, chères aux catholiques. Pour les supprimer, en attendant d'abolir la loi tout entière, M. Ferry, toujours à la suite de M. Paul Bert, déposa, en cette même année 1880, à la Chambre des Députés d'abord, et ensuite au Sénat, un projet de loi proclamant l'enseignement primaire gratuit, laïque et obligatoire.

Ce projet a été voté tout entier d'urgence à la Chambre basse, après une seule lecture.

Au Sénat, la gratuité et l'obligation ont été acceptées sans modifications importantes. La laïcité seule a été l'objet d'un amendement qui a compromis momentanément le succès de la loi à son retour à la Chambre des Députés.

M. Jules Simon avait réussi, à la troisième délibération, à faire inscrire dans la loi que l'instituteur serait tenu d'apprendre à l'enfant ses devoirs envers Dieu. La Chambre a jugé que par cette disposition, toute l'économie de la loi était violée ; elle l'a conséquemment rejetée dans l'attente du jour où le Sénat renouvelé la votera telle qu'elle-même l'a édictée pour sa part. (1)

Un mot maintenant pour montrer combien cette loi viole, en fait, la liberté d'enseignement.

La gratuité d'abord. Si les écoles officielles sont gratuites, qui pourra soutenir la concurrence qu'elles feront à l'enseignement libre ? Pour que celui-ci soit possible, il faudra qu'il soit gratuit aussi, c'est évident, c'est-à-dire il faudra qu'il soit payé par la charité. Quelle lourde charge la gratuité légale impose de la sorte à ceux qui voudront désormais fonder des écoles libres ! Qui ne voit combien elle diminue et restreint par là leur liberté ?

La laïcité ne fait pas une blessure moins grave à l'autorité paternelle. En l'édictant, la loi dispose de sa seule autorité de l'espèce

---

(1) Cette loi funeste a été promulguée dans l'Officiel du 28 mars 1882.

d'éducation qui sera donnée à l'enfant. Si, comme nous le montrerons, le père et la mère sont et doivent être seuls souverains en ce domaine, n'est-il pas évident que la loi qui impose la laïcité fait bon marché de leurs droits ?

Enfin, l'obligation peut facilement porter à l'autorité des parents la plus profonde atteinte. C'est ce qui arrivera si la loi s'immisce sans véritable nécessité sociale dans les rapports des parents et des enfants ; ou encore si elle impose aux premiers des charges dont la nature et l'intérêt public les « exonèrent » à l'égard des seconds, ou enfin, si,elle n'est qu'un moyen pour faire donner aux enfants une éducation que réprouve la conscience de leurs auteurs. (1)

Telle est, décrite à grands traits, l'histoire de la liberté d'enseignement et des rapports que les lois ont établis, ou du moins sont sur le point d'établir en France, entre la famille, l'Etat et l'Eglise, sur le terrain de l'enseignement et de l'éducation. Nous allons maintenant jeter un rapide coup d'œil sur l'histoire de ces mêmes questions chez les différents peuples de l'Europe, et, par delà l'Atlantique, aux Etats-Unis de l'Amérique.

---

(1) N'omettons pas de mentionner qu'une première loi a été votée pour interdire l'enseignement primaire à tous les instituteurs et institutrices qui n'ont pas obtenu un brevet de capacité de l'Université gouvernementale et qu'il y a actuellement en discussion à la Chambre des Députés une loi analogue contre la liberté de l'enseignement secondaire.

CHAPITRE VI

Etat de la question en Belgique, en Espagne, en Italie et en Suisse.

> Heureux sont les pays qui, en possession de la liberté, se montrent dignes d'en jouir.

I

Les Pays-Bas avaient, avant la fin du siècle dernier, deux Universités, l'une à Louvain et l'autre à Liége. (1)

Dans le principe, ces écoles dépendirent plus des Papes que des rois, à tous les points de vue. Dans la suite, le pouvoir royal, en progrès, revendiqua sur elles ses droits politiques.

Quant à elles, elles inclinèrent tantôt du côté du pape et tantôt du côté du roi, suivant les circonstances et d'après ce qu'exigeait le soin de leurs intérêts ; car, ce qu'il ne faut pas oublier de remarquer pour être exact, c'est le culte que ces écoles professèrent toujours hautement pour leur liberté et leur indépendance.

La Révolution française les détruisit. Louvain avait perdu du reste sa faculté de théologie dès 1788.

Après la restauration de 1815, Guillaume d'Orange fonda de nouvelles écoles à Louvain, à Gand et à Liége. Ce prince leur conféra-t-il le monopole de l'enseignement ? Des publicistes l'ont prétendu, mais c'est à tort. Car, « la même année, dit Mgr de Liége, Van Bommel, un arrêté organique de l'enseignement moyen, proclamait, en tête de tous ses articles, la liberté pour quiconque se sentait capable d'ouvrir une école et d'y enseigner. » (2)

Jusqu'en 1825, en effet, les Belges se contentèrent des droits que la constitution de 1815 leur reconnaissait. « On obtint, en 1815, dit

---

(1) Voir M. Em. de Laveleye, Revue des Deux-Mondes, 15 avril 1870.
(2) Lettre de Mgr de Liége sur la liberté d'enseignement.

un anonyme, que les évêques eussent le pouvoir illimité d'instruire suivant leur bon plaisir, les aspirants au sacerdoce dès leur entrée dans les petits séminaires. On accorda à tout citoyen le droit d'ériger des pensionnats, écoles et collèges, sans examen préalable et sans autre autorisation que celle des autorités locales.

« Mais, en juin 1825, parurent des arrêtés qui changèrent entièrement le système suivi depuis dix ans. On exigea pour l'établissement des pensionnats et autres écoles privées non seulement un diplôme de candidat ou docteur ès-lettres, mais encore une autorisation préalable du gouvernement. Les futurs théologiens furent soumis à l'obligation de faire un cours de philosophie dans un collège philosophique établi près de l'Université de Louvain. »

Le gouvernement ferma les écoles non autorisées et défendit de nouvelles admissions dans les séminaires. Pour maintenir ces mesures, on défendit également sous différentes peines les études à l'étranger.

Ces innovations furent considérées par le Clergé comme une déclaration de guerre contre l'Eglise. Sa résistance, d'abord toute passive, devint ensuite agissante, et il se forma une opposition catholique dans le pays, dans les Chambres et dans les journaux.

Cette opposition se rallia, en 1826, à l'opposition libérale qui avait d'autres griefs à reprocher au Gouvernement. » (1)

Celui-ci, pour atténuer ses embarras, se hâta de conclure un concordat avec le Saint-Siége (Août 1827). Mais il ne l'exécuta que de mauvaise grâce et avec une lenteur peu loyale. En 1829, le 20 juin, Guillaume fut forcé, par le refus du budget, de modifier son collège philosophique de Louvain ; d'obligatoire qu'il était, il le rendit simplement facultatif pour les aspirants aux grands séminaires ; mais il y mit tant de restrictions qu'il retirait d'une main ce qu'il semblait accorder de l'autre. L'agitation ne fit que grandir. Le 9 janvier 1830, Guillaume était contraint de fermer son collège. Le mois d'août, malgré cette concession, amena d'abord une avalanche de pétitions et ensuite un soulèvement victorieux dans les provinces belges.

Le gouvernement provisoire révoqua par un arrêté du 16 octobre, tout ce qui avait été fait de contraire à la liberté d'enseignement, et la Constitution belge porta en son article 17 : « L'enseignement est libre ; toute mesure préventive est interdite. La répression des délits

---

(1) Revue Fœlix T. III. XXVIII. 1836.

n'est réglée que par la loi. L'instruction publique donnée aux frais de l'Etat, est également réglée par la loi. »

Quand il fut question d'organiser la pratique de cette disposition, le nouveau roi proposa de consacrer par la loi la liberté absolue de l'enseignement. Mais les hommes d'Etat belges pensèrent qu'il fallait procéder avec ménagement ; ils firent en 1835 une loi d'essai qui, tout en accordant la liberté d'enseignement, réservait l'examen des étudiants et la collation des grades à un jury central composé de membres indépendants des écoles. Cet essai fut prolongé jusqu'en 1849.

Le 15 juillet de cette même année, était votée une nouvelle loi qui chargeait le Gouvernement de former un jury mixte composé par moitié de professeurs salariés par l'Etat et par moitié de professeurs pris dans les Universités libres. Devant ce même jury devaient passer tous les étudiants, qu'ils sortissent des écoles officielles ou des établissements libres.

Cette loi fut en vigueur jusqu'en 1867. On soutint alors qu'elle faisait baisser le niveau des études par suite des compromis tacites en vertu desquels les professeurs étaient amenés, chacun, à ménager réciproquement les candidats présentés par leurs rivaux, afin d'en obtenir les mêmes ménagements en faveur de leurs propres élèves. C'est pourquoi on fut d'avis d'en venir au point par où le roi des Belges voulait qu'on commençât, c'est-à-dire à la liberté illimitée d'enseignement. Tout belge donc, pourvu qu'il n'ait point encouru d'incapacité prévue par la loi, peut ouvrir à son gré une école d'enseignement primaire ou secondaire ou supérieur ; c'est à lui qu'appartient le droit de former le jury d'examen pour la collation des grades et de conférer les diplômes au nom de son établissement.

Les catholiques ont profité de la liberté pour fonder l'Université de Louvain, un bon nombre de collèges et, tout dernièrement, une multitude d'écoles primaires.

Les libéraux en ont usé pour fonder l'Université de Bruxelles et quelques collèges. Le terrain de l'instruction primaire a moins sollicité leur zèle.

En définitive, la liberté d'enseignement est complète en Belgique. Cependant il est incontestable que les privilèges financiers dont jouissent les écoles de l'Etat, font pencher la balance de leur côté et rendent fort difficile pour les particuliers l'usage de la liberté.

II

On sait combien les Universités furent nombreuses et brillantes en Espagne durant le moyen âge.

La plus ancienne est celle de Palencia fondée par Alphonse VIII, roi de Castille.

Celle de Salamanque suivit bientôt, jetant un éclat qui éclipsa toutes ses rivales.

Valladolid reçut la troisième.

A mesure que l'Espagne reconquiert ses villes sur les Maures, elle y crée de vastes établissements d'instruction. Valencia, Séville, Murcie, Saragosse, Lérida, Barcelone sont ainsi successivement dotées d'institutions semblables. La fondation de l'Université d'Alcala par le grand cardinal *Cineros*, marque au seizième siècle le point culminant de cette magnifique période d'épanouissement intellectuel. A l'époque de Charles-Quint, l'Espagne possédait quarante de ces centres de lumière qui rayonnaient sur toutes les parties de son territoire.

Comment et par qui ces écoles furent-elles fondées ?

« On retrouve dans leurs origines comme dans leurs développements, dit M. Charles de Mazade, les éléments essentiels et primitifs de la civilisation espagnole : l'initiative individuelle, un grand fonds d'indépendance pratique, le patronage royal et la sanction religieuse. Des évêques, des grands, des municipalités fondaient des écoles dans une pensée de piété, ou pour encourager la culture de l'esprit.

Ces écoles se groupaient et formaient ce qu'on appelait un Estudio général. Les souverains donnaient l'existence civile à ces corps moraux auxquels ils accordaient des privilèges considérables et jusqu'à des exemptions d'impôts et une juridiction propre. La Bulle d'institution définitive venait du Saint-Siège et une Université de plus était créée. (1)

D'origines diverses, ces établissements n'étaient point non plus sous la main d'un même pouvoir.

« Les Universités, dit le même écrivain, étaient indépendantes les unes des autres ; chacune avait son organisation, ses statuts et se régissait elle-même. Ce que l'on a depuis appelé la liberté d'ensei-

---

(1) Voir M. Charles de Mazade, Revue des Deux-Mondes, 1858.

gnement existait par le fait à cette époque, en ce sens qu'aucune règle uniforme ne présidait à ce vaste mouvement.

« Les rois, il est vrai, avaient songé quelquefois à créer une sorte d'administration commune et à introduire une certaine régularité dans l'instruction publique. Ils n'avaient réussi que très imparfaitement. Le premier obstacle qu'ils avaient rencontré, c'était le vif sentiment d'indépendance qui animait toutes ces universités. Sans doute la couronne étendait sa protection sur elle d'une manière générale, et c'était là incontestablement un lien qui les rattachait les unes aux autres. Mais combien plus fort était celui que l'unité de foi créait entr'elles ! Par là, les Papes étaient réellement les maîtres de l'enseignement espagnol. Aussi les rois ne manquèrent-ils guère l'occasion d'affirmer, et, quand ils le purent, de faire prévaloir en cette matière les prérogatives de leur couronne. Même au sein de l'unité catholique la plus entière, les deux puissances se trouvaient souvent divisées par des intérêts contraires qui les mettaient en conflit.

Leur rivalité ne s'exerçait pas de même dans le domaine de l'instruction primaire et secondaire. L'Etat avait trop de soucis pour songer à organiser l'enseignement à ses degrés inférieurs. En Espagne, comme dans la plupart des autres contrées de l'Europe, l'école, là où elle existait, était une annexe ou une dépendance soit de la cure, soit du chapitre, soit du diocèse.

D'ailleurs aussi les esprits étaient trop tout entiers aux Universités pour songer à multiplier, suivant les besoins du peuple, les établissements d'instruction primaire. Mais, d'un autre côté, « le caractère démocratique des universités espagnoles, dit encore M. Ch. de Mazade, apparaît dans des faits multipliés et d'une plus intime signification sociale. En ces temps reculés, on ne peut chercher ce qui depuis s'est appelé instruction primaire, c'est-à-dire un enseignement mis à la portée des plus humbles classes de la nation. Il y avait à peine quelques écoles perdues. L'instruction secondaire elle-même n'existait pas comme on la comprend aujourd'hui. Tout se résumait dans les universités, mais les universités étaient libéralement ouvertes aux enfants du peuple par des dotations et des bourses instituées en leur faveur, par les secours de tout genre qui allaient libéralement au devant d'eux. Il fut un temps où plus de 500 étudiants pauvres vivaient à l'Université d'Alcala. » (1)

Que devinrent ces universités par la suite des temps ? Elles tom-

---

(1) Ubi supra.

bèrent dans une triste décadence par l'abus même qu'elles firent de leurs privilèges. Les désordres qui s'étalèrent dans leur sein, appelaient une réforme.

Dès 1771, les ministres de Charles III essayèrent, au nom de l'autorité royale, de régénérer les universités espagnoles et de les soumettre a un nouveau régime. Mais ils se heurtèrent à de sérieuses résistances qui firent échouer cette tentative.

La royauté constitutionnelle, à son tour, entreprit de reconstituer l'instruction publique. Cet essai, comme le premier, n'aboutit qu'à accroître le désordre et à le mettre en lumière. Rien n'était plus misérable que l'état des Universités espagnoles, lorsqu'en 1845 fut entreprise la réforme qui les a mises dans leurs conditions actuelles.

Voici quel fut le principe de cette réforme. On ne pouvait chercher à faire revivre les anciennes Universités avec leurs privilèges et leur indépendance. « Il ne restait, dit l'auteur cité, qu'à transférer à l'Etat l'héritage de ces institutions mortes et à faire de la puissance publique la régulatrice et l'arbitre de l'enseignement renouvelé. Comme le maintien de l'autorité exclusive de l'Eglise était désormais impossible, la sécularisation des études devenait une nécessité. En conséquence, l'Etat a concentré entre ses mains le gouvernement de l'instruction publique. Réunissant les débris des biens des Universités, il s'est mis à créer un nouveau corps enseignant. Il a établi dans ce but des écoles normales pour former des maîtres, il a ouvert en quelques années plus de 15000 écoles primaires. Il n'a pas donné un moindre essor à l'enseignement secondaire : depuis le commencement de cette réforme, il a été formé plus de cinquante lycées ou collèges.

Quant aux quarante Universités que lui avaient léguées le moyen âge, il les a réduites à dix qu'il a distribuées entre les principales villes de la péninsule. (1)

C'est donc le Gouvernement qui a réformé l'enseignement et l'a fait ce qu'il est aujourd'hui.

Le régime actuel de l'enseignement public en Espagne est ainsi complètement différent de ce qu'il était jadis ; il se rapproche au contraire beaucoup sous une infinité de rapports de l'organisation moderne des écoles en France. Comme en France, les autorités et les conseils universitaires n'ont plus rien de leur indépendance d'autrefois. Les recteurs et les professeurs sont nommés par le Gouver-

---

(1) Voir l'auteur cité ibid.

nement. Le Corps enseignant ne jouit plus de son autonomie administrative sous la seule surveillance de l'autorité civile, il est étroitement lié à l'Etat, il en relève intimément.

La réforme de 1845 a donc eu pour résultat de mettre les écoles sous la main du gouvernement et, sans abolir en principe la liberté d'enseignement, de la réduire considérablement en fait.

Cette réforme, cependant, ne s'est point réalisée tout entière dans tous ses points. Souvent elle a été arrêtée en route et souvent elle a été détournée de son but. Il est donc resté ou il s'est fondé en Espagne depuis 1845 un bon nombre d'écoles qui ne dépendent de l'Etat que par un lien politique. Sans doute, l'enseignement officiel domine dans la Péninsule Ibérique ; toutefois l'enseignement libre n'y est point mort tout à fait. Les catholiques n'ont jamais cessé d'avoir le droit d'établir des écoles, et bien que la vérité catholique n'ait pas cessé non plus de former la base de la Constitution espagnole, les protestants ont pu, depuis quelques années, surtout depuis 1856, obtenir l'autorisation d'ouvrir des établissements de leur confession.

Il faut donc dire que si l'Etat s'est emparé des biens des anciennes Universités pour fonder un système d'écoles assez étendu qu'il a gardé sous son pouvoir, du moins il ne s'est pas réservé le monopole de l'enseignement public, il en a laissé une part à l'industrie privée.

III

Jusqu'à ces derniers temps, les écoles en Italie, ont été aux mains du Clergé, des moines et des municipalités. (1)

Un tel ordre de choses date de Charlemagne qui confia aux évêques et aux abbés le soin de pourvoir à l'enseignement de la grammaire et des belles-lettres.

Les papes furent aussi toujours fortement préoccupés de l'instruction du peuple. Plusieurs Conciles, nous l'avons vu, ont fait un ordre aux évêques et aux abbés d'ouvrir des écoles gratuites, autour de leurs monastères ou de leurs églises cathédrales.

Le pouvoir civil dans la suite ne resta pas non plus toujours étranger à la diffusion de l'instruction. Vers la fin du XIIe et au com-

---

(1) M. Charles Matteucci, ancien ministre de l'Instruction publique en Italie. Revue des Deux Mondes, octobre 1863.

mencement du XIII⁰ siècle, il comblait de ses faveurs l'école de médecine de Salerne qui était déjà célèbre. Frédéric II, empereur d'Allemagne et roi des Deux-Siciles, prescrivait qu'aucun médecin ne pourrait exercer dans ses États, s'il n'était approuvé par le collège médical de Salerne.

C'est en effet du XI⁰ au XII⁰ siècle que se produisait ce puissant mouvement intellectuel qui devait, en Italie comme dans les autres parties de l'Europe, atteindre, au treizième, une si merveilleuse splendeur. Les papes et les empereurs y eurent leur part. Ce sont eux qui, de concert, établirent, à côté des Universités, des collèges pour l'examen des étudiants et la collation des grades. Toutefois, ce furent généralement des particuliers, des associations, des municipalités qui fondèrent les Universités.

Ce sont aussi les villes qui, avec le concours des étudiants, entretiennent et font vivre ces grands établissements. Plus tard, le bénéfice que le nombre croissant des écoliers leur apporte, est si considérable, que les villes en prennent à leur charge toutes les dépenses.

L'Université de Naples a pourtant une origine officielle ; elle fut instituée, en 1224, par l'empereur et roi Frédéric II qui chargea son secrétaire Pierre de la Vigne d'en dresser les règlements et de faire traduire les livres grecs et arabes nécessaires à son enseignement. Le même prince lui assura des élèves en défendant d'établir ailleurs des écoles et en punissant de trois ans d'exil les étudiants qui auraient suivi des cours privés.

Sous le règne de Jeanne furent publiées les pragmatiques qui forment un règlement universitaire très complet.

Mais bientôt, nonobstant la défense de Frédéric II, se fondent des écoles privées, et l'Université de Naples décline.

A dater de cette époque, le Gouvernement, dans l'Italie méridionale, paraît s'être désintéressé complètement de l'enseignement. L'instruction élémentaire est entièrement abandonnée au clergé et à l'industrie privée. Il n'y a que le clergé, d'ailleurs, qui se préoccupe de l'instruction secondaire. On ne fait des études un peu complètes que dans les séminaires.

Au commencement du siècle, la domination française essaya de faire en Italie ce que Napoléon avait si bien réussi à accomplir en France. Elle voulut réorganiser l'Université de Naples ; elle prescrivit la création de collèges dans les villes principales et d'écoles de degrés inférieurs dans les localités de moindre importance.

Le retour des Bourbons en 1815, mit fin à ces efforts pour constituer un enseignement d'Etat. Le nouveau Gouvernement abandonna l'établissement et la direction des écoles à l'industrie privée et aux congrégations qui créèrent des établissements prospères.

Après la révolution de 1860, le Gouvernement reprit avec énergie l'œuvre du régime de 1806. Il improvisa des écoles normales pour l'enseignement primaire, établit des commissions d'inspection, fournit des subsides aux communes pauvres pour leur aider à créer des établissements d'instruction. Le souffle des faveurs gouvernementales passa aussi sur l'Université de Naples qui recouvra une nouvelle vie, une nouvelle activité. Il n'y eut que l'instruction secondaire qui, faute de professeurs capables, ne put d'abord se développer avec la même puissance.

Toutefois, à Naples, les *Privat-docenten* ont continué de donner leurs leçons à côté des professeurs titulaires, et les établissements particuliers n'ont cessé partout de recueillir une nombreuse jeunesse.

Dans les Marches, l'Ombrie et les Romagnes, à Parme et à Modène, le travail de rénovation n'est pas moins actif. L'augmentation des professeurs dans les collèges, la fondation d'écoles primaires et de salles d'asile en grand nombre, ce sont autant de signes qui l'attestent éloquemment. Malheureusement les populations de l'Est ont eu plus d'une fois à se plaindre des entraves que la bureaucratie mettait à leur zèle pour l'instruction. D'un autre côté, si l'Etat laissait aux municipalités les Universités de Pérouse, de Camérino et de Ferrare, il s'emparait de celles de Parme, de Modène et de Bologne.

Dès 1838, en Toscane, l'instruction supérieure avait reçu du Gouvernement une vive impulsion. Mais ni l'instruction primaire, ni l'instruction secondaire n'en ressentirent le bienfaisant effet. Le ministre Giorgini se borna à fonder l'école normale de Pise.

Il faut arriver à 1859 pour voir le Gouvernement reprendre activement son œuvre. Le budget de l'instruction publique qui était précédemment d'un million de francs, fut alors porté à deux.

Passons dans l'ancien royaume de Piémont ; nous y trouvons quatre Universités : Turin, Gènes, Galgliari et Sassari.

C'est le roi Charles Emmanuel qui, en 1772, édicta les remarquables constitutions de l'Université de Turin.

C'est aussi le Gouvernement Sardes qui, en 1859, au temps des pleins pouvoirs, porta la loi par laquelle sont encore régis, dans les anciennes provinces, la plus grande partie des établissements d'instruction publique.

Enfin, le Parlement du royaume d'Italie, par la loi du 31 juillet 1862, a posé les bases principales du régime commun auquel sont soumises les Universités italiennes. Un règlement fut donné au mois de novembre de la même année pour pourvoir à l'exécution de cette loi.

On saisit, par ce qui précède, les conditions dans lesquelles a subsisté en Italie la liberté d'enseignement. Il s'en faut certes que l'Etat y ait toujours parfaitement rempli ses devoirs en matière d'instruction publique. Il s'en faut aussi qu'on puisse accuser la liberté de n'y avoir pas fait de grandes choses pour satisfaire aux besoins de l'esprit. Du moins, rarement l'Etat s'est-il servi de sa puissance pour enchaîner la liberté et la condamner à l'inaction.

« Si l'on excepte les anciennes provinces et la Lombardie, dit M. Mateucci, l'Italie n'a jamais eu une organisation complète de l'instruction secondaire. Cette partie de l'instruction qu'on appelle professionnelle ou technique, n'a été l'objet d'aucune loi dans aucune partie de l'Italie, si ce n'est dans le Piémont. Il n'a jamais existé en Italie aucune autre école normale supérieure que celle de Pise fondée pour dix ou douze élèves appartenant à la Toscane. Cependant, il est vrai de dire que le Piémont en avait établi bien avant 1848.

Bien avant aussi que la liberté d'enseignement ait été écrite dans les lois piémontaises, il y avait dans les Romagnes et en Toscane surtout des écoles secondaires privées et même quelques collèges entièrement confiés à des administrations particulières, à des corporations religieuses ou à des communes. Et il faut dire que jamais ces collèges et ces écoles n'ont été visités par un inspecteur de l'Etat, que jamais le choix des professeurs et la forme des examens n'ont été soumis à une autorité supérieure.

Ainsi, en résumé, il y a actuellement en Italie, des écoles gouvernementales ou une instruction publique qui est instituée, entretenue et gouvernée suivant la loi par les agents du ministère préposé à ce département ; il y a aussi des écoles municipales qui ont été créées et qui sont administrées par les municipalités d'après les règles qui les concernent ; enfin il y a des écoles libres qui ne relèvent de l'Etat que dans leurs rapports avec l'ordre et la paix publique.

Jadis, il n'y a guère que vingt ans, les catholiques seuls avaient le droit de fonder des établissements libres d'instruction. Ils ne l'ont point encore perdu. Mais depuis surtout une quinzaine d'années, les protestants ont eu la liberté d'en former un grand nombre par toute la péninsule et jusque dans la ville du pape. Les juifs qui étaient relégués avec leurs institutions particulières dans des quartiers spéciaux, ont vu tomber toutes les barrières devant leur puissance d'expansion.

Le régime scolaire que nous venons de décrire ne paraît pas près de changer en Italie. Ce n'est pas que les hommes d'Etat ne professent hautement que le Gouvernement doit tenir à son droit de direction sur l'enseignement, mais ils croient aussi que de longtemps il ne peut se priver des secours de l'initiative individuelle et du concours des associations. (1)

Le seul obstacle que la liberté d'enseignement peut rencontrer à son développement en Italie, c'est de se procurer les ressources de tous genres qui lui sont nécessaires pour soutenir la concurrence des écoles officielles.

IV

La Suisse a, de vieille date, le renom d'une terre de liberté. La liberté d'enseignement y est donc reconnue et proclamée. Ce n'est pas à dire qu'en pratique elle y ait un bien vaste champ.

D'abord, la Constitution hélvétique exclut rigoureusement de l'usage de cette liberté toute une catégorie de personnes. « L'ordre des Jésuites et des congrégations qui leur sont affiliées, dit l'article 51 de la Constitution fédérale, ne peuvent être reçus en aucune partie de la Suisse et toute action dans l'église et dans l'école est interdite à leurs membres. »

Ensuite, l'Etat a si largement organisé l'instruction publique, qu'il n'y a, peut-on dire, plus de place pour l'enseignement libre. Les écoles libres y sont en effet très peu nombreuses. En fait, l'Etat a le monopole de l'instruction. Ajoutons qu'en plusieurs cantons, l'enseignement de la religion a été éliminé du programme officiel des études, et l'on verra que les pères de famille qui veulent faire donner à leurs enfants une éducation religieuse sont loin d'y avoir, en pratique, les facilités que la proclamation du principe de la liberté d'enseignement semble leur assurer. En réalité, la liberté est dans les mots ; au fond des choses, c'est, dans beaucoup de cas, le césarisme gouvernemental qui règne.

(1) M. Ch. Matteucci, loco cit.

CHAPITRE VII

Etat de la question en Autriche, en Russie, en Suède et en Norwège, en Danemarck et en Islande, en Allemagne.

> La liberté et le despotisme fleurissent en même temps sous toutes les latitudes ; mais le despotisme règne à différents degrés sur des contrées plus étendues.

I

Les institutions d'enseignement doivent leurs origines en Autriche et en Allemagne, les unes à la libéralité des princes, les autres à celles de riches particuliers, et un certain nombre au zèle d'associations religieuses. C'est dire qu'elles sont nées sous le règne de la liberté.

L'Autriche, restée pendant de longs siècles une puissance exclusivement catholique, a longtemps garanti à l'Eglise son pouvoir sur l'éducation et au prêtre dont elle avait fait son délégué auprès de l'École, un droit de surveillance sur l'instituteur. (1) Il va sans dire qu'elle ne reconnaissait point aux hérétiques les mêmes droits.

Cependant, avant la fin du siècle dernier, Joseph II porta atteinte à la liberté de l'Eglise. Il enleva aux évêques la direction de leurs grands séminaires et le choix de leurs professeurs. Aux théologiens orthodoxes, il substitua des théologiens qui étaient ouvertement favorables aux doctrines de Jansenius et de Febronius. Il inclina ostensiblement du côté des protestants ; ce ne fut pas toutefois pour accorder plus de liberté aux particuliers, mais pour s'appuyer sur leurs doctrines afin d'étendre son pouvoir sur les âmes et sur les choses de la religion.

Le régime du Josephisme ne prit réellement fin que par la signature du Concordat du 15 août 1855, entre l'empereur François-Joseph et le pape Pie IX. Par les stipulations de ce traité, l'enseignement religieux était partout confié à la direction des évêques ;

---

(1) Voir M. Wilson. Correspondant, janvier-mars 1843.

c'étaient les évêques aussi qui, par l'intermédiaire des curés, devaient surveiller les maîtres des écoles élémentaires. La jeunesse catholique ne pouvait avoir que des professeurs appartenant à la même foi. Les autres cultes gardaient la situation que leur avait faite la Constitution. (1)

Le Concordat de 1855 arracha des cris de colère au parti libéral qui se mit à l'attaquer avec fureur. Les excès auxquels se livrèrent ses ennemis, amenèrent une réaction contre le libéralisme. L'empereur répara les déchirures qui y avaient été faites, par une nouvelle convention qui en complétait les dispositions. « L'Autriche par une convention concordataire de 1867, disait M. Pelletan dans son discours du 28 février 1880, avait soumis ses établissements d'enseignement, ses écoles et jusqu'à ses théâtres à la surveillance du clergé, des évêques. Cela ne pouvait pas durer. Elle reprit le droit de l'Etat imprudemment aliéné, supprima la censure, établit la liberté d'enseignement. » (2) Cette révolution, commencée par les lois du 1er décembre 1867 et du 25 mars 1868, fut consommée au mois de juillet 1870, sous le ministère de M. de Beust. (3)

Comment l'Etat, en reprenant ses droits sur l'enseignement, établit-il, au dire de M. Pelletan, la liberté d'enseignement ? Le voici : l'Eglise avait le monopole de l'enseignement de ses enfants.

L'abolition du Concordat lui enleva ce droit et l'éducation du peuple chrétien fut livrée, suivant le bon plaisir du Gouvernement, à qui voulut en faire l'objet de ses entreprises. Au fond, le gouvernement retira à l'Eglise la direction de l'enseignement pour se l'attribuer à lui-même. Ce fut un retour marqué au régime du Josephisme. Il est donc vrai de répéter aujourd'hui ce que disait M. Wilson, en 1843, dans le Correspondant : « Le système autrichien n'est pas un système de liberté. Les articles 69 de la Charte de 1830 et 9 de la Constitution de 1848 lui sont contraires. (4) D'ailleurs, l'obligation légale de l'instruction et le pouvoir absolu avec lequel l'Etat y rédige les programmes des études ne portent pas moins atteinte à l'autorité paternelle que aux droits de l'Eglise et à ceux de la liberté individuelle. Le système autrichien n'est, en fin de compte, qu'une forme

(1) Voir la Revue catholique des Institutions et du Droit, août 1880, p. 109 et suiv.
(2) Séance du Sénat.
(3) Voir M. E. Ollivier, L'Eglise et l'Etat, t. II. p. 104 et 105.
(4) Correspondant, janvier-mars 1843.

de Césarisme mitigée. Les individus n'y ont le droit d'enseigner que suivant le bon plaisir de l'Etat. Les parents sont sans autorité pour faire prévaloir leur volonté sur l'éducation de leurs enfants. L'Eglise n'a quelque action et quelque influence sur la direction de l'enseignement que comme délégué et mandataire du gouvernement. Peut-être pourrait-on signaler aujourd'hui un retour de l'opinion à des idées plus réellement libérales.

II

Dans l'empire des Tsars, la liberté d'enseignement n'existe pas plus en fait qu'en droit. La destruction encore récente des écoles catholiques de Pologne atteste le pouvoir despotique de l'Etat sur l'instruction. Rien du reste n'est possible dans ce vaste Etat que ce que son chef approuve, autorise ou permet. Si du moins le gouvernement s'était efforcé sérieusement de pourvoir aux vrais besoins intellectuels de ses peuples. Mais à voir l'ignorance des Russes, on serait tenté de croire que Catherine n'a pas emporté le secret de sa politique. « Mon cher Prince, écrivait-elle au Gouverneur de Moscou, ne vous affligez pas si nos Russes n'ont aucun désir de s'instruire, et si l'ordre d'ériger des écoles dans mon empire n'est pas fait pour nous, mais pour l'Europe et pour soutenir auprès des étrangers la bonne opinion qu'on a de nous. Car, dès le moment que le peuple russe aura vraiment commencé de s'instruire, je ne resterai pas impératrice et vous ne resterez pas gouverneur. » (1)

L'auteur qui rapporte ce fragment de lettre cite, en effet, plusieurs Universités qui ont été instituées successivement par quatre ou cinq empereurs et qui n'ont jamais existé que dans les cartons des services impériaux. Il en est à peu près de même des écoles primaires et secondaires. Détournons nos regards de ces misères.

III

Avant d'aller plus loin, faisons une observation qui s'applique au régime scolaire de tous les Etats protestants du Nord de l'Europe.

---

(1) L'Eglise schismatique russe. Paris, 1846. Cité par Rohrbacher, Histoire ecclésiastique, Liv. 91°.

Quand éclata la réforme luthérienne, l'enseignement, en Allemagne, était entièrement aux mains de l'Eglise. Par conséquent les Etats, mettant la main sur les églises particulières de leurs pays, mirent, par le fait même du même coup, la main sur les écoles et sur l'instruction publique. Aussi voyons-nous partout, dans le Nord de l'Europe, l'Eglise [asservie à l'Etat et l'école assujettie à l'Eglise. L'Etat n'agit guère ainsi sur l'enseignement que par l'intermédiaire des ministres du culte dont il a fait ses agents.

En Suède, dit M. Marmier, la cure et l'école sont intimement liées, associées. Dans les campagnes, c'est l'Eglise elle-même qui alimente l'école par des collectes faites le dimanche. Souvent, c'est le vicaire qui remplit la fonction d'instituteur. Quelquefois c'est le sacristain qui reçoit du pasteur la permission d'enseigner. Au nord de la Suède et surtout en Norwège, il y avait et il y a encore des instituteurs ambulants qui donnent leurs leçons tantôt ici et tantôt là, vivant du salaire de leur industrie. Ils n'ont point de diplôme, mais ils doivent subir devant le pasteur un examen sur leur capacité.

Depuis plus de quarante ans que M. X. Marmier visitait la Suède et la Norwège, pour en étudier le régime scolaire, les écoles se sont multipliées, mais le régime sous lequel elles vivaient n'a pas changé. C'est toujours le clergé qui a dans sa main la direction de l'instruction publique. Dans les campagnes, l'école est toujours sous la surveillance immédiate du pasteur ; dans les villes, elle est sous celle du chapitre et de l'Evêque.

Toutes les écoles sont régies par le règlement de 1820 qui a été élaboré par une commission ecclésiastique.

L'Evêque qui porte le titre d'Ephore doit les visiter chaque année, assister aux examens, présider les cérémonies d'installation, viser les programmes de l'enseignement, prescrire les livres, conférer les diplômes, nommer les professeurs, examiner les comptes. (1)

Ce ne sont pas seulement les écoles primaires et secondaires qui sont ainsi dans la dépendance de l'Eglise, les Universités elles-mêmes n'échappent point à l'action de l'Evêque qui a sa place dans leurs conseils.

Sans doute, les Universités suédoises sont des corporations qui s'administrent elles-mêmes. A la tête du corps enseignant, il y a, dans chacune, un chancelier qui intervient comme juge dans toutes

---

(1) Voir M. X. Marmier, Revue des Deux-Mondes, 4ᵉ série, t. XIV, 1837.

les affaires importantes de finance et d'administration. Du reste les Universités ont leur juridiction propre qui s'exerce par le petit consistoire dans les cas ordinaires et par le grand consistoire dans les cas majeurs. Avec une pareille constitution, elles ont une vie propre. Toutefois, elles ne sont complètement indépendantes ni de l'Etat ni de l'Eglise. Ainsi, à Lund, l'Université a pour chancelier le prince royal et pour vice-chancelier, l'Evêque de Lund. D'autre part, le consistoire rend-il un jugement qui entraîne une peine grave ; il ne peut pas le faire exécuter sans le soumettre à la sanction du roi. C'est aussi le roi qui nomme les professeurs sur la présentation du consistoire. Enfin, si c'est l'Université elle-même qui élit son recteur tous les six mois, il faut qu'elle fasse confirmer son choix par le chancelier.

Ainsi, il n'est pas douteux que le gouvernement n'ait gardé en Suède la suprême direction de l'enseignement. Au fond, les écoles n'ont et ne peuvent avoir que la liberté que les deux pouvoirs civils et ecclésiastiques s'entendent à leur accorder.

Toutefois il est juste de reconnaître que depuis quelques années, l'Etat, en Suède et Norwège, est devenu plus tolérant que par le passé. Depuis longtemps déjà, il n'applique plus avec rigueur les lois draconiennes qui frappaient les déserteurs du Luthéranisme et en plusieurs endroits, surtout en Norwège, il a laissé librement se former un certain nombre d'écoles catholiques primaires.

IV

Danemarck et Islande. Les écoles, en Danemarck comme en Suède et en Norwège, doivent leur origine au clergé ; au commencement, elles étaient établies dans les couvents ou autour des églises, et l'enseignement y était donné par des moines ou des clercs. (1)

Il y a cependant longtemps que le gouvernement danois s'occupe avec zèle de l'organisation de l'enseignement dans les diverses provinces du royaume. En 1721, Frédéric IV fonda deux cent quarante écoles et leur donna des règlements. En 1729, nouvelle ordonnance de Chrétien VI. En 1789, le roi nomma une commission pour étudier l'état des écoles, reconnaître leurs besoins et rédiger un règlement plus complet que celui de 1729.

(1) Voir M. X. Marmier, Revue des Deux-Mondes, 1837.

En Danemarck, les écoles de village sont sous la surveillance immédiate d'une commission composée du pasteur et de deux habitants de la paroisse choisis par la Direction.

La Direction s'élève au-dessus de cette première autorité ; elle est formée du prêtre principal du district et du magistrat.

L'administration générale est confiée à la chancellerie qui représente tout à la fois le ministre de la justice et le ministre des cultes.

L'Evêque exerce sur les écoles de son diocèse un droit de haute surveillance. Il est tenu de les visiter dans ses tournées épiscopales, d'interroger les élèves, de contrôler la méthode du maître et d'adresser à la chancellerie le résultat de ses observations.

Le prêtre est également obligé de faire aux écoles de sa paroisse les visites que les règlements déterminent. Il est le chef de la commission qui est chargée des intérêts matériels de l'école et de l'exécution des mesures qui lui sont prescrites.

C'est à lui que sont adressées les lettres de la Direction, c'est lui qui préside les assemblées, qui rédige les protocoles, qui a la mission de suivre pas à pas les progrès des élèves.

Le régime de l'instruction secondaire, en Danemarck, est semblable. Les gymnases, au nombre de dix-huit, sont sous la surveillance immédiate d'un comité qui porte le titre d'Ephorat et qui est composé de l'Evêque et du magistrat. Ils sont régis par un comité supérieur de trois membres nommés par le roi.

Ce comité a le titre de Direction. C'est lui qui administre l'instruction secondaire et l'Université. Il ne reçoit d'ordre que du roi, et par ses attributions, représente l'Instruction publique. Cependant il n'a aucun pouvoir sur l'instruction primaire qui, étant sous l'autorité des pasteurs. est rattachée au ministère des affaires ecclésiastiques.

Dans son domaine, la Direction rédige les programmes, définit les méthodes, choisit les livres. C'est elle aussi qui propose à la nomination du roi les professeurs sur lesquels s'est arrêté son choix.

Toutes les écoles, à l'exception de celle de Soroë, qui est une institution spéciale, sont soumises au même règlement.

Copenhague possède, en outre des écoles primaires et secondaires, une Université fondée par le roi Chrétien en 1479. Ce fut l'Evêque de Lund qui d'abord fut chargé de lui donner des statuts. Chrétien II l'enrichit des dépouilles du clergé catholique et lui imposa un nouveau règlement (1539). Chrétien VII, en 1788, augmenta le nombre de ses professeurs, et aux anciens statuts substitua une ordonnance qui est encore aujourd'hui en vigueur, moins quelques modifications que le temps y a introduites.

Dès l'ordonnance de sa fondation, cette Université eut sa juridiction particulière qui est exercée par un Consistoire composé de seize professeurs ordinaires. C'est la Direction, ainsi que nous l'avons dit plus haut, qui est chargée de son administration.

Quand, en 1835, M. X. Marmier visitait l'Islande, il n'y trouvait guère que l'école de Reykiavik. Aujourd'hui le voyageur en observe un certain nombre d'autres qui ont été établies dans les agglomérations importantes des côtes de l'île.

Cependant dès 1835, M. X. Marmier pouvait assurer que tous les Islandais savaient lire et écrire. (1) C'est que chaque mère est une institutrice pour ses enfants ; c'est que chaque foyer est transformé le soir en une école. Les enfants qui n'ont pas de parents ou qui n'ont que des parents incapables, sont placés aux frais de la caisse des pauvres dans une autre famille mieux en état de les instruire.

Toutes les écoles y sont sous la surveillance du prêtre qui interroge les élèves, approuve ou condamne ce qui se fait, qui distribue aux pauvres femmes les livres élémentaires dont elles ont besoin. Le grand jour d'épreuve est celui de la confirmation. Pas un enfant n'y peut être admis, s'il ne sait lire et écrire et ce serait pour une mère de famille islandaise un vrai malheur de voir un de ses fils échouer dans cet examen.

Ainsi, en Danemarck comme en Suède et en Norwège, l'école est subordonnée à l'Eglise, mais l'Eglise est asservie à l'Etat. On doit pourtant dire que de nos jours, la liberté y est plus grande en fait que les principes et les lois, s'ils étaient traduits rigoureusement en pratique, ne le permettraient.

V

Quand on a décrit le régime de l'instruction en Suède et en Danemarck, on a tracé les principales lignes de celui sous lequel elle est constituée en Allemagne. « Le système prussien et autrichien, nous a dit M. Wilson, n'est pas un système de liberté. » (2) L'Autriche, avons-nous vu, a abattu les barrières qui avaient été dressées en faveur de l'Eglise ; en Prusse, celles que l'Etat avait élevées en fa-

---

(1) Revue des Deux-Mondes, 1836.
(2) Ubi supra.

veur du Protestantisme, n'ont jamais été que momentanément et imparfaitement abaissées au profit du catholicisme.

C'est du reste l'Etat qui, en Allemagne, a fondé et qui maintient par son impulsion les écoles primaires et les écoles secondaires supérieures. Aussi le gouvernement tient-il à y avoir la haute main. Et certes, jamais en Prusse surtout, il n'a laissé périmer par la prescription, les droits qu'il s'arroge. Pour ne pas remonter au-delà d'une trentaine d'années, Frédéric-Guillaume IV, en 1852, émit deux décrets, l'un le 22 mai et l'autre le 16 juin, pour défendre à la jeunesse d'aller prendre son éducation dans les maisons des Jésuites et de faire ses études soit au collège germanique, soit à la Propagande de Rome. Ces décrets furent suivis de quelques actes de violence. On expulsa du séminaire de Cologne les Jésuites qui y enseignaient à titre particulier et l'on empêcha la fondation de nouvelles écoles.

La lutte contre l'enseignement catholique, interrompue durant une vingtaine d'années, a été reprise, il y a dix ans, avec une nouvelle violence. L'une des premières lois auxquelles le Dr Falk a attaché son nom, est relative à l'inspection des écoles. Elle affirme hautement le droit de l'Etat de surveiller les écoles publiques et privées, et elle abroge toutes les dispositions contraires qui existaient dans différentes parties du pays. « Dans les communes, l'inspection était confiée aux ministres des cultes en qualité de représentants des pères de famille. Là où on ne la leur retire pas, elle devient une délégation directe et toujours révocable du pouvoir politique. »

Par décret, le 15 juin 1872, les membres des congrégations et des ordres religieux furent exclus comme instituteurs ou institutrices des écoles élémentaires. (1)

De ce fait furent détruites un grand nombre d'écoles florissantes.

La loi du 11 mai 1873 vint enlever aux évêques le droit de diriger l'éducation de leurs clercs. Des séminaires furent dissouts et fermés.

Quel est le but du Gouvernement prussien ? Il ne veut pas que l'éducation du clergé se fasse au profit de l'Eglise, mais au profit de l'Etat. (2)

Il ne vise pas à autre chose par les pouvoirs qu'il exerce sur l'ins-

---

(1) M. E. Ollivier. L'Eglise et l'Etat, t. II, p. 416 et 417.
(2) Ibid. p. 221.

truction primaire et sur la secondaire ; il professe et pratique ouvertement la maxime napoléonienne. C'est par l'enseignement et l'éducation qu'il prétend jeter dans les cœurs le principe d'un puissant amour pour les institutions politiques du pays et faire de bons prussiens tout dévoués à leur roi, de bons allemands fortement attachés à leur empereur. (1)

L'Etat, au delà du Rhin, est donc le vrai maître de la direction de l'enseignement. L'Eglise officielle qui exerce sur les écoles une si grande influence, n'est entre ses mains qu'un instrument pour mieux atteindre ses fins. Dans tous les cas, impossible soit à un particulier soit à une association d'y fonder un établissement d'instruction sans l'autorisation expresse ou tacite du Gouvernement.

S'il s'agit maintenant des Universités, l'Etat leur laisse en fait une assez grande liberté ; bien entendu, c'est à la condition qu'elles respectent le principe de son omnipotence à l'endroit de l'Eglise et de l'école.

« L'Université, en Allemagne, disait M. P. Bert, n'est pas un établissement unique qui reçoive une impulsion d'ensemble, de telle sorte que tout soit simultané et similaire sur toute la surface du pays. Au contraire, autant il y a d'Universités, autant il y a d'établissements qui sont indépendants les uns des autres, qui sont bien subventionnés par l'Etat, mais qui fonctionnent librement en vertu de leur propre organisation et de leur propre vie intérieure. »

« La vie propre, intime, spontanée des libertés allemandes a toujours frappé, dit M. Matteucci, l'esprit des hommes qui ont étudié leur organisation. (2) »

« Si la liberté n'existe pas en dehors, dit aussi le P. Ramière, elle existe assez largement dans leur sein. » (3)

Ecoutons M. E. Laboulaye : « Professeurs nommés et payés par l'Etat ; à côté d'eux, docteurs libres admis sur une simple thèse ; entière liberté reconnue aux professeurs et aux docteurs d'enseigner sur toutes choses, sous le simple contrôle du Sénat universitaire ; libre concurrence accordée aux professeurs entre eux aussi bien que aux docteurs ; liberté complète aux étudiants de choisir leurs maîtres et de diriger eux-mêmes l'ordre de leurs études ; enfin honoraire payé au professeur ou au docteur qu'il a choisi. *Honor et*

---

(1) M. Albert Sorel. Revue des Deux-Mondes, 15 mai, 1871.
(2) M. Ch. Matteucci ubi supra.
(3) Revue catholique des Institutions et du Droit. Septembre 1879.

prœmium, de l'honneur et de l'argent, c'est la devise de l'Université de Gœttingue. » (1)

L'intervention de l'Etat pour nommer les professeurs que les Universités lui présentent, est une condition qui, en principe, porte une grave atteinte à l'autonomie et à la liberté de ces corporations ; mais, en fait, comme l'Etat ne rejette jamais les noms qui lui sont mis en avant, il s'en suit que la nomination royale n'est qu'une simple formalité sans conséquence pour la réalité de leur indépendance. (2)

On le voit, l'Etat en Allemagne et dans tout le nord de l'Europe, a respecté dans une certaine mesure l'antique constitution des Universités que le moyen âge lui a léguées. Comprenant que c'était assez pour lui, si les Universités étaient favorables à son omnipotence et à sa suprématie sur l'Eglise, au lieu d'amoindrir leur autorité en diminuant leur dignité, il leur a laissé le prestige et la puissance que leur confèrent leur autonomie et l'antiquité de leur origine, en leur laissant jusqu'à un certain point la constitution et la vie propre qu'elles avaient reçues de leurs fondateurs.

CHAPITRE VIII

Etat de la question en Angleterre et aux Etats-Unis.

> La liberté d'enseignement règne en Angleterre sans opposition. Aux Etats-Unis, elle est en voie de décliner au profit du Césarisme.

I

La liberté fleurit au delà de la Manche dans toute sa force. Chacun peut y créer une école à ses frais, chacun peut y enseigner ce qu'il sait, comme chacun peut prêcher sa doctrine sur la place publique.

(1) Laboulaye. Le Parti Libéral. IV. Libertés sociales. B.
(2) M. Albert Duruy. Revue des Deux-Mondes 1er février 1870.

L'Etat ne gêne personne, il laisse chacun agir à sa guise sous sa propre responsabilité devant la loi.

Cependant l'Etat ne dort pas ; il est prêt à empêcher la liberté de dégénérer en abus et la classe pauvre d'être victime des chevaliers d'industrie. Sans imposer son programme au mépris de la volonté des parents, il se fait rendre compte de la valeur de l'enseignement qui se distribue dans chaque école. Trouve-t-il cet enseignement défectueux sous quelque rapport, il donne un avis au directeur de l'école, et au besoin, si l'amélioration réclamée ne vient pas, il ferme l'établissement.

Voilà toute l'immixtion que l'Etat se permet dans l'enseignement libre. Mais non, en voici une autre qui est très louable. L'école libre est-elle bien tenue, l'enseignement y est-il fort, élevé, l'Etat se réserve de lui accorder des gratifications et des secours.

Il est naturel que l'Etat exerce une action plus fréquente et plus étendue sur l'enseignement communal ou paroissial. Dès qu'une paroisse ou une commune a ouvert une école, le département de l'Instruction publique envoie ses inspecteurs. Si leur rapport est favorable, l'Etat commence par rembourser la moitié des frais qu'a coûté l'établissement. Ensuite il accorde au directeur de l'école une récompense pécuniaire qui se calcule d'après le succès de chaque examen. Cette récompense peut s'élever à une somme considérable et procurer à un établissement des ressources importantes qui doivent être employées à en améliorer la situation.

Et ce qui montre bien que le Gouvernement anglais ne cherche qu'à stimuler le zèle des maîtres et des élèves pour l'instruction, au lieu de porter atteinte à la liberté d'enseignement en favorisant, par esprit de secte, certaines écoles aux dépens des autres, c'est qu'il répand ses faveurs aussi bien sur les établissements catholiques qui en sont dignes, que sur les protestants qui les méritent ; c'est qu'il les refuse à ceux-ci aussi bien qu'à ceux-là, dès qu'ils ne remplissent pas les conditions nécessaires pour les obtenir. (1)

« Que ces écoles soient tenues par des religieux, par des prêtres ou par des laïques, peu importe, dit le P. Ramière, l'inspecteur officiel ne considère que le succès de l'enseignement et si les écoles cléricales se trouvent être supérieures aux écoles laïques, il le proclame haute-

---

(1) Voir M. Roussel des Ayes. La Civilisation 3 juillet 1881. M. E. de Laveleye. Revue des Deux-Mondes 1ᵉʳ janvier 1866.

ment, comme l'a fait, l'année dernière (1878); l'inspecteur des écoles écossaises. » (1)

Ainsi la liberté de l'enseignement primaire est complète en Angleterre. Il en est de même pour l'enseignement secondaire.

Sans doute, moins nécessaire, pouvant mieux être payé par ceux qui le désirent, ce degré d'enseignement reçoit moins de l'Etat que celui du degré inférieur. Cependant le Parlement anglais vient d'étendre aux écoles secondaires d'Irlande les mesures libérales dont nous venons de voir l'application à l'instruction primaire.

Quoi qu'il en soit des secours financiers que peut accorder ou refuser l'Etat, il est certain que l'instruction secondaire est absolument libre dans le Royaume-Uni. Quiconque veut élever un collège, qu'il soit catholique ou protestant ou juif, n'a qu'à se mettre à l'œuvre, il ne trouve devant ses pas ni loi, ni administration pour l'arrêter ou l'entraver dans l'exécution de son projet. « La liberté de fonder une école à ses frais, dit M. Jules Simon dans son livre de la Liberté de Conscience, n'est refusée à personne en Angleterre. » Voilà pourquoi les religieux, chassés de leurs couvents en vertu des décrets du 29 mars, ont pu aller en Angleterre reconstituer sans obstacle les institutions qu'ils étaient obligés d'abandonner en France. Exposons maintenant la condition légale de l'enseignement supérieur dans les Iles Britanniques.

Les anciennes Universités d'Oxford et de Cambridge ne dépendent pas plus aujourd'hui de l'Etat qu'au moyen âge. Elles se gouvernent elles-mêmes ; elles-mêmes elles gèrent leurs immenses propriétés et disposent de leurs riches revenus. Elles ont sur leurs membres un pouvoir judiciaire assez étendu et une police à leurs ordres pour faire exécuter leurs règlements.

Jusqu'à ces derniers temps, les anglicans seuls pouvaient jouir des avantages assurés par les fondateurs des Universités aux élèves des divers collèges qui en dépendent. Pour réparer cette inégalité dont souffraient les dissidents, le Gouvernement anglais, en 1837, créa l'Université de Londres qui, dans l'examen et la collation des grades, ne tient aucun compte des croyances ou des opinions religieuses. Ne donnant aucun enseignement, cette Université n'a d'autre mission que de conférer les degrés académiques aux élèves des collèges qui se rattachent librement à elle.

(1) P. Ramière. Revue Catholique citée septembre 1879.

Eh bien, est-ce que, instituée par l'Etat, l'Université de Londres n'est pas soumise à la direction de l'Etat ? Non.

« L'Administration centrale, dit M. Leplay, est exercée par le Sénat, corps composé de trente fellows qui se recrute lui-même au moyen de l'élection et qui élit chaque année son président nommé vice-Chancelier. Ce dernier, secondé par le *registrar* qui remplit les fonctions de secrétaire général, expédie journellement les affaires conformément aux décisions du Sénat. Les règlements d'après lesquels ce corps administre, émanent de la *Convocation*. Cette assemblée a pour membres les gradués de l'Université, les docteurs et les maîtres ainsi que les bacheliers diplômés depuis trois ans au moins. Elle est réunie au moins une fois par an sur l'invitation du Sénat ; elle accepte ou elle rejette les modifications qu'il propose d'apporter aux statuts et aux coutumes établies ; elle lui présente trois candidats pour chaque place de fellow devenue vacante ; enfin elle nomme le député qui représente l'Université à la Chambre des Communes. » (1)

Ainsi, créée par l'Etat, l'Université de Londres a une vie, une administration propre. Elle est donc un témoignage vivant du respect que le Gouvernement anglais professe pour la liberté d'enseignement. Nous en trouvons une nouvelle preuve dans la situation qui est faite aux écoles catholiques.

« Malgré le bill d'émancipation religieuse, a écrit M. Jules Simon, l'Irlande se plaignait de n'avoir pas d'Université..... Elle n'avait pas même un Séminaire ; et le clergé romain était obligé d'envoyer ses jeunes lévites en France et en Belgique pour y compléter leur éducation. On crut obéir à un devoir strict et donner au bill d'émancipation son développement normal, en accordant au collège de Saint Patrick, fondé à Maynooth en 1795 par le Parlement irlandais et qui, depuis ce temps, recevait une dotation de 8 à 9000 livres (200 à 250000 fr.), une dotation perpétuelle de 26360 livres (659000 fr.) »

« On apprendra sans étonnement, ajoute M. Jules Simon, que cette allocation ne fut pas bien accueillie par les catholiques... Les puritains du parti auraient voulu qu'on leur donnât en même temps la liberté tout entière, et c'est ce que l'Etat ne donne jamais en aucun pays lorsqu'il paye. » (2)

(1) M. Leplay. La Constitution de l'Angleterre. L. IX ch. VI. M. Ramière, ubi supra.

(2) M. Jules Simon. De la Liberté de la Conscience.

M. Jules Simon fait erreur ; ce que d'après lui, l'Etat ne fait en aucun pays, le Gouvernement anglais l'a fait, nous venons de le voir, à l'égard de l'Université de Londres à laquelle il a donné tout à la fois et la liberté et de gros revenus ; il a fini par le faire même à l'égard de l'Irlande, car la subvention annuelle de Maynooth a été convertie en un capital sur l'administration duquel le Gouvernement anglais n'a gardé aucun contrôle ; enfin, il l'a fait encore pour le Canada. « Lorsque, en 1854, dit le P. Ramière, le Pape éleva le grand Séminaire de Québec au rang d'Université catholique, la reine Victoria reconnut cette Université et l'investit de tous les privilèges légaux. Depuis ce temps, les vice-rois qui se sont succédé dans le gouvernement de la Domination canadienne, ont tous tenu à honneur de signaler leur générosité envers l'Université Laval, et, tout récemment encore, le prince de Galles y fondait à l'aide d'un capital de 40000 francs, deux prix annuels qui porteront son nom. » (1)

La liberté d'enseignement à tous les degrés, est donc, en Angleterre, complète ; elle n'y est restreinte que par les conditions nécessaires de l'ordre public.

II

Comment comprend-on aux Etats-Unis les droits et les devoirs des particuliers, des familles, de l'Etat et de l'Eglise en matière d'enseignement et d'éducation ? « On a justement signalé, dit M. Claudio Jannet, l'importance et les grands résultats du système d'écoles publiques des Etats-Unis ou plutôt de la partie septentrionale et centrale de l'Union. »

Dans les anciens Etats, le système scolaire tout entier a été créé sous la direction des différentes confessions religieuses, et s'est développé par des fondations privées faites avec une admirable générosité. Quand les communes et l'Etat ont voulu étendre davantage l'instruction, ils ont donné des subventions aux établissements déjà existants et jusque à ces derniers temps, on s'est préoccupé pardessus tout de ne pas étouffer ni décourager l'initiative charitable et religieuse des particuliers. »

« Dans les Etats de nouvelle formation, l'initiative, par la force des choses, a dû partir du gouvernement. Quand on a cadastré les

---

(1) M. C. Jannet. Les Etats-Unis contemporains, ch. XX.

terres publiques, on a réservé dans chaque *township* de six milles carrés la trente-sixième et quelquefois la dix-huitième partie des terres pour servir à la dotation des écoles.....

Mais dans les nouveaux comme dans les anciens, rien n'est plus *décentralisé* que le Gouvernement de l'Instruction publique. Non seulement le Gouvernement fédéral ne prétend pas la diriger, mais encore les Gouvernements d'Etats, tout en levant des taxes pour les écoles et en pourvoyant à leur établissement dans les localités qui en sont dépourvues, ne leur ont, au moins jusqu'ici, imposé ni des méthodes communes ni une direction unique....

La direction des écoles, tant au point de vue des méthodes que pour le choix des maîtres, appartient exclusivement à un *board of schools* composé de commissaires spéciaux dont le nombre est réglé sur les besoins des localités.

.... Suivant les Etats, le comté, la cité, le township exerce un contrôle financier... mais partout l'autonomie du board of schools est respectée. Les conseils municipaux et les maires n'ont aucun droit d'administration sur les écoles, et fréquemment les circonscriptions scolaires sont différentes de celles des townships.

C'est à cette sage pratique et à la législation libérale qui encourage la générosité des citoyens qu'il faut attribuer la multiplication des écoles et la perfection des méthodes pédagogiques. L'ouvrage de M. Hippeau sur l'instruction publique aux Etats-Unis met parfaitement en lumière ces heureux résultats de la liberté et de la concurrence.

Il faut cependant faire un aveu. Ce ne sont pas les pères de famille qui choisissent les membres des boards of schools, c'est le suffrage universel qui les élit. Il en résulte que la politique y fait sentir son influence. Les boards of schools sont souvent composés de membres qui n'ont aucune aptitude ni aucune des qualités nécessaires pour remplir leur fonction. Dans le Sud, les bureaux d'examens qui délivrent les diplômes aux instituteurs sont formés de nègres qui même ignorent les lettres de l'alphabet. On voit par là combien l'école peut avoir à souffrir de cette partie de la législation américaine.

Pendant longtemps, aux Etats-Unis, l'école a été regardée comme une annexe de l'Eglise, et l'enseignement qu'y donnait l'instituteur comme le complément de l'instruction donnée par le ministre de l'Evangile. Telle était bien la pensée des puritains de la Nouvelle Angleterre aussi bien que des Anglicans du Sud. Aucun maître d'école n'était autorisé à remplir sa fonction sans un brevet de l'évêque. « Les dissidents, là où ils étaient tolérés, avaient des écoles séparées. »

Ce régime dura, dans ses parties essentielles, même après la séparation de l'Eglise et de l'Etat. Aujourd'hui encore il y a quelques rares Etats qui lui restent fidèles. De ce nombre sont le Massachussetts, la Georgie et quelques autres dans le Sud.

Mais, depuis plusieurs années, la plupart des Etats ont admis le principe qu'il ne doit être donné aucun enseignement confessionnel, dans les écoles publiques ou dans les écoles privées subventionnées. Les maîtres se bornent à faire, au commencement des classes, la lecture d'un passage de la Bible, qu'ils choisissent au hasard pour éviter de favoriser une confession plutôt qu'une autre.

« Le système *unsectarian*, dit M. C. Jannet, a fait de tels progrès qu'on doit le regarder maintenant comme inébranlable. »

Son établissement est dû à la capitulation des clergés des confesssions protestantes. Les évêques catholiques, au contraire, n'ont cessé de protester contre, soit par leurs mandements, soit par leurs pétitions auprès des Assemblées législatives, montrant que non-seulement un tel régime est incompatible avec les doctrines de l'Eglise, mais encore avec tous les principes d'égalité politique et d'incompétence de l'Etat en matière religieuse, sur lesquels il prétend s'appuyer, et enfin qu'il est souverainement injuste, puisqu'il force les catholiques à payer des taxes pour des écoles dont ils ne peuvent profiter. Ces protestations n'ont pas empêché l'école de devenir laïque et même gratuite et obligatoire. Dix ou douze Etats en sont venus à sanctionner l'obligation, en sequestrant dans des asiles publics, les enfants qui ne fréquentent pas l'école.

Ces lois et ces faits montrent combien l'Etat, dans l'Union Américaine, a étendu progressivement la main sur le domaine de l'enseignement.

Bien plus, dans les dernières révisions que l'on a faites des constitutions, on a inscrit dans plusieurs que l'Etat a le devoir de distribuer l'instruction au peuple et que tout citoyen a le droit de l'exiger de lui.

« Les habitudes de *self governement* pour les localités, les familles et les églises, sont trop profondes et trop anciennes chez les Américains, fait observer M. C. Jannet, pour que de l'énoncé de ces théories à leur mise en pratique il ne s'écoule pas un long espace de temps. » Néanmoins, rien de plus visible, tout se prépare pour les édicter un jour législativement.

Déjà la plupart des Etats ont un *intendant* de l'éducation qui travaille à se subordonner les *boards of schools*. Ceux-ci dans les grandes cités, ont des *surintendants* et des inspecteurs qui s'efforcent de concentrer en leurs mains tous les pouvoirs de leurs mandants et à remplir à eux seuls toute la place des commissions qui les appellent à leur aide. De là à supprimer les *boards* et à leur substituer des inspecteurs, il n'y a qu'un pas.

D'autre part, la multiplication des écoles normales fait des instituteurs une caste spéciale qui devient entre les mains du pouvoir un agent de domination d'autant plus zélé qu'elle est étrangère à la vie pratique des citoyens.

Depuis 1870, l'exemple de l'Allemagne unifiée et autoritaire, dit encore M. C. Jannet auquel nous empruntons ces renseignements, exerce une influence très grande sur l'opinion. Les Américains sont de plus en plus portés à imiter les Allemands dans le rôle exagéré donné à l'instituteur, dans les procédés pédagogiques, et enfin dans l'attribution à l'Etat de la direction de l'éducation.

« Ces appels à la centralisation et à l'omnipotence du gouvernement dépassent la sphère de l'Etat et ne vont rien moins qu'à pousser le Congrès à établir un système général d'Instruction publique. Certains journaux radicaux soutiennent cette thèse et l'on peut regarder comme un acheminement vers sa réalisation la création à Washington, en 1868, d'un bureau d'éducation nationale.

.... Il est question de créer un système d'écoles publiques dirigées par l'Union pour les noirs affranchis. Enfin, dans l'avant dernière session, un des leaders du parti radical, le sénateur Stewart, a proposé un amendement à la Constitution, donnant à l'Union le pouvoir de forcer les Etats à établir un système d'éducation commune déterminé par le Congrès. » (1)

L'Etat, dans l'Union américaine, n'est donc pas encore tout à fait le maître de l'éducation ; mais, poussé comme il est, on voit qu'il s'y achemine d'étape en étape, en dépit de l'opposition qu'un tel système peut avoir avec « le vieux fonds d'idées et de libertés propre à la race anglo-saxonne sur lequel les Etats-Unis ont vécu jusque vers 1850. »

Le régime de l'enseignement aux degrés supérieurs n'a point encore été faussé par les maximes césariennes qui ont vicié l'enseignement primaire. « C'est, dit M. A. Matile, que le peuple comme tel ne s'intéresse pas à un enseignement dont il ne profite pas. » (2)

(1) M. C. Jannet, ubi supra.
(2) Revue historique de Droit, t. IX, cité par M. C. Jannet, ibidem.

Aussi les congrégations ont-elles pu fonder sans entraves, et avec le plus grand succès, un bon nombre d'Universités et de collèges. Bien plus, quoique, dans beaucoup d'Etats, les législatures aient donné de larges subventions à ces établissements libres, elles n'ont pas généralement cherché à intervenir dans leur direction. Les Etats se bornent à accorder l'incorporation qu'ils ne refusent jamais lorsqu'elle est demandée.

L'enseignement secondaire et l'enseignement supérieur sont donc parfaitement libres aux Etats-Unis. Fondés, pour le plus grand nombre, par de riches particuliers, les établissements de ces deux degrés sont ensuite soutenus et entretenus par les confessions religieuses dont ils représentent les principes. Leur administration est confiée à des *trustees* qui sont nommés conformément aux actes de fondation et des chartes d'incorporation. Les trustees élisent à leur tour un président qui, résidant au sein de l'établissement, est chargé du maintien de la discipline parmi les étudiants et les professeurs.

Les grades académiques sont conférés par le corps enseignant ; ils ouvrent l'entrée des carrières publiques dans l'Etat où est située l'Université et dans les Etats qui ont admis la réciprocité.

Une chaire devient-elle vacante ? C'est aux personnes auxquelles le fondateur a dévolu cette mission d'en choisir le titulaire. L'acte de fondation est-il muet sur ce sujet ? Ce sont alors les administrateurs et les professeurs réunis qui élisent leur nouveau collègue, sans être limités dans leur choix par aucune condition de grade, « ce qui leur permet, dit M. Jannet, d'appeler dans l'Université, les notoriétés scientifiques qui se produisent en dehors du corps enseignant. » (1)

Tel est, dans ses grandes lignes, le régime de l'enseignement aux Etats-Unis. On le voit, il rappelle assez par son indépendance et sa puissante vitalité, celui qui florissait en Europe au moyen âge. L'enseignement religieux tient encore une grande place dans les collèges et les Universités. Si les clergés sont exclus des écoles primaires, ils ont encore une grande influence sur les écoles secondaires et supérieures. L'instruction et l'éducation, à ces degrés, sont ainsi profondément pénétrées et animées par les doctrines et les sentiments qu'inspire la religion. Par contre, elles reçoivent moins l'empreinte ou le sceau de l'Etat.

Cependant les législatures qui accordent de fortes subventions, se

---

(1) Ubi supra.

réservent depuis quelques années de se faire représenter par un contrôleur officiel dans le corps des trustees. Mais cette intervention n'a été encore nulle part jusqu'à absorber l'autonomie des corps universitaires.

Néanmoins, pour être exact, il faut signaler les efforts d'un nombre croissant de lettrés qui tendent à renverser le régime décrit ci-dessus, et qui réclament la création d'Universités d'Etat libres de tout contrôle religieux. « Les plus avancés, dit M. Jannet, voudraient fonder à Wasingthon une Université nationale entretenue par le pouvoir fédéral et dont les grades seraient bientôt exclusivement reconnus dans toute l'Union. »

D'autres, plus habiles, comprenant les vives résistances locales que, pendant longtemps encore, soulèvera un pareil projet, prétendent arriver au même résultat, en faisant créer dans chaque grand Etat, une Université exclusivement dirigée par le bureau d'éducation et qui, grâce à de fortes subventions, écraseraient bientôt les établissements similaires libres. C'est, on le voit, l'extension dans le domaine de l'instruction supérieure du système qui prévaut dans celui de l'instruction primaire. Ces idées sont propagées dans les réunions des sociétés savantes et sont ouvertement favorisées par le Bureau d'éducation de Wasingthon, et par le personnel bureaucratique qui existe dans les différents Etats. (1)

C'est par l'application de ce système qu'ont été fondées les Universités de New-York, de Michigan et de Californie. La première est le type de celles que rêvent les novateurs.

Si les populations des grandes villes qui sont sans traditions, accueillent avec faveur ces innovations, les hommes les plus considérables de la Nouvelle-Angleterre et des petits Etats les condamnent et les repoussent. Les journaux et les revues s'efforcent d'en montrer le danger. « L'Université n'est pas gouvernée par une charte, dit l'Atlantic Monthly, mais par un chapitre du code politique. La législature, pendant ses sessions, est souveraine et possède sur elle un pouvoir comme les rois et les parlements n'en ont jamais eu dans l'administration des collèges et des Universités. »

« Aujourd'hui, dit M. Ch. W. Elliot, on propose de subventionner une Université nationale. Mais l'objection décisive à tous ces projets, c'est qu'ils sapent les fondements de notre liberté. Les seules véritables sûretés pour la liberté publique sont les habitudes nationales,

---

(1) M. Cl. Jannet, op. cit. ibid.

les coutumes et le caractère formé à la longue par la pratique du self-governement. Nous nous trompons nous-mêmes, si nous croyons que l'éducation primaire ou universitaire garantit les institutions républicaines..... Suivons le système national des Américains, le vieux système du Massachussetts, il est complètement opposé à l'organisation militaire et despotique de la Prusse. » (1)

III

En somme, pour résumer ce coup d'œil historique sur l'Etat de la question, deux systèmes opposés se partagent ou se sont partagé les esprits, relativement aux droits et aux devoirs de la Famille et de l'Etat en matière d'enseignement et d'éducation.

Suivant l'un, l'Etat, se subordonnant complètement la Famille, est le principe d'où doivent découler l'enseignement et l'éducation qui sont donnés à l'enfant, l'autorité au nom de laquelle les nouvelles générations doivent être élevées et formées à la vie intellectuelle et morale. Dans ce système, la famille et l'Eglise ne sont que des servantes que l'Etat peut à son gré employer ou non pour instruire et développer l'enfant.

C'est le système des Grecs. La Convention a tenté de le mettre en pratique. Napoléon a institué l'Université pour le réaliser. Plusieurs Etats, à l'heure actuelle, s'efforcent plus ou moins ouvertement de le faire revivre dans toute l'étendue que peuvent comporter les idées et les mœurs publiques modernes.

L'autre système admet la souveraineté du père de famille et soutient que l'instruction et l'éducation de l'enfant doivent dériver de ceux qui l'ont mis au jour. Mais il admet que l'Etat a le droit d'intervenir politiquement dans l'instruction et dans l'éducation pour faire observer les lois de l'ordre public.

Ce système a été professé et pratiqué par la plupart des Etats, par les Romains, la monarchie française depuis Philippe le Bel, et les autres peuples de l'Europe dans les temps modernes. Parmi ces Etats, les uns cependant n'ont laissé aucune liberté à l'école ; les autres lui ont, au contraire, laissé une liberté absolue ; enfin une troisième catégorie a plus ou moins restreint la liberté par la loi et réciproquement la loi par la liberté.

Relativement à l'Eglise, deux systèmes contradictoires aussi ont

---

(1) National educational association, cité par M. C. Jannet, ibidem.

régné et tendent à régner sur la société. L'un veut faire de l'Eglise un simple instrument qui assure à l'Etat le triomphe de sa domination. C'est le système du Césarisme antique. Les anciens Etats étaient bien fondés sur la religion. Mais c'étaient aussi leurs souverains qui étaient souverains pontifes. Par là, les souverains étaient à leur tour maîtres de la religion et ils en usaient pour servir les intérêts de leur pouvoir. Ce système a revécu plus ou moins complètement dans les Etats protestants et dans l'empire des Tsars. Là, l'Eglise n'est en matière d'éducation, que l'humble servante du pouvoir civil. L'autre système veut que l'Eglise soit indépendante de l'Etat, qu'elle ait le droit d'avoir ses écoles, et qu'elle soit, en matière d'enseignement, complètement exempte de la juridiction du pouvoir civil. C'est là le régime catholique absolu.

Ce régime, depuis la Révolution, n'est plus accepté par les hommes d'Etat imbus de rationalisme même modéré. Beaucoup d'esprits, tout en reconnaissant le droit de l'Eglise à avoir ses écoles, soutiennent que l'Eglise avec ses écoles doit être soumise à l'Etat dans ses rapports avec l'ordre civil et politique.

Ne faudrait-il pas encore compter deux systèmes non plus simplement contradictoires mais absolument contraires ? Il y a des catholiques qui voudraient que l'Eglise seule fût maîtresse absolue de l'enseignement et de l'éducation, non seulement au point de vue dogmatique, mais encore au point de vue civil et politique, comme elle le fut durant six cents ans, à partir de la chute de l'empire romain jusqu'à Philippe le Bel.

Il y a aussi des athées, des matérialistes, des déistes qui, méconnaissant complètement le droit de l'Eglise à exister, lui refusent conséquemment le droit d'avoir des écoles et d'y inculquer sa doctrine.

Telles sont, à grands traits, les principales doctrines qui ont été et qui sont encore professées et pratiquées sur le sujet qui nous préoccupe. Nous allons nous efforcer de découvrir, par une étude attentive des choses et une observation exacte des faits, celles que les lois de l'ordre naturel imposent, et que réclament les exigences de l'humanité en raison de sa constitution et de ses destinées temporelles et éternelles.

LIVRE II.

DES DEVOIRS ET DES DROITS

DE LA FAMILLE

EN MATIÈRE

D'ENSEIGNEMENT ET D'ÉDUCATION

CHAPITRE Ier

De la Notion de la Famille.

> La famille est une institution, non de la liberté humaine, mais du pouvoir créateur de la nature.

I

Nous ne pouvons parler sciemment des droits et des devoirs de la famille sans savoir ce qu'est la famille elle-même.

La famille est un fait visible comme le soleil ; mais l'intelligence de ce qu'est au fond la famille n'appartient qu'à ceux qui se sont donné la peine de méditer profondément sur son principe, sa nature, sa constitution et sa fin.

Donc, qu'est-ce que la famille ?

On pourrait la définir : le développement régulier du mariage ?

Mais alors, qu'est-ce que le mariage ?

Le mariage est un contrat naturel par lequel un homme et une femme se donnent réciproquement l'un sur l'autre les droits dont ils ont respectivement besoin pour propager légitimement leur vie, suivant les lois de leur espèce.

De ce contrat résulte une société naturelle qui a la même fin.

Mais que faut-il pour que l'homme et la femme soient capables de mariage au vrai sens de ce mot.

Il faut d'abord qu'ils aient chacun un corps organisé à cette fin. « Les anges, dit Jésus-Christ, ne se donnent ni ne se prennent en mariage. » (1)

Il faut ensuite qu'ils soient par leur nature capables de droit, c'est-à-dire de pouvoir rationnel, moral ; car il est premièrement nécessaire qu'ils se possèdent personnellement chacun dans une véritable mesure pour qu'ils puissent se donner légitimement et validement. Il est nécessaire, secondement, qu'ils soient capables de recevoir, pour qu'ils puissent accepter la donation qu'ils se font réciproquement d'eux-mêmes.

Conséquemment, pour pouvoir se marier, il faut que l'homme et la femme soient composés de corps organisés en vue de leur reproduction, et d'âmes raisonnables capables de droit ou de pouvoir rationnel.

En effet, quand il s'agit du mariage humain, il ne s'agit pas seulement d'une union purement corporelle, d'une possession simplement physique, d'un lien exclusivement matériel. S'il en était ainsi, dès que les époux seraient séparés corporellement, ils ne seraient à l'égard l'un de l'autre ni mari ni femme, ils ne seraient liés l'un à l'autre par aucun droit ni par aucun devoir. Le mariage, dans cette hypothèse, ne différerait en rien chez les humains de l'union physique et passagère des animaux. (2)

Mais non, même alors que les époux sont loin l'un de l'autre, l'homme a le droit de dire de sa compagne : « C'est ma femme » et celle-ci a le droit de dire de celui-là : « C'est mon mari. » Ils ont l'un sur l'autre un droit exclusivement propre que la séparation corporelle et la violence brutale peuvent les empêcher de mettre à profit, mais qu'elles ne peuvent ni rompre ni détruire.

Ainsi le mariage est une union de l'ordre moral avant d'être une union de l'ordre physique. Le droit réciproque des époux est un

---

(1) Matth. XXII, 30.
(2) V. St. Th. S. Contra Gent. L. III, Ch. 122.

pouvoir rationnel, avant d'être une puissance organique. Le droit de l'un a pour corrélatif le devoir de l'autre ; les droits et les devoirs mutuels des deux forment le lien qui les tient unis, et ce lien est un lien essentiellement spirituel, moral.

Telle est l'idée que les hommes se sont faite du mariage. Du moment qu'ils ont eu conscience en eux d'une volonté raisonnable, supérieure aux appétits de la chair, ils ont cru que par l'union de cette volonté avec une volonté semblable, il se formait un lien de même ordre que ces deux volontés et que le lien rationnel devait préexister pour que l'union charnelle fût raisonnable et légitime.

Au fond cela revient à dire que l'homme et la femme doivent être la propriété l'un de l'autre pour qu'ils puissent user légitimement l'un de l'autre. C'est bien la loi de la conscience humaine qui réprouve l'usage de tout bien qui n'appartient pas réellement.

C'est le vœu du cœur humain dans les époux qui prétendent s'unir pour toujours par l'âme, bien qu'ils sachent que leur union par le corps pourra souvent être impossible.

C'est la fin du mariage lui-même qui le veut ainsi.

Cette fin, nous l'avons dit, c'est la reproduction *intégrale* des individus qui le contractent. (1)

Or, le fruit de l'union organique des époux n'est qu'un germe capable de se développer dans le sein de la mère ; toutefois, faut-il, pour que tout aille bien, que celle-ci se sente protégée par son mari, qu'elle soit dispensée, grâce au secours de son mari, d'une infinité de travaux nécessaires à sa vie et incompatibles avec son état.

L'enfant naît, mais, s'il n'est soigné, nourri, il périt. Restera-t-il exclusivement à la charge de celle qui l'a mis au monde ? Cela ne peut être. Dès que, chez les animaux, chez les oiseaux par exemple, la mère ne suffit pas à soigner et à nourrir ses petits, la nature lui assure le concours du père. Eh bien, n'est-il pas évident que, dans l'espèce humaine, la mère est absolument incapable de fournir par elle-même à ses enfants les soins, la nourriture, le vêtement et la protection dont ils ont besoin ?

Bien plus : tandis que les petits des animaux ont presque dès la naissance des instincts très sûrs pour pourvoir à leurs divers besoins, le fils de l'homme qui doit vivre par la raison, n'acquiert la sagesse et la prudence qui lui sont nécessaires qu'à force de temps, d'étude

---

(1) V. S. Contra Gent, ubi supra. M. Lucien Brun, Revue catholique des Institutions et du Droit, Mars, 1877.

et d'expérience. (1) De là, pour ce dernier, la nécessité de recevoir les leçons de ses parents pendant de longues années, à cause de la violence avec laquelle se développent ses passions et de la lenteur avec laquelle sa raison s'épanouit et atteint sa maturité.

Or, de même qu'il a fallu l'union organique de deux corps pour le procréer physiquement, il faut l'union de deux esprits et de deux volontés pour le former moralement. D'abord « les enfants, dit Joubert, ne sont bien soignés que par leurs mères. » (2) Seules les mères ont l'intuition de leurs besoins ; seules elles ont un dévoûment assez tendre pour les satisfaire ; seules elles ont le secret d'éveiller et de cultiver dans leurs âmes le sens moral et les affections les plus pures et les plus douces du cœur humain.

Cependant, d'autre part, la raison de la mère est généralement peu ferme, sa volonté peu constante pour diriger avec sûreté et d'une manière suivie le développement intellectuel et moral de l'enfant. Voilà donc deux points pour lesquels l'action du père est absolument indispensable. (3) Les enfants qui ne reçoivent leur formation mentale que d'un père ou que d'une mère, ne sont généralement que des hommes incomplets par quelque endroit.

Il est donc nécessaire à la fin même essentielle du mariage que les époux restent unis l'un à l'autre et qu'ils se fournissent le mutuel concours dont ils ont besoin pour atteindre le terme de leur union, c'est-à-dire pour faire de leurs enfants des hommes achevés et complets.

Or, comme ils ne peuvent être enchaînés l'un à l'autre pour une si longue entreprise au moyen d'un lien matériel, il est nécessaire qu'ils le soient par un lien moral qui s'impose à leurs volontés.

Ainsi, que l'on parte d'un point de vue ou d'un autre, le mariage est l'union et la société morale de deux âmes qui a pour premier terme l'union organique de deux corps et pour dernier, la formation intellectuelle et morale d'un homme complet par l'enseignement et par l'éducation.

II

Mais, comment se forme le lien conjugal ? Comment l'homme et la

---

(1) V. Cicer. De Orat., III. Senec., De Ira, II. Quint., 1-2.
(2) Œuvres, t. VIII, p. XV.
(3) Sum. Cont. Gent. Ubi supra.

femme acquièrent-ils les droits et contractent-ils les devoirs du mariage ? Les époux sont-ils les seuls auteurs de leur union ? Combien, depuis trois siècles, l'affirment ! Le mariage se forme par le consentement des époux. C'est donc un contrat. Or, les contrats dépendent des volontés qui les produisent, sauf toutefois les droits de l'Etat. C'est ce que dit Pothier : « Le mariage étant un contrat, dit-il, appartient comme tous les autres contrats à l'ordre politique, et il est en conséquence sujet, comme tous les autres contrats, à la puissance séculière......

« Les princes séculiers ont donc le droit de faire des lois pour le mariage de leurs sujets, soit pour l'interdire à certaines personnes, soit pour régler certaines formalités qu'ils jugent bon de faire observer pour le contracter validement.

Les mariages que les personnes sujettes à ces lois contractent contre leurs dispositions, lorsqu'elles portent la peine de nullité, sont entièrement nuls. » (1)

« La Constitution du 3 septembre 1791, T. XI, art. 7, dit aussi M. Demolombe, posa en principe que la loi ne considère le mariage que comme un contrat civil, et, à partir de cette époque, les lois sur l'état des personnes, et en particulier sur le mariage, ont de plus en plus consacré la séparation de l'Eglise et de l'Etat et l'indépendance du pouvoir temporel. » (2)

Telle est la doctrine sur cette question de ce que l'on appelle l'*opinion libérale*. Rien de moins conforme à la loi naturelle.

Si, en effet, le mariage est un contrat, ce n'est pas à dire que ce soit un contrat en tout semblable aux autres et que dès lors il dépende complètement des pouvoirs créés. C'est un contrat qui, tout en résultant en partie du mutuel consentement des intéressés, appartient essentiellement à l'ordre de la nature et non à celui de la liberté.

Et voyez : l'homme isolé est par lui-même absolument incomplet et impuissant par rapport à sa destinée terrestre. C'est pourquoi, il faut répéter avec son Créateur : « Il n'est pas bon que l'homme soit seul. » (3) Abandonné à lui-même, il ne peut que périr tout entier avec son espèce.

---

(1) Pothier. Traité du Contrat de Mariage, T. X, p. 11.
(2) Traité du Mariage, T. 1, n° 4. Cité par M. Bechamp, Revue c. des Inst. janvier 1874. Voir dans le même sens M. Em. Ollivier, L'Eglise et l'Etat, T. I, ch. 11.
(3) Genès. II.

Mais est-ce l'homme qui pourra se donner à lui-même une aide capable de le mettre en état de se faire une famille? Non, car il ne faut ni moins de sagesse ni moins de puissance pour faire de l'homme un être capable de se reproduire que pour en faire un être capable de se nourrir. Il est évident du reste que donner à l'homme le moyen de remplir sa destinée terrestre, ce n'est pas moins l'œuvre du Créateur que de le faire sortir du néant et de le lancer simplement sur le chemin de sa destinée. Voilà pourquoi c'est le Créateur qui a formé la femme et qui l'a unie à l'homme dans le paradis terrestre. (1)

En effet, bien que tirée de l'homme et faite pour l'homme, la femme est de même nature et de même dignité que l'homme.

Avant le mariage, les époux sont personnellement maîtres d'eux-mêmes et indépendants l'un de l'autre. Qui aura le pouvoir de les unir par un ensemble de droits et de devoirs réciproques, de les lier l'un à l'autre par un lien indissoluble comme toutes les choses de la nature, de faire des deux un seul tout naturel complet, capable de remplir sa destinée terrestre? Evidemment le Créateur. Celui-là seul est capable de donner à des créatures le moyen d'atteindre leur fin, qui les a commencées pour cette fin.

Aussi, c'est Dieu qui amena Eve à Adam. (2)

« N'avez-vous pas lu, dit Jésus-Christ, que celui qui a fait l'homme l'a fait mâle et femelle et qu'il a dit : « C'est pour cela que l'homme quittera son père et sa mère et qu'il s'attachera à son épouse et qu'ils seront deux dans une seule chair. Donc, ce que Dieu a uni, que l'homme ne le sépare pas. » (3)

Certes, il est bien évident que l'acte par lequel Dieu fit de deux personnes une seule et même chair capable de se perpétuer dans la nature à travers le temps et l'espace, est un acte créateur du même ordre que celui par lequel il tira Adam de la terre ou Eve des flancs d'Adam.

Sans doute, Adam et Eve durent consentir à leur union. Il fallait bien, pour se donner réciproquement des droits l'un sur l'autre, qu'ils renonçassent proportionnellement à une partie de leur indépendance au profit l'un de l'autre. Cependant il est visible aussi que c'est Dieu qui les unit comme c'est Dieu qui les a faits pour cette union. Jus-

---

(1) Genes. II.
(2) Ibid.
(3) Matth. XIX.

que là, Adam et Eve n'étaient pas achevés, puisqu'ils ne pouvaient pas atteindre leur fin naturelle. Leur union par le mariage est la consommation de leur création, car c'est par elle qu'ils sont capables de remplir leur destinée terrestre. Elle est donc nécessairement l'œuvre de leur Créateur. (1)

Ainsi en est-il du mariage des enfants d'Adam. C'est ce qui fait que le mariage ne dépend pas exclusivement, comme les autres contrats, des pouvoirs créés.

Pourquoi, en effet, les contrats qui ont pour objet les *choses terrestres,* sont-ils complètement soumis aux pouvoirs des contractants, sous l'autorité du pouvoir civil ? C'est qu'ils ont pour objet des choses qui sont complètement la propriété de l'homme. Il est raisonnable que celui qui est complètement maître d'une chose, en dispose librement à son gré.

Quant au mariage, son objet, ce sont les corps ou mieux les personnes mêmes des époux. Or, un tel objet n'est point dans le domaine des pouvoirs créés.

Il faut bien sans doute que l'homme et la femme soient, chacun, dans une certaine mesure, maîtres d'eux-mêmes pour qu'ils aient le droit de se donner et de se marier ou non. Certainement personne n'a le droit de les unir malgré eux. (2) Dieu même ne le pourrait sans se démentir, sans renverser l'ordre qu'il a établi.

Mais suffit-il que l'homme et la femme consentent à se donner l'un à l'autre pour qu'ils se transfèrent effectivement tous les biens qui sont l'objet de leur union ? Non, car ils n'ont pas la propriété de tous ces biens.

1º Ils ne peuvent, en face de leur Créateur, s'appartenir chacun complètement et exclusivement relativement à la propagation de leur vie. Car, c'est là un point dont le Créateur ne s'est point désintéressé ; la multiplication des hommes est proprement son œuvre. Il a voulu rester maître de la vie et de la mort et des voies par lesquelles l'humanité vient et s'en va. C'est pourquoi il a plus d'intérêts dans le mariage que les époux ; conséquemment, il y a plus de raisons pour que le mariage dépende de lui que pour qu'il dépende des époux eux-mêmes.

2º Ce ne sont donc pas les époux, c'est donc Dieu qui est la source des droits et des devoirs du mariage.

(1) M. Lucien Brun, Conférence sur le mariage.
(2) V. S. Thom., Suppl. qu. XLV.

En principe, du reste, peut-on nier ou contester que tous les droits et les devoirs qui appartiennent à un être de la nature et qui sont des attributions de sa constitution, ne viennent de l'auteur même de cette constitution, du Créateur même de la nature ? Il s'en suit que les droits de l'homme sur la femme et de la femme sur l'homme ne peuvent découler que de Dieu. Il faut bien qu'il en soit ainsi, autrement il n'y aurait le plus souvent aucun pouvoir pour punir comme il le faut la violation et récompenser justement le respect religieux de ces droits et de ces devoirs qui, à raison même de leur objet, ne peuvent, sous une infinité de rapports, relever des pouvoirs créés.

Il faut qu'il en soit encore ainsi pour le motif suivant : Ni l'homme ni la femme ni aucun pouvoir créé ne possède avant le mariage les droits et les pouvoirs dont le mariage lui-même investit les époux.

En effet, l'homme n'apporte en venant au monde que le droit de se marier ; il n'apporte pas celui d'user de ses propres membres pour une fin qui ne serait pas raisonnable, morale. Rien ne serait plus contraire à la nature des choses qu'un pareil droit.

D'autre part, le droit conjugal n'appartient pas encore à celui qui sera, mais qui n'est pas encore conjoint; puisque l'objet du mariage est de le lui conférer.

En outre, ce droit n'appartient ni aux parents ni à l'Etat. Aux parents d'abord, car il est intrinsèquement attaché à la personne humaine. Or, le propre de la personne humaine est d'être indépendante.

A l'Etat ensuite. Car, comme nous le prouverons, l'Etat n'a qu'un pouvoir de gouvernement s'appliquant à l'usage que les citoyens peuvent faire de leurs droits; il n'est pas maître de leurs droits naturels ni, à plus fortes raisons, de leurs personnes elles-mêmes.

Entre les mains de qui donc sont les droits que le mariage communique aux époux l'un sur l'autre? Dès lors qu'ils ne sont point au pouvoir d'une créature, il faut qu'ils restent en réserve entre les mains du Créateur.

Par conséquent, c'est le Créateur qui impose aux époux les devoirs qu'ils contractent par le mariage l'un envers l'autre. C'est le Créateur qui leur communique les droits qu'ils acquièrent par leur union l'un sur l'autre.

Conséquemment, c'est Dieu qui forme le lien conjugal, qui unit proprement l'homme et la femme par le mariage.

Enfin, ce qui fait qu'il n'en peut être autrement, c'est l'éminente dignité humaine.

L'homme est si grand par sa nature qu'il ne peut l'être assez par sa liberté pour être capable de se posséder tout entier d'une manière absolue. Etre indépendant par son âme, il ne peut, par suite de sa grandeur, relever que de Dieu, son Créateur. N'est-il pas évident dès lors que n'étant qu'une simple créature, il ne peut s'appartenir tout entier à lui-même sans qu'il en résulte un abaissement pour lui. Il s'ensuit que l'homme ne peut pas détruire légitimement sa vie ni renverser l'ordre de ses destinées.

Or, le corps humain, la personne humaine, voilà, nous l'avons dit, l'objet des droits conjugaux. Ce qui fait donc l'objet des droits du mariage est si grand que l'homme ne peut l'être assez par lui-même pour pouvoir soit le donner soit le recevoir en propriété. Il n'y a que Dieu qui soit assez élevé pour pouvoir donner aux époux les droits que le mariage leur confère l'un sur l'autre, car il n'y a que Dieu qui soit assez complètement maître de l'homme pour cela.

Ainsi le mariage n'est pas l'œuvre des seuls époux. Ceux-ci étant maîtres d'eux-mêmes dans une réelle mesure, Dieu ne les unit pas sans leur consentement ; mais, par leur consentement, ils ne font que communiquer les droits qui dépendent de leurs volontés et déterminer les personnes auxquelles il faut que Dieu confère ceux dont il est seul encore le dispensateur. (1)

Il s'ensuit que les époux ne sont pas maîtres des conditions de leur union. En donnant leur consentement au mariage, ils ne peuvent être que des agents de la nature collaborant à une œuvre de la nature conformément à la volonté de la nature et de son Auteur. Cette œuvre de la nature avec ses lois ne dépend pas de leurs volontés ; elle leur est supérieure, elle les domine. Les époux ne peuvent avoir que les droits que Dieu leur confère et ils ne peuvent légitimement en user que pour la fin pour laquelle Dieu les en investit.

Il est facile maintenant de résoudre la question des droits de l'Etat sur le mariage

En effet, pour prouver que le mariage appartient à l'Etat, il ne suffit pas de prouver que le mariage est un contrat, il faudrait prouver qu'il est un contrat identique à ceux dont l'objet est complètement soumis à la liberté humaine et dont les conditions nécessaires sont entière-

---

(1) V. M Bechamp, Revue Catholique des Institutions et du droit, janvier 1878.

ment à la volonté du pouvoir politique. Or rien n'est moins vrai.

Ce qui a jeté dans l'erreur les juristes et les législateurs modernes, (1) c'est que le mariage se forme en partie à la manière des contrats par le consentement mutuel des époux. Les jurisconsultes n'ont pas remarqué que l'homme et la femme, s'il leur appartient de donner leur consentement pour former le lien de leur union, n'ont pourtant pas le pouvoir de déterminer souverainement les conditions de leur union, ni celui de la rompre et de se dégager de leurs obligations réciproques. Ils n'ont pas compris que ce n'étaient pas les époux qui pouvaient réellement se communiquer les droits mutuels que le mariage leur confère l'un sur l'autre. Qui voit cela, voit aussi que si la formation du mariage ne peut avoir lieu sans le consentement de ceux qui y engagent leur liberté, ce ne peut être cependant le consentement de ceux-ci qui forme seul et complètement le mariage, c'est-à-dire qui lie l'un à l'autre l'homme et la femme par un ensemble de droits et de devoirs.

Voilà pourquoi le mariage n'est pas un contrat semblable à ceux qui relèvent de la volonté humaine et de la puissance publique. Tel est en effet le mariage que, par sa nature, il lui répugne de dépendre d'un pouvoir créé.

« Le but du mariage, dit M. Lucien Brun, c'est l'enfant qui naîtra, l'homme à venir.... Or s'il est impossible d'assigner au mariage une autre destination, comment nier que l'immuable essence de cette institution échappe, par sa nature, à l'arbitraire mobilité des lois humaines ? Comment comparer aux contrats ordinaires, soumis aux caprices de la volonté, l'acte par lequel est formée, en vue d'un tiers, pour d'immortelles destinées, cette société conjugale dont les éléments constitutifs appartiennent évidemment au droit naturel préexistant et immuable que la loi civile a pour seule mission d'appliquer et de défendre. » (2)

Et en effet, que faut-il pour que l'Etat ait le droit de déterminer souverainement les conditions auxquelles est soumise la validité des contrats ? Il faut avant tout que les biens qui sont l'objet des contrats soient absolument et complètement la propriété de l'homme. L'Etat, évidemment, n'a de pouvoirs que pour régir les choses qui dépendent

---

(1) V. M. Béchamp, Revue Catholique des Institutions et du Droit, janvier 1878. M. En. Perier même Revue, janvier 1876. M. Gairal, même Revue, novembre 1879.

(2) M. Lucien Brun. Conférence sur le Mariage.

parfaitement de la liberté humaine ; il n'a de droits, comme nous le montrerons plus loin, que pour gouverner la volonté humaine dans la jouissance du domaine de sa liberté. Quant aux choses qui appartiennent au domaine de la nature, ce sont les lois de la nature qui les régissent ; l'Etat les reçoit telles que la nature les fait ; il n'a pas à intervenir dans leur formation ; il n'a qu'à faire respecter les lois auxquelles elles sont soumises.

Voilà pourquoi l'Etat ne peut avoir aucun pouvoir sur le mariage lui-même. Le mariage n'appartient pas complètement au domaine de la liberté. Il est plus l'œuvre de Dieu que des époux. Il appartient essentiellement à l'ordre de la création et de la nature.

En effet, pour que l'Etat pût être maître du mariage, il faudrait qu'il fût maître et des volontés dont le consentement concourt à le former, et des corps qui sont l'objet du contrat et du bien qui en est la fin.

Or, l'Etat n'est maître d'aucune de ces trois choses.

D'abord la fin du mariage, c'est l'homme qui en est le fruit, c'est donc l'accomplissement des destinées terrestres de l'homme qui s'y engage. Or, si la nature humaine n'est pas sujette en elle-même au pouvoir de l'Etat, il est évident que ses destinées qui en sont la perfection, ne peuvent pas en dépendre. (1)

L'Etat n'est pas davantage maître des corps. Il n'a ni le pouvoir de leur donner la vie ni celui de la leur enlever en dehors des cas où sa justice intervient. Du reste, le corps fait partie de la personne humaine. Il participe donc à son indépendance absolue.

Quant aux volontés dont le consentement est nécessaire au mariage, il serait absolument contre leur nature qu'elles fussent soumises en elles-mêmes à la souveraineté de l'Etat. Il est de leur essence d'être libres et de ne relever que d'elles-mêmes.

Ainsi, à aucun titre ni sous aucun rapport, l'Etat ne peut être maître du mariage. Le mariage, comme l'homme lui-même, ne peut dépendre que du pouvoir même de Dieu. Du reste a-t-on bien réfléchi aux conséquences de la doctrine qui soumet à l'Etat le lien conjugal ? Faire l'Etat maître du mariage, n'est-ce pas le faire maître de la source de la vie humaine, et par conséquent de la vie humaine elle-même ? n'est-ce pas lui livrer le pouvoir de disposer des volontés, des corps, de la destinée terrestre de l'homme ? Qui ne voit l'horrible déchéance dont une pareille doctrine frappe l'homme ?

---

(1) V. M. Bluntschli, La Notion de l'Etat. Trad. Riedmatten, ch. XIX.

Si, enfin, l'Etat a le pouvoir de faire et de défaire le mariage, comment lui refuser celui de dissoudre la famille et de s'emparer de la formation intellectuelle et morale des enfants ? Puisque le mariage est principalement pour la formation des enfants, dès que l'Etat est maître du mariage, il est maître de cette formation qui en est la fin nécessaire, c'est évident.

Ainsi la doctrine des légistes, en livrant le mariage à l'Etat, lui livre par le fait même la famille et l'éducation.

Cette doctrine n'est pas nouvelle. D'après M. Paul Janet, nous l'avons vu, Platon n'admettait le mariage que sous l'œil toujours ouvert de l'Etat. Ce qu'il voulait, c'était que la famille fut complètement gouvernée par la loi. (1)

Ce régime fut plus ou moins généralement celui de la Grèce antique.

L'école évolutioniste, avec Darwin, aboutit à un résultat analogue, en partant d'un autre principe. Appliquant les lois de l'histoire naturelle aux rapports sociaux, elle nie le droit absolu de l'homme au mariage ou du moins elle le subordonne dans l'individu au droit supérieur de l'humanité. (2)

Le Malthusianisme, sous prétexte de prévoyance, n'est pas plus respectueux des droits individuels. (3) Il les sacrifie sans scrupule au bien-être matériel de la société. Prétendons-nous donc avec M. de Humbold, soustraire complètement le mariage au gouvernement de l'Etat ? (4)

Sans doute, dès que le mariage en lui-même, est proprement et essentiellement une institution de la nature, l'Etat ne peut intervenir que pour consacrer ses lois naturelles et veiller à leur observation. Il est sans pouvoir et sans droit pour intervenir dans sa formation et substituer sa pensée à celle du Créateur. L'Etat n'a aucune puissance créatrice pour troubler et renverser utilement l'ordre établi par le Créateur.

Toutefois, si l'Etat n'a pas la mission de rien créer, sinon l'ordre

---

(1) Histoire de la Science politique. etc. L. 1, Arch ch. II. Platon. Voir Platon. Lois. VI, 713.

(2) V. M. E. Caro. La Démocratie devant la morale de l'Avenir, Revue des Deux-Mondes, t. 11, année 1875.

(3) Voir dans la Revue C. des I. et du D.. une exposition et une réfutation du Malthusianisme. par M. Mounier, années 1873-1875.

(4) V. M. Bluntschli, op. cit. p. 172 et 280 de la traduction Riedmatten.

social, il est fait pour coordonner les choses qui existent par rapport au bien général de la société. Voilà pourquoi aussi il a le droit de soumettre les mariages validement contractés aux lois qu'exige l'intérêt public. L'Etat ne peut donc qu'avoir le droit de définir les effets civils et de régler les conséquences sociales du mariage. A lui de déterminer par la loi la condition sociale des époux, de leurs enfants, de la possession, de l'administration et de la transmission de leurs biens, à raison de la situation qui résulte pour eux d'un mariage validement contracté. C'est son droit, son devoir. Mais c'est tout. Un pareil pouvoir lui suffit à remplir sa mission. Tout ce qu'il prétend en plus est une usurpation criminelle.

IV

L'Eglise a-t-elle quelques droits et pouvoirs sur le mariage ? Oui ; puisque le mariage a été élevé par Jésus-Christ de l'ordre naturel dans l'ordre surnaturel, il a passé dans son domaine, il a été soumis à sa puissance. Sans doute l'Eglise n'a aucun pouvoir pour rien créer dans l'ordre de la nature ; sous ce rapport elle n'a aucun droit sur les mariages purement naturels des payens. Mais elle a été revêtue par son divin Fondateur du pouvoir propre de Dieu même dans l'ordre surnaturel. Par conséquent, les mariages des chrétiens ne pouvant pas ne pas être du même ordre surnaturel que les personnes qui les contractent, ils appartiennent tout entiers à la juridiction de l'Eglise qui est la juridiction même de Dieu.

« Pardon, nous répondent les légistes, le mariage étant toujours un contrat, demeure toujours sous le pouvoir de l'Etat, et il n'appartient à l'Eglise qu'autant qu'il est un sacrement. » (1)

Nous avons montré ci-dessus l'erreur des légistes ; même comme simple contrat naturel, le mariage répugne essentiellement à relever du pouvoir de l'Etat ; le mariage est intrinsèque à la nature humaine ; or, la nature humaine, comme telle ne peut dépendre que de son Auteur.

Autre erreur des légistes, c'est d'isoler le contrat du sacrement. Sans doute il n'y a pas chez les chrétiens de sacrement sans contrat ; mais, non plus, il ne peut pas y avoir de contrat sans sacrement. Car, chez les chrétiens, c'est le contrat lui-même qui est le sacrement.

---

(1) Voir Pothier, ubi supra. Emile Ollivier, ibidem.

Donc ce qui y fait le sacrement y fait aussi le contrat, et ce qui y empêche le sacrement, y empêche par là même le contrat. (1)

Maîtresse du sacrement, l'Eglise est conséquemment la maîtresse du contrat.

En vain objecterait-on que d'après notre doctrine, le mariage ne peut relever que du pouvoir de Dieu ; dès qu'il est admis que Jésus est Dieu et qu'il a remis ses pouvoirs à l'Eglise, l'Eglise est formellement investie du pouvoir même dont relève le mariage comme sacrement et, par suite, comme contrat, puisque, encore une fois, c'est le contrat lui-même qui est sacrement.

CHAPITRE II

De la Constitution de la famille.

> Les rapports des époux entre eux et avec leurs enfants appartiennent à l'ordre de la nature et non à celui de la liberté.

I

Quel est maintenant la constitution du mariage ?

Avant tout, le mariage est une société individuelle ; il ne peut avoir lieu, comme étant la première et la plus simple des sociétés, qu'entre deux individus, qu'entre un seul homme et une seule femme.

Cette condition, du reste, est une loi qu'imposent et la fin du ma-

---

(1) Voir la condamnation de 66ᵉ proposition du Syllabus et l'Encyclique de Léon XIII sur le mariage et le divorce.

riage et la dignité de la femme, et l'union qui doit régner entre les époux et la paix dont a besoin la société domestique. (1)

1° La fin du mariage, c'est la procréation des enfants. Or un fait d'expérience, c'est que la femme à plusieurs maris devient stérile. On sait l'infécondité des courtisanes.

D'autre part, pour qu'un père se dévoue à l'œuvre si coûteuse de l'éducation d'un enfant, il faut qu'il soit bien sûr que c'est bien le sien et non celui d'un autre : certitude impossible si sa femme pouvait appartenir à d'autres qu'à lui.

La pluralité des maris est ainsi inconciliable avec la fin essentielle du mariage. La pluralité des femmes y paraît moins contraire à première vue. Un homme peut avoir des enfants de plusieurs femmes et aucune incertitude ne peut l'empêcher de se dévouer à leur éducation. Cependant, au fond, rien n'est plus contraire à la dignité et aux droits de la femme.

2° En effet, un homme qui a plusieurs femmes n'est tout entier ni à l'une ni à l'autre. Néanmoins, la fin nécessaire du mariage exige que chacune de ses femmes soit tout entière à lui. Pourquoi cette inégalité ? Ainsi la polygamie, c'est la dignité, ce sont les droits de la femme foulés aux pieds. Evidemment l'homme ne peut avoir dans le mariage une condition supérieure, sans que, du même coup, la femme y tombe dans une condition proportionnellement inférieure. La polygamie méconnaît donc l'égalité naturelle de l'homme et de la femme. Chez tous les polygames, celle-ci n'est point la compagne, mais la servante, sinon l'esclave de son mari. Or, sa déchéance rejaillit forcément sur son conjoint et sur leurs enfants.

3° Du reste l'amitié, l'union parfaite n'est possible qu'entre égaux. Du moment que le mari partage son cœur, il aime avec moins de vivacité et d'intensité chacune de ses épouses. Comment celles-ci pourraient-elles l'aimer exclusivement de toute la force de leurs cœurs ? L'amour parfait exclut tout partage et en retour il appelle et engendre l'amour sans partage. La polygamie, au contraire, en divisant le cœur, en diminue la puissance et les droits. Elle affaiblit donc le lien qui unit les époux.

4° Enfin une maison où il y a plusieurs femmes pour un mari, est une maison inévitablement travaillée par les jalousies et la discorde. Impossible que l'éducation des enfants n'ait pas grandement à en

---

(1) V. S. Th. Sum. Cont. Gent. L. III, c. 124. L'Encyclique de Léon XIII sur le mariage et le divorce, et Mgr Dupanloup, De l'Education.

souffrir. Voilà pourquoi le souverain Législateur a dit : « Et erunt *duo in carne unâ*. Ils seront deux », et non pas trois, « dans une seule chair. »

II

L'éducation des enfants, l'équité naturelle, le bien de la famille et de la société exigent également que le mariage soit indissoluble.

1° Si les parents avaient le droit de dissoudre leur mariage, ne s'ensuivrait-il pas qu'ils auraient le droit de détruire le faisceau nécessaire de forces que le Créateur a formé pour élever l'enfant et par là même, qu'ils auraient le droit d'empêcher que leurs enfants ne fussent élevés parfaitement ? L'union, le concert du père et de la mère est indispensable, nous l'avons vu, pour former un homme complet. Or c'est ce concert précieux que le divorce détruit. Encore une fois les parents peuvent-ils avoir le droit de détruire la puissance que le Créateur a produite pour former l'homme? Non, ils ont plutôt le devoir de la conserver et de l'employer à l'éducation de l'enfant. Donc le divorce est un crime et le mariage est indissoluble. (1)

Toutefois la condition des enfants devient bien pire, lorsque le divorce est suivi d'un second mariage. On sait par expérience que les affections et les intérêts qu'engendre une seconde union sont le plus souvent en opposition avec les affections et les intérêts qui sont les fruits d'un premier mariage, sans compter que les beaux-pères et les belles-mères se font fréquemment un méchant plaisir de persécuter, de dépouiller, d'abaisser les enfants que leurs conjoints ont eus d'un premier lit.

Ainsi, rien de plus contraire à la bonne éducation des enfants que le divorce et ses suites. Si les enfants ont le droit d'être parfaitement élevés et s'il n'y a pas de droit contre le droit, les parents ne peuvent pas avoir celui de se séparer aux dépens de leur éducation ni de contracter une nouvelle alliance qui les empêcherait de s'y dévouer.

2° Le divorce n'est pas moins fatal à la femme. En effet, celle-ci est sous la puissance de son mari, comme nous le prouverons plus loin ; elle ne peut donc pas se séparer de lui, sans violer son droit. Accordera-t-on à l'homme ce que la femme ne peut pas ? Mais c'est

---

(1) Voir Sum. Cont. Gent. L. III, c. 123. M. Lucien Brun, Conférences sur le mariage. M. Gairal. Rev. cath. des I. et du D. novembre 1876.

méconnaître encore leur égalité naturelle, c'est faire la condition de la femme dans le mariage inférieure à celle de l'homme. C'est en outre porter à la femme un préjudice bien plus grave qu'à l'homme; car, dans une première union, c'est la femme qui perd le plus de ce qui fait ses charmes, sa puissance, sa valeur.

Sans doute, il est des unions si malheureuses que le divorce en paraît le remède, la délivrance. Mais ce dénoûment qui semblerait un soulagement pour des cas particuliers, serait, s'il était admis en loi, la proclamation de la déchéance et de l'infériorité de la femme. en général. Il importe trop à l'honneur et à la dignité de celle-ci que sa condition d'épouse ne dépende pas du caprice d'un maître, ni même de l'inconstance de sa propre volonté.

3° Le divorce est également funeste à la famille et à la société. N'est-ce pas l'amour qui porte au mariage et qui maintient unis l'homme et la femme ? Or l'amour veut être éternel ou il n'est pas. Le divorce n'est donc pas seulement une inconséquence de la part des époux ; la liberté du divorce est encore la ruine de l'amour et de toute sécurité. Des époux qui ne s'aiment qu'à la condition de pouvoir se séparer, ne peuvent s'aimer avec assez de confiance et de force pour n'être pas vite tentés par l'inconstance. De sa nature, le cœur humain est si volage, il répugne tant aux contradictions et aux peines, que s'il peut se détacher, il ne tarde guère de se dégoûter de ce qu'il possède et d'aspirer à trouver dans un autre objet un nouveau bonheur.

La liberté du divorce est une tentation donnée à la faiblesse ; c'est la porte ouverte aux infidélités et aux adultères ; c'est un encouragement à la discorde et à la division entre les époux ; c'est une source d'inimitiés et de rancunes entre les familles ; c'est un ferment de désordre et de corruption, de troubles et de souffrances au sein de la société.

Comment dès lors un pareil fléau pourrait-il être un droit ?

Pour établir l'indissolubilité du mariage, n'eût-il pas suffi de dire : le mariage, c'est l'homme complet en état de se reproduire et d'atteindre sa destinée. Donc s'il n'y a pas de pouvoir qui ait le droit de disposer de l'homme et de ses destinées, il n'y en a pas qui ait le droit de dissoudre l'union qui fait sa perfection naturelle ?

Ou bien encore : le mariage est l'œuvre de Dieu, car l'homme et la femme mariés ne sont pas deux, mais une seule chair ; que l'homme donc ne sépare pas ce que Dieu a uni. « *Itaque jam non sunt duo, sed una caro. Quod ergo Deus conjunxit, homo non separet.* » (1)

III

Avant le mariage, l'homme et la femme sont, par leur nature, parfaitement égaux en dignité et en droits ; ils sont indépendants l'un de l'autre.

Unis par le mariage, ils ont l'un sur l'autre relativement à la fin de leurs engagements des droits égaux ; ils sont liés par les mêmes devoirs. Tout ce que l'homme peut et doit en vue de la fin de leur union, la femme le peut et le doit au même titre.

Au point de vue de la nature, ils sont encore parfaitement égaux ; les droits de l'un ne peuvent jamais légitimement primer les droits de l'autre.

Mais l'homme et la femme ne sont une même chair que relativement à la poursuite de leur fin terrestre. Relativement au contraire à la poursuite de leur fin dernière respective et aux moyens nécessaires pour l'atteindre, ils demeurent parfaitement indépendants au sein comme en dehors du mariage. C'est que les droits essentiels de la personne humaine ne peuvent être sacrifiés aux conditions de sa reproduction, ni la fin éternelle et nécessaire de l'homme à sa fin temporelle et secondaire. (2)

Mais si les époux ne sont pas liés l'un à l'autre par des liens de justice dans la poursuite de leur fin suprême, ils doivent l'être par les chaînes d'une mutuelle affection. Or l'amour, loin de donner quelque supériorité à l'un sur l'autre, tend à effacer toutes les différences, toutes les inégalités. Sous tous ces rapports, l'homme n'a pas plus de droits que la femme, ni la femme n'a plus de devoirs que l'homme.

Le Code civil proclame ces principes, quand au Titre du mariage, il dit : « Les époux se doivent mutuellement fidélité, secours et assistance. » (art. 212) et qu'au Titre de la Puissance paternelle, il attribue à la mère la même autorité et les mêmes droits qu'au père sur leurs enfants communs (art. 371 et 372).

---

(1) Matth. XIX. V. Encyclique de Léon XIII sur le mariage et le divorce. Locke, Traité du gouvernement civil, ch. V et XIV.

(2) Conférences de Notre-Dame, par l'Abbé Beautin, 3º Conférence.

Mais les époux doivent vivre en société sous un même toit. Ils ne peuvent donc respecter pleinement les lois de l'ordre naturel qu'en se soumettant aux lois de l'ordre domestique. Par conséquent, s'ils sont égaux en droits par nature, il faut qu'ils ne le soient pas, dès qu'il s'agit de l'exercice de ces mêmes droits au sein de la société conjugale. Car, dans toute société, il faut un principe souverain qui dominant tout, ramène tout à l'unité. Sans un chef à qui tout soit soumis, il n'y a ni ordre ni paix possible.

De là, la nécessité [de mettre, en vue de l'ordre domestique, la femme sous la puissance de son mari. C'est ce que Dieu a dit à la première femme : « Tu seras sous le pouvoir de l'homme et il te commandera. » (1) Saint Paul rappelle la même loi, lorsqu'il écrit aux Corinthiens : « Le chef de la femme, c'est l'homme » (2) et aux Ephésiens : « Que les femmes soient donc soumises à leurs maris comme au Seigneur. » (3)

Le Code civil, même chez les nations les plus civilisées, a adopté cette même disposition. « Le mari, dit l'article 213 du Code français, doit protection à sa femme, la femme obéissance à son mari. »

Cette loi est du reste fondée dans la nature. La femme a été faite de l'homme et pour l'homme. (4)

De plus, l'homme a plus de raison et de volonté ; il excelle donc par les qualités que requiert le commandement. La femme, au contraire, a plus de sensibilité ; elle excelle de la sorte par la qualité requise pour recevoir une impulsion, et obéir.

C'est ainsi que la subordination domestique de la femme à l'homme repose sur la constitution de la nature humaine. (5)

Mais, est-ce à dire que l'homme puisse user de son pouvoir à son profit exclusif ? On ne peut nier qu'il n'y ait actuellement dans l'obéissance que la femme lui doit, un caractère de servilité que n'exige point l'intérêt général de la maison. Il y a là comme un témoignage permanent du châtiment infligé à Eve et à sa postérité pour la première faute que raconte la Genèse.

Toutefois ce caractère de servilité n'est qu'accidentel dans l'obéis-

---

(1) Gen. III, 16.
(2) 1e Corinth. XI.
(3) Eph. V, 21.
(4) Gen. II. V. M. Fustel de Coulanges, La Cité antique, p. 95.
(5) Voir Bossuet. Politique sacrée. L. II. Art. I, p. 111. M. de Bonald. Démonstration philosophique du principe constitutif de la société. Ch. II.

sance de la femme; il n'en change point au fond le motif essentiel. Et s'il est écrit : « Femmes, soyez soumises à vos maris », il est dit aussi : « Et vous, maris, aimez vos épouses comme J.-C. a aimé son Eglise.» (1)

La raison essentielle de l'autorité conjugale, c'est essentiellement le bien du mariage. Toute autorité est pour l'être qu'elle a mission de conduire à sa fin. Le mari qui l'exerce dans le mariage, n'est pas un maître; l'autorité conjugale n'est pas son bien propre; elle est, nous venons de le dire, le bien de la société conjugale tout entière pour laquelle elle est instituée. Le mari qui en est le représentant, n'en est par là même que le ministre. Ce n'est pas par conséquent au profit de son égoïsme qu'il doit en faire valoir les droits, mais au profit de la communauté tout entière à laquelle elle appartient. Dès lors il ne doit pas moins prendre soin des droits personnels de sa compagne que des siens propres.

Telle est la constitution de la société conjugale, tels sont les rapports que le Créateur a établis entre les époux. Toute atteinte à cet ordre est une atteinte à l'ordre même de la nature. Tout édit contraire est nul de plein droit.

Telle est donc la source d'où coule le flot des générations, tel est le principe de la famille. Où il n'y a point de mariage, il ne peut point y avoir de société constituée pour former des hommes; il ne peut y avoir que des accouplements accidentels propres à jeter tout au plus sur la terre des êtres incapables d'y vivre et d'y atteindre leurs destinées. Où il y a mariage, il y a une société constituée et durable non seulement pour produire des enfants, mais pour faire de ces enfants par l'enseignement et l'éducation des hommes achevés, complets, parfaits.

IV

La famille est donc une société constituée des parents et de leurs enfants en vue de la formation intégrale de ceux-ci par ceux-là.

Nous venons de voir que le mariage est surtout l'œuvre de Dieu et que les rapports des époux sont définis et réglés par les lois de l'ordre naturel. Nous allons voir qu'il en est de même pour les rapports des parents avec leurs enfants.

(1) Ad. Eph. V.

D'abord les enfants sont beaucoup plus l'œuvre du Créateur et de la nature que de la libre volonté de leurs parents suivant la chair.

Sans doute il est nécessaire que la volonté de ceux-ci en prenne l'initiative. L'homme ne se reproduit pas s'il ne le veut pas. Mais combien l'acte de sa volonté qui vise cette fin est peu de chose dans sa réalisation ! Cet acte est simplement nécessaire pour mettre en jeu les forces de la vie. Une fois posé, ce sont les énergies intimes et aveugles de la nature qui élaborent le germe, développent le fœtus, et produisent l'enfant à la lumière.

Si donc la libre volonté des parents est dans une si faible mesure la cause productrice de leurs enfants, il est clair que ce n'est pas à cette volonté qu'il appartient de déterminer ses rapports avec les enfants eux-mêmes. En posant l'acte qui dépend d'elle, cette volonté se soumet d'avance aux conséquences nécessaires qui en découlent ; elle s'engage à reconnaître les lois de l'être qui en résulte. Dès que c'est la nature qui a la part principale dans la formation de l'enfant, c'est elle aussi qui règle les rapports de celui-ci avec ses parents. Les droits et les devoirs réciproques des parents et des enfants les uns à l'égard des autres, appartiennent donc à l'ordre de la loi naturelle.

C'est évident.

Du reste, telle est la dignité essentielle de l'enfant, nous l'avons dit, qu'il répugne à dépendre d'un pouvoir créé, quant aux attributs et aux prérogatives de son être ; rien de plus contraire à son excellence naturelle que d'être à la merci d'une volonté créée. Il ne peut relever que de Dieu, son Créateur ; ce n'est que de Dieu, son Créateur, qu'il reçoit, comme être raisonnable, ses devoirs et ses droits.

Cependant les parents, sans être la principale cause de leurs enfants, ont personnellement une action réelle dans leur procréation. Il s'en suit qu'ils en sont, dans une véritable mesure, le principe, la forme, la fin, les maîtres.

Le principe, puisque ce sont leurs volontés qui en déterminent la procréation.

La forme, puisque nul être ne peut produire de lui-même qu'un autre être semblable à lui.

La fin, car les parents ne produisent leurs enfants que pour revivre spécifiquement en eux.

Les maîtres, car un être raisonnable est nécessairement maître du fruit qu'il produit, dans la mesure où il en est véritablement le principe et la fin.

Ces titres, on le voit sans peine, sont fondés sur des faits qui appartiennent à l'ordre de la nature et qui sont proprement l'œuvre des parents. Ils appartiennent donc aussi à ce même ordre de la nature et ils sont également la propriété exclusive des parents. De ces mêmes faits, à la suite de ces titres, découlent un ensemble de droits et de devoirs qui lient les uns aux autres les parents et les enfants.

Ainsi le Créateur a uni ensemble par des liens naturels les parents et les enfants, de manière à former une société dont la fin propre et nécessaire, nous l'avons dit, est de former ceux-ci par ceux-là et de perpétuer la vie des premiers par les seconds.

Telle est la famille avec sa constitution et ses lois. Elle a été avant tous les Etats; elle subsiste après leurs ruines pour être le germe, le noyau de nouvelles nations.

« La famille, a dit M. Bluntschli, n'est pas instituée par l'Etat; aussi ses droits sont-ils indépendants de ceux de l'Etat. » (1)

Ecoutons M. Fustel de Coulanges : « La famille dans l'antiquité ne reçoit pas ses lois de la cité. Si c'était la cité qui eut établi le droit privé, il est probable qu'elle l'eût fait tout différent de ce que nous l'avons vu....

« Le droit privé existe avant elle. Lorsqu'elle a commencé à écrire ses lois, elle a trouvé ce droit déjà établi, vivant, enraciné dans les mœurs, fort de l'adhésion universelle. Elle l'a accepté, ne pouvant faire autrement. Elle n'a osé le modifier qu'à la longue. L'ancien droit n'est pas l'œuvre d'un législateur. Il s'est au contraire imposé au législateur. C'est dans la famille qu'il a pris naissance. » (2)

Pas de vérité dont les conséquences soient plus graves. L'erreur opposée a, par contre, des suites épouvantables. « Si la famille, dit M. Lucien Brun, est une création du droit civil, les lois civiles peuvent tout sur elle. Si l'on nie que la famille, véritable unité sociale préexistante à l'Etat, soit, quant à sa constitution intime, indépendante de lui ; si ce n'est pas sur le droit naturel, mais sur le droit civil, arbitraire et contingent qu'elle est assise, alors l'autorité paternelle n'est plus qu'un pouvoir provisoire, limité à la durée des besoins matériels et des premières années de l'enfant ; la direction morale échappe au groupe conjugal qui lui a donné la vie, et l'Etat peut avec raison revendiquer une autorité prééminente sur les fruits

---

(1) De la Notion de l'Etat. Traduction Riedmatten, v. p. 170 et 172.
(2) La Cité antique, p. 94.

d'une union dont il règle seul les conditions, dont il juge seul la validité, dont seul il impose, restreint ou étend les obligations. » (1)

Mais, dès lors que la constitution de la famille est l'œuvre du Créateur et qu'elle appartient à l'ordre de la nature, l'Etat n'a de pouvoirs sur elle que pour en faire respecter les droits et les lois. Il n'en peut avoir aucun ni pour les changer, ni pour les abolir. Bien criminel serait celui qui oserait y attenter. Il réussirait non à rien créer de bon, mais à détruire l'œuvre elle-même de la nature et du Créateur. Après son passage, il ne resterait plus que des ruines.

Cette notion de la famille étant donnée, on entrevoit clairement quels sont les droits et les devoirs de celle-ci en matière d'enseignement et d'éducation. C'est à élucider les questions qui en naissent, que nous allons consacrer les autres chapitres de ce premier livre.

CHAPITRE III

Des Devoirs des Parents.

> C'est à ceux qui ont commencé l'homme dans l'enfant qu'incombe la charge de l'instruire et de l'élever.

I

Nous parlerons des devoirs avant de parler des droits des parents en matière d'enseignement et d'éducation.

Voici pourquoi : pour les êtres contingents qui ne sont pas au

---

(1) M. L. Brun. Conférence sur le mariage. V. E. Ollivier, L'Eglise et l'Etat, T. 1, p. 329.

terme de leur perfection et de leur destinée, la première nécessité qui les pousse en avant, c'est la nécessité où est leur nature d'atteindre sa perfection et de remplir sa destinée. Cette nécessité essentielle est une loi, une obligation indispensable qui s'impose avant tout à leur volonté, qui est, nous l'avons vu, le principe même de tous leurs droits.

Par conséquent, établir que les parents sont obligés d'instruire et d'élever leurs enfants en vertu de la loi naturelle qui les oblige d'atteindre leur fin et de remplir leur destinée, c'est poser le fondement le plus solide et le plus évident des droits qu'ils ont sur l'éducation de leurs enfants.

En effet, un enfant vient au monde ; à qui incombe la charge de le soigner, de le nourrir, de l'élever ? Evidemment à sa propre famille. L'enfant ne sort des entrailles de sa mère que pour être mis dans ses bras et prendre à son sein l'aliment dont il a besoin. Ce sont ses propres parents qui sont pressés avec une force presque irrésistible par la voix du sang, par le cri du cœur, par les instincts les plus énergiques de la nature, de se dépenser pour lui et de pourvoir avec un inépuisable dévoûment à la variété incalculable de ses besoins.

Ce que la voix du sang leur dit si hautement, celle de la conscience, de la raison, le leur intime impérieusement au plus profond de leurs âmes. « C'est vous, leur dit-elle, qui avez commencé cet enfant ; c'est à vous de l'achever. »

A qui, du reste, l'enfant, suivant l'instinct de la nature, se sent-il incliné à demander ce qui lui manque pour se conserver et devenir un homme ? A ses propres auteurs et non à ceux qui sont étrangers à sa naissance. « C'est vous, peut-il dire aux premiers, c'est vous qui m'avez fait ce que je suis avec toutes mes faiblesses et toute mon impuissance. J'ai le droit de ne pas périr et de ne pas rester incomplet ; c'est donc à vous de me donner ce qui me manque pour vivre et atteindre ma perfection. »

Il n'est pas un père ni une mère qui ose dire : « Ce n'est pas à moi d'élever mon enfant, c'est à un autre, bien qu'il ne soit pour rien dans sa venue au monde. » Cette obligation est donc d'une évidence aussi éclatante que celle du soleil. Tous les peuples la reconnaissent, et condamnent avec sévérité les parents qui y sont infidèles.

Le genre humain a raison. Que veut en effet l'homme qui engendre? Tourmenté du besoin de vivre toujours et cependant condamné à mourir, il engendre pour se survivre à lui-même dans un être qui participera de sa vie et en assurera la continuation. Certes, rien de plus légitime, de plus moral ; pas d'intention plus élevée ni plus digne de lui dans l'ordre des choses terrestres. C'est précisément là sa destinée temporelle.

Tel est aussi le vœu de la nature. Si l'individu meurt, l'espèce ne veut pas mourir. Aussi tend-elle avec une force invincible dans l'ensemble de l'humanité, à se reproduire et à se multiplier indéfiniment en des individus semblables à ceux qui les engendrent.

La fin du mariage et particulièrement de la génération, n'est pas autre. D'après tous les philosophes et tous les théologiens, engendrer, c'est proprement procréer une ressemblance capable de se reproduire, non par un acte artificiel qui pourrait avoir tout autre effet au gré de son auteur, mais par un acte spécifique naturel qui a cet effet et qui n'en peut avoir d'autre. (1)

Cette propriété est tellement essentielle qu'il n'y a pas véritablement génération, quand l'être qui est produit, ne l'est pas par un acte de cette espèce, lors même qu'il serait formé de la substance et à l'image de son auteur. Eve ne fut pas fille d'Adam, bien qu'elle eût été formée de sa substance et à sa ressemblance, et cela, parce qu'elle le fut par un acte créateur qui pouvait avoir tout autre effet, si Dieu l'avait voulu.

Ainsi, la génération a pour fin nécessaire de produire un être semblable à son auteur.

Eh bien, l'enfant, à sa naissance, à cinq ans, à dix ans, est-il semblable à ses parents ? Il l'est, en principe, en germe ; il est fait pour le devenir, mais il ne l'est pas encore complètement. Car ses parents, en possession de leur raison et de leur liberté, sont des êtres capables de se suffire personnellement pour travailler à la réalisation de toutes leurs destinées. Or, l'enfant n'a rien, n'est rien de tout cela, si ce n'est en puissance et d'une manière lointaine.

Il est donc évident que la génération ne fait que poser le principe de l'être achevé, complet qui est nécessairement son terme final.

Or, à qui incombe-t-il de développer le germe qu'il produit, d'achever la ressemblance qu'il ébauche ?

S'il s'agit de soigner, nourrir et vêtir l'enfant jusqu'à l'âge de cinq à six ans, il n'est personne qui ose dire : « Ce n'est point à ses

---

1 Voir S. Th. S. Cont. Gent. L. III, ch. 122. Billuart, Tract. De Trinit. mysterio. Dissert. II, art. V.

propres auteurs. « Jusqu'à cinq ans, disait Robespierre, on ne peut qu'abandonner l'enfant aux soins de sa mère, c'est le vœu, c'est le besoin de la nature ; trop de détails, d'attentions minutieuses sont nécessaires à cet âge : tout cela appartient à la maternité. » (1)

En effet, il n'y a qu'une mère pour bien comprendre les besoins de son enfant et pour dépenser sans défaillance à son service le dévoûment inépuisable qu'exige le soulagement de ses interminables misères. Du reste, ne sont-ce pas ses parents qui, en le procréant dans cette faiblesse et dans cette indigence, ont créé les nécessités dont il souffre? Du moins, en l'engendrant, ils ne lui ont pas donné tout ce qu'il lui faut pour être un homme comme il a le droit de l'être. Ils lui doivent donc ce que réclament les conditions de sa nature et de son existence. Ce sont eux qui l'ont lancé sur le chemin de sa perfection, c'est à eux de le conduire à son terme. Ce sont eux qui l'ont commencé de leur substance, c'est à eux de fournir de leur vie pour l'achever. C'est leur image propre qu'ils ont esquissée en lui ; c'est donc à eux de travailler pour parfaire leur ressemblance. L'enfant est le sommet, le terme dans lequel se réunissent et se concentrent tous les intérêts de leur vie terrestre, c'est donc à eux de supporter les charges qu'entraîne sa formation. N'est-ce pas à ceux qui ont le bénéfice d'une entreprise d'en faire le travail et les frais ?(2)

IV

Ce que nous disons là est incontestable, s'il s'agit de la formation physique de l'enfant pendant ses premières années ; pourquoi ne serait-ce pas également irrécusable, s'il s'agit de sa formation physique, intellectuelle et morale pendant les années suivantes ? L'enfant est toujours l'œuvre de ceux qui l'ont mis au monde ; sa procréation jusqu'à perfection, est toujours leur entreprise, tant qu'elle n'a pas atteint son terme.

Il est toujours vrai de dire que, si l'enfant n'est pas un homme achevé, complet, c'est que ceux qui ont entrepris de le former, ne lui ont pas encore donné tout ce qu'il lui faut et tout ce qu'ils lui doivent. C'est donc toujours à ses auteurs que s'impose l'obligation naturelle de l'élever. Evidemment, il n'est aucun âge où la nature

(1) Rapport à la Convention, ci-dessus cité.
(2) V. Mgr Dupanloup. De l'Education, t. II, l. II, ch. V.

autorise les parents à rejeter sur autrui la charge de faire des hommes de leurs enfants. « Les époux, dit l'article 203 du Code civil, contractent ensemble, par le fait seul du mariage, l'obligation de nourrir, d'entretenir et élever leurs enfants. » (1)

On le voit, le législateur a mis l'obligation d'élever l'enfant sur le même pied que celle de le nourrir et de l'entretenir. C'est que le devoir de former son esprit et son cœur n'incombe pas moins à ses auteurs que celui de former son organisme.

D'autre part, les rapports que la nature établit entre les parents et les enfants ne cessent pas par le seul fait du temps. Comme ils ont pour objet et pour fin la transformation des enfants en hommes achevés, complets, ils ne cessent ou ne se modifient non plus que dans la mesure où cette transformation avance vers son terme. Cela revient à dire que les parents s'acquittent de leurs dettes envers leurs enfants dans la proportion où ils leur donnent ce qui leur manque pour être des hommes. Ils ne cessent de rien leur devoir que lorsqu'ils les ont élevés à leur perfection naturelle.

En effet, les parents ne sont pas moins les auteurs de la puissance qu'ont leurs enfants de vivre moralement par l'âme que de celle de vivre physiquement par l'organisme.

On pourrait objecter que, s'ils leur fournissent d'eux-mêmes la substance de leurs corps, ils ne leur fournissent rien de la substance de leurs âmes.

Toutefois, on doit répondre que, si les corps ne vivent point par eux-mêmes, mais par les âmes qui les animent, il est vrai aussi que les âmes ont dans les corps une vie tout autre que celle qu'elles possèdent en dehors. Par leur union personnelle avec les organismes, les âmes perdent la faculté de jouir de certaines perfections qui leur sont propres ; mais elles en acquièrent d'autres que n'ont point les purs esprits. Ainsi, unies aux corps, les âmes ne perçoivent pas toutes les vérités d'une manière intuitive et directe comme lorsqu'elles en sont séparées ; elles ne saisissent la grande majorité de celles qui sont à leur portée que d'une manière discursive et par le secours du raisonnement.

D'autre part, séparées des corps, les âmes n'ont plus la faculté de sentir personnellement les qualités sensibles de la matière, comme elles en ont le pouvoir lorsqu'elles leur sont unies hypostatiquement.

---

(1) Voir M. Sisteron et autres avocats. Nouvelle consultation sur la loi Ferry. Revue catholique des Institutions et du Droit, juillet 1879.

Ces observations et autres semblables s'expliquent par l'unité du composé humain. L'âme unie au corps ne forme avec lui qu'un seul être agissant par les facultés complexes qui résultent de leur union personnelle. (1)

Mais, si la vie humaine, c'est-à-dire la vie même intellectuelle et morale de l'homme dépend, en quelque manière, de l'organisme et en tient des propriétés et des caractères particuliers, il est certain qu'elle tire par là son principe de ceux qui en sont physiquement les auteurs. C'est évident, sinon nous ne serions point, en tant qu'hommes, les fils de nos pères, et nos pères dès lors ne se reproduiraient point comme hommes dans leurs fils. Ce qui est absolument inadmissible.

Les parents sont donc vraiment les auteurs du principe de la vie intellectuelle et morale qui est dans leurs enfants.

Que s'en suit-il ? Parce qu'ils sont réellement les auteurs de l'être physique qui est propre à leurs enfants, ils sont tenus de pourvoir à l'entretien et au développement de cet être au moyen de la nourriture, du vêtement et de mille soins divers ; de même, parce qu'ils sont, dans une réelle mesure, les auteurs du principe de vie intellectuelle et morale qui dort caché, engourdi dans ces mêmes enfants, ils sont obligés de travailler et de fournir à son épanouissement par l'enseignement et par l'éducation. C'est à ceux qui ont posé le principe d'une responsabilité d'en porter le fardeau. N'est-ce pas également par sa vie intellectuelle et morale que l'enfant sera homme et reproduira surtout les traits de ses parents, en tant qu'ils sont hommes ? C'est donc aussi à ceux-ci, s'ils tiennent à en être réellement les auteurs et à revivre véritablement en lui, en tant qu'hommes, de reproduire en lui, par l'enseignement et l'éducation, leur vie intellectuelle et morale. Incontestablement d'ailleurs, les parents, en ne mettant d'abord leurs enfants au monde qu'avec un germe d'intelligence dépourvu de lumières, se sont engagés à donner à ce germe les développements et les lumières dont il a besoin pour atteindre sa perfection nécessaire et remplir ses destinées essentielles. Incontestablement, en procréant leurs enfants dans un état où l'appétit raisonnable est asservi aux appétits aveugles de la chair, les parents se sont obligés à donner plus tard au premier le moyen de dominer les seconds. Ainsi, impossible de nier que les parents ne soient rigoureusement tenus d'instruire et de diriger leurs enfants afin de les

(1) Voir le P. Liberatore. Du Composé humain, ch. V. art. IV et s.

élever de la lumière des sens et de la servitude des appétits organiques à la lumière supérieure de l'intelligence et à la jouissance de la liberté morale.

Cependant, Hobbes soutient que la génération est insuffisante pour fonder le pouvoir paternel, car, dit-il, en ce cas la mère le partagerait. (1) Il faudrait donc dire de même que la génération est également insuffisante pour fonder le devoir des parents ; car pouvoirs et charges, droits et devoirs, nous l'avons vu, ne sont pas les uns sans les autres.

D'autre part, Hobbes reconnaît plus loin que, dans l'état de nature, l'enfant appartient à la mère et que c'est à la mère de l'élever. Il avoue donc en cet endroit que la génération est une base suffisante pour le devoir comme pour le pouvoir paternel.

Locke n'est point tombé dans cette contradiction. « Adam et Ève, et après eux, dit-il, tous les pères et toutes les mères ont été obligés par la loi de la nature, de conserver, nourrir et élever leurs enfants, non comme leur propre ouvrage, mais comme l'ouvrage de leur Créateur... à qui ils doivent en rendre compte. » (2) Voici pourquoi : « Les enfants, ajoute le philosophe anglais, ne naissent pas avec l'usage de la raison, ne peuvent pas naître libres. Cependant, comme ils sont d'une nature raisonnable, ils sont faits pour agir suivant la raison. Dès lors, ne pouvant se conduire d'eux-mêmes, d'après leur propre volonté, il faut qu'ils soient conduits par ceux qui ont pour eux l'usage de la raison. Les fils ne deviennent libres que lorsqu'ils sont parvenus à cet état de raison et de possession de soi-même, qui rend effectivement un homme libre. »

V

Autres considérations prouvant que c'est bien aux parents avant tous les autres, qu'incombe la tâche d'instruire et d'élever leurs enfants ? C'est que c'est dans les parents eux-mêmes que se trouve comme dans son principe, la force nécessaire pour faire des hommes au vrai sens de ce mot.

Quelle est en effet la force qui a poussé les parents à donner d'eux-

---

(1) V. M. P. Janet. Histoire de la science politique, etc. Les temps modernes, Hobbes.

(2) Locke. Traité du Gouvernement civil. ch. V. n° V et VII.

mêmes pour procréer ? Quelle est la force qui est indispensablement nécessaire pour instruire et élever ?

C'est l'amour, mais l'amour vrai, généreux, l'amour qui produit toujours, qui ne détruit jamais.

Certes, il s'agit de faire un homme : rien de plus grand dans le monde. Aussi, pas d'entreprise qui demande et coûte plus de travail, de dépenses et de peines.

Quel est le mobile qui poussera l'homme à s'y engager ? Quelle est la force qui le soutiendra dans les labeurs non seulement de l'enfantement, mais encore de l'instruction et de l'éducation de l'enfant ? Il faut dire que l'homme qui a entrepris de faire un homme doit, pour y réussir, s'y dévouer et s'y dépenser tout entier. Il faut donc un principe qui fasse sortir l'homme de lui-même, qui l'oblige à s'oublier, à se donner, à se sacrifier tout entier pour son fils en qui il veut se reproduire et revivre.

Or, nous l'avons dit, pour une œuvre pareille, il faut nécessairement l'amour, mais l'amour pur, parfait, immense. Cet amour n'est donc pas l'amour-propre qui fait de celui qui prétend aimer, un centre dans lequel tout est absorbé, un dieu auquel tout est immolé. Rien n'est plus contraire à l'égoïsme que l'amour nécessaire pour former un homme. Celui-ci entraîne les parents à se dépenser pour leurs enfants, celui-là porte les parents à se sacrifier leurs enfants.

Evidemment, il n'y a que l'amour qui a engendré l'enfant, qui soit apte, en devenant l'amour paternel, à faire de l'enfant un homme achevé, complet. L'amour engage l'amour. Un premier don, dès qu'il n'atteint pas la fin pour laquelle il est fait, serait une trahison, un crime, s'il n'était point suivi d'un second qui le justifie en le complétant. On peut même dire que l'amour qui a engendré l'enfant, n'est que le germe de l'amour développé, parfait, qu'il faut pour l'enseigner et l'élever. Où ce germe n'est pas d'abord, ne peut pas être naturellement ensuite l'amour paternel qui en dérive, qui en naît.

Il faut donc toujours repousser l'enseignement et l'éducation qui ne procèdent pas en quelque manière de l'amour paternel. La science est absolument insuffisante pour faire un homme. Sans l'amour vrai, la science est toujours stérile sinon meurtrière.

Il n'y a du reste que l'amour paternel qui soit fait pour achever l'homme dans l'enfant. De même que celui-ci n'est engendré que par l'amour qui unit ses auteurs, ainsi il ne peut être formé au point de vue intellectuel et moral que par l'amour paternel et maternel qui lui enchaîne ses parents.

Ce sont donc bien les parents qui sont constitués pour élever leurs enfants. Ce sont donc eux qui sont chargés de leur instruction. La nature ne peut point imposer ce devoir à ceux à qui elle ne donne point la force de l'accomplir.

VI

Du reste l'enseignement et l'éducation ont le même but final que la génération et ils y tendent par des procédés analogues. Comme la génération, l'enseignement et l'éducation ont pour terme de produire un être semblable à son principe. Comme par la génération, l'homme forme de sa substance un germe organisé qui renferme une ébauche de ses traits, ainsi par l'enseignement et par l'éducation, il forme dans l'enfant, au moyen des idées et des affections qu'il lui communique, une image de sa propre vie intellectuelle et morale.

Durant longtemps, en effet, l'enfant est sans aucune idée intellectuelle, sans aucun amour raisonnable. Il n'a donc ni forme, ni vie intellectuelle et morale ; car ce sont nos idées intellectuelles qui sont la forme intellectuelle de notre esprit ; ce sont nos affections morales qui sont la forme morale de notre cœur. C'est par les idées que nous prenons, que notre esprit s'anime et vit ; c'est par les sentiments dont nous nous échauffons, que notre cœur se vivifie et agit.

C'est aussi par la jouissance de sa raison et de sa liberté, c'est-à-dire par les idées intellectuelles et par les affections morales dont l'enfant fait l'acquisition, qu'il s'élève proprement à la vie spéciale de l'homme. Car l'homme est essentiellement un être intelligent et libre. L'enfant est donc d'autant plus loin d'être un homme qu'il est plus loin de jouir de son intelligence et de sa liberté.

Par conséquent, pour former et faire vivre l'enfant de la vie propre à sa nature raisonnable, en d'autres termes, de la vie intellectuelle et morale de l'homme, il faut lui donner des idées intellectuelles et des affections morales.

Or, quelles sont les idées et les affections qu'un instituteur communiquera à son élève, qu'il reproduira dans l'esprit et dans le cœur de l'enfant ? Évidemment celles-là seules dont il vit lui-même. C'est incontestable, il n'apprendra pas à l'enfant ce qu'il ne sait ou n'admet pas ; il ne le formera pas à aimer ce qu'il hait ou ce qu'il n'aime pas.

La fonction propre de l'instituteur, c'est de transmettre à son élève la science qu'il possède, c'est de faire naître dans le cœur de l'enfant les amours dont il est lui-même animé, c'est de le plier aux habitudes auxquelles il obéit lui-même.

Or, nous venons de le dire, communiquer ses idées, ses affections, ses habitudes, c'est communiquer la forme de sa propre vie, c'est procréer la ressemblance de son esprit, de son cœur, de tout son être.

Voilà donc comment l'instituteur forme l'âme de l'enfant à son image. Par son enseignement et sa direction morale, il peint, il burine dans l'âme de l'enfant les traits de son âme propre. Dans l'enfant qu'il a ainsi façonné, il se sent revivre et il revit réellement. Cet enfant devenu homme par son action formatrice, le reproduit lui-même dans ses idées, dans ses affections et dans ses mœurs.

L'instituteur devient donc effectivement père ; (1) voilà pourquoi c'est celui qui est proprement le père de l'enfant qui doit en être aussi l'instituteur. L'enseignement et l'éducation sont évidemment les suites nécessaires de la génération et la poursuite continuée du but qu'elle vise essentiellement. Engendrer, nourrir, enseigner, élever sont les diverses parties d'une même fonction, de la fonction qui a pour terme la procréation d'un homme complet. Voilà pourquoi c'est aux parents qu'incombe essentiellement la charge d'enseigner et d'élever leurs enfants aussi bien que de leur donner les aliments et les soins physiques qui leur sont nécessaires.

Evidemment, tant que les parents sont vivants et en état de remplir leur ministère, un tel fardeau ne doit pas, au point de vue de la justice, peser sur d'autres épaules que sur les leurs. A leur défaut, il ne s'impose, sous le rapport de la justice, qu'à la société, comme nous l'établirons plus loin. Quant aux particuliers étrangers à la naissance de l'enfant, il ne peut jamais leur incomber qu'à titre de charité et qu'à raison des intérêts communs de l'humanité dont tous les membres sont solidaires.

VII

Enfin, pour être obligé d'enseigner et d'élever un enfant, il faut avoir le droit de lui inculquer une doctrine et de lui imposer des préceptes ; en d'autres termes, pour être tenu de le former et d'en être complètement l'auteur, il faut en être déjà l'auteur et avoir autorité sur lui.

---

(1) « L'instituteur est père, disait Lakanal à la Convention dans son rapport sur l'Organisation de l'Instruction publique.

Evidemment, personne ne peut être chargé d'un ministère, d'une fonction, sans être en même temps revêtu des pouvoirs et des droits nécessaires pour l'accomplir ; personne ne peut être obligé d'être l'auteur de ce qui fait la perfection d'un être, s'il n'est déjà l'auteur de ce qui en fait le commencement et s'il n'a pas, de ce fait, autorité pour l'achever.

C'est donc aux parents seuls de l'enfant qu'incombe en principe le devoir de l'instruire et de l'élever ; car, comme nous le montrerons plus loin, c'est à eux seuls qu'appartient l'autorité nécessaire pour cela, attendu qu'eux seuls en sont les vrais auteurs, à l'exclusion de tous les autres qui sont jusque là demeurés étrangers à sa procréation.

VIII

Tels sont les fondements naturels des devoirs des parents en matière d'enseignement et d'éducation. On pourrait se demander maintenant qui sont ceux envers lesquels les parents sont ainsi tenus de leurs obligations. Ce sont d'abord les enfants eux-mêmes. Sans doute les enfants n'avaient aucun droit de venir au monde. Mais une fois conçus et vivants, ils ont, comme attribut essentiel de leur nature raisonnable, le droit de conserver les biens qu'ils possèdent et d'acquérir ceux qui sont requis à leur perfection nécessaire.

Nous l'avons montré, s'ils ont le droit que leurs auteurs ne les laissent pas mourir de faim, ils n'ont pas moins celui qu'ils ne les laissent pas avorter au point de vue intellectuel et moral par défaut d'instruction et d'éducation. (1)

2° Les parents se doivent à eux-mêmes d'instruire et d'élever leurs enfants. Car ils se doivent à eux-mêmes de tendre à la fin nécessaire de leurs actes et de leur nature. Ils se mettraient en opposition avec leur raison, s'ils se bornaient à vouloir procréer des enfants sans avoir l'intention d'en faire des hommes achevés, complets. Ils manqueraient à leur dignité essentielle, s'ils se contentaient de se reproduire organiquement, s'ils se désintéressaient de leur reproduction intellectuelle et morale.

3° Ils le doivent à la société. Car si un homme instruit, bien élevé est un ornement et une force pour la société ; un homme sans instruction, sans éducation, est pour elle un être inutile, si toutefois il

---

(1) Voir conférences de Notre-Dame par l'abbé Beautin, 3e conférence.

n'est pas un embarras et un danger. La société a donc droit que ceux qui veulent faire une famille, ne jettent pas dans son sein des éléments qui lui seront à charge, si peut-être ils ne lui sont funestes ; elle a dès lors le droit que les parents enseignent et élèvent leurs enfants de manière à en faire pour elle des citoyens capables de la servir et de la soutenir.

4° Ils le doivent à la nature humaine qui n'a pas moins horreur des avortements moraux que des avortements physiques ; à la nature humaine qui a pour loi de se reproduire dans des individus en possession de leur intelligence et de leur liberté, et non dans des brutes incapables de se connaître et de se posséder.

5° Ils le doivent enfin au Créateur. Dieu qui est bon et sage, ne s'associe des agents secondaires pour produire des hommes, qu'en leur imposant l'obligation de poursuivre avec lui la fin qu'il se propose lui-même ; il ne leur communique une part de ses pouvoirs créateurs qu'avec la charge d'en user pour former dans leurs enfants l'image et la ressemblance de leur premier Auteur aussi bien que leur propre image et leur propre ressemblance. Les parents se rendent donc coupables de forfaiture à l'égard du Créateur, ils manquent à la mission dont Dieu les investit en les faisant pères, lorsqu'ils négligent de former dans leurs enfants l'image et la ressemblance divine, en n'élevant pas l'esprit de ceux-ci à la lumière de la vérité intellectuelle et leur cœur à l'amour du bien raisonnable, parfait. Par là, ils privent Dieu des fruits qu'il attend des pouvoirs dont il les revêt et du concours qu'il leur prête ; ils violent ainsi des droits sacrés auxquels Dieu ne peut renoncer, ils renversent l'ordre de la nature que Dieu ne peut pas ne pas défendre et maintenir contre eux.

CHAPITRE IV

Des Devoirs des Parents. (Suite).

> Les parents doivent se faire aider dans l'éducation de leurs enfants, lorsqu'ils ne peuvent pas y suffire ; mais il ne leur est pas permis de s'en désintéresser et de n'y pas prendre part dans la mesure de leurs forces.

I

Ne pourrait-on pas se demander si les parents ont, en général, tout ce qu'il leur faut pour former l'intelligence et le cœur de leurs enfants ? « Un homme qui s'est beaucoup occupé d'éducation, dit à ce sujet Mgr Dupanloup, a écrit qu'un père semblait avoir une *inaptitude* morale pour élever ses enfants. » Hélas ! pourquoi le nier ? n'est-il pas une infinité de pères qui sont indignes de leur fonction, parce qu'ils sont incapables d'en remplir les devoirs ? Beaucoup n'ont pas même l'idée vraie de leur ministère ; le plus grand nombre manque trop souvent de l'abnégation et du dévoûment que demande son accomplissement. Et nous ne voulons pas seulement parler des classes inférieures de la société ; combien n'est-il pas de familles dans les classes dirigeantes, auxquelles peut s'appliquer ce que nous allons dire ? D'abord n'est-il pas vrai qu'une infinité de pères sont exclusivement et tout entiers aux affaires de leur fortune et aux labeurs qu'imposent les nécessités de la vie animale. Pourvu que leurs enfants aient l'aliment du corps, voilà le souci des uns ; pourvu que leurs enfants héritent d'un riche patrimoine, voilà toute la préoccupation des autres. Quant à la formation intellectuelle et morale de leurs enfants eux-mêmes, c'est là une chose secondaire, surérogatoire.

Grâce cependant à un mouvement de l'opinion publique en faveur de l'instruction, beaucoup de parents mettent un grand prix à en pourvoir leurs enfants ; mais en même temps qui sont ceux qui font de l'éducation le cas qu'elle mérite ? La plupart ne songent qu'à faire des savants et non à faire des hommes, qu'à orner l'esprit de connaissances et non à former l'esprit lui-même.

Par suite combien est inférieure, insuffisante, l'instruction à laquelle on borne ses désirs ! On s'efforce de remplir la mémoire de faits et de jugements arrêtés d'avance, on exalte l'imagination par un enseignement romanesque, et l'on se désintéresse de plus en plus de la connaissance des lois qui régissent ou doivent régir les faits, de la science intellectuelle de la vérité et du bien infini, absolu, auquel cependant doit ressembler tout bien relatif, toute vérité finie pour être une vérité réellement vraie, un bien véritablement bon.

Si les parents ont si peu la juste notion de leurs devoirs en matière d'enseignement et d'éducation, combien moins encore sous les autres rapports sont-ils en état de les remplir ! Ils seraient certes excusables de ne pouvoir donner à leurs enfants les connaissances littéraires, scientifiques et artistiques ; ces connaissances ne sont que des accessoires dans ce qui est nécessaire pour former proprement l'homme.

Mais sont-ils en général mieux en état d'apprendre, de communiquer ce nécessaire même sans lequel il n'y a pas d'homme ? Sont-ils plus capables de former leurs enfants à mener une vie réellement intelligente, honnête, juste, réglée, vertueuse ? Hélas ! non seulement personne ne peut enseigner ce qu'il ignore pas plus que donner ce qu'il n'a pas, mais encore combien qui n'ont point le talent de transmettre le peu de lumière intellectuelle et de force morale qu'ils possèdent !

Les parents sont dès lors obligés d'appeler à leur secours des auxiliaires qui leur aident à instruire et à élever leurs enfants. Or, c'est là encore un point de leurs obligations sur lequel la plupart révèlent encore le peu d'intelligence qu'ils ont de leur mission. Certes, nous montrerons plus bas combien le choix de leurs auxiliaires est important, combien il entraîne de graves conséquences. Eh bien, une infinité de parents ne se préoccupent pas le moins du monde des difficultés de ce choix et vont avec une confiance aveugle qui fait frémir. Quelques-uns ne se décident qu'avec une légitime appréhension, mais, parce qu'ils manquent de principes pour se diriger, ils font des choix qu'ils ne sauraient justifier raisonnablement.

Quelle que soit d'ailleurs l'école sur laquelle ils ont jeté leur dévolu, ils croient, pour le plus grand nombre, avoir rempli toutes leurs obligations quand ils ont payé les maîtres auxquels ils recourent. Ils ne se doutent même pas du devoir où ils sont de surveiller l'enseignement et l'éducation qui sont donnés à leurs enfants en leur nom et de la part constante qu'ils sont tenus d'y prendre. (1)

(1) Voir Mgr Dupanloup, De l'Éducation T. II. L. II, ch. 5.

II

C'en est assez pour faire voir combien il importe de consacrer quelques chapitres à étudier les devoirs particuliers des parents en matière d'enseignement et d'éducation.

Le premier de ces devoirs, c'est que les parents aient l'intelligence et la conscience de la grandeur de l'œuvre qu'ils entreprennent, de l'importance du ministère dont ils se chargent, des obligations qu'ils contractent, des droits et des pouvoirs qu'ils acquièrent et de l'immense responsabilité qu'ils assument.

Or, est-ce là chose facile, commune ? Non, certes, il n'est pas aisé de se faire une idée claire et juste de l'homme et des moyens nécessaires pour le façonner, le former. Après la connaissance de Dieu, son type, rien ne demande plus de réflexion, d'étude, de méditation sérieuse que la connaissance de l'homme et des voies par lesquelles il s'élève à sa perfection. Les présomptueux qui se flattent de n'avoir rien à apprendre sur un pareil sujet, n'en savent pas, on peut le dire, le premier mot. Les téméraires qui osent se lancer dans la difficile entreprise de la formation d'un homme sans en avoir appris l'art par des réflexions profondes et par une pratique constante de la vie morale, ne sont propres qu'à égarer les forces qu'ils se donnent la mission de diriger, sinon à détruire le bien qu'ils ont la charge de produire. Les instituteurs qui savent un peu ce que c'est que de faire un homme digne de ce nom, ne cessent d'étudier les difficultés de leur ministère et les secrets qui peuvent leur aider à en triompher. Plus ils avancent dans l'intelligence de leur tâche, plus ils sont effrayés, plus ils se défient d'eux-mêmes, plus ils s'emploient dès lors de toutes leurs forces à remplir exactement tous leurs devoirs, plus dans le sentiment de leur impuissance, ils s'appliquent à demander au premier Auteur des enfants le secours divin dont ils ont besoin pour les former parfaitement au double point de vue de l'âme et du corps.

Bien plus : une vérité que n'oublient point les parents vraiment éclairés, c'est que la formation de l'homme commence réellement dans les auteurs mêmes de l'enfant. Non seulement ceux-ci transmettent à leur progéniture les germes des maladies qui les minent, ils lui communiquent aussi les principes des vices qui les déshonorent. Ils ne peuvent se reproduire, c'est évident, que tels qu'ils sont ; leurs enfants ne peuvent être que le fruit composé de la vie qu'ils mènent, et qui domine en eux.(1)

Aussi les hommes qui veulent se retrouver dans leurs enfants avec toutes les qualités qu'ils estiment et aiment, ont-ils soin de se préserver eux-mêmes des vices contraires qui troubleraient, souilleraient, dérègleraient la vie dont ils veulent opérer la propagation. Comme surtout les mères dignes de ce nom, veillent scrupuleusement sur leurs cœurs, sur leur imagination et sur leurs sens pour qu'aucune passion funeste ne domine en elles, et ne détermine des prédominances fâcheuses correspondantes dans les constitutions des enfants qu'elles portent en leur sein. On ne saurait dire de combien de germes, de vices et de maux de toutes espèces les parents empêchent, par cette prévoyante sagesse, la formation dans l'âme et dans le corps de leurs enfants, même avant leur apparition en ce monde, de combien d'heureuses dispositions intellectuelles et morales ils réussissent par là à ensemencer leur esprit et leur cœur, même avant leur naissance. L'enfant conçu et formé sous l'empire de ces principes, est généralement bien doué, si ses auteurs eux-mêmes le sont ; rien de plus facile communément que de l'instruire et de l'élever. Sauf des exceptions, il y a en lui de quoi faire aisément un homme au vrai sens de ce mot.

III

« Le second devoir des parents, dit Mgr Dupanloup, c'est de travailler par eux-mêmes à l'éducation de leurs enfants, surtout à l'éducation première et de ne pas les éloigner trop tôt de la maison paternelle. » (2)

La raison en est évidente ; pour que les enfants soient complètement les fils de ceux qui les ont engendrés, il ne suffit pas qu'ils soient le fruit corporel de leur organisme ; il faut qu'ils soient aussi le fruit intellectuel et moral de leurs intelligences et de leurs volontés réunies. Comment, en effet, les parents seraient-ils pleinement les auteurs de leurs enfants, s'ils n'étaient pas, soit directement par eux-mêmes, soit indirectement par autrui, le principe de tout ce qu'il y a de l'homme en eux ? Du moment qu'ils cesseraient de déve-

---

(1) Voir notre traité de : Art de se guérir et de se bien porter. L. II, ch. 1. M. Dupanloup, T. II, Livre II.

(2) Mgr Dupanloup, ubi supra.

lopper, de fortifier et de travailler à fixer leurs propres traits par l'enseignement et par l'éducation, les parents verraient avec douleur leur ressemblance s'affaiblir et s'effacer peu à peu complètement dans les âmes de leurs fils.

Du reste, nous l'avons vu, le devoir de former les âmes de leurs enfants est un devoir personnel que les parents doivent accomplir par eux-mêmes autant qu'ils en sont capables et qu'ils ne sont autorisés à rejeter sur autrui qu'autant qu'ils y sont contraints par la nécessité.

Toutefois, c'est surtout à l'éducation première qu'ils doivent travailler de leurs propres mains. Car, sauf la substance de l'âme elle-même, tout ce qu'il y a dans leurs enfants vient proprement d'eux. Il n'y a dès lors qu'eux qui soient directement et exactement en rapport avec leurs enfants pendant les premières années de la vie; partant, il n'y a qu'eux qui puissent, pendant ces premières années, agir sur leurs enfants sans en heurter les dispositions naturelles, sans en violenter douloureusement la frêle constitution. Combien, en effet, d'enfants qui souffrent et meurent pour ne pas avoir les soins de leurs mères et pour subir l'action d'une main, d'un sang étranger ! C'est à cet âge que le travail de l'éducation apparaît principalement comme la continuation immédiate de celui de la génération, de la gestation et de l'enfantement.

L'intérêt des parents n'y est ainsi pas moins engagé que leur conscience. C'est pendant ses premières années que l'enfant est le plus malléable. C'est donc alors aussi qu'une main étrangère peut le plus facilement effacer ou fausser en lui les traits que la génération y a formés et lui en substituer de contraires dans lesquels les parents ne peuvent se reconnaître.

Voilà pourquoi les mères doivent tenir à allaiter elles-mêmes leurs fruits, pourquoi les familles doivent autant que possible garder autour de leurs foyers ces chers petits êtres incapables d'ailleurs de respirer à l'aise dans une autre atmosphère. A cette première époque de la vie, les parents ne sauraient veiller avec des yeux trop jaloux sur l'action de leurs auxiliaires pour la diriger en vue de leur propre fin personnelle ; ils ne sauraient trop agir par eux-mêmes dans la formation de leurs enfants pour n'y pas laisser altérer leurs traits et y imprimer profondément le sceau de leur ressemblance.

Rien n'est puissant d'ailleurs comme la présence et l'action habituelle d'un père et d'une mère pour façonner à cet âge, suivant le vœu de la nature, l'esprit et le cœur de l'enfant.

« Dès lors, dit Mgr Dupanloup, l'homme s'élève, l'avenir se prépare.... C'est pour ce motif que sauf les exceptions indispensables, je ne veux pas que cette première éducation se fasse loin des regards d'un père, d'une mère ; elle est pour eux un droit et un devoir presque incommunicables ; ils doivent personnellement s'en occuper, y veiller sérieusement eux-mêmes le plus qu'ils pourront. (1)

C'est en effet par cette éducation paternelle et maternelle que se forment primitivement la pensée, la raison et la parole, la volonté et le caractère, le cœur et la conscience, que se préparent tous les éléments de la vie intellectuelle et morale de l'homme à venir. » (2)

Toutes les notions et toutes les affections qui forment comme le fonds naturel et essentiel du cœur humain, c'est de son père et de sa mère et des rapports qu'il a avec eux que l'enfant les tire ou les reçoit. C'est la famille qui est comme la source dans laquelle l'enfant puise les premiers principes de toutes ses connaissances et de tous ses sentiments futurs, comme le moule dans lequel il prend la forme définitive de sa vie.

« Ce qu'on appelle l'homme, c'est-à-dire l'homme moral, a dit de Maistre, est peut être formé à dix ans, et, s'il ne l'a pas été sur les genoux de sa mère, ce sera toujours un grand malheur. Rien ne peut remplacer cette éducation. » (3)

« L'éducation commence avec la vie, dit M. Dauphin, avant l'âge de raison, bien plus, avant même la naissance ; elle commence dans ses parents.

L'action de la famille sur l'enfant est naturelle, intime, complète ; elle saisit cet être fragile et tendre dans son corps et dans son âme ; elle règne sur lui par le sang et par l'amour, par la parole et par le tempérament.... L'esprit de la famille, ses goûts, ses appréciations, ses jugements, ses croyances se communiquent à l'enfant et agissent avec une grande puissance sur son éducation.

Les habitudes de la famille sont le vrai livre de morale de l'enfant qui comprend bien mieux un fait qu'une théorie, un exemple qu'une leçon. » (4)

Cependant, n'est-il pas souvent indispensable de donner aux enfants des nourrices, des gouvernantes, et des précepteurs ?

---

(1) M. Dupanloup, op. cit. ubi suprà. Voir aussi M. Leplay, La Réforme sociale, T. I, ch. 28.
(2) M. Dupanloup, ibid.
(3) De Maistre, Soirées. IIIe Entretien.
(4) M. Dauphin, Doyen de Sainte Geneviève, VIe Discours.

Nous avons déjà dit le soin avec lequel les parents doivent en faire le choix. (1) Il n'est pas moins important de bien choisir les serviteurs qu'on place auprès des enfants pour les servir ou pour être élevés avec eux. « Il faut premièrement, dit Plutarque, qu'ils aient des mœurs pures, en second lieu, qu'ils sachent bien leur langue et qu'ils la parlent correctement. Des serviteurs corrompus communiqueraient facilement les vices de leur langage et de leurs mœurs. »(2)

« De tout temps, dit aussi le vieux Balzac, on n'a pas cru que la vertu pût venir indifféremment de toutes sortes de semences, ni qu'elle dût être cultivée par toutes sortes de mains. » (3)

Toutefois ne suffit-il pas de faire ces choix avec de grandes sollicitudes, si l'on n'y met en même temps une forte dose d'intelligence et de connaissances. Une nourrice tarée peut communiquer avec son lait les vices de son sang et de ses mœurs et empoisonner la source de plusieurs générations. Au contraire, une nourrice parfaitement saine et vertueuse peut, par la vigueur de sa constitution physique et morale, atténuer, sinon corriger, les vices qu'un enfant aura reçus de ses parents. Ce sont là des considérations dont il faut que ceux-ci tiennent compte dans le choix qu'ils font des nourrices de leurs enfants.

Cependant des parents avisés ne s'endorment jamais dans une aveugle confiance. D'abord, ils imposent une loi de grande circonspection et d'une exquise prudence à tous ceux qui approchent de leurs enfants soit pour les servir, soit pour leur donner des exemples et des leçons. Ils veillent ensuite à ce que les règles qu'ils ont prescrites soient fidèlement et constamment observées. Sans cela, le moment arrive inévitablement où ils se sentent punis de leurs négligences, en retrouvant dans leurs enfants, non la vie pure qu'ils veulent voir s'épanouir en eux, mais la vie corrompue que des étrangers leur ont inoculée et qui sera un déshonneur pour le nom de leur famille.

IV

Arrive l'âge où il devient nécessaire ou simplement utile d'envoyer

---

(1) Mgr Dupanloup, De l'Éducation, T. I, L. II, Ch. IV où il cite Plutarque, Platon, etc,

(2) Plutarque. De Educat. puerorum. cité aussi par Mgr Dupanloup, ubi supra.

(3) Balzac. Socrate Chrétien. Discours à Descartes.

l'enfant dans une école publique. Pour les garçons surtout, l'éducation en commun a des avantages que n'a pas l'éducation particulière. L'enfant gagne, dès qu'il s'est affermi la santé et le caractère, à se mêler aux autres enfants de son âge, et, sous l'empire des sentiments d'émulation qu'éveillent en lui les succès de ses compagnons, à participer à leurs jeux, à leurs travaux et à tous leurs intérêts. Il n'y a pas du reste de meilleur apprentissage de la vie sociale que la vie de l'école publique.

Au surplus, il est une raison de nécessité qui contraint la plupart des parents de recourir à l'enseignement public, c'est l'impossibilité où ils sont de donner ou de faire donner à leurs enfants sous le toit domestique l'éducation et l'instruction dont ils leur sont redevables.

Mais quelles sont les écoles publiques sur les bancs desquelles ils les enverront s'asseoir ? Nous l'avons dit, ils sont tenus en conscience par les motifs les plus graves de n'arrêter leurs vues que sur des établissements dignes de leur confiance, incapables de trahir leurs propres intérêts et ceux de leurs enfants. « Quand les enfants, dit Plutarque, sont arrivés à l'aage de devoir estre mis soubs la charge de pédagogues et de gouverneurs, c'est lors que pères et mères doivent plus avoir l'œil de bien regarder quels seront ceux à la conduite desquels ils les commettront, de peur qu'à faute d'y avoir bien prins garde, ils mettent leurs enfants aux mains de quelques escervellez et volages, là où il faut qu'un gouverneur soit de nature telle comme était Phœnix, le gouverneur d'Achille. » (1)

« Lorsqu'il s'agit de livrer un enfant à des maîtres publics, dit Quintilien, il faut avant tout examiner les mœurs de ceux-ci. Or je pense qu'il faut s'appliquer à cet examen avec toute la diligence possible, qu'il s'agisse des maîtres qui enseignent dans les écoles publiques ou de ceux qui donnent leurs leçons à domicile. C'est pourquoi, si les parents ne sont pas plongés dans un aveuglement et dans un engourdissement stupides ; ils choisiront les maîtres les plus saints (car la sainteté est le principal souci des hommes prudents), et la discipline qui sera la plus forte. » (2)

Une fois ce choix de l'école publique fait avec intelligence et conscience, les parents seront-ils dispensés d'intervenir activement par eux-mêmes dans la formation intellectuelle et morale de leurs enfants ? Non, « quelle que soit la condition d'un père, quels que soient

---

(1) De l'Education des enfants. Traduction d'Amyot.
(2) V. Quintilien, I. 12.

ses devoirs envers la société, dit Mgr Dupanloup, le premier de ses devoirs et sa fonction la plus importante sera de veiller toujours à une éducation dont *l'autorité repose essentiellement sur lui*....

« Ce serait en effet une étrange erreur de croire qu'il suffit aux parents d'avoir employé tous leurs soins et fait même les plus grands sacrifices pour le choix des instituteurs qu'ils veulent associer à leur tâche ; il ne leur suffit même pas d'avoir choisi la maison la plus digne de leur confiance pour l'éducation de leurs enfants ; ils ne doivent jamais cesser de s'en occuper.... » (1)

« Dans la seconde éducation, dans celle qui se fait ordinairement hors de la maison paternelle, ils doivent conserver de leur autorité l'exercice le plus ferme, le plus élevé, le plus persévérant. En un mot, représentants naturels de Dieu, l'éducation ne doit jamais se faire sans leur concours ; ils doivent y conserver toujours une action supérieure ; c'est leur droit imprescriptible ; nul ne peut les en dépouiller ; c'est leur inviolable devoir ; rien ne les en dispensera jamais. La meilleure éducation sera toujours profondément défectueuse par quelque endroit, si elle se fait sans la légitime et nécessaire influence des parents. C'est ce que l'expérience m'a souvent révélé. »

Il faut donc que les parents s'enquièrent fréquemment des leçons que les instituteurs publics donnent à leurs enfants, de l'esprit et des manières suivant lesquels les premiers travaillent à former l'âme des seconds. Rien de plus important que cette enquête, que cette surveillance. Que les instituteurs égarent et abaissent leurs écoliers au lieu de les élever et de leur enseigner le bon chemin, les parents en sont responsables ; ils ne pourront s'excuser sur leur ignorance du mal qui aura pu être fait à leurs enfants. Car leur devoir essentiel est non seulement de veiller sur les dommages qui peuvent être causés à leurs fils, mais encore ils ne doivent veiller ainsi que pour empêcher au prix même de la vie, si c'était besoin, les préjudices intellectuels et moraux qui peuvent leur être portés.

Les parents doivent donc voir fréquemment leurs enfants et leurs maîtres ; il est de leur devoir de donner à ceux-ci tous les renseignements possibles sur le caractère, l'intelligence et les inclinations, sur les qualités et les défauts de ceux-là ; il faut qu'ils s'informent fréquemment aussi de leur conduite, de leur bon ou mauvais esprit, de leurs efforts, de leurs succès, de leurs fautes ; il faut qu'ils con-

---

(1) Mgr. Dupanloup, op. cit. T. II, L. II, Ch. VI. Voir Plutarque. De l'Education.

certent avec leurs auxiliaires les moyens efficaces pour corriger le mal et promouvoir le bien, et qu'ils appuient l'action des instituteurs de tout le poids de leur propre autorité.

En définitive, si les instituteurs qu'ils appellent à leur aide doivent leur apporter le secours de lumières, le fruit d'une expérience et le travail de toutes espèces de forces qu'ils ne peuvent avoir eux-mêmes, c'est à eux, parents, de fournir aux instituteurs la direction, l'appui moral et la coopération constante sans lesquels ces derniers sont, non plus des auxiliaires et des mandataires subordonnés, mais des maîtres absolus qui se substituent complètement à eux dans l'œuvre de leur reproduction personnelle.

« Toute éducation à laquelle les parents, dit l'Evêque d'Orléans, refusent de s'associer, non seulement pour les études, le travail, les succès classiques, mais aussi pour la piété, la discipline, le bon esprit des enfants et des maîtres, sera une déplorable éducation. » (1)

Sans doute, au second âge, l'âme des enfants, moins molle et moins malléable déjà, est plus capable de supporter l'action d'un étranger sans perdre les empreintes qu'elle a reçues de sa famille ; toutefois, c'est toujours le droit des enfants de recevoir encore de leurs auteurs ce qui leur manque ; c'est donc toujours aussi le devoir de leurs parents de rester le principe, la source, la forme, la loi de l'éducation qu'ils se sont engagés de leur donner. C'est des parents que doit toujours partir directement ou indirectement tout ce qui est nécessaire pour achever dans leurs enfants leur propre reproduction intellectuelle et morale.

V

Mais la seconde éducation est terminée, il s'agit d'introduire l'adolescent dans les écoles supérieures ou du moins spéciales ; la mission des parents finit-elle avec le temps du collège ? Beaucoup se l'imaginent et se conduisent comme si réellement il en était ainsi. Immense et fatale erreur ! Est-ce que l'homme est achevé dans cet être dont la raison est si souvent obscurcie, dont le cœur est si souvent entraîné par des passions dont il ne lui a pas encore été donné d'être maître ? Non, certes, si l'homme digne de ce nom a pour essence propre d'être raisonnable et libre, de dominer ses passions et de vivre suivant la raison, l'adolescent n'est pas encore un homme

1 Ubi supra, in op. cit.

qui puisse se suffire. Les parents ne sont donc pas au terme de le ministère, eux qui ont pris la charge de faire un homme complet, au vrai sens de ce mot.

On prétend qu'à cet âge, le jeune homme est élevé ou qu'il est incapable de l'être, qu'il a le droit de se déterminer d'après sa raison ou bien qu'il n'aura jamais celui d'être libre. Rien de moins juste.

Sans doute, le jeune homme a le droit de se conduire d'après la saine raison ; mais ce n'est pas à dire qu'il ait celui de se déterminer d'après sa propre raison, car rien de plus contraire à la saine raison qu'une raison particulière qui est troublée, étourdie, aveuglée par des passions ardentes, impérieuses. Eh bien, est-il possible de nier le feu dont sont dévorés la plupart des jeunes gens ? Est-il possible de nier les emportements irréfléchis dont sont capables des têtes et des cœurs qui bouillonnent sous l'action de ce feu ?

Or, à qui incombe-t-il de soutenir ces têtes défaillantes, ces cœurs violemment assaillis ? A qui la charge de défendre et d'assurer cette vie intellectuelle et morale à laquelle les parents ont été jusque là obligés de travailler et dont ils ont toujours la responsabilité dans une large mesure ? Evidemment c'est encore aux parents eux-mêmes. Il n'y a, en effet, que l'autorité affectueuse et dévouée d'un père et d'une mère qui puisse soutenir le jeune homme de vingt ans contre les illusions d'une imagination en fièvre, contre les entrainements d'un cœur en ébullition, contre la véhémence de passions indomptées. Il n'y a que l'amour d'un père et d'une mère qui puisse relever un jeune homme de ses chutes, panser ses blessures, lui rendre le courage et le remettre sur le chemin de la vertu et de l'honneur.

Sans doute, on ne commande pas à un jeune homme de vingt ans comme à un enfant de dix. Sans doute, pour l'arrêter et le ramener en arrière, il faut une délicatesse, une patience, quelquefois une indulgence, une insinuation, un mélange de fermeté et de douceur, enfin un tact exquis, une finesse et une souplesse merveilleuses. Précisément, parce qu'il faut apporter à cette œuvre tant de qualités diverses, il n'y a que l'amour paternel et maternel qui puisse avoir assez de tendresse et de force tout à la fois pour ne pas être au dessous d'une pareille tâche. « C'est à cette heure redoutable où le commandement échappe, dit Mgr Dupanloup, qu'il faut conserver l'autorité la plus haute et exercer l'action la plus énergique ; c'est à ce moment où ce jeune homme ne se connaît presque plus lui-même qu'il faut enchaîner sa liberté et dompter son cœur ; mais qui ne sent que ce cœur doit être infiniment ménagé et qu'il faut traiter cette liberté qui s'emporte avec un singulier respect ? » Et qui pourra se prêter à ces ménagements infinis, si ce n'est un père et une mère ? (1)

Oui, il n'y a qu'un père et une mère qui puissent allier assez de force et de tendresse pour mettre heureusement la main à une pareille œuvre. Si donc les parents n'ont pas le droit de laisser compromettre et périr par leur faute l'œuvre importante de leur reproduction, s'ils sont tenus d'y dépenser tout ce qu'ils ont d'intelligence, de tendresse et de volonté, ils sont obligés de travailler à l'éducation dernière de leurs fils au même titre qu'à leur éducation première. Leurs négligences et leurs infidélités à cette heure décisive ne leur seront pas moins justement imputées à crime et à responsabilité que pendant les phases antérieures de leur entreprise. Si, au contraire, ils ont soin de ne point abandonner leur œuvre à ce moment solennel, s'ils s'appliquent à lui donner avec intelligence et dévoûment tous les secours dont elle a besoin, c'est l'heure suprême aussi où ils lui mettent son couronnement et où ils acquièrent le droit de s'écrier : « Nous avons enfin fait un homme achevé, complet. »

Telle est l'action suivie, constante, persévérante que les parents doivent exercer jusqu'à la fin sur la formation intellectuelle et morale de leurs enfants. Aucun pouvoir, nous l'avons dit, n'est assez élevé pour les en dispenser validement. Il n'y a qu'une impossibilité réelle qui puisse les excuser de ne pas en accomplir le devoir et les soustraire aux suites terribles de leur responsabilité. C'est qu'il est essentiellement mauvais que l'homme avorte dans l'enfant par la faute de ses auteurs. Ce qui est engagé d'ailleurs dans la formation intellectuelle et morale d'un homme, ce sont tous les intérêts les plus grands, ce sont les fins les plus sublimes pour lesquelles le Créateur ait mis en jeu sa bonté, sa puissance et sa sagesse. Par conséquent, après les attentats directement dirigés contre Dieu, il n'y en a pas de plus énorme que le crime de faire ou de laisser échouer par sa faute la formation intellectuelle et morale d'un homme.

---

(1) Voir Mgr Dupanloup, op. cit., t. II, liv. II, ch. IX.

CHAPITRE V

Des Devoirs des Parents. (Suite).

> L'éducation est une création ; c'est donc une œuvre d'autorité.

I

Quelle est maintenant le genre d'action que les parents doivent exercer sur leurs enfants pour achever d'en faire des hommes ? Le premier de leurs devoirs, c'est de protéger avec soin le travail de la nature. De même que la mère est tenue de prendre toutes les précautions nécessaires pour ne pas blesser l'enfant qu'elle porte dans son sein, de même que le père doit veiller sur elle pour la défendre de tout ce qui pourrait nuire au développement naturel de son fruit, ainsi, une fois que l'enfant est à la lumière, ses auteurs sont obligés, avant tout, d'abriter l'épanouissement naturel de ses forces physiques, intellectuelles et morales contre tout ce qui serait capable de l'arrêter ou de le fausser.

Les parents seraient certainement coupables d'infanticide, s'ils laissaient tuer leur enfant par le fer ou le poison, sans tenter le possible pour le défendre. Ne seraient-ils pas bien plus criminels encore, s'ils laissaient pervertir sa raison et corrompre son cœur, sans tout entreprendre pour le sauver d'une semblable perdition ? Il faut dire que l'enfant est un trésor qui a été mis en dépôt entre leurs mains. Malheur à eux, s'ils ne le gardent pas fidèlement ! Mieux que cela, l'enfant est un être d'un prix inestimable dont la formation leur a été confiée. Malheur cent fois à eux s'ils permettent à ses ennemis de le détruire ou simplement de l'avilir ! Ils payeront de leurs âmes les âmes qu'ils auront laissé perdre ! (1)

II

Les parents doivent-ils se borner à protéger l'action de la nature

---

(1) Hebr. XIII, 17.

dans la formation de leurs enfants ? C'est ce que prétend J.-J. Rousseau : « Tout est bien, dit-il, sortant des mains de la nature, tout dégénère entre les mains de l'homme. »

« L'éducation d'un homme sauvage se fait par la nature, sans qu'on y pense. » (1)

Eh bien, est-il vrai que la nature suffise à produire un homme sans le concours de ceux qui l'ont mis au monde ? S'il en est ainsi, comment se fait-il que la nature ne suffise point à l'engendrer, sans la coopération de ceux qui sont ses parents ? Est-ce que la formation intellectuelle et morale d'un homme ne réclame pas plus d'intelligence et de travail que la procréation organique d'un fœtus ? Si en effet le fœtus ne peut germer par la seule action de la nature, comment la vie raisonnable et libre qui est la vie propre de l'homme pourra-t-elle résulter des seules forces aveugles et nécessaires de la nature ? Evidemment si rien ne vient de rien sans cause suffisante, si l'intelligence et la liberté ne peuvent sortir de l'aveugle nécessité, il faut convenir que l'usage de l'intelligence et de la liberté ne peut venir dans l'enfant que de l'action de l'intelligence et de la liberté dans ses auteurs. (2)

Cela veut dire que les parents doivent être vraiment les auteurs de leurs enfants au point de vue intellectuel et moral comme au point de vue physique ou organique.

Mais comment le seront-ils ? Ils ne peuvent l'être évidemment que par une vraie action qui en procrée réellement, si l'on peut dire, la vie morale aussi bien que la corporelle. Il n'en saurait être autrement. Les animaux abandonnés aux seules forces de la nature ne sortent pas des conditions inférieures de leur espèce. Pour acquérir quelque supériorité sur leurs congénères, ils doivent recevoir l'action de l'industrie humaine. Ce travail artificiel de la part de l'homme leur est tellement nécessaire même pour les maintenir au niveau qu'ils ont atteint par son secours, qu'ils retombent dans l'imperfection de leur espèce, dès qu'ils n'en ressentent plus le bienfait. Et l'on voudrait que, lorsqu'il s'agit de la formation de l'homme, on s'en remît au seul travail de la nature ? Laissé aux seules forces de sa nature, l'homme, nous le voyons par le sauvage, tombe de degré en degré dans un état d'abjection et de dégradation de plus en plus profond et humiliant. Pour l'élever sur les sommets de la civilisation chré-

(1) Voir M. Gréard. Histoire critique de l'Education, in fin.
(2) Voir M. Laverdant. Le Miracle, ch. II § IV, p. 132 et suiv.

tienne, il faut que ses auteurs, élevés eux-mêmes à cette hauteur, ne cessent d'agir sur lui pendant plus de vingt ans, afin de lui inculquer la doctrine, afin de lui inoculer les vertus qui constituent cette civilisation.

Certes, la nature ne suffit pas à nourrir l'enfant ni dès lors à fournir au développement de son organisme, et l'on soutiendrait qu'elle suffit à lui fournir ce qui est nécessaire au développement de sa raison et à la jouissance de sa liberté ? Rien de moins admissible.

Quel est du reste le principe sur lequel s'appuie J.-J. Rousseau pour soutenir que la nature suffit à faire un homme achevé ?

« Le principe fondamental de toute morale sur lequel j'ai raisonné dans mes écrits, disait-il dans une lettre à Christophe de Beaumont, archevêque de Paris, c'est que l'homme est un être naturellement bon, aimant la justice et l'ordre, qu'il n'y a point de perversité originelle dans le cœur humain, et que les premiers mouvements de la nature sont toujours droits. »

C'est aussi l'opinion d'un trop grand nombre de modernes. (1)

Quoi cependant de plus manifestement faux ! Il n'est besoin, pour s'en convaincre, ni de consulter les traditions antiques du genre humain, ni d'interroger la révélation juive, ni d'écouter l'enseignement catholique; qui, en sondant son cœur et en se rappelant sa vie, ne doit à la vérité de s'écrier avec le poète latin :

Video meliora proboque, deteriora sequor ?

M. Leplay a donc raison de dire que chaque génération jette sur la société un îlot de barbares et de sauvages qui ne doivent la civilisation à laquelle ils s'élèvent, qu'au travail long et pénible de leur éducation. « L'esprit du mal chez les enfants, écrit-il, se lie invariablement à l'amour du bien. L'enquête que j'ai ouverte m'a toujours révélé sur ce point l'accord unanime des hommes vraiment compétents..... Selon ces légitimes instituteurs des nations, la propension constante vers le bien ne se rencontre que chez quelques natures privilégiées ; la propension vers le mal est prépondérante chez beaucoup d'autres ; le mélange des deux tendances est toujours le trait distinctif de la majorité. »

Voici pourquoi, en partie du moins, dans l'homme, les appétits

---

(1) Voir M. Leplay. La Réforme sociale, t. 1, ch. 28, n° 11. Voir A. Nicolas, Études philosophiques. Traditions sur la déchéance.

organiques doivent être soumis à la volonté éclairée par la raison. Or, durant longtemps, ils grandissent et se fortifient, tandis que la raison et la volonté demeurent engourdies, inertes. De la sorte, le principal travail de l'éducation doit tendre à éveiller, à développer, à corroborer les facultés morales de l'enfant et à leur donner l'empire des appétits physiques. Mais qui ne voit que cela ne peut se faire par les seules forces de la nature ? En grandissant et pour grandir, les appétits physiques ont détourné à leur profit les courants de la vie. Ils en sont devenus les centres, ils les absorbent aux dépens de l'intelligence et de la volonté qui sont restées plongées dans un état de somnolence et d'engourdissement. Pour exciter maintenant l'intelligence et la volonté, les faire entrer en activité et provoquer leurs développements, il faut détourner et fixer sur elles, afin de fournir aux besoins de leur épanouissement et de leur croissance, une partie des énergies vitales qui ont pris leur cours vers les organes en qui sont les sièges des appétits physiques. Or, cette dérivation ne se fait pas toute seule, ni même par les seules forces de la nature. Pour l'opérer, il faut, au contraire, dominer et diriger les forces aveugles de la nature qui ont reçu une direction opposée. Il faut dès lors une intelligence et une volonté morale qui s'empare du gouvernement de ces forces et les distribue conformément aux justes exigences du corps et de l'âme, qui ôte aux organes l'excès de vie dont ils surabondent et donne aux facultés supérieures de l'âme les énergies vitales dont elles manquent.

Mais cette volonté intelligente ne peut être que celle des parents qui, ayant engendré l'enfant, se sont chargés d'en faire un homme.

Il s'en suit que les parents sont tenus de faire un véritable travail pour réprimer et contenir dans l'enfant les exubérances de la vie animale qui déborde et pour produire et activer les forces nécessaires de la vie morale qui est languissante durant de longues années. Voilà pourquoi tous les auteurs sensés proclament que l'éducation est une espèce de création qui détruit le mal ou ce qui n'est rien pour produire le bien ou ce qui est réellement. C'est une doctrine qu'enseigne l'Ancien Testament avec une grande persistance. « La verge et la correction, dit-il, pour n'en citer qu'une parole, donne la sagesse à l'enfant ; mais celui qui est abandonné à sa volonté couvre sa mère de confusion. » (1)

L'expérience et la pratique des sages la consacrent comme une

---

(1) Prov. XXIX. 15.

maxime indiscutable. « A l'égard des enfants, écrit Sénèque, servons-nous tantôt du frein et tantôt de l'aiguillon ; car il y a en eux quelque chose à corriger et quelque chose à stimuler » (1)

« L'égoïsme, la cruauté et les autres vices de la barbarie, dit aussi M. Leplay, apparaissent toujours chez les nouveaux-nés avec les premières lueurs de l'intelligence.... Le premier but de l'éducation est de dompter ces vicieuses inclinations de l'enfant. (2)

III

Mais en quoi consiste précisément le travail de formation que les parents doivent exercer sur leurs enfants ? Doivent-ils se borner à leur donner des conseils, ou doivent-ils leur imposer d'autorité leurs volontés ?

Il paraît que la première méthode prévaut dans les écoles des Etats-Unis. (3) On y croit qu'il est utile de laisser à la pensée, dès les premières années, le droit de s'exprimer librement ; le maître s'y contente d'avertir, de conseiller et de diriger, il se garde bien d'imposer ses idées et ses sentiments.

Sans doute, ce serait être peu respectueux de la dignité de l'enfant que de lui refuser le droit de toute initiative, que de lui dicter en toutes choses sa volonté avec une rigueur aussi dure qu'étroite.

Du reste, les procédés trop autoritaires peuvent souvent avoir le grave inconvénient de refouler et de comprimer les élans de certaines natures ombrageuses, alors qu'il serait nécessaire d'en provoquer l'expansion et le libre épanouissement. Car, s'il est des caractères à réfréner par la crainte, il n'en est pas moins à dilater par la confiance. Bien qu'il vaille mieux prévenir l'éclosion des mauvaises habitudes que d'avoir à les corriger, un système de compression trop rigoureux n'aboutirait souvent qu'à étouffer les germes de bien qui sont au fond d'une foule de constitutions, qu'à les empêcher de produire les fruits dont elles renferment le principe, qu'à ramasser et condenser d'autre part les forces des passions qui, pour n'avoir pas eu la moindre porte ouverte à leur secrète effervescence, finiraient par éclater d'une ma-

---

(1) Sénèque, De Irâ. II. 21.
(2) Leplay, op. cit., ubi supra. Voir les N°s IV et V.
(3) Voir M. Hippeau, L'Instruction publique aux Etats-Unis. Voir aussi M. Cl. Jannet. Les Etats-Unis contemporains, Ch. XX.

nière irrésistible, sans que rien ne fût plus capable de les contenir. Il est certain d'ailleurs qu'avec un régime de prudente confiance et de sage liberté, les parents et leurs aides ont bien plus d'empire sur l'esprit et sur le cœur des enfants soit pour les avertir, soit pour les retirer du danger. Au lieu d'user leur autorité en la rendant odieuse, ils la fortifient en la rendant aimable. Par le respect dont ils entourent l'enfance, ils éveillent en elle un sentiment de vraie dignité sur lequel ils peuvent s'appuyer pour la défendre de la honte du mal.

Toutefois, on le sent, ces respects, ces ménagements ne sont que des procédés par lesquels les parents exercent prudemment les droits de leur autorité ; ils n'infirment point leur autorité elle-même. La fin même nécessaire de leur ministère peut les obliger à en adoucir, bien plus, à en dissimuler l'action, l'empire ; la nécessité de réaliser cette fin, leur interdit d'abdiquer le pouvoir dont ils sont investis pour l'atteindre. Nous le répétons, les auteurs de l'enfant doivent être les auteurs de l'homme qui est en germe en lui. Or, ils n'en peuvent être vraiment les auteurs qu'autant qu'ils le produisent effectivement, et ils ne peuvent le produire effectivement que par une action réelle, positive, que par l'exercice de leur autorité.

Ainsi, l'action que les parents doivent exercer sur leur enfant est une action réelle d'autorité. Mais qu'est-ce que l'autorité ?

Sans doute, l'autorité n'est pas un pouvoir physique qui agit physiquement sur un être physique ; c'est un pouvoir moral qui s'impose à un être moral pour l'obliger aux actes moraux exigés par les conditions de sa fin. Il est bien certain d'ailleurs que les parents ne peuvent former l'âme de leur enfant malgré lui, ni même sans lui. C'est à l'enfant d'agir librement lui-même sur lui-même pour s'instruire et pour s'élever.

Néanmoins, il n'est pas moins irrécusable que l'enfant ne peut pas se donner de lui-même ce qu'il n'a pas reçu, pas plus qu'il n'a pu se donner l'être alors qu'il n'était pas, et que la fonction de l'autorité est de donner l'impulsion à son intelligence et à sa volonté, de les mettre en jeu et de les gouverner pour l'élever dans la lumière et le conduire à sa perfection morale.

L'enfant qui est ainsi impuissant à devenir effectivement par lui-même intelligent et libre, est donc par là obligé de se soumettre à l'autorité de ses auteurs et d'obéir à ses commandements. Loin qu'il y ait rien de déshonorant pour lui dans cette subordination, il en tire le principe de sa grandeur et de sa gloire, puisque sa grandeur et sa gloire consistent dans la jouissance de son intelligence et de sa liberté, et que l'autorité à laquelle il est assujetti, n'a d'autre fin que de le servir dans la poursuite et la conquête de cette grandeur et de cette gloire.

Les parents ne doivent donc pas être seulement les moniteurs et les conseillers de leurs fils dans le travail de leur formation intellectuelle et morale, il en sont vraiment les maîtres ; ils en doivent être vraiment jusqu'au bout les auteurs. Ils ne peuvent donc pas se borner à les avertir et à leur suggérer des conseils ; sous peine de manquer le but de leur mission, ils doivent, quand c'est nécessaire, leur dicter leurs justes volontés et exiger d'eux la docilité la plus souple et l'obéissance la plus rigoureuse.

Ecoutons l'évêque d'Orléans : « Lorsqu'après de longues études et une laborieuse expérience, dit-il, j'ai cherché par une réflexion plus profonde, quelles étaient les deux choses fondamentales de l'éducation, j'ai trouvé l'autorité et le respect. »

« L'éducation,... c'est « l'œuvre humaine la plus haute ; c'est la continuation de l'œuvre divine dans ce qu'elle a de plus noble et de plus élevé ; la création des âmes. »

« Et voilà aussi pourquoi c'est l'œuvre de la plus haute autorité. »

« L'éducation accepte le fond, la matière que la création lui confie ; puis elle se charge de la former....

« L'éducation donc forme, élève, crée en quelque sorte ; et c'est pour y parvenir qu'elle *cultive* et qu'elle *exerce*, qu'elle *agit* et *fait* agir. Voilà pourquoi, en même temps qu'elle est l'œuvre d'une haute autorité, elle réclame de celui qu'elle élève, la coopération d'une docilité respectueuse.

« L'éducation, de quelque côté qu'on la considère, est donc une action et une action créatrice : l'instituteur et l'élève y ont tous deux essentiellement part : l'instituteur avec autorité et dévoûment, l'élève avec docilité et respect. Au premier appartient cette action puissante et féconde sur l'enfant, cette autorité réelle qui lui donne le droit et qui lui impose le devoir d'agir en maître ..... dans l'élève, docilité profonde, courageux efforts, respect reconnaissant et inviolable pour une action qui est un bienfait, pour une autorité que le respect et le dévoûment inspirent..» (1)

(1) De l'Education, T. I, L. I, Ch, I, passim.

IV

Les parents n'ont donc pas le droit de demander à l'enfant s'il veut ou non, se laisser instruire et élever.

Sans doute, autant celui-ci est fait pour être homme, autant il est fait pour agir avec liberté. Cependant il n'a pas le droit, il n'est pas libre, précisément parce qu'il est fait pour agir avec liberté, de s'opposer à la formation même de sa liberté.

D'autre part, l'obligation où sont ses auteurs de faire de lui un homme au vrai sens de ce mot, est antérieure à sa volonté; elle n'en est pas seulement indépendante, elle lui est supérieure. Ses auteurs ont le droit, bien plus, ils ont le devoir de passer pardessus ses répugnances et ses résistances, et de le contraindre, par la force au besoin, à ce qu'ils jugent bon et nécessaire de lui imposer pour le bien de son éducation.

Certes, il ne serait pas sérieux le devoir des parents envers leurs enfants, s'il suffisait des révoltes de ceux-ci pour les en dispenser. Ce devoir, c'est précisément, en partie, de soumettre de force à la saine raison les énergies organiques qui s'en affranchissent. Comme ce sont les appétits physiques qui poussent et entraînent l'enfant hors de la voie droite, il n'y a pas de meilleur moyen pour le ramener de ses écarts, que de lui opposer une répression énergique. De là, dans toute l'éducation, la nécessité d'une forte discipline. Or, ce qui fait le nerf de la discipline, c'est de ne jamais rien souffrir de coupable sans une répression convenable. Cette exactitude à ne jamais rien laisser dévier sans le redresser, fait la principale force du règlement, et assure l'efficacité de ses sanctions. Elle est la condition nécessaire sans laquelle l'autorité paraît tomber dans le caprice et se déshonorer par l'exercice fantaisiste qu'elle fait de ses droits. Elle est indispensable pour enlever aux coupables et à ceux qui seraient tentés de les imiter, tout espoir d'échapper aux châtiments mérités. (1)

On comprend que cette exactitude de la répression implique la nécessité de la contrainte physique et, partant, même des châtiments corporels. « Châtiez votre fils, tant qu'il y a espérance, disent les Proverbes. La folie est liée au cœur de l'enfant et la verge de la discipline l'en corrigera. » (2)

---

(1) Voir Mgr Dupanloup, De l'Education, T. II, L. III, Ch. VII et VIII.
(2) Prov. XIX, 18 et XXII, 15.

« Chez les classes complètement dégradées par la perte du sens moral, a dit M. Le Play, l'œuvre de perfectionnement s'est partout accomplie sous un régime de contrainte par l'intervention de certains hommes apportant dans ce milieu corrompu les idées et les pratiques d'une race supérieure. Ils ont usé, dans l'intérêt de tous, d'une autorité absolue pour réprimer les manifestations du mal et prescrire la pratique du bien. ».... (1)

V

Quel est le but immédiat que les parents doivent se proposer dans leur action sur leurs enfants ? Ils ne doivent agir et faire agir, exercer et cultiver que pour *développer et perfectionner*. A vrai dire, l'éducation ne peut créer aucune substance ni aucune force substantielle ; elle ne peut développer que les facultés qui sont en germe dans l'enfant ; mais aussi elle a le devoir de développer tous les germes du bien qui sont en lui. Elle éveille ce qui est endormi ; elle excite ce qui est engourdi, languissant ; elle fournit l'aliment de sa croissance à ce qui est en voie de grandir ; elle exerce, elle façonne, elle habitue toutes les facultés à remplir leurs fonctions avec aisance et habileté. Par là même, elle a pour résultat comme pour objet de tout fortifier, d'augmenter la vigueur, la puissance et l'étendue de la mémoire, de l'imagination, de l'intelligence et de la volonté aussi bien que des sens, de leurs organes et de tous les membres du corps. (2)

Enfin, il ne suffit pas de développer et de fortifier, il faut encore polir l'enfant et le revêtir de grâces et de charmes. Car les facultés humaines, à l'état natif, sont toujours aussi à l'état brut. Comme le diamant enveloppé de sa gangue, les plus précieuses sont sans forme, sans éclat, sans attraits. C'est à l'éducation de les dépouiller de ce que la nature a laissé en elles d'inculte, de rude et de grossier, de leur donner un jeu plus gracieux, des mouvements plus heureux, un tour plus élégant, une action plus suave, plus distinguée. L'éducation, en effet, adoucit le caractère et les mœurs, elle dérobe sous l'aménité ce qu'il y a de plus austère dans la vertu, elle orne

---

(1) Organisation de la Famille, Ch. I, P. 1.
(2) Jules Simon, Le Devoir, 1re Partie. Ch. III.

elle embellit la nature, en lui donnant un lustre et un fini qui en double la valeur. (1)

Ainsi, développer, fortifier, polir, tel est le triple objet, le triple but du travail de l'éducation sous le triple rapport physique, intellectuel et moral.

C'est ce qu'enseignent tous les auteurs compétents. « L'éducation, dit Boniface, a pour but de développer simultanément les facultés physiques, morales et intellectuelles, » et suivant Borrelly, « de procurer au corps le plus haut degré de force et de santé, à l'esprit le plus haut degré de justesse et de capacité, et au cœur le plus haut degré de bonté et d'élévation. » (2)

CHAPITRE VI

De l'Education physique que les Parents doivent à leurs Enfants.

> L'éducation physique est une partie essentielle de la formation de l'homme.

I

On sait la grande estime que tous les anciens ont faite de la beauté, de la force et de la solidité corporelles de l'homme. Les Spartiates ne consentaient à conserver et à élever que les enfants dont la consti-

---

(1) Voir Mgr Dupanloup, op. cit. T. I. L. I, Ch. II, III. IV.
(2) Voir M. L. J. Larcher, Opinion des Anciens et des Modernes sur l'Education, 1re Partie.

tution physique était sans tache ; mais aussi il n'est pas de soin qu'ils ne prissent pour en faire des citoyens aussi beaux que robustes, aussi pleins de forces que de grâces.

Pendant longtemps aussi, chez les Romains, l'éducation physique tint la première place dans l'estime et dans les préoccupations des familles et des législateurs. Ce peuple guerrier et agriculteur voulait, avant tout, avoir de vaillants soldats et de vigoureux laboureurs.

A Rome comme à Sparte, l'enfant mal constitué était voué à la mort. Quant à ceux à qui l'on reconnaissait le droit de vivre et de grandir, on travaillait plus à fortifier leurs membres par des exercices corporels, qu'à développer leur esprit par des efforts intellectuels.

Les études littéraires n'y commencèrent à être en honneur que vers le troisième siècle avant l'ère chrétienne. Cependant, jamais l'éducation morale de l'enfant n'y fit négliger sa formation physique.

Durant les siècles barbares, l'instruction est nulle ; la force du corps est tout pour des hommes qui ne songent qu'à gagner leur pain et défendre leur vie par la vigueur de leurs bras.

Charlemagne allume le flambeau de la science ; néanmoins, longtemps encore les seigneurs féodaux se glorifieront de savoir mieux tenir une épée que la plume.

Sous saint Louis, le feu sacré des études est immense ; la culture intellectuelle commence à primer la formation physique du corps.

A la fin du XVIIIe siècle, on se plaint de toutes parts que l'éducation physique est profondément négligée depuis longtemps. Tous les traités ou projets qui apparaissent pour la réforme de l'éducation, proclament qu'elle doit être *physique, intellectuelle* et *morale*. (1) Il en est de même aujourd'hui. On connaît la loi par laquelle les Chambres françaises, en 1880, ont édicté l'enseignement et la pratique obligatoires de la gymnastique dans les écoles publiques.

II

Certes, rien de plus légitime ni de plus nécessaire que la formation physique de l'homme. Le corps humain est le plus beau, le plus noble de tous les corps ; c'est une partie essentielle de l'homme ; ne

---

(1) Voir les Plans et projets de la Chalotais, de Mirabeau, de Talleyrand, de Condorcet, etc., etc.

serait-ce pas manquer gravement à ce qui lui est dû que de le laisser dégénérer par défaut de soin et de culture ? L'Eglise l'a en si haute estime qu'elle ne veut pas ordonner pour ses ministres des sujets dont les corps seraient difformes. La société humaine a donc intérêt à ce que l'éducation de ses membres soit aussi bien soignée sous le rapport physique que sous le rapport moral. Du reste, la décadence physique de l'homme est un signe non équivoque de sa décadence intellectuelle et morale. Les peuples sages et vertueux sont aussi physiquement les plus beaux, les plus sains, les plus robustes. (1)

Les droits du Créateur, de la nature et de l'enfant lui-même, à ce sujet, ne sont pas moins incontestables que ceux de la société. Il s'en suit que les parents ne sont pas seulement tenus de soigner, nourrir, vêtir et protéger leurs enfants ; ils doivent encore veiller à ce qu'ils ne se déforment point par suite de développements anormaux, insuffisants ou exagérés. Par conséquent, ils sont obligés de leur donner les soins, la nourriture, les vêtements, et enfin, tout ce qui est nécessaire pour que leur croissance s'effectue d'une manière régulière, et que leurs corps acquièrent, en se développant, la force, la solidité, la beauté, la grâce auxquelles ils sont appelés. Les manières de les serrer, de les mettre coucher, et de les laisser se tenir, lorsqu'ils sont debout ou assis, ont une très grande influence sur le jeu de leurs organes et sur la formation ou la déformation de leurs membres. Les jeux et les divers exercices auxquels ils se livrent, peuvent grandement aussi contribuer au développement régulier de leurs forces et de leur physionomie extérieure. Suivant les besoins qui se révèlent, les parents doivent consulter les hommes de science et soumettre leurs enfants aux traitements que demandent les bonnes conditions de leur croissance.

Il peut arriver et il arrive trop souvent que les enfants viennent au monde avec des infirmités ou des difformités constitutionnelles. Les parents ne sont pas autorisés à rejeter sur la nature la cause de ces vices originels et à se décharger sur elle du soin d'y apporter remède. Dès lors qu'ils n'ont produit que des êtres mal conformés, ils sont tenus de travailler à leur donner, par le secours d'un art bien inspiré, ce qu'ils n'ont pas réussi à leur conférer par les forces aveugles de l'organisme.

Ces difformités fussent-elles incorrigibles et ces infirmités incurables, les parents n'en seraient que plus strictement tenus de faire donner

(1) V. Mgr Dupanloup, op. cit., T. I, L. III, Ch. V.

à leurs enfants une instruction et une éducation qui suppléassent les membres dont ils manquent et ceux dont ils n'ont pas l'usage. On sait les merveilleux expédients que l'art met aujourd'hui au service des aveugles, des sourds-muets, des bancals, etc. Les parents seraient coupables, s'ils ne faisaient pas leur possible pour en pourvoir ceux de leurs enfants qui en ont besoin.

L'éducation physique peut avoir une portée indirecte plus haute.

Aux yeux d'une physiologie et d'une psychologie éclairées, nos dispositions morales sont étroitement liées aux conditions de notre organisme et elles en dépendent dans une large mesure.

D'autre part, la nourriture et les soins hygiéniques et médicaux ont une incontestable puissance pour modifier les prédominances de l'organisme. « Si vous pouviez nourrir un tigre avec des légumes, a dit un physiologiste célèbre, vous en feriez un agneau. Nourrissez un agneau avec de la viande, vous en ferez une bête féroce. » Donnez du vin, des liqueurs, du café, à certains enfants, vous excitez leur système nerveux, vous faites éclater en eux avant l'heure les plus redoutables passions. (1)

Donnez-leur du lait, de l'eau, des aliments froids, vous amortissez le feu de leurs cupidités les plus vives.

Les parents doivent donc être attentifs aux prédominances morales et physiques qui se manifestent dans la constitution et le caractère de leurs enfants, et, par le choix éclairé de la nourriture, par l'administration intelligente de soins hygiéniques et médicaux, travailler à diriger parfaitement en eux la formation de l'organisme et à leur préparer par là un tempérament physique et moral exactement équilibré.

III

Il faut comprendre dans l'éducation physique de l'enfant, toutes les leçons nécessaires pour le former à l'usage de ses membres et de ses organes. Avons-nous besoin de dire qu'il ne suffit pas au fils de l'homme comme au petit de l'animal, de naître pour savoir marcher. Des écrivains (2) ont même soutenu que l'enfant, abandonné à lui-même dans la solitude, ne réussirait pas à se créer un langage articulé qui pût exprimer sa pensée. Ses auteurs sont donc chargés de lui apprendre à marcher et à parler ; c'est pour eux un grave devoir.

(1) Voir notre traité : De l'art de se guérir et de se bien porter, L. I et II.
(2) Voir M. de Bonald. Recherches philosophiques. De l'origine du langage.

Ils sont aussi obligés de lui apprendre à juger des couleurs par la vue, des sons par l'ouïe, des saveurs par le goût, etc. C'est ce qu'ils font chaque jour en l'associant à leur propre vie et en lui communiquant, au contact des choses, les connaissances qui s'y rapportent.

Immense est ainsi le fonds d'idées que l'enfant reçoit dès le premier âge, au sein de sa famille. C'est à ce moment où il ne semble avoir besoin que de soins corporels, que, peu à peu, il forme en son esprit, par la pratique de la vie, le germe d'une infinité de notions dont l'étude développera plus tard la lumière

Toutefois, il n'apprend pas tout cela de lui-même. C'est de ses auteurs et par les rapports qu'il a avec eux, qu'il acquiert toutes les connaissances dont la possession développe, orne et élève son esprit. Isolé et livré à lui-même, non seulement il ne s'instruirait pas, mais il périrait.

IV

Sans doute, ce premier enseignement consiste moins en leçons théoriques qu'en leçons de choses, moins en explications doctrinales qu'en exemples pratiques ; il n'en est que plus efficace. S'il est vrai que, même plus tard, l'adolescent n'apprendra jamais rien avec facilité et perfection, au moyen de leçons purement théoriques, combien n'est-ce pas nécessairement plus vrai à un âge où l'enfant n'a pas encore l'usage de sa raison. C'est en marchant et en parlant que l'enfant apprend à marcher et à parler : de même c'est en voyant les choses qu'il apprend à les connaître, c'est en aimant ce qui est bien qu'il apprend à aimer le bien, et ainsi, c'est en vivant qu'il apprend à vivre.

Il est nécessaire qu'il en soit ainsi. Le travail intellectuel est de tous celui qui absorbe et consume le plus de forces et de vie. Prématuré, il soutirerait à des organes qui ne sont pas formés, la quantité de sang dont ils ont besoin pour se développer, et il concentrerait sur le cerveau une somme d'activité que cet organe encore trop faible ne pourrait supporter.

Il est donc nécessaire que le cerveau ne se mette sérieusement en travail que lorsqu'il est devenu assez fort lui-même et que les membres inférieurs ont acquis assez de solidité pour n'en pas trop souffrir. Voilà pourquoi il est important de prolonger aussi longtemps que possible, l'enseignement par des leçons de choses et par des exercices pratiques.

« Le développement intellectuel de l'enfant, dit le docteur Feer, ne peut avoir lieu avant l'âge de sept ans qu'au détriment de son développement physique. »

Ainsi pensent et parlent les docteurs Friedlœnder et Hufeland.

C'est ce qui faisait dire à Philipon de la Madelaine : « Quiconque envoie trop tôt ses enfants dans les collèges, leur ouvre la porte de l'hôpital ou du tombeau. Il devrait, en leur donnant un maître, leur chercher aussi un médecin. » (1)

Les parents qui hâtent et précipitent le développement intellectuel de leurs enfants, n'aboutissent, en effet, qu'à en ralentir sinon à en arrêter le développement organique ; ils épuisent avant l'heure la réserve de forces que la nature avait préparée à cette fin, ils appauvrissent le sang de ces pauvres petits êtres qui perdent l'appétit et s'étiolent misérablement. Ils auront peut-être fait de petits savants; mais ce seront des savants qui auront le tempérament et les proportions des plantes de serres chaudes. Brillants à leur matin, ils sont ternes au midi de leur vie. Ils ne sont jamais que de prétentieuses médiocrités. (2)

Il en est tout autrement des enfants qui prennent largement leurs ébats au premier âge ; ils amassent de la vie pour fournir une longue carrière et aller loin.

Rien donc de plus nécessaire que la culture physique de l'enfant. Sans doute il est bon que les parents veillent à ce que leurs fils ne gaspillent pas leur temps dans des amusements inutiles ; mais ils ne doivent presque pas veiller avec moins de soin à ce qu'ils ne dessèchent pas leur vie dans sa source par des efforts cérébraux trop violents ou trop prolongés. Il est de leur devoir de les contraindre au besoin à faire chaque jour des exercices corporels proportionnés à leurs forces et à leur condition. La gymnastique, l'escrime, la chasse, la pêche, tous les jeux qui fatiguent les membres inférieurs sont à prescrire, suivant les cas, d'une manière aussi rigoureuse que les études les plus nécessaires. Et, pour que tous les exercices physiques atteignent bien le but visé, les parents et les maîtres doivent obliger leurs élèves à s'y livrer jusqu'à la fatigue inclusivement. Il faut en effet que les membres inférieurs soient à un premier degré d'épuisement pour qu'ils attirent vivement à eux la vie que l'étude concentre dans le cerveau.

(1) Voir pour tous ces textes : Larcher, op. cit., IIe partie.
(2) V. Mgr Dupanloup, op. cit., l. III, ch. V.

Les privations modérées ne sont pas moins utiles pour consolider l'organisme que les exercices fatigants pour le développer avec proportion. Les excès dans la souffrance comme les excès dans la jouissance ne valent rien pour le corps humain ; ils l'usent et le tuent rapidement. Toutefois, le bien-être modéré ne vaut guère mieux que les privations, lorsqu'il est constant. Celles-ci empêchent que l'organisme atteigne sa juste croissance ; celui-là, en entretenant la croissance d'une manière trop continue et trop rapide, est cause que l'organisme n'acquiert pas la solidité dont il a besoin. Comme les plantes venues trop vite, les constitutions qui ne sont pas éprouvées par les privations, n'offrent aucune résistance aux chocs et accidents qui les attendent.

Par conséquent, s'il est du devoir des parents dont les enfants sont ordinairement mal nourris, de leur procurer, parfois, des satisfactions exceptionnelles qui rendent leur essor à leurs organes abattus, on peut dire qu'il n'est pas moins du devoir des parents dont les enfants sont bien nourris, de leur infliger, par exception, quelques privations qui, en arrêtant ou en ralentissant un peu l'essor de leur croissance, permettent à leur organisme comme de se tasser, de s'affermir et de s'endurcir. (1)

V

Enfin, l'éducation physique doit pourvoir les enfants d'un métier ou d'un art qui exerce, durant leur vie, leurs forces musculaires. Nous n'avons pas besoin de prouver cette obligation, si les parents ne laissent pas à leurs enfants de quoi vivre sans rien faire, et s'ils ne peuvent les établir dans une profession libérale qui ne leur demande aucun travail corporel. Dans ces deux cas, étant tenus de faire de leurs enfants des hommes capables de se suffire, ils sont par là même tenus de leur donner un état qui ne laisse pas languir leurs forces corporelles. Ceux-là ont une autre obligation : c'est de munir leurs enfants d'une instruction et d'une éducation qui entretiennent suffisamment l'activité du cerveau et qui, du même coup, empêchent la vie animale de prédominer tout à fait sur la vie morale.

Il n'est donc ici question que des parents laissant à leurs enfants une fortune ou une profession qui les dispense du travail corporel ; c'est de ceux-là que nous disons : étant obligés de mettre leurs en-

---

(1) Voir notre Traité de l'Art de se guérir et de se bien porter, t. III, ch. IV.

fants en état de conserver et de transmettre intégralement la constitution physique qu'ils leur ont donnée, ils sont, pour cette raison, obligés de leur donner aussi une éducation physique qui leur permette de se défendre de la mollesse et de la corruption et qui entretienne leurs forces musculaires dans toute leur vigueur. Ils sont donc obligés de leur faire apprendre et aimer, s'ils le peuvent, un art ou un métier qui exerce leurs membres inférieurs, qui dépense et renouvelle leur activité corporelle. Qu'ils n'oublient pas, en effet, que l'oisiveté est la mère de la mollesse et de tous les vices. D'autre part, malheur aux hommes qui, au sortir de l'étude, n'ont pas soin de dériver sur leurs muscles l'afflux du sang qui s'était porté au cerveau ; la vie ne quitte alors le pôle céleste que pour se concentrer, par contre coup, sur le pôle de la vie animale. On comprend, sans les dire, les désordres qui s'en suivent. Enfin, quand les muscles ne sont pas fréquemment exercés par le travail, ils s'atrophient, les artères s'étiolent ; la dégénérescence graisseuse s'empare des constitutions les plus vigoureuses et les plus solides. C'est ainsi que les races les plus fortes disparaissent pour faire place à des générations d'efféminés et d'amollis.

Si, maintenant on nous demande l'art ou le métier que les parents doivent faire apprendre à leurs enfants, nous leur conseillerons d'imiter les Athéniens. Au rapport de saint Grégoire de Nazianze, il y avait à Athènes une vieille loi très remarquable par sa profonde sagesse. Elle prescrivait que, lorsque les enfants arrivaient à l'âge de la puberté, on les amenât de la manière suivante à faire le choix des arts qu'ils voulaient embrasser. On exposait publiquement les instruments de tous les arts, et les adolescents étaient conduits à cette exposition. Naturellement, chacun, sentant ses instincts et ses goûts s'éveiller à la vue de ces instruments, se jetait sur celui qui répondait à ses aptitudes et à ses dispositions. C'était l'indication de l'art qui devait lui être enseigné. La raison de cette loi, comme le remarque saint Grégoire, c'est qu'on ne réussit bien que dans les choses que l'on entreprend sous la conduite de la nature et qu'on ne rencontre, au contraire, que des déceptions dans les entreprises où l'on s'engage en dépit de ses dispositions et de ses aptitudes. (1) Il est surtout d'autant plus nécessaire de consulter les goûts et les instincts naturels des enfants, que c'est dans ces instincts et dans ces goûts

---

1) V. S. Grégoire de Nazianze. Ep. 57, ad. Eudox.

que se trouve la garantie de la persévérance avec laquelle, devenus hommes, ils iront plus tard demander à ces occupations corporelles, leurs délassements et, en même temps, la conservation de leur santé et de leur vertu.

CHAPITRE VII

De l'éducation mentale que les Parents doivent à leurs Enfants.

> L'éducation de l'homme, commencée par l'organisme, veut être continuée par les facultés qui y tiennent de plus près.

I

Rien ne se fait au hasard ; tout étant l'œuvre d'une sagesse infinie, tout a été fait sur un plan arrêté d'avance en vue d'une fin déterminée; tout ce qui existe a donc sa place marquée, sa voie tracée, sa fonction définie, son terme fixé par la divine Providence.

Ce qui est vrai de toutes choses, l'est à plus fortes raisons de l'homme pour qui tout a été fait. Outre les destinées communes à tous les hommes, chacun a une destinée sociale particulière qui lui est propre ; chacun a été fait et disposé pour une mission, pour un rôle qui lui est spécial dans la société. Tel est le pourquoi de cette variété, de cette différence, de cette opposition même d'inclinations, de goûts et d'aptitudes qui se remarquent entre les hommes. Chacun d'entre eux a reçu les qualités et les talents dont il a besoin pour tenir la place pour laquelle il a été fait. Aussi nul ne peut bien s'acquitter que de la fonction qui lui a été assignée d'avance ; nul ne peut être heureux que dans la profession qui lui a été destinée par son Créateur. Tout va mal, tout souffre, quand les hommes ne respectent pas cette grande loi.

Toutefois les hommes peuvent-ils remplir la mission pour laquelle ils ont été créés, chacun, sans y avoir été préparés et formés par une éducation particulière ? Non, nul enfant ne naît mieux artiste ou artisan consommé qu'homme achevé, complet. La nature, dans l'humanité, ne mène rien, par elle seule, à sa perfection finale ; elle laisse à la liberté humaine la charge de mettre la dernière main à tout ce qu'elle ébauche.

De là, la nécessité d'une éducation qui forme chaque homme à remplir les devoirs de la profession pour laquelle il est fait. (1)

Evidemment c'est aux auteurs de l'enfant que s'impose l'obligation de lui choisir celle à laquelle ses aptitudes et ses goûts naturels paraissent le destiner et de lui donner ou faire donner l'enseignement dont il a besoin pour l'exercer. C'est à ceux qui ont doté l'enfant des germes de talents qu'il possède, de développer ces germes et de les mettre en état de produire des fruits.

Nous n'avons pas besoin d'insister sur ce point ; les nécessités de la vie et les entraînements de l'opinion ne permettent guère aux parents de manquer à ce devoir. Nous devons plutôt signaler le désordre contraire. (2) On attache tant d'importance à l'éducation professionnelle qu'on méconnaît l'importance bien plus capitale de l'éducation essentielle. On se préoccupe tant de faire des agriculteurs, des avocats, des médecins, etc., qu'on oublie de travailler à faire des hommes, au vrai sens de ce mot. Les enfants ne sortent pas seulement trop tôt du collège ; au collège même, on met le plus possible de côté les *lettres humaines* pour ne s'appliquer qu'aux sciences qui ouvrent les portes des écoles spéciales.

Bien plus, ce sont les programmes officiels eux-mêmes qui font une loi de cette immense et funeste erreur.

Sans doute, il importe sérieusement de faire des hommes de profession, des avocats, des médecins habiles ; mais n'est-il pas infiniment plus nécessaire de faire des hommes dignes de ce nom ? Evidemment c'est un mal de ne pas savoir remplir les devoirs de son état, mais n'est-ce pas un plus grand mal de n'être pas un homme, au vrai sens de ce mot ? Comment même est-il possible de remplir les devoirs de sa profession, si l'on n'est pas homme, c'est-à-dire un être réellement raisonnable et moral ?

(1) V. Mgr Dupanloup, op. cit. T. 1. L. V. Ch. 1.
(2) V. ibid. ch. IX.

Le but de l'éducation professionnelle, c'est en effet de cultiver certaines aptitudes particulières qui sont les ornements de la nature humaine ; l'éducation essentielle, au contraire, consiste à cultiver ce qui fait l'essence même de l'humanité. Pourquoi faire passer la première avant la seconde ? Ne voit-on pas que c'est faire passer l'accessoire avant le principal. Incontestablement, il est bon de trouver dans la culture d'un talent le moyen de gagner honorablement sa vie ; mais à quoi sert de vivre, si, pour vivre, il faut cesser de prétendre à être homme ? Il est donc absolument nécessaire de subordonner l'éducation professionnelle à l'éducation essentielle. C'est notre intérêt autant que la loi de la nature humaine ; comme rien ici bas ne vaut l'homme, c'est à former l'homme même qu'il faut travailler, avant de songer à perfectionner ses qualités accidentelles. Aussi, est-ce de l'éducation qui fait l'homme que nous allons principalement nous occuper. Elle constitue principalement le grand devoir des parents.

II

En même temps que se fait l'éducation physique doit se faire l'éducation de la sensibilité. La sensibilité organique est en effet la première puissance qui se manifeste avec la vie dans l'enfant. C'est par elle que l'enfant commence à vivre et qu'il est mis en rapport avec des corps distincts et différents du sien propre.

Nous avons déjà vu que cette faculté est non seulement susceptible d'éducation, mais encore qu'elle ne peut pas remplir sa fonction sans éducation. Si l'enfant n'apprend pas à discerner les couleurs, les sons, les saveurs, etc, à quoi bon recevoir l'impression de tous ces accidents de la matière ? Or, c'est par l'éducation qu'il acquiert ce discernement.

Certainement tous les soins qui sont donnés avec intelligence aux organes des sens, peuvent contribuer à cultiver les sens eux-mêmes. C'est pourquoi, en s'occupant des organes, les parents travaillent déjà à l'éducation de la sensibilité.

Toutefois, si les parents ont la conscience de tous leurs devoirs, ils ne s'arrêteront pas là. D'abord il est incontestable que les organes les mieux conformés se perfectionnent encore par l'exercice même de leurs fonctions. Cet exercice, sagement dirigé, réagit sur l'organe qui est en jeu ; par le travail qu'il lui fait produire, il appelle en lui les forces vitales ; il arrive par là à y exciter les parties qui languissent, à y fortifier celles qui sont faibles, à y redresser celles qui y sont déviées. Ainsi, en s'exerçant dans des conditions favorables, les yeux myopes étendent leur vue, les oreilles paresseuses deviennent plus sensibles, les palais obtus acquièrent de la finesse. En joignant la réflexion à l'exercice, il n'est pas jusqu'aux aberrations et aux hallucinations des sens qu'on ne puisse corriger.

Parfois on a affaire à un excès de sensibilité revêtant les caractères d'une maladie. C'est à la science médicale que les parents doivent alors recourir pour combattre ce désordre. Cet excès de sensibilité peut entraîner dans les vices les plus graves, et, par ces vices, amener la perte même des sens dont il est fait abus, et des organes qui en sont le siège.

On comprend quelles graves obligations incombent aux parents dans de pareils cas et circonstances. Abandonnés à eux-mêmes, les enfants ne pourraient que rester dans des défauts qui sont pourtant corrigibles, et même que s'égarer et périr par des vices qui ne sont cependant pas incoercibles. Aux parents donc de surveiller les développements de la sensibilité, de les activer ou de les modérer, de les diriger enfin toujours avec sagesse en vue de la perfection humaine qui doit être le but de leurs efforts. Avec de l'intelligence et de l'habileté, ils peuvent par l'éducation de la sensibilité faire souvent de leurs enfants des artistes éminents ; ils ont généralement le pouvoir d'empêcher qu'ils ne deviennent des scélérats ou des idiots. Donc ils en ont le devoir. Nous devions le dire ; car beaucoup d'entre eux croient n'avoir rien à faire sur ce point où leur responsabilité est néanmoins aussi gravement engagée que sur les autres.

II

Les sensations passent ; mais leur écho se prolonge dans l'imagination qui a le pouvoir de les reproduire à son gré.

Avons-nous besoin de célébrer les avantages d'une imagination vive et féconde ? Que de gens aujourd'hui n'estiment que cela dans l'homme ! C'est que le plus grand nombre ne pensent, ne jugent, ne vivent que par ce que nos pères appelaient la *fantaisie*. N'est-ce pas dire qu'ils sont rares ceux qui demeurent dans la stricte et pure vérité ? Il faut donc le dire aussi, l'imagination n'est un avantage que lorsqu'elle est soumise à une règle sûre. Livrée à ses divagations, elle est une source de déceptions, et parfois de fautes et de crimes.

Or, où sont les hommes qui naissent avec l'imagination et tout à la fois avec la sagesse dont ils ont besoin pour s'en servir utilement ? C'est à l'éducation qu'incombe, sur ce point comme sur les autres, d'achever ce qu'a commencé la nature.

Un enfant a-t-il reçu peu d'imagination ? Ses auteurs doivent tourner leurs efforts à cultiver le germe qu'il en possède, sans toutefois nuire au jugement qui doit en gouverner l'usage. Il est certain que cette faculté peut, par des exercices convenables, se développer et se fortifier aussi bien que toutes les autres.

Tel autre apporte-t-il en venant au monde une imagination brillante, effervescente? Le grand devoir de ses parents, c'est de le mettre en défiance contre les couleurs fascinantes dont elle revêt la réalité, et surtout contre les fantômes séduisants qu'elle crée de toutes pièces et qu'elle substitue à la vérité ; c'est de lui apprendre à ne pas confondre l'imagination avec l'intelligence, car tandis que celle-ci montre ce qu'il y a au fond des choses au moyen d'images qui n'émeuvent pas les sens, celle-là, au contraire, reproduit les apparences des choses qui sont, ou même crée les apparences de choses qui ne sont ni même ne peuvent être, et cela, sous des traits vifs et chauds qui enflamment les passions. Enfin le grand devoir des parents, c'est d'exercer et d'habituer leurs enfants à juger froidement à la lumière de la saine raison les rêves les plus caressants et les plus chers de l'imagination, et à condamner impitoyablement dans la pratique les projets qui ne sont pas défendables à ce tribunal incorruptible ; c'est de les exercer et de les habituer à maîtriser cette folle du logis comme on l'a justement appelée, et, lorsqu'ils ne peuvent arrêter ses divagations, de ne pas plus s'en inquiéter ni en tenir compte que des mouches qui bourdonnent à leurs oreilles. Que cette leçon est précieuse ! Les parents qui sauront la faire accepter, auront fait faire un grand pas à l'éducation de leurs enfants.

IV

« Toute l'éducation dépend surtout de la mémoire, a dit Quintilien ; en vain recevons-nous un enseignement, si nous l'oublions aussitôt que nous l'avons reçu. » (1) Rien de plus juste ; faute de mémoire, nous ne pouvons pas même achever un bon raisonnement ; car, pour tirer une conclusion, il ne faut pas en oublier les prémisses.

La mémoire qui est ainsi nécessaire, donne une puissance propor-

---

(1) Voir Quintilien, XI. 2.

tionnée à sa force et à son étendue. L'homme qui en est doué à un haut degré, possède un immense avantage sur celui qui en est dépourvu.

Eh bien, la mémoire est-elle susceptible de culture ? Il en est qui l'ont nié ; mais l'expérience prouve qu'il n'y a pas de faculté qui soit, plus que la mémoire, capable de se développer et de se fortifier par l'exercice.

Nous disons par l'exercice. Ce n'est pas que l'on n'ait inventé d'ingénieux procédés de mnémonique. Ces procédés aident, suppléent au besoin la mémoire ; ils n'en augmentent pas proprement la puissance.

Il n'y a qu'un secret pour donner à la mémoire de la facilité, de la ténacité et de l'étendue, c'est le travail. Mais, ce que peut le travail pour en accroître la capacité, c'est impossible à déterminer. Tout ce que l'on peut dire, c'est que cet accroissement ne s'arrête qu'à la limite des forces corporelles.

Dans la pratique ordinaire, ce n'est pas la nature qui manque à la volonté, c'est le travail qui fait défaut. C'est généralement par paresse que la plupart des hommes restent bien en deçà de la puissance à laquelle ils pourraient s'élever, s'ils se donnaient la peine de travailler.

Cette paresse est plus grande encore dans les enfants, car l'effort à faire pour dilater et fortifier la mémoire, est des plus fatigants et des plus rebutants ; cela est surtout vrai pour qui, ayant moins reçu de la nature, a un plus grand besoin de demander à l'éducation ce qui lui est nécessaire. Les enfants qui n'ont pas naturellement de la mémoire, n'étudient généralement que s'ils y sont contraints par leurs maîtres ou par leurs parents.

Il est donc du devoir des uns et des autres de veiller à ce que leurs enfants ne négligent point par indolence et paresse cette partie de leur développement mental. Il faut, qu'avec une bonté et une fermeté qui ne se démentent jamais, ils les encouragent et les soutiennent dans ce rude labeur, qu'ils leur enseignent les méthodes et les procédés capables de le leur rendre plus facile, et qu'enfin, au besoin, ils usent de leur autorité pour les contraindre doucement à y employer toutes leurs forces. Ils se préparent d'amers regrets pour l'avenir quand, par faiblesse ou négligence, ils manquent à cette partie de leur ministère.

CHAPITRE VIII

De l'Education mentale, etc. (Suite).

L'éducation ne se fait pas sans instruction.

I

Les parents doivent-ils à leurs enfants des connaissances, une instruction ? Evidemment, puisqu'ils doivent faire de leurs enfants des hommes et que l'homme, digne de ce nom, est un esprit éclairé. Oui encore, puisqu'ils sont chargés d'en développer, fortifier et polir les facultés. Car le moyen d'atteindre ce but, c'est d'exercer ces mêmes facultés à produire parfaitement leurs actes sur leurs objets propres. Or, tous les objets propres des facultés humaines sont aussi les objets propres de nos connaissances. L'instruction est ainsi le premier des moyens d'éducation et de développement.

Oui, enfin, puisqu'ils doivent faire de leurs enfants des êtres libres, et qu'ils ne peuvent les mettre en possession de cette puissance qu'en leur apprenant ce qu'ils sont et ce que sont les choses avec lesquels ils sont en rapport, d'après l'adage : *nihil volitum, nisi præcognitum.*

II

Mais l'instruction qui est un puissant moyen de formation, est-elle le but de l'éducation ? « Longtemps, dit M. Gauthey, on a confondu l'éducation avec l'instruction.... Apprendre ! apprendre ! tel était le mot d'ordre de la plupart des écoles primaires et supérieures. Maintenant, on reconnaît mieux que le premier but à atteindre, c'est le développement de l'individu. L'instruction est un des moyens pour y conduire. » (1)

« L'ignorance absolue, a dit Platon, n'est pas le plus grand des

---

(1) Larcher, op. cit.. Iʳᵉ Partie, II.

maux ; beaucoup de connaissances mal digérées, est quelque chose de bien pis. » (1)

Bossuet nous apprend combien il était attentif à préserver de ce mal son royal élève, lorsqu'il dit : « Notre soin principal a été qu'on lui donnât chaque chose à propos et en son temps, afin qu'il les digérât plus aisément et qu'elles se tournassent en nourriture. » (2)

« L'utilité des études libérales, écrit Sénèque, c'est de préparer l'esprit, non de le retenir.... Il est moins nécessaire d'apprendre que d'avoir appris. » (3)

Ecoutons Rollin : « Pour peu qu'on fasse usage de sa raison, on reconnaît aisément que le but des maîtres n'est pas d'apprendre seulement à leurs disciples du grec et du latin, etc..... Ces connaissances sont utiles et estimables, mais comme moyen et non comme fin, quand elles nous conduisent ailleurs, et non quand on s'y arrête ; quand elles nous servent de préparatifs et d'instruments pour de meilleures choses dont l'ignorance rend tout le reste inutile. » (4)

« Toutes les méthodes d'enseignement, dit M. Demogeot, se réduisent à deux systèmes.

L'un se désigne lui-même sous le nom d'enseignement pratique ; l'instruction est son premier but, le savoir sa dernière fin.... Tout enfant, élevé exclusivement d'après cette méthode, possède une petite pacotille d'érudition déposée avec soin dans sa mémoire....

Dans les affaires, dans les circonstances ordinaires de la vie, sa raison ne sera ni plus forte, ni plus souple, son goût, ni plus vrai, ni plus délicat. Son savoir est une chose tout extérieure à lui-même.

L'autre système peut se contenter du nom d'enseignement classique. L'éducation est son principal but ; le développement de l'âme sa dernière fin... Dans ce système, l'intelligence grandit, elle ne se charge pas ; elle s'étonne même quelquefois de sa pauvreté. Mais, qu'elle se console ; cette faim de la science, c'est l'appétit de la santé. Il n'y a qu'un esprit bien constitué qui l'éprouve. L'élève sort nu de la palestre ; qu'il prenne courage : l'athlète aussi est nu, mais il a des bras et dans ses bras, la victoire. » (5)

---

(1) Plato, De Leg., L. VII.
(2) De l'Education du Dauphin.
(3) Epist. 88.
(4) Traité des Etudes, L. VIII, Iʳᵉ Partie, Art. 1.
(5) De l'Education par les lettres, Revue du Lyonnais, t. XI, p. 157.

« L'erreur de beaucoup de gens, a écrit Ozanam, est de se méprendre sur les études auxquelles on a coutume d'appliquer la jeunesse. Le but prochain qu'on s'y propose, n'est point précisément le savoir, mais l'exercice. Il ne s'agit pas tant de littérature, d'histoire, de philosophie, choses qui s'oublieront peut-être, que d'affermir l'imagination, la mémoire, le jugement qui demeureront. » (1)

« Le système qui a pour but de former l'homme s'adresse plus à l'intelligence, dit M. Dauphin ; celui qui a pour but de former des savants, s'adresse davantage à la mémoire....

Le premier vise au sérieux et au solide,... le second à l'effet et à l'exposition....

Le premier développe progressivement les facultés,.... le second se hâte, s'épuise pour obtenir des fruits prématurés....

Le premier fait des hommes capables qui savent bien vite appliquer leur activité à toutes les positions et à toutes les carrières. Le second ne produit que de pauvres savants qui ont bientôt oublié leur inutile science et se retrouvent sans confiance et sans aptitude en face des réalités de la vie.

Il me semble qu'avoir exposé ces deux systèmes, c'est les avoir jugés. » (2)

« L'éducation et l'instruction, dit à son tour Mgr Dupanloup, sont deux choses profondément distinctes.

L'éducation développe les facultés.

L'instruction donne des connaissances.

L'éducation élève l'âme ; l'instruction pourvoit l'esprit.

L'éducation fait des hommes ; l'instruction fait des savants.

L'éducation est le but ; l'instruction n'est qu'un des moyens.

L'éducation est donc singulièrement plus haute, plus profonde, plus étendue que l'instruction.

L'éducation embrasse tout l'homme, l'instruction, non.

C'est l'éducation intellectuelle qui cultive l'esprit avec soin, l'exerce avec sagesse, le développe, le forme et l'élève encore plus qu'elle ne le remplit.

Que peut être l'instruction à un âge où l'on ne sait pas encore apprendre ?

Pour que l'instruction pût être vaste et solide, comme on le veut,

---

(1) Cité par Mgr Dupanloup, op. cit., T. 1, L. III, Ch. IV.
(2) 12ᵉ Discours.

il faudrait que l'*esprit eût été rendu capable d'apprendre*, c'est-à-dire, eût été préparé par une forte éducation.

Jusque là, l'instruction proprement dite ne peut être que médiocre ; si on l'exagère, elle charge l'esprit ; elle n'élève pas les facultés ; elle les ruine, elle les écrase.

Dans cette première jeunesse, les connaissances ne peuvent être qu'un objet d'étude, une culture, un exercice de l'esprit et par là un moyen de développement et non pas une science. » (1)

Ainsi, les parents doivent l'instruction à leurs enfants ; mais, c'est surtout pour en ouvrir, développer, élever, fortifier, polir l'esprit et les rendre capables de tout étudier, de tout apprendre et de faire face à toutes les difficultés de la vie. D'autre part, comme l'esprit ne se développe, ne s'élève et ne se fortifie qu'en exerçant ses facultés à produire leurs actes sur leurs objets propres, qui sont aussi les objets propres de nos connaissances, il s'en suit que si les parents cultivent l'esprit de leurs enfants par la vraie méthode, ils ne peuvent, en travaillant à faire leur éducation, manquer de leur donner du même coup une forte instruction.

Un jeune homme sérieusement élevé, a toutes les connaissances dont il peut avoir besoin pour poursuivre sa voie. Et un jeune homme qui a les connaissances dont il peut avoir besoin pour poursuivre sa voie, a aussi tout le développement qui lui est nécessaire pour fournir une longue carrière ; il est sérieusement élevé ; sa sensibilité, son imagination, sa mémoire auront été cultivées, elles auront acquis la perfection qui leur convient.

III

Il faut qu'il en soit de même du sens intime, du goût et de la conscience. Ces trois puissances sont exclusivement propres à l'âme raisonnable. Comme la sensibilité, l'imagination et la mémoire nous sont communes avec les animaux, c'est par le sens intime, le goût et la conscience que nous nous élevons d'abord à la hauteur propre à l'humanité. Ce sont trois facultés par lesquelles la nature intellectuelle perçoit au plus profond d'elle-même ce qui lui répugne ou ce

---

(1) De l'Education, T. I, L. III, Ch. IV. Voir sur ce sujet, dans le Bulletin de l'Académie Delphinale, année 1880, un très spirituel dialogue de M. Charaux, professeur de philosophie à la Faculté des lettres de Grenoble.

qui lui convient, sous le triple rapport de la vérité rationnelle, du beau artistique et du bien moral. Par le sens intime, nous saisissons ce qui est vrai dans les choses ; par le goût, nous saisissons ce qui est beau dans les œuvres d'art ; par la conscience, nous saisissons ce qui est bien dans la conduite de notre liberté.

Ces trois facultés sont comme trois sens qui nous font percevoir le vrai, le beau et le bien avant que la raison nous en rende compte. Elles nous découvrent le vrai, le beau et le bien, alors même que notre raison, aveuglée par nos passions, se refuse à les voir où ils sont réellement et prétend les découvrir où il n'y a que le faux, le laid et le mal. Ce sont donc aussi comme trois voix incorruptibles de la nature morale qui servent de base et d'appui à la lumière vacillante de notre raison, et qui, au besoin, protestent contre ses égarements et empêchent la prescription du faux, du laid et du mal contre le vrai, le beau et le bien.

Toutefois, ces voix ne seront sûres qu'autant qu'elles auront été formées d'une manière sérieuse. Telles qu'elles sortent des entrailles de la nature, elles sont faibles, obscures, incertaines ; elles sont susceptibles d'être faussées et de rendre des oracles trompeurs. Un sens intime qui n'est pas formé d'après des principes vrais, ne sera point le bon sens ou le sens droit, commun au genre humain ; il percevra le faux pour le vrai, et réciproquement, le vrai pour le faux. Un goût qui n'est pas éclairé par une science esthétique véritable, prônera le laid et condamnera le beau. Une conscience qui ne sera point dirigée par des principes certains, appellera bien ce qui est mal et mal ce qui est bien.

En certaines natures même, ces trois sens de l'âme sont à l'origine d'une faiblesse extrême : on dirait qu'ils y font défaut. Pour qu'ils y rendent leurs oracles, il faut que l'éducation les tire de leur assoupissement, les dégage du poids qui pèse sur eux, les développe, en avive et en trempe la pointe. L'éducation, dirait-on, est comme nécessaire pour les créer en ces âmes. On comprend, dès lors, le devoir des parents sous ce rapport. Rien de plus essentiel pour faire un homme que ces trois sens de la nature intellectuelle. Rien de plus essentiel, dans la charge des parents, dès lors, que de cultiver et de former le sens intime, le goût et la conscience de leurs enfants.

« L'esprit, dit Joubert, consiste à avoir beaucoup de pensées inutiles et le bon sens à être bien pourvu des notions nécessaires. »

« Le bon sens est de *savoir* ce qu'il faut faire, le bon esprit de savoir ce qu'il faut penser. » (1)

« Un goût sûr, dit-il ailleurs, est celui qui sait distinguer la matière de la forme et séparer les vices de la forme de l'excellence du fond, les vices du fond de l'excellence de la forme. » (2)

Enfin, à propos de la conscience : « Donnez... aux enfants la lumière qui sert à distinguer le bien du mal, en toutes choses, sans vouloir leur enseigner tout ce qui est mal et tout ce qui est bien, détail immense et impossible ; ils le distingueront assez. » (3)

Comme on le voit, c'est en donnant des principes sur le vrai, sur le beau et sur le bien que les parents forment le sens intime, le goût et la conscience de leurs enfants. C'est en les éclairant de la lumière d'une saine instruction, qu'ils les mettent en état de discerner ce qu'il faut admettre ou rejeter en fait de vérité rationnelle, de beauté artistique et de bien moral.

On comprend par là combien il importe que l'instruction soit saine pour que l'éducation ne soit pas un abaissement. Un enseignement erroné peut renverser et retourner, contre leurs fins, les trois sens en question.

On reconnaîtra cependant que leur culture n'a point tout à fait la même importance. Il est bien clair que l'homme destiné à vivre de ses talents artistiques devra avoir un goût très cultivé, très éclairé. Ses auteurs ne peuvent donc pas négliger cette partie de son éducation. Mais évidemment il n'est point nécessaire qu'un laboureur soit formé au moule de l'artiste. Il lui suffit d'avoir le goût du beau qui est propre à son état et à sa condition.

Quant à la formation du sens intime et de la conscience, il est certain qu'elle est d'une nécessité absolue pour tout homme, pour l'artiste comme pour le laboureur ; car il est indispensable que tout homme sache discerner le vrai du faux, le juste de l'injuste et le bien du mal. Les parents ne sauraient donc mettre trop de soins à remplir exactement tous leurs devoirs sur ce point. Ils ne pourraient pas se prévaloir d'avoir fait des artistes, s'ils pouvaient se reprocher de n'avoir pas fait des hommes.

---

1. Joubert. Pensées, Titre III, n° XLI et XLII.
2. Op. cit., T. XXIII. n° CXXXVIII.
(3) Ib., Titre XIX, n° XXIII.

IV

Les sens intellectuels nous fournissent comme d'instinct, par leurs impressions intimes, les principes du vrai, du beau et du bien. Ces principes sont féconds ; de leur rapprochement s'engendrent et naissent des conclusions lumineuses. La faculté qui en saisit les conséquences et qui les formule en conclusions, se nomme jugement.

Le jugement dont il s'agit ne doit point être confondu avec le jugement réfléchi que prononce une personne sur les termes d'un raisonnement explicite. On peut être très fort en logique et manquer du jugement instinctif dont il est question. Ce jugement est le complément nécessaire des sens de l'âme ; comme ceux-ci, c'est une voix de la nature et non de la personne humaine. Les sens internes perçoivent d'instinct par impressions reçues le vrai, le beau et le bien ; le jugement prononce également d'instinct, mais par une véritable action, sur ce qui est ou n'est pas vrai, beau et bon, d'après les données des sens intellectuels.

Le jugement ne nous est donc pas moins indispensable que le bon sens, le goût et la conscience. De là aussi la nécessité de donner à cette faculté une éducation soignée.

Sans doute, ceux qui n'en reçoivent point de la nature, n'en pourront jamais acquérir beaucoup par les secours de l'art. Il faut les comparer aux aveugles de naissance. Du moins les aveugles de naissance peuvent recevoir de l'éducation le moyen de suppléer au défaut de la vue. Ainsi, ceux qui ont le moins de jugement naturel, peuvent apprendre, par une sage éducation, le moyen d'éviter ces fautes qui perdent un homme, ces balourdises qui font de celui qui les commet la risée de ses semblables.

Il n'est pas jusqu'aux esprits les mieux doués qui n'aient beaucoup à demander à l'éducation et beaucoup à en recevoir. Les jugements les plus sûrs sont ceux qui ont été formés par les leçons et les exemples des parents et des maîtres les mieux doués sous ce rapport.

C'est en effet par la lumière d'un sain enseignement que le jugement se développe, qu'il se fortifie et qu'il se réforme au besoin. Le spectacle d'une vie sage et vertueuse, les réflexions de maîtres respectés pour expliquer les leçons qui se dégagent des événements, suffisent, du reste, souvent à mettre un jeune esprit sur la voie du vrai, du beau et du bien et à y affermir ses pas. Un point très important, c'est de ramener les enfants et les adolescents à eux-mêmes, lorsqu'ils se laissent emporter par leur précipitation et par leur inconsidération ; c'est de les obliger de se recueillir au plus profond de leur âme et d'y écouter la voix de la nature que leur dissipation et leur étourderie les empêchent d'entendre. Beaucoup de jeunes gens manquent de jugement, non pas qu'ils n'en aient pas reçu une bonne dose de la nature, mais parce qu'ils ne savent pas s'en servir ou même qu'ils ne soupçonnent pas le trésor qu'ils possèdent. Pour leur former cette faculté à un haut degré, il n'est besoin que de les faire rentrer en eux-mêmes et de leur apprendre à profiter des leçons de leur expérience. Quelquefois le manque de jugement pratique tient à un développement trop rapide de la raison *personnelle*. Tout ce qui peut ralentir l'explosion de fausse confiance et d'orgueil qu'inspire cette précocité, contribue à rétablir l'équilibre dans l'épanouissement des facultés, et dès lors profite à l'éducation de celle qui nous occupe.

On ne peut le méconnaître, la tâche des parents et de leurs aides en cette matière, demande beaucoup de perspicacité et de sûreté dans leur direction, et beaucoup de soin et d'attention dans leurs efforts. Il leur est bon, pour se soutenir dans leur ministère, de ne pas oublier les maximes de la Sagesse : « Le fils qui est sage réjouit son père, l'insensé qui est indiscipliné l'accable de douleur et le couvre de confusion. » (1)

---

(1) Prov. X. Eccli. XXII.

CHAPITRE IX

De l'Education mentale que les Parents doivent à leurs enfants.

> L'éducation de l'intelligence et de la raison forme comme le corps essentiel de toute éducation humaine.

I

Si l'homme n'était qu'un organisme capable de saisir les choses particulières et concrètes, on aurait fini de l'élever quand on aurait formé ses facultés organiques à saisir puissamment les biens de la terre.

Mais l'homme étant aussi une substance intellectuelle, il faut pour l'élever à la hauteur où le place sa nature, le former à sentir ce qui est absolument et nécessairement vrai, beau et bon, il faut l'habituer à en juger sainement au plus profond de lui-même.

Ce n'est pas assez ; par le fait que l'homme est une personne, un être intelligent et libre, il faut qu'il pénètre au fond des choses par une action personnelle, et qu'il s'en rende compte en saisissant, par un acte d'intelligence réfléchie, ce qu'elles sont intrinsèquement.

De là la nécessité de son éducation intellectuelle.

L'intelligence humaine, en effet, reste longtemps engourdie à l'état de germe inerte. Pour qu'elle s'éveille et qu'elle entre en activité, il faut l'exciter, la stimuler, aussi bien que toutes les autres facultés. Pour qu'elle se développe et qu'elle grandisse, il faut lui donner l'aliment qui lui convient, comme à toutes les autres puissances.

De là pour les parents et leurs aides, l'obligation grave de lui proposer les principes nécessaires et absolus qui lui sont propres, de lui enseigner les vérités de l'ordre immatériel et universel qui est son domaine.

De même, en effet, que les sens ont pour objet et pour fin propre de saisir, par leurs apparences extérieures, les êtres corporels et particuliers ; ainsi l'intelligence a pour objet et pour fin propre de saisir par son essence intrinsèque la vérité absolue universelle. Par conséquent, on n'éveillera pas, on ne nourrira pas l'intelligence, on ne fera que stimuler l'activité des sens et de l'imagination, si au lieu de présenter et d'enseigner à l'enfant la notion de la vérité nécessaire, infinie, on ne lui propose que des connaissances de l'ordre contingent et relatif.

Il en résulterait que l'intelligence ne serait stimulée à entrer en activité que par sa propre énergie intime. Or, n'oublions pas la loi physiologique que nous avons exposée plus haut : la vie n'est attirée et ne se concentre dans les sens qu'au préjudice des facultés supérieures, qu'au préjudice de l'intelligence, en particulier.

Par conséquent, si l'on maintient la concentration de la vie dans les sens, en les stimulant continuellement par les impressions des choses concrètes et relatives, on empêche que les forces vitales se portent au service de l'intelligence et de son épanouissement ; on condamne l'intelligence à se pétrifier, pour ainsi dire, dans son engourdissement et à avorter misérablement dans son germe, faute d'aliment et par suite de la dérivation de l'influx vital qui lui est nécessaire, sur les parties inférieures de l'homme qui n'en ont pas besoin.

Comprend-on, par là, combien est grave, pour les parents, le devoir de proposer à l'esprit de leurs enfants la notion des principes absolus et nécessaires, de la vérité immuable et infinie ? Comprend-on la puissance dont disposent les parents et leurs aides pour achever l'homme dans leurs enfants ou pour lui interdire de poursuivre son développement et le condamner à avorter.

Certes, on ne peut nier que la vie organique de ceux-ci ne soit entre leurs mains. Ils peuvent la tuer, en lui refusant la nourriture dont elle a besoin ; ils peuvent en fausser l'épanouissement, en lui imposant une nourriture qui violente ses dispositions constitutionnelles. Eh bien, les parents ne sont pas moins maîtres de la vie mentale de leurs enfants. Ils ont le pouvoir de s'opposer à sa formation, en lui refusant l'aliment qu'elle réclame et en dérivant sur les sens les courants vitaux qui lui sont nécessaires ; ils ont le pouvoir d'en faire une monstruosité sans nom, en lui imposant des principes qui la pervertissent et même la retournent contre son objet et sa fin.

Voilà pourquoi de tous les devoirs des parents en matière d'éducation, il n'y en a pas de plus graves que ceux qui se rapportent à la formation intellectuelle de l'enfant. Sur ce point, les négligences et les infidélités ont des conséquences terribles. Les parents ne peuvent remplir leur mission et faire des hommes dignes de ce nom, disons le bien haut, que dans la mesure où ils travaillent à élever l'esprit de leurs enfants à la jouissance de la lumière intellectuelle par l'enseignement de la vérité et des principes absolus et nécessaires qui sont l'objet et le terme propre de l'intelligence.

Sans doute, ils sont rares les monstres qui se font un jeu de refouler et d'étouffer dans son germe la vie intellectuelle de leurs enfants. Mais ne sont-ils pas rares aussi les parents qui comprennent et remplissent sur ce point tout leur devoir ? Combien qui, confondant l'imagination avec l'intelligence, croient s'acquitter de leur charge en appliquant l'esprit de leurs fils à l'étude des faits, sans se préoccuper de leur apprendre à en découvrir les lois ! Combien qui s'applaudissent de l'intelligence de leurs enfants, quand ils les voient ingénieux à découvrir et à saisir des combinaisons difficiles entre des êtres particuliers et relatifs. Ils prennent pour de l'intelligence ce qui n'est que le propre d'une imagination déliée et féconde. Il en est qui entassent dans la mémoire de leurs enfants une fort honnête quantité de principes, mais ne se croient pas tenus de leur apprendre à s'en rendre compte et à s'en servir dans les diverses occasions de la vie. Ecoutons la critique spirituelle et judicieuse que fait M. Jules Simon des effets déplorables de ce travers.

« A voir la conduite d'un grand nombre d'hommes, dit-il, on dirait qu'ils s'efforcent de ne pas penser....

A peine nés, on les dresse à ce rôle de machine. On leur donne le plus souvent une éducation toute mécanique qui exerce tout au plus leur mémoire. On ne leur rend pas raison des choses, on ne leur parle que du fait. « Cela est ainsi, cela se fait ainsi ; tel est le procédé ou telle est la coutume. » Leurs précepteurs n'ont pas d'autre langage avec eux. Les enfants stylés de la sorte, répètent ou copient, et ne pensent pas. Si, parmi les études du premier âge, il s'en glisse quelqu'une qui commande de la réflexion, elle est bien vite suspecte aux gens sages. Ils la tiennent en bride quand ils ne peuvent mieux faire ; et s'ils deviennent les maîtres, ils la rayent de leur programme. Leur élève entre dans le monde avec une mémoire chargée et un jugement hébété... Il est l'esclave de la routine.... » (1)

Certainement ce n'est point là un être intelligent. L'être intelligent est celui qui repose son esprit dans la connaissance de l'Etre absolu, nécessaire, infini, et qui trouve la règle des êtres particuliers et la

---

(1) Le Devoir, IVᵉ Partie. L'action, ch, V. De la vie heureuse.

solution des difficultés auxquelles ceux-ci donnent lieu, dans les principes absolus, nécessaires et immuables qui découlent de la notion de cet être suprême.

II

Quels sont ces principes ? Le premier est le principe d'identité : « L'être *est*, le néant n'*est* pas » ou autrement « l'être, c'est ce qui est, le néant, c'est ce qui n'est pas. » Et encore : « Deux choses identiques à une troisième sont identiques entre elles. »

La contre-partie de ce principe est celui de contradiction : « Une chose ne peut être à la fois et sous le même rapport, la même chose et le contraire de ce qu'elle est. »

2° Le principe de causalité et de finalité : « Rien ne se fait de rien, sans cause suffisante. Rien ne se fait pour rien ; tout ce qui se fait se fait pour une fin proportionnée. »

3° Le principe de substance : « Toute qualité suppose un sujet dans lequel elle réside. »

4° Le principe de droit et de justice : « Tout ce qui appartient à quelqu'un, doit lui être rendu. »

5° Le principe de moralité qui n'est qu'une application de celui de finalité : « Il est mal de s'arrêter dans la jouissance d'un plaisir qui est pour une fin et d'exclure la fin pour laquelle ce plaisir est institué. »

6° Le principe du mérite qui n'est aussi qu'une application de celui de justice : « Chacun doit recevoir suivant ses œuvres. »

7° Le principe d'unité et d'ordre : « Tout ce qui est multitude ne peut être constitué en un corps unique bien ordonné et bien tranquille que par la subordination de ses parties à un principe supérieur d'unité. »

8° Le principe de charité : « Ne faites pas à autrui ce que vous ne voudriez pas qu'on vous fît. Faites à vos semblables ce que vous voudriez qui vous fût fait à vous même. »

C'en est assez pour donner une idée des premiers principes qui constituent l'objet et la sphère propre de l'intelligence humaine. Ces principes, remarquons le, ne sont que des expressions de quelques-unes des perfections qui sont renfermées sous l'idée de l'être, de la vérité, de la justice entendus simplement, absolument, sans restriction ni condition ; ils expriment quelques-unes des lois essentielles de l'être, de la vérité, du juste et du bien infini.

Ces principes sont donc aussi absolus, nécessaires, immuables, éternels ; ils ne dépendent ni du temps, ni des lieux, ni d'aucune circonstance.

Evidemment, ils ne tombent pas sous les sens : la vue, ni l'ouïe, ni l'odorat ne peuvent rien pour saisir les idées d'identité, de contradiction, de causalité, de finalité, de justice et de moralité.

Nous l'avons dit, c'est par l'intelligence que l'homme peut seulement s'élever au concept de l'absolu et du nécessaire, qui est le concept propre et nécessaire de sa nature intellectuelle. Par conséquent aussi, celui qui ne s'élève pas à cette hauteur, n'est point réellement un être intelligent, un homme au vrai sens de ce mot.

Du même coup et pour la même raison, il faut conclure qu'un tel être n'est pas en état de faire partie de la société. Car la société repose essentiellement sur les idées de supériorité et de subordination, d'unité et d'ordre, de justice, de charité et de vérité. Qui est étranger à ces idées, ne peut être un élément social. Les brutes forment des troupeaux, non des sociétés proprement dites.

Enfin, un tel être, par le fait qu'il ignore l'absolu, l'éternel, l'immuable, le nécessaire, l'infini, est incapable de poursuivre et de réaliser sa destinée en dehors du temps et de l'espace, de la contingence et de la relativité. Il est forcément soumis à toutes les conditions et à tous les accidents de la force matérielle et du milieu où elle exerce son empire.

III

Mais comment élève-t-on l'esprit de l'enfant à la connaissance de ces principes et des idées qui les renferment ? Par l'enseignement même de ces principes et de ces idées. Dès qu'on articule aux oreilles de l'enfant les noms de Dieu et de l'âme, qu'on propose à son esprit, les idées de vérité et de bien, d'ordre et de justice, non seulement on ne l'étonne pas, mais encore on le satisfait ; on ne fait que lui révéler les choses dont il avait comme un secret pressentiment. Lui-même, il paraît moins apprendre que se rappeler, moins connaître des choses ignorées que reconnaître des choses oubliées et dont il sentait comme le besoin de se souvenir.

Comment les parents peuvent-ils remplir leur devoir sur ce point ?

Ceux qui sont vraiment chrétiens ou même simplement intelligents, en laissant agir la vie de leur âme, parlent assez à leurs enfants de Dieu, de l'âme, des destinées éternelles, de la justice et de la charité, de l'ordre et de l'obéissance, de la religion et de la morale. Le catéchisme confirme et développe les connaissances données autour du foyer paternel. Vient le cours de philosophie pour ceux qui ont été préparés à le suivre ; c'est un enseignement qui affermit et élève dans les esprits les notions intellectuelles dont ils ont été progressivement pénétrés jusque là.

Cependant, il ne manque pas d'hommes qui se plaignent de la faiblesse des études philosophiques et de la place trop restreinte qui leur est faite dans le cours de l'éducation. Ils ont raison. Il ne suffit pas de donner aux enfants une idée quelconque de Dieu, de l'âme, de l'immortalité, de la morale, si l'on ne fait qu'effleurer l'enseignement des principes fondamentaux de l'intelligence ; car c'est la constitution essentielle de l'intelligence qui est aujourd'hui principalement en butte aux attaques astucieuses de la révolution positiviste. Celle-ci ayant compris qu'elle ne réussirait jamais à effacer dans l'esprit humain l'idée de Dieu, tant qu'elle n'aurait pas renversé l'esprit humain lui-même, a principalement tourné ses efforts contre la faculté que nous avons d'entendre le fond des choses. Conséquemment, elle nie l'absolu et elle proclame que tout est relatif. Aux principes affirmés par l'intelligence du genre humain, elle oppose des antinomies monstrueuses, affirmant que les contradictoires sont identiques, que tout vient du néant sans cause et se fait sans but, soutenant que ce n'est pas l'être, mais le néant qui est la source et le terme de toutes choses, et ne reconnaissant d'autres vérités, d'autres droits, ni d'autre justice que la justice, les droits et les vérités qui ont tout leur fondement dans l'opinion et dans la volonté des majorités. (1)

Et, comme la révolution positiviste sent bien qu'elle ne peut facilement renverser une intelligence déjà formée et affermie, c'est par l'école primaire qu'elle attaque l'esprit frêle et inconsistant de l'enfant.

Voilà pourquoi il ne suffit pas de fortifier dans les collèges l'enseignement philosophique des principes constitutionnels de l'intelligence humaine, il faudrait encore l'introduire d'une manière explicite dans le catéchisme et le faire donner d'une manière sérieuse aux jeunes générations chrétiennes.

Enfin, dans de semblables circonstances, c'est le devoir de la famille de travailler avec plus de soin à la formation de l'intelligence de l'enfant, et d'y établir avec plus de solidité les principes premiers

1) Voir les ouvrages d'Hegel, de Renan, de Havet, etc.

sur lesquels repose sa constitution, et desquels découlent tous ses jugements. Si aux attaques de la révolution positiviste, on n'oppose pas une défense opiniàtre, victorieuse, il n'est pas douteux que l'intelligence humaine ne fasse un triste naufrage dans les générations qui s'avancent dans la vie. Or ce sont les parents qui en seront les premiers responsables et aussi les premières victimes.

IV

Toutefois, il ne suffit pas d'enseigner à l'homme, dès son enfance, les principes constitutifs de son intelligence, il faut lui donner le moyen de s'élever et de se maintenir par lui-même dans leur possession et jouissance. Quel est ce moyen ? C'est la méthode d'induction et d'analogie transcendentale, comme les Ecritures elles-mêmes nous l'apprennent. L'homme trouve dans les perfections des êtres relatifs et contingents un point d'appui et de départ pour s'élancer par delà toutes limites, reconnaître et affirmer dans l'infini, l'absolu, le nécessaire, l'immuable. (1) Il n'est pas de procédé plus naturel et tout à la fois plus essentiel à l'esprit humain. Pourvu que nous ne soyons point captivés et absorbés par les passions terrestres, nous éprouvons le besoin, dès que nous percevons le fini, l'imparfait, le terrestre, de nous élever, par un essor tout naturel, à la conception du céleste, du parfait, de l'infini. C'est le procédé scientifique par excellence dont l'homme se sert pour découvrir les lois qui régissent la nature. Des phénomènes particuliers qu'il observe, il abstrait ce qu'il y a de vraiment commun, constant, universel, et il l'affirme comme la loi à laquelle ils sont soumis. Pareillement, nous prenons dans les êtres particuliers ce qu'il y a de réellement vrai et de positivement bon ; et reculant sans fin, ou plutôt supprimant toutes les limites qui en restreignent la bonté, la vérité, nous affirmons la vérité infinie, la bonté sans borne. Le procédé est le même dans les deux cas, les circonstances seules sont différentes.

Si donc le savant, pour mériter son nom, doit savoir s'élever des faits particuliers à leurs lois, l'homme, pour être digne de cette qualification, doit savoir aussi s'élever des êtres concrets qui tombent sous ses sens, à l'être invisible qui est l'objet propre de son intelligence.

(1) Sap. XIII, Ad Rom. 1. Voir les ouvrages du P. Gratry. Voir la lettre de M. G. D. Laverdant, à M. Littré et aux Positivistes.

Enfin, le propre de l'intelligence étant de concevoir le particulier comme soumis à l'absolu et le nombre comme soumis à une unité d'un degré supérieur, l'intelligence humaine doit s'élever à concevoir l'unité sublime qui domine tous les ordres de l'univers et en fait un seul tout manifestement constitué sur un même plan ; elle doit s'élever à cette universelle ressemblance qui éclate dans toutes les sphères des êtres et qui en révèle l'unité de principe, de type et de fin. Conséquemment, il faut que l'enfant, en voyant ce qu'il y a dans un ordre, apprenne à découvrir par là ce qu'il y a ou doit y avoir dans l'ordre supérieur ; qu'en saisissant les traits de l'ordre des choses particulières, il sache affirmer, en s'élevant dans l'ordre universel, les traits des êtres immatériels et intelligents ; et qu'en comprenant ce que sont les âmes raisonnables, il soit en état d'entrevoir ce qu'est la substance infinie, incréée.

On comprend par là le devoir des parents : c'est d'habituer leurs enfants à prendre fréquemment cet essor qui les fait passer de la sphère des sens dans la sphère de l'intellect, et à se servir de la connaissance du fini et du relatif pour entrer dans la lumière de l'infini et de l'absolu. Il est certain qu'un homme qui se sera formé cette habitude dès son enfance, ne pourra guère perdre l'usage de son intelligence ; car, si l'on oublie facilement l'enseignement qui ne se répète plus, on ne peut oublier celui que l'on entend tous les jours, ni surtout celui que l'on est accoutumé à se donner à soi-même tous les jours.

En outre, dès que l'on sait user de la méthode qui procure un tel bienfait, on étend la puissance de ses connaissances intellectuelles dans la mesure où l'on étend les connaissances que l'on acquiert de l'ordre contingent. Ainsi la vie tout entière est une marche continue de l'ordre terrestre vers l'ordre de l'absolu. Quoi de plus nécessaire à l'âme humaine ? C'est la mission de ses auteurs de l'y former.

V

Suffit-il de savoir s'élever à la conception des principes intellectuels ? Non, ces principes sont pleins de conséquences, il faut donc en savoir tirer ce qu'ils renferment. Tel est le but de la méthode de déduction, telle est la fonction de la raison.

La raison n'est point cependant une autre faculté que l'intelligence. En tant que notre esprit s'élève à la conception directe des prin-

-cipes premiers, il se nomme intelligence. Quand, par un mouvement inverse, il déduit de ces principes des règles générales pour résoudre les cas particuliers, il prend le nom de raison et le procédé par lequel il redescend ainsi des principes intellectuels à leurs conséquences et aux applications de leurs conséquences, s'appelle raisonnement par voie de déduction. (1)

On a exalté la méthode d'induction ; c'est elle qui a ouvert la voie du progrès aux sciences, et celle de son objet et de sa fin à l'esprit humain : on a donc bien fait. Mais à où l'on s'est grossièrement trompé, et où l'on a commis un grave tort envers l'esprit humain, c'est quand on a décrié, rabaissé la méthode de déduction. Car, si la première est nécessaire pour s'élever aux principes, la seconde n'est pas moins indispensable pour mettre les principes en œuvre et à profit, en descendant à leurs conséquences. Que d'hommes nous avons rencontrés qui, bien armés d'excellentes maximes, ne soupçonnaient pas même qu'ils possédaient en elles toute la lumière dont ils avaient besoin pour diriger leurs pensées et leurs actes et qui raisonnaient parfaitement en dehors des questions agitées, avec un aplomb aussi risible qu'il était sérieux ! Incontestablement leur éducation était restée à mi-chemin de son terme ?

A quoi bon les principes si l'on n'en possède que la formule et si l'on manque de logique pour s'en servir comme il faut ?

Il y a donc une science logique que les parents sont tenus d'enseigner ou de faire enseigner à leurs enfants. Sans doute, ils ne sont pas tenus de leur apprendre à tous à faire des raisonnements suivant les formes d'Aristote, mais ils le sont de leur apprendre à tous à raisonner juste et à mettre de la logique dans la suite de leurs pensées. Il faut dès lors qu'ils les exercent et les habituent à voir avec exactitude et précision ce qu'il y a dans un principe, dans une proposition, dans un terme, et à y démêler ce que les habiletés ou même les insuffisances du langage peuvent y avoir amassé de confusions, d'obscurités ou de sophismes ; enfin, il faut qu'ils les façonnent tous à ne mettre et à n'accepter dans les conclusions que juste ce qu'il y a dans les prémisses. Si celui qui n'a pas de principes n'est pas un homme au vrai sens de ce mot, celui-là ne l'est guère davantage qui, au lieu de se servir des principes qu'il a pour s'éclai-

---

(1) V. S. Th, Q. Q. Quæst. De Magistro. a. 1. Sum. Theol. l. I. Q. 79. art. 8. Q. 83., art. 4. Voir aussi le P. Liberatore. Du Composé humain, ch. V, art. III.

rer et se diriger de haut, s'en fait comme des pièges dont il se sert pour s'embarrasser et tomber dans des sophismes honteux.

VI

Enfin, l'homme est fait pour être libre, et il ne peut pas être libre si son intelligence n'est pas éclairée par la lumière de laquelle dérive la liberté.

Si, en effet, l'homme ne se conduit qu'à la lumière des sens, il ne perçoit que les biens sensibles, il n'y a en lui que les appétits organiques qui soient stimulés et qui, à leur tour, le stimulent lui-même. Dès lors, il ne peut être libre, puisque ces appétits sont aveugles et qu'ils tendent vers leurs objets par un mouvement physique, irrésistible.

Du reste, si l'homme n'a que la lumière de ses sens, il ne peut voir sa fin nécessaire que dans les biens sensibles. Par conséquent, il ne peut pas être libre à l'endroit de ces biens, attendu que personne n'est libre à l'endroit de sa fin naturelle. C'est ainsi que l'homme étant fait pour le bien, il n'est pas libre d'aimer le mal. Si donc il se voyait fait pour les biens sensibles, il ne pourrait pareillement être libre de ne pas les aimer.

Que s'en suit-il ? Pour pouvoir être libre, il faut qu'il jouisse d'une lumière qui soit supérieure aux lumières particulières des sens, qui, étant une lumière universelle, lui permette de percevoir et de saisir le bien universel ; il faut qu'à la clarté de cette lumière, il voie sa fin nécessaire dans la possession de ce bien supérieur. C'est le moyen indispensable et c'est le seul qu'il y ait pour qu'il ne soit pas irrésistiblement lié par un amour nécessaire à tous les biens sensibles.

La lumière intellectuelle est donc le principe essentiel de la liberté morale. Sans lumière intellectuelle, l'homme n'est pas plus que la brute, capable d'être maître de lui-même. Si donc ses auteurs sont tenus de l'élever à la possession de sa liberté et à la connaissance de la loi morale qui en doit régler l'exercice, ils sont par là même tenus de le mettre en possession de ses forces intellectuelles.

L'obligation d'atteindre une fin, implique l'obligation de prendre les moyens nécessaires qui y conduisent.

CHAPITRE X

De l'Education mentale que les Parents doivent à leurs enfants (Suite).

> L'instruction littéraire n'est pas nécessaire pour faire un homme digne de ce nom ; mais elle est un ornement et une force qu'il n'est pas permis de négliger quand on peut l'obtenir.

I

Grand est l'engoûment professé de nos jours pour l'instruction littéraire et scientifique. Volontiers, on met sur le même pied savoir lire et savoir penser, savoir calculer et savoir raisonner juste. Bien plus, il ne manque pas de familles qui font passer l'art de l'écriture avant la science des principes rationnels, l'ameublement de la mémoire avant la formation de l'intelligence.

Nous ne nions pas que l'instruction littéraire ne soit un puissant moyen pour contribuer au développement des facultés humaines, qu'elle ne procure de grands avantages à ceux qui en possèdent une certaine dose, qu'elle ne soit même nécessaire à quelques-uns pour vivre honorablement et peut-être pour gagner leur vie. Il peut encore arriver que la société ait atteint un tel degré de culture qu'il soit difficile de s'y faire sa place et d'y réussir dans ses affaires, sans savoir lire, écrire et chiffrer couramment. Dans tous ces cas, les parents doivent faire moralement tout ce qui est en leur pouvoir pour en doter largement leurs enfants. Ils seraient coupables, s'ils négligeaient de leur procurer un si grand bienfait.

Toutefois, impossible de le nier, un homme peut être un homme dans toute la force du mot, il peut convenablement, en général, remplir ses destinées terrestres et célestes, sans savoir ni lire, ni écrire, ni chiffrer. Combien de temps, en effet, l'homme n'a-t-il pas été sans connaître ces arts ! Leur invention a été pour son esprit un progrès et surtout un moyen de progrès sérieux ; ils n'en ont jamais constitué les connaissances essentielles. Que d'hommes encore vraiment dignes de ce nom on a pu trouver jusqu'à ce jour, qui joignaient à une ignorance absolue de la lecture, de l'écriture et des autres parties de l'instruction littéraire, un sens droit, un goût exquis, une conscience délicate, une haute intelligence et un caractère honorable? On serait tenté d'affirmer aujourd'hui que le nombre des hommes proprement dits diminue à mesure que celui des lettrés augmente. On dirait vraiment que l'instruction littéraire et scientifique produit sur les âmes de cette époque les effets pernicieux de la richesse et du bien-être matériel, et qu'elle sert plus à abaisser les esprits qu'à les élever, à pervertir les cœurs qu'à les rendre meilleurs, à amollir les volontés qu'à les tremper, à corrompre les mœurs qu'à les purifier. N'y a-t-il pas plus d'hommes qui abusent de leurs connaissances littéraires et scientifiques pour se conduire d'une manière indigne de leur nom, qu'il n'y en a qui restent au-dessous de leur condition par suite de leur ignorance en sciences et en littérature?

Nous allons essayer d'en dire la raison. D'abord, au point de vue purement organique, il n'est pas douteux que des études prolongées n'excitent l'irritabilité du système nerveux, n'enfièvrent l'imagination, et par là, ne provoquent et n'activent les mouvements des appétits organiques. De là, dans les natures cultivées par un enseignement plus étendu, cette ardeur des passions plus véhémente et plus continue; de là, cet orgueil et cet égoïsme qui se croit le droit de tout sacrifier à la satisfaction d'une seule cupidité. Ajoutons que l'instruction, en déliant l'esprit, lui fournit les moyens de satisfaire plus facilement les désirs qui le pressent et de s'assurer plus aisément l'impunité sur la terre, alors que pour les assouvir, il se laisse entraîner à commettre les plus grands crimes. C'est ce qui arrive surtout quand la littérature et les sciences se donnent la triste mission de procurer aux hommes les jouissances terrestres avec plus d'abondance et de raffinement, et de les détourner en même temps de la pensée de leur origine et de leurs fins dernières. Alors les lettrés, oubliant Dieu, ne se servent de leur instruction que pour s'autoriser dans leurs désordres et se précipiter plus profondément dans la corruption et dans tous les excès les plus monstrueux.

II

C'est ce qu'ont remarqué tous les hommes qui se sont donné la peine de penser sur ce sujet.

« Bacon a dit que la religion était un aromate nécessaire pour empêcher la science de se corrompre, a écrit de Maistre ; en effet, ajoute-t-il, la morale est nécessaire pour arrêter l'action dangereuse, et très dangereuse de la science, si on la laisse marcher seule. » (1)

« Dans beaucoup de sciences, a dit de la Chalotais, on peut raisonner juste sans avoir le cœur droit ; mais, dans tous les cas où les passions et les intérêts peuvent entrer, c'est-à-dire dans toutes les affaires de la vie, la justesse de l'esprit et la droiture du cœur sont inséparables. » (2)

« L'instruction primaire, dit aussi M. Albert Sorel, est un levier puissant, mais neutre par lui-même et sans vertu propre. Selon la main qui le dirige, le point d'appui qu'on lui donne, l'objet auquel on l'applique, il produit des effets complètement opposés. Il peut servir tout aussi bien à barrer le chemin qu'à le déblayer. » (3)

Ecoutons M. Leplay : « Les enseignements de l'histoire et l'observation des idées contemporaines réfutent la doctrine qui considère le perfectionnement des mœurs comme intimement uni à celui de la science et de l'art.

« Les sciences physiques qui ont révélé tant de vérités utiles, deviennent moins fortifiantes pour l'esprit à mesure que les sociétés perdent l'amour du bien, et il s'en faut de beaucoup que leur influence sociale grandisse comme le nombre de ces vérités. L'homme se rapetisse sous certains rapports, pendant que le savant grandit, surtout si une préoccupation soutenue pour la pratique du bien, ne met pas son esprit hors des atteintes de l'orgueil. C'est ainsi qu'une application trop absolue aux sciences physiques, loin de guérir les maux provenant du désordre moral, peut quelquefois les aggraver. Les fausses doctrines qui troublent maintenant la paix sociale, ont été propagées aussi souvent par cette classe de savants que par les lettrés qui recherchent les nouveautés et s'inspirent exclusivement de leur propre raison. » (4)

« Le premier but de l'éducation est de dompter les vicieuses inclinations de l'enfance, mais tous ceux qui ont eu charge de ce de-

---

(1) Lettres et Opuscules, T. II, p. 283.
(2) Essai d'éducation nationale.
(3) Revue des Deux-Mondes, 15 mai 1871.
(4) La Réforme sociale. Introduction, Ch. 2. II.

voir, savent que, sous ce rapport, la science de l'instituteur ne saurait suppléer à l'autorité et à la sollicitude des parents. (1)

« Ceux qui espèrent réformer notre époque par l'enseignement scolaire. » .... veulent « que l'instituteur soit appelé à réagir sur l'intelligence et sur les intérêts civils des nations par un sacerdoce analogue à celui que le prêtre exerce dans l'ordre moral. Mais les faits ne justifient nullement cette assimilation, et l'opinion de tous les peuples dément les espérances qu'on s'efforce d'accréditer.

La doctrine du prêtre a occupé de tout temps la première place dans l'estime des hommes. Elle répond aux aspirations de toutes les conditions et de tous les âges. Seule, elle a le pouvoir d'arracher les peuples à la barbarie et de les maintenir à l'un de ces points culminants que l'histoire nous offre de loin en loin. La connaissance de cette doctrine est le meilleur moyen de perfectionner les aptitudes morales. Elle fournit en outre un aliment de premier ordre aux plus éminentes facultés de l'esprit. » (2)

« Rien de semblable ne se remarque dans les attributions de l'instituteur primaire... La doctrine scolaire a le genre de perfection qui lui convient, dès qu'elle est adoptée aux facultés imparfaites de l'enfant. Elle doit avant tout exercer la mémoire et les organes physiques ; elle a moins de prise sur les intelligences et elle agit encore moins sur les facultés morales.

Il s'en faut donc beaucoup que les meilleurs systèmes pédagogiques puissent remplacer la sollicitude innée des parents et les bienfaisantes influences de la religion. » (3)

M. Herbert Spencer ne se prononce pas moins énergiquement contre l'erreur qui attribue à l'instruction le pouvoir d'améliorer la conduite et de former des hommes. (4) On dit que d'après les statistiques, la plupart des condamnés sont des illettrés, et l'on conclut que l'ignorance est la mère des crimes. « On pourrait aussi bien soutenir, continue M. Spencer, que le crime doit être attribué à l'absence d'ablution, de linge propre et de ventilation qu'au manque de connaissances acquises. Sont-ils illettrés les banqueroutiers, les fondateurs de compagnies en l'air, les fabricants de produits falsifiés, etc....? Les empoisonneurs publics sont-ils des ignorants?

(1) Ibid, Ch. 28. V.
(2) Op. cit., T. II, Ch. 47. VI et VII.
(3) Ibid. VIII.
(4) Op. cit., T. I, Ch. 28 V et VI. III, Ch. 62.

Les partisans de l'instruction à outrance se croient bien armés avec leurs chiffres. Eh bien, les chiffres établissent que le nombre des criminels est plus considérable par rapport aux classes lettrées, que ne l'est le nombre des meurtriers par rapport à la population totale. »

« La confiance dans les effets moralisateurs de la culture intellectuelle, (1) que les faits contredisent si catégoriquement, est du reste absurde à priori. Quel rapport peut-il y avoir entre apprendre que certains groupes de signes représentent certains mots et acquérir un sentiment plus élevé du devoir ? Comment l'aptitude à former des signes représentant des sons, pourrait-elle fortifier la volonté de bien faire ?.... Comment les dictées d'orthographe et l'analyse grammaticale épureraient-elles le sentiment de la justice ? Pourquoi enfin des renseignements géographiques, accumulés avec persévérance, accroîtraient-ils le respect de la vérité ?

« Celui qui espèrerait enseigner la géométrie en donnant des leçons de latin, qui, en dessinant, croirait apprendre à jouer du piano, serait jugé bon à mettre dans une maison de fous. Il ne serait pourtant guère plus déraisonnable que ceux qui comptent produire des sentiments meilleurs au moyen d'une discipline des facultés intellectuelles.

« Il en est qui veulent comprendre, dans l'enseignement, les principes de la morale ; mais de ce que mon intelligence reçoit certains principes de bonne conduite, s'en suit-il que j'en ferai certainement la règle de mes actions ? Les Chinois imprévoyants et corrompus en dépit de la morale élevée de Confucius, familière aux citoyens du Céleste-Empire, les Anglo Saxons du Nouveau-Monde, adorateurs moins délicats que zélés du dieu dollar, bien qu'ils soient soumis dès le premier âge à l'influence d'édifiantes lectures, prouvent trop clairement que l'on agit rarement conformément à ce que l'on sait.

« Le prêtre, dites-vous, est manifestement impuissant à moraliser les masses, il faut le remplacer par le maître d'école..... Les commandements et les défenses formulées par un prêtre en habits sacerdotaux devant un auditoire préparé par le chant et les orgues, ont été méconnus, voyons si, répétés machinalement, sur une mélopée

---

(1) Le qualificatif *intellectuelle* est ici, comme plus bas, pris dans un sens large et non strict, car il ne s'agit pas, dans les exemples cités par l'auteur, de la formation même de l'intelligence, mais de la culture des facultés inférieures de l'esprit.

traînante et monotone, devant un magister rapé, au milieu du bourdonnement des leçons et du cliquetis des ardoises, ils impressionnent assez pour être obéis.

« Croyez-vous donc qu'un précepte sera d'autant mieux observé qu'il aura été mieux entendu ?

« Si l'Angleterre, conclut M. Spencer, avait pour roi *effectif* un homme chez lequel la conception *purement scientifique* des choses serait prédominante, l'effet serait probablement mauvais et pourrait devenir désastreux. » (1)

Il suit de là que l'instruction littéraire et scientifique est, non l'essentiel, mais un simple accident dans la formation mentale de l'enfant. Par conséquent ce n'est point essentiellement, mais par accident, que les parents peuvent la devoir à leurs enfants.

CHAPITRE XI

De l'éducation morale que les Parents doivent à leurs enfants.

> La dignité et la fermeté du caractère, voilà, sans doute, le couronnement nécessaire des perfections humaines.

I

L'homme a des sens, c'est pour percevoir les biens particuliers qui sont l'objet et le terme des appétits organiques.

Il a une intelligence, c'est pour saisir le bien universel qui est l'objet et le terme de son appétit intellectuel.

---

(1) Introduction à la Science sociale. Voir aussi un article de M. de Peyralale dans la Revue, la Réforme sociale, 15 avril 1881.

Ainsi, comme il a des appétits organiques, il a un appétit intellectuel qu'on appelle communément volonté raisonnable. (1)

La volonté raisonnable a-t-elle besoin, est-elle digne d'une éducation soignée ? Disons que généralement les familles s'en tiennent trop à ce que fait la nature sur ce point, quand cependant rien ne mérite tant les soins d'une formation sérieuse que le cœur, la volonté, le caractère, ces trois mots n'exprimant pas trois facultés différentes, mais trois aspects de la même faculté.

« Sans doute, dans l'éducation, l'intelligence a ses droits, dit M. Ginon,.... mais le caractère, lui aussi a des droits et des besoins, et il nous est permis de nous demander si, ayant dans la destinée des hommes une influence plus décisive, peut-être, que l'intelligence elle-même, il ne peut pas viser à honorer, à servir l'humanité, en un mot, à accomplir sa mission avec un égal succès ?.... N'y a-t-il pas nécessité d'agir directement, plus directement, peut-être, qu'on ne le fait sur la formation de ce qui s'appelle la volonté. » (2)

Et la preuve : l'enfant commence à discerner le bien et le mal moral ; aussitôt il éprouve un sentiment de haine pour celui-ci et d'amour pour celui-là. Malheureusement ses appétits organiques qui ont grandi avant la volonté raisonnable, sont aussi plus impérieux ; ils entraînent celle-ci à consentir aux jouissances défendues qu'ils désirent, malgré les répugnances qu'elle y ressent.

Asservie aux appétits du corps, la volonté ne sait souvent non plus affirmer et soutenir ses droits en face d'autres volontés semblables mais rivales. Un bon nombre d'enfants sont si pusillanimes de caractère qu'ils se résignent volontiers à subir la volonté de leurs égaux.

Il en est d'autres qui sont, au contraire, hautains, impérieux, violents. Incapables d'écouter la voix de la raison et même des plus pures affections, ils intiment leurs volontés sous forme d'explosions auxquelles rien ne semble devoir résister.

Enfin, il est des natures plus froides ; elles n'ont pas de mouvements à tout briser, mais elles veulent ce qu'elles veulent aveuglément, avec une obstination et un entêtement que rien ne peut faire plier.

---

(1) V. le P. Liberatore. Du Composé humain, ch. V, art. VII.
(2) M. l'abbé Ginon. Des moyens de développer, par l'éducation, la dignité et la fermeté du caractère. Mémoire couronné par la Société nationale d'éducation de Lyon. Observations préliminaires,

II

Avoir montré les faiblesses et les imperfections de la volonté dans l'enfant, c'est avoir indiqué les devoirs de ses auteurs pour la fortifier et la perfectionner.

Dès les premiers éveils de l'intelligence, les parents doivent s'appliquer à éveiller et à faire grandir dans leurs enfants l'amour du vrai, du bien, du juste, de l'honnête, et conséquemment de lui inspirer une haine vigoureuse et implacable pour tout ce qui est honteux, injuste, mauvais et faux.

L'estime devant toujours être le fondement et la raison des affections, il faut que les parents habituent leurs enfants à n'accorder leur estime et leur respect, leur considération et leurs hommages qu'à ce qui les mérite réellement. Pour ce qui est bas, vil, indigne, les jeunes âmes ne sauraient en concevoir un trop grand mépris et une trop grande aversion. C'est à ce premier âge que l'on trouve les dispositions et les aptitudes nécessaires pour allumer dans le cœur les grands attachements et les nobles dévoûments, les saintes admirations et les sublimes enthousiasmes, pour façonner les volontés au culte passionné du devoir, de la sincérité, de la loyauté et de l'honneur. Il sera toujours petit et bas l'homme qui n'aura pas dès son enfance cultivé en lui ces hauts et nobles sentiments. (1)

D'autre part, il faut que les parents révèlent à leurs enfants leur dignité, leur noblesse, leur grandeur, qu'ils leur apprennent le devoir et le droit qu'ils ont d'être libres, d'être maîtres d'eux-mêmes et de ne dépendre que de Dieu, leur Créateur et leur fin dernière. Rien n'est plus nécessaire ni plus efficace pour faire une grande âme que le respect religieux de soi, que le culte sacré de sa liberté, qu'un haut sentiment de sa responsabilité.

C'est dire combien les parents sont obligés de respecter ces sentiments, eux qui, par la fonction de leur charge, sont obligés de les faire naître et de les développer. Malheureusement il en est trop qui méconnaissent complètement sur ce point leurs obligations les plus graves.

Oui, il en est trop qui traitent les âmes de leurs enfants comme une matière, dont ils auraient le droit d'abuser à discrétion, qui les

---

(1) V. M. Ginou, op. cit. Ch. I.

soumettent aux mobiles caprices de leur fantaisie, leur commandant comme à des esclaves sans droits et sans dignité.

Il n'est pas jusqu'au législateur à qui l'on n'ait entendu proclamer la nécessité de couler de force toute la jeunesse française dans le même moule, suivant un idéal rêvé par la tyrannie. (1) Quoi de plus funeste à l'élévation des caractères qu'un pareil mépris de leur dignité ! Quoi de plus efficace pour les avilir que de les fouler ainsi aux pieds, alors qu'ils sont impuissants à se défendre ! C'est le plus complet renversement des rôles que l'on puisse imaginer. Comme nous le dirons bientôt, loin d'être un maître absolu, l'Etat ne doit être qu'un serviteur chargé d'assurer à la famille la sécurité dont elle a besoin pour remplir sa mission ; et la famille, loin d'avoir le droit de disposer de l'enfant, n'est qu'une société instituée, nous l'avons dit, pour élever l'enfant à la dignité de l'homme, en l'élevant à la jouissance de sa liberté.

Aussi les parents fidèles à leurs devoirs, s'efforcent-t-ils non seulement de ne rien commander à leurs enfants d'injuste et d'arbitraire, mais encore de ne rien leur imposer, si ce n'est au nom de l'autorité divine et pour satisfaire à la vérité, à la justice et à toutes les convenances : seuls pouvoirs auxquels les enfants comme les hommes puissent être soumis sans être abaissés et avilis.

Par respect pour cette dignité du caractère qu'ils ont la mission de former, ils prennent garde, soit de commander à faux, soit même de commander trop. Il n'est pas bon que l'enfant ne se sente le droit d'aucune initiative, moins encore qu'il se sente courbé sous un caprice.

Obligés de ne pas relâcher leur surveillance, les parents dignes de leur mission, ne sauraient trop en dissimuler l'exercice sous des témoignages de confiance, dans l'intérêt même de cette dignité qui en est le but. Il est utile que l'enfant ait le sentiment de la liberté et qu'il ait à cœur d'en faire un bon usage, par simple respect de son devoir et de sa propre dignité.

Les meilleurs enfants commettent des fautes et ont besoin de correction. Mais les corrections, administrées par boutade et sans jugement, peuvent faire le plus grand mal à la dignité de l'enfant. La première correction doit toujours être la reconnaissance et la réparation de la faute commise. Il y a des enfants qui ne peuvent pas supporter d'autre châtiment, sinon ils se révoltent ou bien tombent bri-

---

(1) Mgr. Dupanloup, op. cit. t. 1 l. IV. ch. 1 et suiv.

sés, sans être capables d'aucune réaction pour se relever et se remettre. Dans tous les cas, il faut que le coupable ne puisse attribuer le châtiment qu'à une nécessité de la justice et de son éducation. S'il y pouvait voir un acte d'emportement et d'arbitraire, il en concevrait du mépris pour lui-même ou pour celui qui le lui infligerait.

Un enfant a-t-il un caractère faible ? Il trouve plus commode de plier, de s'effacer, de s'annihiler devant la volonté de ses égaux que de lutter avec courage pour garder son rang. C'est une lâcheté et un abaissement contre lequel ses parents doivent le défendre en l'obligeant à maintenir ses droits et sa dignité et en appuyant de leur concours les efforts de sa résistance et de ses revendications.

S'agit-il d'un enfant hautain, superbe, impérieux ? Dans tous les cas, les parents feront en sorte de n'abattre que ce qu'il y a d'excessif dans la fierté ; ils se garderont bien de porter atteinte à l'élévation et à la dignité elles-mêmes du caractère. S'ils recommandent l'humilité, s'ils infligent des humiliations, ils prendront garde que leur traitement ne tue que le vice et qu'il contribue à perfectionner les qualités auxquelles il est mêlé.

Mais l'homme ne s'avilit pas seulement quand il se laisse asservir par ses semblables ; ce qui l'abaisse davantage et le ravale au-dessous de la bête, c'est l'asservissement de sa volonté raisonnable aux appétits aveugles de son organisme. Qu'est en effet l'homme, quand, au lieu d'obéir à la lumière de sa raison, il en viole les prescriptions pour assouvir les passions de la chair ? Il est moins que la brute de toute la dignité qu'il foule aux pieds pour vivre comme elle.

Un grand devoir pour les parents, c'est donc d'aider leurs enfants à s'affranchir de l'esclavage des sens, à s'élever au-dessus des désirs de la chair, à devenir les maîtres de leurs appétits organiques, et enfin à vivre suivant la pure lumière de la raison. Chargés de faire des hommes, les parents n'ont rien fait de solide et de durable pour atteindre cette fin sublime, ils n'ont rien fait pour assurer la vie de l'intelligence, la rectitude de la conscience, du goût et du sens intime, la santé même de l'organisme, tant que les passions aveugles et désordonnées de la chair ont le souverain empire dans leurs enfants et s'y font obéir en maîtresses impérieuses. Non seulement, elles violent toutes les lois, elles foulent aux pieds toutes les vraies et saines exigences de l'âme et du corps, mais, par les excès auxquels elles s'emportent, elles vont jusqu'à ôter à l'âme l'usage de ses facultés et jusqu'à précipiter le corps dans la dissolution par la plus hideuse corruption.

Du reste l'homme, qui est asservi à ses passions, est, par le fait même, l'esclave de quiconque sait se servir de celle-ci pour le dominer.

L'esclave de ses passions n'a qu'à trouver un maître pour être l'esclave d'un homme. Il est disposé à se laisser mener par l'attache de ses désirs, comme un animal par le lien qui l'enchaîne.

Il faut donc que les parents habituent leurs enfants à préférer les hautes satisfactions de la conscience à toutes les jouissances inférieures des sens ; en d'autres termes, il faut qu'ils leur apprennent à être vertueux et à n'agir que par vertu.

III

En effet, à quoi bon l'élévation du caractère, si elle n'est soutenue par une invincible fermeté ? Il n'est presque pas un instant que l'indépendance morale de l'homme ne soit attaquée ou au dedans ou au dehors de lui-même par d'implacables ennemis.

Les appétits organiques ont des désirs violents et désordonnés qui ne lui laissent presque point de repos. Ses semblables, entraînés par le penchant à la domination qui est inné dans l'homme, ont, pour la plupart du temps, l'esprit occupé de menées qui tendent à se l'asservir sous quelque rapport. Il faut que l'homme conquière et défende de hautes luttes son indépendance morale; s'il est écrit que le royaume du ciel souffre violence et qu'il n'y a que ceux-là seuls qui se font violence qui l'emportent d'assaut, il faut répéter la même chose de cette indépendance de l'âme qui fait l'homme proprement dit : l'homme ne s'y élève que par les victoires qu'il remporte soit sur lui-même soit sur ses ennemis de dehors. Malheur aux volontés faibles et molles ! Elles se plient à la loi des penchants inférieurs et de quiconque veut les tyranniser.

Impossible qu'elles fassent des hommes dignes de ce nom. Car, l'homme, en latin *vir*, vient de *virtus*, qui veut dire force, et *virtus* dérive de *vis*, qui signifie violence. De sorte que l'homme est un être fort qui se fait violence ou qui se défend contre la violence de ses ennemis, afin de devenir et de rester ce qu'il doit être.

Les parents ne feront donc jamais de leurs enfants des hommes dignes de ce nom, sans travailler à affermir leur volonté et à leur donner de l'énergie et de la ténacité. Une partie essentielle de leurs fonctions, c'est de fortifier leur caractère, c'est de les former non-seulement à ne vouloir que ce qui est vrai, beau, honnête et juste, mais encore à vouloir tout cela avec une vigueur indomptable et avec une constance invincible. Les négligences, les défaillances sur ce point ont, dans l'éducation, les conséquences les plus désastreuses. On le voit par l'exemple d'une infinité d'hommes qui savent bien ce qui est le devoir, mais qui n'ont pas la force de vouloir efficacement l'accomplir, qui gémissent et se désolent sous le joug de quelque maître soit intérieur, soit extérieur, qui désireraient bien vouloir sérieusement le secouer et s'en affranchir, mais qui ne se sentent jamais le courage, l'énergie nécessaire pour prendre une résolution décisive, ni la ténacité indispensable pour en poursuivre l'exécution en dépit de tous les obstacles. De tels hommes n'ont de l'homme que le nom, et ce nom, ils le déshonorent.

IV

Mais y a-t-il des moyens d'éducation qui soient propres à élever et à fortifier la volonté? Certainement.

1° D'abord, nous l'avons dit, c'est la lumière intellectuelle qui est le principe de la liberté morale. Plus en effet l'homme voit clairement et fortement dans la vérité et le bien absolu, sa fin naturelle essentielle, plus il est indépendant à l'égard de tous les êtres relatifs qui ne peuvent plus avoir pour lui que la valeur de moyens facultatifs. Donc, tout ce qui augmente la lumière intellectuelle proprement dite, contribue à élever et à fortifier la volonté.

2° De même qu'on devient savant en étudiant, ainsi on acquiert une volonté ferme et tenace en s'exerçant à vouloir avec fermeté et ténacité. Une volonté qui ne s'affirme pas et qui ne fait pas valoir ses droits, est une volonté qui s'amollit, qui s'énerve; elle n'est pas loin d'abdiquer et de se renier. Rien au contraire n'augmente l'énergie, la vigueur, la constance d'une volonté comme les victoires qu'elle remporte sur tous les obstacles qu'elle trouve dressés sur son chemin.

Toutefois les actes qui ont surtout la vertu de fortifier la volonté, ce sont ceux qui lui paraissent les plus difficiles ou qui lui répugnent au plus haut degré. Exercez les enfants à vouloir des choses pénibles, ardues, en opposition avec tous les penchants inférieurs, c'est le moyen par excellence de tremper fortement leur caractère. Rien de meilleur dès lors pour cela qu'un travail suivi, soutenu, sauf cependant la discipline qu'il faut placer au même rang. « Tout ce qui gêne l'homme, a dit de Maistre, le fortifie. Il ne peut obéir sans se perfectionner, et par le fait qu'il se surmonte, il devient meilleur. » Un homme, en effet, qui s'est sérieusement soumis à une règle, a dû déployer pour cela une grande force de volonté ; or, en déployant ainsi ses énergies morales, il ne les a pas usées, il les a multipliées.

L'habitude du renoncement et des privations, la mortification des passions et des sens, la constance à endurer patiemment les souffrances physiques, supposent une grande énergie de caractère. La pratique fréquente de tout ce qui violente la nature est du même coup un exercice des plus efficaces pour développer la force de l'âme et la porter à un haut degré.

Nous ne nous attarderons point à citer sur ce point les témoignages des anciens ; (1) leurs maximes sont connues. Qu'on nous permette seulement de rapporter les paroles d'une femme ; les parents apprendront du sexe faible la mâle éducation qu'ils doivent à leurs enfants.

« Théano à Eubule, salut, écrit la femme de Pythagore à l'une de ses amies. J'apprends que vous élevez vos enfants avec trop de délicatesse. Le devoir d'une mère n'est pas de préparer ses fils à la volupté, mais de les former à la tempérance....

Vous entretenez leur jeunesse dans la mollesse et vous croyez qu'ils auront un jour la force d'y renoncer. Vous leur faites prendre l'habitude des plaisirs, et vous vous flattez qu'ils leur préféreront un jour les fatigues. Ah ! ma chère Eubule, vous croyez les élever, et vous ne faites que les corrompre.

Et ne dites pas que j'exagère. Connaissez-vous donc une plus funeste corruption que de disposer de jeunes cœurs à la volupté, de jeunes corps à la délicatesse, que de détruire l'énergie des âmes, de briser toute la force des corps et de les rendre incapables de résister aux plus faibles travaux.....

Que le beau seul ait des charmes pour eux.... Que l'habitude leur apprenne à braver les peines et les dangers....

Soyez bien persuadée qu'une éducation voluptueuse ne fera jamais qu'un esclave. Eloignez de vos enfants la délicatesse, si vous voulez en faire des hommes. Que leur éducation soit austère ; qu'ils supportent le froid et le chaud, la soif et la faim....

Croyez-moi, les peines, les travaux sont des préparations néces-

---

(1) Voir Cicer., De Officiis, I, 67, 68. Senec. Ep. 113. De benef. V,7.

saires à leur âge pour recevoir plus aisément ensuite la teinture de la vertu. » (1)

La femme du philosophe est un écho de la sagesse du genre humain ; pour développer les forces d'une âme, il faut l'appliquer à des difficultés qui mettent en œuvre les ressources dont elle est capable ; pour consolider et entretenir ses forces, il faut continuer de faire appel par des exercices proportionnés à tout ce que la nature peut donner. C'est si bien la loi de l'humanité qu'elle se relâche et retombe dans son engourdissement dès qu'elle n'est plus, non pas seulement sollicitée, mais contrainte de force à s'épanouir, à s'élever, à se fortifier, à grandir.

CHAPITRE XII

De l'Education religieuse que les Parents doivent à leurs enfants.

> Par le fait que l'homme est un être raisonnable, il est essentiellement un être religieux.

I

Nous lisons dans les Saints-Livres que « Dieu a fait l'homme à son image et à sa ressemblance.» (2) Comment, dès lors, l'homme pourra-t-il atteindre la plénitude de sa perfection, s'il ne connaît Dieu, s'il

---

(1) Cité par M. Dauphin. 6ᵉ Discours. Voir sur ce même sujet Mgr Dupanloup. op. cit., T. 1, L. III, Ch. III. M. Ginon, op. cit. Ch. II. M. J. Simon, Le Devoir Iʳᵉ Partie, Ch. III.

(2) Gen. I, 26.

n'aime Dieu, s'il ne mène une vie conforme à celle de Dieu ? Evidemment l'esprit de l'homme ne peut être une image de l'esprit de Dieu qu'autant qu'il a la connaissance de Dieu ; son cœur ne peut être semblable au cœur de Dieu, qu'autant qu'il est animé par l'amour de Dieu.

Il s'ensuit que l'éducation religieuse ou l'éducation qui a pour objet et pour terme d'élever l'enfant à la connaissance, à l'amour et à l'imitation de Dieu, est une partie essentielle de l'éducation humaine ; nous allons voir que, sans éducation religieuse, il n'y a pas et il ne peut pas y avoir d'éducation sérieuse pour l'homme.

Si, en effet, l'on veut se faire de Dieu la seule idée que l'on puisse raisonnablement en concevoir, il faut le considérer comme l'être, la vérité, le bien absolu, parfait, immuable, infini. Dès lors, si l'éducation de l'enfant a pour but d'élever son esprit à la connaissance de l'être, de la vérité et du bien, est-il possible de lui laisser ignorer Dieu, de le laisser étranger à Dieu, de le laisser en opposition avec Dieu ?

Mais, quel est l'objet propre, le terme nécessaire de l'esprit humain ? C'est encore, nous l'avons dit, l'être, la vérité, le bien absolu, nécessaire, infini. C'est donc Dieu même, puisque c'est Dieu qui est l'être absolu et que l'être absolu, c'est celui que nous nommons Dieu. Il s'en suit que l'esprit humain, par le fait qu'il est intelligence et raison, volonté et liberté, n'atteint point son objet propre, ne se repose point à son terme final, tant qu'il ne s'est point élevé jusqu'à Dieu.

Voilà pourquoi les anciens définissaient indifféremment l'homme un animal raisonnable et un animal religieux. (1)

Voilà pourquoi « toutes les nations du monde, poussées par cet instinct qui ne trompe jamais, dit M. de Maistre, ont toujours confié l'éducation de la jeunesse aux prêtres ; et ceci n'appartient pas seulement au Christianisme ; toutes les nations ont pensé de même. Quelques-unes même, dans la haute antiquité, font de la science elle-même une propriété exclusive du sacerdoce. Ce concert unanime mérite une grande attention ; car jamais il n'est arrivé à personne de contredire impunément le bon sens de l'Univers. » (2)

« Le bon sens primitif de l'antiquité, dit aussi M. Dauphin, ne sépara jamais ces deux choses : religion et éducation, religion et civi-

---

(1) M. Jules Simon, Le Devoir, III⁰ Partie. L'Idée, Ch. II, 12⁰ Edit. p. 306.
(2) Lettres et Opuscules, T. II, p. 282.

lisation. religion et science.... L'esprit unitaire de l'antiquité rattachait tout à la grande idée de Dieu : *Ab Jove principium*. Alors, les instituteurs étaient les chefs mêmes de la religion, alors le dépôt de la science et le ministère de l'éducation étaient confiés aux prêtres. » (1)

La pratique de l'antiquité s'est perpétuée jusqu'à nos jours.

« L'étude méthodique des sociétés européennes, écrivait récemment M. Leplay, m'a appris que le bonheur individuel et la prospérité publique y sont en proportion de l'énergie et de la pureté des croyances religieuses. Je ne crains pas d'affirmer que tout observateur qui recommencera cette étude selon les règles de la méthode, c'est-à-dire avec un esprit dégagé de toute idée préconçue, sera conduit par l'évidence des faits à la même conclusion.

Les enquêtes sur le passé faites avec le concours d'historiens compétents, aboutissent toutes à ce résultat. A tous les âges de l'histoire, depuis les prospérités de l'ancienne Egypte jusqu'à celles de la chrétienté, on a remarqué que les peuples, pénétrés des plus fermes croyances en Dieu et en la vie future, se sont toujours élevés rapidement au-dessus des autres par la vertu et le talent, comme par la puissance et la richesse. » (2)

Impossible de contester cela, mais on dit : « Les peuples modernes abandonnent leurs cultes en raison de leur prospérité et de leur puissance. » Soit, le bien-être matériel les enorgueillit, les égare et les corrompt. Quelles sont les conséquences de cette infidélité ?

Avec la religion s'en vont toutes les vertus, la paix sociale et la prospérité temporelle elle-même. (3) On ne voit rien de semblable chez les peuples restés fidèles à leurs croyances.

On réplique : « Les découvertes des sciences sont incompatibles avec les dogmes de la religion. » Vaine affirmation ! On n'a pas encore pu citer une seule découverte certaine qui ait mis en doute l'existence de Dieu, de l'âme, de la vie future, ni même la vérité d'aucune des vérités révélées. Et les savants les plus célèbres par les progrès qu'ils ont fait faire aux sciences, continuent à s'honorer de leurs croyances en Dieu, en l'immortalité de l'âme, et même en Jé-

---

(1) 3e Discours,
(2) La Réforme sociale, T. I, ch. 9. I.
(3) Voir M. Leplay, op. cit., ibid.

sus-Christ et son Evangile. (1) Bien plus, a priori, on voit que les vérités de l'ordre scientifique ne peuvent pas être en opposition avec les vérités de l'ordre moral, ni à plus fortes raisons de l'ordre surnaturel. Car ce sont autant d'ordres divers qui n'ont ni les mêmes objets, ni les mêmes méthodes, ni les mêmes lois.

Enfin, on en appelle aux progrès de l'avenir. Or, qui sait ce que seront ces progrès ? Bien loin de se faire contre les croyances religieuses, il est certain qu'ils ne cesseront d'apporter des lumières en leur faveur. Du reste, où est l'homme de sens qui, pour des découvertes qu'il ignore, c'est-à-dire pour des lumières qu'il n'a pas, abandonnera les lumières qu'il possède dans sa foi religieuse ? Le passé nous est garant de l'avenir : nous le répétons, tous les progrès de l'esprit humain ne feront jamais qu'éclairer de plus en plus les dogmes de la Révélation. La lumière ne peut que mettre la vérité au jour, elle ne peut pas l'ébranler, ni la supprimer. Ainsi, rien de fondé dans les objections qu'on soulève contre l'enseignement religieux. Rien qui puisse décharger les parents de l'obligation où ils sont, de le donner ou de le faire donner à leurs enfants.

II

En effet, d'autre part, un enfant, suivant le mouvement naturel de son esprit, s'est élevé de la connaissance sensible des choses matérielles à la connaissance intellectuelle de l'être absolu, de la vérité nécessaire, du bien infini. Qu'est-ce que cette connaissance intellectuelle ? C'est une notion, une idée, une simple image de l'être absolu, de la vérité nécessaire, du bien infini. Ce n'est pas l'être absolu, la vérité nécessaire, le bien infini lui-même.

Devra-t-il s'arrêter à cette idée sans s'élever jusqu'à affirmer l'être même qu'elle représente ? En d'autres termes, devra-t-il regarder cette idée comme une simple abstraction, c'est-à-dire comme une conception qui serait le simple fruit de son activité intellectuelle, et qui ne représenterait rien de réel en dehors de lui-même ? Alors, dans cette hypothèse, l'esprit humain devrait regarder cette conception comme une imagination sans réalité objective, comme un vain fantôme qui se joue de sa simplicité. Conséquemment, il devrait la tenir pour une fausseté et un mensonge dont il lui importe de secouer

---

(1) Voir les ouvrages de M. Valson et de M. Saillard sur ce sujet. Voir le discours de M. Pasteur pour sa réception à l'Académie Française. M. de Lapparent, Les Enseignements philosophiques de la science.

le joug ; il devrait regarder toutes les exigences qu'elle intime, toutes les lois et les obligations qu'elle impose comme des ordres sans autorité réelle et sans sanction sérieuse, comme des chimères dont il n'y a qu'à se moquer. (1)

Mais, si tel est l'objet nécessaire de l'intelligence, qu'est l'intelligence elle-même ? Que peut être une faculté qui n'a pour objet que l'image trompeuse de ce qui n'est pas et ne peut pas être ? Pour ne pas s'égarer à la poursuite du néant, l'âme humaine ne doit pas plus croire à l'intelligence qu'à son objet ; elle n'a qu'à renier cette faculté et à renoncer à sa jouissance, comme elle doit rejeter ses conceptions et faire le sacrifice des joies qu'elles lui procurent. Dès lors que l'âme humaine ne veut s'attacher qu'au positif, c'est-à-dire qu'au concret, il faut, dans l'hypothèse que Dieu n'est pas, et que l'intelligence n'est que la faculté de s'abuser en prenant ce qui n'est pas pour ce qui est, il faut, disons-nous, qu'elle se rabatte sur les biens particuliers et concrets et qu'elle cherche tout son bonheur dans les satisfactions de ses sens et de ses appétits organiques.

Ainsi, une intelligence qui, en possession de *l'idée* de l'être, de la vérité, du bien absolu, nécessaire, infini, ne va pas jusqu'à Dieu pour l'affirmer comme l'objet substantiel qu'exprime cette idée, ne peut que se renier elle-même comme un mensonge et comme une source de mensonges ; elle en vient à soutenir que ce n'est pas l'être parfait, mais, le néant qui est, que ce n'est pas l'être infini et nécessaire, mais le néant qui est la source de l'être fini et contingent, qu'il n'y a point d'absolu ni d'infini, mais que tout est relatif et particulier, etc. En un mot, l'esprit qui ne va pas jusqu'à affirmer Dieu, ne manque pas de nier la vérité souveraine, le bien parfait, de se nier lui-même et de déployer ses immenses ressources pour se prouver à lui-même qu'il n'existe pas. (2)

Comprend-on maintenant pourquoi les parents sont tous rigoureusement tenus de faire connaître, à leurs enfants, Dieu et les rapports qu'ils ont avec lui. Ils sont obligés de former l'intelligence de leurs enfants et de les élever jusqu'à la jouissance de la lumière intellectuelle. Or, nous venons de l'établir, ils ne peuvent pas y réussir sans leur donner la connaissance de Dieu et de ses perfections. Car, nous le répétons, pour s'attacher à l'idée de l'être absolu, de la vérité nécessaire, du bien infini, il faut regarder cette idée comme une

---

(1) Voir M. Jules Simon, Le Devoir, IIIe Partie de l'Idée, ch. 1.
(2) Voir M. Jules Simon, Le Devoir, IIe partie. La Passion.

expression exacte, sincère de ce qui est réellement, il faut *objectiver* en un être, en une vérité, en un bien réel, substantiel, la représentation subjective qu'on s'en est formée dans l'esprit. Dès qu'on regarde cette représentation comme la vaine image de ce qui n'est pas, on s'en détourne, et de l'athéisme théorique on se précipite dans le matérialisme pratique, et il ne reste bientôt plus en l'homme trace même d'intelligence.

III

L'éducation de la conscience n'exige pas moins que celle de l'esprit, la notion de Dieu et de ses perfections.

Qu'est-ce, en effet, que la conscience ? Beaucoup répondent : « la voix de Dieu. » C'est dire que si Dieu n'est pas connu de l'âme, il n'en peut être écouté, et que si la conscience parle, elle ne peut faire entendre que des prescriptions sans autorité. Voici pourquoi :

Nous avons dit plus haut que la conscience est la voix intime de notre nature intellectuelle. Quand elle dicte sa loi, c'est donc la nature qui, indépendamment de notre volonté personnelle réfléchie, nous dicte ses exigences morales. Mais, si la nature intellectuelle de l'homme n'est pas l'image de quelque chose de réel qui lui soit supérieur, si ses prescriptions ne sont pas confirmées, soutenues et sanctionnées par une puissance qui se tienne derrière elle et au-dessus d'elle, en un mot, s'il n'y a point de Dieu ou si Dieu n'est pas offensé quand la conscience est violée, quel mal y a-t-il à ne pas tenir compte de sa lumière ? Oui, quel mal y a-t-il, surtout quand les exigences de la conscience sont contraires aux exigences des appétits sensuels, surtout quand la conscience n'est violée que pour satisfaire des besoins impérieux ? Si Dieu n'est pas derrière la conscience pour la venger des outrages qu'elle reçoit, pourquoi se garder d'un tel mal qui est compensé par un tel bien ? Si Dieu n'est pas, un tel mal ne peut être jamais qu'un mal relatif. Or, un mal relatif peut devenir un gain, ainsi que cela arrive quand il est comme le payement d'un bien jugé supérieur. Ainsi, en effet, l'impie pèche, et non seulement il s'écrie : « Quel mal m'en est-il advenu ? » mais encore, il se rit de ceux qui sacrifient leurs intérêts à leur conscience en disant : « Les insensés ! ils renoncent au réel pour l'imaginaire ! »

Du reste, supposons que même sans Dieu, les prescriptions de la conscience fussent inviolables, qu'est-ce qui pourrait astreindre l'homme à les observer ? Sans doute l'homme peut vivement sentir la contradiction coupable qu'il met entre ses actes et la loi de sa nature que lui intime sa conscience. Mais s'il n'y a point de Dieu qui soit le témoin éclairé de ses pensées les plus intimes, il est seul à voir et à sentir cette contradiction coupable : il est donc seul aussi à s'accuser, à se juger, à se condamner et à se punir.

En vain soutient-on que l'opinion publique est là pour flétrir son infidélité. L'opinion publique ne peut voir ce qui se passe au fond de lui-même. Qu'est-ce qui peut l'empêcher, s'il n'y a point de Dieu, de s'écrier au moment même où il viole la loi de sa conscience : « C'est ma conscience qui me commande ce que je fais ! » A qui peut commettre un crime le mensonge ne peut coûter. Du reste de quel poids est l'opinion publique pour celui qui est emporté par une violente cupidité ? Les jugements du public ne pèsent pas une once au cœur qu'anime le feu d'une passion.

Sans Dieu, les prescriptions de la conscience n'ont donc d'autre sanction que le remords.

Or, d'abord, la force du remords vient en grande partie de ce qu'il est considéré comme l'organe de Dieu. Si Dieu n'est pas, pourquoi redouterait-t-on le remords plus qu'une simple impression désagréable éprouvée au-dedans de soi-même ?

Ensuite, le remords c'est le reproche que nous nous adressons pour avoir violé une loi. Mais nous ne nous reprochons d'avoir violé une loi que dans la mesure où nous avons connaissance de cette loi. On peut se reprocher d'ignorer une loi par sa faute ; on ne peut se reprocher de l'avoir transgressée, quand on l'ignore involontairement.

Il s'en suit donc que l'ignorance supprime le remords. Un enfant qui aura été élevé dans l'ignorance des lois d'une saine morale, n'aura jamais le moindre remords pour les violer tous les jours.

Mais voici qui est bien pis : on peut, par les principes qu'on donne à un enfant, lui fausser la conscience et lui faire prendre le mal pour le bien et réciproquement le bien pour le mal, de telle sorte qu'il ait des remords pour avoir fait le bien et des satisfactions pour avoir fait le mal.

Enfin l'habitude du crime aveugle et émousse la conscience. A force de commettre l'iniquité, on arrive à l'avaler comme de l'eau, sans éprouver la moindre répugnance.

On voit par là que le remords ne suffit pas pour assurer la rectitude de la conscience, ni le respect de ses prescriptions.

Sans Dieu, la conscience est une voix qui retentit en l'air ; on ne voit guère de raison grave qui oblige d'en tenir compte.

Il n'en est pas de même lorsque l'on connaît Dieu et ses jugements, lorsque la conscience est regardée comme un écho fidèle de la voix de Dieu.

La connaissance, la pensée des perfections divines, d'abord, entretient notre sens moral et lui conserve sa délicatesse et sa vigueur. L'homme qui croit en Dieu, a dans cette croyance comme une source qui alimente la lumière de sa conscience. Bien mieux, l'homme qui croit en Dieu regarde Dieu comme le témoin de ses plus secrètes pensées, comme le juge et le vengeur des contradictions qu'il met entre ses actes et ses principes ; il regarde sa conscience comme l'organe d'un maître souverain contre lequel on ne se révolte pas impunément, auquel il n'est pas possible d'échapper.

Il faut qu'il en soit ainsi pour que la conscience ait une autorité, une force que l'on ne puisse braver en vain. Si donc les parents sont obligés de former la conscience de leurs enfants, ils sont tenus de leur faire connaître Dieu qui en est le principe, le garant et le vengeur nécessaire. (1)

IV

Les parents sont encore obligés de faire connaître Dieu à leurs enfants à raison de l'éducation morale qu'ils leur doivent.

Chargés de faire d'eux des hommes achevés, capables de remplir parfaitement leurs destinées terrestres et célestes, les parents, en effet, doivent leur découvrir le terme suprême de leur vie et les mettre en état de travailler à y parvenir par leurs propres efforts, en les mettant en possession de leur liberté. Que faut-il pour cela ? Leur faire connaître Dieu.

Quelques réflexions suffiront pour en faire comprendre la raison.

Pour qu'un enfant, un homme soit libre et indépendant à l'endroit de tous les êtres et de tous les biens créés, il faut, nous l'avons dit, qu'il voie clairement que tous ces biens ne sont pas la fin nécessaire de sa nature, car la fin même de la nature nous domine ; nous n'en pouvons pas plus être indépendants que de la nature elle-même qui nous constitue.

Ce n'est pas assez : pour que l'homme voie clairement que les biens créés ne sont pas sa fin nécessaire, il faut qu'il voie avec certi-

---

(1) Voir M. E. Ollivier. L'Eglise et l'Etat. T. II. p. 529.

tude où est réellement son terme final ~~essentiel~~. Car, tant qu'il l'ignore et qu'il n'en éprouve pas un peu l'attrait bienfaisant, il lui est impossible de se soustraire aux charmes des biens sensibles, aux enchantements des créatures.

Ainsi, pour élever l'homme à la jouissance de sa liberté, il faut lui faire connaître sa fin nécessaire.

D'autre part, cette fin nécessaire, il faut aussi la lui faire connaître pour elle-même, à cause de son importance propre, puisque l'homme ne peut être achevé, complet, comme il doit l'être en ce monde, qu'autant qu'il est capable de la poursuivre et de l'atteindre par ses libres efforts.

Or, quelle est la vraie fin dernière de l'homme ?

Cette fin n'est point dans les biens sensibles et concrets. Ces biens, en effet, ne flattent que les sens, ils ne rassasient que les appétits organiques ; ils n'éclairent pas l'intelligence, ils n'échauffent pas eux-mêmes la volonté intellectuelle. Loin de rendre l'homme meilleur, souvent ils l'aveuglent, le pervertissent et le corrompent.

Cette fin n'est point non plus dans les lumières et dans les vertus que l'âme humaine peut acquérir par elle-même, en dehors de tout rapport avec Dieu, par les seuls rapports qu'elle peut nouer avec les créatures. La première lumière dont l'âme ait besoin, c'est de se connaître elle-même. Or, comme elle ne s'est pas faite par elle-même, elle ne peut pas se connaître en elle-même et par elle-même. Un être ne peut se connaître que par la raison même de son existence. L'âme humaine ayant sa raison d'être en dehors d'elle-même, c'est donc par un principe pris en dehors d'elle-même qu'elle peut se rendre compte de ce qu'elle est.

De même, la première vertu qu'elle doit acquérir, c'est de se dominer et de se maîtriser elle-même. Mais pour se dominer, ne faut-il pas être au-dessus de soi-même ? Pour se maîtriser, ne faut-il pas être plus fort que soi-même ? C'est évident, on ne domine que si l'on est plus élevé ; on n'est maître que si l'on est supérieur. Voilà donc que pour se dominer et se maîtriser, l'homme est obligé de s'élever au-dessus de lui-même, de chercher au-dessus de lui-même son point d'appui et le principe de sa vertu.

Or, qu'est-ce qu'il y a de supérieur à l'âme humaine ? Il n'y a que Dieu, l'infini.

C'est donc Dieu qui est la fin suprême de l'homme. Oui, c'est Dieu qui est la vérité première et dernière dans laquelle l'intelligence humaine se repose ; c'est Dieu qui est le bien absolu, souverain dans lequel le cœur humain trouve sa paix définitive. Oui, sans Dieu, l'intelligence et le cœur de l'homme demeurent éternellement agités et tourmentés jusqu'au jour où ils s'éteignent et s'ensevelissent sous l'empire des passions dans les ténèbres et dans la corruption de la chair. C'est dans la lumière de Dieu que l'intelligence peut vivre et tout entendre suivant sa fonction et ses désirs ; c'est dans l'amour de Dieu que le cœur peut trouver la hauteur et la force dont il a besoin pour se dominer et se maîtriser, pour dominer et maîtriser souverainement toutes choses.

Si donc les parents sont obligés d'élever leurs enfants à la jouissance de leur liberté et de les former à la poursuite de leur fin, ils sont obligés de leur apprendre à connaître Dieu et à l'aimer.

V

Ne sont-ils pas aussi tenus de leur enseigner la morale ou la loi à laquelle est soumise leur liberté ? Sans doute l'homme est fait pour être maître de lui-même ; cela ne veut pas dire qu'il soit fait pour vivre sans lois. Sans doute les lois auxquelles est soumise sa liberté, ne sont pas des lois qui lui imposent une nécessité ; il peut, en fait, les violer ; en droit, s'il les viole, il est passible d'un châtiment.

La loi morale à laquelle est soumis l'homme doit donc avoir une véritable force pour l'obliger. D'où tire-t-elle cette force ?

Toute loi qui s'impose à la liberté, doit, pour avoir force obligatoire, procéder d'une autorité compétente, exprimer un ordre de la raison, avoir pour fin la perfection de la liberté et être munie d'une sanction sérieuse.

Eh bien, quelle est l'autorité souveraine dont procède la loi morale ? Il ne peut y avoir que celle de Dieu, puisque, par sa nature, la liberté humaine ne peut être soumise qu'à Dieu.

Quelle est la raison dont la loi morale exprime les exigences ? Ce ne peut être une raison créée, puisque la raison humaine est également soumise à cette loi, et que la raison humaine ne relève que de la raison divine. L'ordre que dicte la loi morale est donc l'ordre que dicte la raison divine.

En quoi consiste troisièmement la perfection de la liberté humaine ? Dans son affranchissement de tout ce qui est créé et dans sa complète soumission à Dieu. L'homme est parfaitement libre dès qu'il ne dépend que de Dieu, son principe et sa fin. Or, tel est le but même de la loi morale ; elle tend à soustraire l'homme à la domination de toutes les créatures en le soumettant parfaitement à Dieu.

Enfin, quelle est la seule sanction efficace possible de la loi morale ? La loi morale a pour objet de régir nos pensées, nos affections, nos intentions les plus secrètes aussi bien que nos actes publics. Or, qui a le pouvoir de nous juger, de nous condamner et de nous punir pour des actes qui échappent à la connaissance des hommes ? Dieu seul. Donc il faut que ce soit Dieu qui veille à l'observation de la loi morale et qui en venge le mépris.

Ainsi, c'est Dieu qui est la sanction, la perfection, le type, la fin et le principe de tout ce qui fait de la loi morale une vraie loi, une loi obligatoire, et l'on voudrait que les parents fussent obligés d'enseigner cette loi à leurs enfants sans être obligés de leur faire connaître, craindre et aimer Dieu ? C'est impossible. Une loi dont on ne connaît ni le principe, ni la raison, ni le but, ni la sanction, n'est pas une vraie loi ; elle n'oblige pas. (1)

« Détrompez-vous, nous crie-t-on, la morale religieuse doit faire place dans l'esprit humain à la morale indépendante. »

Qu'est ce donc que la morale indépendante ? Sans doute une morale qui ne dépendrait nullement d'un autre que de l'homme lui-même, qui trouverait dans l'homme toute sa raison d'être. Il est évident que si elle dépendait d'un autre pouvoir que de celui de l'homme qui y est soumis, elle ne serait plus indépendante.

Mais si la morale indépendante ne dépend que de celui qui y est soumis, quelle force peut elle avoir pour l'obliger ? Ce serait donc la liberté humaine qui s'obligerait, qui se lierait elle-même ? Mais si elle peut se lier, qui lui ôtera le pouvoir de se délier ? Rien n'est plus changeant que les mouvements du cœur humain. Rien ne pourra l'empêcher de vouloir un moment le contraire de ce qu'il voulait précédemment.

Ce ne sera certes pas la crainte des châtiments qui aura le pouvoir de l'en détourner. Car c'est lui qui se juge, qui s'approuve ou se condamne, qui se récompense ou se punit. N'est-il pas vrai qu'il n'a pas moins de pouvoir pour trouver bien ce qu'il a fait, qu'il n'en avait pour se l'interdire comme mal, avant de le faire ?

Une telle loi ne peut élever l'homme au dessus de lui-même, elle ne peut que lui permettre de tomber au dessous pour deux raisons. D'abord elle manque de force pour l'obliger et le soutenir en l'obli-

(1) Voir M. E. Ollivier, op. cit., T. II, p. 530.

geant, c'est ce que nous venons de voir. Ensuite, comme elle a son principe dans l'homme, elle n'a jamais que la perfection qui est dans l'homme. Dès que la moralité de l'homme baisse, elle baisse donc aussi dans la même proportion. Et comme l'homme, s'il n'est soutenu par la puissance amie qui l'a créé, incline toujours de lui-même vers le néant dont il vient, il ne peut avec la morale indépendante que se dégrader de plus en plus en suivant la pente d'une décadance continue.

Aussi, peut-on dire que rien n'est plus contraire à la vraie loi morale que la morale indépendante. Les parents n'ont pas besoin de l'enseigner à leurs enfants ; ils n'ont qu'à les abandonner à leurs sens et ils la leur verront mettre largement en pratique.

La vraie morale, en effet, tire de Dieu toute sa force et toute sa beauté. « Il faut du ciel à la morale comme de l'air à un tableau, » a dit Joubert, et c'est avec beaucoup de raison. (1) « Sans le dogme, ajoute-t-il, la morale n'est que maxime et que sentences ; avec le dogme, elle est précepte, obligation, nécessité. » (2)

« Pour enseigner la vertu dont il est tant parlé dans Platon, il n'y a qu'un moyen, c'est d'enseigner la piété.» (3)

Les parents ne peuvent donc pas enseigner la morale à leurs enfants, sans leur enseigner la connaissance de Dieu et de ses perfections, sans leur apprendre la loi de Dieu et ses exigences.

Or, la loi de Dieu, avec la morale la plus sublime, est contenue dans le Décalogue et l'Evangile. Comme le dit fort bien M. Leplay, « les innombrables penseurs qui, chez toutes les races, ont recommencé l'analyse des vertus et des vices, n'ont eu rien à ajouter au Décalogue de Moïse et à la sublime interprétation qu'en a donnée Jésus-Christ. » (4)

C'est donc le Décalogue et l'Evangile que les parents sont tenus d'apprendre à leurs enfants, s'ils veulent pour remplir tout leur devoir envers eux, leur apprendre la loi seule vraie, seule élevée à laquelle est soumise leur liberté.

---

(1) Joubert. Pensées. T. IX, n° XXXIV.
(2) Ibid. T. I, n° LXIII.
(3) Ib. T. XIX, n° XXIX.
(4) M. Leplay. La Réforme sociale. T. I, ch. 3, III.

VI

L'homme naît pour vivre en société avec ses semblables. Il y a sans doute, dans sa nature des besoins, des goûts, des aptitudes qui le disposent à vivre de la vie sociale ; mais il y a aussi des passions qui le mettent en lutte avec ses semblables et en opposition avec les conditions de l'ordre social.

Pour que l'enfant devienne capable de s'adapter à ces conditions, il faut qu'il y soit façonné par ses auteurs, il faut qu'il reçoive une éducation sociale sérieuse.

Or, quelles sont les conditions nécessaires de toute société ? Il n'y a pas et il ne peut pas y avoir de société sans ordre, et il n'y a pas d'ordre sans la subordination des parties à un principe supérieur d'unité qui les domine et en fasse un tout vivant.

Ainsi, d'une part, les parents ont la mission de faire de leurs enfants des êtres libres qui ne soient soumis qu'au pouvoir même de Dieu ; d'autre part, ils sont chargés de leur apprendre à se soumettre au pouvoir qui gouverne la société. N'y a-t-il pas une véritable contradiction entre des devoirs si opposés ? C'est évident ; sans Dieu, leur tâche est simplement impossible.

Sans Dieu, en effet, le pouvoir social ne peut être qu'une forme de la force brutale. Par conséquent, l'homme qui lui est soumis est ravalé au rang de la bête qui n'est susceptible d'être menée que par la force matérielle.

L'ordre social n'en est pas plus assuré pour cela ; au contraire, dès que l'homme n'est soumis qu'à la force, quel mal fait-il, quand par son habileté, il parvient à se dégager de ses liens, ou que, disposant d'une force plus grande, il réussit à vaincre celle de l'Etat et à s'en emparer pour servir ses intérêts particuliers ?

De mal, il n'en peut point faire, car il est dans l'ordre qu'une force plus grande triomphe d'une moindre et qu'on passe à travers les mailles d'un filet, lorsqu'elles ne sont pas assez serrées pour l'empêcher.

Ainsi, sans Dieu, il n'y a ni ordre social, ni dignité humaine possibles.

D'autre part, pour que l'homme ne soit pas abaissé par sa soumission au pouvoir social, il faut que le pouvoir social soit d'institution divine, qu'il vienne de Dieu comme tout être réel. Le caractère divin du pouvoir, voilà une condition essentielle pour que le pouvoir ne blesse, n'anéantisse pas la dignité humaine.

C'est aussi la condition nécessaire pour qu'il soit capable de produire efficacement l'ordre social. Oui, il faut que le pouvoir procède de Dieu, qu'il ait Dieu pour garant et pour vengeur inévitable, si l'on veut que l'homme soit tenu en conscience de le respecter, qu'il redoute sérieusement d'en violer les droits.

N'oublions pas d'ajouter que la crainte de Dieu n'est pas moins nécessaire aux gouvernants pour qu'ils se souviennent de leur condition, et que du pouvoir dont ils sont investis pour le bien, ils n'abusent pas pour le mal. Sans Dieu, l'Etat glisse inévitablement dans la tyrannie ou dans l'anarchie. (1)

Du reste, pour vivre en société, il ne suffit pas de savoir se soumettre au pouvoir ; il est encore besoin d'une infinité de vertus dont la croyance en Dieu est l'âme, le principe.

D'abord, pour que la société soit sincère, il faut que sincères soient aussi les rapports réciproques des membres qui la composent. De là, nécessité de la véracité dans le langage. Mais, qui obligera les hommes à dire toujours la vérité, même aux dépens des intérêts les plus chers ? L'homme véridique, c'est l'homme qui parle habituellement comme il pense. Qui est capable d'obliger tous les hommes à mettre un juste rapport entre leurs paroles et leurs pensées ? Celui-là seul qui est capable de les convaincre de mensonge, qui voit parfaitement leurs pensées aussi bien que leurs paroles, Dieu, en un mot. Sans Dieu, il n'est personne qui puisse obliger les hommes à mettre dans leurs relations sociales, la sincérité nécessaire.

La justice. Pour que les hommes vivent en paix, il faut qu'ils se respectent mutuellement dans tous leurs droits, en se rendant réciproquement tous les devoirs dont ils sont tenus les uns à l'égard des autres. (2)

Cela est facile, quand ils y trouvent leur profit, mais très difficile, quand ils ont à en souffrir dans leurs passions et dans leurs intérêts. Qui donc les obligera à sacrifier leurs intérêts et leurs passions au culte du droit et du devoir ? Si les droits du prochain ne découlent pas de Dieu et si Dieu n'en est pas le garant et, au besoin, le vengeur, qui les obligera à les respecter, alors qu'ici-bas ils peuvent impunément s'en moquer et, en s'en moquant, satisfaire leurs passions et

(1) Voir le Discours de M. Chesnelong, Séance du Sénat, 16 mars 1882.
(2) Voir M. Jules Simon, Le Devoir. IVᵉ Partie. L'action, ch. II et III.

réaliser leurs intérêts ? Si leurs devoirs ne leur sont pas imposés par Dieu, qui les obligera de les accomplir, alors que tout en eux se révolte contre leurs prescriptions et qu'ils ont la facilité de s'y soustraire sans tomber sous les châtiments de la loi ? Sans Dieu, nous l'avons vu, la conscience est dépourvue d'autorité ; pareillement, sans Dieu, le droit et le devoir ne sont que de vains mots qui n'en imposent qu'aux timides et aux simples. Sans Dieu, la justice sociale est une exception, un accident ; l'injustice, c'est la règle. Ou plutôt, sans Dieu, il n'y a ni justice, ni injustice, il n'y a encore une fois que la force.

Mais c'est surtout quand la justice impose à l'homme des devoirs héroïques, par exemple, quand elle impose au soldat le sacrifice de sa vie, que la pensée, l'amour ou au moins la crainte de Dieu est nécessaire pour que le courage ne cède pas à l'instinct de la conservation. (1) Sans Dieu, la majorité des soldats n'est qu'un composé de couards, de brutes ou de scélérats. Evidemment on ne se fait pas tuer pour tuer ses semblables, lorsqu'il n'y a plus rien à attendre ni à craindre, au-delà de la vie, à moins que l'on ne soit à placer dans l'une ou l'autre de ces trois catégories.

Mais la justice ne suffit pas pas pour porter l'édifice de la paix sociale. La justice, en obligeant à rendre à chacun ce qui lui est dû, favorise les riches et les puissants qui trouvent dans leurs richesses et dans leur puissance des moyens pour devenir encore plus riches et plus puissants ; elle est contraire aux petits et aux pauvres qui ne trouvent dans leur faiblesse et dans leur indigence que le moyen de devenir plus petits et plus pauvres encore. Ainsi, la justice creuse les abîmes que la nature a ouverts entre les hommes. — Les heureux de ce monde, en devenant plus heureux, sont, en outre, tentés de devenir plus durs, plus orgueilleux, plus égoïstes. Les malheureux, en devenant plus malheureux, sont, de plus, tourmentés par l'envie, la colère, la haine à l'égard de ceux qui ne manquent de rien.

Quel est le pouvoir capable de réconcilier, en les rapprochant, les classes extrêmes de la société ? La charité, disons bien la charité, non la philantropie.

Car la philantropie ne fait voir dans les hommes que des semblables. Or, quel est le riche qui voit son frère dans le pauvre, s'il ignore que Dieu est leur commun père ? Quel est le puissant qui voit son égal dans le petit et le faible ? Quelle sympathie, quel amour

---

(1) Voir le Général Berthaut, Principes de Stratégie. Conclusion.

peut exister entre l'homme repu de biens et toujours dévoré de désirs, et l'homme qui, toujours aussi dévoré de besoins, ne voit que dans les trésors du premier le moyen d'assouvir ses multiples appétits ? Par leur situation respective, ces deux êtres ne peuvent faire que des ennemis, si Dieu n'intervient entre eux pour les obliger à s'aimer.

Oui, pour les réconcilier et les unir, il faut que Dieu soit dans leur esprit et dans leur cœur, à tous deux.

Dans le cœur du riche et du grand pour lui dire : « Cet homme petit et pauvre que tu es tenté de mépriser, est ton frère ; car je suis votre père commun. Retranche à tous tes désirs ; donne-lui de ton superflu ; tu n'es qu'un économe de ma Providence ; ce que tu as de trop, c'est son nécessaire ; répands-le à propos dans son sein. Je me charge moi-même de te payer ta charité. Ce que tu feras pour lui, tu le feras pour moi. »

Dans le cœur du petit et du pauvre pour lui dire aussi : « Ne t'offense pas, ne t'irrite pas des avantages terrestres du riche et du grand, soumets-toi à l'ordre de ma Providence. Regarde le riche et le grand comme mes représentants et mes ministres ; honore-les, aime-les comme mes mandataires et souviens-toi que, si tu as su souffrir, je saurai bien te récompenser de ta patience. »

Ainsi, pas de charité ni de fraternité sans Dieu ; pas d'ordre ni de paix sociale sans fraternité et sans charité, ni, dès lors encore, sans Dieu.

VII

Les parents ont pour mission sacrée d'aider leurs enfants à atteindre le terme de la perfection humaine, puisqu'ils ont la charge d'en faire des hommes achevés, complets.

Or, quelle est la loi essentielle de la perfection humaine ?

Elle peut se formuler ainsi : qui n'avance pas, recule ; qui ne monte pas, descend, qui ne se perfectionne pas, se dégrade.

Pourquoi cela ? Parce que l'être appelle l'être comme le néant appelle le néant ; c'est une loi nécessaire qui se fait partout irrésistiblement sentir.

On voit dès lors ce que l'on fait quand on dit : « Pour faire un honnête homme, il suffit de développer les sentiments d'honnêteté qui sont en lui ; il n'est pas nécessaire d'en faire un homme religieux. » Par ce langage, on nie la loi essentielle de la perfection humaine. Et quand, des parents appliquent cette maxime à l'éducation de leurs enfants, ils mettent dans leur formation un principe de déformation, ils introduisent dans leur éducation un principe d'abaissement et de dégradation.

Ainsi, un enfant s'élève à la conception et à l'amour du vrai, du beau, du bien absolu, parfait, infini. C'est un premier pas nécessaire dans la voie de sa perfection. Or, la loi nécessaire de sa perfection, c'est de ne pas s'arrêter là ; c'est de s'élever à connaître, à aimer et à confesser l'être qui est substantiellement le vrai, le beau, le bien absolu, parfait, infini. S'il a le malheur de s'arrêter à la simple idée qu'il en a, il ne manque pas de renoncer même à cette idée et de renier son intelligence, nous l'avons montré plus haut.

D'ailleurs, n'est-il pas évident que l'homme qui se dit : « Je veux bien être bon, juste, honnête, mais seulement jusque à tel point, et non jusqu'à la dernière perfection, » n'est-il pas évident, disons-nous, que cet homme renonce volontairement à un degré de perfection qui est dans le vœu, dans la loi de sa nature ? Déjà, c'est une faute, et partant, une dégradation.

En fait et en principe, le terme de notre honnêteté n'est autre que la sainteté divine. Dès que nous refusons formellement de viser à ce but, nous faisons un acte de volonté qui est en opposition avec notre fin. C'est le commencement d'une décadence qui doit ne s'arrêter jamais. *Abyssus abyssum invocat.*

Il faut donc que les parents fassent connaître Dieu à leurs enfants pour leur donner la loi et leur montrer le terme de leur perfection.

En somme, le sens religieux est, dans l'homme, celui qui domine tout, qui y fait proprement l'unité de la vie. Tous les autres, en effet, ont pour objets des biens particuliers ; s'il en est un, par accident, qui ait assez de force pour primer les autres, il n'en est point qui soit universel et qui ait pour fonction de se les subordonner. Du reste, les sens inférieurs atteignent leur perfection et conquièrent une certaine prédominance accidentelle, chacun à un âge de la vie qui lui est particulier ; il n'en est aucun qui règne sur la vie tout entière avec la même force.

Quant au sens religieux, il est de tous les âges ; s'il semble moins actif à celui où les passions bouillonnent avec le plus de force, il ne perd toutefois son empire que par la faute de ceux qui ne l'entretiennent pas, qui l'étouffent par leurs crimes. Dans ceux, au contraire, qui veulent en alimenter la source par les épanchements du ciel, il est comme un levier auquel tout cède. Car, comme il a pour objet et pour fin l'être qui est la vérité et le bien absolu, parfait, infini, il est d'un ordre supérieur à tous les sens qui ont pour objet et pour fin quelque bien de l'ordre créé.

De là, pour lui, une prééminence incontestable qui lui donne et le droit et la force de se subordonner efficacement, s'il le veut, tous les autres. Qu'en résulte-t-il ? Tandis que la vie des hommes dont l'éducation n'a pas été assez religieuse est généralement pleine d'incohérences et de contradictions, la vie de ceux qui ont appris, par leur éducation, à vivre sous l'empire du sens religieux, largement développé, est aussi généralement remarquable par son unité et par l'harmonieuse progression de son épanouissement et de ses phases diverses. Pas de vie une et harmonieuse comme celle des saints.

Voilà pourquoi tous les maîtres en l'art de l'éducation, ont reconnu que la religion doit en inspirer toutes les parties. « Il est un âge où l'enfant, dit M. Laurentie, a besoin de savoir qu'au-dessus de l'empire paternel, il y a un empire plus auguste. Alors, on lui nomme Dieu, et, chose extraordinaire, cette intelligence, à peine ébauchée, entend ce mot avec une espèce de tressaillement. L'enfant cherche Dieu dans l'espace, et ce que la raison pleinement développée ne peut embrasser, cet esprit qui bégaye le devine et le pressent, et, à partir de ce moment, l'éducation a trouvé sa force pour redresser une nature rebelle, pour combattre des penchants ingrats et aussi pour commander des devoirs difficiles et inspirer des vertus naissantes.

La religion renferme donc le principe énergique et salutaire de l'éducation ; elle prend l'enfant au berceau, elle bénit son entrée dans la vie, puis elle le suit pas à pas, l'encourageant et le redressant, ouvrant son intelligence à des notions sublimes, et lui révélant des vérités que la raison des plus forts esprits n'eût jamais soupçonnées.

Remarquez que l'action de la religion va se mêler à tous les autres soins qui enveloppent l'enfant, sans nuire à aucun. Des maîtres l'instruiront, des études infinies orneront son jeune esprit, les arts élégants s'ajouteront aux connaissances sérieuses, mais tout cela n'est pas l'éducation. Ni la variété des sciences, ni la puissance de la raison n'imposent à l'homme, ni une vertu, ni un sacrifice, ni même une convenance ; il faut monter à quelque chose de supérieur pour trouver la raison des devoirs de la vie humaine. C'est dire que la religion doit toujours être présente au travail par où s'achève cet ouvrage divin et humain qu'on appelle l'homme. » (1)

---

(1) M. Laurentie, Encyclopédie du XIXe siècle, au mot Education. Voir sur

CHAPITRE XIII

Des Devoirs des Parents, relativement à la dignité de leurs Enfants.

> Les parents, pour faire des hommes, ne doivent agir sur leurs enfants que par le moyen de leur liberté ou que pour mettre en mouvement leur liberté.

I

La formation d'un homme est essentiellement une œuvre de la nature.

Conséquemment « le grand principe qui domine tout ici et qui éclaire tout, dit Mgr Dupanloup, c'est que l'éducation doit suivre la nature et l'aider, sans jamais la contraindre violemment, ni la forcer. »

Les parents ne peuvent donc pas avoir le droit de faire de leurs enfants ce que bon leur semble ; leur devoir rigoureux, c'est d'en faire ce que leur nature et leur Créateur veulent qu'ils soient : des êtres intelligents et libres. Oui, former une intelligence et une liberté achevées, parfaites, tel est l'objet, le but suprême de l'éducation : œuvre sublime, divine, dont les lois dominent de haut toutes les volontés, tous les pouvoirs de la terre.

Il s'en suit que les parents ne peuvent rien faire contre l'intelligence et la liberté de leurs enfants ; leur mission essentielle est précisément de tout faire pour mettre ceux-ci en possession de ces éminentes facultés. ils agiraient criminellement et contre le but de leur ministère et contre les fins de la nature et de son Créateur, s'ils

---

ce même sujet M. Dupanloup, op. cit. T. I, L. III, Ch. III et T. II. L. I, Ch. IV. M. Dauphin, 3ᵉ Discours. M. Ginon, op. cit. Ch. I. M. Leplay, De la Réforme sociale, T. I, passim et de la Famille, item.

faisaient un seul acte qui lésât en un seul point dans leurs enfants l'usage de l'intelligence et de la liberté.

Ainsi, le premier devoir des parents est, non seulement de ne rien commander à leurs fils de contraire à la raison, mais encore de tâcher de leur faire accepter et accomplir librement par soumission à la raison elle-même tout ce qu'ils leur imposent.

« Si l'instituteur se présentait inconsidérément, dit M. Ginon, comme un moteur qui doit mettre en mouvement un automate, si encore il se présentait comme une règle vivante qui n'a qu'à s'imposer sans jamais être discutée, ni comprise, alors l'enfant serait réellement abaissé ; d'abord, parce qu'il ne ferait pas usage de sa raison, et serait réduit au rôle d'un mécanisme, ensuite, parce que *de soi* tous les hommes sont égaux et que se soumettre à un autre homme, sans aucun motif en dehors de la volonté de celui-ci, c'est déchoir. Mais s'il prévient et persuade son élève qu'en obéissant, il obéit non pas à lui qui n'est qu'un homme, mais à la raison qui est au-dessus de tous les hommes, et à Dieu qui la personnifie, alors, non-seulement l'enfant ne déchoit pas lorsqu'il obéit, puisqu'il obéit à une autorité nécessaire et acceptable, mais encore il agit par lui-même et de son propre choix, puisqu'il retrouve en soi dans son intelligence, un ordre conforme à celui qui lui est donné. » (1)

II

Mais l'enfant, malgré les explications qui peuvent lui être données, s'obstine dans sa désobéissance ; ses auteurs, devront-ils respecter sa révolte par respect pour les droits de son intelligence et de sa liberté ?

Sans doute, disent certains parents qui se regardent plutôt comme les camarades que comme les auteurs de leurs enfants.

« La voix impérieuse de la raison s'est fait entendre, s'écriait Cambacérès dans son rapport à la Convention sur le projet de Code civil. Elle a dit : « Il n'y a plus de puissance paternelle. C'est tromper la nature que d'établir ses droits par la contrainte. Surveillance et protection, voilà les droits des parents : nourrir, élever, établir leurs enfants, voilà leurs devoirs. »

Cela revient à dire que les parents seraient tenus d'élever leurs

---

(1) M. Ginon. Des Moyens, etc. op. cit., Ch. I § I.

enfants seulement dans la mesure où ceux-ci consentiraient volontiers à se laisser élever, ils n'y seraient plus tenus dès que ceux-ci leur imposeraient la moindre résistance.

Telle est la théorie de ceux qui disent : « C'est violer la dignité de l'enfant que de l'obliger à faire ce qui est contraire à ses convictions. » Rien cependant de plus faux, ni de plus funeste, on va le voir.

L'homme est fait pour la vérité ; il est par là même soumis à la vérité ; rien de plus contraire à sa nature que le droit d'embrasser l'erreur.

De même, il est fait pour le bien ; conséquemment, il est soumis à l'empire du bien ; rien également de plus monstrueux pour lui que le droit d'embrasser le mal.

Par conséquent, lorsqu'il embrasse l'erreur pour la vérité et le mal pour le bien, il fait ce qu'il ne peut pas vouloir faire, il fait ce qu'au fond il voudrait ne pas faire, et il n'agit ainsi que par suite d'une illusion qui lui fait prendre à tort l'erreur pour la vérité, et le mal pour le bien, ou encore par suite d'un entraînement qui le précipite dans l'erreur et dans le mal, malgré la connaissance qu'il a de la vérité et du bien.

Lors donc que l'homme embrasse l'erreur et le mal pour la vérité et le bien, il est loin de faire un acte de liberté et d'agir conformément à sa dignité naturelle ; il agit au contraire sous l'empire de la nécessité dans lequel le tient son manque de lumière, ou sous l'empire d'une force à laquelle sa volonté, par faiblesse, ne sait résister.

C'est en effet la liberté morale qui fait toute la dignité humaine. Or la liberté vient de la lumière intellectuelle, nous l'avons vu ; tout ce qui se fait par suite d'ignorance ou d'erreur, se fait sans liberté et par nécessité, et par conséquent sans dignité. Enfin, une volonté qui manque de force pour suivre la lumière de la raison, et qui se laisse entraîner par les appétits inférieurs auxquels elle doit commander, est une volonté qui n'est pas maîtresse d'elle-même. C'est une volonté asservie, esclave ; c'est encore une volonté sans dignité.

Telle est généralement la volonté des enfants. En eux, en effet, on le sait, l'intelligence n'a point assez de lumière pour éclairer la volonté dans la poursuite de sa fin. De là, c'est-à-dire des ténèbres de leur esprit naît un premier vice qui les empêche radicalement de s'élever à la jouissance de leur liberté. Ensuite, leur volonté est asservie aux appétits de la chair qui se sont développés et fortitiés les premiers. Voilà encore pourquoi ils ne disposent pas librement d'eux-mêmes, pourquoi ils ne sont pas en possession de la dignité humaine qui dérive de leur liberté.

Voilà pourquoi aussi, nous l'avons dit, les parents qui sont chargés de faire des hommes, sont aussi chargés de travailler à les mettre en possession de la lumière de leur raison et de la liberté de leur volonté.

Quand des enfants dûment éclairés sont en révolte contre les légitimes prescriptions de leurs parents, ce ne sont pas ceux-ci qui violent la liberté et la dignité de ceux-là, alors qu'ils usent de leur autorité pour les soumettre à la raison et au devoir ; ce sont, au contraire, les enfants qui, par défaut de lumière ou par entraînement passionné, manquent de liberté et pèchent contre la dignité humaine en se révoltant contre les ordres de leurs parents. Pour leurs parents, en les contraignant de se soumettre à la raison et au devoir, ils les contraignent d'être libres et de s'élever par là à la dignité de leur nature qu'ils méconnaissent.

Par là, ils ne font que s'acquitter des devoirs de leur charge qui est de travailler énergiquement à faire des hommes d'êtres qui ne connaissent presque encore que les lois de la brute. Ce qui serait un crime pour les parents, ce serait s'ils abusaient de leur pouvoir pour contraindre leurs enfants à violer la raison et à faire le mal ou si, par faiblesse, ils les laissaient s'obstiner dans leurs égarements et dans leurs vices.

Les parents ne doivent pas seulement arracher leurs enfants à l'erreur et au vice, quand ils les trouvent malléables ; ils le leur doivent d'une manière absolue et en toutes hypothèses. Les difficultés qu'ils rencontrent dans l'accomplissement de leur mission, bien loin de les autoriser à en abandonner le but, ne font que rendre la nécessité de poursuivre ce but plus manifeste, plus urgente, plus indispensable. Il n'y a qu'une espèce d'obstacles qui puisse faire aux parents un devoir de s'arrêter devant les résistances de leurs enfants : c'est exclusivement ce qui pourrait contrarier le développement normal et empêcher le légitime usage de leur intelligence et de leur liberté. Car, encore une fois, ils ne peuvent agir sur eux que pour leur apprendre et les exercer à en faire usage. C'est là, nous le répétons, la fin essentielle de tous leurs devoirs, de tous leurs droits et de tous leurs pouvoirs. Tout ce qui est en opposition avec cette fin est en opposition avec la raison même de leur mission et de leur ministère. Mais tout ce qui est propre à la réaliser, c'est-à-dire tout ce qui peut amener leurs enfants à faire des actes d'intelligence et de liberté, les parents ont le droit et le devoir d'y recourir. C'est l'obligation de leur charge Ils y sont tenus dans la mesure de leurs forces, nonobstant les difficultés que leur opposent leurs enfants. Par conséquent, est-il nécessaire d'employer la contrainte pour les déterminer à suivre la lumière intellectuelle et à soumettre à la loi morale leurs aveugles passions, les parents sont rigoureusement tenus d'y faire appel; ils trahiraient leur mission, si, par manque de force, ils reculaient devant les résistances coupables ou aveugles qu'ils rencontrent.

III

Comme on le voit, les devoirs qui incombent aux parents ne sont point en opposition avec la doctrine de saint Thomas, dont nous avons parlé plus haut. (1) « L'enfant, parvenu à l'âge de raison, dit en substance l'Ange de l'Ecole, a le droit, lorsqu'il s'agit des choses de l'ordre naturel ou divin, de prendre, malgré la volonté de ses parents, les décisions qu'il juge lui-même nécessaires à l'accomplissement de ses destinées temporelles et éternelles. »

Rien de plus juste ; les parents ne peuvent pas avoir le droit d'empêcher leur enfant d'embrasser la vérité et le bien nécessaire à son salut terrestre et céleste ; ils n'ont pu le mettre au monde que pour cela ; ils n'ont de pouvoirs et de devoirs que pour le former à s'y attacher de toutes ses forces ; ils ne peuvent donc pas en avoir pour l'en détourner.

L'unique difficulté à soulever est celle-ci : Le jugement de l'enfant peut-il jamais prévaloir sur celui de ses auteurs ? Est-il un cas où il soit à présumer que ce soit la volonté de l'enfant qui soit dans la vérité et dans le bien, lorsqu'elle est en conflit avec celle de ses parents ?

Il est certain que, dans l'état de nature, la présomption est toujours en faveur de ceux-ci contre celui-là. Suivant l'ordre naturel, c'est la raison et la volonté des parents qui sont constituées pour former la raison et la volonté de l'enfant ; suivant l'ordre naturel, ce n'est donc pas la raison et la volonté de l'enfant qui doivent l'emporter sur la raison et la volonté de ses auteurs ; loin de là, les parents devant être, suivant l'ordre ordinaire, en possession d'une

---

(1) Voir Livre I, ch. II, § III.

raison éclairée et d'une volonté maîtresse d'elle-même, c'est à eux qu'il appartient naturellement de dicter la loi à leurs enfants.

Aussi saint Thomas ne parle-t-il pas du cas où les parents et les enfants, étant dans l'état de nature, sont livrés à leurs propres et seules forces naturelles, mais du cas où l'humanité a été restaurée et élevée au-dessus de sa condition naturelle par l'enseignement surnaturel de Dieu. Il suppose que l'enfant, éclairé par une lumière particulière d'en Haut, a été amené à reconnaître dans l'Eglise catholique l'organe même de Dieu et à en accepter l'enseignement comme la vérité même qui émane de la bouche de Dieu, tandis que ses parents, aveuglés par leurs erreurs et par leurs préjugés, méconnaissent les caractères surnaturels de l'institution divine. Il suppose par là que c'est l'enfant qui est certainement dans la vérité et dans le bien par le secours de la grâce de Dieu, au lieu que ses auteurs sont certainement dans l'erreur et dans le mal par la faiblesse de leur esprit et de leur volonté. Dans un pareil cas qui est celui de l'humanité en son état actuel, il est juste, il est nécessaire que ce soient les résolutions éclairées de l'enfant qui prévalent contre les résistances aveugles de ses parents. Fait pour trouver dans la possession de la vérité et du bien infini, la réalisation de ses éternelles destinées, l'enfant a le droit imprescriptible d'embrasser envers et contre tous cette vérité et ce bien auquel est nécessairement attaché son bonheur essentiel. Il suffit pour cela qu'il perçoive cette vérité et ce bien dans une lumière suffisante et qu'il s'y porte avec une volonté énergique, résolue. Or, c'est ce que suppose le Docteur angélique, dès qu'il suppose l'enfant surnaturellement éclairé et soutenu par la lumière et par la force de Dieu.

L'enfant est dans toutes les conditions requises pour poursuivre sa fin indispensable, même en dépit de la volonté de ses auteurs. C'est par Dieu qu'il est instruit et élevé ; il est juste qu'il préfère l'enseignement et l'éducation dont Dieu le gratifie, aux ténèbres et au mal dans lesquels ses auteurs voudraient le maintenir.

Père pour père, maître pour maître, l'enfant a le droit de suivre son premier père et son premier maître de qui vient tout ce qu'il est et tout ce qu'il a, plutôt que son second dont les droits et les pouvoirs sont dérivés et nécessairement subordonnés. En vain, dirait-on que l'enfant est sûr que c'est son père qui lui intime ses volontés, tandis qu'il peut et doit toujours douter que ce soit Dieu qui éclaire son esprit et détermine sa volonté. La lumière et l'action divines ont le pouvoir de se faire plus vivement sentir à l'âme et de produire en elle une certitude et une conviction plus inébranlable que le langage et l'action de toute autorité extérieure secondaire. Il est donc toujours vrai que, dans l'état actuel de l'humanité, éclairée par la lumière surnaturelle de Dieu, l'enfant peut avoir assez de lumière et de force pour embrasser la vérité qui lui est manifestée, en dépit de l'opposition de ses parents qui voudraient le tenir attaché à l'erreur contraire. Dès lors, ce n'est pas seulement son droit, c'est encore son devoir d'en suivre courageusement la loi, les prescriptions.

IV

En dehors du cas précis où les enfants ont un critérium absolu de vérité, c'est la volonté de leurs auteurs qui doit l'emporter sur leurs résistances, lorsqu'il s'agit des choses de leur éducation.

Les parents n'ont donc pas à consulter leurs enfants pour savoir s'ils doivent en faire des hommes. Les devoirs des premiers sont supérieurs à la volonté capricieuse et déraisonnable des seconds. Pour tout ce qui est essentiel à la nature humaine, les parents sont liés par la loi de cette même nature ; ils le doivent à leurs enfants et leurs enfants sont tenus par la même loi de le recevoir, de l'accepter. Ainsi en est-il de l'éducation religieuse.

Les parents n'ont donc pas le droit de dire, à ce sujet : « La question d'avoir une religion ou de n'en point avoir est trop grave pour que nous la tranchions de nous-mêmes, au sujet de nos enfants. Nous ne nous croyons pas le droit de leur parler de Dieu, de leur âme, de leur éternité avant qu'ils puissent librement se prononcer sur ces divers points. C'est à eux de choisir, s'ils veulent avoir un Dieu et un culte, et de décider sur le Dieu et sur le culte qu'ils préfèrent. »

Qui ne voit que les parents pourraient tenir le même langage au sujet de toutes les autres parties de l'instruction et de l'enseignement ? Qui ne voit qu'ils pourraient dire également : « La formation de la conscience, de l'intelligence, de la liberté sont choses trop graves pour que nous prenions sur nous de l'imposer à nos enfants à un âge où ils ne peuvent pas se rendre compte de ce qu'ils font et de ce qu'ils subissent ? Donc, attendons qu'ils se décident d'eux-mêmes à demander et à recevoir cette formation. »

Ne vaudrait-il pas certes tout aussi bien dire : « L'existence, la qualité d'homme sont des choses qui entraînent les plus grosses con-

séquences. Attendons que nos enfants nous disent s'ils consentent
ou non à exister et à être des hommes ? » De même, en effet, qu'un
enfant ne peut pas dire ce qu'il veut être, tant qu'il n'est pas, ainsi
il ne peut pas vouloir être intelligent et par là faire acte d'intelligence, tant qu'il n'a pas été élevé à l'usage de son intelligence. Pareillement, il ne pourra pas se décider à connaître Dieu et à l'adorer, tant
qu'il n'aura pas une idée suffisante de ses perfections et de son culte.

Joubert dit une parole qui montre bien la nécessité de faire marcher l'éducation religieuse avant toutes les autres parties de l'instruction. « Il faut, a-t-il écrit, que les idées spirituelles et morales
entrent les premières dans la tête ; car si elles y trouvaient la place
prise par les dogmes de la physique, elles ne pourraient plus s'y
faire jour. L'esprit, alors habitué à des notions grossières, en refuserait de meilleures. » (1) Rien de plus vrai ; quand on a négligé de
cultiver le sentiment religieux dans l'enfant alors que son âme était
pure et tranquille, on perd sa peine à vouloir le développer alors que
le cœur de l'adolescent est troublé, tourmenté par les passions ; celui-ci n'a plus assez d'aile pour voler si haut ; il est déjà lié par trop
de chaînes terrestres pour s'attacher tout entier aux biens célestes.

C'est ainsi que, pour ne pas vouloir trancher au moment voulu par
l'affirmative la question si grave de l'éducation religieuse, on la
tranche en réalité par la négative, par le fait qu'on se met dans l'impossibilité de la résoudre plus tard en un autre sens.

Et cependant, l'éducation religieuse n'est pas moins essentielle à
l'homme que l'éducation intellectuelle et morale. Etre homme ou
être raisonnable, ou être religieux, moral, c'est tout un, nous l'avons
vu, c'est une seule et même chose.

Par conséquent, dès que les parents se proposent, dès qu'ils entreprennent de faire des hommes, ils s'engagent à faire des êtres raisonnables, moraux, et partant, religieux. Ils n'ont pas plus à demander à leurs enfants, s'ils veulent avoir un Dieu et une religion qu'ils
n'ont à leur demander s'ils veulent être raisonnables et honnêtes.

Ils sont donc tenus à priori, par le devoir de leur charge, de leur
donner une éducation religieuse, solide. Qu'ils ne cherchent pas à
s'excuser sur ce que leurs enfants rejettent opiniâtrement Dieu et
son culte : ils sont précisément obligés de combattre en eux, par tous
les moyens possibles, cette aberration, ce vice essentiellement con-

(1) Joubert, Pensées, T. XIX, XLVII. Voir aussi, dans le même sens, Bulletin de l'Académie Delphinale, année 1880. Dialogue par M. Charaux.

traire à l'essence de la perfection humaine ; ils sont obligés de les amener à accepter, à désirer et à vouloir les idées et les sentiments religieux comme la base, l'âme et le couronnement de toute leur éducation et de toute leur vie. S'ils reculent devant les résistances insensées qui leur sont opposées, ils trahissent indignement les plus graves de leurs devoirs.

V

Nous avons montré qu'il n'est pas possible de faire d'un enfant un être sérieusement intelligent et libre, sans lui faire connaître Dieu et sans lui en inspirer la crainte et l'amour. Affirmons maintenant qu'il n'est pas plus possible de faire de ce même enfant un être sérieusement religieux, sans le mettre en possession de son intelligence et de sa liberté et sans initier son entendement et sa volonté même aux choses divines.

Oserons-nous le dire : une grande et fatale erreur de la plupart des parents et des instituteurs, c'est de vouloir faire des hommes sans prendre les moyens de faire des êtres réellement intelligents et libres, c'est-à-dire des êtres profondément religieux, ou bien encore de vouloir faire des êtres religieux, sans faire des êtres vraiment intelligents et libres, c'est-a-dire des hommes dignes de ce nom.

On prétend élever un enfant à la jouissance de son intelligence et de sa liberté sans l'élever à la connaissance et à l'amour de Dieu, et l'on se flatte de lui inspirer une véritable religion, sans élever son intelligence et son cœur à la possession de leur objet final respectif. A quoi aboutit-on par là ? A faire tout autre chose que des hommes.

Sans doute, le sentiment religieux est de tous le plus profond, le plus puissant, le plus indestructible. Toutefois, ne se suffit-il pas à lui-même ; il n'est indépendant ni de la raison, ni de la volonté. Ce n'est point assez de lui faire appel pour faire un homme religieux.

Un esprit dont l'intelligence ne sera pas développée, élevée, éclairée, sera en vain formé à la pratique des obligations religieuses ; dès qu'il n'en a pas pénétré le sens profond, il ne résistera pas longtemps aux attaques de l'incrédulité, il se détachera bien vite et sans peine de choses dont il ne comprend pas la raison. De même, une volonté qui n'est pas parvenue à dominer les appétits inférieurs et à être maîtresse d'elle-même, sera en vain soumise aux devoirs extérieurs du culte ; dès qu'elle n'en goûte pas librement les charmes intimes, elle ne tardera pas, aux premiers assauts des passions et de l'impiété, de brûler ce qu'elle adorait. N'est-ce pas ce qui explique tant de reniements et d'apostasies ?

Nous ne voulons pas dire qu'il ne faille pas appliquer l'âme de l'enfant aux devoirs et aux pratiques sensibles de la religion, tout d'abord et avant qu'elle puisse s'en rendre compte. C'est par les sens que vit l'enfant ; c'est donc à ses sens qu'il faut commencer par s'adresser en les frappant par ce qu'il y a de sensible dans le culte divin. Mais il ne faut pas s'en tenir là. Il est indispensable d'y initier son intelligence et sa volonté au fur et à mesure de leur épanouissement.

Et cela, pour une infinité de raisons. D'abord il n'y a que l'intelligence et la volonté raisonnable qui puissent saisir les choses de Dieu et de l'âme. Il y reste étranger, celui qui ne s'y élève pas au moyen de ces facultés supérieures.

Ensuite, ce que Dieu demande, ce sont des adorateurs en esprit et en vérité, c'est la libre soumission de l'esprit et du cœur même. L'homme a beau plier le genoux devant lui et se couvrir le front de cendre, il ne lui rend nullement les hommages qu'il lui doit, s'il lui refuse le culte de son intelligence et de sa liberté.

En outre, il n'est pas digne de l'homme de le plier extérieurement à un joug dont il ne comprend ni ne goûte intérieurement la légitimité et la nécessité. C'est mépriser l'homme dans l'enfant, dans l'adolescent que de ne pas mieux tenir compte des droits de son intelligence et de sa liberté en une matière où sont si profondément engagés ces mêmes droits de son intelligence et de sa liberté. Rien de plus funeste pour l'homme et pour l'être religieux qui est l'homme. L'enfant à qui on ne donne pas l'intelligence et l'amour raisonné des vérités religieuses, se moque de la religion elle même comme d'une institution incapable de supporter la discussion. En voyant qu'on prise si peu son intelligence et sa liberté, il en vient à n'estimer que son asservissement aux appétits aveugles des sens. Malheur immense, irréparable souvent ! Souvent, en effet, l'homme, au vrai sens de ce mot, est perdu pour la vie.

Voilà pourquoi Mgr Dupanloup s'écriait avec tant de raison : « Je ne crains pas de le dire, le grand mal de l'éducation, depuis cinquante années, c'est qu'elle manque de liberté. La liberté de l'enfant n'est pas respectée, la liberté intellectuelle, la liberté morale, tout est contraint, la loi de la nature, la loi de la Providence, tout est méconnu. » (1)

---

(1) Op. cit. T. 1, L. IV. Ch. 1.

Ne nous lassons donc pas de le répéter ; il ne peut pas plus y avoir de religion solide dans l'homme sans formation de l'intelligence et de la liberté qu'il ne peut y avoir d'intelligence et de liberté sans la connaissance et l'amour de Dieu. Ce qu'il faut informer dans l'homme de l'esprit religieux, c'est surtout son intelligence et sa liberté ; sans cela, il n'y aura jamais en lui qu'un masque de religion.

Par conséquent, c'est surtout à l'intelligence et à la volonté de l'enfant qu'il faut s'adresser, lorsqu'il s'agit de semer en lui les germes des croyances et des sentiments religieux qu'on lui veut voir. Il faut lui montrer ce qu'il y a de raisonnable dans les dogmes et dans les préceptes de la religion ; il faut lui expliquer le pourquoi de l'incomprehensibilité des mystères qu'il ne peut percer ; il faut, en d'autres termes, inonder son esprit de lumières et remuer au fond de son cœur tous les sentiments les plus forts, si bien que ce soit lui-même qui se détermine de lui-même à embrasser les vérités et les obligations religieuses qui lui sont proposées, vaincu, subjugué qu'il est par l'empire qu'exercent sur lui ces mêmes vérités et obligations. Sans cela, encore une fois, il ne peut pas y avoir de religion solide, profonde et éclairée dans l'homme. En résumé, de même que pour faire de l'enfant un être intelligent et libre, il faut élever son esprit et son cœur jusqu'à la connaissance et à l'amour de Dieu, ainsi, pour faire du même enfant un être sérieusement religieux, il faut l'élever à la jouissance de son intelligence et de sa liberté, et initier son esprit et son cœur à la jouissance des choses divines. Ce n'est que par l'action que l'enfant exercera sur lui-même, avec intelligence et liberté, qu'il s'élèvera à la perfection à laquelle on le pousse. Il en est de même dans toutes les parties de sa formation mentale.

Non seulement le levier principal essentiel, dans l'éducation, c'est l'assentiment de l'enfant à la direction qu'on lui donne, mais encore c'est l'enfant qui doit faire sur lui-même le principal travail de sa formation intellectuelle et morale.

« Aussi, dit encore Mgr Dupanloup, je ne crains pas de l'affirmer, le talent principal de l'instituteur consiste à faire entrer courageusement son élève dans la voie du travail et de l'application personnelle.

« Dans l'éducation, ce que fait l'instituteur est peu de chose ; ce qu'il fait faire est tout. Quiconque n'a pas entendu cela, n'a rien compris à l'œuvre de l'éducation humaine. »

« Quoi qu'on fasse, on n'élèvera jamais un enfant sans lui ou malgré lui. Il faut lui faire vouloir son éducation et la lui faire faire à lui-même et par lui-même. » (1)

VI

Non seulement il faut que les parents prennent garde de ne rien imposer à leurs enfants, en dépit des exigences de leur éducation et de leur dignité intellectuelle et morale, il faut qu'ils évitent encore avec soin de ne pas les cultiver en dépit de leurs aptitudes et de leurs dispositions natives.

Il n'est pas inutile de rappeler cette loi. Combien de parents qui, avant de consulter la nature et de voir ce que sont leurs enfants, les destinent à une vocation sociale et professionnelle pour laquelle ils ne sont pas faits, qui s'obstinent à leur donner un enseignement et une éducation dont ils ne sont pas capables de profiter, qui, après s'être donné beaucoup de peine pour les tourmenter, finissent par se désoler de la stérilité de leurs efforts et de l'inanité de leurs espérances. S'ils étaient justes, ils n'imputeraient qu'à leurs propres fautes les insuccès de leur entreprise ; car ils usent leurs forces à cultiver des germes qui ne sont pas susceptibles de développement, et ils laissent, faute de culture, ceux qui seraient capables d'atteindre à un haut degré de perfection, s'étioler ou se développer d'une façon monstrueuse et en sens inverse de leurs légitimes fonctions et de leur fin nécessaire.

Sans doute, le vrai, le bien, le beau, l'honnête, sont, en soi, absolus et identiques à eux-mêmes ; mais ils ne sont ni saisis, ni goûtés d'une manière identique par tous les hommes. Chaque esprit, chaque cœur a sa manière propre de les sentir, de les comprendre et de les apprécier.

C'est que les esprits les plus semblables se distinguent encore par une infinie variété de qualités diverses et de dispositions spéciales. Mais il n'y a pas seulement que des variétés dans l'ordre des âmes ; il y a aussi des différences et des oppositions tranchées, profondes ; il y a des âmes en qui l'intelligence l'emporte sur l'imagination, d'autres, en qui c'est la mémoire qui domine ; il y en a en qui les puissances morales priment les facultés intellectuelles ou artistiques. A des êtres si différemment constitués, donnez le même aliment, des

(1) Op. cit., T. I, L. I, Ch. I. Voir aussi M. Ginon op. cit., Ch. I.

soins identiques, il est clair que vous ne produirez point en tous les mêmes accroissements ni les mêmes fruits.

L'enseignement, l'éducation qui profitera aux uns, ne pourra par là même servir à ceux qui seront doués d'aptitudes contraires, qui auront des besoins opposés.

Rien n'est donc plus important que de ne pas entreprendre la formation d'un homme avec des idées préconçues et de ne pas la poursuivre de parti pris et avec obstination, sans tenir compte des besoins qui se révèlent.

Certainement il y a une éducation intellectuelle et morale qui est indispensable à tous ; mais certainement aussi, faut-il adapter les enseignements et les exercices qui l'ont pour objet, aux aptitudes particulières de chaque âme, sinon l'on se heurte à des difficultés insolubles et l'on échoue misérablement.

Ensuite, pour élever un sujet au plus haut degré de perfection, dont il est susceptible, il faut cultiver surtout les dispositions spéciales par lesquelles il excelle naturellement, et, sans abandonner les autres à leur pauvreté, ne leur donner que les soins dont elles peuvent profiter.

Enfin, rien de plus nécessaire que de surveiller attentivement une éducation dans les différentes phases de ses développements et que d'approprier le travail humain qui en produit la forme, au travail de la nature qui en fournit la matière.

Souvent, en effet, telle faculté qui, dans un sujet, paraissait devoir être dominante, s'arrête tout à coup dans son épanouissement, tandis que telle autre qui semblait n'y devoir jamais exceller, s'élève bientôt à un degré éminent. Des parents, des instituteurs qui n'ont pas l'œil ouvert sur ces transformations et sur d'autres pareilles dont la marche de toute éducation peut être marquée, ne peuvent que se mettre en opposition avec les exigences de la nature et avec les besoins de leurs enfants. Au lieu de contribuer par leur action à faire des hommes, ils n'aboutissent par leurs fausses manœuvres qu'à empêcher qu'il ne s'en produise. C'est dire avec quels soins parents et maîtres doivent proportionner et approprier leur action et leurs vues, dans l'œuvre d'une éducation, aux conditions que leur font ou leur dictent les dispositions de la nature dans chacun de leurs enfants ou de leurs écoliers.

VII

Et maintenant, n'y a-t-il pas des enfants auprès desquels les maîtres les plus habiles et les plus dévoués perdent leurs peines ? Incontestablement il en est sur qui l'action de l'homme est, non seulement nulle, mais encore préjudiciable ; il en est qui ne sont pas susceptibles d'être formés par une main humaine, qui, non seulement ne sont pas capables de recevoir avec profit le travail de l'autorité, mais encore qui ne peuvent supporter, sans souffrir, la moindre pression même de la part de ceux qu'ils aiment le plus. Relativement à ceux-là, l'intervention des parents et des maîtres dans leur éducation, doit se borner souvent à écarter autant que possible les influences dangereuses qui pourraient leur nuire et à les préserver eux-mêmes, autant que possible, des écarts dans lesquels ils pourraient périr. Les maîtres qui seuls ont assez de puissance pour contribuer utilement à leur éducation, c'est l'usage de la vie, le contact des hommes, les exigences des situations, les leçons des événements, l'expérience des choses. Oui, voilà le seul enseignement qui soit capable d'éclairer certains esprits ; voilà les seules autorités qui puissent faire plier certaines volontés. Tout ce que parfois peuvent faire en plus leurs maîtres, c'est de les aider discrètement à tirer des personnes et des choses les leçons les plus profitables, sinon les meilleures, qu'elles renferment sous tous les rapports.

Du reste, est-il un seul homme à qui l'école ait pu suffire et qui n'ait pas eu besoin, pour s'élever, de la pratique de la vie ? En est-il un seul à qui l'expérience personnelle n'en ait pas cent fois plus appris que les exposés théoriques les plus instructifs ? « Ce n'est pas dans les maisons publiques où l'on instruit l'enfance, dit Montesquieu, que l'on reçoit, dans les monarchies, la meilleure éducation, c'est lorsque l'on entre dans le monde que l'éducation, en quelque façon, commence. » (1)

Ecoutons M. Le Play : « Les hommes d'un jugement éprouvé qui ont bien voulu faire devant moi, dit-il, la revue rétrospective de leur vie, ont pu rarement reporter à l'enseignement reçu dans les écoles, l'acquisition d'une partie essentielle de leur savoir. En recueillant leurs souvenirs, ils trouvent tous que la véritable utilité d'un bon enseignement n'est pas dans les connaissances immédiates

---

(1. Esprit des Lois, L. IV, Ch. II.

que l'enfant en obtient, mais dans la culture qu'en reçoit son esprit. Il en est des travaux offerts à l'esprit de l'enfant comme des exercices du corps ; ils ne se retrouvent guère dans les occupations usuelles de la vie. Ils développent les facultés en assignant des devoirs qui s'étendent à mesure que les organes physiques se fortifient. Les maîtres ne sauraient enseigner les emplois précis des facultés qu'ils cultivent. Dès le début de sa carrière, le jeune homme doit lui-même trouver chaque jour l'emploi spécial qu'impose la force des choses sous l'empire de la loi morale.

.... En résumé, l'instruction de chacun se compose de deux parties distinctes : l'enseignement scolaire qui a toujours manqué à une portion considérable de l'humanité et qui n'a jamais dépassé des limites fort étroites ; l'éducation sociale qui est donnée à tous les hommes depuis le berceau jusqu'à la tombe par la pratique de la vie et qui de tout temps a rendu fameux des hommes dont l'enseignement scolaire avait été négligé.

.... La pratique de la vie supplée plus tard à l'inaptitude des enfants pour étudier, en sorte que beaucoup de connaissances qui laissent à peine une trace sur l'intelligence de l'écolier, se classent spontanément dans celle de l'homme fait. Tel qui, dans le cours d'histoire du collège, n'a jamais rien compris aux éternelles luttes de la plèbe romaine contre le patriciat, en prendra une idée fort nette, lorsqu'il aura été exposé, dans l'atelier et dans la commune, à l'antagonisme qui divise si malheureusement les classes de notre société. » (1)

VIII

Enfin, il y a des enfants qui sont incapables d'instruction et d'éducation. En vain leurs parents versent-ils sur leurs âmes stériles les connaissances et les bons exemples, leurs pauvres esprits ne s'en éclairent point, leurs cœurs ingrats ne s'en améliorent pas davantage.

Quels sont, en ce cas, les devoirs des parents ? Il faut qu'ils recourent fréquemment à Dieu dans la prière. Certes, s'il est vrai que l'éducation d'un enfant n'est pas moins l'œuvre de Dieu que celle des parents, s'il est vrai qu'elle exige, pour être menée à bonne fin, tant

(1) La Réforme sociale, Ch. 27. P. Monsabré, 57° Conférence.

de lumières et de forces, il est clair que les parents ne peuvent jamais se passer des secours du Ciel ; il est clair qu'ils sont toujours obligés de recourir à Dieu pour en obtenir l'aide dont ils ont besoin. Il faut donc, en tous cas, que les parents prient sans cesse pour leurs enfants ; ce devoir est rigoureux.

Toutefois, ils sont tenus de prier davantage encore, lorsqu'ils constatent l'impuissance de leurs efforts, lorsqu'ils reconnaissent que toute l'éducation de leurs enfants est entre les mains de leur premier Père. C'est alors que, par d'incessantes supplications, ils doivent prendre d'assaut le cœur de Dieu et en faire découler sur leurs enfants les lumières et les vertus nécessaires.

N'est-il pas dans les desseins de Dieu d'écouter leurs prières ? Leur dernier devoir, alors, c'est de se résigner aux dispositions de sa Providence et de se reposer dans sa volonté du fardeau de leur douleur. Après tout, est-ce que ces enfants, fermés à la lumière et à la vertu, ne sont pas plus à Dieu qu'à eux ? Si Dieu qui est leur premier auteur et qui les aime encore plus qu'eux-mêmes, les supporte et les accepte tels qu'ils sont, pourquoi ne les supporteraient-ils pas, pourquoi ne les accepteraient-ils pas aussi dans les mêmes conditions ? Qu'ils s'arment donc d'une grande patience, se souvenant que, s'ils sont rigoureusement tenus de travailler de toutes leurs forces à l'éducation de leurs enfants, ils ne sont nullement obligés d'y réussir.

IX

Nous pourrions ici nous demander si les parents sont aussi tenus, en justice, de laisser à leurs enfants un patrimoine en rapport avec leur propre fortune ? Eh bien, non, car s'ils sont obligés d'en faire des hommes achevés, complets, capables de conquérir les biens terrestres, ils ne sont pas obligés de leur conquérir eux-mêmes ces mêmes biens et de les mettre à leur disposition. La terre a été donnée à tous ; c'est à chacun de s'y créer une propriété par son industrie et par son travail. Il n'incombe à personne de s'en assujétir quelques parties avec la charge de les laisser même à des enfants. Sans doute il est très moral que les parents laissent quelques biens à leurs enfants ; c'est du reste leur intérêt ; ils ne peuvent mieux continuer d'en jouir, qu'en les remettant à ceux qui ont leur vie, leur sang et leur nom et qui sont pour eux d'autres eux-mêmes. Mais ils ne sont aucunement tenus, en justice, de les leur transmettre, car si toutes les raisons prouvent que les parents ont la charge de faire de leurs enfants des êtres intelligents et moraux, il n'en est aucune de laquelle il résulte qu'ils doivent en faire des riches ou même simplement des propriétaires.

CHAPITRE XIV

Des Droits de la Famille en matière d'Enseignement et d'Education.

> Les droits et l'autorité nécessaires pour faire un homme ne peuvent appartenir qu'à ceux qui sont les auteurs de l'enfant et qui ont le devoir de l'élever.

I

Il n'y a pas de devoirs sans droits, avons-nous dit, pas de charges sans pouvoirs ; droits et devoirs, pouvoirs et charges sont des termes corrélatifs dont l'un implique essentiellement l'autre. (1)

Donc si les parents sont essentiellement obligés, à raison de leurs fonctions propres, d'instruire et d'élever leurs enfants, s'il n'y a personne qui puisse être, avant eux et au même titre qu'eux, chargé de les former à la vie intellectuelle et morale, il faut reconnaître et proclamer que, seuls, les parents ont essentiellement le droit et le pouvoir de leur imposer l'enseignement et l'éducation nécessaires pour en faire des hommes. Certes, il serait absurde au premier chef de refuser aux parents le droit d'accomplir leurs devoirs et le pouvoir de

---

(1) Voir M. Chesnel. Les Droits de Dieu etc, Ch. XI et M. Jules Simon. Le Devoir III° Partie, Ch. III.

porter leur charge à l'endroit de leurs enfants, pendant qu'on attribuerait, relativement à ces mêmes enfants, des droits et des pouvoirs analogues à des étrangers qui n'ont ni charge ni devoir corrélatifs.

II

Remontons de cette conséquence qui est inéluctable, aux principes premiers qui l'ont engendrée.

L'homme tient essentiellement et exclusivement de la nature le droit imprescriptible de se marier et de se reproduire spécifiquement d'une manière complète. (1) Il avait ce droit naturel et divin avant la constitution politique de tous les Etats ; il le garderait intact, quand tous les Etats se dissoudraient ou s'entendraient pour le lui refuser.

Bien mieux, s'il n'y a pas de pouvoir créé qui puisse l'empêcher de prendre la femme qui veut l'accepter pour mari, il n'y en a pas non plus, nous l'avons vu plus haut, (2) qui puisse casser son mariage, lorsqu'il a été validement contracté suivant les lois de la nature et de la religion.

Eh bien, comment refuser à l'homme, qui a le droit d'engendrer, le droit d'élever à sa perfection nécessaire par l'éducation, le fruit naturel et légitime de la génération ?

D'ailleurs, quand nous disons que l'homme a le droit de se reproduire parfaitement, nous ne voulons pas dire qu'il n'ait que le droit de produire un germe humain : un fœtus n'est pas un enfant, et un enfant n'est pas davantage un homme proprement dit. Le droit de se reproduire comprend celui de faire tout ce qui est nécessaire pour faire d'un fœtus un enfant et d'un enfant un homme achevé, en tout semblable à son principe, capable comme lui de se suffire personnellement et de se reproduire spécifiquement. Le droit de se reproduire renferme donc le droit d'instruire et d'élever le fruit de la génération ; c'est évident. (3)

Du reste, n'est-ce pas aux auteurs seuls de l'enfant qu'il appartient d'être les auteurs de l'homme qui doit être formé de ce même enfant ?

(1) Voir Mgr de Kernaeret. Revue des Institutions et du Droit. Novembre 1879.

(2) Voir plus haut Ch. 1 et II.

(3) Voir Mgr Sauvé, même Revue, décembre 1879.

Ceux qui ne sont pour rien dans la naissance de celui-ci, ne peuvent avoir le droit d'être pour quelque chose dans l'œuvre de sa formation intellectuelle et morale ; ils ne peuvent avoir le droit d'achever en lui des traits qui ne sont point les leurs propres et dont ils ne sont point les auteurs. Les rapports naturels de paternité et de filiation, d'autorité et de soumission qui lient entre eux un enfant et son père, ne peuvent naitre que de l'acte même par lequel celui-ci est devenu l'auteur de celui-là. L'adoption légale ne crée que des rapports légaux ; l'enlèvement violent est un crime qui ne donne droit qu'au châtiment. (Code Pénal, art. 345, 354.)

Au surplus, les exigences morales ne sont que l'expression de l'ordre que la raison et la justice prescrivent entre les intérêts différents ou contraires. L'enfant, c'est le sang, c'est la vie même de ceux qui l'ont mis au monde pour revivre en lui, chacun comme en un autre soi-même. Il porte leurs traits, leur nom, il héritera de leurs biens : il est le terme essentiel de leur destinée terrestre.

« Celui qui aime son fils, dit l'Ecclésiastique, l'accoutume au fouet, afin de se réjouir en lui vers ses derniers jours et de n'être point obligé d'aller frapper à la porte de son prochain.

« Celui qui enseigne son fils, sera loué en lui ; il allume la jalousie au cœur de ses ennemis et il sera glorifié au milieu de ses amis.

« Un père est mort ; c'est comme s'il n'était pas mort, car il s'est laissé après lui un autre lui-même.

« Il a vu son fils durant sa vie et il s'est réjoui... car il a laissé un défenseur de sa maison et un cœur pour remercier ses amis. » (1)

Voilà comment le Sage fait ressortir les biens immenses qu'un père trouve dans l'éducation de son enfant. Qui pourrait avoir le droit de l'en dépouiller ?

« Oui, s'écrie Mgr. d'Orléans, déjà cité, un père est encore aujourd'hui roi dans sa famille ; son royaume est inviolable c'est sa maison et son foyer domestique ; nul, fût-il roi de la société temporelle, ne peut s'y asseoir malgré lui ; c'est sa vigne et son champ ; nul, fut-ce un Achab, n'y touchera impunément. Mais, par dessus tout, son royaume, c'est sa femme et ses enfants, c'est leur âme, c'est leur vie, c'est leur honneur. Quand il dit : c'est *mon* fils, c'est *ma* fille, il exprime ses droits et ses devoirs avec une énergie que nulle autre autorité que la sienne n'atteindra jamais.

---

(1) Eccli XXX.

Lui enlever ses enfants ou sa femme, violer indignement le droit qu'il a d'élever son fils et sa fille, est un attentat contre nature. » (1)

N'est-ce pas ce que ferait l'étranger qui essayerait de se substituer à lui pour instruire et élever ses enfants? Évidemment un tel usurpateur le dépouillerait des biens inestimables qu'il possède dans ses enfants, et il lui ferait manquer sa fin terrestre.

Cire molle, excessivement malléable, l'enfant perd vite les traits de sa famille et il revêt promptement de nouvelles formes sous la main de ceux qui travaillent son esprit et son cœur. C'est avec la plus grande facilité qu'il devient le fils de celui qui forme son âme et qu'il cesse d'appartenir à l'homme qui s'est borné à lui donner l'existence.

Eh bien, est-il quelqu'un qui puisse revendiquer le droit de substituer son image dans un enfant à celle de ses auteurs, de frustrer ceux-ci du fruit de leur procréation, et de les supplanter violemment dans l'entreprise de leur reproduction? Personne, c'est incontestable.

C'est donc aux parents qu'appartient exclusivement le droit d'enseigner et d'élever leurs fils et leurs filles.

Par la génération et par la nutrition, les parents ne sont, en un certain sens, que les auteurs de la vie animale qui est dans leurs enfants. S'ils veulent être proprement les auteurs de l'être moral qui doit se former en ceux-ci, il faut qu'ils le produisent effectivement, en cultivant en eux, par l'enseignement et par l'éducation, la vie intellectuelle et morale qui est la vie spéciale et nécessaire de l'homme.

Incontestablement, les parents ne sont point, sous tous rapports, étrangers au germe de la vie intellectuelle et morale qui est dans leurs enfants ; nous l'avons prouvé plus haut. Mais, comme la vie qui est dans ce germe, reçoit de l'enseignement toute la forme sous laquelle elle existe et se manifeste plus tard, il faut, pour que les parents soient, jusqu'au bout, les auteurs de leurs enfants, que ce soient eux qui leur donnent ou leur fassent donner leur formation intellectuelle et morale. Évidemment les parents ne pourraient reconnaître leur vie intellectuelle et morale dans celle de leurs fils, si celle-ci ne procédait pas de la leur par l'enseignement et par l'éducation. De même que, pour être les auteurs de la vie physique de leurs enfants, il a fallu que les parents la produisissent par une action physique,

(1) Op. cit., T. II, L. III, Ch. III.

ainsi, pour être vraiment les auteurs de la vie intellectuelle et morale de ceux-ci, il faut qu'ils la produisent par une action intellectuelle et morale. Comme, en effet, par la génération organique, ils ont formé leurs fils de leur propre chair, ainsi, en communiquant à leurs fils, par l'enseignement et par l'éducation, leurs idées et leurs affections, ils en forment la vie intellectuelle et morale de ce qui fait proprement la vie même de leur propre intelligence et de leur propre cœur. Par la génération corporelle, ils leur ont communiqué leurs traits corporels qu'ils développent par la nutrition ; c'est par l'enseignement et l'éducation qu'ils les façonnent à la ressemblance de leurs âmes. Sans cela, en quelque sorte, les parents ne se reconnaîtraient pas plus, nous le répétons, ils ne se sentiraient pas plus revivre dans l'âme de leurs enfants que dans leurs corps, s'ils n'en étaient pas organiquement les auteurs.

On voit de nouveau par là, qu'engendrer, nourrir, instruire et élever, sont, comme nous l'avons déjà dit, les parties diverses, mais essentielles, d'une même fonction, de la fonction qui a pour objet de produire un homme achevé, complet. Voilà pourquoi c'est à ceux qui engendrent et nourrissent, qu'appartiennent aussi nécessairement les droits d'enseigner et d'élever.

III

Hobbes a donc tort de soutenir que la génération ne suffit pas pour fonder l'autorité paternelle. (1) L'observation des faits et l'étude des choses prouvent le contraire. C'est ce que montre aussi l'étymologie des mots. Ainsi, que signifie, dans toutes les langues, le mot *père* ? « Il était, dit M. Fustel de Coulanges, synonyme de rex, anax, basileus. Il contenait en lui, non l'idée de paternité, mais celle de puissance, d'autorité, de dignité majestueuse. » (2)

Or, à qui ce titre était-il donné ? Sans doute, à tout ce qui était puissant et grand par lui-même ; mais ce n'était alors que par une attribution honorifique. Ceux à qui il était donné en propre par l'enfant, comme par l'homme mûr, c'étaient ceux-là mêmes qui étaient ses vrais auteurs. Ceux-là seuls étaient vraiment pères ; les

---

(1) Voir M. P. Janet. Histoire de la Science politique. L. IV, ch. III.
(2) La Cité antique, p. 99 et 100. Voir aussi M. de Bonald. Démonstration philosophique, etc., ch. II.

autres ne l'étaient que par participation ou par assimilation. Or, pourquoi ceux qui ont engendré, sont-ils les types de tous ceux qui sont puissants ? C'est évidemment parce que la puissance se manifeste par la production.

Celui-là, en effet, est puissant qui produit des êtres, surtout des êtres semblables à lui. Au fond, c'est donc le fait de la génération qui est le principe et le fondement de l'idée de puissance contenue dans le mot *père*. On n'a pas de peine à comprendre pourquoi l'idée de la cause s'est obscurcie et effacée sous l'idée de son effet ; la génération est un acte passager perdu dans l'oubli du passé ; la puissance qui en résulte se manifeste et se fait sentir, au contraire, d'une manière constante par un exercice de ses droits qui dure de longues années. Telle est la raison pour laquelle on s'est habitué à voir dans le père, non le générateur de ses enfants, mais le pouvoir chargé de les gouverner et de les élever. Cependant, il n'en est pas moins vrai que c'est le fait d'avoir engendré de soi un enfant pour se reproduire en lui, qui donne à un homme le pouvoir de l'élever, en d'autres termes que c'est le fait d'être l'*auteur* d'un enfant, qui lui donne l'*autorité* nécessaire pour en faire un homme.

Au surplus, il n'y a pas de fonction, nous l'avons dit, sans pouvoir correspondant, et il n'y a pas de pouvoir, non plus, sans fonction corrélative. Par conséquent, comme il n'y a que celui qui engendre un enfant, qui prenne la charge de l'élever au terme de la perfection humaine, il n'y a que les propres parents d'un enfant qui aient le pouvoir de lui imposer sa formation intellectuelle et morale.

En effet, pour avoir le droit de dicter à un enfant une doctrine, des lois, il faut avoir *autorité* sur lui. Or, qui peut avoir *autorité* sur lui, sinon ses propres *auteurs* ? Tous les hommes étant égaux, il n'en est aucun qui ait, parmi ses droits privés, indépendamment de ceux que lui donne le titre de père, le pouvoir de former à son image un enfant qu'il n'aurait point mis au monde. Redisons-le donc, il n'y a que le fait d'être l'*auteur* d'un enfant qui puisse faire qu'un homme ait *autorité* sur lui pour le dominer, lui faire la loi, pour lui imposer sa forme intellectuelle et morale.

« Autorité, en latin *auctoritas*, dit Mgr Dupanloup, vient du substantif *auctor*, auteur, créateur : ce mot vient lui-même d'*agere*, d'*augere* qui indique la puissance d'action et quelquefois une action créatrice.

... Aussi le Dictionnaire de l'Académie, dit-il : « Auteur, celui qui est la première cause de quelque chose.

L'auteur est donc constamment celui qui crée, qui produit, qui invente, qui établit, qui institue quelque chose.

... L'autorité, c'est le droit naturel de l'auteur sur son ouvrage. »(1)

Aussi, « l'autorité paternelle, quoique la paternité elle-même soit communiquée, dit encore le même écrivain, est bien plutôt une autorité propre, une autorité essentielle, qu'une autorité transmise, parce qu'elle appartient tellement, non pas à l'homme, mais au père, quand Dieu l'a fait père, qu'il n'est besoin d'aucun autre acte de la volonté divine pour la lui donner. » (2)

... Dieu pouvait ne pas communiquer la paternité elle-même ; mais, la paternité une fois reçue, l'autorité paternelle y est essentiellement attachée et inaliénable. » (3)

Mais, si l'autorité paternelle est inséparable de la paternité, qu'en résulte-t-il ? Il en résulte qu'il n'y a point d'autorité paternelle où manque la paternité. Seuls, donc, les parents, en raison de leur titre d'auteurs, ont autorité pour enseigner et élever leurs enfants. (4)

IV

La notion de l'autorité paternelle est une de celles qui ont le moins subi, jusqu'à ce jour, d'obscurcissement dans l'esprit des peuples.

Dans l'antiquité, Lycurgue seul constitua l'Etat sur l'abolition de ce pouvoir au profit de l'autorité politique.

Athènes en méconnut parfois les plus hautes prérogatives ; toutefois, elle ne resta jamais bien longtemps, sur ce point, en révolte contre les lois de l'ordre naturel.

On sait, au contraire, qu'à Rome, le pouvoir paternel était absolu, despotique. (5)

Les constitutions des empereurs en restreignirent peu à peu les plus violentes attributions, ne reconnaissant plus aux pères qu'un droit de correction modérée et accordant aux enfants la propriété de différents pécules.

(1) Op. cit., T. II, L. I, Ch. II.
(2) Op. cit. T. II, l. II, ch. III.
(3) Ibid.
(4) Voir M. E. Ollivier. L'Eglise et l'Etat. T. I, p. 157 et 329.
(5) Voir M. Fustel de Coulange. La Cité antique, p. 104 et 105. Encyclopédie du XIX siècle au mot Puissance paternelle.

Les premiers temps de la monarchie française s'écoulèrent sous des lois semblables aux premières lois de Rome. Le *Glossaire* du Droit français prouve que, même sous les rois de la seconde race, il était permis aux pères de vendre leurs enfants pour subvenir à de pressantes nécessités.

Cependant, dans le Midi de la France, sous le régime du Droit écrit, la puissance paternelle ne sortit pas des limites que lui avaient tracées les dernières constitutions impériales.

Dans les pays de coutumes, au contraire, on tenait pour maxime que « droit de puissance paternelle n'a lieu. » Il s'agit du droit de propriété et de l'administration des biens ; car, pour le droit d'enseignement et d'éducation, la puissance paternelle ne connaissait d'autres bornes que celles du devoir naturel. Il y avait même des pays coutumiers où le droit de correction était excessif. (1)

La révolution se jeta dans l'excès contraire ; si elle n'anéantit pas l'autorité paternelle, elle lui fit les plus graves blessures.

« Un décret du 20 août 1792, dit Toullier, ordonna que les majeurs ne seraient plus soumis à la puissance paternelle et qu'elle ne s'étendrait que sur les mineurs. » En abolissant la liberté de tester, elle la réduisit d'autre part à n'être plus qu'un pouvoir sans moyen de sanctionner et de faire respecter ses lois. (2)

Le Code civil est revenu sur quelques-unes des violences de la révolution contre l'autorité paternelle. Voici les principales dispositions qui s'y rapportent. (3)

« Les époux contractent ensemble, par le fait seul du mariage, dit l'art. 203, l'obligation de nourrir, entretenir et élever leurs enfants. » Cette obligation, évidemment, implique nécessairement l'autorité et les droits nécessaires pour la remplir.

Aussi, l'article 371 dit-il formellement : « L'enfant, à tout âge, doit honneur et respect à ses père et mère. »

Et l'article 372 : « Il reste sous leur autorité jusqu'à sa majorité et son émancipation. »

L'article suivant porte : « L'enfant ne peut quitter la maison pa-

---

(1) Voir le rapport de M. A. Garnier sur le concours relatif à l'Autorité Paternelle. Mémoires de l'Académie des sciences morales et politiques, T. XI.

(2) Voir M. Leplay, op. cit., ch. 26. M. Em. Ollivier, op. cit., T. II, p. 490.

(3) Voir les rapports : 1° de M. Réal au Corps législatif, le 28 ventôse an XI ; 2° du tribun Vesin au Tribunat, le 22 mars 1803 ; 3° du tribun Albisson au Corps législatif, le 24 mai 1803.

ternelle sans la permission de son père, si ce n'est pour enrôlement volontaire après l'âge de 18 ans révolus. »

Les articles 375-377 mettent la force publique au service de l'autorité paternelle.

Les conséquences de ces dispositions sont formulées par les articles 384 et 389. « Le père, durant le mariage et, après la dissolution du mariage, le dernier survivant des père et mère aura la jouissance des biens de leurs enfants jusqu'à l'âge de 18 ans accomplis ou jusqu'à l'émancipation qui pourrait avoir lieu avant l'âge de dix-huit ans.

« Le père est, durant le mariage, administrateur des biens personnels de ses enfants mineurs. »

Enfin, les parents gardent encore sur leurs enfants majeurs des droits d'une certaine étendue, tels ceux qui sont stipulés par les articles 148 et suivant relativement au mariage.

Le Code civil est donc bien loin du rapport de Cambacérès cité plus haut.

Le Code civil reconnaît et proclame les principaux droits de l'autorité paternelle, tels qu'ils sont écrits dans la loi de la nature ; il serait injuste de le méconnaître. Néanmoins, il s'en faut qu'il reste fidèle, sur tous les points, à l'ordre naturel. Il n'a pas rétabli la liberté du testament et par là il laisse les parents sans force suffisante pour faire respecter leurs volontés. Il édicte que le père seul exerce l'autorité paternelle durant le mariage (Art. 373) et, par là, il semble autoriser l'enfant à mépriser les commandements de sa mère. (1) En outre, nous l'avons vu, la nouvelle loi qui prescrit l'obligation, la gratuité et la laïcité de l'instruction porte à l'autorité de la famille un coup qui la brise de nouveau, en la ramenant en grande partie au régime que lui avait fait la révolution. Mais nous aurons l'occasion de revenir sur ce sujet. Nous avons maintenant à dire encore un mot des caractères de l'autorité paternelle

---

(1) Voir Mgr Dupanloup. Op. cit. T. II, L. II, ch. XI et XII.

CHAPITRE XV

Des Caractères, de l'Etendue et des Limites de l'Autorité paternelle.

> Le père est l'image du grand Dieu souverain, Père universel des choses.
> (Bodin).

I

Si nous considérons la force intime qui pousse un homme à donner de lui-même pour devenir père, nous voyons qu'il n'y en peut pas avoir d'autre raisonnable que l'amour. Tel est aussi le principe qui fait la force de l'autorité paternelle. Au fond, l'autorité paternelle, c'est le pouvoir que, aux yeux de la raison, possède l'amour, d'achever par des dons et des sacrifices nouveaux l'être qu'il a commencé par un premier don et un premier sacrifice. Oui, fruit de l'amour, l'enfant ne peut être élevé que par l'amour, et l'amour qui a le droit de le former, ne peut être que l'amour qui l'a engendré.

Le pouvoir paternel est donc essentiellement bienfaisant, un pouvoir créateur. Il le faut bien, car il lui reste tant à produire dans l'enfant, et l'enfant, d'autre part, est un être si frêle qu'il serait incapable de résister à tout autre action qu'à celle d'un amour aussi tendre que pur.

Il s'en suit que le pouvoir paternel a bien tous les droits nécessaires pour défendre son fruit contre tout ce qui en compromettrait l'existence ou le développement ; mais il n'en a aucun pour le détruire lui-même, ou nuire à sa croissance, ou simplement le laisser dégénérer et périr. Image de la paternité suprême, sa fonction nécessaire et la raison de toutes ses prérogatives, c'est d'épuiser ses ressources, s'il le faut, pour donner à l'enfant ce qu'il n'a pas, pour développer en lui ce qui n'y est qu'en germe et l'élever lui-même à la dignité nécessaire de l'homme achevé.

Voilà pourquoi le pouvoir paternel est le seul pouvoir qui ait tout ce qu'il faut pour former l'âme de l'enfant ; — seul il est assez animé par l'amour pour n'avoir rien à demander à l'enfant de ce qui le fait homme et pour être capable de lui donner, même au prix des plus grands sacrifices, tout ce qui lui est nécessaire pour atteindre la perfection humaine.

Les droits de la paternité ne sont donc point identiques au droit de propriété sur les choses ? Non, tant s'en faut.

Sans doute, l'enfant appartient exclusivement à ses auteurs, il en est même, à un point de vue, la propriété absolue et le plus grand bien. Toutefois, n'est-ce point en ce sens que ses auteurs puissent disposer de lui à volonté comme d'une chose vile. A ce point de vue, l'enfant n'est nullement fait pour ses parents ; ce n'est point en ses parents qu'il peut trouver sa fin dernière. Comme ses parents, il est, par sa nature, maître de lui-même, et ce n'est qu'en Dieu qu'il peut trouver sa suprême félicité. Il répugne à sa dignité essentielle qu'il soit sacrifié, comme une chose, aux caprices de ses auteurs.

Il n'appartient à ses auteurs, il n'est leur propriété, qu'en ce sens qu'il a été fait pour reproduire et perpétuer leur vie et leurs traits, pour porter leur nom et garder leur honneur et leurs biens à travers les âges. Sous ce rapport, il est pour chacun de ses auteurs, un autre moi-même et cet autre moi-même, il ne l'est que pour eux, c'est évident. A ce point de vue, il est donc incontestablement leur plus grand bien. Mais, qu'on y fasse sérieuse attention, nous le répétons, l'enfant ne peut être un autre moi-même pour chacun de ses auteurs, qu'à la condition de ne pas leur appartenir comme une chose, qu'à la condition de les reproduire dans leur indépendance morale, personnelle.

Ainsi, le bien spécial que les parents doivent chercher, dont les parents veulent jouir dans leurs enfants, cette reproduction exacte de leur vie intellectuelle et morale qui est le but suprême de leurs efforts, c'est le bien même de la personne humaine dans leurs enfants ; c'est donc la dignité, la grandeur, l'indépendance souveraine de la personne même de leurs enfants.

Or, encore une fois, qui peut trouver son propre bien à sacrifier ainsi sa fortune, sa tranquillité, son bien-être, pour former un être dont la perfection nécessaire sera essentiellement d'être indépendant de celui à qui il devra tout ? Evidemment, ce ne peut être que ceux-là mêmes qui ont produit cet être pour reproduire en lui, avec leur propre vie, leur propre indépendance, leur propre grandeur.

Ainsi, le premier caractère du pouvoir paternel, c'est d'être essentiellement créateur et de trouver sa fin dans la perfection de l'homme qu'il forme au prix de toutes les immolations.

II

Le pouvoir paternel est un pouvoir qu'il n'est pas possible d'abdiquer, ni d'aliéner, ni de se laisser enlever.

Les devoirs des parents, avons-nous dit, sont absolument indispensables. Il n'est pas de pouvoir qui puisse validement décharger un père, une mère de l'obligation de faire de leurs enfants des êtres vraiment intelligents et libres. Quand des parents rencontrent quelqu'un qui consent à élever leurs enfants, ils n'en restent pas moins responsables devant Dieu de la manière dont ils font ou laissent remplir leur mission par autrui.

Il s'en suit qu'il n'est personne qui puisse validement les dépouiller de leurs pouvoirs et de leurs droits. Car il n'y a pas, ne l'oublions pas, de devoir, ni de responsabilité sans pouvoir et sans droit. Du reste, les droits et les pouvoirs des parents sont les termes essentiels de rapports qui, nous l'avons établi plus haut, appartiennent intrinsèquement à la constitution même de la nature humaine. Pour en dépouiller les parents, il faudrait changer la constitution même de l'humanité jusque dans ses fondements.

Conséquemment, tout ce qui pourrait être tenté par les hommes contre de tels droits et de tels pouvoirs, serait à jamais radicalement nul de soi et sans effet, au regard de l'ordre naturel et de la justice éternelle.

Quand il y aurait cinquante ans que l'injustice et le désordre prévaudraient en fait, il n'y aurait pas, en droit, de prescription possible en pareille matière ; les apparences de légalité n'y pourraient rien faire, le consentement et la soumission des parents eux-mêmes n'y ajouteraient rien pour valider et légitimer la violence faite en eux à l'ordre de la nature.

Les parents eux-mêmes n'ont pas plus le droit d'abdiquer ce qu'il y a d'essentiel dans leurs droits sur l'éducation de leurs enfants, qu'ils n'ont celui de se dispenser de leurs devoirs ; ils n'ont pas plus le pouvoir de renoncer à l'autorité que le Créateur leur confère en vue de leur mission, qu'ils n'ont celui de se décharger de la responsabilité qui leur incombe à ce sujet. La raison de cela, nous le répétons, c'est que les parents ne peuvent pas, mieux que l'Etat, changer et renverser des rapports qui sont intrinsèquement fondés dans la constitution de l'humanité.

En vain soutiendraient-ils qu'il s'agit de leurs droits propres, de leurs pouvoirs propres, et que, dès lors, ces droits et ces pouvoirs leur appartenant, ils sont libres de s'en dessaisir, s'il leur plait. Ce serait une grossière erreur. Car il n'est pas vrai que ces droits et ces pouvoirs leur appartiennent en propre à eux personnellement ; ils sont à leur nature avant d'être à leurs personnes ; ils constituent le bien de leur nature avant de constituer le domaine de leur liberté. Il est certain que la liberté humaine est soumise aux lois de la nature dont elle découle et dépend. Par conséquent les parents ne peuvent pas abandonner des droits et des pouvoirs dont ils n'ont point la libre et pleine disposition, qui leur appartiennent bien certainement jusqu'à un certain point, mais qui appartiennent à la nature plus qu'à leurs personnes, qui ne sont entre leurs mains qu'un dépôt, et dont ils sont chargés d'exercer les prérogatives et de faire valoir les avantages à leur profit, sans doute, mais, et surtout, au profit de l'humanité et de son Auteur.

C'est pourquoi les parents ne sont pas libres d'abandonner ces droits et ces pouvoirs à qui les en veut dépouiller ; ils sont, au contraire rigoureusement obligés de les défendre, même au péril de leur vie. Rien de plus précieux que le dépôt qui leur en a été fait. Ces pouvoirs et ces droits ont pour objet et pour fin, ne l'oublions pas, la formation de la vie intellectuelle et morale de l'enfant. Une pareille fin, un semblable objet vaut mieux que la vie corporelle de qui que ce soit. Voilà pourquoi il ne peut jamais être permis aux parents de sacrifier cette vie, dans leurs enfants, à la conservation de leur propre vie terrestre. Voilà pourquoi, obligés, sans dispense possible, de travailler à faire de leurs enfants des êtres intelligents et moraux, les parents sont tenus de ne point abandonner volontairement, mais de défendre courageusement en leurs mains les pouvoirs et les droits qui leur ont été conférés à cette fin et sans lesquels ils ne peuvent ni remplir leur mission ni porter le fardeau de leur indéclinable responsabilité.

Ainsi, encore une fois, pas de pouvoir au monde qui puisse validement enlever aux mains d'un père, d'une mère, l'autorité et les droits qu'ils possèdent sur l'éducation de leurs enfants. Redisons-le, le pouvoir paternel avec ses droits est essentiellement lié à la paternité. Qui n'est pas père physiquement, ne peut y participer que par délégation. Mais qui est père ne peut pas plus s'en dépouiller volontairement ni en être dépouillé malgré lui que de son titre même de père.

III

Autre question qui s'impose à notre examen : le pouvoir paternel est-il absolu sous tous les rapports ? Hobbes qui le considère comme dérivé de l'Etat répond affirmativement. (1) D'après lui, l'enfant serait soumis à son père comme l'esclave à son maître ; d'où il suit qu'il n'aurait aucun droit vis à vis de son auteur. C'est la théorie césarienne dans toute sa brutalité.

Locke, au contraire, répond, avec tous les écrivains spiritualistes, que si le pouvoir paternel est absolu, il n'est point arbitraire ni despotique. Et il ajoute que le partage, que la nature en fait entre le père et la mère, en mitige l'absolutisme.(2)

Rien de plus vrai ; les parents, dans l'exercice de leur autorité, sont rappelés à la modération l'un par l'autre. La fermeté du père empêche la tendresse de la mère de dégénérer en déplorable faiblesse et la bonté de la mère s'oppose à ce que la sévérité du père dégénère en violence brutale. Ce n'est donc pas seulement le partage du pouvoir paternel qui en adoucit l'absolutisme, c'est surtout l'admirable opposition que le Créateur a mise entre le caractère du père et celui de la mère.

Néanmoins, cette opposition et ce partage ne peuvent qu'atténuer ce qu'il y aurait de dur et d'inexorable dans l'exercice de l'absolutisme paternel ; ils n'empêchent pas qu'au fond et en principe, cet absolutisme ne soit réel et même nécessaire.

Sans doute, le pouvoir paternel est limité par la nécessité indispensable d'atteindre sa fin et par les conditions sans lesquelles il ne pourrait pas l'atteindre. La nécessité d'atteindre sa fin et de prendre les moyens essentiels pour la réaliser, lui impose certainement une loi qui l'empêche absolument d'être un pouvoir despotique et arbitraire, qui le réduit essentiellement à la condition d'un pouvoir fait pour servir un intérêt d'un ordre supérieur.

Il est incontestable que le pouvoir paternel n'existe point pour lui-même ; il ne l'est pas moins qu'il n'est point conféré aux parents eux-

---

(1) Voir M. P. Janet Histoire de la science politique L. I Ch. III.
(2) Voir Locke, Traité du Gouvernement civil, Ch. V et XIV.

mêmes pour la satisfaction de vains caprices. Sa fin nécessaire, sa raison d'être essentielle, c'est, ne l'oublions pas, la formation de l'homme, c'est-à-dire d'un être intelligent et libre. Par conséquent il ne peut rien contre la nature et pour le mal de l'homme qu'il doit former, il ne peut rien contre l'intelligence et contre la liberté de l'enfant qu'il doit élever.

Il n'est pas non plus sans lois ; il est obligé de respecter celles de l'être qu'il a la mission de former ; il est tenu de suivre celles à l'observation desquelles est attaché l'accomplissement de son ministère ; il est soumis à tous les devoirs que nous avons établis plus haut ; il n'est aux mains des parents, ne craignons pas de le dire, que pour les mettre en état de satisfaire à toutes leurs obligations. A tous ces points de vue, c'est irrécusable, le pouvoir paternel n'est point absolu, illimité ; il est lié par des conditions dont il ne peut s'affranchir sans se renier, sans renverser la raison de son existence.

Mais s'agit-il de faire d'un enfant un homme au vrai sens de ce mot, le pouvoir paternel, pour atteindre une telle fin, est vraiment souverain, absolu, illimité. Il n'est personne qui ait le droit d'en restreindre les prérogatives. Saint Thomas nous en a donné une première raison : l'enfant est quelque chose de son père, *aliquid patris*.

Certes, nous l'avons dit, nous n'entendons pas ce mot au sens où les Romains disaient que l'enfant était la chose de son père, *res patris*. La doctrine de saint Thomas est la négation de la doctrine césarienne. Non seulement l'enfant n'est pas pour son père une chose dont celui-ci puisse disposer à son gré, mais, étant quelque chose de son père, il participe à la dignité de son père, et il mérite d'être traité, surtout par son père, avec tout le respect dont son père lui même est digne par sa nature. Toutefois, comme il est formé de la substance de son père, il appartient à son père comme son père s'appartient à soi-même. De la sorte, tout ce que son père peut sur soi-même pour son propre bien personnel, il le peut avec le même absolutisme sur son enfant pour la formation de son organisme et de son âme. De même que les parents, encore une fois, ont engendré leurs enfants avec un pouvoir absolu, sans leur demander s'ils voulaient, ou non, venir à la vie, s'ils voulaient être hommes ou plantes, ainsi ils ont le droit, le pouvoir souverain, absolu, illimité, de les élever conformément aux lois de la perfection humaine, sans avoir à les consulter pour savoir s'ils y consentent ou non. Les parents ont ce droit absolu sur leurs enfants, alors que, dépourvus de l'usage de la raison, ceux-ci ne peuvent encore s'appartenir.

Les parents ont encore ce même droit absolu, alors que, pourvus d'un certain degré de raison, leurs enfants commencent à jouir aussi d'un certain degré de liberté.

Néanmoins les parents ne peuvent point exercer leur absolutisme de la même façon dans les deux cas,

Dans le premier, les enfants n'ayant pas l'usage de leur raison, les parents n'ont pas à tenir compte en eux d'un degré de liberté qu'ils ne possèdent pas. Toutefois, la fin de leur absolutisme étant de mettre leurs enfants en possession de leur raison et de leur liberté, les parents ne doivent se servir de leur pouvoir que pour provoquer en eux l'épanouissement de ces deux sublimes facultés.

Dans le second cas, les parents ne peuvent agir sur leurs enfants sans avoir égard à la raison et à la liberté que ceux-ci possèdent déjà en partie. Leur but est bien toujours nécessairement de développer et de fortifier cette liberté et la raison dont elle dérive.

Mais, comme ils ne pourraient développer et fortifier ces maîtresses facultés, en en foulant aux pieds les exigences et les droits, ils ne peuvent les élever à leur perfection qu'en leur apprenant et qu'en les exerçant à produire avec rectitude et facilité leurs actes propres autour de leurs objets spéciaux. Les parents ne peuvent donc tout sur leurs enfants parvenus à certains degrés de leur raison et de leur liberté que pour les former à agir encore avec plus d'intelligence et de liberté, que pour leur aider à perfectionner encore leur raison et leur volonté. Nous ne saurions trop le répéter, ils sont sans pouvoir contre cette fin ; mais il n'est aucun pouvoir qu'ils ne possèdent pour la réaliser. Il le faut bien, puisqu'il n'est rien ni personne qui puisse les dispenser du devoir de la poursuivre par tous les moyens qui sont à leur disposition.

Mais le pouvoir paternel n'est pas seulement un pouvoir tout-puissant pour travailler à l'œuvre de sa mission ; c'est encore un pouvoir souverain. Au-dessous du pouvoir paternel de Dieu, source de toute paternité et de tous droits, il n'y a pas de pouvoir qui ait, au-dessus du pouvoir paternel, la fonction de faire des hommes au triple point de vue de l'organisme, de l'esprit et du cœur, et dont le pouvoir paternel dépende pour l'accomplissement de sa propre mission.

En effet, en dehors du pouvoir de l'Etat, on n'en pourrait citer aucun qui soit en possession de cette prérogative. Toutefois, ne pourrait-on attribuer cette prérogative à l'Etat que par suite d'une confusion des choses de l'ordre de la nature avec les choses de l'ordre civil et politique.

Il n'y a pas, en effet, dans le père de famille que le pouvoir paternel proprement dit, qui est un pouvoir de formation, d'enseignement et d'éducation. Le père de famille n'a pas seulement à faire de ses enfants des hommes ; c'est aussi un chef qui doit gouverner la société domestique à la tête de laquelle il est placé. Il a, dès lors, un pouvoir domestique pour régler les rapports réciproques des êtres qui composent son royaume.

Il faut ainsi distinguer dans le père de famille deux pouvoirs :

1° Un pouvoir de formation ou pouvoir paternel proprement dit qui a pour objet de faire des enfants des hommes.

2° Un pouvoir de gouvernement ou pouvoir domestique qui a pour objet de faire et de maintenir l'ordre entre les membres de la société domestique.

Le premier de ces pouvoirs produit les êtres que le second doit régir dans l'ordre et la paix.

Il est certain que le pouvoir domestique n'est pas un pouvoir souverain. La famille n'est pas indépendante ; elle fait partie de la société civile et politique et elle lui est subordonnée sous certains rapports. Ainsi personne ne conteste que l'Etat n'ait le pouvoir d'intervenir entre les membres de la famille pour les protéger les uns contre les autres et leur assurer à chacun la jouissance de leurs droits respectifs. Le pouvoir domestique relève donc quant à son exercice du pouvoir politique de l'Etat. Nous disons : quant à son exercice; car il n'en relève pas quant à son origine, à sa fin et à ses droits nécessaires. Le pouvoir politique et le domestique ayant tous deux pour objet le gouvernement des personnes en vue de l'ordre social, il est nécessaire que le pouvoir de la société élémentaire soit subordonné au pouvoir de la société supérieure complète.

Mais il n'y a point du tout les mêmes rapports entre le pouvoir politique de l'Etat et le pouvoir paternel proprement dit. Ces deux pouvoirs n'ont pas des fins et des fonctions dont l'une soit subordonnée à l'autre. Le premier a pour fonction et pour fin de faire et de maintenir l'ordre et la paix parmi les hommes sous l'empire de la justice ; c'est un pouvoir de gouvernement, nous l'avons dit ; il suppose les individus, il n'a pas mission de les produire et de les former ; il s'étend sur les multitudes, il ne saisit les personnes que dans leurs rapports avec leurs semblables ou avec la société. Le second, au contraire, ne s'exerce pas sur les foules, mais sur les individus. C'est bien, en un sens, un pouvoir de gouvernement; mais au lieu d'avoir pour objet de régir les rapports des individus entre eux, il a pour objet de conduire les individus dans leur développement et dans leur marche vers la perfection de l'homme, de régler en eux les rapports de leurs facultés de telle sorte que les supérieures commandent et que les inférieures obéissent.

Le pouvoir politique a d'ailleurs des fonctions ou prérogatives dont est incapable le pouvoir paternel, et le pouvoir paternel en a également que ne peut avoir le pouvoir politique. Le domaine de celui-ci est déterminé par les hommes ; le domaine de celui-là appartient essentiellement à l'ordre de la nature. Il s'ensuit que le pouvoir paternel, comme tel, ne peut être subordonné au pouvoir politique de l'Etat ; comme tel, il n'a à rendre compte qu'à Dieu de l'accomplissement de sa mission. Il est donc réellement souverain, suprême.

IV

Il s'en suit que les parents ont le droit absolu de recourir même à la force, lorsqu'elle est jugée nécessaire, pour réformer les difformités physiques et morales de leurs enfants.

Nous avons dit plus haut que, pouvoir bienfaisant, le pouvoir paternel n'a aucun droit pour faire le mal au point de vue soit physique, soit intellectuel, soit moral.

Nous venons de dire aussi que les attributions du pouvoir paternel ne peuvent point être celles de l'Etat. (1)

Il ne faut donc pas comprendre dans les prérogatives des parents, celle de la justice vindicative ou le droit de punir simplement à l'effet de satisfaire la justice par le châtiment du coupable. Le pouvoir paternel est fait pour produire ; il lui répugne de détruire. Il est le pouvoir même de l'amour ; la haine est contre sa nature.

Un père, comme tel, ne peut dès lors être un justicier, un vengeur à l'égard de ses enfants que son devoir est d'aimer jusqu'au sacrifice de lui-même.

Par conséquent, si nous revendiquons pour les parents le droit d'infliger de force des douleurs et des peines à leurs enfants, ce ne peut être que comme moyen et dans le but final de leur faire du bien, en les réformant sous les rapports sous lesquels ils en ont besoin.

(1) Voir M. Bluntschli La Notion de l'Etat, Ch. 1 et II. Locke, op. cit. ch. XX.

Ainsi, un enfant naît avec une difformité corporelle ; ses auteurs ont le droit de le soumettre à des opérations sanglantes et à des traitements douloureux, pourvu que ce soit avec prudence et pour des raisons suffisantes. Bien mieux, ils le doivent, au moins, jusqu'à un certain point.

Du reste il n'y a pas de difficulté à ce sujet. Tous les pères, dignes de ce nom, ont à cœur, lorsqu'ils le peuvent, de recourir aux hommes de la science et de l'art et de suivre leurs prescriptions, quelque cruelles qu'elles soient, quand il s'agit de réformer ou de corriger quelque vice grave dans leurs enfants.

De difficulté, d'ailleurs, il ne peut pas y en avoir, tant que l'enfant n'a pas l'âge de la raison, qu'il est simplement *quelque chose de son père*. Mais, lorsqu'il arrive à se posséder moralement lui-même, il est du devoir de ses auteurs de l'amener, si c'est possible, à vouloir lui-même les opérations et les traitements qui lui sont nécessaires. Il ne serait pas moral et juste de mépriser sa liberté au point de ne pas le faire intervenir dans le conseil, touchant des intérêts qui le regardent de si près.

L'enfant, éclairé, se refuse-t-il, par pusillanimité, à accepter les décisions qui lui sont prudemment proposées dans son intérêt, quel est le droit de ses auteurs ? Doivent-ils céder devant ses résistances, ou peuvent-ils passer outre ? Si les opérations et les traitements à imposer de force à l'enfant peuvent compromettre gravement sa conservation, les parents devront être plus respectueux de ses résistances que s'il s'agissait d'opérations sans conséquences pour ses jours. Dès qu'un enfant est capable de s'élever au point de pouvoir se suffire personnellement, c'est à lui de décider, en dernier lieu, s'il vivra avec ses difformités ou, si, pour les corriger, il compromettra son existence. Il faudrait, ce nous semble, conclure autrement s'il était incapable de s'élever au point de pouvoir se suffire personnellement et s'il devait rester par là à la charge de ses auteurs ; ce serait à ceux-ci, en ce cas, de prononcer s'ils doivent le garder à leur tendresse avec ses infirmités, ou si, pour guérir celles-ci, ils doivent courir les chances de le perdre lui-même. Dès lors qu'un enfant ne peut s'élever au point de se suffire, il n'a pas le droit de rejeter un traitement qui doit rendre possible son éducation. C'est à ses auteurs à la charge desquels il restera, de décider en dernier ressort s'ils le lui imposeront, ou non.

Nous avons déjà dit que les parents ont le droit et le devoir d'infliger à leurs enfants des peines corporelles, quand elles sont nécessaires pour corriger leurs difformités morales. N'est-il pas plus indispensable de redresser la volonté que l'organisme ? Si, pour réformer celui-ci, il est permis, il est inévitable de le faire parfois souffrir cruellement, pourquoi n'aurait-on pas le droit de se faire de la douleur un levier pour réformer l'âme elle-même ?

D'où viennent les vices de l'âme ? La plupart du temps, de quelques passions organiques, sensuelles, qui l'entraînent. Mais, si ce sont les penchants du corps qui, faisant la loi à l'âme, l'égarent, la souillent et la perdent, pourquoi ne pas se servir de la sensibilité corporelle pour obliger l'âme de se redresser contre les sens et de se sauver de leur esclavage ? Rien n'est plus raisonnable, moral.

Nous savons combien ce moyen de correction est recommandé par les Saintes-Ecritures. « Celui qui aime son fils, dit l'Ecclésiastique, l'accoutume au fouet.

« Frappez les flancs de votre fils pendant son enfance de peur qu'il ne s'endurcisse, ne devienne indocile et ne soit un sujet de douleur pour votre âme. » (1)

La pratique universelle des peuples a largement appliqué les préceptes de la Sagesse. A Rome, les philosophes, sans condamner le procédé, se croient obligés d'en blâmer les excès.

Notre ancien droit, non plus, n'était pas tendre. « Il ne paraît pas douteux selon l'auteur, dit M. Ad. Garnier dans son rapport cité plus haut, que dans les pays coutumiers comme dans les autres, le père n'ait eu le droit de correction, quoique les coutumes ne le mentionnent pas. Le droit existait dans l'usage comme découlant du droit naturel et même on le poussait jusqu'à l'abus », à ce point que les Parlements furent plus d'une fois obligés de le restreindre par leurs arrêts. (2)

Le Code civil le reconnaît ; ce n'est que lorsque les parents n'y trouvent point la force dont ils ont besoin, qu'il met à leur service la puissance publique. (art. 375 et suiv.)

Dira-t-on que c'est manquer à la dignité humaine que de traiter un enfant comme une brute ? Un tel scrupule est sans fondement, car, c'est l'enfant qui déshonore en lui l'humanité, lorsque, pour obéir à des penchants brutaux, il se comporte en brute et non, comme il le doit, en être raisonnable et libre ; c'est, au contraire, celui qui

---

(1) Eccli XXX.
(2) Voir le rapport de M. Ad. Garnier, Mémoire de l'Académie des sciences morales et politiques, T. IX.

le corrige, qui prend soin de sa dignité, en l'obligeant de force à vivre suivant les prescriptions de la raison et à défendre sa liberté contre l'entrainement des passions ?

Il n'est pas plus juste de qualifier de cruauté, ce mode de correction, dès qu'il est rendu nécessaire par l'opiniâtreté de l'enfant dans le mal et que son usage est inspiré et dirigé par une affection aussi intelligente que forte. Ce qui serait une cruauté, ce serait d'abandonner un enfant à ses vices, sans oser recourir aux moyens capables de l'en corriger.

Ce dont nous conviendrons, c'est des difficultés de son emploi. La plupart des auteurs du XVIe siècle s'élèvent contre les funestes effets de l'usage indiscret qui en était fait de leur temps. Charron disait que c'était un moyen de rendre l'âme des enfants, basse et servile, « car, s'ils font ce qu'on requiert d'eux, c'est par contrainte et non gaîment et noblement, et aussi, non honnêtement.»

Montaigne dit aussi : « Je n'ai vu aucun effet aux verges, sinon de rendre les âmes plus lâches et malicieusement opiniâtres. »

Il a mille fois raison d'ajouter : « Quand je pourrais me faire craindre, j'aimerais encore mieux me faire aimer. »

Il ne faut donc y recourir qu'en dernier ressort et avec beaucoup de circonspection, en prenant garde de ne l'appliquer qu'à des sujets qui en supporteront la rigueur sans révolte ni abattement, pour lesquels il ne sera qu'un stimulant puissant, capable de leur faire faire sur eux-mêmes les efforts dont ils ont besoin pour se corriger. (1)

V

Les parents ont le droit imprescriptible de choisir librement eux-mêmes les auxiliaires qui leur sont nécessaires dans l'accomplissement de leur mission.

Voici pourquoi : Ce sont les parents qui sont personnellement chargés d'élever leurs enfants ;

Ce sont les parents qui ont personnellement le droit d'élever leurs enfants ;

Ce sont les parents qui sont personnellement obligés d'appeler à leur aide des auxiliaires, dès qu'ils ne peuvent pas suffire personnellement à leur tâche ;

---

(1) Voir sur ce sujet Mgr Dupanloup, op. cit. T. II, l. III, ch. V et VII. M. Ginon, op. cit. Ch. I, § III. Le rapport de M. Garnier, ubi supra.

Enfin, ce sont les parents qui sont personnellement responsables de l'éducation que reçoivent ou ne reçoivent pas leurs enfants.

C'est donc aux parents de choisir personnellement ceux à qui ils ont besoin de faire partager et leurs droits et leurs devoirs, ceux qu'ils veulent associer à leur mission et à leur responsabilité.

Nous l'avons vu, quiconque n'est pas le propre père d'un enfant, est absolument sans pouvoir pour l'élever. Il faut que ce soient les parents eux-mêmes qui lui confient une partie de leur charge et de leurs pouvoirs. N'est-ce pas une règle invariable que tout délégué ou mandataire doit recevoir son mandat ou délégation de celui dont il doit traiter les affaires et prendre en main les intérêts ? C'est pour cela que les instituteurs et les précepteurs doivent recevoir des parents mêmes leur mandat et leur délégation ; c'est par les parents conséquemment qu'ils doivent être choisis, qu'ils doivent être appelés à leurs fonctions. Car, ce sont les parents qu'ils remplacent auprès de leurs élèves, ce sont les devoirs des parents qu'ils remplissent, ce sont les droits des parents qu'ils font valoir, ce sont les intérêts personnels les plus élevés des parents qu'ils gèrent en collaborant avec eux à l'éducation de leurs enfants. S'ils n'étaient pas au choix des parents, s'ils ne relevaient pas essentiellement des parents, les parents ne seraient plus maîtres de ce qui leur appartient le plus étroitement, de ce qui leur est le plus cher en vertu de toutes les lois de la nature.

Ne l'oublions pas, les enfants sont, au plus haut degré, le bien de ceux qui se sont reproduits en eux. Rien ne peut si étroitement appartenir aux parents, après leurs propres personnes, que les enfants qu'ils ont formés d'eux-mêmes à leur image et ressemblance. Ne serait-ce pas leur voler ce qu'ils ont de plus précieux au monde, que de faire élever les héritiers et les représentants de leur vie et de leur nom malgré eux, par des maîtres qu'ils n'auraient ni nommés ni choisis ?

Un instituteur, choisi, nommé par les parents, a beau être fidèle à sa mission ; il est dans la nature des choses que, par son enseignement, il greffe, en quelque sorte, ses traits sur les traits de ceux qui ont donné le jour à son élève. Nous l'avons dit, par les connaissances qu'il communique, par les affections qu'il inspire, il refait à son image et à sa ressemblance, la vie, l'esprit et les dispositions morales de l'enfant dont il élabore l'éducation.

Du moins, les parents l'ayant choisi, on peut dire qu'ils ont librement renoncé à se voir reproduits dans leurs enfants, s'ils l'ont choisi en opposition avec leurs idées et leurs sentiments, et ils n'ont pas le droit de se plaindre. Si, au contraire, ils l'ont préféré à cause de la similitude de ses croyances, de ses affections et de ses mœurs, ils ont la satisfaction de se voir et de se sentir reproduits dans leurs enfants par les leçons et les exemples qu'il leur donne. Comme ce sont eux-mêmes qui l'ont nommé, ils restent, d'ailleurs par là, le principe, la forme et la fin de la vie intellectuelle et morale qu'il communique à leur fils d'après leurs idées et leurs volontés.

Mais les parents n'auraient plus aucun de ces avantages, ils seraient, au contraire, dépouillés de tous leurs droits, du fruit de leur œuvre et du bien qui est le terme de leur destinée terrestre, s'ils n'étaient pas libres de se choisir leurs aides, s'ils se voyaient imposer de force, des auxiliaires qui leur répugneraient, et, à plus fortes raisons, s'ils se voyaient, malgré leurs volontés, substituer à eux-mêmes, dans la formation morale de leurs enfants, des maîtres qui ne leur ressembleraient pas plus que la nuit au jour ? Ils seraient victimes de la plus énorme injustice qui puisse être perpétrée contre eux ; ils en souffriraient, dans leurs cœurs, des douleurs incalculables, inexprimables.

Au surplus, s'ils n'étaient pas parfaitement libres de choisir leurs auxiliaires pour la formation de leurs enfants, comment pourraient-ils justement être tenus pour responsables de l'éducation que les premiers donneraient malgré eux aux seconds, éducation qui ne dépendrait pas d'eux, sur laquelle ils n'auraient aucun pouvoir et contre laquelle ils protesteraient de toute leur âme ? Mais, si, comme nous l'avons prouvé, ils ne peuvent être déchargés par personne de leur responsabilité à ce sujet, comment pourrait-il se faire qu'ils pussent être dépouillés du droit de choisir leurs aides, et partant, du droit de les diriger souverainement, par là, eux-mêmes ? Ce sont autant de propositions inconciliables, autant de contradictions formelles.

Aussi tous les philosophes insistent-ils, nous l'avons vu, sur le devoir qui incombe aux parents de choisir avec le plus grand soin les instituteurs de leurs enfants (1).

Les modernes ne parlent pas autrement que les anciens eu un sujet si grave. M. Guizot, dans un de ses discours sur la loi de 1833, dit : « Les premiers droits antérieurs à tout droit, sont les droits des familles ; ce sont des droits primitifs inviolables. » (2)

---

(1) Voir, outre les auteurs cités plus haut, Platon Lachès. Républiq. L. IV.
(2) Voir pour ces citations et les suivantes, le journal officiel, avril et mai 1833.

Ecoutons le rapporteur, M. Cousin : « Tant que la liberté mineure des enfants a besoin d'être mise en tutelle, le soin de les gouverner appartient aux parents. L'évidence des faits naturels le démontre. Du devoir de subvenir à l'éducation morale et intellectuelle comme à l'éducation physique des enfants dérive, pour les familles, le droit de choisir et les moyens et les personnes auxquels il leur semble le plus utile de s'en rapporter pour contribuer avec elles et par elles à l'accomplissement de ce devoir. »

C'est ce que proclamait aussi M. Renouard : « L'enseignement par les familles, l'enseignement par les maîtres que les familles ont volontairement et librement délégués et qu'il n'y a pas de justes motifs de présumer immoraux et incapables, tel est le fondement de tout droit en matière d'éducation. »

« Ce droit sur la direction morale, dit encore M. de Salvandy, sur le développement intellectuel de l'enfant qui sera l'héritier de notre nom, le continuateur de notre pensée dans la cité et dans l'Etat, ce droit est la vérité en fait de liberté d'enseignement. Tout le reste est accidentel, artificiel ou contestable, mais ici tout est réel et fondamental. »

Et Mgr Dupanloup : « Parmi tous les devoirs qu'impose à un père, à une mère la haute autorité qui est en eux, je n'en connais point de plus grave que celui de choisir, comme il le faut, la maison d'éducation où ils placeront leurs fils, les maîtres auxquels ils confieront une partie de cette sainte autorité et qu'ils associeront par là même à leur sollicitude, à leur responsabilité personnelle. »

Arrêtons-nous là ; nous aurons l'occasion de revenir plus loin sur ce sujet, et de résoudre les difficultés qui tiennent aux droits de l'Etat.

CHAPITRE XVI

Des Droits de la mère et de la suppléance des parents en matière d'enseignement et d'éducation.

> Fruit de l'amour, l'enfant ne peut être bien élevé que par l'amour.

I

Le chef de la famille, c'est le mari, le père; mais son autorité n'est point celle d'un maître. La femme et les enfants sont subordonnés; ils ne sont pas esclaves. (1)

Le Code civil n'a-t-il pas traduit inexactement la loi naturelle, quand il a dit d'une manière exclusive : « Le père seul exerce cette autorité (celle des parents) durant le mariage ? (Art. 373)

S'il était nécessaire de fonder l'unité et la paix de la famille sur l'unité et la force du commandement, il ne l'était pas moins de reconnaître pleinement l'ordre de la nature, en affirmant les droits de la mère, sous le gouvernement du père, sur l'éducation de leurs communs enfants.

Nous l'avons dit, le pouvoir paternel n'est pas le bien propre du père seul; il l'est de la famille toute entière. Le père n'a pas le droit de l'exercer à son profit exclusif, il doit l'exercer au nom et dans l'intérêt de toute la famille. D'autre part, nous l'avons établi, la femme, égale à l'homme par nature, a, dans le mariage et relativement à sa fin, tous les droits du mari.

C'est ce que ne reconnaissent pas le Dr Cumberland dans son *Traité philosophique des lois naturelles* ni Burlamaqui dans ses *Principes du Droit naturel*. Tous deux attribuent au père une autorité et des droits qu'ils refusent à la mère. Puffendorf et Hobbes s'entendent aussi pour sacrifier la dignité de la mère à l'absolutisme du père. Grotius soutient que les enfants appartiennent à leurs parents par

---

(1) V. M. Paul Janet, op. cit., L. 1 Ch. III.

droit de génération, mais il pense qu'en cas de désaccord, c'est la volonté du père qui doit prévaloir (1). Locke est plus équitable ; il établit que le père et la mère ont des droits égaux sur le terrain qui nous occupe (2).

Il a raison, sous certains rapports.

La supériorité de l'homme dans la nature est purement accidentelle, sa supériorité civile est purement relative aux conditions sociales. Sa femme est comme lui un être intelligent et libre; ayant le même auteur, elle a aussi la même fin et la même dignité. Comme lui donc, elle a le droit de se reproduire et de revivre dans ses enfants. Si, comme lui, elle n'a point un rôle actif dans la procréation de ceux-ci, elle y a un rôle passif beaucoup plus étendu et plus prolongé.

Elle partage donc véritablement avec lui la fonction d'auteur, elle partage avec lui les charges de la paternité, elle en porte les devoirs et la responsabilité ; comment se ferait-il qu'elle n'en partageât pas également l'autorité, les droits et les honneurs qui y sont attachés? Comment le fait qui est le fondement solide de l'autorité paternelle ne suffirait-il pas pour établir le pouvoir maternel?

Aussi Dieu ne sépare-t-il point dans son commandement le père de la mère. « Honore ton père et ta mère, est-il dit au Deutéronome » (3).

« Ecoute, mon fils, dit le Sage, écoute l'enseignement de ton père et n'oublie pas la loi de ta mère » (4) Honore ton père de tout ton cœur et n'oublie pas les gémissements de ta mère, c'est l'Ecclésiastique qui parle (5). La malédiction d'un père consolide les maisons, mais la malédiction d'une mère en arrache jusqu'aux fondements »(6).

« On comprend, dit Mgr Dupanloup, que la mère participe éminemment à toutes les prérogatives du père (7).

Seulement, s'il y a désaccord, c'est l'autorité du père qui l'emporte et c'est juste, *à moins que Dieu ne soit avec le commandement de la mère.*

Les mères ont, d'ailleurs, de si merveilleuses aptitudes pour élever leurs enfants! Non que les pères soient inaptes à s'occuper de l'édu-

---

(1) Grotius, De Jure belli et pacis, L. II Cap. V.
(2) Locke, op. cit., Ch. V et XIII.
(3) Deut. V, 16.
(4) Pr. 18.
(5) Eccli VII. 29.
(6) Eccli III 11.
(7) Op. cit., L. II Ch. IV.

cation de leurs fils, comme l'a soutenu Henri Martin. Les pères ont à exercer sur la formation de leurs enfants une action indispensable dont les mères sont absolument incapables. Cependant, on ne peut le nier, il s'en faut de beaucoup que le père soit porté par la nature à s'adonner comme la mère à la grande œuvre pour laquelle ils sont indissolublement liés l'un à l'autre. L'homme qui est père, ne peut oublier qu'il est mari ; son esprit et son cœur se portent moins en quelque façon sur l'enfant qu'il a mis au monde, que vers ceux qu'il lui reste à procréer pour compléter sa famille. La fonction de générateur prime en quelque manière en lui celle d'éducateur.

Il en est tout autrement de la femme. La femme, qui est devenue mère, ne se souvient presque plus d'elle-même qu'elle est épouse. Ses préoccupations ne sont plus de ce côté. Toutes ses pensées, toutes ses affections, toute sa vie se porte et se concentre sur l'enfant qu'elle a mis au jour. Auparavant, elle se sentait faite pour son mari ; maintenant elle ne se sent plus faite que pour son enfant, et elle se dévoue tout entière à lui donner les soins et la formation qui lui manquent. Sans doute, il faudra que le père lui fournisse la plus grande partie des moyens qui lui sont nécessaires pour remplir sa tâche. Toutefois, c'est elle-même qui les mettra en œuvre pour subvenir à tous les besoins de leur enfant. Seule elle a, pendant longtemps, dans son instinct, disons son génie de mère, toute l'intuition, toutes les prévoyances, toutes les délicatesses de tendresse et d'habileté qu'il faut pour soigner et faire grandir un être si frêle et si petit. Aussi, comme, pendant longtemps, son rôle dans l'éducation, est plus actif, plus considérable, plus important que celui du père ! Voilà pourquoi de Maistre écrivait à l'une de ses filles :

« Faire des enfants, ce n'est que de la peine ; mais le grand honneur est de faire des hommes, et c'est ce que les femmes font mieux que nous.... Le mérite de la femme est... d'élever ses enfants, c'est-à-dire de *faire des hommes.* » (1)

Ainsi, il n'y a aucune raison pour refuser à la mère les droits que l'on reconnaît au père. Il faut, au contraire, l'affirmer bien haut : les droits de la mère sur l'éducation de ses enfants sont absolument identiques à ceux du père : comme ceux du père, ils sont absolument inaliénables et imprescriptibles. La mère voudrait en vain les abdiquer, son abdication serait sans valeur. Il n'est pas plus permis à une mère qu'à un père de laisser inachevés et incomplets

---

1) De Maistre Lettres 1808.

les êtres qu'elle a mis au monde : ses devoirs sont, comme ceux du père, indispensables.

Autrefois et partout encore en dehors de l'Evangile, la femme était accablée de travaux matériels et, en quelque sorte, exemptée des obligations morales dont l'homme se sentait tenu.

Sous le règne de la civilisation chrétienne, on pardonne presque plus facilement au père qu'à la mère d'abandonner ses enfants. Du moins, il est universellement admis que les parents ont les mêmes obligations et qu'ils sont solidaires l'un pour l'autre relativement à l'achèvement de leur entreprise.

Eh bien, est-ce que l'égalité et la solidarité dans les devoirs et les charges n'impliquent pas l'égalité et la solidarité dans les droits et les pouvoirs ? C'est évident. Le Code civil le reconnaît et le proclame. « Les époux contractent ensemble l'obligation d'élever leurs enfants. » (Art. 203). « L'enfant, à tout âge, doit honneur et respect à ses père et mère. » (Art. 371) « Lorsque le mari a disparu, la mère a la surveillance de ses enfants mineurs et elle exerce tous les droits du mari quant à leur éducation et à l'administration de leurs biens. » (Art. 141)

Il ne peut donc point y avoir d'opposition entre les droits respectifs des parents, il ne peut y en avoir qu'entre leurs volontés. Ils ont également tous les pouvoirs et tous les droits dont ils ont besoin pour atteindre leur fin terrestre. Mais ils peuvent souvent n'avoir ni une connaissance pareille, ni un amour égal de la vérité et du bien, et c'est pour cela qu'ils peuvent se séparer et entrer en lutte sur ces questions où il est pourtant si nécessaire qu'ils restent unis.

Dans le cas de conflit, quelle est celle des deux volontés qui doit prévaloir ? Au point de vue du droit civil comme à celui du droit naturel, c'est la volonté du père qui est le chef de la famille. Du reste, à moins de preuve évidente du contraire, la présomption de la raison et du droit est en sa faveur.

Mais, s'il était évident que le père fût égaré par l'erreur ou le vice, s'il refusait de donner ou de faire donner à ses enfants l'éducation à laquelle ils ont droit, ou encore s'il prétendait leur donner ou leur faire donner, sous le nom d'enseignement, des leçons de perversion et de corruption qui les perdraient, leur mère n'aurait-elle pas le droit de lui résister ? Ce n'est pas douteux. Ce serait le devoir plus encore que le droit de la mère de défendre et de protéger ses enfants contre la scélératesse de leur père. En un tel cas, sa résistance ne pourrait être taxée de révolte et de rébellion. Le père n'a de puissance, nous l'avons prouvé, que pour le bien de ses enfants ; il n'en a point pour leur mal. Il n'agit pas seulement, en un tel cas, sans raison, mais encore contre toutes espèces de raisons et de titres.

Une mère a donc tous les droits et tous les pouvoirs moraux dont elle a besoin pour défendre ses enfants contre les violences de leur père aussi bien que contre toutes celles de la force brutale, de quelque part qu'elle vienne, et elle doit strictement employer tous les moyens en son pouvoir, pour soustraire effectivement ses enfants aux maux dont leur père les menace.

Le droit naturel est incontestable ; mais la mère aurait-elle, en droit civil, quelques moyens pour veiller et pourvoir à la bonne éducation de ses enfants, malgré et contre la volonté de leur père ?

D'abord, s'agit-il d'un père qui refuserait d'élever ses enfants ? Sa femme pourrait invoquer contre lui l'article 203 du code civil. Du moment que les époux, par le fait seul du mariage, contractent ensemble l'obligation de nourrir, d'entretenir et d'élever leurs enfants, ils contractent cette obligation et envers la société et envers l'enfant, et, réciproquement, l'un envers l'autre. « De ce texte, dit fort bien M. Just Guigou, résulte pour la femme devenue mère un droit absolu d'exiger que le père remplisse l'engagement pris envers elle ; nonobstant l'article 373 qui donne au père l'exercice de l'autorité paternelle durant le mariage, la mère peut, en vertu de l'article 203, revendiquer l'accomplissement des devoirs que cet article impose au père envers ses enfants. Et ce droit, elle peut l'invoquer comme elle peut invoquer ceux que l'article VI du Titre du mariage lui reconnaît. » (1)

Supposons maintenant qu'un père soit assez dénaturé pour apprendre à ses enfants la débauche et la corruption, quelles ressources pourra-t-elle trouver dans la loi pour les défendre ? Elle pourra et elle devra avoir recours aux articles 334 et 335 du code pénal. Le second paragraphe de l'article 335 dit en effet : « Si le délit (d'excitation à la débauche ou à la corruption) a été commis par le père ou la mère, le coupable sera de plus privé des droits et avantages à lui accordés sur la personne et les biens de l'enfant par le code civil, L. I, T. IX de la Puissance paternelle. »

(1) Revue Catholique des Institutions et du Droit, avril 1879.

La mère serait-elle sans trouver de protection dans la loi, si le père voulait apprendre à ses enfants à se parjurer, à tuer, à voler, à calomnier? Non, elle pourrait invoquer contre lui les lois qui protègent la réputation, la propriété, la vie et celles qui consacrent la religion du serment.

Enfin, supposons que le crime qu'un père peut commettre contre l'âme de ses enfants, n'est point puni par la loi civile, que doit, que peut faire la mère ? Quand un tel père aurait pour lui toutes les lois des hommes, il aurait contre lui, pour condamner sa scélératesse, la loi de la nature et la loi de Dieu. Tous les droits seraient du côté de la mère pour défendre ses enfants contre un tel monstre. Il faudrait aussi que toutes les vertus et tous les courages fussent dans le cœur de la mère pour sauvegarder, même au prix de la vie, l'âme de ses enfants. Il n'est pas douteux qu'elle serait gravement coupable, la mère qui, par crainte de la mort, abandonnerait lâchement ses enfants à un tel ennemi de leur âme, de leur intelligence et de leur liberté. C'est un des cas où l'héroïsme est obligatoire.

Heureusement, le conflit des volontés entre un père et une mère, en matière d'éducation, atteint rarement cet excès d'acuité qu'il ne puisse plus être résolu que d'une manière violente. Si le père a pour lui la loi et la force, la mère combat avec la puissance de son amour et de ses charmes. Quel est le mari, le père qui ne succombe vite aux assauts des larmes et des prières de la mère de ses enfants, assauts du reste généralement soutenus au dedans de lui-même par les reproches de sa conscience ? C'est ainsi que, dans la famille, le triomphe du droit est ordinairement dû au triomphe de l'amour.

II.

Mais voici un père et une mère qui, soit défaut de temps, soit défaut de capacité, soit toute autre raison, ne peuvent instruire et élever leurs enfants, qui suppléera à leur insuffisance ? qui les remplacera en leur absence ?

Nous avons établi plus haut qu'ils ont le devoir de s'adjoindre des auxiliaires ; nous avons démontré au dernier paragraphe du chapitre précédent qu'ils ont le droit de choisir ceux qu'ils ont besoin d'appeler à leur aide et au partage de leurs pouvoirs et de leur responsabilité. C'est là un point acquis sur lequel nous n'avons pas à revenir maintenant.

III

N'est-il pas encore plus nécessaire que les parents aient le droit de se faire remplacer après leur mort, dans l'éducation de leurs enfants, par des personnes de leur choix, de leur confiance ? c'est évident. Pendant leur vie, ils peuvent toujours plus ou moins veiller sur leur progéniture ; après leur mort, tout le poids de leur entreprise retombe sur le dévoûment de ceux qui acceptent de la mener à bonne fin. Combien il est important que ce dévoûment soit pur, généreux, infatigable, inépuisable !

Tant que survit l'un des auteurs de l'enfant, celui qui s'en va a généralement le droit d'être tranquille sur le sort de celui-ci, il se repose dans l'amour de son conjoint pour le fruit commun de leur union.

Telle est la raison de l'article 390 du Code civil : « Après la dissolution du mariage arrivée par la mort naturelle de l'un des deux époux, la tutelle des enfants mineurs et non émancipés, appartient de plein droit au survivant des père et mère. »

Quand c'est la mère qui survit et qui reste tutrice légale, le père a seulement le droit de lui nommer, en la forme prévue et prescrite par l'art. 392, un conseil qui devra l'assister dans tous ses actes relatifs à la tutelle. (art. 391)

Certes, le droit de la mère ne fut pas toujours aussi bien reconnu. Chez les Romains, la femme était toujours mineure ; à la mort de son mari, elle pouvait tomber sous la tutelle de l'un de ses enfants. Sous l'ancienne monarchie, qui avait conservé en partie le régime du droit romain, la condition de la veuve n'était guère plus honorable.

Aussi était-ce avec une légitime fierté que le tribun Vesin disait dans son rapport du 22 mars 1803 :

« Vous applaudirez, tribuns, à la disposition des articles 378 et 384 qui associent les mères à la jouissance de cet usufruit, si elles survivent à la dissolution du mariage. (Vesin parle de l'usufruit qui est accordé au père tuteur sur les biens de ses enfants qui n'ont pas atteint l'âge de 18 ans (aujourd'hui art. 384) Le législateur répare par cet article, comme l'observe l'orateur du Gouvernement, l'injustice de plusieurs siècles et fait pour ainsi dire entrer pour la première fois la mère dans la famille et la rétablit pour la première fois dans le droit qu'elle tient de la nature. Jamais un plus grand acte de justice. »

Berlier, dans son rapport du 16 mars précédent, avait tenu un semblable langage. « Aux exceptions près que nous venons de tracer (celles exprimées par les articles 394 et 395) il a paru juste de traiter les mères comme les pères eux-mêmes, et, effaçant de trop fortes inégalités entre les deux sexes, de resserrer par les droits civils les liens de la nature.

Ainsi les pères et les mères auront de plein droit la tutelle de leurs enfants. Ainsi le dernier mourant pourra par son testament leur choisir un tuteur, et ce dernier acte de sa volonté a paru le titre le plus respectable, après celui qui l'avait lui-même appelé à la tutelle. »

Il s'en suit que « le droit de choisir un tuteur parent ou même étranger n'appartient qu'au dernier mourant des père et mère. » (Art. 397.) Et ce droit est reconnu à la mère aussi bien qu'au père, sauf le cas où celle-là s'étant remariée n'aurait pas été maintenue dans la tutelle des enfants de son premier mariage. » (Art. 395, 399.)

« Ainsi, disait encore le tribun Leroy, devant le Corps Législatif, le 5 germinal, an XI, celui des parents que la mort vient d'arracher au fils dont il était le seul appui, sentira des regrets moins déchirants ; il lui laisse un ami, le choix de son cœur ; il meurt et sa tendresse vivra encore près de cet enfant que la nature abandonne. »

IV

Supposons que le dernier survivant n'ait pas cru devoir profiter du droit que lui donne la loi, quel est l'ordre naturel et légal d'après lequel devra être déférée la tutelle des mineurs ?

« Lorsqu'il n'a pas été choisi un tuteur par le dernier mourant de ses père et mère, dit l'article 402, la tutelle appartient de droit à son aïeul paternel ; à défaut de celui-ci, à son aïeul maternel et ainsi, en remontant, de manière que l'ascendant paternel soit toujours préféré à l'ascendant maternel du même degré. »

Rien de plus naturel. Personne n'a plus d'intérêts dans l'éducation d'un enfant que ses ascendants paternels et maternels qui voient en lui la continuation et la propagation de leur propre vie. Aussi avec quelle tendre et généreuse affection les grands parents s'attachent-ils à leurs petits-enfants ! D'autre part, comme ceux-ci s'épanouissent avec bonheur sous le regard tout brillant d'affection de ceux-là ! (1)

---

(1) Voir M. Leplay, La Réforme sociale, Ch. 28 N. VI.

La grande préoccupation du législateur français a été de confier la tutelle et l'éducation des enfants orphelins à ceux qui sont censés, d'après l'ordre de la nature, les aimer avec plus de désintéressement, ou autrement être le plus intéressés à les combler de biens. C'est à quoi il a parfaitement réussi quand il a imposé le devoir de la tutelle aux ascendants paternels et maternels des orphelins.

Pouvait-il non plus rien faire de plus équitable ? Si ce sont les ascendants qui ont le plus d'intérêts dans la bonne éducation d'un enfant, n'est-il pas juste que ce soient eux aussi qui en aient les plus grosses charges ? C'est incontestable.

Mais il est assez rare que les ascendants survivent à leurs propres enfants ? A qui, à leur défaut, incombe, à qui appartient la tutelle, en suivant l'ordre indiqué par la nature ?

L'art. 405 porte : « Lorsqu'un enfant mineur et non émancipé restera sans père, ni mère, ni ascendant mâle, comme aussi lorsque le tuteur de l'une des qualités ci-dessus exprimées, se trouve ou dans les cas d'exclusion dont il sera parlé ci-après, ou valablement excusé, il sera pourvu par un conseil de famille à la nomination d'un tuteur. »

L'art. 406 dit par qui pourra être provoquée la formation de ce conseil et par qui il devra être convoqué.

Art. 407. « Le conseil de famille sera composé, non compris le Juge de paix, de six parents ou alliés, pris tant dans la commune où la tutelle sera ouverte, que dans la distance de deux myriamètres, moitié du côté paternel, moitié du côté maternel, et, en suivant l'ordre de proximité dans chaque ligne.....

Le parent sera préféré à l'allié, et, parmi les parents du même degré, le plus âgé à celui qui le sera le moins.

Art. 408. « Les frères germains du mineur et les maris des sœurs germaines sont seuls exceptés de la limitation du nombre en l'article précédent.

S'ils sont six et au-delà, ils seront tous membres du conseil de famille qu'ils composeront seuls avec les veuves d'ascendants et les ascendants valablement excusés, s'il y en a. »

Rien de plus conforme au droit naturel et aux intérêts de la famille. C'est évidemment à ce qui reste de plus proches parents de pourvoir à l'éducation de l'enfant et à l'administration de ses biens. Un frère, c'est encore notre chair et notre sang. Plus il est faible, plus il nous inspire d'affection. Ce sont donc les frères qui, ayant naturellement plus d'amour pour leur frère orphelin, et ayant le plus d'intérêts à sa bonne éducation, ont le droit et le devoir de composer le conseil de famille qui devra, à son tour, faire le choix d'un tuteur.

Tout autre disposition violerait et le droit naturel de l'enfant à être élevé par les siens ou au moins sous la direction des siens et le droit de ses auteurs à le faire élever par ceux en l'affection desquels ils avaient, de leur vivant, le plus de confiance, et le droit de la famille à ne pas laisser gérer ses intérêts et remplir ses devoirs par des étrangers sans titre et le plus souvent sans entrailles.

Arrivons au cas où les parents, en mourant, ne laissent point de famille suffisante pour veiller à l'éducation de leurs orphelins. Dans ce cas encore, le Code civil a interprété avec beaucoup de justesse le vœu de la nature. « Lorsque les parents et alliés de l'une et l'autre ligne, dit l'article 409, se trouveront en nombre insuffisant sur les lieux ou dans la distance désignée par l'article 407, le Juge de paix appellera soit des parents ou alliés domiciliés à de plus grandes distances, soit dans la commune même, des citoyens connus pour avoir eu des relations habituelles d'amitié avec le père ou la mère du mineur. »

Ainsi, il n'y a plus personne qui soit lié à l'enfant par les liens du sang ; mais voici quelqu'un qui a été lié avec ses auteurs par une amitié bien connue. C'est celui-là qui sera appelé dans le conseil chargé de lui nommer un tuteur. Admirable application du principe qu'a suivi le législateur, principe que nous pouvons formuler ainsi : fruit de l'amour, l'enfant ne peut bien être élevé que par l'amour. C'est la volonté présumée des parents qui ne sont plus ; dès que leur enfant ne peut pas être élevé par les siens, leur désir est qu'il soit élevé par ceux qui les ont le plus aimés et qui sont estimés reporter sur lui l'affection qu'ils avaient pour eux.

Enfin, il est des humains assez malheureux pour ne pas allumer en un cœur ami un peu d'affection et de dévoûment qui puisse se déverser sur leurs enfants. Ils meurent et leurs orphelins restent sans parents, sans allié, sans ami, sans soutien d'aucune sorte. A qui de les élever ?

A la société, s'il n'est personne qui veuille se consacrer à cette œuvre sublime. Car la société a pour mission de combler les vides que laisse ouverts l'impuissance individuelle.

Mais, s'il se trouve un citoyen qui, par amour de l'humanité ou de Dieu, veuille se dévouer à l'éducation de l'orphelin, ne doit-il pas en avoir le droit ? Qui le lui refuserait ?

La société y a intérêt ; l'éducation de cet enfant ne sera pas une charge pour elle. L'enfant a droit au dévoûment qui s'offre à lui ; il a le droit d'être élevé par ceux qui l'aiment le plus. Ce serait une violence inique que de le contraindre à se laisser élever par ceux qui l'aiment le moins.

Ce droit de l'enfant n'est point indigne de considération. Nous l'avons montré, l'enfant n'est susceptible d'être bien élevé que par l'action qu'il consent à exercer sur lui-même. Or, il ne consent à exercer sur lui-même une action souvent très pénible qu'à raison de la confiance qu'il accorde à ceux qui l'y invitent et qui le dirigent dans ce travail. Enfin, il n'accorde guère sa confiance qu'en raison de l'amour qu'on a pour lui et qu'on lui témoigne.

Il est donc important qu'il soit élevé par celui qui l'aime le plus, et qui lui est le plus dévoué.

Les parents ont le même droit que leur enfant, et leur droit n'est pas de moindre conséquence. Que leur enfant, sous l'action brutale de mercenaires et de tyrans, dégénère au lieu de se perfectionner, qu'il s'abaisse au lieu de s'élever, sans doute, c'est leur enfant qui en souffre le premier ; mais eux-mêmes peuvent-ils n'en pas souffrir cruellement en lui ? Ils l'ont engendré pour se reproduire en lui : n'est-ce pas dès-lors eux-mêmes qui dégénèrent et qui s'abaissent en lui ? Il leur importe donc immensément que, s'il est quelqu'un qui veuille se dévouer à l'éducation de leur enfant, celui-là en ait le droit assuré, et qu'il n'en soit détourné ni empêché par personne.

Terminons et concluons ce second livre.

Si l'on se rappelle tout ce que requiert la formation physique, intellectuelle et morale d'un homme, on voit clairement qu'il n'y a que ceux qui ont mis au monde l'enfant, qui puissent avoir la charge et la responsabilité de la mener à son terme.

Si d'autre part, l'on considère les intérêts souverains qui sont en jeu dans la formation physique, intellectuelle et morale d'un homme, on voit clairement qu'il n'y a que ceux qui ont engendré l'enfant par amour et qui ont pour lui le cœur encore tout plein d'amour et de dévoûment, qui puissent avoir le droit d'y mettre la main.

Il nous reste maintenant à étudier les droits et les devoirs de l'Etat. Ce sera l'objet du Livre suivant.

LIVRE III.

DES DEVOIRS ET DES DROITS

DE L'ÉTAT

EN MATIÈRE

D'ENSEIGNEMENT ET D'ÉDUCATION

CHAPITRE Ier

De la Notion de l'Etat.

> Ce n'est pas l'homme qui vient de l'Etat et qui est fait pour l'Etat ; c'est l'Etat qui vient de l'homme et qui est fait pour l'homme.

I

Pour définir les droits et les devoirs de la famille en matière d'enseignement et d'éducation, nous avons dû établir sa notion. Ainsi, pour dire ce que peut et doit l'Etat en cette même matière, il nous faut montrer ce qu'il est. C'est évidemment par l'idée qu'on se fait d'un être, qu'on peut se faire aussi une idée de ses attributions. Se représente-t-on l'Etat comme un être absolu qui serait le principe et la fin de l'individu et de la famille, il est clair qu'on se fera une tout autre idée de son rôle, de ses devoirs et de ses pouvoirs, que si on le considère comme une institution relative qui est en partie l'œuvre de l'homme et qui a pour fin la protection de ses droits et de ses intérêts.

Suivant la première notion, l'Etat pourrait tout sur l'individu et ne lui devrait rien. Suivant la seconde, au contraire, il ne pourrait rien que pour remplir les devoirs de sa mission.

La première appartient à l'antiquité payenne. « C'est une erreur singulière entre toutes les erreurs humaines, dit M. Fustel de Coulange, que d'avoir cru que, dans les cités anciennes, l'homme jouissait de la liberté. Il n'en avait pas même l'idée. Il ne croyait pas qu'il pût exister de droit vis-à-vis de la cité et de ses droits.... Le gouvernement s'appela tour à tour monarchie, aristocratie, démocratie, mais aucune de ces révolutions ne donna aux hommes la vraie liberté, la liberté individuelle. Avoir des droits politiques, voter, nommer des magistrats, pouvoir être archonte, voilà ce que l'on appelait la liberté, mais l'homme n'était pas moins asservi à l'Etat. » (1)

« Les anciens ne connaissaient donc ni la liberté de la vie privée, ni la liberté d'éducation, ni la liberté religieuse. La personne humaine comptait pour bien peu de chose vis-à-vis de cette autorité sainte et presque divine que l'on appelait la patrie ou l'Etat. L'Etat n'avait pas seulement comme dans nos sociétés modernes un droit de justice à l'égard des citoyens. Il pouvait frapper sans qu'on fût coupable, et par cela seul que son intérêt était en jeu. » (2)

La seconde conception ne fut point absolument inconnue de l'antiquité. « L'ordre que le législateur humain doit suivre, dit Platon, et qu'il doit prescrire à tous, c'est de subordonner les choses humaines aux choses divines et les choses divines à l'intelligence souveraine. » (3)

« La vraie loi, dit aussi Cicéron, c'est la droite raison, celle qui est conforme à la nature, qui est répandue en tous, qui est constante, éternelle, qui nous prescrit le devoir et nous défend la fraude, qui ne défend ni ne commande rien inutilement aux bons, mais qui ne touche les méchants ni par ses prescriptions, ni par ses défenses.

(1) La Cité antique, p. 267.
(2) Ibid. p. 266.
(3) Voir De Leg. ibid. L. I et IV.

« Il n'est permis ni d'abroger cette loi tout entière, ni d'y déroger en quelque chose; ni le Sénat ni le peuple ne peuvent nous en exempter. » (1)

Cependant, ces idées étaient le privilège de quelques rares esprits, et il est vrai de dire avec M. Laboulaye : « Pour introduire une meilleure notion de l'Etat, il a fallu une religion nouvelle. C'est l'Evangile qui a renversé les idées antiques et, par cela même, a ruiné l'ancienne société et créé les temps nouveaux. » (2)

Après avoir cité la parole du Christ : « Rendez à César ce qui est à César, » M. Laboulaye continue ; « Lorsque le Christ ajoute : « Rendez à Dieu ce qui est à Dieu, » il proclame un principe nouveau, en contradiction avec toutes les idées antiques. Proclamer que Dieu a des droits, c'est déchirer l'unité du despotisme. Là est le germe qui sépare le monde ancien du monde moderne... C'est la souveraineté de Dieu qui a brisé à jamais la tyrannie des Césars. En effet, du jour où cette souveraineté est reconnue, il y a des devoirs et par conséquent des droits pour l'âme immortelle : droits et devoirs indépendants de l'Etat, sur lesquels le prince n'a point d'autorité. Là conscience est affranchie, l'individu existe. » (3)

Au lendemain de l'Evangile, il y a donc en présence deux conceptions politiques opposées.

D'une part, l'Eglise répète par la bouche de ses Conciles et de ses Docteurs cette parole de saint Thomas : « Toute loi humaine ne participe de la nature de la loi que dans la mesure où elle dérive de la loi naturelle. Mais si elle est en désaccord sur quelque point avec la loi naturelle, elle n'est plus une loi, mais une corruption de la loi. » (4)

Mais, d'autre part, les jurisconsultes romains proclament que la volonté du prince a force de loi. *Quod principi placuit, legis habet vigorem.* (5)

Au moyen âge, les légistes disent : « Si veult le roy, si veult le roy. » (6)

---

(1) Voir De Rep. L. III, XXII.
(2) L'Etat et ses limites, p. 11. Voir aussi M. Fustel de Coulanges, op. cit., p. 179.
(3) M. Laboulaye, op. cit., p. 111 et 112.
(4) S. Th. q. 95.
(5) V. M. Laboulaye, op. cit. p. 11.
(6) V. M. Saint-Girons. Essai sur la séparation des pouvoirs. Introduction. 9 et suiv. M. Bluntschli. Notion de l'Etat. L. V.

Les protestants tiennent aussi pour le Césarisme : « Il faut, a soutenu Jurieu, qu'il y ait dans les sociétés, une certaine autorité qui n'ait pas besoin d'avoir raison pour valider ses actes. Or, cette autorité n'est que dans le peuple. » (1)

Hobbes, Jean-Jacques Rousseau, à leur tour, font de l'Etat la source et le maître de tous les pouvoirs et de tous les droits. (2)

La Révolution définit la loi : « L'expression de la volonté générale. »

Les disciples d'Hegel identifient la force avec le droit et les Darwinistes sacrifient l'individu aux intérêts de l'espèce.

De nos jours, combien qui soutiennent la subordination absolue de tous les citoyens aux volontés de la majorité, quelles qu'elles soient.

Un parti nombreux est là qui revendique pour l'Etat le pouvoir de mettre la main sur la constitution du mariage et de la famille et sur la formation des intelligences et des volontés, par l'enseignement et l'éducation.

Ainsi, le régime payen n'est pas mort. Voilà pourquoi il faut établir solidement la vraie notion de l'Etat, sous peine de lui attribuer des droits et des devoirs qu'il n'a pas ou même qui seraient en contradiction avec ceux qu'il possède réellement.

II

D'abord, l'Etat est postérieur à l'homme. Il fut, en effet, un temps où les hommes existaient sans constitution politique, sans organisation civile, sous le seul empire de la loi naturelle.

Ensuite, il n'est pas d'Etat éternel. Les plus solides se dissolvent et disparaissent.

L'Etat n'a donc pas en lui-même sa raison d'être ; il n'est point un être nécessaire qui ne pourrait point ne pas être, un être absolu qui soit capable de se suffire.

N'existant pas par lui-même, il ne peut exister pour lui-même ni trouver en lui-même sa loi. Venant d'une cause qui est avant lui et au-dessus de lui, il se rapporte nécessairement à une fin qui lui est

---

(1) Voir Bossuet, V° avertissement.
(2) Hobbes. Le Leviathan, ch. XII, XIII, XVII. J.-J. Rousseau. Contrat Social, L. I, ch. VI et VIII. L. II, ch. III et XII.

supérieure, il est soumis à une loi dont il n'est pas la source, qui lui est imposée de plus haut que lui.

Tout cela est évident, irrécusable.

III

Mais si l'Etat ne peut être à lui-même son principe, sa fin et sa loi, ne l'est-il pas pour l'homme ? C'est ce que croyaient Athènes et Rome. « Les théories antiques, celles des Hellènes surtout, dit M. Bluntschli, regardaient l'Etat comme le but le plus élevé de l'homme, comme l'humanité parfaite. Elles ne voyaient guère que l'Etat ; les individus n'étaient guère devant lui que des fractions sans droits propres. A eux donc de servir l'Etat et non à l'Etat de les servir, car les parties se doivent au tout, les membres au corps. » (1)

Tel est, au fond, le sentiment des modernes qui ne reconnaissent qu'à l'Etat le droit de décréter ce qui est bien et ce qui est mal, de faire et de défaire souverainement la société conjugale et la domestique.

De telles aberrations frappent de stupeur. Eh bien, non, ce n'est pas l'Etat qui donne aux époux les pouvoirs physiques et moraux dont ils ont besoin pour faire une famille ; ce n'est pas l'Etat qui procrée les individus et qui leur confère le droit d'user de leurs diverses facultés pour en poursuivre les objets et les fins. Rien de plus évident ; inutile d'insister.

Si l'homme ne vient pas de l'Etat, il n'a pas non plus sa fin dernière dans l'Etat. Si l'homme, en effet, n'était qu'un organisme temporel et terrestre, on comprendrait qu'il pût trouver dans un être temporel et terrestre la perfection de sa vie et l'accomplissement de toutes ses destinées.

Mais, loin de là, par son âme, l'homme, être intelligent et libre, a plus d'immensité que l'espace, plus de durée que les siècles, plus de dignité et de grandeur que toutes les majestés de la terre. Comment donc pourrait-il trouver sa fin et son repos dans les limites de la durée, de l'étendue et des pouvoirs d'un Etat, et même de tous les Etats? Il répugne évidemment qu'un être qui est au-dessus du temps et de l'espace, soit soumis à un être qui est lui-même renfermé dans le temps et l'espace. Certes, on comprend que les matérialistes soient

---

(1) M. Bluntschli. La Notion de l'Etat. L. V, ch. I.

partisans du Césarisme. Si l'homme n'a pas une âme intelligente et libre, il n'est plus qu'un ensemble de forces matérielles susceptible d'être dominé par un autre ensemble de forces matérielles d'une puissance supérieure. Mais, si l'homme est vraiment un être maître de soi, tout est pour lui, tout est à ses pieds, même l'Etat avec tous ses pouvoirs et toute sa majesté. Ce n'est plus lui qui est finalement fait pour l'Etat, c'est l'Etat qui est finalement fait pour lui.

Quelles sont, en effet, les destinées dernières de l'homme en ce monde et en l'autre ?

1° La destinée terrestre de l'homme à laquelle sont subordonnées toutes ses fins secondaires, c'est, nous l'avons vu, de revivre dans sa postérité à travers les siècles. Or, pour atteindre cette fin, ce n'est pas la société politique qui lui est essentiellement nécessaire, mais la société conjugale et domestique. L'Etat ne peut lui aider à faire une famille qu'autant que par sa protection, il lui garantit la tranquillité nécessaire pour vaquer, suivant ses moyens, à la poursuite de ce but de sa vie terrestre. Voilà pourquoi saint Paul écrivait à Timothée : « Prions pour les rois et tous ceux qui sont constitués en dignité, afin que *nous passions une vie paisible et tranquille en* TOUTE... CHASTETÉ. » (1) La chasteté est la vertu qui pourvoit à ce que tout soit bien dans la reproduction de l'homme.

2° La fin céleste de l'homme, c'est la possession et la jouissance de la vérité infinie par l'intelligence et du bien souverain par le cœur, possession et jouissance commencées en ce monde et consommées durant toute l'éternité ; en d'autres termes, c'est l'homme vivant par son âme de la vie éternelle. Or, n'est-il pas évident que l'Etat ne possède pas la vérité infinie et le bien souverain, pour pouvoir l'en combler ? Rien de plus incontestable. L'Etat ne peut aider l'homme à atteindre une fin si sublime qu'en lui assurant par sa protection, l'ordre et la paix dont il a besoin pour travailler sans obstacle à la conquérir. Voilà pourquoi l'Apôtre écrivait du même coup au même disciple : « Prions pour les rois et pour tous ceux qui sont constitués en dignité afin que *nous passions une vie paisible et tranquille en* TOUTE PIÉTÉ. » (2) La piété est la vertu qui unit spécialement l'homme à Dieu, comme à son principe et à sa fin.

Il s'ensuit que l'Etat ne peut que servir l'homme dans la poursuite de sa fin terrestre et de sa fin céleste.

(1) I Ad Tim. II.
(2) Ubi supra.

Donc, il ne se peut pas que l'Etat soit le maître absolu de l'homme tout entier. Dès qu'il n'est pas le principe d'où vient l'homme, quel droit pourrait-il avoir sur ce qui constitue l'homme ? Dès qu'il n'est point la fin dans laquelle l'homme trouve sa perfection et son repos, comment serait-il le bien dont l'homme dépend et dont il attend son bonheur nécessaire ? L'Etat n'étant ni le principe ni la fin de l'homme ne peut être non plus la loi que l'homme doit suivre pour aller de son principe à sa fin. Ce sont là comme des vérités mathématiques.

Mais l'Etat n'est-il pas la fin dernière de la famille ? Ou du moins, la fin de celle-ci n'est elle pas subordonnée à la fin de celui-là ? C'est ce que disent le P. Liberatore (1), et M. E. Ollivier avec les légistes. (2)

Erreur. Quelle est en effet la fin dernière de la famille ? De faire des hommes. Quelle est celle de l'Etat ? De produire le milieu d'ordre et de tranquillité dont la famille a besoin pour faire des hommes. C'est donc l'Etat qui, en somme et finalement, est fait pour la famille et non la famille qui est faite pour l'Etat ; car il est clair que le milieu étant pour les êtres auxquels il doit servir, la fonction de l'Etat est pour celle de la famille, comme celle de la famille est pour les individus, qu'elle doit former.

Sans doute la famille est faite pour l'Etat *jusqu'à un certain point*, puisqu'elle doit en faire partie et lui former des citoyens. Mais ce n'est là qu'un ordre partiel, inférieur et subordonné. Si la famille, comme l'individu, fait partie de l'Etat et le sert sous certains rapports secondaires, c'est pour avoir le droit que l'Etat la serve à son tour, en lui garantissant la tranquillité dont elle a besoin pour atteindre sa fin.

Bien loin donc d'être le maître absolu de la famille et de l'homme, l'Etat ne peut être que leur humble serviteur. Nous allons le prouver plus amplement.

IV

L'Etat est en partie l'œuvre de l'homme dans le même sens où l'enfant est en partie l'œuvre de ceux qui l'ont engendré.

Des hommes, naturellement indépendants les uns des autres, se trouvent réunis dans les limites d'un même territoire. Sentant le

---

(1) La Chiesa et Lo Stato, p. 15.
(2) L'Eglise et l'Etat. T. 1. p. 157

besoin, pour se protéger et se défendre, de se constituer en société civile et politique, ils se nomment un chef. Par cet acte, ils produisent un Etat, ils deviennent vraiment, suivant la loi de la nature, les pères d'un peuple.

Or, comme c'est pour eux-mêmes, c'est-à-dire pour revivre eux-mêmes dans leurs enfants que les parents procréent, nourrissent et élèvent ceux-ci, ainsi c'est pour eux-mêmes, c'est-à-dire pour se protéger eux-mêmes avec tous leurs intérêts, que les constituants se nomment un chef et érigent leur association en corps politique.

Donc, composés d'hommes, constitués par les hommes, les Etats sont constitués pour les hommes.

Nous n'irons cependant pas aussi loin que plusieurs écrivains anglais et américains. Pour Macaulay et Bacon, entr'autres, l'Etat n'a aucun but à lui, il n'est qu'un moyen au service de l'individu. (1) Leur école ne voit dans l'Etat qu'un mécanisme inventé pour assurer l'existence, la fortune et la liberté privées. Robert Von Mohl trouve étrange même qu'on puisse mettre en balance des hommes et une institution qui n'est faite que pour eux. (2)

Cette théorie est extrême. Tout être dans la nature a une fin propre, quand bien même il a sa fin dernière nécessaire dans un être qui lui est supérieur.

En elle-même, la société civile et politique est un bien réel, indépendamment des services qu'elle rend aux humains.

Ensuite, la société civile et politique est un bien pour la nature humaine. Livrée aux individus, la nature humaine serait livrée à une infinité de corruptions, de perversions ou de déformations dont la préservent incontestablement les lois de l'Etat.

Mais la nature n'existe que dans les individus qui la possèdent. En servant la nature, l'Etat sert donc du même coup les individus.

Il n'en peut être autrement. Il est dans l'essence même des êtres intelligents d'agir finalement pour leur propre bien. Evidemment, les constituants qui se forment en Etat, ne peuvent avoir en vue que leur intérêt personnel et celui de leur postérité. Evidemment, s'ils se donnent un chef, ce n'est pas pour abdiquer entre ses mains leurs droits, ce n'est pas pour se mettre à la merci d'un maître qui ait le droit de disposer d'eux à son gré ; loin de là, c'est pour se soustraire à la tyrannie de la force, en se créant un serviteur qui ait le pouvoir de leur garantir la liberté et la paix.

---

(1) Voir M. Bluntschli. Op. cit. p. 14
(2) Ibid. p. 265 et suiv.

Oui, les rois sont faits pour servir les peuples.

C'est la doctrine pratiquée et enseignée par Jésus-Christ. « Que celui qui veut être le plus grand parmi ses frères, a-t-il dit, soit leur *serviteur*. » (1)

Saint Paul écrit aux Romains que ceux qui sont au pouvoir sont les *ministres* de Dieu pour le bien et les *ministres* de sa colère contre ceux qui font le mal. » (2)

« C'est dans leurs intérêts que chaque nation s'est donné un maître, disait Philippe Pot, Seigneur de la Roche, aux Etats généraux de Tours (1484). » (3)

Saint Thomas avait établi depuis longtemps que ce n'est pas le royaume qui est pour le roi, mais le roi qui est pour le royaume (4). Maxime que Pasquier traduisait ainsi : « Les rois sont faits pour les peuples, et non les peuples pour les rois. »

« La liberté, vient d'écrire M. Saint-Girons, est le but de toute société. Si le pouvoir est exercé dans un autre but que la protection de l'individu afin de lui faciliter l'accomplissement de sa destinée, le pouvoir est détourné de son but, il y a despotisme. » (5)

Ainsi le veut la nature des êtres. L'homme est le sommet et le terme final de tout ce qu'il y a en ce monde ; c'est pour lui que tout a été fait. (6) C'est donc pour lui que sont les Etats avec toutes les choses du temps et de l'espace. Il suffit, du reste, de comparer l'homme avec l'Etat pour reconnaître que c'est celui-ci qui est pour celui-là. Ainsi l'homme est intelligent par lui-même, l'Etat ne l'est que par les hommes qui le composent et le gouvernent. L'homme est libre par sa propre nature, l'Etat ne l'est que par la nature de l'homme à laquelle il participe. L'homme, par son âme, est au-dessus du temps et de l'espace, l'Etat est soumis au temps et à l'espace. L'homme, par son intelligence et son cœur, est si grand qu'il ne peut trouver sa fin qu'en Dieu ; l'Etat, qui ne peut être proprement grand que par sa puissance physique, peut trouver sa fin dans le dernier des êtres intelligents et libres. Il a donc essentiellement sa fin dans l'homme.

---

(1) Matth. XX.
(2) Ad Rom. XIII.
(3) Cit. par Saint-Girons, op. cit. p. 41.
(4) De Reg. Pr. L. III, ch. II. Voir Em. Ollivier, op. cit. T. I, p. 329.
(5) Saint-Girons, op. cit. p. 2. V. Bossuet. Politique sacrée. L. I, art. III. L. III, art. III.
(6) Ps. 8.

Ainsi le veulent également les lois de l'ordre. Selon ces lois, l'imparfait étant pour le parfait, il faut que ce soit l'Etat dont la perfection vient de l'homme, qui soit fait pour l'homme.

Mais, si ce n'est point l'Etat qui est le principe et la fin de l'homme, si c'est l'homme qui est le principe et la fin de l'Etat, ce n'est pas la constitution de l'homme qui doit dépendre de l'Etat, mais la constitution de l'Etat qui doit dépendre de l'homme. C'est évident ; ce ne sont pas les hommes qui doivent être ce que peut vouloir l'Etat, c'est l'Etat qui doit être ce que peuvent vouloir légitimement les les hommes.

Si, en effet, ce n'est point l'Etat qui a fait l'homme ce qu'il est, ni qui doit le mettre en possession de sa perfection et de son bonheur tel que le réclame la nature dont il est doté, à quel titre l'Etat prétendrait-il le faire ou le refaire à son gré, suivant un plan nouveau ?

Bien mieux, si c'est l'Etat qui est fait par l'homme et pour l'homme, à quel titre pourrait-il n'être pas ce qu'exige la nature humaine, ne pas pourvoir à ce que demande la nature humaine.

Institué pour le bien de l'homme, l'Etat ne peut remplir cette mission qu'en respectant et en faisant respecter les lois dont l'accomplissement est nécessaire pour produire l'homme achevé, parfait. C'est indiscutable.

Et, en effet, toutes les lois que les Etats peuvent porter conformément à la justice pour le bien des peuples, ne sont et ne peuvent être autre chose que l'expression exacte et fidèle des lois intimes de la nature humaine ou de leurs conséquences nécessaires. Les lois intimes de la nature humaine sont ainsi les lois supérieures d'après lesquelles l'Etat doit se diriger dans le gouvernement des hommes. Cette vérité ressortira plus vivement de ce que nous allons dire dans les chapitres suivants.

CHAPITRE II

De la mesure dans laquelle l'homme doit être soumis à l'Etat.

> L'homme ne peut appartenir à l'Etat que par la moindre partie de lui-même.

I

L'homme n'est point fait pour trouver ses fins dernières dans la société politique ; néanmoins, il a un immense besoin de la société pour travailler en paix à leur accomplissement. Comment pourrait-il vaquer aux innombrables sollicitudes que lui donne l'éducation d'une famille, s'il n'était assuré d'un peu de tranquillité ? Comment pourrait-il s'appliquer à la poursuite de la vérité infinie et du bien souverain, s'il ne se sentait protégé contre la violence injuste ?

L'homme est donc fait jusqu'à un certain point pour la société ; il est vrai de dire qu'il y trouve certaines conditions d'où dépend son repos terrestre.

Par conséquent, il faut qu'il soit subordonné et soumis à l'Etat dans la mesure où l'Etat réalise une partie de ses destinées. Car tout être est soumis, subordonné à sa fin nécessaire, et il l'est relativement à chaque bien, dans la mesure où chaque bien est pour lui sa fin.

Evidemment, pour que l'homme trouve sa fin dans la société politique, il faut qu'il en fasse partie et, dès lors, qu'il en relève à ce point de vue. Il ne peut pas jouir des avantages de la société sans y entrer, sans en être membre, sans lui appartenir, et conséquemment, sans lui être subordonné et soumis.

Conséquemment aussi, il faut qu'il renonce à son indépendance native dans une certaine mesure et que, suivant cette même mesure, il engage de son être, autant qu'il faut, dans la société, pour qu'il en puisse être membre. Tout élément qui veut s'unir à d'autres en un seul tout, doit nécessairement cesser de s'appartenir exclusivement tout entier. Sans renoncer à une partie de sa liberté et sans assujétir sa volonté aux lois de l'Etat, il n'est pas possible à l'homme de participer à la vie et aux biens communs de la société.

Ce renoncement et cet assujétissement s'imposent aussi à la liberté de la famille. Du moment que la famille fait partie du corps social, elle ne peut plus être indépendante comme si elle était isolée et livrée à elle-même; il faut nécessairement qu'elle se soumette aux lois de l'être à la vie duquel elle participe, et elle y est soumise dans la mesure où elle en fait partie. De là, pour l'autorité du père, la nécessité de régler son exercice, dans une certaine mesure, sur les conditions de l'ordre civil et politique.

II

Mais, quelle est la mesure de ce renoncement et de cet assujétissement? Les socialistes modernes les veulent complets et absolus; voilà pourquoi, en haine de tous les droits particuliers, ils réclament l'abolition du mariage, de la famille, de la propriété et de l'industrie privées.

Depuis l'Evangile, un tel régime n'est plus possible. « Par l'établissement du christianisme, dit M. Fustel de Coulanges, le pouvoir de l'Etat fut restreint, son domaine fut réduit, car l'homme, aujourd'hui, n'appartient plus à la société que *par une partie de lui-même.* » (1)

En effet, faut-il que l'homme sorte de l'humanité pour entrer dans la société et qu'il cesse d'être homme pour devenir citoyen? Non, certes, pour acquérir des droits à la protection du pouvoir terrestre, l'homme ne peut renoncer aux droits naturels qu'il tient de son Créateur. S'il a raison de rechercher la protection du pouvoir politique, c'est pour s'assurer, et non pour sacrifier la jouissance des droits et des attributions naturelles de sa personne.

Sans doute, il faut qu'il abdique cette partie de sa liberté qui serait incompatible avec la liberté de ses semblables, et tout à la fois avec les conditions nécessaires de l'ordre social; mais il serait contre sa nature et contre la fin qu'il poursuit en entrant dans la société, que, pour s'assurer la garantie de ses droits par la protection de l'Etat, il abdiquât ces mêmes droits, et qu'il aliénât complètement sa personne.

(1) Voir la Cité antique, p. 179. Voir aussi M. Laboulaye. L'Etat et ses limites, p. 111 et 112.

Du moment que l'Etat n'est pas Dieu, qu'il ne peut donner à l'homme de revivre organiquement dans le temps, par le moyen de ses enfants, ni de vivre spirituellement dans l'éternité, par la possession de la vérité et du bien infini, il n'est qu'une institution relative, il n'a qu'une valeur secondaire, il n'a le droit d'exiger de l'homme que des sacrifices proportionnés aux services qu'il lui rend. Non, certes, du moment que l'Etat ne peut pas combler le besoin qu'a l'homme de revivre parfaitement dans sa postérité, il n'a aucun titre pour lui demander de renoncer à son droit naturel de prendre femme, de procréer, de nourrir, d'instruire et d'élever des enfants. Non, encore, du moment que l'Etat ne peut pas assurer à l'homme la possession de la vérité et du bien suprême, il est sans pouvoir pour lui imposer de renoncer à son droit naturel de poursuivre à son gré la réalisation de ses éternelles destinées. Dès lors que l'Etat ne peut qu'assurer à l'homme, par sa protection, la liberté dont il a besoin pour travailler en sécurité à la conquête de sa double fin terrestre et céleste, il n'a le droit de lui demander que le sacrifice de cette partie de sa liberté qui ne lui est pas nécessaire pour poursuivre à son aise cette conquête, et dont la jouissance ne serait pas conciliable avec les conditions indispensables de l'ordre et de la paix sociale.

Il en est de même de l'autorité paternelle ; elle ne peut abandonner à l'Etat que ce qui, dans son indépendance naturelle, serait contraire aux droits nécessaires de la société. Par conséquent, l'autorité paternelle ne cesse point d'être souveraine dans son domaine ; même sous le régime d'un gouvernement politique, elle demeure seule en possession des prérogatives nécessaires pour former l'homme dans l'enfant. Le pouvoir politique ne peut être jamais, par rapport à cette fin, nous l'avons dit, un pouvoir supérieur auquel elle soit subordonnée. Ce qu'elle perd sous une constitution sociale, c'est une partie de son absolutisme seulement. Elle ne peut être indépendante des conditions sociales, et, en même temps, jouir des bienfaits que procure la société, c'est évident ; mais les conditions sociales ne peuvent jamais, non plus, être incompatibles avec sa souveraineté, pour la garantie de laquelle l'Etat est constitué. (1)

Evidemment, il n'a jamais été dans la volonté des constituants de sacrifier à l'Etat des droits dont ils peuvent jouir sans aucun préjudice pour l'ordre public. Evidemment, l'institution politique,

(1) Voir M. Lucien Brun, 10ᵉ Conférence, de l'Autorité.

établie pour garantir à l'homme la jouissance de ses droits naturels, ne peut pas avoir pour objet et pour mission de l'en dépouiller.

La subordination des individus et de la famille à l'Etat, n'est qu'un moyen essentiel à la constitution de la société ; elle n'est pas la fin que poursuit l'homme dans la société. La société elle-même, n'est, non plus, qu'un moyen auquel l'homme recourt pour se garantir la paisible jouissance de ses droits ; elle n'est pas davantage, elle-même, le bien suprême que l'homme recherche en son sein. Si bien que l'idéal de tous les peuples, c'est de sacrifier à l'Etat le moins possible de leurs droits individuels, et, tout à la fois, de s'assurer, par la protection du pouvoir politique, la plus forte somme de liberté compatible avec l'ordre public. (1) C'est ce que prescrit la raison.

Il s'en suit qu'en justice, l'Etat ne peut jamais avoir le droit de diminuer arbitrairement une seule des libertés naturelles de ses sujets. Il ne peut légitimement restreindre celles-ci que dans la mesure déterminée par les conditions réelles de l'ordre social.

Bien mieux, ce ne sont pas les droits eux-mêmes que l'Etat a le pouvoir de restreindre. Les droits que l'homme tient de son Auteur, et qui sont intrinsèquement inhérents à sa nature, sont au-dessus de tous les pouvoirs créés, comme la nature elle-même. Ce que l'Etat a le droit de réduire à la mesure des exigences sociales, c'est la jouissance de ces mêmes droits. Car, c'est cette jouissance seule qui est du domaine de l'homme et qui peut tomber sous la loi d'un pouvoir créé.

Cette distinction n'est point oiseuse. Si l'Etat avait le pouvoir de restreindre nos droits eux-mêmes, il aurait le pouvoir d'amoindrir notre nature, soit en elle-même, soit dans ses dépendances. Nous serions complètement à sa merci, car il serait complètement notre maître.

Il est donc vrai que l'Etat a seulement le pouvoir de proportionner à la mesure que peut comporter l'ordre social, la simple jouissance des droits dont le Créateur a doté notre nature.

Telle est la loi essentielle des choses qu'ont reconnue et proclamée, après l'Evangile, toutes nos constitutions depuis 1789.

« La Déclaration des Droits de l'homme et du citoyen (3 mars 1789), dit M. Migneret, la Constitution de 1791 constatent, en termes exprès,

---

(1) Voir M. Chesnel. Les Droits de Dieu. Ch. X et XI ; voir aussi M. Saint Girons, op. cit., p. 90. 232 et suiv. Emile Ollivier, op. cit. T. I, p. 168, T. H. 494,

l'existence de droits inhérents à la qualité d'homme et de citoyen. »

L'article 2 de la Déclaration, dit en effet : « Le but de toute association politique est la conservation des droits naturels et imprescriptibles de l'homme. Ces droits sont la liberté, la propriété, la sûreté et la résistance à l'oppression. »

Les Etats-Généraux déclarent ensuite que « toute société dans laquelle la garantie des Droits n'est pas assurée, n'a pas de Constitution, et ensuite, que le pouvoir législatif ne peut faire aucune loi qui porte atteinte à l'exercice des droits naturels et civils reconnus. » (1)

La Constitution républicaine de 1848 explique, d'abord, quelles sont les bases de la République et elle en définit les devoirs. Parmi les bases, elle compte la famille, et parmi les devoirs l'obligation de protéger le citoyen dans sa personne, dans sa famille, dans sa religion. (Art. VIII).

La Constitution de 1852 reconnaît et garantit les grands principes proclamés en 1789, comme la base du droit public français. (Art. 1).

Ainsi, la loi que nous venons d'établir, n'appartient pas seulement à l'ordre de la nature, elle forme la base même de notre droit civil et politique.

---

(1) M. Migneret, Pétition aux Chambres Françaises contre le Projet de loi Ferry. P. Ramière, Revue Catholique des Institutions et du Droit, octobre 1879.

CHAPITRE III

*De la Mesure dans laquelle l'Etat doit être subordonné
à l'homme.*

Minister Dei in bonum.
Rom. XIII.

I

Sous le régime antique, le pouvoir politique était identifié avec le droit de propriété. Le maître avait le droit de tuer son esclave, le mari sa femme, le père son fils, l'Etat le citoyen.

Le Christ a renversé cette épouvantable notion du pouvoir, et il a rétabli la nature humaine dans sa dignité originelle. De l'esclave il a fait un roi, des rois il a fait des serviteurs. Tâchons de comprendre cette sublime et nécessaire transformation.

D'abord, profonde, immense est en soi la distance qu'il y a du pouvoir politique au droit de propriété sur les choses.

Celui-ci a pour objet des choses qui n'ont pas de liberté, qui ne s'appartiennent pas ; celui-là a pour objet des personnes qui ont la liberté, qui sont *sui juris*. Par leur nature, les choses, incapables de posséder, ne peuvent être qu'un objet de propriété ; les personnes, au contraire, capables de posséder, ne peuvent être que des sujets capables de propriété.

Le droit de propriété est au profit de qui en est investi, et il va jusqu'à disposer des choses de la manière la plus absolue (Code civil, art. 544). Le pouvoir politique, par contre, est au profit des personnes sur lesquelles il s'étend ; car, c'est le pouvoir de les conduire à la paix par le règne de l'ordre et de la justice ; il ne peut donc disposer d'elles que pour les gouverner dans leur intérêt.

Le droit de propriété est propre aux personnes, non le pouvoir politique qui ne peut appartenir en propre qu'aux sociétés. Le premier appartient aux individus, parce que les choses qui en sont l'objet, ont leur fin dans les individus. Le pouvoir politique, au contraire, n'est point propre aux particuliers qui l'exercent, parce que ceux-ci ne sont point la fin des personnes sur lesquelles ils l'exercent. Il est propre aux sociétés, parce qu'il a pour fin nécessaire le bien des sociétés. Or, comme le bien des sociétés se trouve dans le bien des personnes qui les composent, il s'ensuit qu'il a sa fin dernière dans les individus qui lui sont soumis et que, dès lors, il est finalement institué pour eux, et à leur profit commun.

II

Mais, si le pouvoir social est le bien propre, non des particuliers qui gouvernent, mais de la société qui est gouvernée, il s'en suit qu'il doit servir les intérêts de celle-ci et non l'égoïsme de ceux-là. Les rois ne sont donc pas rois pour eux-mêmes, ni les ministres, ministres pour leur avantage personnel. Non, les dépositaires du pouvoir n'en sont point revêtus pour la satisfaction de leur orgueil, ou de quelque autre de leurs cupidités. Qu'ils édictent des lois, (1) qu'ils les fassent exécuter ou qu'ils jugent de leurs infractions pour les réprimer, ce n'est pas leur bien particulier, mais le bien social qu'ils doivent poursuivre. Ministres ou Rois, ils le sont pour Dieu et pour leurs peuples. C'est pour leurs peuples et pour Dieu qu'ils doivent remplir leur ministère.

« Il est constant, disait Philippe Pot déjà cité, que la royauté est une dignité et non pas la propriété du prince.... Car c'est dans son intérêt propre que chaque nation s'est donné un maître. » (2)

« Il importe beaucoup que ceux qui administrent les Etats, dit aussi Léon XIII, comprennent que la puissance politique n'est pas créée pour le profit d'un particulier, quel qu'il soit, et que les affaires publiques doivent être gérées pour l'utilité de ceux dont on a la charge, et non pour l'utilité de ceux à qui la charge en est confiée. » (3)

Cela est vrai, nécessaire en république, non moins qu'en monarchie. « Je regarde comme impie et détestable, dit Tocqueville, la maxime, qu'en matière de gouvernement, la majorité a le droit de tout faire.....

---

(1) Voir St Th. sum. Th., q. 90, art. 3.
(2) Ubi suprà.
(3) Encyclique du 7 juin 1881.

Le pouvoir de tout faire que je refuse à un seul, je ne l'accorde jamais à plusieurs. » (1)

Le pouvoir n'est pas plus le bien propre d'une majorité que d'un monarque. Les majorités, qui en sont investies, n'en sont pas plus la fin que les rois. Comme ceux-ci, celles-là ne sont que les ministres de la nation ; elles n'ont le droit d'en user que pour le bien de la nation tout entière. Monarque ou majorité, dès que le dépositaire du pouvoir social se pose en maître et se fait lui-même la fin de son gouvernement, il renverse sa mission, il retourne contre la société une institution établie pour la société, il détruit ce qu'il doit édifier, il devient tyran ; le nombre des complices ne diminue ni la gravité, ni la responsabilité du crime. (2)

Ainsi, à n'étudier que la nature, l'objet et la fin du pouvoir politique, on voit qu'il n'a pas d'autre raison d'être que le bien de ceux qui lui sont soumis.

III

C'est aussi ce que l'on constate, si l'on étudie le moyen par lequel il poursuit sa fin. Ce moyen, c'est la loi. Or, qu'est-ce que la loi ?

D'après la théorie de la Déclaration des Droits, la loi serait « l'expression de la volonté générale. »

Cette définition revient à la maxime des légistes : « *Si veult le roy.* » et à celle des jurisconsultes césariens : « *Quod principi placuit, legis habet vigorem.* » Jurieu et Rousseau ont dit aussi avant Robespierre : « Le peuple peut tout ce qu'il veut, il n'a pas besoin d'avoir raison pour valider ses actes. » (3)

Ainsi entendue, cette doctrine est la théorie du principe de l'esclavage. Rien de plus faux et de plus dégradant. L'homme est si grand, avons-nous dit, qu'il ne peut obéir qu'à la raison. Dès que vous l'asservissez à une volonté aveugle, vous en faites un esclave.

En effet, pour que la volonté générale ait force de loi, il faut nécessairement supposer qu'elle est l'expression exacte de ce que prescrit la raison. C'est ce qu'a dit saint Thomas. « La volonté pour avoir force de loi, doit être réglée par quelque raison ; c'est en ce sens

---

(1) La Démocratie en Amérique, 2ᵉ Partie, T. II, Ch. VII.
(2) Voir M. Chesnel. Les Droits de Dieu, Ch. IV.
(3) Voir M. Taine. Ancien Regime. L. III, ch. IV. Voir aussi M. Saint-Giron, op. cit., p. 231.

que la volonté du prince a force de loi. Autrement, la volonté du prince serait plutôt une iniquité qu'une loi. » (1) La raison est la première loi de l'homme. Tout ce qui lui est contraire est essentiellement faux, immoral ou injuste. Il n'est pas de volonté qui ait le pouvoir de le rendre juste, honnête et vrai.

Une seconde condition pour que la volonté générale ait force de loi, c'est qu'elle ait pour objet et pour fin le bien commun de la société. « L'intention de tout législateur, dit encore le Docteur angélique, c'est premièrement et principalement le bien commun ; secondairement, c'est l'ordre de la justice et de la vertu par lequel on réalise et conserve le bien commun. » (2)

S. Thomas avait dit précédemment : « Le premier principe des actions, dont la raison pratique est la règle, c'est la félicité ou la béatitude.... Il faut donc que la loi ait en vue l'ordre qui a pour objet la béatitude. Il n'est pas de précepte particulier qui puisse avoir la nature de la loi, s'il n'a pour fin le bien commun. » (3)

Evidemment, toute loi ne peut être raisonnablement que pour le bien de l'être qui lui est soumis. Toute loi ne peut raisonnablement avoir d'autre but que de régir les êtres dans la jouissance des biens qu'ils possèdent ou dans la poursuite de ceux auxquels ils aspirent. Toute loi doit être comme un lien pour maintenir fermement les êtres dans les conditions où il faut qu'ils soient pour être ce qu'ils doivent être et s'avancer au terme qui leur est assigné. Toute loi a ainsi nécessairement pour fin la perfection des êtres qu'elle oblige.

Toute loi civile ou politique doit donc essentiellement avoir pour fin le bien commun de la société. Elle ne mériterait pas le nom de loi et elle n'obligerait pas, la disposition qui serait édictée par le législateur au profit exclusif de quelque intérêt particulier et au préjudice, dès lors, des intérêts généraux de la société.

Toutefois, une loi, pour procurer le bien commun, ne peut point violer le droit particulier des citoyens. « L'utilité sociale, dit M. Caro, ne prescrit pas contre le droit d'un seul. » (4) L'utilité sociale, il faut le répéter bien haut, ne peut être une fin dernière absolue, au-delà de laquelle il n'y a plus rien. L'utilité sociale est sans raison

---

(1) 1. 2. Q. 90, art. I, ad. 3.
(2) Ibid. Q. 100, art. VIII.
(3) Ibid. Q. 90, art. 2.
(4) Revue des Deux-Mondes, 1875. La Démocratie devant la morale de l'avenir.

d'être suffisante, quand elle n'a pas pour but le bien des particuliers qui composent la société. Elle est contre toute raison d'être, quand elle ne peut se réaliser que par la violation des droits que la société doit assurer ?

« On dit, s'écrie Madame de Staël, le salut du peuple est la suprême loi. Non, la suprême loi, c'est la justice. Quand il serait prouvé qu'on servirait les intérêts d'un peuple par une injustice, on serait également vil et criminel en la commettant, car l'intégrité du droit importe plus que les intérêts d'un peuple. L'espèce humaine demande à grands cris qu'on sacrifie tout à son intérêt. Il faut lui dire que son bonheur même dont on se sert comme prétexte, n'est sacré que dans son rapport avec la justice, car sans elle, *qu'importeraient tous à chacun.*

Quand une fois l'on s'est dit qu'il faut sacrifier le droit à l'intérêt national, on est bien près de resserrer de jour en jour le mot nation, et d'en faire d'abord ses partisans, puis ses amis, puis sa famille qui n'est qu'un terme décent pour se désigner soi-même.» (1)

Mais, il faut encore insister sur ces idées en en présentant un autre aspect non moins saisissant.

CHAPITRE IV

Des limites de la souveraineté de l'Etat.

> Nous dénions à l'Etat le droit d'être déraisonnable, injuste, immoral, malfaisant.

Sous le régime du Césarisme antique, la souveraineté de l'Etat était absolue, sans conditions ni limites.

---

(1) Cité par M. Caro. Ubi suprà.

Pour lui poser des bornes, il a fallu que Dieu lui-même vînt lui dire, comme à l'océan : « Tu viendras jusque là et tu n'iras pas plus loin. » Il a fallu, dit M. Laboulaye, que le Christ vînt proclamer les droits de Dieu même, en face et au-dessus des droits de César. » (1)

Quelles sont donc les limites que l'Etat n'a pas le droit de franchir ?

Nous le dirons en trois mots : la raison, la loi naturelle, le bien commun.

I

La raison. La loi doit être l'expression exacte et fidèle de ce que proscrit ou prescrit la raison. Que l'Etat édicte ou applique la loi, il doit rester soumis à la raison ; il n'a ni le droit ni le pouvoir d'être déraisonnable.

Là n'est pas la difficulté. Comme le dit fort bien saint Thomas, « la cause et la racine de tout bien pour l'homme, c'est la raison qui lui découvre sa fin et les moyens nécessaires pour y parvenir, et qui est ainsi la règle et la mesure de tous ses actes. » (2)

La difficulté, c'est de savoir quelle est la raison à laquelle l'Etat doit obéir. L'Etat a-t-il une raison propre, distincte de la raison individuelle ? Non.

L'Etat a des pouvoirs et des droits qu'il est impossible de confondre avec les droits et les pouvoirs individuels, qui sont faits pour dominer et gouverner les droits et les pouvoirs individuels.

Mais il ne possède pas de raison spécifique propre qui, correspondant à son pouvoir de gouvernement, soit réellement capable, par sa supériorité, de dominer et de gouverner les raisons individuelles. L'Etat n'est pas une personne physique, il n'a pas une âme raisonnable qui soit distincte de celles de ses membres. Il ne pense pas, il ne veut pas, il n'agit pas réellement par un autre principe physique que l'esprit et la volonté de ceux de ses membres qui président à sa vie.

Mais alors que faut-il entendre par ce que l'on appelle raison nationale, raison publique ou même raison d'Etat ?

Par raison nationale, publique, il faut entendre, non une faculté physique qui n'existe pas en dehors des raisons individuelles, mais

---

(1) L'Etat et ses limites. V. p. 11, 111 et 112.
(2) 1, 2. Q. 17, 61 et 90.

un ensemble d'idées communes dans lesquelles les esprits se rencontrent unanimement chez un peuple.

Mais cet accord unanime des esprits sur certains points ne constitue-t-il pas une autorité infaillible qui s'impose à chacune des raisons individuelles ? Non, la raison, dans chaque homme, n'est soumise qu'à la vérité, elle ne peut obéir qu'à la vérité. Or, cet accord dans certaines opinions, forme bien une présomption plus ou moins forte en faveur de leur vérité. Toutefois l'unanimité même de tout un peuple dans un même sentiment, ne peut point être regardée comme la voix infaillible de la vérité même; ce n'est qu'une réunion d'esprits faillibles en une même croyance qui peut être une erreur. Elle ne peut donc former une autorité qui s'impose irrésistiblement à la raison de chaque homme. On a vu les erreurs les plus graves admises et professées avec un ensemble étonnant par des peuples entiers.

Maintenant, qu'appelle-t-on raison d'Etat ? Ce n'est point une faculté physique, substantielle, nous l'avons vu. Sous ce nom, on entend ordinairement ce qu'exigent impérieusement certains intérêts de l'Etat et souvent aussi ces intérêts eux-mêmes, pris absolument comme règles impérieuses de conduite ou même comme fin dernière de l'action politique. Quand ces intérêts, qualifiés de raison d'Etat sont en contradiction avec les prescriptions de la saine raison, ils ne peuvent jamais être que des intérêts aveugles, illégitimes, injustes ou immoraux. C'est en vain qu'ils prétendent se suffire pour se justifier par eux-mêmes et trouver dans leur importance de quoi avoir raison contre la raison elle-même. Au fond, la raison d'Etat est, en ce cas, la négation brutale de la saine raison, c'est de plus une grossière illusion de la force matérielle qui, ne trouvant point de résistance, se croit le droit de tout faire et qui n'aboutit qu'à la ruine même de ce qu'elle prétend sauver.

Car, l'Etat n'est pas essentiellement bon ; il peut être mauvais. Il n'est ce qu'il doit être que lorsque, par sa conformité à la saine raison, il participe au vrai et au bien parfait, absolu.

Du reste, le pouvoir politique est tout comme le pouvoir individuel, un pouvoir moral, c'est-à-dire un pouvoir qui dérive de la saine raison. Par sa nature même, il ne peut être vrai pouvoir que dans la proportion où il procède de la saine raison et lui est conforme.

Au surplus, la société a pour but essentiel, avons-nous dit, de faire à l'homme des conditions d'ordre et de tranquillité qui lui permettent de travailler librement à la réalisation de ses destinées. Or, la destinée terrestre de l'homme, avons-nous aussi prouvé, c'est d'élever ses enfants à la possession de leur raison et à la jouissance de la liberté qui en découle; sa destinée éternelle, c'est de s'élever lui-même à la possession de la vérité infinie.

Donc, si l'Etat n'était pas soumis à la raison, il serait par la même en contradiction avec les nécessités essentielles de sa mission et de sa fin. Il est évident que, en opposition avec la raison, il ne ferait pas à l'homme des conditions d'ordre et de tranquillité qui lui permissent d'élever ses enfants et de s'élever lui-même à la parfaite jouissance de sa raison et de la vérité.

Enfin, le pouvoir politique est aux mains d'un homme ou de plusieurs. Eh bien, ces hommes peuvent-ils agir en opposition avec la lumière de leur propre raison, avec la voix de leur propre conscience ? Non, qu'il s'agisse des affaires de l'Etat ou de leurs affaires privées, les gouvernants ne peuvent jamais agir contre les lois essentielles de leur nature. Pour être rois ou ministres, ils n'en sont pas moins hommes ; et dès lors, rien ne peut les dispenser d'être sincères, véridiques, justes, honnêtes, loyaux, c'est-à-dire de se conduire d'après les prescriptions de la raison et de la conscience. Leur conduite politique n'est pas moins dépendante de la morale que leur conduite privée. Or, il n'y a pas deux morales ni deux raisons ; il n'y en a qu'une.

« Il n'y a pas une science de la société et une science de l'homme, dit M. Jules Simon, une morale pour la vie privée et une morale pour la vie publique. Il est absurde de dire qu'il y a deux morales, puisque le caractère le plus évident de la morale, c'est d'être invincible, universelle, absolue. » (1)

C'est aussi ce que dit M. Chesnel : « Pour chacun de ces individus (les gouvernants), il n'y a pas deux morales, mais une seule morale comprenant les devoirs personnels et les devoirs d'Etat ; il n'y a pas deux consciences, mais une seule conscience appliquant aux actions soit privées, soit publiques, la règle de la justice.

J'ajoute que, chacun de ces individus, quel que soit son rang dans l'Etat, bien loin d'être affranchi de Dieu comme homme public, relève au contraire de lui à ce titre même, et qu'entre le simple particulier et le magistrat, toute la différence consiste en ce que la somme des devoirs, la responsabilité, l'obligation morale du magistrat l'emporte, aux yeux du souverain juge, exactement dans la proportion

---

(1) M. J. Simon. La Liberté politique, p. 2. 22. Le Devoir IIIe Partie, Ch. III.

où l'homme public s'élève en puissance au dessus du simple citoyen. » (1)

II

La souveraineté de l'Etat est limitée par la loi naturelle et la loi éternelle.

Cicéron a proclamé cette vérité quand il a dit que « le droit n'est pas constitué par l'opinion publique, mais par la nature, » ajoutant : « Pour constituer le droit, il faut en chercher l'origine dans cette loi souveraine qui est née avant tous les siècles. » (2)

Voici comment saint Thomas explique cette doctrine : « D'après Augustin, une loi qui n'est pas juste n'est pas, à nos yeux, une loi.

Dès lors, une loi n'est loi que dans la mesure où elle tient de la justice. Dans les choses humaines, on dit qu'une chose est juste à cause de sa conformité avec la règle de la droite raison. Or, la première règle de la raison, c'est la loi de la nature. Dès qu'une loi s'éloigne en quelque chose de la loi naturelle, elle n'est plus une loi, mais une corruption de la loi. » (3)

Voulez-vous savoir comment les lois humaines, qui sont dignes de ce nom, découlent de la loi naturelle, écoutez encore le Docteur angélique :

« De même, dit-il, que des premiers principes de la raison spéculative qui nous sont connus par eux-mêmes, on tire les conclusions des diverses sciences dont la connaissance ne nous est pas communiquée par la nature, mais nous est acquise par le travail de la raison, ainsi, des premiers préceptes de la loi naturelle comme de principes communs à tous les hommes et non susceptibles de démonstration, il est nécessaire que la raison humaine tire quelques dispositions spéciales pour les cas particuliers. Ce sont ces dispositions particulières que la raison découvre, que l'on appelle lois humaines, pourvu qu'aient été observées les autres conditions appartenant à l'essence de la loi. » (4)

D'où il suit que toute disposition civile et politique en opposition

---

(1) M. Chesnel, op. cit. Ch. IV.
(2) De Rhet. De Invent., l. II, aliq. ante fin.
(3) 1°, 2°. Q. 93, art. 2.
(4) 1, 2. Q. 91, art. III. V. M. Lucien Brun. Conférence sur le Droit naturel. Fénelon, Essai sur le Gouvernement civil. Laferrière. Histoire du droit.

avec la loi naturelle ou éternelle, manque essentiellement de ce qui lui est nécessaire pour être une vraie loi. Non, il ne peut pas y avoir de droit humain contre le droit supérieur de la nature.

Les légistes l'ont reconnu et proclamé. « Nul acte du Parlement choquant la raison, l'équité et le droit naturel, n'est valable. Le législateur est soumis aux lois des lois qui servent à juger des actes du Parlement. » C'est la pensée de Bacon. D'après Hobbart, un acte peut être nul en principe, comme contraire à l'équité naturelle. *Jura naturæ sunt immutabilia, sunt leges legum.* » (1)

Mais où est promulguée la loi naturelle ? Dans les prescriptions de la raison qui nous déclare ce qui est bien ou mal, juste ou injuste, honnête ou immoral ; surtout, et plus expressément, dans la loi de Dieu. « La loi de Dieu, dit M. Lucien Brun, voilà le droit absolu, le droit type et source de tous les autres. Il n'y a pas de droit sans lui et contre lui, parce qu'aucune autorité, fut-elle l'expression de la volonté générale ou des majorités, ne peut s'insurger contre la volonté de Dieu. « Il n'y a donc, comme le dit très bien M. Jouffroy, qu'une loi au monde, qui est la loi de Dieu. Toute loi qui ne dérive pas de celle-là, n'est pas une loi, elle n'est pas obligatoire ; elle n'est pas un règlement auquel on soit tenu de se soumettre. » (2)

Rien de plus nécessaire. Est-ce que la société n'est pas la coordination de personnes en possession de la nature humaine ? Donc, ses lois ne peuvent être contraires aux lois de la nature raisonnable, sous peine de détruire le bien qu'elles doivent conserver ou produire.

La société n'est-elle pas une œuvre de Dieu ? Si ses lois étaient en opposition avec les lois de Dieu, elles seraient la destruction de l'œuvre de Dieu, par conséquent, la destruction de tout ce qu'il peut y avoir de bon en elle. Dès lors, la société ne serait plus qu'un mal. Car, nous l'avons prouvé, l'homme n'est pas un pouvoir créateur ; il peut détruire le bien qui existe ; il ne lui est pas possible de rien créer de réel en opposition avec le bien que Dieu a produit. (3)

---

(1) Voir Saint-Girons, op. cit. p. 226 et suiv. Bacon. Des sources du droit. Jules Simon. Le Devoir. IIIe partie.

(2) Conférence citée. Voir Jouffroy. Le Droit naturel. M. Leplay, op. cit. Ch. 3, 47 et 62. E. Ollivier, op. cit. T. II, p. 110.

(3) « L'homme n'est qu'un pouvoir de direction et, en aucun genre, il ne peut ajouter à la somme des forces existantes. M. Jules Simon, Devoir, IIIe Partie, ch. I.

Il est donc vrai que la souveraineté de l'Etat ne s'étend pas jusqu'à rien pouvoir contre les lois de l'ordre naturel ou éternel.

III

La souveraineté de l'Etat est enfin limitée par les conditions du bien social qui est sa fin nécessaire.

C'est la loi de tout être d'être subordonné à sa fin et d'en dépendre essentiellement. « La mesure d'un pouvoir, dit Suarès, doit être prise dans sa fin. » (1)

L'Etat a nécessairement le bien social pour fin et raison d'être. Il ne peut donc pas, sans se renier, s'affranchir de la nécessité de réaliser cette fin et de prendre les moyens qui l'y conduisent. A plus fortes raisons, ne peut-il rien faire contre cette fin, ni contre les lois dont l'observation lui est indispensable pour y parvenir. Ainsi, aucun esprit sensé ne reconnaîtra jamais à l'Etat le droit de mettre le trouble et le désordre où il doit produire l'ordre et la tranquillité, d'opprimer et d'écraser ceux qu'il doit protéger et soutenir. Jusqu'ici, on a généralement regardé, comme des brigands, les gouvernements qui se sont faits voleurs, calomniateurs, assassins. Jusqu'ici, on n'a estimé et aimé les gouvernements que dans la mesure où ils protègent la famille et la propriété, où ils assurent aux individus la sécurité de la vie, la liberté du travail et de la religion.

Voilà donc autant de devoirs que l'Etat n'a pas le droit de violer, autant d'obligations qu'il est tenu de remplir. Ce sont autant de limites que l'Etat n'a pas le pouvoir de franchir.

Du reste, comment la souveraineté de l'Etat serait-elle absolue, dès lors que l'Etat lui-même est essentiellement un être relatif? Il répugne qu'un être relatif ait un pouvoir sans limites ni conditions. Les attributs d'un être ne peuvent pas être en contradiction avec son essence. Œuvre de Dieu et des hommes, constitué pour le bien de la créature raisonnable, l'Etat ne peut avoir aucun droit qui ne dépende de son double principe et qui ne soit relatif à sa destinée. Il a certainement tous les pouvoirs dont il a besoin pour remplir sa mission, mais il n'en a aucun qui n'ait pour raison d'être une fin raisonnable à réaliser. Il peut incontestablement tout ce qu'il doit, mais il ne

---

(1) Mensura potestatis ex fine illius sumenda est. De leg. I, IX, 12.

peut rien incontestablement aussi de ce qu'il ne doit pas ; il n'y a en lui ni pouvoir, ni droit pour l'arbitraire. Tout ce qu'il peut, il ne le peut que pour le bien social.

Mais le bien social, nous l'avons dit, est renfermé dans les limites que trace la justice. Telle est la souveraineté de l'Etat, suivant la nature ; telle doit-elle être, suivant l'art, dans l'intérêt des peuples. « L'art social, dit M. Cousin, n'est autre chose que l'art d'organiser le gouvernement, de manière qu'il puisse toujours veiller efficacement à la défense des institutions protectrices de la liberté, sans jamais pouvoir tourner contre ces institutions la force qui lui a été confiée pour les maintenir. » (1)

IV

Est-ce que les restrictions que nous venons de mettre à l'absolutisme de la souveraineté politique, ne portent pas atteinte à la souveraineté elle-même ? Si l'Etat est soumis à la raison, à la loi naturelle et aux conditions de sa fin, est-il bien souverain ? N'est-il pas un simple vassal ? Non, Dieu lui-même qui est le premier des souverains, est soumis à la raison, il est lié par les lois naturelles des êtres qu'il a faits, et par celles auxquelles tiennent et sa perfection, et son bonheur.

« La souveraineté, dit M. Bluntschli, implique l'indépendance de tout autre Etat, et la puissance la plus élevée dans l'Etat. »

Or, ces conditions se réalisent dans toute nation qui n'est point vassale d'une autre, qui est maîtresse d'elle-même sous les rapports civil et politique. Elle a tous les pouvoirs qu'il lui faut pour commander et se faire obéir, et il n'y a point de pouvoir politique supérieur dont relève le sien et auquel elle doive compte de ses actes.

Fort bien ; cependant, si l'Etat est soumis aux principes de la raison et aux lois de la justice et de la morale, il est, de ce fait même, soumis au pouvoir qui a la charge de définir l'ordre de la raison, de la justice et de la morale ; il est donc soumis à l'Eglise qui est maîtresse de la vérité au point de vue intellectuel et moral. Par conséquent, il n'est pas réellement souverain.

Non, sans doute, l'Etat, être relatif et contingent, ne peut être souverain que dans l'ordre contingent et relatif de la société civile et

(1) Mémoires de l'Académie des Sciences morales et politiques, T. VII.

politique ; ce n'est que dans cette sphère temporelle et terrestre qu'il ne se trouve point de pouvoir supérieur auquel il soit subordonné. Dans cette sphère, incontestablement, l'Eglise est sans autorité pour lui commander. C'est là un domaine qui lui est propre et où il règne en maître suprême. Mais, la sphère politique, le domaine politique est lui-même soumis à la loi éternelle, à l'ordre de la nature. Voilà pourquoi le pouvoir politique ne peut être au-dessus de la vérité, de la justice et de la morale ; voilà pourquoi il est lui-même soumis au pouvoir interprète de l'ordre éternel et de la loi de la nature.

Par conséquent, s'il est vrai que l'Eglise soit en possession du pouvoir de l'ordre éternel, pour définir infailliblement la vérité, le droit et la morale, il est certain que l'Etat doit être soumis à l'Eglise ; il est certain qu'il n'a pas le droit d'édicter une disposition législative contraire à la définition de l'Eglise, et que, s'il tente d'en porter quelqu'une, il s'égare et fait le mal ; sa loi est, par là même, mauvaise et nulle de plein droit. Autrement, il faudrait dire, ou que l'Eglise n'est pas infaillible dans ses définitions, ce qui est supposé ; ou bien que l'Etat a le droit de prescrire le mal et de proscrire le bien, ce qui est contre la raison ; ou, encore, de faire que ce qui est en soi essentiellement mal, devienne bon par la seule autorité de l'Etat, ce qui est également absurde.

Mais, soumis ainsi aux lois de la vérité, de la justice et de la morale, l'Etat n'est soumis, au fond, qu'aux lois essentielles de sa nature, qu'aux lois auxquelles il faut indispensablement qu'il obéisse pour être bon, beau et puissant, qu'aux lois en dehors desquelles il n'y a pour lui, comme pour tout être, que faiblesse, laideur et néant.

CHAPITRE V

Dans quelle mesure le bien social autorise-t-il l'Etat à restreindre la jouissance des droits individuels ?

> L'Etat ne peut que ce qu'il doit et il ne doit que ce qui est requis par le bien de la société.

I

C'est là une question qui n'est pas facile à résoudre en théorie. La façon dont elle peut et doit être tranchée, dépend beaucoup des circonstances qui ont souvent, en cette matière, une influence décisive sur la solution des difficultés. (1)

Cependant, il est des principes que l'Etat n'a pas le droit de violer. Nous allons les établir brièvement ; ils nous serviront à triompher des obstacles que nous rencontrerons sur notre chemin, relativement au sujet qui nous occupe.

1° Principe général. L'Etat n'a pas le droit de restreindre la liberté individuelle plus que ne l'exigent les vraies conditions de l'ordre et de la paix dans la société.

2° Mais, il peut, bien mieux, il doit demander et imposer aux individus le sacrifice de tous les droits qui ne sont pas compatibles avec les vraies et nécessaires exigences du bien public.

La raison de ces deux principes est manifeste. La constitution politique de la société est nécessaire pour que celle-ci puisse vivre et poursuivre sa fin. Il faut donc que les particuliers lui fassent, de gré ou de force, le sacrifice de tous ceux de leurs droits qui ne sont pas conciliables avec son existence, ni avec l'accomplissement de sa mission.

Mais, d'autre part, l'Etat n'a presque pas d'autre raison d'être, que de garantir aux individus la paisible jouissance de leurs droits. Il

---

(1) Voir M. Saint-Girons, op. cit., p. 275.

serait donc contraire à la raison même de son existence, qu'il réduisît cette jouissance plus que ne l'exigent réellement les vraies conditions nécessaires à sa conservation et à la poursuite de sa fin.

Toutefois, il est des droits privés que l'Etat ne peut pas amoindrir, qu'il doit, au contraire, garantir tout entiers.

Ce sont les droits dont la jouissance est inséparable de la dignité humaine, ou qui sont corrélatifs à de graves devoirs. De ce nombre, sont les droits réciproques des parents et des enfants, les uns sur les autres. Pour aucun motif, l'Etat ne peut en imposer le sacrifice ; sa propre fin est d'en protéger l'exercice et la jouissance.

Incontestablement, au nombre des droits, qui sont d'indispensables devoirs, faut-il ranger celui de poursuivre librement sa fin essentielle, éternelle. Il n'y a pas, et il ne peut pas y avoir de motif d'ordre public, qui soit d'un assez grand poids pour autoriser l'Etat à gêner l'homme dans la poursuite d'un bien aussi indispensable.

Une dernière observation pour terminer ce paragraphe: les citoyens ne sont pas obligés d'abandonner le moindre de leurs droits naturels, à moins qu'ils n'y soient tenus moralement par de vraies exigences sociales. Par conséquent, l'Etat commet une injustice, lorsque, pour se donner le droit de les contraindre à en faire l'abandon, il feint et allègue des exigences imaginaires qui n'ont aucun fondement dans la réalité.

II

Toutefois, n'y a-t-il pas plusieurs institutions qui, tout en étant propres aux individus, réussiraient mieux, si elles étaient aux mains de l'Etat ? N'est-il pas, dès-lors, de l'intérêt public que l'Etat s'en empare, même au détriment de l'industrie privée ? L'intérêt général ne doit-il pas prévaloir sur l'intérêt particulier ? « La société est une force, dit M. Saint-Girons, dont on doit user dans l'intérêt général, en évitant les excès du socialisme. » (1) Où commencent ces excès ?

D'abord, il est des fonctions qui sont exclusivement propres à l'Etat, qui ne conviennent nullement aux individus : ainsi, édicter des lois, les faire exécuter, juger de leurs infractions, organiser une armée, une flotte, une police, une douane, etc. Que l'Etat les remplisse ; c'est pour cela qu'il est constitué : personne ne peut les remplir à sa place.

---

(1) M. St-Girons, op. cit., ubi suprà.

Il en est d'autres qui ne lui sont point aussi exclusivement propres, mais que l'on ne peut pourtant lui refuser, s'il veut s'en charger ; ce sont celles qui ont pour objet de satisfaire à des besoins généraux naissant de l'état politique de la société : telle la construction des grandes routes, des chemins de fer, des télégraphes d'intérêt général, etc. Des compagnies ont souvent, jusqu'ici, remplacé l'Etat dans la charge de satisfaire à ces besoins publics. Il peut encore se faire qu'il soit de l'intérêt même de la société de remettre à des compagnies l'entreprise de travaux semblables. Cependant, si l'Etat veut y pourvoir par lui-même, on ne peut pas l'accuser justement de nuire à l'industrie privée.

Il est, en outre, d'autres fonctions qui appartiennent moins à l'Etat qu'aux associations particulières. Ce sont précisément celles qui ont pour objet de satisfaire à des besoins locaux particuliers. Sans doute, l'Etat n'a pas le droit de se substituer aux sociétés particulières dans le domaine qui leur est propre. Cependant, si ces associations manquent à leur rôle, l'Etat doit intervenir et prendre leur place. Une de ses fins nécessaires, c'est de suppléer à l'insuffisance ou à l'impuissance des particuliers pour procurer à la société les biens dont elle a besoin.

Enfin, il est des fonctions exclusivement propres aux individus. Néanmoins, si l'Etat s'en attribuait le monopole, il leur ferait produire des résultats bien supérieurs à ceux que peuvent leur faire rendre les particuliers et même les associations particulières. Tel est le cas pour lequel nous disons : « L'intérêt général n'autorise-t-il pas l'Etat à s'emparer de ces fonctions au préjudice de l'industrie privée ? Eh bien, non ; l'intérêt général prétendu qui paraît demander cette spoliation, est illusoire ; le véritable intérêt général, au contraire, commande de respecter les droits des particuliers, même au prix d'un déficit dans les résultats généraux obtenus en certaines matières.

En effet, il est certain qu'aux mains de l'Etat, la propriété, l'industrie, le commerce coûteraient moins de frais et rendraient plus de produits nets. On sait que les dépenses d'exploitation diminuent à raison de l'importance des domaines et des affaires entre lesquels elles se répartissent. D'ailleurs, c'est ce que prouve l'exemple des couvents qui s'enrichissent inévitablement comme corps à raison du travail, de l'abnégation et du nombre de leurs membres.

Mais, d'abord, la société n'est pas un couvent : ses membres n'ont pas fait vœu de renoncer aux biens de la terre et de ne travailler que pour le ciel. Au contraire, ce qui les stimule et les fait travailler, c'est l'appas des biens terrestres ; c'est l'espérance de les pouvoir posséder et d'en pouvoir jouir personnellement pour assouvir leurs besoins et atteindre leurs fins.

La fin des biens terrestres, redisons-le, c'est, pour l'homme, de s'en servir à l'effet d'élever une famille.

Or, supprimez les droits qu'a l'homme de se reproduire parfaitement en élevant ses enfants, enlevez-lui le droit de travailler et de posséder personnellement pour lui-même, pour sa femme et pour ses enfants, vous lui ôtez le mobile le plus puissant qu'il ait d'employer ses facultés, de faire valoir ses talents, d'utiliser sa vie; vous paralysez, vous annihilez son activité, son industrie, toutes ses forces. En vain, lui parlerez-vous de l'intérêt général, du bien public, jamais vous ne le toucherez par ces motifs comme par ceux de son intérêt personnel, du bien particulier de sa famille. Il ne s'intéresse au bien public que dans la mesure où le bien public favorise et procure son bien particulier. Rien de plus inévitable.

Ainsi, monopoliser aux mains de l'Etat les fonctions et les travaux qui sont propres aux individus, ce serait frapper à mort le principe qui met en œuvre toutes les énergies individuelles dont la prospérité publique découle comme de sa source. En supprimant les droits individuels et les intérêts particuliers, vous paralysez et vous annihilez l'individu au point d'abolir, dans la société, les forces vives sans lesquelles il n'est pas même possible d'atteindre les résultats généraux auxquels on parle de sacrifier l'industrie privée.

Nous pensons donc qu'il faut proclamer la loi suivante : « L'intérêt général exige que l'Etat ne s'empare des fonctions propres aux individus, soit isolés, soit réunis en association, que lorsque les individus ne sont point aptes à les remplir eux-mêmes et que l'amoindrissement des droits individuels qui en résulte, ne produira pas un réel amoindrissement des forces élémentaires qui composent, par leur union, la puissance effective de la société. »

Tel est l'Etat, dans son vrai rôle ; tel est l'être dont nous avons à définir les vrais droits et les vrais devoirs en matière d'enseignement et d'éducation.

CHAPITRE VI

Des Devoirs de l'Etat envers la Société, en matière d'Enseignement et d'Education.

> L'Etat, n'étant pas le père de l'enfant, ne peut être tenu de l'élever ; toutefois, il ne se peut pas, non plus, qu'il n'ait aucun devoir à remplir soit à l'égard de l'enfant, soit à l'égard de ses auteurs.

I

L'Etat antique, se posant en maître de l'homme, ne se croyait tenu de rien à l'égard de l'enfant.

L'idée que l'Etat doit à celui-ci sa formation intellectuelle et morale, date de la Révolution. Elle apparaît dans le rapport de Condorcet.(1)

L'article 3 du projet de Michel Lepelletier, porte : « L'éducation nationale *étant la dette* de la République envers tous, tous les enfants *ont le droit* de la recevoir. » (2)

Cette doctrine semble répugner au bon sens français ; aujourd'hui on parle beaucoup des droits de l'Etat sur la direction de l'enseignement ; il n'est plus personne qui lui impose la charge d'élever les enfants qui ont gardé leurs parents.

En Amérique, au contraire, on commence à goûter cette idée.

« Dans les dernières révisions constitutionnelles, dit M. C. Jannet, on a inscrit dans le texte des constitutions que l'Etat *a le devoir* de donner l'instruction au peuple et que tout citoyen a le droit de l'exiger de lui. »

Rien de moins soutenable. Dès lors que le devoir d'élever l'enfant s'impose essentiellement à ses auteurs, à raison de leur titre, c'est-à-dire parce qu'ils l'ont mis au monde, il ne peut incomber à l'Etat qui n'a pas ce titre, qui n'est pour rien dans sa naissance. S'il n'y a

---

(1) Voir p. 3, 14, 26, 41.
(2) Voir aussi p. 3.

pas de pouvoir qui fasse double emploi, il n'y a pas, non plus, de charge qui incombe à deux pouvoirs d'ordre différent. Il répugne au sens humain que l'Etat soit tenu de former des hommes. Il ne s'est jamais trouvé de gouvernement qui se soit cru infidèle à sa mission pour n'avoir pas pris à sa charge l'éducation des enfants qui ne sont point abandonnés. La conscience humaine n'a jamais condamné ceux qui en ont laissé l'obligation à leurs auteurs. Ce n'est jamais à l'Etat que se sont adressés les enfants qui ont gardé leurs parents, pour lui demander leur formation intellectuelle et morale. On ne citera pas une religion qui ait fait entendre un autre précepte que celui du sens commun et de la conscience universelle.

La raison nous explique pourquoi : ce n'est pas l'Etat qui a procréé l'enfant dans ces conditions de faiblesse, d'ignorance, d'imperfection, de besoins qui le tourmentent ; donc, ce n'est pas à lui de satisfaire ces besoins, de combler le vide de ces imperfections, de donner à l'enfant la lumière et la force qui lui manquent pour être homme. Ce n'est pas l'Etat qui a lancé l'enfant sur sa voie ; donc ce n'est pas à lui de le conduire à son terme. Ce n'est pas l'Etat qui a ébauché sa reproduction dans l'enfant ; donc ce n'est pas à lui de poursuivre et d'achever dans l'enfant son image et sa ressemblance.

Engendrer, nourrir, enseigner, élever, ce sont, avons-nous dit, les diverses parties d'une même fonction. Du moment que l'Etat n'est pas chargé de nourrir l'enfant, il ne peut être chargé des autres parties de cette même fonction. Qui n'a pas formé l'organisme, ne peut être tenu de former l'âme. Ce n'est pas l'Etat qui aura le bénéfice de se sentir revivre personnellement dans l'enfant ; donc ce n'est pas à l'Etat de supporter les lourdes charges qu'en impose l'éducation.

Ainsi, il n'y a pas une raison sérieuse qui fasse à l'Etat le devoir d'élever l'enfance à la place de ses auteurs ; il y en a, au contraire, une infinité de très fortes qui l'exemptent d'un pareil fardeau.

Mais, est-ce à dire que l'Etat ait le droit de se désintéresser complètement de l'éducation ? Non.

II

Platon, en effet, a dit : « Le législateur ne donnera pas à l'éducation le dernier ni même le second rang dans sa pensée ; il n'oubliera jamais que si les générations sont élevées dans la vertu, le vaisseau de l'Etat ne sombre pas ; mais que si... je m'arrête, je ne veux pas effrayer ceux qui, dans un Etat naissant, craindraient de funestes présages. » (1)

La doctrine contraire n'avait pas même de partisans à Rome qui pourtant abandonnait, par système, à la famille l'éducation de l'enfance. Car, le législateur romain, comme nous l'avons vu, gardait les principes de l'éducation nationale, en gardant les principes d'après lesquels la famille était constituée. (2)

Pour conclure, disons avec Mgr Dupanloup : « Si nous étions appelé à donner des conseils à un prince, nous lui dirions qu'il faut tolérer bien des choses dans l'état maladif de nos vieilles sociétés ; mais la mauvaise éducation de la jeunesse, jamais. » (3)

En effet, nous avons vu l'importance souveraine de l'éducation. Par elle, tout bien, tout mal sont possibles. Comment, dès lors, pourraient-ils s'en désintéresser, les gouvernements qui sont institués pour défendre la société contre les maux qui la menacent et lui procurer les biens dont elle a besoin ?

Sans doute, pas de lois inutiles ou tyranniques, mais, non plus, pas de liberté funeste aux individus et à la société.

« Il faut qu'il n'y ait en rien une liberté sans mesure, a dit Joubert... Demander une liberté illimitée sur quoi que ce soit, c'est demander l'arbitraire, car il y a arbitraire partout où la liberté est sans limites. » (4)

La liberté d'enseignement doit-elle être absolue ? « Non, répondait M. Lavergne, dans la séance du 17 janvier 1850, à la Chambre des Représentants de la nation, non, pas plus que les autres libertés. Par cela même que l'on accepte la vie en société, on se soumet implicitement à la réglementation de toute liberté. » Rien de moins contestable ? Le seul point où l'on peut se diviser, c'est l'étendue de la réglementation que l'Etat doit imposer à l'enseignement et à l'éducation. Il est évident que pour être une liberté civile, la liberté d'enseignement doit être reconnue et réglée par la loi civile ; mais dans quelles limites et en quel sens faut-il qu'elle soit soumise à la loi ? Beaucoup de législateurs, nous l'avons vu dans notre premier livre, sont loin d'avoir compris exactement leurs devoirs sur ce point.

(1) Platon. De Leg. VII. Arist. Politique. L. I, Ch. V, 12.
(2) Voir plus haut, I Liv., Ch. I, § II.
(3) De l'Education. T. I, l. V, Ch. X.
(4) Joubert. Pensées. T. XV, p. VI.

III

Quels sont donc les devoirs réels de l'Etat en cette matière ?

L'Etat est obligé de veiller à sa propre conservation dans l'intérêt de la société, au profit de laquelle il est institué. Il est donc par là même obligé de veiller à ce que l'enseignement ne soit pas contraire à sa constitution, aux lois qui en découlent, aux mœurs sur lesquelles il s'appuie, ni enfin à aucun des intérêts généraux de la société.

Il s'en suit que l'Etat est tenu de connaître les établissements d'instruction et d'éducation qui s'ouvrent, les chefs qui président à leur direction, les professeurs qui y enseignent, le régime doctrinal, disciplinaire et hygiénique qui y est suivi ou pratiqué. Il est tenu de connaître ces choses et ces personnes pour qu'il puisse réprimer tout ce qui pourrait nuire soit à l'ordre public, soit aux bonnes mœurs, soit aux intérêts particuliers des familles.

Il peut se faire que le bien exige des mesures préventives ; ainsi, l'Etat peut être obligé de faire des lois pour régler les conditions sous lesquelles devront exister les maisons d'éducations, et pour empêcher que l'enseignement ne tombe aux mains d'instituteurs et de professeurs incapables ou immoraux.

On sait comment l'Etat a toujours rempli ces obligations. Du XIVe siècle à la révolution, nulle école ne pouvait s'établir sans son autorisation expresse. Le gouvernement avait, de plus, au sein des Universités, un représentant de ses intérêts et de son autorité.

Les lois de 1850, de 1875, de 1880 ne reconnaissent le droit d'enseigner qu'à celui qui est pourvu d'un grade académique, correspondant au degré d'enseignement qu'il veut professer, et qui est, en outre, en possession de ses droits civils et d'un certificat de bonne vie et mœurs. De plus, elles attribuent à l'Etat le pouvoir de pénétrer dans les cours et dans les établissements d'enseignement, pour veiller à ce qu'il ne s'y fasse rien « de contraire à la morale, à la constitution et aux lois. » (1)

N'insistons pas : il est rare que les gouvernants pèchent par défaut sur ces divers points. Les partisans de la liberté eux-mêmes, s'entendent avec ceux du pouvoir, pour affirmer et proclamer les devoirs de l'Etat en ces matières.

---

(1) Voir dans l'officiel les discussions des lois de 1833, de 1844, de 1850, de 1875, de 1880.

« Certes, disait le corps enseignant des facultés libres de Lille dans ses Observations sur le projet de loi Ferry, nous reconnaissons que l'Etat moderne a des droits ou plutôt des devoirs, en matière d'enseignement. Il doit exercer une haute police, écarter les indignes, s'opposer à l'enseignement contraire aux principes universels de la sécurité publique. »

Au Sénat, dans son discours du 4 mars 1880, M. Bérenger s'écriait : « N'y a-t-il donc d'ailleurs d'autre moyen de combattre les doctrines dangereuses que de supprimer le droit ? N'est-il possible de surveiller les Jésuites et de les contenir qu'en les privant des libertés que la loi leur a accordées, et dont ils jouissent depuis trente ans ?

M. Oudet : Si ! Si !

M. Bérenger. Dans cet ordre d'idées, nous serons avec vous, Messieurs. Que le gouvernement nous apporte ici une loi qui règle avec plus de fermeté et d'énergie le droit de surveillance de l'Etat ; nous l'accepterons.

Si vous pensez que l'Etat n'ait pas suffisamment accès dans les écoles non autorisées, ouvrez-lui plus largement leurs portes. S'il ne suffit pas d'une inspection passagère pour connaître les doctrines enseignées, donnez à vos inspecteurs le droit de suivre les cours suspects, de faire respecter leur autorité et exécuter leurs décisions. »

IV

La difficulté n'est pas d'établir le devoir où est l'Etat de réprimer tout enseignement directement contraire à la constitution, aux lois et aux bonnes mœurs ; la difficulté, c'est de préciser exactement ce devoir et d'en exclure tout ce qui pourrait renfermer un danger pour la liberté des âmes et la dignité humaine.

D'abord, il ne faut pas que, sous prétexte de veiller à la garde de la Constitution, des lois et des mœurs, l'Etat s'empare de l'éducation en s'emparant des écoles. L'éducation ne relève de l'ordre politique que par quelques-uns de ses moindres accidents ; par son fond, elle appartient tout entière au pouvoir paternel? C'est ce que suppose le devoir même de surveillance politique qui incombe à l'Etat. La surveillance d'une part implique l'exercice de la liberté de l'autre. Quand il n'y a pas de liberté, il n'y a pas d'excès de liberté à craindre, il n'y en a pas à prévenir ni à réprimer. Si les écoles étaient complètement entre les mains de l'Etat, elles ne pourraient pas s'égarer en dehors des lignes de l'ordre politique. Et si elles s'égaraient entre les mains de l'Etat en dehors des lignes de l'ordre social nécessaire, il ne resterait aucun pouvoir supérieur naturel pour les y faire rentrer. La liberté de l'école n'est ainsi pas moins une nécessité d'ordre social que d'ordre naturel.

Ensuite, faut-il que pour empêcher l'enseignement d'attaquer la Constitution, les lois et les mœurs, l'Etat supprime la liberté des doctrines et se réserve le monopole de leur propagation ? Non, pas davantage.

Certes, nous touchons à un point où, sous prétexte de devoir, l'ambition des tyrans s'est donné, en tous temps, large carrière. Sans parler du Césarisme antique, combien de gouvernements plus récents, ont prétendu s'étendre sur l'homme tout entier, sur son corps et sur son âme, et disposer en maître de ses destinées terrestres et célestes[1]. Sous la direction des légistes qui tendaient à restaurer dans le roi tous les pouvoirs des Césars, la monarchie française était plus ou moins tombée dans cette tyrannie.

La Convention, au nom de la liberté, ne souffrit pas, non plus, que rien dans l'homme échappât à son omnipotence.

Napoléon proclamait hautement « qu'il n'y a pas d'Etat politique fixe où il n'y a pas d'enseignement avec des principes fixes. » De là pour l'Etat le devoir d'avoir une doctrine fixe et de l'imposer.

Sous la monarchie de juillet, M. Cousin, et M. Thiers, à propos de la loi de 1844, s'éloignent peu de cette doctrine ; aussi défendent-ils avec ténacité le monopole universitaire.

Après trente ans d'une demi-liberté, M. J. Ferry, ministre, a renouvelé l'expression de cette théorie dans son discours du 5 mars 1880, au Sénat. On en peut résumer le sens dans ces paroles que, vers la même époque, il adressait aux délégués des sociétés savantes : « Nous avons voulu l'unité dans la liberté ; mais méfions-nous des prétendues libertés qui mettent en péril l'unité nationale. Cette liberté ne peut exister de faire deux Frances là où il n'y en a qu'une et de faire deux parts de la jeunesse française, *n'ayant les mêmes idées ni sur le passé de la France ni sur son avenir.* »

Du reste, ces doctrines n'avaient jamais cessé d'être professées par les légistes du second Empire. [2]

---

[1] Voir M. Am. Gasquet. De l'Autorité Impériale en matière religieuse à Byzance.

[2] Voir M. Emile Ollivier l'Eglise et l'Etat passim. Voir le Discours de M. Ferry, du 5 et 6 mars 1880, devant le Sénat.

C'est contre leur réapparition, que M. Jules Simon prononçait, devant le Sénat, les 2, 6, et 8 mars 1880, des discours qui lui mériteront toujours la reconnaissance des amis de la liberté. « Depuis que j'existe, s'écriait-il, j'ai toujours défendu la liberté de penser. Il s'agit de savoir aujourd'hui si cette liberté sera ou ne sera pas. Vous dites que vous devez veiller à l'unité de la nation, moi je vous dis que ce que vous devez à la France sur ce point, c'est la liberté et rien que la liberté. »

Ces résurrections plus ou moins ouvertes du Césarisme antique n'ont rien d'étonnant.

Il est si dur à l'orgueil humain de rendre à Dieu ce qui est à Dieu, le gouvernement des âmes, et de se renfermer dans les limites de la sphère politique, le gouvernement des choses temporelles ; il lui est si dur de se soumettre aux exigences de la vérité et du droit et de reconnaître qu'il est sans pouvoir pour plier la doctrine et la justice au gré de ses fantaisies. Dès que l'Etat rejette l'Evangile qui a abattu le Césarisme, c'est inévitablement pour devenir Césarien.

Protestons contre ces retours du despotisme. Non, il n'est plus admissible ni tolérable que l'Etat s'empare, sous un prétexte ou sous un autre, du gouvernement des âmes et de l'enseignement des doctrines. Créées pour la vérité et le bien, les âmes, encore une fois, ne peuvent être subordonnées qu'à Dieu, la vérité et le bien suprême. Nous l'avons prouvé, ce n'est pas l'Etat qui doit être le maître des âmes, il n'est fait que pour les servir. Ce sont les âmes qui, par leur nature et leurs destinées, sont la fin de l'Etat, qui, par leurs croyances et leurs affections, dictent à l'Etat ce qu'il doit être et l'ordre politique qu'il doit réaliser.

Au moyen âge, les peuples avaient reconnu dans l'Eglise la vérité sociale aussi bien que la vérité éternelle, et ils avaient pris l'enseignement catholique pour fondement de leurs institutions politiques. Les lois de l'Etat n'obtenaient toute leur force que si elles avaient reçu la sanction ecclésiastique, et les décisions catholiques avaient elles-mêmes force de lois dans l'ordre civil et politique par le fait qu'elles émanaient de l'Eglise.

A dater de Philippe le Bel, les légistes travaillèrent à renverser cet ordre. Au nom du droit que l'Etat possède dans le domaine politique, ils rejetèrent l'intervention de l'Eglise dans les choses de cet ordre, et ils soutinrent que les lois de l'Etat n'avaient pas besoin de la sanction ecclésiastique pour sortir tous leurs effets.

Puis, profitant de l'union de l'Etat avec l'Eglise dont ils niaient l'autorité, au point de vue politique, les légistes prétendirent que les décisions de l'Eglise ne pouvaient avoir force de loi dans l'Etat que si elles étaient *approuvées et enregistrées* par les Parlements.

Ainsi l'Etat, dans le principe, s'était subordonné à l'Eglise ; à dater de Philippe le Bel, l'Etat voulut se subordonner l'Eglise.

Ce renoncement du Droit chrétien et cette restauration du Césarisme antique s'opérèrent subrepticement par les légistes, sans que les peuples fussent consultés et sans qu'ils y donnassent constitutionnellement leur assentiment. Néanmoins, ils ont été regardés, jusqu'à la Révolution, par une classe nombreuse d'esprits, comme les principes du Droit nouveau.

C'est en vertu de ce prétendu droit que Napoléon et Louis XVIII, qui se donnaient pour les successeurs des anciens rois, ont prétendu s'immiscer dans les affaires ecclésiastiques.

Ils avaient oublié que la Révolution a passé sur l'ancien régime, qu'elle a séparé l'Etat de l'Eglise et proclamé la liberté de la pensée, de la conscience et des cultes. Si l'Etat, issu de ce bouleversement social, se proclame indépendant de l'Eglise et lui refuse tout droit de contrôle sur ses actes politiques, il se refuse par là même tout droit d'intervenir lui-même dans les affaires ecclésiastiques, il s'ôte tout prétexte de soumettre à son jugement les définitions canoniques. (1)

Certes, ce n'est point pour se mettre sous le joug de l'Etat que les esprits se sont soustraits à l'autorité doctrinale de l'Eglise. Ce qu'ils ont cherché, dans leur révolte contre l'ancien régime, c'est le recouvrement de leur indépendance plus encore à l'égard du pouvoir civil qu'à l'égard du pouvoir spirituel.

Ainsi, en droit constitutionnel comme en droit naturel, les esprits sont et doivent être, aussi bien que les doctrines, en dehors et au-dessus de la société civile et politique. Le pouvoir terrestre n'a point la mission de les réunir et de les réduire à l'unité ; il n'est point chargé de les maîtriser et de les gouverner en vue de leur fin. Rien n'est plus étranger ni même contraire à sa mission naturelle propre.

La loi qui régit les rapports réciproques du gouvernement et des citoyens, c'est la Constitution. C'est la Constitution qui définit et règle la forme et l'exercice du pouvoir, et qui en détermine les devoirs et les droits. C'est, par là même, la Constitution qui engendre et, tout à la fois, limite la soumission des citoyens au pouvoir.

(1) Voir M. E. Ollivier, op. cit. T. I, 159, 122, 340.

Par conséquent, dès que la Constitution proclame la liberté de la pensée, de la conscience et des cultes, dès qu'elle se place, avec toutes les institutions politiques, en dehors de toutes les doctrines, le pouvoir gouvernemental qui tire d'elle son origine et ses prérogatives, ne peut avoir aucun titre pour étendre la main sur les doctrines et sur les esprits. Chargé de veiller à la garde des institutions sociales, il ne peut prendre aucun prétexte de cette fonction pour se subordonner les âmes et l'enseignement. Sa mission se borne exclusivement à repousser les attaques directes des écoles contre la Constitution, les lois et les mœurs, en tant qu'institutions sociales; elle ne peut aller jusque à repousser ces mêmes attaques comme des erreurs intellectuelles contraires à des vérités reconnues.

Encore une fois, par sa nature, le pouvoir politique n'est pas un pouvoir intellectuel ; il est absolument incompétent dans le domaine des doctrines. Quand, de plus, il est expressément confiné, par la Constitution, en dehors de ce domaine, il ne lui reste plus même aucune apparence de raison pour qu'il y remette le pied.

Nous ne nierons pas que si l'Etat ne peut rien sur les doctrines et sur les esprits, il n'y ait là des forces contre les attaques indirectes desquelles il ne soit impuissant à défendre l'ordre social. Mais n'y aurait-il pas un plus grand danger à le charger d'une fonction pour laquelle il n'a aucune compétence ni au point de vue naturel, ni au point de vue constitutionnel ? Est-ce en foulant aux pieds la loi de la nature et la Constitution politique, qui soustraient les esprits et les doctrines à son empire, qu'on pourvoira à la sécurité de la société ? Si l'ordre politique peut souffrir des attaques indirectes de l'enseignement, combien n'aurait-il pas davantage à pâtir d'un gouvernement qui s'arrogerait des droits au mépris de ses dispositions fondamentales, et qui aurait, dans ces droits, le moyen de fausser l'ordre social lui-même, en faussant la formation même de l'esprit humain ? Ne vaut-il pas mieux que l'Etat manque de quelques pouvoirs pour assurer tout à fait l'ordre politique que d'en avoir de trop pour ébranler la constitution des âmes ? C'est évident.

V

Cependant l'Etat ne doit pas seulement veiller à ce que l'enseignement respecte la Constitution, les lois et les mœurs, il faut aussi qu'il pourvoit prudemment à tout ce qui peut contribuer à unir les citoyens entr'eux et développer dans l'enfance les aptitudes sociales, l'amour de son pays, le culte de la vérité et de la justice, l'abnégation et le désintéressement personnel, enfin toutes les qualités qui font le bon citoyen et le généreux patriote.

« On a regardé l'homme, disait de Maistre, comme un être abstrait, le même dans tous les temps et dans tous les pays, et l'on a tracé pour cet être imaginaire des plans de gouvernements tout aussi imaginaires, tandis que l'expérience prouve de la manière la plus évidente que toute nation a le gouvernement qu'elle mérite, de manière que tout plan de gouvernement n'est qu'un rêve funeste, s'il n'est pas en harmonie parfaite avec le caractère de la nation.

« Il en est de même de l'éducation (j'entends l'éducation publique). Avant d'établir un plan à cet égard, il faut interroger les habitudes, les inclinations et la maturité de la nation. Qui sait, par exemple, si les Russes sont faits pour les sciences. » (1)

Cela revient à dire que l'éducation doit être nationale, en d'autres termes, que l'enfant, dans la mesure où il doit faire partie un jour de la société, doit être formé à l'image et ressemblance de cette même société.

C'est ce dont conviennent tous les hommes qui se sont occupés de l'enseignement public. (2) On en comprend la raison. Un citoyen qui aurait été façonné en opposition avec les lois et les institutions nécessaires de la société, s'y trouverait fort mal ; ne pouvant se plier à l'état social, il tendrait à plier l'état social à sa manière de vivre. Il serait donc pour la société un danger, ou pour le moins, un embarras.

Par conséquent, tout gouvernement doit veiller à ce que l'éducation soit vraiment conforme à l'esprit, au caractère propre de sa nation. S'il devient nécessaire de défendre les traditions du pays contre l'invasion des méthodes et des procédés étrangers, son devoir est d'être là, l'œil ouvert, et de faire bonne garde. Celui qui se désintéresse de ce qui peut altérer et fausser l'esprit et le caractère national de son peuple, trahit sa mission avec son pays.

Mais, sous prétexte de veiller politiquement à la conservation du caractère et de l'esprit national de l'éducation, l'Etat, il faut le

---

(1) Lettres et Opuscules T. II. p. 281.

(2) Voir, sous réserve, le Discours cité de M. Cousin prononcé le 22 avril 1844, le rapport de M. Thiers sur la loi de 1844 et la plupart des Orateurs qui ont parlé dans la discussion des lois de 1844, 1850, 1875 et 1880.

répéter, doit se garder d'usurper les droits de la famille, et de sacrifier la formation essentielle de l'homme à quelques qualités accidentelles du citoyen. Avant tout, il faut que le citoyen soit un homme. Avant tout, il faut que le Français, par exemple, soit un être vraiment sociable, un être vraiment intelligent et libre. A quoi nous servirait d'avoir l'esprit et le caractère particuliers des Français, si nous manquions de l'esprit et du caractère nécessaire pour faire des hommes au vrai sens de ce mot? Il faut donc que l'Etat se borne à prescrire par la loi ce que réclame strictement le caractère national de l'éducation, et à interdire ce qu'il repousse, sans se substituer, dans la formation même de l'homme, aux parents qui seuls ont reçu la mission d'y travailler.

Il ne doit pas moins se garder d'introduire la politique dans l'école. La politique est comme un vin qui enivre. C'est à peine si les hommes faits ont la tête assez solide pour en supporter les vapeurs. Quelle folie ne produirait-elle pas dans des têtes d'enfants ! Comment, du reste, entretenir des droits et des affaires de l'Etat des esprits qui sont loin d'avoir la maturité nécessaire pour traiter librement leurs propres affaires, et exercer par eux-mêmes leurs propres droits personnels ? Livrer aux tourmentes de la politique des êtres qui n'ont pas encore toute leur raison, qui ne sont point encore assez maîtres d'eux-mêmes, c'est les condamner à n'acquérir jamais ce qui leur manque, et à perdre même ce qu'ils possèdent.

« Gardons-nous, Messieurs, disait M. Thiers en 1844, de mêler la science à la politique, de troubler l'une par l'autre et d'exposer la jeunesse à ressentir les secousses qui nous agitent. Ne placez pas, si près de ce volcan, le paisible asile qui contient tout ce que vous avez de plus cher, c'est-à-dire vos enfants. » (1)

« Messieurs, disait aussi M. de Barante, ce n'est point à cette époque que l'esprit prend sa direction, que le jeune homme choisit une voie politique ; ce qui importe pour l'enfant, ce sont les habitudes morales, les pieuses pratiques, le respect de ce qui doit être respecté ; voilà alors ce qui doit prendre racine dans son âme, moins par l'enseignement que par l'influence du milieu où il est placé. Il se forme en lui comme un instinct de moralité qui s'unit avec les affections et les souvenirs de la famille. » (2)

Ainsi, il faut que l'éducation soit nationale par le fond et par la

(1) Cité par Mgr. Dupanloup. op. cit., T. I, Ch. X.
(2) Cité par le même, ibid.

forme, sans être soumise aux variations des passions politiques. Nous ne valons, répétons-le, que par nos qualités propres. Il faut donc que les méthodes d'éducation développent parfaitement les germes de bien que la nature nous a départis. Des systèmes qui auraient pour but de nous donner les qualités des Allemands ou des Italiens, en négligeant la culture de nos aptitudes naturelles, feraient de nous des êtres contrefaits, ridicules, avortés, impuissants.

Mais, s'il faut que nos méthodes d'éducation développent dans l'enfance nos qualités nationales, il n'est pas moins nécessaire qu'elles répriment, contiennent, corrigent les vices qui sont propres à notre race. Il serait absurde, que, par chauvinisme, nous aimassions jusqu'à nos vices de l'amour que nous devons avoir pour notre patrie.

On a beaucoup aussi répété que l'éducation doit faire des hommes de leur temps. Rien de plus juste ; car rien de plus malheureux qu'un homme qui n'est pas de son époque. Il ne comprend rien à ce qui se fait autour de lui, et il n'est en rien compris de ceux qui vivent avec lui. Il est évident que l'éducation, *dans ce qu'elle a de variable*, doit suivre les variations légitimes de l'esprit humain à travers les âges, et s'adapter aux besoins nouveaux qu'engendrent les variations des conditions sociales. Elle manquerait à sa mission, si elle prétendait s'immobiliser ou rétrograder dans des formes et des méthodes surannées, si elle ne s'appliquait pas à satisfaire, en le dirigeant, le besoin naturel de variété et de changement qui tourmente l'esprit humain.

Nous disons : l'éducation doit varier, suivant les temps et les lieux, dans *ce qu'elle a de variable*. Mais elle doit rester identique à elle-même, partout et toujours, dans les principes immuables qui en constituent l'essence. Il est absurde qu'en vertu de la loi prétendue du progrès naturel indéfini, l'enfant doive, aujourd'hui, rester dans l'ignorance de la vérité absolue qu'il était hier tenu d'apprendre, et qu'il doive haïr de nos jours le bien suprême qu'il était autrefois obligé d'aimer. La connaissance de la vérité absolue, l'amour du bien souverain, le culte du juste et de l'honnête, voilà des bases essentielles dont aucune éducation véritable ne peut se passer, voilà des éléments nécessaires qui sont de tous les siècles et de tous les pays, voilà des points sur lesquels dès lors il est impossible d'admettre aucune variation substantielle.

De plus, il faut le dire, même dans ce qu'elle a de variable, l'éducation ne peut raisonnablement se prêter à toute la mobilité et à toutes les contradictions de l'esprit humain. Rien de plus changeant en effet, que l'esprit de l'homme, et en particulier, que l'esprit français. Évidemment, l'éducation ne peut, sans détruire ses fruits, sans se renier elle-même, s'infliger tous les démentis par lesquels passe l'opinion sous les influences qui l'agitent. Une des fonctions de l'éducation est, au contraire, d'être une discipline et une règle ferme, constante, capable de combattre cette mobilité excessive et de soutenir l'âme humaine dans ce qu'il y a de meilleur, par la formation des bonnes habitudes que l'on nomme vertus. Elle manquerait sa mission, sa fin, si elle suivait aveuglément toutes les cascades et contradictions de l'opinion publique.

Il est ainsi nécessaire que l'éducation ne forme pas des hommes et des citoyens à l'image d'une époque rétrécie, étroite. (1) Autrement, il arriverait encore que les enfants ne pourraient comprendre leurs parents, ni les parents comprendre leurs enfants.

Pire que cela ; des éducations contraires font des hommes opposés, hostiles les uns aux autres. Rien ne serait plus anti-social que le changement fréquent des systèmes d'éducation, car rien ne serait plus funeste à l'harmonie, à l'union et à la puissance des familles et de l'Etat.

Il est donc important que l'éducation prenne toujours pour but de ses efforts le développement des qualités qui appartiennent à une époque étendue. Sans cela, les différentes générations, formées d'après des principes et des méthodes opposés, seraient aussi opposées, les unes aux autres, au grand détriment du bien-être qui fait une notable partie de la force sociale.

C'est à préserver la société des excès, en sens opposés, que doit viser l'Etat, en évitant de porter atteinte à la liberté d'enseignement et à l'autorité paternelle dans ce qu'elles ont de légitime et de nécessaire.

VI

Enfin, chargé de veiller aux intérêts généraux de la société, l'Etat doit veiller et pourvoir à ce que le niveau des études tende à s'élever, au lieu de s'abaisser. Certes, il n'y a pas de plus grand intérêt social que la diffusion des lumières et l'élévation de l'esprit public. C'est dire combien peut être grave, sur ce point, la charge de l'Etat qui a pour mission de pourvoir à tout ce que réclame l'intérêt général.

(1) Voir Mgr Dupanloup. op. cit., ubi supra.

Dans les pays aristocratiques, les hommes, en possession de la fortune et de l'influence sociale, se sont généralement imposé l'honorable devoir de protéger et d'encourager les lettres, les sciences et les arts. La tâche de l'Etat y est donc fort restreinte sur ce point.

Mais, dans les pays démocratiques, les grands, éloignés du pouvoir, se tiennent à l'écart et se concentrent dans la jouissance de leurs richesses. C'est dès lors à l'Etat de suppléer à l'insuffisance de la bonne volonté individuelle et de prendre en main la protection des lettrés, des savants et des artistes. A lui de bâtir des écoles ordinaires ou même des écoles modèles, suivant les besoins de la société, de contribuer à l'instruction et à l'éducation des jeunes gens qui promettent de servir et d'honorer leur patrie par leurs connaissances et par leurs travaux, de soutenir, des ressources publiques, les savants dans la poursuite de leurs découvertes et de leurs inventions. A lui, si c'est nécessaire, dans l'intérêt commun, d'imposer des conditions plus sévères pour ouvrir des établissements d'éducation et pour y conférer les grades académiques. Si l'Etat doit éviter de restreindre la liberté plus que ne l'exige le bien public, il doit aussi imposer à la liberté tous les sacrifices que réclame l'intérêt général. Car, si l'intérêt général est bien entendu, c'est lui qui est la garantie du véritable intérêt particulier.

CHAPITRE VII

Des Devoirs de l'Etat envers l'Enfant et ses Auteurs en matière d'Enseignement et d'Education.

> Assurer à l'enfant ses droits et aux parents les moyens de remplir leurs devoirs, telle est la mission de l'Etat sur ce terrain.

I

Si l'autorité paternelle est souveraine, l'Etat peut-il avoir à intervenir dans l'intérieur de la famille entre le père et l'enfant ? Athènes, Sparte surtout, ont gravement méconnu la sainteté du foyer domestique.

Rome, au contraire, outra les prérogatives du pouvoir paternel dont elle fit un pouvoir despotique.

L'ancienne monarchie et l'Etat moderne ont mis la main sur le mariage et la loi a proclamé le divorce à certaines époques.

Nous rappellerons que les rapports naturels des parents et des enfants ne sont point suffisamment respectés par la loi du 28 mars 1882.

De nos jours, il y a des partisans de l'autorité paternelle qui ne défendent pas seulement sa souveraineté, mais qui soutiennent encore son absolutisme sous tous les rapports.

Il y a, d'autre part, des partisans de l'indépendance de l'enfant qui vont jusqu'à le soustraire à l'autorité de ses auteurs, qui refusent à ceux-ci le pouvoir de remplir leur mission et d'atteindre leur fin.

La vérité et la justice sont entre ces extrêmes.

L'autorité paternelle est souveraine ; mais elle n'est pas absolue à tous les points de vue, elle a des devoirs en dehors desquels elle n'est plus qu'un abus de la force brutale.

Les enfants ont des droits ; mais ils sont aussi tenus à des obligations. La révolte contre leurs auteurs est la violation injuste de droits sacrés et imprescriptibles.

La charge de l'Etat, c'est de reconnaître ces droits et ces devoirs réciproques, c'est de les proclamer et d'employer sa puissance à les faire exactement respecter. L'Etat, nous l'avons fait voir, suppose la nature, l'homme qui la personnifie. Il n'a, ni ne peut avoir mission pour en modifier la constitution, ni pour en altérer les attributs et leurs dépendances.

II

L'Etat doit donc garantir, d'abord, aux parents leurs droits sur leurs enfants. Mais, avant tout, ne devait-il pas commencer par sanctionner les obligations naturelles du mariage ? Evidemment ; et c'est ce qu'il fait par les articles 203, 212, 213 et 214 par lesquels il assure à l'homme la jouissance de sa femme et à la femme la jouissance de son mari.

L'enfant est conçu. Le droit de ses auteurs, c'est que rien ne vienne l'empêcher de venir à terme dans des conditions viables. Tel est, en partie, l'objet pour lequel le législateur a édicté contre l'avortement l'article 317 du Code pénal.

Une fois que l'enfant est entré en ce monde, il faut que ses parents puissent le garder en paix, sous leur main, afin de pouvoir travailler tranquillement à l'élever. Voilà pourquoi, par les articles 345 et 354 du même Code, la loi leur en assure la possession contre les ravisseurs qui tenteraient de le leur soustraire et de le leur enlever.

Mais il pourrait prendre fantaisie à l'enfant lui-même d'échapper à ses parents et de fuir le toit paternel. Les intérêts des parents sont assurés, sur ce point, par l'article 374 du Code civil qui leur garantit le droit de garder, en leur pouvoir, leur fils malgré lui, jusqu'à sa majorité, excepté le cas d'enrôlement volontaire sous les drapeaux, après l'âge de 18 ans révolus.

Toutefois, suffit-il que les parents aient la puissance de maintenir leurs enfants en leur possession ? Non, pour les élever, il faut qu'avec le pouvoir de leur commander, ils aient les moyens nécessaires pour les contraindre efficacement à l'obéissance. Tel est encore l'objet des articles 371 et 372 qui proclament l'autorité des parents sur leurs enfants et des articles 375 et suivants qui mettent respectueusement la puissance sociale au service des premiers pour réduire de force ces derniers à la soumission et à l'obéissance.

L'article 468 transmet au tuteur les prérogatives du père de famille.

C'est le plus solennel hommage que la loi civile puisse rendre à l'autonomie de la famille et à la souveraineté de l'autorité du père vivante encore dans celui qui le remplace.

Tout, du reste, dans ces articles, respire le respect dont le législateur était rempli pour l'autorité paternelle et ses droits. On sent qu'il était tout préoccupé du soin d'environner les parents de la protection dont ils ont besoin pour remplir exactement leur mission. Toutes les dispositions qu'il a édictées ont pour but manifeste de les appuyer et de les soutenir dans la formation et dans l'éducation de leur famille.

Certes, il n'est rien dont l'État puisse moins se désintéresser que de la culture de l'homme dans l'enfant. Mais, comme ce n'est pas lui qui a la charge d'y mettre directemment la main, il n'a pas cru, avec raison, y pouvoir mieux concourir indirectement qu'en prêtant respectueusement l'appui de son propre pouvoir à l'autorité paternelle qui en a l'obligation. Par là, il n'a pas moins servi la société que la famille.

Pour remplir toute sa mission, l'État a dû faire davantage. Que de parents qui n'auraient ni le moyen d'élever eux-mêmes leurs enfants, ni celui de les faire élever par autrui, s'ils étaient abandonnés à leur isolement et à leur propre faiblesse !

Mais, précisément, l'une des fins de la société politique, c'est de suppléer à l'insuffisance de l'industrie privée, c'est de procurer aux familles les secours qui leur manquent pour remplir leurs destinées.

À l'État, donc, de leur venir en aide, en leur fournissant les écoles nécessaires à l'instruction et à l'éducation de leurs enfants. (1) « En France, dit Gillon, cité par Larcher, l'intervention de la puissance publique est indispensable au succès de l'instruction primaire. L'esprit d'association n'y suffirait jamais. Si, en Angleterre, il a produit des fruits merveilleux, c'est parce qu'il a pour aiguillon et pour aliment la propagation des idées religieuses. »

Aussi l'État, en France, a-t-il multiplié les écoles normales pour former des instituteurs et les écoles publiques pour instruire l'enfance.

Sur ce point, comme sur plusieurs autres, ce n'est pas de ne pas faire assez que nous accuserons l'État, c'est plutôt de faire trop et, ainsi, de ne pas laisser à l'industrie privée et à l'esprit d'association, le champ qui lui appartient en cette sphère. Certes, quoi qu'en dise l'auteur cité, nous croyons qu'en France, l'esprit d'association, s'il

---

1) Voir les Rapports de Talleyrand et de Condorcet.

était libre, ne produirait pas des merveilles moindres qu'au delà de la Manche. Car, il n'est pas moins en deçà qu'au delà du Détroit, stimulé par l'aiguillon de la foi et nourri par le zèle de l'apostolat. Toutes les fois qu'en France, l'Eglise a été libre, elle a couvert le sol d'écoles et elle a suscité des légions de maîtres pour y enseigner et y élever les jeunes générations.

Et, nous l'avons constaté plus haut,(1) l'Eglise ne s'est pas contentée d'ouvrir des écoles pour ceux qui ont le moyen d'en payer les leçons. Elle a voulu que les pauvres y trouvassent gratuitement l'instruction.

A défaut de l'Eglise dépossédée de ses richesses et d'une grande partie de sa liberté et de son rôle social, l'Etat ne doit pas seulement fournir, à prix d'argent, des écoles et des instituteurs aux parents qui en peuvent payer le bienfait; il est encore obligé de procurer gratuitement aux familles indigentes, les moyens de faire instruire et élever convenablement leurs enfants.

Ce n'est point encore assez. Il est un bon nombre de parents qui, non seulement sont incapables de payer l'instruction de leurs enfants, mais encore qui sont dénués des ressources nécessaires pour les nourrir et les vêtir, sans utiliser, au profit de la famille, toutes leurs forces, à mesure qu'ils en acquièrent. Par conséquent, si la société ne fournit à ces parents, avec ses écoles, les secours dont ils ont besoin pour en profiter, elle les laisse encore dans l'impuissance de donner à leurs enfants l'éducation dont ils leur sont redevables.

C'est ce qu'avait compris Constantin le Grand, lorsque, en 315, il ordonnait aux officiers de ses finances de prendre, sur le trésor public, de quoi subvenir à l'éducation des enfants pauvres. En 322, il rendait, pour l'Afrique, une loi semblable, en faveur des pères de famille que l'indigence réduisait à vendre leurs enfants.

Pourquoi l'Etat moderne n'imiterait-il pas le grand empereur ?

Il est du devoir rigoureux de la société de ne pas laisser, par négligence ou égoïsme, les familles dans l'impossibilité de remplir leur mission et d'atteindre leur fin terrestre.

Cependant, il est clair que l'Etat n'est réellement tenu de cette obligation qu'envers les parents qui ne peuvent se passer de ces secours, et que pour l'éducation qui est indispensable à l'homme. Il n'est point tenu d'élever les enfants des indigents dans des connaissances de luxe et de surérogation. Nous renvoyons, pour cette

---

(1) V. L. I, Ch. II.

distinction, à ce que nous avons dit plus haut des devoirs des parents. (1)

Disons aussi que l'Etat n'est obligé que de fournir aux parents les moyens dont ils manquent pour remplir leurs devoirs. Ce n'est que dans le cas où ils sont réellement incapables de diriger l'éducation de leurs fils, que l'Etat est tenu de les remplacer complètement, même sous ce rapport. L'Etat, ne l'oublions pas, n'est pas fait pour se substituer à la famille, mais seulement pour suppléer à son insuffisance.

III

Nous avons dit ensuite que l'Etat est obligé de protéger l'enfant et de lui garantir la jouissance des biens dont ses parents lui sont redevables.

L'enfant est d'abord placé, par la nature, sous la protection de ses auteurs. Son père et sa mère sont là autour de lui, pour le défendre et le couvrir contre ses ennemis du dehors, et s'ils n'y suffisent pas, l'Etat est derrière eux pour les soutenir.

Mais qui défendra l'enfant contre ses auteurs eux-mêmes, lorsque ceux-ci, par un renversement du cœur humain, se prendront à le haïr et méditeront sa perte? Qui lui garantira la jouissance de ses droits, lorsque ses parents, infidèles à leur mission, négligeront ou refuseront de l'élever comme ils y sont obligés? Certainement il est rare que les parents méconnaissent ainsi la loi de la nature et trahissent à ce point leurs devoirs. Il n'y a incontestablement pas d'autorité qui mérite moins de défiance que l'autorité paternelle. (2) « Le sentiment paternel, dit M. J. Simon, est indubitablement le plus fort, le plus persistant, le plus universel. Il balance victorieusement l'amour de la vie même dans les âmes les moins pures. » (3)

« L'autorité paternelle, dit aussi M. Paul Janet, est une dictature: mais il n'y en a pas de plus légitime... L'autorité paternelle a pour limite l'affection paternelle. Le père porte en quelque sorte dans son cœur un tribun toujours prêt à prendre la défense de l'enfant et à opposer son véto aux excès d'une autorité arbitraire. » (4)

(1) Voir L. I. Ch.
(2) Voir M. Leplay. La Réforme sociale. Ch. 26 et 27.
(3) Voir M. J. Simon. Le Devoir. IIe Partie. Ch. III.
(4) M. P. Janet, cité par Larcher. Voir les Rapports cités de Réal, de Vesin, d'Albisson.

L'Etat est donc autorisé à se reposer, en général, sur l'amour paternel et maternel ; les mauvais pères, les mauvaises mères sont rares. Cependant il y en a. L'autorité paternelle aux mains de l'homme n'est ni infaillible ni impeccable. L'Etat ne pouvait, par conséquent, abandonner complètement l'enfant à la discrétion de ses auteurs. Protecteur de tout ce qui est faible, il devait se tenir prêt à protéger l'enfant même contre ses parents.

Si l'Etat est tenu de soutenir l'autorité paternelle et de lui aider, au besoin, à poursuivre librement sa fin, il n'est pas moins tenu de l'empêcher d'abuser de sa force aux dépens de l'enfant. S'il est obligé de lui garantir sa souveraineté dans son domaine propre, il n'est pas moins obligé de l'empêcher de s'arroger un absolutisme contre nature.

Pour faire d'un enfant un homme digne de ce nom, les parents peuvent absolument tout et il n'y a pas de puissance dont, en dehors de Dieu, ils dépendent sous ce rapport. Mais s'ils sont obligatoirement souverains et absolus pour remplir leur mission, ils n'ont aucun droit pour en violer les devoirs et abuser, pour faire le mal, des pouvoirs qu'ils ont reçus pour faire le bien.

Aussi, est-ce la fonction de l'Etat de se tenir là, veillant à ce qu'ils ne fassent pas à l'enfant le mal dont ils doivent le défendre et les obligeant à lui faire le bien dont ils lui sont indispensablement redevables.

Cette fonction, l'Etat s'en est acquitté en France avec assez de fidélité.

Par l'article 317 du Code pénal, qui punit l'avortement, il protège la vie de l'enfant, même contre ses auteurs, jusque dans le sein maternel.

Les articles 300 et 302 du même Code ont pour objet de lui assurer la vie, une fois qu'il est venu à la lumière ; ils édictent des peines contre l'infanticide.

Par l'article 203 du Code civil, la loi oblige expressément les parents, nous l'avons vu, à nourrir, entretenir et élever leurs enfants.

Les articles 331, 333, 334 et 335 du Code pénal sont dirigés contre les attentats à la pudeur et aux mœurs et contre les provocations à la débauche et au libertinage dont les enfants pourraient être victimes, même de la part de leurs instituteurs naturels.

Mais, quelle est l'espèce d'éducation, d'entretien et de nourriture, que, d'après l'article 203 du Code civil, les parents doivent à leurs enfants ? Le législateur n'a pas, jusqu'à ces derniers temps, jugé à propos de le définir, excepté pour les aliments. L'article 208 du même

Code, porte en effet : « Les aliments ne seront accordés que dans la proportion du besoin de celui qui les réclame et de la fortune de celui qui les doit. » Ainsi a jugé la Cour de cassation, le 3 août 1837 et le 15 juillet 1861.

Quant à l'entretien et à l'éducation, le législateur n'a pas sans doute pensé qu'ils fussent dus dans une autre mesure. Il a jugé qu'il suffisait aux parents, pour s'acquitter de leur dette, de donner à leurs enfants un entretien et une éducation en rapport avec leurs besoins personnels et les ressources de leur famille.

Et il s'en est remis, relativement à l'application de ces règles, à l'amour que la nature a mis au cœur des parents et aux mœurs publiques qui gardent et font respecter les lois de la justice et de l'honnêteté.

Par là, il a évité d'intervenir dans les rapports si délicats de la famille plus qu'il n'est nécessaire et que ne le peut supporter le caractère sacré de l'autorité paternelle et du foyer domestique.

Il a eu raison : un tel respect de la famille ne peut que contribuer au bien public.

Mais ne peut-il arriver que l'égoïsme mine l'amour paternel et ruine les mœurs publiques ? Alors l'Etat serait dans l'obligation de définir en détail et avec précision la nourriture et l'entretien que, d'après ses lois, les parents doivent à leurs enfants. C'est, du reste, pour une raison analogue qu'il s'est cru obligé de porter la loi du 10 mai 1874 et de rendre divers décrets relativement au travail des enfants dans les manufactures. (1) Par ces mesures il a voulu prévenir l'abus qu'on pourrait faire, par le travail, des forces des mineurs et leur assurer le temps dont ils ont besoin pour s'instruire.

L'Etat pourrait être amené pareillement, par l'égarement de l'opinion et la corruption des mœurs, à déterminer rigoureusement l'instruction et l'éducation que les parents doivent à leurs enfants. Il y a, nous l'avons dit, une instruction et des connaissances qui aveuglent et égarent au lieu d'éclairer et de redresser, des affections et des habitudes qui abaissent et dégradent au lieu d'élever et de perfectionner, des pratiques enfin qui déforment et tuent au lieu de vivifier et d'améliorer. Les parents pourraient encore, par négligence ou par malice, priver leurs enfants des connaissances, des sen-

---

(1) Décrets du 27 mars 1875, des 13, 14 et 27 mars 1875, du 22 septembre 1879.

timents et des habitudes qui leur sont nécessaires pour s'élever à la possession de leur intelligence et de leur liberté. L'Etat serait donc alors obligé de prescrire les leçons qui devraient être données à l'enfant et de proscrire les doctrines contre lesquelles il faudrait le défendre. Et cela, non pour soutenir un enseignement, mais pour préserver l'enfant de sa ruine.

« Le père de famille, disait M. Cousin en 1844, est chez lui instituteur comme il est législateur, comme il est prêtre. Il est tout cela ; mais dans une certaine mesure. Il dispose à son gré de son enfant, mais s'il le maltraite, la société intervient; qu'il le maltraite moralement, qu'il lui donne d'abominables leçons, la société indignée devrait encore intervenir. » (1)

« S'il y avait, disait le Pape Léon XIII dans sa lettre au Cardinal Vicaire, relativement à l'instruction primaire dans la ville de Rome, s'il y avait des parents qui, par négligence ou par malice, ne donnassent pas à leurs enfants les connaissances qu'ils leur doivent, le devoir du gouvernement serait de les y contraindre. »

Voilà pourquoi l'art. 23 de la loi de 1850 portait : « L'enseignement primaire comprend : l'instruction morale et religieuse, la lecture, l'écriture, les éléments de la langue française, le calcul et le système légal des poids et des mesures. »

Ce que le législateur a fait pour les écoles publiques, il pourrait le faire, en droit naturel, pour l'enseignement privé. Il a le devoir de protéger l'âme aussi bien que le corps de l'enfant, et il a le devoir de les protéger l'un et l'autre aussi bien sous le toit domestique que dans les écoles publiques. Oui, l'Etat est tenu d'empêcher partout l'autorité paternelle de dégénérer en tyrannie et de s'abriter sous ses droits pour violer toutes ses obligations, en violant tous les intérêts essentiels de l'enfant.

Ne pourrait-il se faire dès lors, que l'Etat fut ainsi obligé d'imposer l'obligation légale d'un certain degré d'instruction littéraire et scientifique ? Sans doute, cette instruction ne fait pas l'homme ; mais elle contribue à en faire la puissance. Un concours de circonstances ne pourrait-il se produire, qui élevât à la hauteur d'une nécessité publique la nécessité de l'instruction littéraire et scientifique à leurs premiers degrés ? Evidemment, rien ne dépend plus des circonstances qu'une telle nécessité. Dans le cas où elle serait constatée, l'Etat devrait la traduire en loi.

(1) Discours du 22 avril.

Cependant, il n'est pas moins du devoir de l'Etat de prendre garde à ne pas imposer aux parents une obligation civile inique, vexatoire, inutile. Tout ce qu'il ôte à la liberté, c'est sur le bien public qu'il le prend, quand ce n'est pas l'intérêt social qui le réclame.

« Le gouvernement, dit M. Ed. Piette, doit veiller sur l'éducation des enfants, afin qu'ils reçoivent l'aliment intellectuel et moral qui leur est dû. Toutes les fois que les parents s'acquittent de leur devoir et leur font enseigner la morale, la lecture, l'écriture et le calcul, le rôle de l'Etat ne peut être que celui d'un auxiliaire, et ce serait impiété et folie de croire qu'il aurait le droit d'enlever les enfants au foyer paternel pour les mettre dans les écoles. Mais, si des parents dénaturés, trop grossiers pour instruire eux-mêmes leurs enfants ou trop pauvres pour payer leurs maîtres, les laissaient croupir dans l'ignorance, c'est un devoir pour lui de venir en aide à ces faibles créatures et de leur donner l'instruction à laquelle ils ont droit.» (1)

C'est ce que l'Eglise et l'Etat avaient compris ; avant la Révolution, ils avaient, de concert, pourvu dans une large mesure aux nécessités de l'instruction du peuple. (2)

La révolution, à son tour, a plus d'une fois édicté l'obligation légale de l'instruction ; mais, nous l'avons vu, ses efforts n'ont presque fait que détruire les écoles établies, sans réussir à fonder celles que réclamaient les besoins intellectuels et moraux de la nation.

La loi de 1833 fit aux communes un devoir d'établir des écoles primaires, mais elle n'alla pas jusqu'à faire aux familles l'obligation d'y envoyer leurs enfants.

La loi de 1850 renouvela cette disposition ; de plus, elle pourvut largement à l'instruction des indigents. « L'enseignement primaire, disait son article 24, est donné gratuitement à tous les enfants dont les parents sont hors d'état de le payer.

La loi du 28 mars 1882 a renouvelé les tentatives de la révolution pour imposer aux parents l'obligation d'envoyer leurs enfants aux écoles, à moins qu'ils ne se chargent de leur apprendre ce qui leur est nécessaire pour subir avec succès un examen public, d'après un programme déterminé.

Cette dernière loi n'a-t-elle pas dépassé de beaucoup les limites du besoin et ne renferme-t-elle pas des dispositions tyranniques ? C'est ce que nous verrons plus loin.

(1) Cité par Larcher, op. cit.
(2) Voir Livre I, Ch. II.

Ce qui précède, concerne l'éducation des enfants qui ont gardé leurs familles. Que doit l'Etat à ceux qui n'ont personne en état de veiller à leur éducation ?

Le temps n'est plus où l'Etat se débarrassait sans remords de ceux qui le gênaient ou qui lui étaient à charge. La société est faite pour servir de famille à ceux qui n'en ont plus. Elle devrait s'imputer, comme un assassinat moral, d'avoir laissé sans instruction et sans éducation des enfants qui n'en ont pu recevoir de leurs auteurs.

Sous l'ancien régime, l'Eglise se faisait la mère des orphelins et des délaissés, aux besoins desquels elle pourvoyait largement.

Depuis la révolution, l'Etat n'a fait qu'émettre le Décret du 19 janvier 1811 dont voici les principales dispositions :

Titre Ier

« Art. 1er Les enfants dont l'éducation est confiée à la charité publique sont :

1° Les enfants trouvés.
2° Les enfants abandonnés,
3° Les enfants pauvres.

Le titre IV règle la manière dont les enfants trouvés, abandonnés et orphelins pauvres seront élevés.

Le paragraphe 10 porte : « Les enfants qui ne pourront être mis en pension, les estropiés, les infirmes seront élevés dans les hospices. »

Le titre V est relatif aux dépenses de leur éducation. Le paragraphe 12 dit : « Nous accordons une somme annuelle de quatre millions pour contribuer au payement des mois de nourrice et des pensions des enfants trouvés et des enfants abandonnés.

S'il arrivait, après la répartition de cette somme, qu'il y eût insuffisance, il y sera pourvu par les hospices au moyen de leurs revenus ou d'allocation sur les frais des communes. »

Le titre VI a rapport à la tutelle de ces enfants. « Les dits enfants, élevés à la charge de l'Etat, dit l'article 16e, sont entièrement à sa disposition et, quand le ministre de la marine en dispose, la tutelle des commissions administratives cesse. » (1)

Comme on le voit, la charité de l'Etat envers ces enfants n'était point gratuite ; pour l'éducation qu'il leur donnait, il s'emparait de leur personne ; c'était leur faire payer bien cher un bienfait qu'il leur doit.

(1) Voir le Bulletin des Lois 1811.

Le gouvernement actuel a compris que ce n'était point assez. Il a mis à l'étude un projet de loi qui donnera davantage, nous l'espérons, en droit et en fait.

Toutefois, l'Etat est excusable de n'avoir pas plus fait dans le passé. La charité privée a été, en France, si généreuse qu'elle a peu laissé de ces enfants à la charge de la société. Et il est vraisemblable que, si elle garde sa liberté, elle continuera de se dévouer avec le même désintéressement à l'éducation des orphelins et des délaissés.

CHAPITRE VIII

Des Droits de l'Etat en matière d'Enseignement et d'Education.

> L'Etat peut tout ce qu'il doit, et rien que ce qu'il doit.

I

Impossible de parler des devoirs de l'Etat sans parler, en même temps, de ses droits et de ses pouvoirs. Car l'Etat ne doit rien qu'il ne le peuve ; c'est évident.

Impossible également de parler de ses droits et de ses pouvoirs sans rappeler ses devoirs et ses charges ; car il ne peut rien et il n'a aucun droit que pour accomplir sa mission et porter sa responsabilité.

Être relatif et contingent, fait pour le bien de l'homme, il peut tout ce qui est nécessaire pour atteindre cette fin, mais il ne peut rien qui n'ait pour raison d'en poursuivre la réalisation.

Il s'en suit que l'Etat peut prendre sur la richesse sociale de quoi pourvoir à l'éducation des enfants abandonnés et des enfants pauvres qui n'ont pas à en recevoir de leurs auteurs. C'est l'intérêt de la société autant que le droit de ces enfants sur la société. En sanctionnant le mariage de leurs parents, l'Etat leur a donné le droit de compter sur lui. Qui, du reste, pourrait dire le mal que l'Etat souffrirait de leur ignorance et de leurs vices, dans le cas où, contre son devoir et son intérêt, il se dispenserait de les faire instruire et élever ? L'Etat ne peut faire un meilleur emploi des deniers publics, qu'en s'en servant pour faire des hommes éclairés et vertueux d'enfants qui, faute de culture, resteraient des brutes ignorantes et vicieuses.

Mais, l'Etat a-t-il le droit d'élever tous ses membres aux frais du trésor public ? Non, car l'Etat n'est pas fait pour se substituer à la famille, nous l'avons montré, mais pour suppléer à son insuffisance. Il n'est point chargé davantage de faire les affaires des particuliers et d'en imposer les dépenses à la société. L'éducation, ne l'oublions pas, est l'œuvre exclusivement personnelle des parents. C'est leur devoir indispensable et leur droit imprescriptible. La formation d'un homme, nous l'avons démontré, c'est, avant tout, l'intérêt privé des deux individus qui l'ont mis au monde. Elever aux frais des deniers publics des enfants qui peuvent et doivent recevoir leur éducation de leurs parents, ce serait faire servir, contre toute raison, l'argent des contribuables à des intérêts éminemment particuliers. De deux choses l'une : ou l'Etat s'emparerait tout à fait des enfants qu'il élèverait ainsi, et alors il en dépouillerait injustement les familles ; ou bien, il laisserait ces enfants à leurs parents ; dans ce cas, ce serait le trésor public qui serait dilapidé pour le soin d'intérêts privés ; ce serait une autre injustice.

Les deux injustices peuvent être réunies ; les parents peuvent être dépouillés des droits qu'ils ont sur leurs enfants et le trésor public peut être grevé de charges qu'il ne doit pas porter, et tout cela, au détriment de la société tout entière, pour le seul et exclusif profit des agents du pouvoir qui sont faits pour la servir.

II

L'Etat a-t-il le droit d'imposer aux parents des obligations dont la nature et le bien public les déchargent à l'égard de leurs enfants, et de dispenser ceux-ci des devoirs dont la nature et l'intérêt social les chargent à l'égard de leurs auteurs ? Non, ni l'un ni l'autre ; l'Etat est sans pouvoir pour créer des droits où il y a des devoirs et des devoirs où il y a des droits ; il est sans pouvoir pour rien retrancher, ni rien ajouter à la loi naturelle.

En vain, l'Etat tenterait-il de changer, au point de vue du droit, les rapports que la nature a établis entre les parents et les enfants. Ses prétentions, sur ce terrain, seraient de nul effet ; il ne réussirait pas à obliger réellement un père de donner à son fils ce qu'il ne lui doit pas, ni à soumettre un fils à son père sur des points où la loi naturelle l'en fait indépendant. L'Etat n'est ni un créateur, ni un maître, il n'est qu'un gardien, un protecteur et un défenseur de l'ordre de la nature.

Mais, peut-on reconnaître à l'Etat le droit de pénétrer dans le sanctuaire de la famille, et de s'immiscer dans les rapports intimes de ses membres ? Au point de vue naturel, s'il ne s'agit que de veiller à la religieuse observation de ces rapports, il ne peut pas y avoir de difficulté. L'ordre civil et politique ne serait pas sérieusement possible, si l'ordre domestique était renversé par les abus de la force. La justice ne pourrait régner dans la société, s'il était admis que l'injustice pût être triomphante au sein de la famille. Le pouvoir politique, étant un pouvoir universel institué pour protéger les pouvoirs particuliers, il faut qu'il puisse parvenir partout où il a une mission à remplir, soutenir le droit partout où il est menacé, défendre le faible partout où il est opprimé. Dès qu'il a le devoir de protéger l'enfant et de lui garantir son droit à devenir un homme, il est nécessaire qu'il le couvre de son pouvoir au sein de sa famille et contre ses propres auteurs, aussi bien que dans la rue contre les étrangers.

Toutefois, n'est-il pas évident que si l'Etat a tous les pouvoirs nécessaires pour protéger l'enfant sous le toit paternel, il n'en a aucun, ainsi que nous l'avons déjà répété, pour porter atteinte à l'autorité paternelle elle-même ? Indubitablement, l'Etat ne peut intervenir qu'en faveur de l'enfant ; il ne peut donc pas intervenir pour amoindrir l'autorité dont toute la raison d'être est le bien de l'enfant.

C'est ce qui arriverait si l'Etat s'immisçait dans l'intérieur de la famille sans y être sérieusement requis par la nécessité de protéger l'enfant contre un danger réel. Rien ne serait plus contraire à l'autorité paternelle et à la liberté de la famille ; rien ne serait plus fatal à l'éducation de l'enfant.

La loi naturelle fait ainsi un devoir à l'Etat de se tenir à l'écart du sanctuaire domestique et de n'en surveiller la vie intime qu'avec la plus grande discrétion et un religieux respect.

D'après le droit constitutionnel, il ne peut y intervenir que pour les causes et dans les formes définies par la loi. (1)

III

Nous n'avons pas à discuter si l'Etat a vraiment tous les pouvoirs dont il a besoin pour veiller au bien public. Puisque c'est pour cette fin qu'il existe, il ne peut exister sans les attributions nécessaires pour l'atteindre.

On ne peut donc refuser à un gouvernement le droit de fonder les écoles que réclament réellement les besoins de l'instruction publique et le progrès des lumières dans le peuple. Nous avons vu que le soin de veiller aux progrès de la vérité et des sciences, peut être un de ses plus graves devoirs.

Mais il faut lui refuser énergiquement le droit de fonder des écoles pour servir les intérêts particuliers d'un système politique de gouvernement. L'enseignement n'est fait que pour servir la vérité et les intelligences, avec tous leurs intérêts ; il ne peut servir des intérêts d'un ordre inférieur qu'indirectement en servant les intelligences et la vérité elles-mêmes. L'éducation a pour fin de faire des hommes en élevant les enfants à la jouissance de leur raison et de leur liberté ; il est contre nature qu'on en abuse pour les assujétir, aux dépens de leur raison et de leur liberté, aux exigences d'intérêts politiques qui doivent leur être subordonnés.

Il faut encore refuser, à l'Etat, de créer des chaires d'enseignement au détriment de l'initiative individuelle et de l'esprit d'association.

Un pays est animé d'une grande ardeur pour la diffusion de l'instruction ; les particuliers y consacrent leurs forces et leur fortune ; des associations se constituent pour établir des universités : le goût des lettres et des sciences y a pris un immense essor ; les lumières sont en voie de se répandre avec une expansion admirable. Evidemment, le gouvernement de ce pays ne peut avoir le droit de fonder des écoles officielles pour ruiner celles qui existent, ou empêcher les particuliers d'en ouvrir de nouvelles.

Non, l'Etat ne peut avoir le droit d'abuser de la puissance publique pour tuer les entreprises particulières, et écraser l'industrie privée.

---

1) V. Daunon, Essai sur les garanties individuelles. De Serrigny. Traité du Droit public des Français.

Il irait, par là, contre sa fin nécessaire. Ce serait un renversement monstrueux de sa mission et de sa raison d'être.

Mais, l'Etat n'a-t-il que le droit de lever des subsides, n'a-t-il pas celui de requérir pour les besoins de l'enseignement ceux de ses sujets qui seraient aptes à en remplir le ministère ? En principe, rien ne paraît moins contestable. Les Etats modernes requièrent, pour le service des armées, les citoyens qui sont en état de porter les armes. Si même ils ne requièrent pas directement, pour le service des écoles, les citoyens qui sont capables d'y enseigner, du moins ils les requièrent indirectement, en exemptant de la réquisition militaire, ceux qui s'engagent à servir, pendant dix ans, dans la milice de l'instruction publique.

Il est certain que si cette forme de réquisition indirecte ne réussissait plus à fournir aux écoles publiques les maîtres dont elles ont besoin, l'Etat aurait le droit et le devoir de recruter d'office les citoyens que pourrait réclamer le service de l'enseignement public.

IV

Chargé de veiller à la garde de la Constitution, à l'observation des lois, aux progrès de l'instruction publique, au respect des bonnes mœurs et aux conditions hygiéniques de la santé publique, l'Etat a le droit de prendre toutes les mesures nécessaires pour atteindre cette quintuple fin. Ainsi, il a le droit de visiter les bâtiments scolaires et d'interdire l'usage de ceux qui pourraient compromettre la santé des écoliers, de s'introduire dans les cours, dans les études et dans les classes pour y prévenir ou réprimer les attentats aux mœurs, aux lois et à la Constitution, de demander, s'il en est besoin, à ceux qui veulent enseigner, des garanties sérieuses de science et d'honnêteté, et enfin, de fermer cette carrière à ceux qui sont incapables ou indignes.

Comme l'exercice de ces droits pourrait, s'il était abandonné à l'arbitraire des gouvernants, donner lieu à une foule d'abus et de vexations tyranniques, il est nécessaire qu'il soit réglé par la loi.

Ainsi, en France, la loi interdit préalablement d'ouvrir une école à quiconque n'a pas les grades académiques correspondants au degré d'enseignement qu'il veut donner. En Angleterre, au contraire, la loi assure à tout citoyen le droit de dresser une chaire d'enseignement ; elle n'en prive que ceux qui ont donné des preuves manifestes d'une incapacité ou d'une indignité dangereuses pour le bien public.

Ces deux lois opposées peuvent être l'une et l'autre parfaitement fondées en raison et en justice. Il se peut, qu'en France, il soit plus facile qu'en Angleterre, aux incapables et aux indignes de réussir à ouvrir de mauvaises écoles, au préjudice des bonnes et du bien public. Il se peut aussi, qu'en Angleterre, la nécessité des grades académiques soit un assujétissement inutile et même funeste, propre à éloigner de l'enseignement une foule de maîtres qui lui sont indispensables.

Mais, s'il arrivait que l'Angleterre n'exigeât pas de ses instituteurs et de ses professeurs les grades académiques, alors que le bien de l'instruction publique le réclamerait, et que la France exigeât cette condition, alors que le bien des écoles demanderait la liberté complète, ces deux Etats manqueraient l'un et l'autre à de graves devoirs, mais en sens opposés, l'un pour ne pas user de son pouvoir et l'autre pour en abuser au détriment de l'intérêt général.

Ne craignons pas de le redire, l'Etat ne peut avoir de droit contre le droit, ni contre la morale, ni contre la raison ; il n'en peut avoir pour faire le mal et empêcher le bien.

Nous avons montré, plus haut, que l'Etat n'est pas chargé de réaliser l'ordre intellectuel, mais seulement l'ordre civil. Il s'en suit qu'il n'a de pouvoirs et de droits que pour remplir sa fonction propre et non une fonction qui lui est étrangère. Nous l'avons dit, les pouvoirs sont pour les fonctions et les droits pour les fins. Qui n'a pas une fin à réaliser, une fonction à remplir, n'a, par là même, aucun des pouvoirs, ni des droits qui y correspondent.

Par conséquent, l'Etat ne peut être admis à prétendre faire respecter ses lois et les articles de sa constitution, comme des vérités intellectuelles, comme des règles de la morale éternelle. Son pouvoir propre et ses droits spéciaux sont exclusivement de les faire respecter comme les lignes de l'ordre extérieur civil et politique.

Telle est la nature des choses. Les Constituants, en fondant l'ordre politique, n'ont pu avoir aucun titre pour en présenter les dispositions comme des vérités intellectuelles ou des articles de foi.

L'Etat, ou l'organisme constitué par eux, ne manque pas seulement de l'infaillibilité nécessaire pour définir la vérité et l'imposer aux âmes, il n'est même pas une intelligence capable d'avoir une doctrine.

Enfin, la révolution de 89 a brisé les liens qui unissaient l'ordre civil à l'ordre intellectuel, en rejetant des affaires de l'Etat l'intervention de toute autorité dogmatique.

Voilà pourquoi les lois de l'Etat ne peuvent être que des institutions civiles et politiques.

Les mœurs publiques ne peuvent avoir une autre qualité. Elles peuvent être conformes à la morale éternelle, elles peuvent aussi lui être contraires. L'Etat n'a donc de pouvoir pour veiller à leur conservation que sous le rapport civil et politique.

Si l'Etat s'attribuait le pouvoir de défendre la Constitution, les mœurs et les lois, sous le rapport intellectuel ou doctrinal, non-seulement, il renverserait l'ordre de la nature et foulerait aux pieds la dignité de l'âme humaine ; mais encore, il renverserait l'ordre établi par la Constitution, les lois et les mœurs, qui, depuis 89, proclament l'indépendance des intelligences et la liberté de la pensée, à son endroit. (1)

On n'a pas aboli l'ancien régime, répétons-le, pour courber, de nouveau, les esprits sous le joug du pouvoir terrestre abandonné à lui-même et exempté désormais de tout contrôle doctrinal.

La charge de défendre une Constitution, dérivant des principes de 89, ne peut donner à personne le droit de fouler aux pieds ces principes eux-mêmes. Sous le régime issu de la révolution, l'Etat ne peut porter la main sur les doctrines comme telles, sans commettre une usurpation de pouvoirs, sans violer le principe dont il vient, et sans retomber, enfin, dans le Césarisme.

Toutefois, comme il a tous les pouvoirs dont il a besoin pour maintenir, avec la Constitution, les lois et les mœurs, il a, par là, un pouvoir indirect sur les doctrines auxquelles se rattachent les dispositions édictées par la Constitution et les lois. Il est évident que l'Etat ne peut interdire, sous le rapport de l'ordre civil, les actes contraires à la Constitution et aux lois, sans frapper indirectement les doctrines qui commandent ces mêmes actes, au point de vue de la conscience. De même, l'Etat ne peut pas faire exécuter la Constitution et les lois, sans appuyer indirectement les doctrines sur lesquelles reposent ces institutions sociales. Néanmoins, ainsi qu'on le voit, l'action de l'Etat sur les doctrines n'a lieu que d'un manière médiate et par contre-coup. Elle ne résulte qu'indirectement d'un fait qui est propre au pouvoir civil et politique. Elle n'implique pas, encore

---

(1) Voir la Déclaration des Droits de l'homme. 1789.

une fois, que le pouvoir civil et politique ait aucun droit direct sur leur enseignement.

Sans doute, l'Etat peut abuser de cette action indirecte pour gêner la vérité et favoriser l'erreur. Malheur à lui ! Les gouvernants n'échappent jamais à la responsabilité de leurs actes. En combattant la vérité, ils sapent eux-mêmes les assises sur lesquelles ils reposent et ils ne tardent pas de crouler dans l'abime qu'ils se sont creusé.

CHAPITRE IX

Des faux droits attribués à l'Etat en matière d'Enseignement et d'Education.

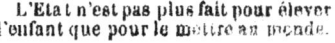

> L'Etat n'est pas plus fait pour élever l'enfant que pour le mettre au monde.

I

On connait le mot de Danton : « L'enfant appartient moins à sa famille qu'à l'Etat. » Pour les hommes de 92 et de 93, le mariage et la famille n'ont qu'une fin, l'Etat. L'Etat peut donc les constituer à son gré, user de leurs services pour donner à l'enfant les premiers soins, et les dissoudre en faisant élever l'enfant par d'autres que ses auteurs.

Les Césariens de nos jours trouvent aussi que c'est trop peu donner à l'Etat que de lui reconnaître seulement sur l'enseignement et l'éducation, les pouvoirs dont il a besoin pour veiller à l'ordre public. Comme Danton, ils disent : « L'Etat est maître du mariage ; pourquoi ne serait-il pas maître de l'enfant qui en est le fruit ? »

Il y a des libéraux, qui, tout en professant la souveraineté de la personne humaine et le droit absolu pour les parents d'élever leurs enfants, proclament aussi que le mariage relève du domaine de l'Etat.

A cette erreur, ils ajoutent ainsi une double inconséquence. Comment la personne humaine peut-elle être souveraine, si l'Etat a le droit d'empêcher qu'elle dispose d'elle-même, à son gré, par le mariage ? Ou bien, comment l'Etat peut-il être maître du mariage, si la personne humaine, réellement souveraine, est seule à pouvoir, au-dessous de Dieu, disposer d'elle-même par le mariage ?

Ensuite, si l'Etat est maître du mariage au point de pouvoir réellement former, empêcher, rompre, suivant les cas, l'union des époux, pourquoi ne serait-il pas maître aussi de la famille, au point de pouvoir réellement faire et défaire à son gré les liens qui unissent entre eux les parents et les enfants ? Et, en effet, l'Etat n'est-il pas maître de la famille, du moment qu'il a le droit de dissoudre le mariage par le divorce ? Dès lors, que l'Etat s'attribue le droit de briser le lien conjugal, il s'attribue le droit d'arracher l'enfant à ses auteurs, de le dispenser de l'obéissance qu'il leur doit, et, en même temps, de décharger ceux-ci de l'obligation de travailler de leur côté à son éducation. Pourquoi l'Etat ne se réserverait-il pas à lui-même, les droits dont il croit pouvoir les dépouiller les uns et les autres ?

C'est évident, livrer le mariage au pouvoir de l'Etat, c'est livrer à l'Etat, avec la personne humaine, et l'autorité maritale et l'autorité paternelle, et la soumission de l'épouse et l'obéissance de l'enfant.

Voilà pourquoi nous avons tenu à établir solidement que le mariage est une institution de la nature, une institution supérieure, dès lors, au domaine de tous les pouvoirs humains. Nous avons vu que si on l'abandonne à l'Etat, il faut aussi abandonner à l'Etat la constitution de la famille et, conséquemment, les droits et les devoirs réciproques des parents et des enfants. Pour mettre les droits des premiers sur l'éducation des seconds au-dessus du pouvoir de l'Etat et à l'abri de toutes ses usurpations, il fallait donc montrer que leur union est au-dessus de tous les pouvoirs créés, et qu'elle appartient à l'ordre même de la création et au domaine exclusif du Créateur.

C'est ce que nous avons tâché de faire ?

C'était du même coup poser les bases solides de la société.

N'est-ce pas, en effet, d'abord, l'union des individus par le mariage, puis l'union naturelle des parents avec leurs enfants, et enfin, l'union des familles entre elles par de nouveaux mariages, qui forment les fondements réels de l'édifice social ? Si donc l'Etat peut dissoudre le mariage, en prononçant le divorce des époux, et la famille, en s'emparant de l'enfant pour l'élever à sa place et sans son concours, l'Etat peut dissoudre les assises naturelles sur lesquelles il porte et repose ; il n'est plus qu'une association artificielle et factice d'individus qui ne sont liés entr'eux par aucune attache naturelle et solide.

II

L'Etat, n'ayant aucun pouvoir sur le mariage ni sur la famille, ne peut, conséquemment, en avoir aucun sur l'éducation des enfants. C'est une conséquence nécessaire, dont nous allons maintenant démontrer la vérité, en faisant voir que l'Etat n'a rien de ce qu'il faut pour former un être intellectuel et moral.

En effet, nul être ne peut former qu'un autre être de son espèce et semblable à lui. Nul être, d'autre part, ne peut, non plus, sortir que d'un être qui en soit proprement la source et la forme exemplaire. Comment donc l'Etat qui est simplement un organisme moral, formé par l'union civile et politique des hommes, pourrait-il produire lui-même un seul homme composé de chair et d'esprit ? Il n'y a rien dans cet organisme qui s'appelle l'Etat, de ce qu'il faut pour faire la cause efficiente soit de l'organisme, soit de l'intelligence, soit de la liberté propres à une personne réelle, substantielle. Tout ce qu'il y a, d'ailleurs, dans un individu est d'un autre ordre que ce qui se trouve dans l'Etat; et n'en peut venir comme de sa source.

Produire une personne achevée, faire un homme complet, c'est essentiellement et exclusivement l'œuvre propre des deux individus qui s'unissent par le mariage pour former une famille. Pour le prouver, avons-nous besoin de rien ajouter à ce que nous avons dit dans notre second livre ? Non.

Evidemment, l'Etat n'est rien et n'a rien de ce qu'il faut pour entreprendre une pareille œuvre et la mener à bonne fin. Il n'a ni l'organisme physique, ni l'intelligence substantielle, ni la volonté réelle qu'il faut pour cela. Il est physiquement incapable de produire et de former un être qui se constitue par l'union substantielle d'un corps et d'une âme

S'il se pouvait que l'Etat, comme Etat, entreprit de faire un homme, il ne pourrait aboutir qu'à faire un monstre qui ne serait ni État, ni homme.

Aussi, que l'État s'empare d'un enfant, ce ne sera pas pour l'instruire et l'élever lui-même par lui-même ; l'État, comme tel, nous le répétons, en est absolument incapable. Ce sera pour le faire instruire et élever par des individus semblables à ses parents par l'intelligence et la volonté qu'ils possèdent, mais qui ne sont en rien semblables à ses parents par l'amour et le dévoûment dont ils sont animés à son endroit, par des individus, dès lors, qui ne l'élèveront point dans son intérêt propre, mais dans les intérêts d'une politique de parti aussi aveugle qu'égoïste.

« Quelques-uns, dit M. Janet, ont voulu enlever l'enfant à la famille pour le donner à la société, à l'État ; c'était commettre une grande méprise ; car l'enfant doit appartenir évidemment à ceux sans lesquels il ne serait pas. D'abord, c'est onérer la société d'une charge dont elle n'est pas responsable, et de plus elle n'a pas de droit sur cet enfant, puisqu'elle n'est attachée à lui par aucun lien précis ; enfin elle n'offre point une garantie suffisante, et l'on ne peut attendre d'elle qu'une sollicitude vague, générale, si même elle n'est pas partiale en faveur de ceux dont elle espère le plus d'avantages, au contraire, les parents ont évidemment la charge de l'enfant ; puisque c'est par eux qu'il existe ; mais cette charge leur crée par là même un droit ; car comment seraient-ils responsables de cet être qu'ils ont créé, s'ils ne pouvaient en disposer dans une certaine mesure ? » (1)

C'est évident ; l'enfant, nous l'avons fait voir, c'est la substance, c'est la vie, c'est l'image de ceux qui l'ont mis au monde pour être la continuation de leurs personnes, pour porter leur nom et être l'héritier de leurs biens. Comment ne leur appartiendrait-il pas en propre sous tous ces rapports ? Quel titre l'État pourrait-il faire valoir contre eux pour le leur enlever et se substituer à eux dans la poursuite des intérêts qu'ils ont en lui ? Il est donc absolument faux que l'enfant appartienne plus à l'État qu'à sa famille. Du reste, le système de Lycurgue est si révoltant qu'il n'y a plus aujourd'hui personne qui ose en prendre ouvertement la défense. Aussi, les Césariens modernes essaient-ils des détours pour arriver à leurs fins qui sont, au fond, identiques à celles du législateur spartiate.

1. Cité par Larcher p. 344.

CHAPITRE X

Des faux Droits de l'Etat en matière d'Enseignement et d'Education (suite).

> C'est à l'Etat de se conformer à la nature humaine et à la société plus qu'à la société et à la nature humaine de se conformer à l'Etat.

I

Voici comment raisonnent les Césariens :

« Nous reconnaissons que l'Etat, n'étant point l'auteur de l'enfant, n'a point, à ce titre, la charge ni le droit de l'élever.

Mais, vous reconnaîtrez vous-mêmes que l'Etat est fait pour donner à la société sa forme d'organisme vivant.

L'Etat a donc le droit et le devoir de former les éléments qui doivent entrer dans la composition de l'organisme social. Si, en effet, ces éléments sont façonnés d'après des principes contraires et en vue de fins opposées, ils ne seront point aptes à s'unir parfaitement pour former un corps homogène et vivre d'une vie commune.

Donc, il faut que l'Etat soit maître de l'enseignement et de l'éducation, sinon la formation de l'homme lui échappe au détriment de la paix sociale.

Du reste, l'union des citoyens n'est possible que par l'unité des idées et des affections. Divisés par les croyances et les sentiments, les citoyens sont bien près d'être des ennemis. Or, cette unité de foi et d'amour ne peut être que le fruit d'une même éducation et d'un même enseignement. Evidemment, ce n'est que par l'unité des doctrines et des sentiments qu'il est possible de maintenir, dans une nation, l'union des esprits et l'unité du caractère. Donc, il faut que ce soit l'Etat qui ait la direction suprême de l'enseignement et de l'éducation.

Enfin, par le fait que les écoles sont publiques, elles ne doivent relever que des pouvoirs publics.

Ainsi l'avaient compris les Grecs, les Romains, et l'ancienne monarchie. Il n'est pas un Etat qui ait jamais consenti à abandonner l'éducation publique aux caprices de la liberté individuelle. L'Eglise, elle-même, a reconnu la légitimité de cette intervention, lorsqu'elle a applaudi aux mesures que les Empereurs chrétiens ont prises dans ce sens. »

Tel est, en résumé, le système par lequel les Césariens soutiennent les droits de l'Etat sur l'enseignement et l'éducation. Essayons d'en voir la juste valeur.

II

Est-il vrai que l'Etat soit fait pour donner à la société sa forme d'organisme vivant ? Rien de plus vrai. Le pouvoir est comme l'âme de la société ; il lui donne sa vie propre.

Mais en quel sens et dans quelles limites l'Etat est il fait pour remplir cette mission ?

L'Etat est bien fait pour faire vivre la société civile, mais il n'est pas fait pour dissoudre la société domestique, puisque le but même de la société civile est de protéger la société domestique et de lui assurer la paix. Si donc l'Etat a pour mission de coordonner les familles entre elles par des liens civils, en se les subordonnant par des liens politiques, ce n'est pas dans le but d'abolir en elles l'ordre de la nature, mais, au contraire, pour consolider les liens qui en unissent les êtres.

« Lorsque les chefs de famille, dit Mgr. Dupanloup, lorsque les pères de famille constituèrent, dans l'ordre de la Providence, la société civile et politique, ce ne fut pas afin que la cité, que l'Etat absorbât leurs familles, mais afin que la famille devint plus florissante, plus forte et plus libre à l'ombre de la cité, à l'ombre de l'Etat.

En un mot, il y a entre la famille et l'Etat des droits et des devoirs mutuels ; tout y est non seulement corrélatif, mais mesuré, tout y est selon la nature, rien n'y est contre elle. » (1)

Ainsi il est vrai que les individus doivent se soumettre à la forme de l'Etat, en se soumettant aux lois civiles et politiques qui régissent la société ; mais il est certain aussi, d'un autre côté, que l'Etat, que la société qui est faite pour l'homme et par l'homme, doit se soumettre aux lois de la nature humaine et aux conditions sans lesquelles l'homme ne peut trouver ni sa perfection, ni son bonheur. Nous l'avons dit, si l'homme doit se conformer à l'ordre civil et politique, dans les rapports libres qu'il peut avoir avec ses semblables,

(1) De l'Education. T. II. L. II. Ch. III.

l'ordre civil et politique doit être lui-même conforme aux exigences que la nature humaine impose à l'homme.

C'est l'homme qui est le type, le plan vivant d'après lequel l'Etat doit être constitué, organisé, réglé, gouverné. L'Etat ne peut être la forme exemplaire et la loi de l'homme que pour cette partie inférieure que, comme citoyen, l'homme est obligé d'engager de lui-même dans la société pour en faire partie. (1)

III

Les Césariens insistent :

« Si les individus sont formés librement par l'industrie privée, ils le seront souvent d'après des principes opposés et en vue de fins contraires et ils seront incapables d'entrer en composition les uns avec les autres pour faire un tout homogène. Donc, il ne faut pas que la formation des citoyens soit abandonnée à la liberté individuelle, il faut qu'elle soit réservée à l'Etat. »

Ce langage, c'est au plus haut chef celui du Césarisme antique. Il renferme un anachronisme de près de vingt siècles. Il retombe absolument dans la prétention dont nous venons de montrer le néant.

Nous le répétons, depuis Jésus-Christ, la souveraineté de la personne humaine a été proclamée, reconnue ; l'homme n'entre plus tout entier dans la société, il n'y entre plus que par une faible portion de lui-même, et cela seulement pour permettre à l'Etat de le protéger et de le servir dans la poursuite de ses destinées.

L'Etat n'a donc plus le droit de façonner l'homme tout entier pour se le soumettre tout entier. Non, il n'y a pas seulement dans l'homme un citoyen, ou un simple élément de la société temporelle et terrestre trouvant dans la société temporelle et terrestre la réalisation totale de ses suprêmes destinées ; il y a dans l'homme un être immense, immortel qui est fait pour se propager à travers l'espace et se perpétuer à travers les temps, un être sublime qui est fait pour l'infini et pour l'éternité, qui, bien loin d'être subordonné à l'Etat, en est la fin même nécessaire.

Sans doute, dans la mesure où l'homme doit entrer dans la société et en faire partie, il doit être façonné de manière à ce qu'il sache se soumettre aux lois et se conformer aux exigences de l'ordre public.

1) Voir plus haut ch. II.

Incontestablement, le devoir de ses auteurs et de ses maîtres, c'est de l'élever en vue de la société dans laquelle il doit vivre, au moins par une partie de lui-même.

Toutefois, il ne suffit pas que ses instituteurs lui apprennent à s'ajuster, autant qu'il faut, aux conditions de l'organisme social, il faut aussi qu'ils lui apprennent à ne pas se plier plus qu'il ne faut, aux prétentions parfois envahissantes et usurpatrices de l'Etat. Car au-dessus de cette partie de lui-même, par laquelle l'homme est dépendant de l'Etat, il y a une partie éminente par laquelle il ne relève que de lui-même, ne s'appartient qu'à lui-même, par laquelle il n'est pas seulement indépendant de l'Etat, mais encore supérieur à l'Etat. Par cette partie éminente, l'homme a le droit et le devoir de se mouvoir librement en vue de ses destinées suprêmes soit temporelles soit éternelles. Non seulement, il n'est pas du tout nécessaire qu'il soit, dans cette partie, façonné en vue de l'Etat, réduit aux proportions de l'Etat, mais rien n'est plus en opposition avec sa nature et sa fin que d'être ramené aux dimensions de l'Etat, coulé dans le moule de l'Etat.

Conséquemment, non plus, rien n'est plus contraire à la nature et à la fin de l'Etat que le droit de mettre la main sur la formation de l'homme tout entier, afin de l'ajuster tout entier et de le façonner tout entier à la mesure et à la ressemblance d'une institution qui ne peut être faite que pour le servir.

IV

Les Césariens font une seconde instance : « Au moins, disent-ils, faut il accorder à l'Etat le droit de former dans l'homme le citoyen qui est, on ne peut le nier, sa chose propre. »

Eh bien, non ; de même qu'un homme ne peut être formé que par un homme, un citoyen ne peut être, non plus, formé que par un citoyen. Certes, il ne suffit pas que l'Etat ait le pouvoir de faire de la société un organisme vivant pour lui reconnaître le pouvoir de faire d'un homme un citoyen instruit de ses devoirs et habitué à les remplir. Pour accomplir une pareille œuvre, nous le répétons, il faut une intelligence et une volonté personnelle que l'Etat n'a pas, que l'Etat ne peut avoir. Aussi, lorsque, comme à Sparte, l'Etat s'empare de l'enfant, sous prétexte d'en faire un citoyen, ce n'est ni ne peut être pour l'élever lui-même, nous venons de le dire, mais pour le faire élever en son nom par d'autres citoyens qui ont sa confiance.

Mais, si l'Etat n'est et n'a physiquement rien de ce qu'il faut pour avoir le droit de prendre un enfant à sa famille et pour en faire lui-même un citoyen, comment pourrait-il communiquer ce droit dont il est incapable, à des citoyens qui ne sont personnellement eux-mêmes pour rien dans la naissance de cet enfant et qui, dès lors, ne peuvent avoir personnellement sur lui aucun titre ?

Ainsi, même s'agit-il de former le *citoyen* dans l'enfant, c'est-à-dire de diriger les développements de l'enfant en vue de son adaptation aux conditions de la société, c'est proprement et exclusivement à la famille qu'en incombe le devoir et qu'en appartient le droit. (1) La formation du *citoyen* ne peut être que l'œuvre, que la charge de l'autorité paternelle qui seule est un pouvoir de formation, de procréation individuelle. Elle ne peut, pas plus que la formation de *l'homme*, convenir à l'Etat qui ne possède qu'un pouvoir politique de gouvernement civil. Par conséquent, toute l'action que l'Etat peut exercer sur la formation du *citoyen*, se réduit à une action politique, à l'action indirecte de la loi prescrivant ce que réclame le bien public, et prohibant ce qui lui est contraire.

V

Troisième insistance : « Si l'Etat, répliquent les Césariens, n'a pas le droit de diriger souverainement l'éducation des citoyens, il n'a pas le pouvoir d'agir sur l'esprit public pour le gouverner, ni sur le caractère national pour l'empêcher de s'altérer. Il lui est, dès lors, impossible de remplir sa mission. Rien de moins soutenable. »

Ce qui n'est pas soutenable, c'est la manière de raisonner que nous venons de rapporter. Nous admettons que l'Etat a le droit et le devoir de veiller à la garde du caractère national, à la conservation et au progrès de ces qualités de l'esprit et du cœur qui distinguent un peuple et qui en sont l'honneur.

Mais dans quelles limites ? Dans les limites où existent ce caractère national et cet esprit public. Et ces limites sont celles qui sont déterminées par la constitution, les lois et les mœurs publiques.

---

(1) Voir M. Bluntschli. La Notion de l'Etat. p. 170 de la Traduction Riedmatten et M. P. Janet, Histoire des Sciences politiques, L. III, Ch. 3 et 7.

Tout ce qui est en dehors, est, non public, national, mais particulier, individuel Eh bien, l'Etat qui tire de la constitution tous ses pouvoirs, peut-il quelque chose en dehors de la sphère de la constitution ? Il serait vraiment par trop commode à un gouvernement d'en sortir, s'il pouvait y être autorisé pour garder les traits du caractère national et la physionomie de l'esprit public. Comme la notion du caractère national varierait avec les partis qui arriveraient au timon des affaires, un jour un ministère proscrirait tel enseignement, telle discipline, telle méthode d'éducation, comme contraires au caractère national et à l'esprit public ; un autre jour un ministère opposé les prescrirait pour la raison opposée. Le caractère national serait ainsi faussé, déformé par les plus violentes contradictions ; l'esprit public perdrait de même toute autorité par les démentis sans pudeur qu'on lui ferait se donner à lui-même.

Néanmoins, où la théorie du Césarisme est plus intolérable, c'est quand elle attribue à l'Etat le droit de gouverner l'esprit public.

L'esprit public, en effet, se gouverne par les idées, par la vérité. L'Etat, d'après le Césarisme, serait donc chargé de dicter à l'opinion ses idées, ses croyances ; il aurait donc un pouvoir doctrinal. Quoi de plus étrange en ce siècle ! Quoi de plus contraire à l'esprit public moderne qu'on a la prétention de gouverner ? S'il est un principe généralement admis de nos jours, c'est que les esprits ne relèvent point, dans leurs idées, du pouvoir politique. Et l'Etat qui prétend s'appuyer sur ce principe songerait à courber les esprits sous son joug ? Quelle amère dérision ! Quoi, d'ailleurs, de plus vague et de plus variable que ce que l'on appelle l'esprit public ? Mais aussi, comme le droit de le diriger se prêterait heureusement pour justifier toutes les audaces du despotisme contre l'esprit humain ! Ce serait subordonner l'esprit de l'homme aux calculs de la politique et de l'intérêt. Que deviendraient, sous un tel régime, les principes de la raison, les lois et la morale ? Ils varieraient et se contrediraient avec la politique et les intérêts. Au fond, il n'y en aurait plus.

Mais quoi ! Livrer l'esprit public à la direction de l'Etat, c'est le livrer, nous venons de le dire, à toute la mobilité et à toutes les contradictions des intérêts, et l'on voudrait que l'Etat eût souverainement cette direction pour *en maintenir l'unité* ? C'est indiquer, pour atteindre une fin, le moyen qui en éloigne le plus. Rien de plus injustifiable !

Le gouvernement de l'esprit public par l'Etat, est certainement en général, un terrible moyen d'oppression et de tyrannie. Toutefois, ce qui rend, en particulier, cette oppression, cette tyrannie plus dangereuse, plus funeste, c'est la perversion et le renversement qu'elle est capable d'opérer, par l'école, dans les esprits et dans les cœurs de la jeunesse et de l'enfance.

C'est pourquoi, il ne faut permettre à l'Etat d'agir sur l'esprit public que indirectement par le moyen des lois. Gardons-nous bien de lui reconnaître le droit d'en gouverner les transformations par l'école et les doctrines qui s'y enseignent. Autrement, ce ne serait pas seulement le régime politique, ce serait aussi la constitution de l'esprit humain qui serait livrée aux fantaisies d'un pouvoir qui pourrait n'avoir ni foi ni loi.

CHAPITRE XI

Des faux Droits de l'Etat en matière d'Enseignement et d'Education. (suite)

> L'Etat ne peut pas être le maître des âmes.

I

Quatrième instance. « Si l'Etat, continuent les Césariens, n'a pas le droit de présider souverainement à la formation de l'homme tout entier, il y aura dans l'homme une partie qui ne sera pas pliée et assujétie aux lois de l'Etat, une partie qui sera comme une citadelle, dans laquelle fermentera l'esprit de révolte, pour se répandre de là sur la société tout entière. En d'autres termes, si l'Etat n'a pas le droit de travailler à maintenir l'unité des intelligences par l'unité des doctrines et l'unité des doctrines par l'unité de l'enseignement et de l'éducation, l'Etat est dans l'impossibilité d'étouffer la rébellion en son foyer et de maintenir contre elle l'ordre social, la paix publique toujours menacée et précaire. « Renoncer à la direction des esprits, en ne conservant pas la surveillance suprême de l'éducation publique, disait M. Ed. Laboulaye en 1844, c'est abdiquer en faveur de ceux qui sauront s'emparer de ce levier puissant et qui, par la souveraineté morale, sauront en peu de temps conquérir le pouvoir matériel. Aujourd'hui, c'est par les idées seules qu'on gouverne les hommes et, si vous ne préoccupez pas l'esprit de la jeunesse, si vous ne lui donnez pas vos idées morales et politiques, plus tard, le pays vous échappera. » (1)

Ainsi pensaient et parlaient MM. Bonjean, Rouland, Troplong, Daru dans les conseils de l'Empire. (2)

Telle était bien la doctrine que M. J. Ferry, ministre de l'instruction publique, défendait aussi à la tribune du Sénat, dans son discours du 5 et 6 Mars 1880. (3)

On le voit, c'est bien des âmes que le Césarisme prétend s'emparer pour assurer son pouvoir et sa domination. Et, c'est par l'enseignement qu'il veut s'en rendre maître; « car, dit-il encore, il n'est plus temps de songer à former l'homme quand déjà il a reçu sa forme ; il est malaisé de lui arracher de l'esprit les idées dont il s'est pénétré, et du cœur les sentiments dont il s'est nourri dès ses plus tendres années, si l'on n'a su soi-même lui inculquer les doctrines et les affections auxquelles on veut qu'il obéisse. »

II

Le Césarisme a raison, quand il vante la puissance de l'enseignement pour former les esprits et les cœurs. Il est certain aussi que, jetés dans le même moule de la vérité et du bien, les hommes tirent de l'unité de leur éducation une grande aptitude à rester unis et à vivre en paix. Au contraire, la division des esprits par l'opposition des croyances engendre bien vite l'antagonisme des affections et la lutte entre les volontés.

Incontestablement, le raisonnement le prouve et l'expérience le confirme, rien de plus précieux, ni de plus efficace que l'unité intellectuelle pour assurer l'unité et la tranquillité d'un peuple. Toutefois, ce n'est point assez que ce prix et cette efficacité de l'unité intellec-

---

(1) Revue de Législation et de Jurisprudence, Janvier, Avril 1844.
(2) Voir M. E Ollivier, L'Eglise et l'Etat T. II, Ch. VII.
(3) Journal officiel, 6 et 7 Mars 1880.

tuelle, pour que l'Etat ait le droit et le pouvoir de travailler lui-même à la réaliser. Dans ce monde contingent, la nécessité d'un bien ne suffit pas pour qu'il existe nécessairement, ou qu'on ait le pouvoir de se le procurer. Il serait, par exemple, bien nécessaire à l'homme de ne pas mourir, et, cependant, l'homme meurt. De même, il ne suffit pas que l'Etat ait grand besoin de pouvoir unir les esprits et les cœurs, afin de pouvoir unir civilement les citoyens dans un ordre et une paix inaltérables ; la nature et la Constitution lui refusent inexorablement cette sublime prérogative.

1° Le Césarisme antique a bien prétendu reconnaître ce pouvoir à l'Etat, il n'a rien pu réellement changer à l'ordre de la nature ; il n'a fait que créer la plus avilissante des tyrannies, le règne brutal de la force sur les esprits.

2° L'ancien régime n'a pu imposer à la société qu'au point de vue civil et politique, les définitions doctrinales que l'Eglise, comme pouvoir doctrinal reconnu, imposait aux esprits mêmes dans l'ordre intellectuel et moral. Sans doute, les légistes, depuis **Philippe le Bel**, ont travaillé à restaurer le pouvoir de César au profit du roi ; mais leurs efforts, dans la mesure où ils ont abouti, n'ont pu que restaurer une usurpation, un despotisme criminel.

3° Il est certain que la révolution n'a pas émancipé l'Etat de sa soumission au pouvoir dogmatique de l'Eglise pour l'investir lui-même de ce même pouvoir sur les âmes et sur les doctrines. Nous savons bien que les hommes de 93 et leurs descendants d'aujourd'hui ne veulent voir dans la révolution que la consommation de l'œuvre des légistes, que la destruction de la puissance de l'Eglise et la restauration du Césarisme antique.(1) Mais, contre cette interprétation du despotisme s'élèvent les Déclarations des droits de l'homme et du citoyen et les protestations indignées de tous les vrais libéraux. « Autrefois, a dit M. E. Laboulaye, le 27 janvier 1880, l'Etat, le prince était tout, et il semblait naturel de lui donner la haute main sur la religion, sur la presse, sur l'éducation. »

« Aujourd'hui, on a mis, au contraire, en dehors de l'Etat la liberté religieuse, la liberté des opinions, celle de la presse. Pourquoi donc l'éducation ne serait-elle pas mise en dehors de la toute-puissance du gouvernement ? »

« Dans nos idées et dans la logique rigoureuse des choses, dit aussi

---

(1) Voir Les Légistes. p. M. Bardoux et le discours de M. J. Ferry, cité plus haut.

M. Dauphin, l'Etat n'a pas et il ne peut pas avoir de doctrine, il n'a que la force. Direz-vous que c'est par la force qu'il faut ramener l'unité. En ce cas, déchirez vos constitutions, anéantissez vos livres, vos journaux, vos écoles ; ne parlez ni de liberté, ni de progrès, ni de lumières, abjurez le présent que vous avez fait et retournez au passé que vous avez ruiné et maudit. Si la force vous paraît le seul moyen réel de ramener l'unité, il faut dire que tout ce qui s'enseigne et s'imprime depuis cinquante ans, n'est que duperie et mensonge, et que l'erreur politique du XIXe siècle n'est qu'une immense hypocrisie. » (1)

« Dans la société payenne où l'empire n'était que la force, a écrit M. Laurentie, l'Etat put s'armer à son gré du droit de diriger l'éducation. Dans la société chrétienne, l'Etat n'a de droit que pour la liberté ; s'il pénètre dans la conscience pour la gouverner ou dans la pensée pour la comprimer, il n'est plus l'Etat, il est une tyrannie. » (2)

C'est incontestable, le principe de nos constitutions chrétiennes est en opposition absolue avec celui des constitutions payennes. Ce qui fait le caractère de nos temps modernes surtout, c'est que les peuples ne reconnaissent plus à leurs gouvernements les prérogatives intellectuelles que les payens attribuaient aux leurs ; en d'autres termes, c'est la liberté de la pensée, la liberté de la conscience, la liberté des cultes à l'égard de l'Etat.

[II]

Du reste, en vain les constitutions reconnaîtraient-elles à l'Etat un pouvoir spirituel et le droit de régner sur les âmes.

« Le droit naturel, dit M. de Voisins-Lavernière, est au-dessus des constitutions, des ministres et des formes de gouvernement qui sont essentiellement mobiles. Or, le droit naturel dit qu'un semblable pouvoir, qu'un tel droit sont inconciliables avec la nature de l'Etat. »

Que faut-il, en effet, pour définir les doctrines et régner sur les intelligences ? Il faut être un pouvoir intellectuel infaillible. Avons-

---

(1) 12e Discours prononcé en 1848.
(2) Encyclopédie du XIXe siècle, au mot Education.

nous besoin de le répéter, les intelligences ne sont faites que pour s'appartenir dans la vérité ; il est contre leur nature de pouvoir leur imposer l'erreur au nom de la force.

Il n'y a, en effet, qu'un pouvoir intellectuel qui puisse, par sa nature, régner sur les intelligences, et il n'y a que le pouvoir intellectuel de la vérité même qui ait tous les titres nécessaires pour se les assujétir sans violer leur dignité.

Eh bien, l'Etat a-t-il rien d'un semblable pouvoir ? D'abord, ne l'oublions pas, l'Etat n'est pas un pouvoir intellectuel, ce n'est qu'un pouvoir politique.

Il n'est donc pas capable, par sa nature, de faire l'ordre dans les esprits ; il n'a que ce qu'il lui faut pour faire l'ordre propre à la cité terrestre. Quant aux individus qui exercent ses prérogatives, il faut bien qu'ils soient personnellement en possession d'une intelligence réelle, sinon, ils seraient incapables de faire des lois et de les faire exécuter conformément à la raison. Mais, d'autre part, leur intelligence n'est pas infaillible ; elle peut, en se trompant, dicter l'erreur. Ce ne peut donc point être là une autorité qui s'impose de droit aux esprits. Rien de moins contestable.

Ce n'est pas tout. L'intelligence des gouvernants leur est personnelle, particulière. Elle sert bien l'Etat ou le pouvoir public, mais elle n'est point elle-même un pouvoir public qui soit fait pour s'imposer à toute la société ; ce n'est pas moins évident. Toutes les intelligences ont par nature la même dignité ; il n'en est aucune qui soit soumise aux autres, aucune qui ait le droit de primer les autres.

L'intelligence du prince, d'autre part, ne tire pas de sa fonction publique le droit de se subordonner les intelligences de ses sujets dans l'ordre politique. Celles-ci ne sont pas engagées dans la société sous le pouvoir de l'Etat ; nous l'avons prouvé. Celle-là ne peut exercer sur les citoyens que les pouvoirs dont l'Etat est investi sur eux. Elle ne peut donc pas exercer, au nom de l'Etat, un pouvoir que n'a pas l'Etat.

Mais, la société n'a-t-elle pas le droit d'imposer à ses membres, les opinions qui lui sont communes ? Non, nous le répétons, car les opinions les plus communes peuvent être aussi de grandes erreurs. Fussent-elles des vérités, dès que les intelligences ne font pas partie de la société civile, il ne peut point y avoir dans la société civile d'autorité qui ait le droit de se les soumettre. Le gouvernement des intelligences n'appartient qu'à Dieu. Y prétendre, « c'est, écrivait l'empereur Théodoric à l'empereur Justin, usurper les droits de la Divinité. La puissance des plus grands souverains, ajoutait le prince arien, se borne à la police extérieure. Ils ne sont en droit de punir que les perturbateurs de l'ordre public, lequel est placé sous leur garde. L'hérésie la plus dangereuse serait celle d'un prince qui séparerait de lui une partie de ses sujets, uniquement parce qu'ils ne croient pas ce qu'il croit lui-même. » (1)

IV

« Soit, disaient en substance M. Spuller dans son rapport sur la loi Ferry, et M. Ferry, lui-même, dans la discussion de la même loi, (1) l'Etat est incompétent pour connaître des doctrines ; du moins, la morale et la politique sont certainement de son domaine ; on ne peut donc lui refuser le droit d'en juger. »

Encore un point sur lequel la confusion la plus grande règne dans l'esprit des Césariens. « L'Etat, disent-ils, a le droit de connaître de la politique et de la morale. » S'ils veulent dire que l'Etat a le droit d'ériger en lois civiles certains préceptes de la loi naturelle, dont l'observation importe particulièrement au bien public, d'édicter, à titre d'institutions politiques, certaines dispositions de l'ordre moral que réclament les besoins de la société, rien de plus juste, et nous sommes d'accord.

Mais, s'ils veulent dire que l'Etat a le droit de connaître et de juger des lois morales mêmes que promulgue la raison, et qui sont les principes supérieurs d'après lesquels les hommes doivent gouverner leur conduite privée et leur conduite publique, d'après lesquels ils doivent traiter les intérêts de leur fortune particulière et les intérêts de la fortune sociale, rien de plus faux. Le soutenir, c'est soutenir que l'Etat a un pouvoir intellectuel et qu'il est le maître des âmes ; c'est retomber en plein Césarisme. La morale et la politique, c'est-à-dire les lois morales, qu'elles aient pour objet de régir la liberté individuelle ou la liberté politique, ne sont, en effet, que les prescriptions mêmes de la raison pure, en tant qu'elle a pour fin de dire les règles de tous les actes humains, dans leurs rapports avec l'honnêteté absolue et avec le droit soit naturel, soit positif. Elles sont dans la raison même, elles en découlent, elles lui appartiennent :

1) Voir l'Histoire de l'Eglise de Darras, T. XIV.

c'est la lumière même de la conscience ; elles constituent une véritable doctrine intellectuelle dont les principes s'enseignent et forment, avec les conséquences qui en découlent, une science qu'on nomme l'Ethique.

Ainsi, on le voit, si l'Etat est compétent pour connaître de la morale et de la politique, dans le sens intellectuel que nous venons de préciser, il faut dire qu'il a un vrai pouvoir intellectuel et qu'il est le maître des intelligences et de la vérité.

Mais, s'il est vrai, comme nous l'avons démontré, que l'Etat n'a aucun pouvoir intellectuel véritable, et qu'il est sans droit, soit sur les doctrines, soit sur les âmes, il faut proclamer qu'il ne peut rien, qu'il n'a aucun titre pour définir les lois morales comme telles, pour donner des décisions doctrinales et les imposer aux consciences. Nous le répétons, il ne peut qu'ériger en lois civiles et politiques ce que ses agents croient être des lois morales, et il ne peut que connaître et juger de ces lois au point de vue civil et politique.

Du reste, comme le dit fort bien M. Bluntschli, le domaine de la morale est bien plus étendu que celui de l'Etat. (1) Que de choses, en effet, la morale prescrit ou défend, que l'Etat ne peut ni défendre, ni prescrire ! En voulant régir ce domaine, l'Etat nuit donc à la morale, qui n'est plus, que la loi d'un pouvoir terrestre, faillible et corruptible, qui n'est plus, entre ses mains, la loi suprême du Seigneur, au regard et à la vengeance duquel n'échappe personne.

Mais, si l'Etat n'est maître ni de la morale privée, ni de la publique, il s'en suit qu'il n'a aucun titre pour s'emparer, au nom de la morale privée ou publique, de l'esprit et du cœur de l'enfance, pour les soumettre à la discipline de ses idées et de ses pratiques. Car, l'enfant n'est pas moins que l'adulte, supérieur au domaine de l'Etat. Il a la même nature que l'adulte, la même origine, la même fin, la même dignité.

V

« Si l'enseignement est libre, répliquent les Césariens, si l'éducation est indépendante de l'Etat, ce n'est pas avec un simple pouvoir politique que l'Etat pourra empêcher ses ennemis de saper indirectement sa puissance, par le moyen des doctrines, et de soulever les

(1) Voir M. Bluntschli. La Notion de l'Etat, Trad. Riedmatten, p. 175.

esprits contre lui, par les affections qu'on leur inspirera dès l'enfance. »

Alors, lui répondrons-nous, s'il faut que l'Etat soit maître de l'enseignement et de l'éducation, pour qu'il le soit des esprits, il ne faut pas seulement rétrograder au-delà de 89 qui a proclamé la liberté de la pensée et de la conscience, il faut rétrograder jusqu'au-delà de Jésus-Christ, qui a proclamé la souveraineté de la personne humaine, il faut abolir l'Evangile qui est la charte de la rédemption et de l'indépendance de l'homme vis-à-vis de l'Etat, il faut restaurer le Césarisme qui avait fait de l'homme la chose même du pouvoir politique. Est-il quelqu'un qui le veuille ? Qu'il le dise ouvertement.

Non, certes, dès que l'Etat moderne ne reconnaît plus l'autorité surnaturelle de l'Eglise, il n'y a plus, pour lui, de pouvoir doctrinal ou de principe d'unité spirituelle, par lequel il ait le moyen de réunir les âmes en société intellectuelle et d'asseoir sur leur union dans la vérité, la constitution politique de la société civile. Non, il n'y en peut plus avoir. Dès qu'il rejette l'Eglise, en qui les siècles chrétiens l'ont reconnu, il ne lui reste plus que la force brutale. Est-ce donc avec la force brutale qu'il songe à s'emparer des âmes et à les réunir en société ?

Il n'est pas de gouvernement qui puisse tenter impunément une pareille énormité. Quelle implacable haine ne soulèverait pas celui qui aurait la folie de le tenter ? Il n'y a pas d'Etat assez solide qui pût résister à l'explosion de colères et de vengeances qu'il provoquerait. « La compression ne fait qu'accroître la puissance des idées, a dit M. de Voisins-Lavernière. (1) L'enfant dont vous aurez voulu jeter l'esprit dans un moule uniforme, par votre enseignement officiel, le rejettera en sortant de vos écoles, et il ressaisira avec d'autant plus d'ardeur sa liberté morale. » (2)

Sans une autorité doctrinale librement acceptée, l'unité est matériellement impossible, les divisions sont nécessairement inévitables. L'expérience le montre comme le raisonnement le prouve. « Y a-t-il aujourd'hui, s'écriait M. Dauphin en 1848, une doctrine, une idée, une école qui puisse se vanter d'avoir l'assentiment universel ? La société des âmes n'est-elle pas morcelée entre des milliers de systèmes, là où elle n'est pas complètement dissoute par le scepticisme ? .... On aurait plutôt compté les étoiles du firmament qu'analysé les mille théories qui traversent et fractionnent les intelligences.

(1) Séance du Sénat. 24 Février. 1880.
(2) Voir aussi le Discours de M. Jules Simon, au Sénat, 6 mars 1880.

.... Non, ce n'est pas l'Etat qui reconstituera l'unité des esprits : il ne le doit pas, parce que sa loi fondamentale est la liberté, parce qu'il n'a aucune doctrine, et que s'il s'en choisissait une aujourd'hui, il en aurait une autre demain ; il ne le peut pas, parce que les âmes échappent à son action coërcitive et qu'on ne tue pas un système, et surtout une religion, comme on défait une émeute » (1)

Une nation qui ne reconnaît plus d'autorité dogmatique, n'est plus capable que de l'unité civile et politique que réalisent la constitution, les mœurs et les lois.

Sans doute, une telle unité n'est point immuable, indestructible. Faut-il s'en étonner ? N'est-ce pas la condition de tout ce qui est humain, créé ?

Sans doute, la liberté de la pensée permet aux esprits de rejeter les doctrines sur lesquelles reposent et la constitution et les lois et les mœurs, et d'en embrasser d'autres qui sont inconciliables avec le maintien du régime existant. Quel mal public verrait-on à cela, puisque ce sont les lois qui sont faites pour la société, et non la société pour les lois, puisque finalement c'est la société qui est faite pour les hommes, et non les hommes pour la société. Il est juste, il est bon, il est nécessaire même, jusqu'à un certain point, que si les idées ont la liberté de changer et de changer les mœurs avec elles, la constitution et les lois changent proportionnellement pour s'adapter aux besoins nouveaux de la société.

« Admettre que le gouvernement, disait un père de famille, en 1844, puisse avoir à se prémunir, à se fortifier, à s'armer par avance contre les justes et naturelles conséquences des libertés que s'est réservées le peuple et dont il a juré de lui garantir la jouissance, ce serait donner porte ouverte et carte blanche au despotisme. Les seules conditions régulières de stabilité pour lui, sont, au contraire, dans un accord toujours suivi avec les développements successifs qui pourront naître de la pleine et entière jouissance des libertés qui ont été réservées et jurées. » (2)

VI

« S'il en est ainsi, ajoutent les Césariens, il n'est pas plus possible à l'Etat de travailler à dissiper les préjugés et à activer les progrès

1 12° Discours.
2 Lettre d'un père de famille à ses concitoyens. Brochure anonyme, 1844.

de l'esprit humain que de se défendre contre les révolutions d'idées qui menacent ses institutions, son existence.» Eh quoi ! Comment l'Etat contribuerait-il aux progrès de l'esprit humain, s'il exerçait sur lui une domination tyrannique qui l'abaissât ? Comment dissiperait-il les préjugés et les erreurs, si, étant capable, comme il l'est, d'erreurs et de préjugés, il avait le pouvoir de proscrire les plus saines doctrines et d'imposer de force les idées les plus fausses ? L'histoire est là pour raconter que tous les gouvernements qui ont voulu régner aussi sur les esprits, ont retenu leurs peuples dans les chaînes des préjugés nationaux et des intérêts restreints d'une politique aux vues basses et étroites. C'est le Césarisme qui a empêché l'Evangile de renouveler la société romaine et qui a rendu nécessaire la destruction de l'empire par les barbares. Qui dira les crimes de lèse-nation que le Césarisme a commis, même depuis trois à quatre siècles, contre la diffusion de la vérité et la propagation du bien ?

Du reste, comme le dit fort bien M. Leplay, « on donne le change à l'opinion, lorsqu'on affirme qu'un gouvernement, en s'emparant des écoles, élèverait sûrement une race d'hommes au-dessus de toutes les autres. Pour atteindre un pareil but, il ne faudrait pas qu'il s'emparât seulement des écoles, mais encore de la vie tout entière des citoyens, car, pour le plus grand nombre, c'est l'usage même de la vie qui est la principale école, dont ils tirent la majeure partie de leurs connaissances. Or, cette double usurpation commise chez un peuple riche et puissant aurait toujours pour résultat définitif une abominable dégradation. » (1)

VII

« Si vous refusez à l'Etat le droit de commander aux consciences, disent encore les Césariens, vous l'exposez au danger d'imposer civilement des obligations que les citoyens ne pourront pas moralement accepter. Une pareille situation infligerait aux âmes délicates les plus cruelles tortures ; il n'en peut être ainsi ; la conscience du citoyen ne peut être en opposition avec la conscience de l'homme. Du moment que l'Etat a le pouvoir de commander, il faut que son

---

1. M. Leplay. La Réforme sociale. T. II, L. V, Ch. 17. III.

pouvoir s'étende jusque sur la conscience, et que la loi qu'il lui donne soit la seule qui ait le droit de prévaloir dans son âme. » (1)

Il est certain que la conscience est une, indivisible. La conscience du citoyen, d'autre part, ne peut être en opposition avec celle de l'homme ; elle ne le peut être en aucun cas. Mais, est-ce parce que l'Etat a le droit de plier la conscience sous son joug, ou au contraire, si c'est parce qu'il doit s'incliner devant la souveraineté de la conscience ? Non, certes, ce n'est pas l'Etat qui a le droit de mettre la conscience humaine sous ses pieds ; il n'y a que Dieu qui soit assez grand pour régner sur elle. Pour l'Etat, il n'est fait que pour en servir les intérêts sacrés, et, par conséquent, c'est lui qui est tenu de se plier d'abord à toutes ses exigences. Si donc, il ne peut point y avoir d'opposition entre les devoirs de la conscience et ceux de la vie civile, c'est que l'Etat doit subordonner ses lois à ce que réclame la raison, la conscience, enfin, la nature humaine elle-même. Il n'est souverain que pour servir l'humanité dans les besoins qui se manifestent en elle par la voix de la raison et de la conscience ; il ne l'est et il ne peut pas l'être pour en fouler aux pieds les destinées et les lois essentielles. La souveraineté de la personne humaine prime la souveraineté politique.

Aussi, le premier souci de tout gouvernement honnête, est-ce de ne rien prescrire de contraire à la conscience de ses sujets.

Lui arrive-t-il, par erreur, d'en blesser les justes susceptibilités ? Il se garde de presser l'exécution de ses décrets.

Mais, supposons que, par caprice et par perversité, **un gouvernement emploie la force pour faire exécuter des lois en opposition ouverte avec la conscience, que doivent faire les âmes? Défendre leur souveraineté et résister courageusement.** Un gouvernement ne peut pas faire, par le seul effet de ses lois, que ce qui est mal devienne bien, ni que ce qui est nécessaire soit facultatif. Les devoirs de l'homme comme tel passent, d'ailleurs, avant ceux du citoyen. En résistant, sans faiblesse, à des lois impies, injustes ou immorales, ce ne sont pas les âmes qui se rendent coupables de révolte, elles ne font que rester héroïquement fidèles à leurs seuls vrais devoirs. Celui qui est en révolte contre la loi, qui est la loi par excellence, la loi naturelle et éternelle, c'est l'Etat. C'est donc à l'Etat de revenir à la raison, en revenant au respect des consciences. (2)

(1) Voir le Mémorandum de M. Daru. Em. Ollivier. L'Eglise et l'Etat. T. II. Ch. VII.
(2) M. Em. Ollivier, op. cit. T. I, p. 208 et 330.

Mais, il peut arriver que les lois injustes ne prescrivent aucun mal à faire, mais créent des obstacles au bien. Dans ce cas, ou le bien, dont il s'agit, est nécessaire, ou il ne l'est pas. S'il n'est pas nécessaire, les citoyens peuvent, et doivent ordinairement en faire le sacrifice à la paix publique. (1) Si, au contraire, il est nécessaire, s'il implique des devoirs indispensables à remplir, les citoyens n'ont pas le droit de souffrir cet asservissement ; leur devoir rigoureux est, au contraire, de revendiquer énergiquement le droit de satisfaire à leurs obligations.

Enfin, quand les lois de l'Etat n'obligent pas à des actes essentiellement mauvais, ou bien, qu'elles n'empêchent pas des biens indispensablement nécessaires, la soumission qu'on peut, pour des raisons graves, leur rendre extérieurement, civilement, n'implique pas l'adhésion de l'esprit et du cœur aux faux principes dont elles sont une application. Toutefois, le devoir naturel des bons citoyens est de travailler à les mettre en accord avec la vérité, le droit et la saine morale.

---

(1) Nous disons ordinairement, car il y a des moments où l'abdication d'un droit, même non nécessaire, aurait des conséquences funestes, et serait, dès lors, une grave faute politique.

CHAPITRE XII

Des faux droits de l'Etat en matière d'Enseignement et d'Education. (Suite)

> Le droit de la famille a souvent été entravé dans son exercice ; il n'a été, dans la suite des siècles, tout à fait méconnu que par trois ou quatre Etats.

I

Les Césariens nous opposent un autre genre de raisons. « Admettons, disent-ils, que l'enfant élevé sous le toit paternel, échappe à l'action formatrice de l'Etat, on ne peut, du moins, nier que celui qui entre dans une école publique, ne tombe dans le domaine propre et sous le pouvoir spécial de l'Etat. » Ainsi, raisonnaient, en substance, M. Cousin, dans son discours du 22 avril 1844, M. Thiers, dans son rapport sur le projet de loi de 1844, M. Liadière, dans son rapport sur le projet de loi de 1847, et tous les partisans de l'omnipotence de l'Etat, dans les discussions des lois de 1850, de 1875 et de 1880.

Ne pourrait-on appliquer cette manière de raisonner à tous les établissements publics ? Les établissements particuliers, pourrait-on dire, sont en dehors du domaine de l'Etat ; mais les établissements publics forment proprement le domaine de l'Etat ; donc ils lui appartiennent, ils sont à sa disposition. Si, en matière d'industrie, cette conséquence est énorme, comment serait-elle légitime en matière d'enseignement et d'éducation ? Le vice d'un tel raisonnement, c'est de faire dégénérer le pouvoir politique en un pouvoir despotique, en un droit de propriété qui sacrifierait les familles à la société, et la société à son gouvernement.

Eh quoi ! un père a le droit et le pouvoir d'élever, à son gré, sous son toit, l'enfant qu'il a mis au monde. L'Etat n'a aucun titre pour lui enlever la plus légère partie de l'autorité dont il a besoin pour accomplir sa mission autour de son foyer.

Et, il suffirait que ce même père, ne pouvant élever son enfant sous son toit domestique, fût obligé de l'envoyer dans une école ouverte à d'autres enfants, pour que l'Etat acquît le droit de se substituer à lui, dans l'exercice de son autorité et dans l'accomplissement de sa mission ? Eh quoi ! est-ce donc que ce père a cessé, pour cela, d'être l'auteur de cet enfant ? Est-ce que cet enfant a cessé, pour la même cause, d'être la reproduction de son père ? Celui-ci n'a-t-il pas toujours le droit de commander à celui-là ? Et celui-là n'a-t-il pas toujours le devoir d'obéir à celui-ci ? Non, certes, le simple fait d'envoyer un enfant dans une école publique, ne rompt pas les rapports naturels qui lient les parents à cet enfant. Les parents ne peuvent perdre, du seul fait de prendre pour auxiliaires des instituteurs publics, les droits sacrés qu'ils ont essentiellement sur l'éducation de leurs enfants. L'Etat ne peut tirer de ce même fait aucune raison valable pour mettre la main sur la formation même des enfants qu'il n'a point engendrés de lui-même et à sa ressemblance, pour prétendre en diriger souverainement les développements, au mépris de l'autorité paternelle et de ses droits.

Le fait d'être dans un lieu public, ne change pas davantage les rapports politiques que la Constitution établit entre l'Etat et ses sujets ; l'Etat n'est pas plus le maître des esprits et des doctrines dans une place publique que dans une demeure privée. L'Etat n'y a de pouvoir que pour s'opposer aux actes qui seraient contraires à la Constitution, aux lois ou aux mœurs ou qui pourraient troubler la paix sociale.

Quelle est donc la raison qui fournit à l'Etat le prétexte de prétendre plus de droits sur l'éducation publique que sur l'éducation privée ? La voici : quand l'enfant sort de la maison de son père pour aller dans une école publique, il ne brise pas les liens qui l'attachent à sa famille ; mais il contracte des rapports soit avec les maîtres auxquels ses auteurs le confient, soit avec les autres enfants qui deviennent ses condisciples.

Or, ces rapports sont des rapports civils. Le contrat par lequel un père confie son fils à un instituteur public et par lequel ce dernier s'engage à en remplir les conditions, est un contrat civil. Pareillement le contact, les relations qu'ont entre eux les enfants assis sur les mêmes bancs, sont des conséquences de la vie civile. Tout cela intéresse profondément l'ordre public, la paix sociale. Tout cela relève donc essentiellement du pouvoir qui a la mission de veiller au bien de la société. Tout cela est par là même, du domaine propre de l'Etat. Oui, il appartient et il incombe exclusivement à l'Etat de régler souverainement, par la loi, tout ce qui, en cette matière, dépend de la liberté humaine et peut intéresser la paix publique et de trancher, en dernier ressort, toutes les contestations et toutes les difficultés qui peuvent s'élever.

Mais, nous l'avons dit, autres choses sont les rapports civils qui naissent de l'union libre des hommes en société politique, autres choses sont les rapports naturels qui résultent nécessairement entre les parents et les enfants du fait que les premiers sont les auteurs des seconds. Autant il est vrai que les rapports civils sont proprement du ressort du pouvoir politique, autant il l'est que les rapports d'éducation appartiennent exclusivement au pouvoir paternel. Il est bien vrai qu'un père ne peut pas exercer sur ses enfants, dans la rue, ses droits de police domestique, comme sous son toit paternel ; mais il n'est pas moins vrai qu'il ne perd rien de ses droits sur l'éducation de ses enfants, qu'elle se fasse dans un lieu public ou dans un lieu privé. Ses droits de police domestique sont naturellement plus étendus dans sa maison que dans la rue. Mais ses droits d'auteur s'étendent également partout sur ses fils. Par conséquent, si c'est à l'Etat qu'appartiennent plus particulièrement les droits de police sur les enfants, dès qu'ils passent dans un lieu public, il ne se peut que ce soit à l'Etat que se transfèrent les droits d'éducation sur ces mêmes enfants, parce qu'ils entrent dans une école publique. Ces derniers droits répugnent à la nature de l'Etat ; ils ne peuvent jamais convenir qu'aux parents eux-mêmes, c'est pourquoi ils leur restent.

II

Il n'est donc pas vrai qu'un instituteur qui ouvre une école pour le service des familles, exerce une fonction proprement sociale et que son établissement soit un établissement public dans toute la force du mot. Une telle école est publique, parce qu'elle est ouverte à des enfants issus de plusieurs souches. La fonction de l'instituteur est sociale, en ce sens qu'elle est nécessaire à la société et qu'elle satisfait à ses indispensables besoins. L'école et l'instituteur pourront avoir été établis par l'Etat, et lui appartenir comme institutions sociales ; il sera toujours faux que l'instruction et l'éducation des enfants pour lesquels sont établis les instituteurs et les écoles, soient des fonctions qui incombent à la société et qui appartiennent à l'Etat. Nous ne saurions trop le redire, la formation intellectuelle et morale d'un enfant ne peut être que l'œuvre de ses auteurs, que la charge et le droit de sa famille ; cela est indiscutable, qu'il s'agisse de l'éducation dans une école dite publique, ou autour du foyer paternel.

Sans doute, l'Etat aura le droit de demander à l'individu qui voudra ouvrir une école qui il est, quelle est sa science, sa moralité ; il aura le droit de lui accorder ou de lui refuser, suivant les cas, l'autorisation de fonder un pareil établissement. Néanmoins, toutes les mesures qu'il aura le droit de prendre, n'auront pour objet que les intérêts de l'ordre civil et politique. Quant à ce qui est de l'ordre naturel, auquel appartient essentiellement la formation morale de l'homme, elles ne peuvent avoir pour but que d'en faire respecter religieusement toutes les dispositions.

Ainsi, l'Etat ouvre une école, ou il en autorise l'établissement. Son acte n'a qu'une signification qu'une portée politique ; il n'a pour objet que ce qui regarde l'existence civile et politique de cette école. Mais ce n'est pas lui qui communique à l'instituteur, qui y présidera, le droit et le pouvoir d'élever les enfants qui y viendront ; ce pouvoir et ce droit, il ne les a pas. Ce sont les auteurs des enfants qui, en associant à leur mission le maître de cette école, et en l'appelant à partager leurs charges, lui délèguent les pouvoirs et les droits qu'ils tiennent du Créateur.

Au contraire, l'Etat s'oppose à l'ouverture d'une école ; il ne fait que poser un obstacle civil et politique qui empêche la jouissance de certains droits naturels ; il ne peut pas supprimer ces droits eux-mêmes ; il ne peut pas empêcher les parents de s'adjoindre des auxiliaires pour l'accomplissement de leur mission, ni leur enlever le droit de les choisir à leur gré ; il ne peut pas davantage interdire du droit d'enseigner tous les citoyens, ni, dès lors, ceux qui sont capables et dignes d'en exercer le ministère. Son pouvoir ne s'étend jusqu'à ce domaine qui est celui de la loi naturelle, que pour veiller, nous l'avons dit, au respect qui lui est dû. Il n'a le pouvoir d'intervenir, en cette matière, que pour garantir aux pères de famille le respect de leurs droits et de leurs volontés, et aux instituteurs la liberté de remplir leur mission et la juste rémunération de leurs services.

« Le droit qui appartient d'élever leurs enfants, dit Mgr Sauvé, ne se borne pas à l'intérieur de la famille ; il n'expire pas au seuil du sanctuaire domestique. Le père a le droit, non seulement d'élever son fils ou de le faire élever par un instituteur privé, il a le droit aussi de le confier à plusieurs maîtres qui, en dehors de la maison paternelle, lui donnent les soins requis. « La nature des choses ne change pas avec le nombre. Mille fourmis ne feront jamais un oiseau, ni mille sensations une idée intellectuelle. Si donc l'instruction des enfants est une fonction essentiellement domestique, confiée aux parents, qu'ils aient un fils ou mille fils, qu'un seul père ou mille pères les instruisent, l'instruction restera toujours une fonction de la famille. C'est pourquoi, six, dix, cent, mille pères, dans une maison achetée ou louée, réunissent, sous des maîtres choisis par eux, leurs enfants, ce fait ne donne pas à l'Etat le droit de diriger à son gré ou d'usurper à son profit la fonction domestique de l'éducation. » (Tapparelli) (1)

III

« Tous les Etats, nous objectent les Césariens en dernier lieu, ont revendiqué comme un droit propre de la puissance publique le droit de diriger l'éducation de l'enfance et de la jeunesse. »

Rien de moins exact, comme nous l'avons montré dans notre premier livre, auquel nous renvoyons le lecteur. Tous les Etats ont exigé que les écoles ne fussent pas en révolte contre leur constitution, leurs lois et les mœurs publiques ; c'est leur devoir et leur droit, nous l'avons prouvé.

Quelques-uns, comme les empereurs chrétiens de Constantinople et comme les rois de France, depuis Philippe le Bel, ont fait peser sur l'instruction un joug politique dont le poids allait en s'appesantissant de plus en plus, mais d'autres, par contre, comme Rome dans l'antiquité, et de nos jours, la Belgique et l'Angleterre, ont complètement abandonné l'enseignement et l'éducation à la famille et à la liberté des individus et des associations.

Il n'y a que Sparte, la Convention, et le régime universitaire du premier empire qui, en fait ou en droit, aient substitué le pouvoir de l'Etat à l'autorité de la famille dans la direction de l'instruction et de l'éducation.

Infinie est la différence qui sépare le régime de l'éducation chez

(1) Revue Catholique des Institutions et du Droit décembre 1879.

les Spartiates, sous la Convention et sous le monopole universitaire du régime de l'éducation chez tous les autres peuples.

Chez le plus grand nombre des nations, l'éducation est l'œuvre, l'affaire exclusivement propre de la famille et non de l'Etat. Les gouvernements y bornent leur intervention à une action politique plus ou moins pressante. Ils ne s'y posent pas comme la source unique de laquelle doit découler toute science, comme le principe unique d'où doit dériver toute instruction, comme le maître absolu des méthodes d'enseignement et d'éducation, des formes intellectuelles et morales que doivent revêtir les âmes. Ils ne se substituent pas aux parents, ils ne les empêchent pas d'être jusqu'au bout les auteurs de leurs enfants et de jouir des biens qu'ils recherchent dans la formation de leur postérité.

Au contraire, à Sparte et, en France, sous la domination de la Convention et du monopole universitaire, ce ne sont plus les parents qui sont maîtres de l'éducation de leurs enfants et qui peuvent travailler à revivre en eux, c'est l'Etat qui s'emparant de la formation de ceux-ci, prétend en devenir lui-même le père, se reconnaître et se sentir vivre en eux. L'éducation d'un enfant n'est plus l'œuvre et l'affaire de la famille; c'est l'œuvre, l'entreprise de l'Etat. L'enfant n'y doit point être l'image et la reproduction de son père, mais de l'organisme politique, tel que le conçoivent ceux qui président à sa vie; c'est l'Etat qui est la source et la forme de toutes les idées, de toutes les affections dont son âme doit être, pour ainsi dire, faite.

En deux mots, tandis que la majorité des gouvernements s'est bornée à gêner politiquement plus ou moins les familles dans la poursuite de leurs destinées, les Spartiates et leurs imitateurs sont allés jusqu'à supplanter les familles dans la poursuite de ces mêmes destinées, jusqu'à empêcher absolument ou à peu près, les pères et les mères de réaliser leur fin terrestre, en les empêchant d'achever, par l'enseignement et l'éducation, leur reproduction intégrale dans leurs enfants.

IV

Maintenant est-il vrai que l'Eglise ait jamais approuvé les empiétements criminels de la politique sur l'éducation de l'enfance au préjudice de l'autorité paternelle ? Non, c'est là une calomnie, indigne à laquelle nous avons déjà répondu dans notre premier livre.(1) L'Eglise s'est parfois tue devant l'omnipotence des empereurs de Rome et de Constantinople. M. Guizot nous a expliqué la modestie de cette attitude. L'Eglise sortait de trois siècles de persécutions ; est-il étonnant qu'elle se soit montrée parfois timide devant les successeurs de ceux qui l'avaient si longtemps piétinée dans son sang. Cependant on ne montrera jamais un décret, une décision où elle ait sanctionné la spoliation de la famille par l'Etat, où elle ait autorisé celui-ci à mettre la main sur les âmes et sur les doctrines. Au contraire, elle a soutenu les plus rudes combats et elle a reçu les plus cruelles blessures pour défendre la pureté de son dogme, la liberté des âmes et la constitution de la famille et du mariage.

S'il en était autrement, l'Eglise eût trahi sa mission, elle eût manqué le but de sa fondation.

L'œuvre propre de Jésus-Christ, en effet, a été d'arracher les âmes à l'empire de la force brutale et d'affranchir la personne humaine de son asservissement au pouvoir de l'Etat.

Or, c'est en partie pour maintenir, continuer, propager cette œuvre de délivrance et de rédemption, que Jésus-Christ a établi son Eglise. Combien donc l'Eglise n'aurait-elle pas forfait, si elle eût jamais pu approuver un nouvel asservissement des âmes, une nouvelle absorption de la personne humaine dans l'Etat et par l'Etat ! Cela n'est pas possible, ou Jésus-Christ eût manqué à la promesse d'être avec elle et de la soutenir.

---

(1) Ch. II.

CHAPITRE XIII

Contre le monopole et pour la liberté de l'Enseignement et de l'Education.

I

L'Etat n'a pas le droit de se substituer au père de famille dans la formation intellectuelle et morale de son enfant. Il n'a pas davantage celui de revendiquer pour lui-même le monopole de l'enseignement et de l'éducation au détriment de la liberté des citoyens.

De semblables revendications sont contraires à l'objet de l'enseignement et de l'éducation, à la nature de l'esprit humain, aux besoins des âmes, aux droits primordiaux des individus et de la famille, aux progrès des sciences et à tous les intérêts de la société.

M. Cousin, dans son discours du 22 avril 1844, M. Laboulaye, dans son article sur le rapport de M. le duc de Broglie, (1) et bien d'autres ont nié que le droit d'enseigner fût un droit naturel ; ils ont soutenu que c'était essentiellement une prérogative de la puissance publique qui la délègue à l'instituteur, et s'en remet à lui, sous certaines conditions, du soin de former les futurs citoyens. »

Cette doctrine a été abandonnée depuis par une infinité de libéraux. Elle était combattue dès 1828 par MM. Benjamin Constant, Dubois, Jouffroy, Damiron, de Rémusat, et un peu plus tard, par MM. Dufaure, Jules Simon etc. (2)

Elle l'était avec non moins d'éclat par le duc de Broglie, Berryer, le comte de Montalembert, les abbés Combalot, Lacordaire, Dupanloup, Gratry etc.

C'était bien à tort, du reste, que M. Cousin, dans le discours cité, soutenait contre ses adversaires que la liberté d'enseignement, n'étant inscrite dans aucune des Déclarations des droits de l'homme et du citoyen, n'avait pas été reconnue par la révolution. « Cette

---

(1) Revue Wolowski, t. XIX cité plus haut, voir aussi M. Troplong dans le même volume.

(2) V. le Discours de M. Jules Simon au Sénat 27 février 1880.

question, comme le disait fort bien M. Laboulaye au Sénat, dans son discours du 27 janvier 1880, a occupé nos pères, ce n'est pas une invention de 1850. C'est une question dont on s'est occupé dès le lendemain de la révolution. On la considérait comme une conséquence naturelle de la liberté religieuse ou de la liberté d'opinion. Nous avons sur ce point des témoignages considérables. » Et l'éloquent Sénateur rapporte ceux de Talleyrand, de Condorcet, de Daunou que nous avons cités dans notre premier livre.

M. Dufaure, dans son discours du 9 mars 1880, tenait le même langage : « La liberté d'enseignement, dit-il, était certainement comprise dans les Déclarations de 1789, quoique son nom n'y figure pas ; mais elle était proclamée dès cette époque par deux grands esprits, Mirabeau et Talleyrand. »

II

Nous allons voir, en effet, combien le monopole de l'enseignement est contraire à toutes les libertés et à tous les droits que reconnaissent et proclament les Déclarations.

Il est, premièrement, contraire à l'objet même de l'enseignement et de l'éducation. « La première condition de toute instruction, disait Condorcet dans son rapport, étant d'enseigner des vérités, les établissements que la puissance publique y consacre, doivent être aussi indépendants que possible de toute autorité politique. » (1) « Qu'est-ce qu'enseigner, se demande le P. Tapparelli ? C'est communiquer la vérité. L'intelligence humaine répugne à l'erreur. La parole n'a le droit de se produire que quand elle exprime la vérité. » (2)

D'autre part, l'éducation a pour fin de développer, conformément aux lois de leur nature, les facultés en germe dans l'âme humaine.

Mais elle n'atteint ce but qu'en mettant ces mêmes facultés en possession de leurs objets propres, et qu'en les exerçant à produire leurs actes respectifs sur ces mêmes objets.

Par conséquent, comme l'objet de l'intelligence, c'est la vérité, et que celui de la volonté, c'est le bien, il s'en suit que la fonction de l'éducation, c'est de mettre les âmes en possession de la vérité et du

---

(1) p. 3 et 4.
(2) Mgr Sauvé, ubi supra.

bien, et de les exercer à s'emparer, de plus en plus parfaitement, de ce double trésor.

Or, la vérité et le bien n'ont-ils pas essentiellement pour nature de se communiquer et de se propager ? C'est évident. La vérité n'éclaire qu'autant qu'elle se répand ; le bien ne réjouit qu'autant qu'il s'épanche. La vérité et le bien n'existent et n'ont de valeur que dans la proportion où ils sont capables de se communiquer.

Par conséquent, dire : « la vérité et le bien ne se propageront que par moi, » c'est dire : « La vérité et le bien, qui existent en dehors de moi, ne se répandront pas, et dès lors, ne suivront pas la loi essentielle de leur nature. » Rien, certes, ne peut être plus contraire à la vérité et au bien eux-mêmes.

III

Rien, non plus, n'est moins en accord avec la nature de l'âme humaine. Que veulent, en effet, l'esprit en possession de la vérité et le cœur en jouissance du bien ? Ce qu'ils veulent comme le complément nécessaire du bonheur de les posséder, c'est de les propager et d'y faire participer ceux qui en sont privés. L'esprit qui ne fait qu'un avec la vérité, a les tendances de la vérité ; il est porté à répandre sa lumière. Il en est de même du cœur qui s'est identifié au bien ; son inclination la plus vive, c'est d'associer ses semblables à sa félicité. Plus ils donnent l'un et l'autre de leurs richesses, plus, à l'inverse des riches de la terre, ils s'estiment riches et heureux. De sorte que nous n'avons presque pas moins le besoin d'enseigner que d'apprendre.

N'est-ce pas pour nous rendre capables de consommer notre bonheur, en faisant celui de nos semblables, que le Créateur nous a dotés de la parole ? Tout ce que l'on peut demander à un homme, en possession de la vérité et du bien, c'est de n'en pas garder exclusivement pour lui seul l'inestimable jouissance, c'est de la faire partager à ses frères avec zèle, sincérité et prudence.

« Il y a, dit M. J. Simon, un apostolat de la science, et il n'est pas nécessaire, pour l'exercer, d'être un homme de génie... C'est un devoir quand on croit posséder une partie de la vérité, d'essayer de la répandre, de se consacrer à son service, de ne tenir pour rien les intérêts personnels, l'ambition, la vanité, de persévérer sans jamais faiblir,... d'honorer soi-même sa doctrine, de lui rendre témoignage par sa conduite, de se tenir toujours prêt à la soutenir et à la défendre.... » (1)

Telle est la loi essentielle de l'âme humaine. Eh bien, c'est cette loi souveraine que viole brutalement le monopole de l'enseignement.

Quand l'Etat dit à ses sujets : « Vous n'enseignerez pas ; je me réserve de répandre la lumière. » C'est comme s'il leur disait : « Vous aurez beau posséder la vérité et avoir le besoin de la propager, vous suivrez, non la loi de votre esprit, mais celle que je vous impose. En vain, serez-vous liés entre vous par les liens d'une étroite solidarité, je vous refuse le droit de vous communiquer réciproquement vos connaissances ; c'est moi seul qui vous distribuerai le bienfait de la science. » Rien de plus contraire à la nature et aux aspirations de l'âme humaine !

Qu'on ne demande donc plus les fondements naturels du droit d'enseigner ! Les voilà. C'est le Créateur, et non l'Etat, qui nous en a dotés, en nous dotant de la vérité, et tout à la fois de la faculté et du besoin de la répandre. Il n'a pas pu nous donner tous ces biens sans y joindre le droit d'en jouir librement dans les circonstances qui ne répugnent ni au bien privé, ni au bien public. Quant à l'Etat, il peut, il doit régler l'exercice de cette puissance d'une manière conforme aux intérêts sociaux ; loin d'avoir aucun titre pour la confisquer à son profit, il a pour charge de la garantir.

IV

Le monopole de l'enseignement annihile injustement une foule d'hommes qui ne peuvent développer leur valeur que sous le régime de la liberté.

Chaque génération apporte des individus qui sont spécialement faits pour cultiver les sciences et en communiquer la lumière. Souvent, d'ailleurs, l'enseignement est le seul moyen qu'ils aient de gagner avantageusement leur vie et de se créer une position honorable au sein de la société. Que l'Etat se réserve le monopole de l'enseignement, il leur ferme par là même la carrière pour laquelle le Créateur les a faits et à laquelle ils ont le droit de se vouer. Et ce ne serait pas là une injustice ?

« Tout privilège est odieux de sa nature, disait Chaptal dans son

---

(1) Religion naturelle, IV° Partie.

rapport sur l'Instruction publique, en l'an IX, il serait absurde en matière d'instruction. »

De Talleyrand qui avait, le premier, tenu ce langage, avait proclamé, « pour tous les talents, le droit de disputer le prix de l'estime publique sur le terrain de l'enseignement. »

Quel avantage, d'ailleurs, la société tirerait-elle d'une loi qui, en dépouillant une foule de citoyens du droit de communiquer librement leurs connaissances, réduirait à un seul les foyers de lumières variées que le Créateur lui a préparés ? Mais, ce serait là une perte sèche pour elle.

D'autre part, l'enseignement, quand il est librement donné et reçu, crée des liens de parenté intellectuelle entre les maîtres et leurs élèves. Les écoles deviennent comme de secondes familles. Qui ne voit combien l'union sociale en profite ?

Mais, instituez le monopole, vous contrarierez les inclinations ; les relations forcées qu'impose la loi, ne sont ni intimes, ni durables ; les citoyens, ainsi contraints, ne s'unissent pas d'une manière solide et ils prennent en haine le gouvernement qui les violente.

Il n'est donc pas exact que, si le monopole empêche la liberté d'unir les citoyens entre eux, il l'empêche aussi de les diviser, et que s'il s'oppose à ce que les citoyens se lient entre eux à leur gré, il les attache plus fortement à l'Etat, ce qui vaut mieux. L'Etat n'a qu'un moyen pour s'attacher les esprits et les cœurs, c'est la liberté qu'il leur garantit. Quand il fait peser sur eux un joug tyrannique, il les détache de lui, il s'en fait des ennemis.

V

Le monopole de l'enseignement ne spolie donc pas seulement celui qui a le droit et le besoin d'enseigner, il spolie aussi celui qui a le droit et le besoin de recevoir librement un enseignement.

Voici pourquoi : l'individu qui va demander à un maître ses leçons, va lui demander ses idées, ses affections et ses mœurs ; il lui soumet son esprit, son cœur et sa vie pour que, maître tout puissant, il les forme à l'image et ressemblance de son propre esprit, de son propre cœur, de sa propre vie. Conçoit-on tout ce qu'il faut de confiance pour inspirer une subordination volontaire pareille? Si l'élève n'était pas bien persuadé qu'il sera réellement aimé par un cœur droit, pur, sincère, désintéressé, ne serait-il pas absolument stupide de s'abandonner à ce point à l'action irrésistible d'un maître capable, par l'abus de sa fonction, de perdre aussi bien que de sauver, de tuer aussi bien que de faire vivre ? Il ne faut pas seulement de la confiance, il faut encore de l'amour et un grand amour pour se faire ainsi un maître d'un étranger dont on est, à tous les titres, indépendant, pour se soumettre ainsi à lui et s'assimiler complètement ses leçons. Comme il n'y a que l'affection la plus élevée qui puisse disposer un maître à ne répandre dans le cœur de son élève que les leçons les meilleures; de même, il n'y a que l'affection la plus vraie qui puisse disposer le cœur d'un élève à recevoir et à garder fermement les enseignements et les impressions qui lui sont donnés.

« Socrate, ce grand précepteur de l'antiquité, dit M. E. Legouvé, rendit un jour un jeune homme à son père, en lui disant : « Je ne puis rien lui enseigner, il ne m'aime pas. »

Dans une autre circonstance, interrogé sur sa profession, il répondit : « Courtier de mariage, je vais par la ville, cherchant quels hommes sont propres à lier mutuellement amitié afin de les réunir, et grâce à leur affection, ils se servent de précepteurs l'un à l'autre.»

Pourquoi s'éclaire-t-on ? disait-il. Parce qu'on s'aime. Pourquoi éclaire-t-on ? Parce que l'on aime. Maîtres et élèves ont tous un maître commun : l'affection. Celui qui n'aime pas et qui veut instruire, ressemble à celui qui prend une terre à ferme ; il ne cherche point à l'améliorer, mais à en tirer le plus grand profit. Celui qui aime, au contraire, ressemble au propriétaire d'un champ ; de toutes parts, il apporte ce qui peut enrichir l'objet de son affection. » (1)

Or, s'il est une vérité qu'il ne faille pas oublier, c'est que la confiance et l'amour réciproques ne se commandent pas au nom de la force ; la contrainte, bien loin de là, les empêche de naître ou les tue.

Il s'ensuit que le monopole, en restreignant la liberté et en imposant la contrainte, est tout ce qu'il y a de plus inconciliable avec le droit de celui qui a besoin d'instruction.

Le droit, comme le besoin de celui-ci, c'est de pouvoir choisir son maître en toute liberté. Les cœurs ne se laissent pas plus imposer par la force leurs affections que les esprits leurs doctrines. Il est dans la nature de l'âme de rejeter avec indignation tout ce qui veut la dominer et la gouverner par la violence. Interdire aux esprits de s'adresser aux maîtres qu'ils préfèrent, les contraindre à recevoir les leçons

(1) Cité par Larcher.

de maîtres qui ne leur inspirent ni confiance, ni amour, c'est les pousser à se révolter contre les leçons qui leur sont imposées de force et les condamner à rester dans l'ignorance.

« Si chacun, disait Talleyrand, dans son rapport, a le droit de recevoir le bienfait de l'instruction, chacun a réciproquement le droit de concourir à la répandre ; car, c'est du concours et de la rivalité des efforts individuels, que naîtra toujours le plus grand bien. *La confiance doit seule déterminer le choix pour les fonctions instructives.* »

L'Etat a beau dire à ses sujets de sa voix la plus douce : « C'est moi seul qui vous enseignerai ; mes écoles seront bien meilleures que toutes celles que vous pourriez choisir vous-mêmes. » Les citoyens ont le droit de lui répondre : « La violence que vous nous faites, les entraves dont vous nous chargez, nous ôtent toute confiance en vous. Nous ne voulons ni de vos écoles, ni de vos maîtres ; nous ne vous demandons que ce que vous nous devez ; garantissez-nous simplement la liberté et les moyens de nous faire instruire par les maîtres de notre choix. »

CHAPITRE XIV

Contre le Monopole et pour la Liberté d'Enseignement et d'Education (Suite).

I

Toutefois, ce ne sont pas les esprits, déjà en partie formés, qui ont le plus à souffrir du monopole, c'est la famille.

D'abord, les enfants ont en leurs auteurs une confiance sans bornes ; d'instinct, ils s'abandonnent à leurs bras, sans la moindre réserve.

Conséquemment, ils ont aussi confiance en ceux aux mains desquels leurs auteurs les remettent. Il ne peut pas même leur venir à l'esprit que leurs parents puissent les livrer à des mains qui travailleraient à leur perte.

Eh bien, cette confiance que la nature inspire, serait trompée par le monopole ? Les parents ne seraient pas libres de choisir, suivant leurs cœurs, ceux à qui ils veulent confier leurs enfants ? Ils seraient obligés de les abandonner à des hommes dont ils auraient lieu de se défier ?

Mais ce serait retourner contre sa fin, la confiance que la nature met dans le cœur des enfants à l'égard de leurs auteurs.

Pourquoi, en effet, l'Etat enlèverait-il à ceux-ci la liberté de faire donner à ceux-là l'instruction et l'éducation de leur choix ? Ce ne peut être évidemment pour faire donner la même instruction et la même éducation.

Mais, si c'est pour faire donner une instruction et une éducation contraires, c'est violer, du même coup, le droit sacré des uns et des autres. Les enfants, nous l'avons prouvé, ont un droit rigoureux à être élevés, suivant l'ordre de la nature, par l'amour de ceux qui les ont mis au monde.

Il n'y a que l'affection qui les a produits, nous le répétons, qui ait le pouvoir de porter la main sur eux, sans leur nuire et pour leur faire du bien. Toute autre action que celle de l'amour, ne peut qu'exploiter leur faiblesse, et, peut-être, les perdre pour toujours. Traiter l'enfant avec un autre sentiment que l'amour, et au mépris de l'amour, c'est l'abaisser au rang des choses dont on dispose à son gré. Sans doute, l'enfant ne ressent pas cette injure. Son impuissance à s'en défendre ne rend que plus exécrable la tyrannie qui le foule aux pieds. Voilà pourquoi le Christ a dit : « Malheur à celui qui scandalise le plus petit de ces enfants ! »(1) Le droit naturel n'est pas moins inviolable dans l'enfant que dans l'adulte.

Mais, ceux qui ressentent le plus vivement cette cruelle injustice, ce sont les parents. On sait, en effet, que, par une admirable disposition de la nature, les parents souffrent plus des maux qui atteignent leurs enfants que de ceux qui les tourmentent eux-mêmes personnellement. Qu'on juge donc de la torture infligée à leurs cœurs, lorsqu'ils se sentent privés de la liberté de faire à leurs enfants tout le bien qu'ils voudraient, forcés de les remettre à des maîtres dont

---

(1) Voir Matth. XVIII.

ils doivent suspecter les intentions, et peut-être de les voir soumis à un régime infernal de dépravation et de corruption. Qui dira la douleur de leurs âmes et les angoisses de leurs consciences, s'ils ont le sentiment de leur responsabilité devant le tribunal de Dieu ?

C'est ce qui faisait dire à Daunou, au sein même de la Convention : « Robespierre vous a aussi entretenus d'éducation, et, jusque dans ce travail, il a trouvé le secret d'imprimer le sceau de sa tyrannie stupide, par la disposition barbare qui arrachait l'enfant des bras de son père et qui faisait une dure servitude du bienfait de l'éducation. Pour nous, nous nous sommes dit : *Liberté de l'éducation domestique, Liberté des établissements particuliers d'éducation, Liberté des méthodes instructives.* » (1)

Voilà pourquoi M. Guizot disait aussi : « Il y avait excès de despotisme dans la manière dont l'Université était conçue et instituée...

L'Etat a le droit de distribuer l'enseignement, de le diriger dans ses propres établissements, de le surveiller partout; il n'a pas le droit de l'imposer arbitrairement et exclusivement à toutes les familles sans leur consentement et sans leur aveu.

Les premiers droits sont les droits des familles ; les enfants appartiennent aux familles, avant d'appartenir à l'Etat.

Le régime de l'Université n'admettait pas ces droits primitifs et inviolables de la famille. » (2)

Il faudrait de longs volumes, pour relater tout ce qui a été dit en faveur de la famille contre le monopole de l'Etat, surtout depuis 1828, soit dans la presse, soit dans les Parlements.

Les notes les plus discordantes ont été du genre de celles que M. Lavergne faisait entendre le 17 janvier 1850 devant la Représentation nationale.

« Suivant eux (ses amis), disait-il, la liberté ne doit pas être accordée. A leurs yeux, la qualité de citoyen absorbe la qualité de fils. Pour eux, le droit de l'Etat absorbe complètement le droit du père de famille. Je ne nie pas les droits de l'Etat sur le citoyen, je les crois même supérieurs à ceux du père de famille, mais je ne nie pas le droit de la famille. La famille fait trop pour l'enfant pour ne pas lui reconnaître une part dans la direction de l'âme et de l'intelligence de l'enfant. »

(1) Rapport sur la loi du 3 brumaire, an IV.
(2) Voir Revue Catholique des Institutions et du Droit. Mai 1882. Art. de M. Brac de la Perrière.

Dieu merci ! Aujourd'hui, de telles doctrines ne sont plus soutenables. Non, certes, il n'est pas vrai que, relativement à la formation de l'homme, la qualité de citoyen absorbe la qualité de fils, et le droit de l'Etat, le droit du père de famille. Rien, au contraire, de plus faux. Ce n'est pas l'homme qui est pour la famille, ni la famille, nous l'avons vu, qui est pour l'Etat ; loin de là, c'est l'Etat qui est pour la famille avec la mission de la protéger, au lieu de l'absorber, dans la jouissance de tous les droits qu'elle a sur l'éducation des enfants, comme c'est la famille qui est pour les enfants, avec la mission de les élever et de les mettre en possession, au lieu de les en dépouiller, des attributs propres à l'homme.

Il ne suffit donc pas de reconnaître à la famille une part dans la direction de l'éducation ; l'éducation est son domaine propre, elle y est souveraine, nous l'avons prouvé. Sans doute, sa souveraineté n'est point absolue ; elle ne la possède que pour remplir sa mission, ses devoirs. Or, l'un de ses devoirs, c'est de faire de bons citoyens. Toutefois, sur ce point, l'Etat n'a qu'un droit, c'est de lui garantir la paisible jouissance de sa souveraineté, afin qu'elle puisse vaquer tranquillement à l'accomplissement de son ministère. (1)

C'est, du reste, ce que la loi française suppose, en déclarant le père responsable des actions de son fils mineur (C. c. art. 1384). Evidemment, elle ne pourrait pas demander à un père, compte des fautes de son enfant, si elle n'était pas autorisée à en faire remonter le principe jusqu'à lui, et elle n'y serait pas autorisée, si ce n'était pas lui, mais un maître étranger qui dirigeât souverainement, malgré lui, la formation de son enfant ? L'article 1384 et le monopole de l'enseignement sont inconciliables. « Le monopole de l'enseignement, dit aussi le Corps enseignant libre de Lille, dans ses Observations sur la loi Ferry, n'est pas un droit, mais une usurpation de l'Etat. C'est une expropriation contre nature, impossible à maintenir, des droits de la famille et des droits des individus, au profit de l'entité métaphysique qui s'appelle l'Etat ou plutôt au profit du parti qui est au pouvoir.

« De fait, s'écrie le P. Tapparelli, quelle plus odieuse tyrannie des consciences peut-il y avoir que de dire à un père de famille : « Il vous est enjoint de confier l'éducation de vos fils à des maîtres dont vous connaissez l'impiété, afin qu'ils apprennent à tourner en dérision vos principes, à blasphémer votre Dieu, à fouler aux pieds

---

1 Voir plus haut. L. III. Ch. II.

votre autorité. Force vous est d'exposer à un naufrage certain, parmi une jeunesse dont vous connaissez la corruption, l'innocence de vos enfants conservée jusqu'à ce jour avec une inquiète sollicitude, afin qu'ils perdent, avec les sentiments de la pudeur, leur santé, leur honneur, leur vertu. Si vous ne consentez à sacrifier à notre bon plaisir, vos droits les plus saints, vos plus chères affections, vos plus graves intérêts, vos devoirs les plus inviolables, condamnez-vous à voir votre fils traité en coupable, son nom avili et l'influence politique perdue pour vous et pour lui. » (1)

Certainement, pour ces raisons, le monopole de l'enseignement est une grave atteinte à la liberté civile.

II

Le monopole, d'ailleurs, n'est propre qu'à enrayer le progrès des sciences et de l'instruction publique. (2)

« La profession d'enseigner, dit M. Laurentie, suppose la liberté et l'émulation des méthodes d'enseignement. Dès que l'Etat enseigne, cette liberté disparaît. La raison en est simple. L'Etat est, de sa nature, centralisateur. Il ne connaît qu'une pratique de l'enseignement et cette pratique est quelque chose de strict et d'uniforme. Il l'applique à toutes les écoles et même, à toutes les vocations... Car, l'Etat ne tient compte, ni de la nature des esprits, ni de la variété des professions ; il enseigne tout à tous : c'est le moyen assuré d'abaisser les intelligences et les études. » (3)

« La vie est partout en France, s'écrie M. Laboulaye, mais étouffée, mais comprimée par la centralisation, et de toutes les formes de la centralisation, la moins justifiable, assurément, est la centralisation intellectuelle. » (4)

« La science vit de liberté, disait, il n'y a pas longtemps, M. Smolders, au Parlement Belge, et ne peut efficacement se développer que par le moyen de la liberté. La liberté fut la cause de la gran-

---

(1) Mgr Sauvé. Revue Catholique, etc. ubi suprà.
(2) Encyclopédie du XIXe siècle. Art. Enseignement.
(3) Ibid.
(4) Le Parti libéral et son avenir, V. Les Libertés sociales. Voir aussi le Rapport de M. Laboulaye sur la loi du 12 juillet 1875.

deur des universités du moyen-âge. Elle est aussi le secret de la prospérité des Universités allemandes. » (1)

M. Leplay tient un semblable langage : « La substitution de l'Etat aux corporations libres n'est pas moins funeste aux sciences et aux lettres qu'aux élèves et aux maitres. »

« Le vice du système se trouve encore ici dans l'intervention de l'Etat qui soumet l'enseignement, comme tant d'autres branches d'activité à une bureaucratie, c'est-à-dire à des fonctionnaires ayant seuls le privilège d'allier la réalité du pouvoir à l'absence de toute responsabilité. » (2)

Dans sa séance du 6 mars 1871, l'Académie des Sciences applaudissait M. H. Sainte-Claire Deville qui attribuait les récents désastres de la France à la centralisation universitaire et qui l'accusait de nous conduire, si elle n'était radicalement réformée, à une ignorance absolue. » M. Dumas ajoutait : « C'est la centralisation appliquée à l'Université, qui, d'un avis général, a tué l'enseignement supérieur.... Il faudrait que nos Universités reprissent leur indépendance comme avant la première révolution. » (3)

C'est évident ; il ne peut y avoir dans quelques têtes la puissance intellectuelle qu'il y a dans tout le corps d'une nation. Abandonnés à leur propre et libre activité, les esprits ne s'arrêtent jamais à ce qu'ils possèdent, ils ne se lassent pas de chercher ce qui leur est caché. Liés à la remorque d'une administration, ils n'ont plus d'initiative, ils s'endorment dans la paresse, en attendant l'impulsion du moteur dont ils dépendent.

Ne sont-ce pas, du reste, les plus puissants esprits qui, généralement, supportent le moins bien les entraves d'une réglementation administrative ? Monopolisez l'enseignement aux mains de l'Etat, vous enlevez aux sciences et à leur diffusion leurs meilleurs apôtres ; car ils préféreront se taire, plutôt que d'inféoder à une méthode officielle la libre allure de leurs mouvements.

Mais, c'est surtout en supprimant toute concurrence que le monopole est funeste aux progrès des sciences. Quand l'homme n'est pas stimulé par l'aiguillon de l'émulation, il sommeille et tombe dans la

(1) Revue Catholique des Institutions et du Droit. Octobre 1879. Cité par M. Charles Jacquier.

(2) M. Leplay. La Réforme sociale. L. V. Ch. 47, XVI et XVII.

(3) Voir le Journal officiel du 7 mars 1871. La Revue des Institutions et du Droit. Article de M. Nicolet. Mai 1873.

routine, dans la paresse, dans l'engourdissement, et finalement dans l'ignorance.

« Il convenait, a écrit le Cardinal de Richelieu, que les Universités et les Jésuites enseignassent à l'envi, afin que l'émulation aiguisât leur vertu, et que les sciences fussent d'autant plus assurées dans l'Etat que, si les uns venaient à perdre un si précieux dépôt, il se retrouvât chez les autres. » (1)

« Tout citoyen, a dit aussi Condorcet dans son rapport, pouvant former des établissements d'instruction, il en résulte encore, pour les écoles nationales, l'invincible nécessité de se tenir au moins au niveau des institutions privées. »

Nous osons dire qu'avant la Charte elle-même, s'écriait M. Saint-Marc Girardin en 1849, l'expérience et l'intérêt mêmes des études avaient réclamé la liberté d'enseignement. Sans la liberté d'enseignement, l'instruction est nécessairement stationnaire, rétrograde. »

C'est, en effet, par une noble émulation que les élèves d'un même établissement s'entraînent les uns les autres à redoubler de travail et d'application. C'est aussi l'émulation qui aiguillonne les maîtres des différentes écoles à rivaliser de science et d'habileté pour s'assurer la confiance des familles et les faveurs de la société. Sous le régime du monopole, l'instruction a toujours baissé et elle ne peut que baisser, faute de stimulant qui excite les esprits, faute d'aliment qui entretienne le feu de la lutte. Dans les grandes discussions des lois de 1833, de 1844, de 1850, de 1875 et de 1880, il n'est pas un avocat de la liberté qui, soit aux Parlements, soit dans la presse, n'ait fait valoir ces raisons contre le monopole, et il n'est pas un des partisans du monopole qui ait pu en nier la force.

III

Contraire au droit naturel, le monopole ne l'est pas moins au droit constitutionnel.

Nous ne reviendrons pas sur les témoignages de Mirabeau, Talleyrand, Condorcet, Daunou, que nous avons cités.

Nous avons entendu MM. Laboulaye et Dufaure nous dire que la liberté d'enseignement découle logiquement des libertés et des droits reconnus et proclamés par les Déclarations de 1789, 1792 et 1794.

(1) Testament. Ire Part. Ch. 5. Sect. 10.

Voilà pourquoi les Constitutions de l'an III, de 1830 et de 1848, ont formellement proclamé la liberté d'enseignement comme un principe fondamental de droit public.

C'est ce qui est reconnu par tous les hommes que n'aveugle point la passion du Césarisme.

M. Guizot a confessé, en 1833, que « le droit des croyances religieuses était à peu près aussi grièvement blessé par le monopole universitaire que les droits des familles. »

« Ainsi que la liberté de conscience et la liberté de la presse, disait M. de Tracy, la liberté d'enseignement est un droit primitif qui se reconnaît, qui se proclame, qui ne se concède pas. Voilà le principe, je ne m'en écarterai point. »

Selon le mot remarquable de Portalis, « la liberté religieuse et la liberté d'enseignement sont sœurs. La liberté d'enseignement est devenue un complément nécessaire de la liberté religieuse, telle que la proclamait la Charte. »

Le monopole, aux yeux de M. de Lamartine, « c'est un sacrilège contre la religion, contre la raison, contre le père de famille, contre l'enfant tout à la fois. C'est que l'éducation, c'est la foi du chrétien, c'est la foi du protestant, c'est la foi de la philosophie, c'est la foi de la famille. »

M. le duc de Broglie : « Là où la liberté de conscience a pris rang au nom des principes constitutionnels, la liberté d'enseignement est de stricte justice et de sage politique. »

Dans une brochure intitulée : De l'Abolition du monopole universitaire, l'abbé Moutonnet disait en 1843 : « L'Assemblée législative a proclamé par la bouche de Condorcet que la liberté d'enseignement fait partie des droits de l'espèce humaine. La Convention elle-même a décrété, le 27 brumaire : « La loi ne peut porter atteinte au droit qu'ont les citoyens d'ouvrir des écoles particulières et libres, sous la surveillance des autorités constituées. »

Nous n'en finirions pas si nous voulions citer seulement la centième partie de ce qui a été écrit ou dit depuis cinquante ans en faveur de la liberté d'enseignement, au simple point de vue constitutionnel. Terminons par Ledru-Rollin.

« Les mêmes hommes qui veulent que l'Etat s'empare exclusivement de l'enseignement, demandent, en même temps, la liberté de la presse. Il est manifeste pourtant que si l'Etat a le droit de se réserver l'enseignement de la jeunesse, il a aussi le droit de confisquer l'enseignement de l'âge mûr. A cela, on répond que l'Etat a sur les enfants des droits qu'il ne peut avoir sur les hommes.

Mais, qu'est-ce donc que l'enfant dans l'Etat ? Est-ce un individu social ? Non, sans doute, car il n'est rien par lui-même. Il n'est quelque chose que par son père ; il vit par lui, pense par lui, aime avec lui. En opprimant le fils, c'est donc le père que vous opprimez ; en soumettant le fils à la dictature, vous tyrannisez le père ; car, c'est le père seul qui souffre dans ce qu'il a de plus intime, dans ses plus tendres affections, dans ses plus chères espérances. »

Montrant ensuite qu'il n'y a pas un argument, pour ou contre la liberté de la presse, qui ne puisse être cité pour ou contre la liberté d'enseignement, Ledru-Rollin conclut : « Toutes les libertés se servent de garantie l'une à l'autre. Si vous respectez une des libertés, vous devez les respecter toutes, car elles ont toutes la même origine. Si vous en enlevez une, vous devez les enlever toutes, car l'une n'a pas plus de sanction que l'autre. Décrétez l'enseignement exclusif de l'Etat, il vous faudra décréter une presse exclusive d'Etat, une religion exclusive d'Etat. » (1)

IV

Et, en effet, nos Constitutions nous assurent, depuis 89, la liberté de la pensée, la liberté de la conscience, la liberté des cultes, la liberté de la presse.

Eh bien, la liberté d'enseignement est manifestement contenue dans toutes et chacune de ces libertés.

1° Dans la liberté de la pensée et de la presse. La liberté de la pensée que reconnaît la Constitution, ne peut pas être simplement la liberté de la pensée au plus intime de nous-mêmes. L'Etat ne peut rien pour empêcher ou gêner cette liberté.

C'est donc la liberté d'exprimer notre pensée par la parole que la Constitution nous reconnaît formellement. Du reste, elle fait davantage, lorsqu'elle nous reconnaît le droit de l'exprimer, de la fixer et de la publier au loin par la presse.

Eh bien, si nous avons le droit constitutionnel d'exprimer notre pensée par la parole, l'écriture, la presse ; comment pourrait-il se faire que nous n'ayons pas celui d'enseigner ? Enseigner, c'est inculquer une doctrine. Or, une doctrine, c'est un ensemble de pensées liées entre elles par un lien logique. Si nous avons le droit d'expri-

---

(1) Revue Cath. des I. et du Dr. Décembre 1879. Mgr Sauvé, ubi supra.

mer nos pensées par la parole, l'écriture ou la presse, nous avons bien, par là même, celui d'inculquer l'ensemble de nos pensées sur un sujet à ceux qui désirent nous entendre ou nous lire. Rien ne paraît plus incontestable.

2° Dans la liberté de conscience. La liberté de conscience signifie, en effet, qu'il n'y a pas d'autorité reconnue qui ait le droit de nous dicter les principes, d'après lesquels nous devons distinguer le bien du mal, et, dans nos doutes, de trancher souverainement nos difficultés à l'endroit de la morale. A chacun de nous de nous former et de diriger notre conscience à notre gré.

Mais, où prenons-nous les principes moraux, d'après lesquels nous jugeons du bien et du mal, d'après lesquels nous formons notre conscience ? Dans l'enseignement et dans l'éducation que nous recevons. C'est de nos maîtres que nous recevons les règles morales, la lumière rationnelle, aux clartés de laquelle nous dirigeons notre conduite en vue d'éviter ce qui est mal, et de faire ce qui est bien, sous le rapport de l'honnêteté.

Si donc vous nous contraignez, législateurs, de fréquenter telle ou telle école plutôt que telle autre, vous nous imposez de force les principes de la loi morale qui sont en honneur dans vos écoles, et vous nous empêchez de nous pénétrer de ceux qui sont professés par les écoles opposées ; vous nous ôtez donc la liberté de former et de diriger notre conscience à notre gré ; vous violez donc la Constitution dont vous tenez tous vos pouvoirs. Dès que cette Constitution nous accorde la liberté de la conscience, elle nous accorde la liberté d'aller demander à l'enseignement que nous voudrons, les règles d'après lesquelles nous la devons gouverner. Elle vous refuse, à vous, le droit de nous les imposer.

3° Dans la liberté des cultes. Notre religion aussi tire, en grande partie, son origine de notre instruction et de notre éducation. Que nos maîtres ne nous parlent ni de Dieu, ni de ses droits, ni de ses lois, ni de notre âme, ni de ses destinées, il nous sera évidemment impossible de reconnaître Dieu comme notre Créateur, notre maître et notre fin, de contracter avec lui les moindres rapports de foi, d'espérance, d'amour, de repentir et de religion. Que nos maîtres substituent des notions fausses à la véritable connaissance de Dieu et de notre âme, en nous imposant l'erreur, ils nous imposent, du même coup, le culte erroné qui en dérive.

Ainsi, il est vrai que ceux qui sont maîtres de notre instruction et de notre éducation, sont, par là même, les maîtres de notre foi, de notre espérance, de notre amour, de nos adorations.

Si donc l'Etat se réserve le monopole de l'enseignement et de l'éducation, il se réserve le pouvoir de nous imposer et de nous enlever la religion qu'il voudra. Dès lors, il ne faut plus parler de la liberté des cultes. Au contraire, si la liberté des cultes est réellement un droit constitutionnel, il faut que nous ayons la liberté d'aller chercher notre instruction et notre éducation où bon nous semble. Et, si l'Etat nous la refuse, en se réservant le monopole de l'enseignement, il foule aux pieds le pacte constitutionnel. (1)

CHAPITRE XV

Contre le Monopole et pour la Liberté d'Enseignement et d'Education (Suite).

I

Les Césariens repoussent nos conclusions, en distinguant entre la liberté de manifester sa pensée et le droit de l'inculquer avec autorité ; ils accordent que le premier est un droit naturel, proclamé par la Constitution, mais ils nient que le second en soit une conséquence nécessaire. D'où ils persistent à soutenir que, si les individus ont la liberté d'enseigner, c'est que l'Etat les en a investis. »

Nous ne nierons certes pas que pour enseigner avec autorité, il ne faille un pouvoir qui n'est pas contenu dans le droit de manifester sa pensée, soit par la parole, soit par la presse.

---

(1) Voir, sur cette question, M. Jules Simon. La liberté de conscience, la liberté religieuse ; M. Laboulaye, Le parti libéral, etc. IV, Les libertés sociales ; Les discussions parlementaires des lois de 1833, 44, 50, 75, 80.

Pour posséder celui-ci, il suffit de posséder la vérité et de savoir l'exprimer avec exactitude ; pour posséder celui-là, il faut, en plus, une supériorité hiérarchique qui permette d'exiger la soumission à l'enseignement. La science ne suffit donc pas pour donner le droit d'enseigner avec autorité, car elle ne suffit pas pour donner cette supériorité hiérarchique qui subordonne en droit une âme à une autre.

Mais, est-ce l'Etat qui communique à ceux qui veulent enseigner cette supériorité hiérarchique, au point de vue intellectuel ? Non, certes. L'Etat peut bien donner à qui il lui plaît, le titre de docteur, au point de vue civil et politique. Mais il n'a aucun pouvoir pour soumettre réellement un esprit à un autre.

Nous avons dit pourquoi l'Etat n'a aucun pouvoir, soit sur les doctrines, soit sur les esprits. Comment donnerait-il ce qu'il n'a pas ? Il n'est proprement l'auteur d'aucun être intellectuel, à quel titre aurait-il autorité pour charger une intelligence d'achever la formation d'une autre ?

En principe, nous l'avons prouvé, il n'y a que les parents qui, étant les auteurs de leurs enfants, aient autorité pour les former, au triple point de vue de l'organisme, de l'intelligence et de la volonté. Les enfants eux-mêmes ne sont, dès lors, tenus de se soumettre qu'à l'enseignement de leurs parents, à qui ils appartiennent et dont ils doivent être la reproduction, aussi bien au point de vue intellectuel et moral qu'au point de vue organique.

Mais, impuissants à remplir intégralement par eux-mêmes leur ministère, les parents s'adjoignent des auxiliaires qui les suppléent dans leurs fonctions. Ne leur communiquent-ils pas par là les pouvoirs qu'ils possèdent pour remplir ces mêmes fonctions ? C'est évident, car les instituteurs ne pourraient ni légitimement, ni efficacement s'acquitter de leur ministère, s'ils étaient sans droit et sans autorité.

Les instituteurs, librement choisis par les parents, ont donc réellement le droit et l'autorité nécessaires, pour enseigner les enfants qui leur sont confiés. Il n'en est pas de même de ceux qui ne reçoivent pas des parents ou de leurs représentants, un pareil mandat, une semblable délégation.

Mais, voici un homme fort savant, qui a besoin de répandre la lumière de sa science ; il élève une chaire et invite ceux qui auront soif de savoir et confiance en lui, à venir régulièrement recevoir ses leçons ; n'en a-t-il pas le droit, au point de vue de la loi naturelle? Comment le lui contester ? Fait-il tort à quelqu'un ? Comment le prouver ?

Sans doute, l'Etat a le droit de connaître l'ouverture de cette école.

L'ordre social y est intéressé. Sans doute, il a le droit de surveiller l'enseignement qui tombera de cette chaire nouvelle pour voir s'il n'est pas contraire à la Constitution et aux lois ; c'est même son devoir.

Supposons donc que notre professeur est autant honnête homme et bon citoyen que véritable savant. L'Etat peut-il, sans raison, l'empêcher d'enseigner ? Comment le soutenir ? Nous ne contestons pas qu'il puisse lui dire : « Vous n'ouvrirez pas un lieu de réunions publiques en telles circonstances. » La société peut être, parfois, si violemment troublée, qu'il soit nécessaire de supprimer, pour un temps, la liberté des réunions, et de ne les permettre qu'après examen et par une autorisation expresse.

Dans ce cas, l'Etat a un devoir impérieux, c'est d'être juste, c'est de ne pas interdire l'enseignement à qui est digne de le donner, sans que l'intérêt public ne lui en impose strictement l'obligation.

L'Etat, nous le supposons donc, accorde l'autorisation d'ouvrir cette école.

Eh bien, est-ce que cette autorisation a pour objet l'enseignement lui-même, dans ses rapports avec la vérité intellectuelle ? Non, elle ne concerne que la réunion publique, au point de vue civil et politique, et l'enseignement, comme acte public, dans ses rapports avec la Constitution, les lois et les mœurs.

Quant au droit naturel d'enseigner, nous le répétons, l'Etat n'a pas à le conférer ; il n'a qu'à le reconnaître et à en protéger la jouissance, dans les limites compatibles avec le bien public.

Non, il n'a pas à le conférer, parce qu'il n'est pas la source des droits naturels de l'homme, parce que, surtout, il n'a aucun pouvoir dans l'ordre intellectuel.

Il n'a pas à le conférer, parce que l'homme, comme homme, le tient du Créateur, avec son esprit et sa parole, parce que l'homme, comme citoyen, le tient de la Constitution avec la liberté de sa pensée, de sa conscience et de son culte.

Ce n'est pas davantage l'Etat qui peut conférer au docteur l'autorité dont il a besoin sur son disciple pour lui inculquer sa doctrine. L'Etat, redisons-le, n'a aucun pouvoir pour soumettre un esprit à un autre, ni pour empêcher celui-ci de se soumettre librement à celui-là. Non, l'Etat n'a aucun empire ni aucune action directe sur les intelligences qui échappent à tous ses moyens de contrainte.

Qui est-ce donc qui donne au docteur, qui veut ouvrir une école, la supériorité hiérarchique dont il a besoin pour enseigner avec autorité ?

Ce sont ceux qui, affamés de sa science, viennent d'eux-mêmes lui dire : « Vous nous convoquez à vos leçons ; parlez, nous vous écouterons avec reconnaissance et docilité. »

Le docteur est dans son droit, selon la nature, lorsqu'il leur propose son enseignement.

Ceux qui ont besoin de s'instruire, ne sortent pas du leur, lorsque ils viennent lui soumettre librement leur esprit, en venant eux-mêmes écouter ses leçons. Evidemment, l'autorisation de l'Etat n'est pas plus nécessaire pour apprendre que pour enseigner.

Le droit d'ouvrir une école et d'y donner des leçons, vient donc tout entier de la nature et non de l'Etat, qui n'a qu'à en régler l'exercice et à en assurer la jouissance, suivant les justes conditions de l'ordre civil et politique.

II

Le monopole de l'enseignement est, enfin, le plus terrible instrument de despotisme qui puisse être mis aux mains d'un gouvernement.

On sait le mot de Mirabeau : « Aucun pouvoir permanent ne doit avoir, entre ses mains, une arme aussi redoutable. »

Sous l'empire du même sentiment, Talleyrand et Condorcet, dans leurs rapports, s'évertuent à proposer des mesures toutes spéciales pour empêcher l'enseignement de dépendre du pouvoir politique.

« Qui ne voit à première vue, dit M. V. Nicolet, quel parti les gouvernements peuvent tirer d'une organisation qui leur livre les intelligences et les cœurs des générations et, partant, le pouvoir de les façonner à leur image. Distribuer, à sa guise, la religion et la morale, former l'opinion publique, faire, en quelque sorte, une vérité officielle, supprimer celle qui gêne et déplaît, forcer ces derniers retranchements de l'âme d'une nation contre laquelle se brisent le despotisme du sabre et le despotisme des lois, rien n'est impossible au chef d'un Etat enseignant. » (1)

Du reste, si l'Etat peut monopoliser entre ses mains l'enseigne-

---

(1) Revue Catholique des Institutions et du Droit. Mai 1873. Voir même Revue. Octobre 1879, p. 224 et suiv. Août 1880, p. 116 et suiv.

ment et l'éducation, pourquoi ne monopoliserait-il pas aussi la propriété, le commerce et l'industrie ? Est-ce que le droit de jouir des fruits de sa terre et de son négoce est plus inviolable que celui de jouir du fruit de ses talents et de ses études ?

« Oui, je ne crains pas de le dire, s'écriait M. Dauphin, en 1848, le monopole de l'éducation est, dans la sphère des âmes, le plus odieux et le plus redoutable communisme....

« Qu'est-ce, au fond, que le communisme ? C'est l'Etat maître absolu des propriétés, à la condition de les exploiter au profit de tous....

Qu'est-ce maintenant que le monopole de l'éducation ? C'est l'Etat maître absolu des idées, à la condition de les enseigner au profit de tous.

Il n'y a de science, ayant cours, que la sienne ; celle qui ne vient pas de lui est sans valeur légale ; c'est une science de contrebande qu'on arrête à la porte des emplois publics.

Il n'y a de morale que la sienne, car tous doivent la subir sous peine de rester des ilotes, c'est-à-dire hors la fortune, hors la civilisation, hors la loi.

Laissez-le développer son principe, il n'y aura bientôt plus de religion que la sienne....

L'Etat, propriétaire des biens, dispensateur souverain de la vie matérielle, maître des corps, voilà le communisme.

L'Etat, maître des idées, dispensateur souverain de la vie morale, maître des âmes, voilà le monopole de l'éducation. » (1)

Si les raisons par lesquelles on soutient le monopole, sont valables, pourquoi ces mêmes raisons ne vaudraient-elles rien pour soutenir le communisme.

Ou si elles ne valent rien pour justifier le communisme, quelle valeur peuvent-elles avoir pour justifier le monopole de l'éducation ?

Le monopole, en effet, affirme qu'il serait absurde, désastreux que l'Etat laissât, en dehors de son action, une chose aussi importante que l'enseignement.

Le communisme prétend aussi que la cause de toutes nos misères, c'est que l'Etat laisse en dehors de son organisation une chose aussi fondamentale que la propriété.

D'un côté, on dit : pas de liberté, car elle n'engendre que l'anarchie, c'est l'Etat seul qui doit distribuer les idées et la science.

(1) 12e Discours.

De l'autre : pas de concurrence, car elle n'engendre que la misère ; c'est l'Etat qui doit répartir les produits et le travail. »

N'est-ce pas des deux côtés l'annihilation graduelle de l'individu et l'envahissement progressif, indéfini de l'Etat ? Le communisme fait-il autre chose qu'étendre à tout le système social ce que le monopole applique à un point particulier, à l'enseignement et à l'éducation.

« Ni palais ni chaumière, ni grands ni petits, ni riches ni pauvres, mais le bien-être pour tous ; plus de distinction, plus de castes, rien que des hommes qui se ressemblent et se valent, rien que des frères sur cette terre qui est le domaine de tous. »

Voilà le langage du communisme ; écoutez le monopole :

« La liberté est une cause de divisions et d'anarchie : l'individualisme engendre les oppositions et les guerres. Plus d'écoles ni de principes d'éducation différents. Unité de doctrines, de méthodes, voilà le seul moyen de faire que les citoyens s'entendent, s'aiment, et demeurent unis comme une maison de frères. Par conséquent, que ce soit l'Etat seul qui ouvre des écoles et y distribue l'enseignement. »

N'est-il pas palpable que le monopole de l'éducation n'est qu'une face particulière du communisme ? Proudhon avait raison de dire que les partisans de l'omnipotence gouvernementale dans le domaine de l'instruction, travaillaient avec un zèle infatigable à l'avènement du socialisme.

Aussi tous les peuples à qui le socialisme a fait peur, ont rejeté avec horreur le monopole de l'Etat en matière d'enseignement et d'éducation.

III

Ne doit-on pas aller plus loin ? Oui, il faut refuser absolument à l'Etat la capacité même d'enseigner. Voici pourquoi.

Pour enseigner, deux choses sont indispensables :

1° Avoir une intelligence en possession des moyens d'exprimer exactement sa pensée.

2° Avoir une doctrine.

Rien de plus certain. Sans intelligence, point de doctrine ; sans doctrine, rien à communiquer. En vain, cependant aurait-on une intelligence et une doctrine, on ne pourrait enseigner, si la première manquait des moyens d'inculquer la seconde.

Eh bien, nous l'avons montré, l'Etat n'a absolument rien de tout cela.

1° Il n'a pas d'intelligence propre. Ses sujets sont intelligents ; les agents de son pouvoir doivent l'être pour exercer ses prérogatives, mais l'Etat, c'est-à-dire cet organisme politique qui en porte le nom, ne l'est pas par lui-même, nous l'avons établi. (1)

N'ayant point d'intelligence propre, l'Etat est physiquement incapable d'avoir une doctrine. Car, si l'objet propre de toute intelligence, c'est une doctrine, il ne peut pas y avoir de doctrine sans une intelligence en laquelle elle subsiste. Il n'y a qu'une intelligence qui puisse concevoir l'ensemble des propositions intellectuelles qui forme ce qu'on appelle proprement une doctrine.

Toutefois, est-ce que l'intelligence des gouvernants ne suffit pas pour que l'Etat, personnifié en eux, soit capable d'enseigner et de faire enseigner en son nom ? Nullement ; l'intelligence des gouvernants n'est pas l'intelligence de l'Etat ; la doctrine intellectuelle des gouvernants n'est pas la doctrine de l'Etat.

L'Etat est représenté, ses droits sont exercés, ses intérêts sont gérés par les individus chargés de ce ministère ; mais il n'est pas identifié avec leurs personnes ; ses pouvoirs, ses affaires ne sont pas leurs affaires, leurs pouvoirs propres.

Les gouvernants mettent bien au service de l'Etat leur esprit et leur sagesse, mais ils ne peuvent faire, par là, que leur esprit et leur sagesse soient l'esprit et la sagesse même de l'organisme politique.

L'Etat reste l'Etat, avec ses prérogatives sociales ; les particuliers qui le gouvernent, restent des particuliers, avec leurs facultés et leurs vertus personnelles.

L'Etat use des facultés des individus qui le servent, mais il ne peut se les approprier, ni en faire ses facultés propres.

Les individus qui le gouvernent, exercent ses pouvoirs, mais en son nom et dans ses intérêts ; ils ne peuvent en faire leurs pouvoirs personnels.

Or, de même que les gouvernants ne peuvent pas se servir des pouvoirs de l'Etat pour leurs intérêts propres, ainsi ils ne peuvent pas attribuer à l'Etat leurs facultés personnelles et exercer leurs droits individuels sous le couvert de ceux de l'Etat.

Par conséquent, les gouvernants qui, comme hommes, ont une intelligence, une doctrine et le droit de communiquer celle-ci par

(1) Voir plus haut, même Livre, Ch. IV.

celle-là, ne peuvent point attribuer à l'Etat et mettre sous son nom les facultés, les lumières, les prérogatives, enfin, qui sont propres à leurs personnes Encore une fois, les attributs des individus intelligents ne peuvent pas plus se prêter à un organisme politique que ceux de la société constituée ne peuvent se prêter aux particuliers. Le droit et le pouvoir d'enseigner sont exclusivement propres à l'individu intelligent ; ils ne peuvent convenir à un organisme politique.

On nous objecte : La loi est essentiellement un ordre de la raison et tout à la fois un ordre du pouvoir social. Si le pouvoir social n'a pas d'intelligence, comment peut-il faire un acte de raison ? Ou si sa fonction propre est de faire des actes de raison, en faisant des lois, comment est-il dénué d'intelligence ? Disons donc que si l'intelligence individuelle de ses agents peut lui servir pour faire des actes de raison, en faisant des lois, elle peut lui servir aussi pour enseigner ou faire enseigner en son nom, ce qui est essentiellement aussi un acte de raison. »

Le vice de cette objection, c'est de confondre deux actes de raison dont l'un appartient au domaine social et l'autre au domaine individuel.

L'Etat a bien le droit et le devoir de dicter sous le nom de loi ce qu'exige, suivant la raison, le bien commun de la société ; c'est pour cela même qu'il est constitué. De plus, il a certainement le droit et le devoir de recourir à la raison individuelle des personnes qui président à sa vie pour remplir convenablement cette fonction, c'est-à-dire pour savoir et pour dicter ce que réclame d'après la raison le bien de la société ; il en a certainement le droit et le devoir, puisqu'il manque lui-même de raison propre et que la raison propre aux individus est capable de prononcer sur ce que demande le bien de la société. Dans ce cas, la raison, dans les individus, ne fait que prêter sa lumière à l'Etat pour lui permettre de remplir une fonction qui lui est propre.

Mais, en est-il de même, quand il s'agit du droit d'enseigner une doctrine ? Non, car, dans ce cas, l'Etat n'est pas seulement obligé d'emprunter les lumières des individus pour remplir une fonction qui lui est propre et pour exercer un pouvoir qui lui appartient, il est obligé d'emprunter encore et la fonction, et le droit, et le pouvoir. Dès, en effet, que l'Etat n'est pas proprement une intelligence, il ne peut avoir, nous le répétons, ni doctrine, ni droit, ni pouvoir propre pour enseigner une doctrine. Pour qu'ainsi dépourvu de tout ce qu'il faut nécessairement pour enseigner, il prétende cependant enseigner, il faut indispensablement qu'il emprunte tout aux individus, et l'intelligence, et la doctrine, et le droit, et la fonction.

Evidemment, dans ces conditions, ce n'est point l'Etat qui enseigne, non, ce sont les gouvernants eux-mêmes qui abusent de leur situation pour se couvrir de son nom, exercer leurs droits et leurs pouvoirs personnels et répandre leurs doctrines particulières sous le couvert de sa puissance et de son prestige.

Mais, la société ne peut-elle pas avoir des doctrines communes, et, au nom de toute la communauté, les imposer à chacun de ses membres? Non, toujours, si l'on se place au point de vue intellectuel. La communauté, ne l'oublions pas, n'a aucun pouvoir intellectuel, ni aucun empire sur les intelligences. D'autre part, les doctrines de ses membres peuvent, bien que communes, ne pas être vraies, et, par conséquent, répugner souverainement à la nature des intelligences qui sont exclusivement faites pour la vérité.

Mais, l'Etat ne peut-il pas avoir des doctrines au point de vue social? Parfaitement. Les Constituants ne peuvent certainement pas, plus que les gouvernants, imposer aux consciences leurs croyances personnelles, bien que communes à tous. Le pouvoir constituant n'est pas mieux que le pouvoir législatif, un pouvoir doctrinal qui s'étende sur les intelligences. Mais ils peuvent incontestablement ériger leurs doctrines communes en institutions sociales ; ils peuvent, incontestablement en faire la base et la règle de toutes les lois civiles et politiques à porter dans l'avenir.

C'est ce qu'ont fait, avec tous les peuples, les auteurs de l'ancienne Constitution française. Ils ont pris, nous l'avons vu, les doctrines catholiques comme bases et comme règles de toutes leurs institutions sociales. La Révolution de 89, nous l'avons vu aussi, a supprimé ce fondement et cette loi de l'antique Constitution française. Mais, est-ce à dire qu'en proclamant la liberté de la pensée, de la conscience, de la presse et des cultes, elle ait réussi à constituer la société moderne en dehors de toutes les croyances ? Il est certain que plusieurs parmi ses auteurs y ont tendu de toutes leurs forces. Mais il est certain aussi que le plus grand nombre, en rejetant les doctrines catholiques des fondements de la société, ont voulu leur substituer les principes de la philosophie et de la morale naturelle. Les partisans de la Révélation étaient même encore si nombreux que l'Etat dût s'engager à reconnaître et à protéger, dans leurs droits, trois cultes dominants : l'Eglise catholique, les sectes protestantes calvinistes et luthériennes, et la synagogue.

Aujourd'hui, on ne peut nier que, la société se divisant de plus en plus en opinions diverses et même contraires, il ne devienne de plus en plus difficile à l'Etat de s'appuyer sur des croyances communes. Aussi, est-ce aujourd'hui, plus que jamais, que la liberté de la pensée, de la conscience, de la presse et des cultes doit être entière, en face du pouvoir politique dépourvu de toute direction doctrinale. S'il est dans la nature que les institutions sociales reposent sur les croyances, lorsqu'il y en a de communes, il serait contre la nature qu'on soumît politiquement un peuple malgré lui à des doctrines et à des lois dont il abhorrerait le principe et l'esprit. (1)

On insiste : « Au moins, ne peut on refuser à l'Etat le droit d'enseigner les sciences qui appartiennent au domaine de la politique. » C'est là une erreur ; il y a des sciences qui ont pour objet les choses du domaine politique, il n'y a pas de science qui soit elle-même du domaine politique. La science des lois et de la politique est essentiellement, elle-même, un objet intellectuel ; il n'y a évidemment que des intelligences qui soient capables d'en traiter. Comment donc l'Etat qui n'a pas d'intelligence propre, pourrait-il avoir le droit de l'enseigner ou de la faire enseigner en son nom ? Rien de moins possible. L'Etat, organisme moral, est, comme tout être réel et bon, soumis à des lois qui tombent sous l'intelligence. Mais, ce n'est pas à lui, être sans intelligence, d'interpréter et d'expliquer scientifiquement ces lois.

Incontestablement, il a le droit de veiller à ce que la science du droit et de la morale soit enseignée par des professeurs compétents et honnêtes. Incontestablement, il a le droit de créer, si c'est nécessaire, des écoles où se distribuera et s'entretiendra cette science.

Mais, en tout cela, il ne fera que veiller, comme il appartient à tout être, aux lois de sa conservation ; il ne fera que pourvoir, comme c'est le droit de tout être, à ce qui est nécessaire pour qu'il soit et reste dans le bien-être.

Quant à l'intelligence et à l'enseignement des lois d'où dépendent son existence et son bien-être, ce sont des actes qui ne peuvent appartenir qu'à des intelligences réelles, qui ne peuvent découler que d'intelligences véritables. Les établissements que fondera l'Etat pour l'enseignement du droit et de la morale, appartiendront à l'Etat ; mais la doctrine qui s'y enseignera appartiendra exclusivement aux professeurs qui la distribueront.

(1) Voir les discussions parlementaires des lois de 1833, 44, 50, 75 et 80. Voir aussi Lettre de M. Veuillot à M. Villemain, 1841.

En vain, en reviendrait-on à soutenir que l'Etat peut tout aussi bien faire enseigner une doctrine par des professeurs que faire édicter ses lois par des législateurs. Nous avons déjà répondu à cette objection. L'Etat est un organisme qui, comme tous les organismes, subsiste et vit par des lois qui le font ce qu'il est, ou qui sont propres à le faire ce qu'il doit être. Des législateurs intelligents peuvent donc fort bien découvrir ces lois et les édicter en son nom et en vertu de son droit à vivre et à faire respecter les conditions de sa vie.

Mais il n'en peut être de même des doctrines et des professeurs. Dès lors que l'Etat n'est pas une intelligence, il ne peut avoir de doctrine à faire enseigner. Il ne faut pas l'oublier, les doctrines sont des objets exclusivement intellectuels, il n'y a que les intelligences qui en soient capables. Par conséquent, les professeurs qui enseignent le droit dans les chaires de l'Etat, ne peuvent enseigner que leurs propres doctrines et qu'en leur nom propre. L'Etat ne fait que leur fournir les moyens matériels de donner leur enseignement.

CHAPITRE XVI

Contre le Monopole et pour la liberté de la Collation des grades.

I

Le Césarisme moderne n'a pas été loin d'abandonner aux particuliers et aux familles la liberté de l'enseignement et de l'éducation ; mais où il a concentré tous ses efforts comme en son dernier retranchement, c'est la collation des grades.

Eh bien, l'Etat est-il capable, a-t-il le droit de se réserver la collation des grades, disons même de participer à la collation des grades ?

Nullement encore, puisqu'il n'a rien de ce qu'il faut pour enseigner.

Les grades sont, en effet, une attestation authentique du degré d'études et de sciences, auquel un étudiant s'est élevé. Or, impossible de constater ce degré, sans être une intelligence et une intelligence éclairée. Un tel jugement et l'examen préalable qu'il suppose sont des actes qui ne peuvent émaner que d'intelligences en possession de la lumière.

Par conséquent, l'Etat n'étant qu'un organisme sans intelligence et sans doctrine propre, ne peut être capable, sous aucun rapport, de faire des actes intellectuels de cette portée.

En outre, l'examen et le jugement impliquent dans l'examinateur et le juge, une supériorité hiérarchique reconnue sur celui qui y est soumis. Evidemment, il n'y a qu'un supérieur qui ait le droit d'examiner, de juger, de récompenser ou de rejeter un inférieur. Or, une telle supériorité, d'une part, et une telle infériorité, de l'autre, ne sont point comprises dans les rapports que la Constitution engendre entre le gouvernement et ses sujets. L'Etat, nous ne saurions trop le redire, n'a aucun pouvoir intellectuel, ni dès lors, aucun empire sur les esprits ; les esprits ne sont en rien, pour ce qui les concerne proprement, soumis au gouvernement politique. La domination, d'une part, et la subordination, de l'autre, quand elles ne sont pas fondées sur une raison de nature ou d'origine, ne peuvent l'être que sur le libre consentement du disciple et du maître, du disciple qui vient demander un enseignement et du maître qui veut bien inculquer sa doctrine.

Il n'est donc pas soutenable que l'examen, le jugement et la collation d'un grade soient des attributions réelles de la souveraineté politique. Rien de moins fondé. C'est ce que prouve M. Gavouyère :

« Qu'est-ce, en effet, qu'un diplôme, dit-il, sinon le témoignage donné à l'impétrant d'un degré de science plus ou moins étendue suivant le grade, une attestation de son savoir après épreuve sérieuse devant des juges compétents ? Ces juges, le bon sens le dit, ne peuvent être que les docteurs et maîtres en la science sur laquelle porte l'examen. La science ne se délègue point, et ce n'est point de M. le Ministre, mais d'eux-mêmes, que les professeurs tiennent l'aptitude à l'enseignement et la compétence pour juger du savoir de leurs élèves. Cette idée paraît à l'abri de toute discussion....

Une doctrine si rationnelle ne pouvait échapper à la clairvoyance et à la sagacité de Napoléon 1er....

En 1804, une loi du 13 mars rétablit les premières écoles de droit

... Qui confère les grades et donne les diplômes ? Chacune de ces écoles de droit ; l'article 13 de la loi se borne à soumettre leur validité au visa de l'un des inspecteurs des Ecoles de Droit. Les grades sont donc conférés par ceux qui enseignent. (1)

La loi du 20 mai 1806 décrète la fondation « d'un corps chargé exclusivement de l'enseignement et de l'éducation publique en France », et la loi du 17 mars 1808 fonde l'Université impériale. Qui confère les grades ? Le grand maître de l'Université. Or, le grand maître de l'Université, à ce moment et en vertu de ces décrets, n'est ni un ministre, ni le subordonné d'aucun ministre. Comme avant 1789, la collation des grades est donc attachée à l'enseignement lui-même ; ce n'est donc point un acte politique de gouvernement. » (2)

Et il ne faut pas qu'il en soit un ; une foule d'universitaires protestent avec raison contre la subordination de l'enseignement à la politique et réclament, pour le corps enseignant, le droit de se gouverner lui-même. N'est-il pas, en effet, contre nature que les sciences dépendent de la politique dont elles doivent éclairer les démarches ? Cette monstrueuse subordination n'est-elle pas propre à leur enlever toute dignité et toute autorité ? C'est évident ; comment croire à la science, quand on peut l'accuser avec vraisemblance de dicter ses décisions sous l'empire des intérêts ? Du reste, cette subordination n'est pas moins funeste à l'Etat qu'à l'Université elle-même ; elle ne sert qu'au parti qui, étant au pouvoir, s'en fait un instrument pour maintenir sa domination aux dépens de la liberté.

Enfin, cette subordination est surtout fatale à l'Université et au bien public, quand il plaît au Gouvernement de la payer par le monopole de l'enseignement ou de la collation des grades. Asservie à la politique et, en retour, garantie par la politique contre toute concurrence, comment l'Université aurait-elle rien de cette généreuse ardeur qui est le principe de tout progrès ? La servitude abaisse les caractères et le monopole les endort. On l'a vu par l'expérience du passé.

Les anciennes Universités, tenant du pouvoir politique le monopole de l'enseignement et de la collation des grades, se crurent obligées et se virent forcées de servir les intérêts du roi. Or, dès le milieu du XVIIIe siècle, il n'est pas de plaintes qui ne retentissent contre elles. De toutes parts, on réclame une réforme radicale de

---

(1) Voir Dalloz, Jurispr. génér. Organisation de l'Instruction publique.
(2) Revue catholique des Institutions et du Droit, juin 1879.

l'enseignement. Et quand éclate la révolution, ce sont les Universités qui sont les premières frappées et jetées à terre.

Napoléon fonde l'Université moderne et lui confère le même privilège pour garder et propager les maximes du nouveau régime. Or, il a suffi d'un demi siècle pour que la décadence l'atteignît à son tour et ruinât son prestige. Ses membres les plus indépendants n'hésitent pas à élever les plus vives réclamations contre ce qu'ils considèrent justement comme un principe d'abaissement intellectuel et de recul dans l'ignorance. (1)

II

Au surplus, la liberté des degrés académiques fait intégralement partie de la liberté d'enseignement. Comme le disait le rapporteur de la loi de 1875, M. E. Laboulaye : « Dès que le monopole de l'enseignement disparait, le monopole de la collation des grades doit disparaitre aussi. »

« La question de la collation des grades, s'écriait M. Wallon dans son discours du 2 mars 1880, est le corollaire de la question de l'enseignement supérieur. » (2)

« La collation des grades, écrivait Mgr Dupanloup, peu de temps avant sa mort, c'est la liberté de l'enseignement supérieur. La liberté d'enseignement sans la collation des grades, c'est la liberté, plus un mensonge. »

On ne pense pas autrement en Belgique : « La prétention de l'État au droit exclusif de conférer les grades, a dit M. Smolders, est la négation de la liberté d'enseignement. »

Nous pourrions multiplier ces citations à l'infini. La pratique des peuples est contre le monopole. La France est le seul pays où c'est l'État qui confère exclusivement tous les grades. Rien de plus anormal.

Comment, en effet, contester que l'examen d'un étudiant, que le jugement à porter sur la durée et le succès de ses études et, enfin, le diplôme à lui délivrer pour attester authentiquement l'un et l'autre, n'appartiennent proprement aux maîtres dont il a reçu les leçons.

(1) V. la Séance de l'Académie des Sciences du 6 mars 1871 et la discussion parlementaire de la loi de 1875 au Journal Officiel.

(2) Séance du Sénat.

Ce sont les maîtres seuls qui l'ont enseigné et qui ont dirigé ses études, qui peuvent savoir sérieusement et son travail et ses progrès dans les lettres et les sciences ; qui ont l'autorité nécessaire pour l'interroger, pour juger de ses connaissances, pour le couronner ou le réprouver.

Evidemment, des professeurs aux leçons desquels l'étudiant a voulu demeurer étranger, ne peuvent avoir aucun titre pour examiner et juger le résultat de celles qu'il a voulu demander à d'autres. Quant à l'Etat, nous le répétons, il n'est pas fait et il n'a rien de ce qu'il faut pour connaître et certifier du degré de savoir de ses membres.

D'ailleurs, les grades ne sont-ils pas le but et le couronnement des études ? Ils en sont donc aussi la sanction. Obtenus, ils sont la juste récompense d'efforts sérieux. Leur refus est le châtiment mérité de l'inapplication et de la paresse. Or, à qui appartient la sanction d'une loi, si ce n'est à celui qui est chargé de la faire exécuter. La collation et le refus du grade doivent donc appartenir aux professeurs qui ont donné l'enseignement. Enlevez-leur ce moyen d'imposer le respect de leur enseignement, vous enlevez à leur discipline toute sa force, toute son autorité. Si leurs élèves peuvent aller demander à d'autres la consécration de leurs études, ils n'ont rien à craindre de la justice de leurs maîtres.

« Admettre qu'une loi qui donne la liberté d'ouvrir des facultés libres, disait une pétition présentée à l'Assemblée nationale en 1874, refuse la collation des grades, c'est vouloir encourager cette jeunesse qui trouve trop pénible l'assiduité des cours réguliers, et qui va demander une préparation hâtive et artificielle à des établissements de répétition auxquels elle ne se lie par aucun lien moral. » (1)

Au reste, comment un enseignement est-il réellement libre, s'il ne relève pas exclusivement de lui-même, s'il doit être soumis au jugement de maîtres qui ne l'ont point donné ? N'est-il pas certain que celui qui a le droit de connaître d'un enseignement, a, par là même, le pouvoir de lui faire la loi ? Celui qui enseigne devra tenir compte dans ses leçons de la manière de voir de celui qui jugera de leur résultat. Sa liberté souffre là d'une entrave qui la blesse, la diminue.

D'autre part, on n'enseigne jamais plus efficacement que lorsque l'on interroge et que l'on examine. Qui a l'examen a une bonne part

(1) Voir le discours de M. Chesnelong, Séance du 10 juillet 1875.

de l'enseignement. Qui ne l'a pas, est d'autant amoindri dans son droit d'enseigner. (1)

Comme le disait Mgr Dupanloup dans son discours du 12 juin 1875, refuser aux Universités libres le droit de conférer les grades, c'est les déclarer incapables de donner un enseignement sérieux, c'est les frapper injustement par avance de suspicion et soulever une masse de défiances et de préjugés à leur endroit.

Enfin, obliger les élèves des établissements libres à passer par le contrôle d'établissements rivaux, c'est mettre les premiers dans une situation d'infériorité qui leur rend impossible la lutte avec les derniers. La concurrence suppose l'égalité; or, il ne peut point y avoir d'égalité entre ceux qui ressortissent à un tribunal et ceux qui y président.

Mais, pense-t-on à la situation délicate, scabreuse qu'on fait aux établissements investis du monopole ! Juges de leurs concurrents, partie dans le procès, comment échapperont-ils aux soupçons de ne pas garder toujours une exacte impartialité envers leurs rivaux ? N'est-ce pas, en effet, leur demander l'impossible que de leur demander d'être toujours équitables, même à leurs dépens ?

Ainsi que le disait encore l'évêque d'Orléans, il n'y a pas plus honneur dans le monopole pour les professeurs privilégiés, que pour les professeurs spoliés. (2)

III

Quelles sont donc les raisons de l'Etat pour se réserver le monopole de la collation des grades ?

« L'examen est un moyen (et c'est le seul qui reste à l'Etat), dit M. Jules Ferry, pour maintenir à travers les diversités qui sont le fruit de la liberté, l'unité des études et, par conséquent, quelquechose de cette unité nationale qui fait la force et la grandeur de la France. » (3)

C'est la raison même que les Césariens font valoir en faveur du monopole de l'enseignement. Or, si elle ne vaut rien pour légitimer ce premier monopole, que peut-elle valoir pour justifier celui que

---

(1) Voir M. Em. de Laveley. Revue des Deux-Mondes, 15 avril 1870.
(2) Discours du 12 juin 1875.
(3) Discours au Sénat, Séance du 1er Mars 1880. Voir aussi le discours de M. Bardoux à l'Assemblée nationale, Séance du 5 décembre 1874.

nous combattons maintenant ? On veut que l'Etat garde ce dernier monopole pour « faire rentrer dans l'alignement les esprits qui s'en écartent » (1), c'est-à-dire pour annuler les effets de la liberté et, par conséquent, pour ressaisir, sous cette forme, l'instrument de despotisme dont il s'était dépouillé, en renonçant au monopole de l'enseignement.

Ne voit-on pas, dès lors, que si le monopole de l'enseignement est une odieuse injustice, le monopole de la collation des grades ne l'est pas moins, et que, si un peuple a eu de graves motifs pour briser le joug du premier, il a les mêmes motifs pour rejeter le joug du second ?

La collation des grades, nous l'accordons, ne permet pas à l'Etat d'avoir sur les âmes une action aussi constante, aussi étendue, aussi profonde que l'enseignement lui-même ; néanmoins, l'action qu'elle lui permet d'exercer, n'est, à proportion, ni moins funeste, ni moins inique, puisqu'elle lui permet de refuser les grades à ceux qui n'ont pas ses doctrines, de contraindre ceux qui veulent les obtenir à se plier à son enseignement et à ses méthodes.

Aussi, la plupart des Césariens abandonnent-ils comme peu solide ce terrain. Ils se rejettent, pour défendre leur système, sur une autre position qu'ils croient meilleure. « Les examens placés entre les mains de l'Etat, disent-ils, lui assurent le contrôle des études ; c'est un moyen efficace, le seul efficace et le seul qui lui reste en un temps de liberté d'enseignement, pour maintenir le niveau des études. » (2)

Eh quoi ! est-ce que, sous prétexte de veiller aux progrès de l'instruction publique, l'Etat aura le moyen de s'emparer de la direction des intelligences ? Non, pour remplir un de ses devoirs secondaires, l'Etat n'a pas le droit de violer ses principales obligations. Pour maintenir le niveau de l'instruction et en activer les progrès, l'Etat n'a que le pouvoir politique par lequel il pourvoit aux besoins de l'ordre civil et politique ; mais il est sans pouvoir pour agir directement sur l'ordre intellectuel et éternel. Le pouvoir politique est sans droit, sans action en dehors du domaine qui lui est propre. Les esprits avec leurs idées ou leur science sont au-dessus de sa sphère. Toute tentative pour les plier directement à ses lois est un abus violent de la force, une usurpation sacrilège. L'Etat n'a donc ni droit, ni devoir pour promouvoir directement le progrès des esprits dans

(1) Paroles de M. J. Ferry, même discours.
(2) Voir le discours de M. J. Ferry ci-dessus cité.

la lumière ; il n'est chargé que de prendre des mesures qui, en pourvoyant au bien de l'ordre civil et politique, ont nécessairement pour effet indirect et, par contre-coup, de retentir jusque dans l'ordre intellectuel.

Troisième refuge des Césariens. « Les grades, disent-ils encore, sont une porte ouverte sur les emplois publics ; ils donnent accès aux fonctions administratives et judiciaires et à quelques professions civiles. Il est du devoir de l'Etat que cette porte ne s'ouvre pas devant des indignes ou des incapables. » (1)

Fort bien, c'est le droit, le devoir même de l'Etat d'interdire aux indignes et aux incapables les fonctions et les professions qui intéressent la fortune, la santé et l'honneur des citoyens, mais, n'a-t-il d'autre moyen, pour remplir ce devoir que de confisquer les droits individuels, que de s'approprier le monopole de la collation des grades au mépris des droits individuels ? Non, sans doute, puisque la France est le seul pays où les degrés académiques soient exclusivement conférés par le Gouvernement.

Si donc, il y a, pour écarter des emplois publics les incapables et les indignes, d'autres moyens que le monopole des grades académiques, l'Etat doit y recourir. (2) Car, il n'a pas le droit de restreindre la liberté et d'amoindrir les droits des particuliers, plus que ne l'exigent les vraies conditions de l'ordre public. Dès qu'il dépasse cette mesure, il tombe dans la tyrannie et l'injustice.

Les Césariens répliquent : « L'Etat ne sera jamais assuré que ses fonctions seront parfaitement remplies, si ce n'est pas lui qui forme ses agents, qui leur inspire son esprit et qui juge de leur capacité. Donc, il faut qu'il ait au moins le monopole de la collation des grades. »

Ce raisonnement ne tend à rien moins qu'à donner à l'Etat le droit de faire l'éducation d'une classe de citoyens, à régner sur leurs âmes, c'est-à-dire à s'immoler, ce qui, dans les fonctionnaires, constitue l'homme proprement dit. Il ne tient aucun compte de l'indépendance et de la dignité de l'âme humaine qu'il sacrifie à l'assujétissement du fonctionnaire. Eh quoi ! si pour devenir citoyen, l'homme ne doit pas cesser d'être homme, devra-t-il renoncer à l'être pour devenir fonctionnaire ? Non, certes, ce n'est pas pour abaisser et dégrader

---

(1) Voir le discours de M. Bardoux, Séance du 5 décembre 1874, et le discours de M. J. Simon, Séance du Sénat 2 mars 1880.

(2) Voir les articles de Revues cités à la page ci-dessus 417 et 424.

l'homme même dans le fonctionnaire qu'est fait l'Etat ; loin de là, il est du devoir de l'Etat de respecter et de servir l'humanité même dans ceux qui le représentent et qui lui doivent leurs labeurs.

Malheur, du reste, à l'Etat servi, non par des hommes dignes de ce nom, mais par des esclaves prêts à vendre leur conscience pour quelque avantage terrestre ! Il sera le premier, au jour où il y pensera le moins, trahi par des âmes qui n'ont d'autre dignité que celle de leur argent et de leur place.

Non, certes, le fonctionnaire n'appartient pas tout entier à l'Etat qui le paye. Ce qui appartient en lui à l'Etat, ce sont ses services. Quant à la nature humaine, non seulement elle doit primer en lui le fonctionnaire, mais encore elle est faite, nous l'avons prouvé, pour dominer l'Etat. Les droits et les devoirs de l'homme passent avant ceux que le fonctionnaire tient, comme tel, de sa fonction.

Conséquemment, l'Etat ne peut qu'exiger de ses serviteurs qu'ils soient aptes, par leurs connaissances et par leurs vertus, à remplir les ministères dont il les investit. C'est le seul point de vue auquel il puisse et doive les examiner et juger de leurs aptitudes ; c'est à cette seule fin qu'il est autorisé de s'enquérir de leur science et de leur capacité. Mais, pour ce qui est proprement de l'homme comme tel et de sa formation intellectuelle et morale, c'est là une sphère qu'il a le devoir de protéger et de servir, mais qu'il n'a pas le droit d'envahir et de dominer.

Nous refusons donc à l'Etat le droit de se réserver le monopole de la collation des grades, aussi bien que celui de l'enseignement. Tout ce qu'il peut et doit en ces matières, c'est de pourvoir, par la loi, à ce que l'abus de la liberté ne nuise pas aux intérêts généraux de l'instruction publique, et de garantir la liberté de l'enseignement et des degrés académiques à tous ceux qui, étant vertueux et instruits, sont capables de servir leur pays, en s'employant à la formation intellectuelle et morale des jeunes générations.

Ce serait ici le lieu de se demander comment, abandonnant à la liberté l'enseignement et la collation des grades, l'Etat pourrait s'assurer en France de la capacité qu'il requiert pour l'exercice de ses fonctions ? C'est une question sur laquelle les publicistes ne s'accordent guère. Les uns proposent l'importation en France du régime prussien, du *staats examen* ; tout candidat à une fonction serait tenu de subir un examen relatif à l'emploi auquel il prétend.

Mais ce système est combattu par des hommes de grande valeur. D'après eux, cet examen laisserait toujours à l'Etat, dans la distribution des emplois publics, une prépondérance inquiétante pour les amis de la liberté. Il serait plus conforme aux principes d'égalité, d'exiger des établissements libres les garanties les plus sérieuses de science et de travail, et de leur abandonner complètement la collation des grades, sous la surveillance du Conseil supérieur de l'Instruction publique. Dans ce système, les grades conférés par les Facultés libres auraient la même valeur que ceux conférés par les Facultés de l'Etat.

Ce système paraîtrait, en effet, réaliser le règne de la justice. (1)

CHAPITRE XVII

Du vrai rôle de l'Etat en matière d'Instruction publique.

I

Après avoir condamné le monopole de l'enseignement, comme un privilège odieux et absurde, M. Chaptal énonçait en ces termes les vrais droits de l'Etat, en cette matière : « L'autorité n'a que le droit d'exiger de celui qui exerce la profession d'instituteur les obligations qu'elle impose à tous les citoyens dévoués à une profession quelconque ; elle a sur lui une surveillance d'autant plus active que l'exercice de cette profession intéresse plus essentiellement la morale publique ; là se bornent tous les pouvoirs du gouvernement. » (2)

---

(1) Voir les articles cités de M. de Lavelaye, Revue des Deux-Mondes, 15 avril 1870 ; de M. Duruy, même Revue, 15 juin 1870 ; de M. Henrich, Correspondant, 25 mars 1870. M. Tasenster, de la Faculté des Sciences de Liège. Réforme de l'enseignement supérieur. M. Spring. La Liberté de l'enseignement et les sciences.

(2) Voir son Rapport sur le projet de loi de l'an IX.

Le rapporteur de la loi de 1833, M. Cousin, posait, à son tour, les vrais principes, lorsqu'il disait : « La tâche des pouvoirs publics commence là où s'arrête l'influence des efforts individuels....

Les communes, d'abord, puis, à défaut des communes, les départements, et enfin, à défaut des communes et des départements, l'Etat doit pourvoir à l'enseignement. »

C'est ce que disait, en 1835, M. Dechamp à la Chambre belge : « Si les établissements libres suffisent aux besoins de la population, l'Etat n'a plus à s'ingérer dans l'enseignement. » (1)

M. le duc de Broglie tenait le même langage dans son rapport sur la loi de 1844. « L'Etat, écrivait-il, ne doit ni tout attirer à lui ni tout entreprendre ; le droit d'enseigner n'est point entre ses mains un de ces droits éminents, l'un de ces attributs du pouvoir suprême qui ne souffrent aucun partage. Tout, au contraire, en matière d'enseignement, si l'Etat intervient, ce n'est point à titre de souverain, c'est-à-dire de protecteur et de guide ; il n'intervient qu'à défaut des familles hors d'état, pour la plupart, de donner aux enfants, dans leur propre sein, une éducation purement domestique ; il n'intervient que pour suppléer à l'insuffisance des établissements particuliers, pour les remplacer, pour les susciter là où ils manquent, pour les seconder là où ils existent, pour y tenir élevé le niveau des études, pour leur prêter secours au besoin, et leur servir de point d'appui. Il faut donc des établissements particuliers dans un pays libre ; il faut que ces établissements soient libres ; plus de tutelle obligée, plus d'autorisation discrétionnaire et révocable, plus de nécessité pour les enfants élevés dans les institutions privées, de fréquenter les cours professés dans les institutions de l'Etat, ce sont choses qui ont fait leur temps. »

Nous l'avons prouvé, toute la mission de l'Etat en cette matière, c'est de suppléer à l'insuffisance de l'initiative individuelle pour fournir aux parents les moyens d'élever leurs enfants ; il n'a pas le droit de se substituer aux familles dans l'œuvre de leur ministère, ni de leur imposer ses écoles au mépris de leurs répugnances.

Ainsi, dans telles villes, il n'y a que des écoles tenues par des congrégations religieuses ; des parents désirent sérieusement confier leurs enfants à des maîtres laïques ; c'est une nécessité publique

---

(1) Voir les discours de M. Guizot, de M. Thiers, de M. de Tracy, dans la discussion de la loi de 1833 et un article de M. Wilson, dans le Correspondant. Janvier-mars 1843.

à laquelle la commune ou, à son défaut, le département doit subvenir. Si ni l'un ni l'autre ne peuvent y satisfaire, c'est à l'Etat d'y pourvoir.

« Il est juste, dit M. Gaston Boissier, que ceux qui préfèrent les corporations religieuses, puissent leur confier leurs enfants. Il est légitime, pour le même motif, que ceux qui s'en défient, puissent les envoyer ailleurs.

Voilà pourquoi, en face du dévoûment des ordres monastiques, les tentatives individuelles et isolées devant être impuissantes, l'Etat s'est décidé à fonder et à soutenir des établissements laïques. Il intervient pour que le père conserve le choix de l'école, où il veut envoyer son fils. On l'accuse d'opprimer la liberté, au contraire, il la maintient. » (1)

Evidemment, en vertu du même principe, l'Etat doit procurer des écoles congréganistes aux parents qui en désirent, sinon l'Etat n'aurait souci de la liberté qu'en faveur des partisans des écoles laïques ; il ne tiendrait point la balance égale entre tous ses sujets ; ce qui serait inique.

En vain, soutiendrait-on que les partisans des écoles congréganistes ont la liberté d'en ouvrir suivant leur goût. Cela n'est pas exact, qu'il s'agisse de ces derniers ou qu'il s'agisse des partisans des écoles laïques. Pour avoir la liberté de fonder une école, il ne suffit pas que le gouvernement n'y mette pas obstacle ; il faut encore avoir les moyens d'en faire la dépense. Or, quelle charge insupportable ne serait-ce pas pour cette catégorie de citoyens, s'ils avaient à payer seuls, de leur bourse, les écoles de leur préférence et à contribuer encore, par leurs impôts, aux frais des écoles laïques ? Le dévoûment des congrégations religieuses a beau être grand, il a besoin d'argent pour faire ses œuvres. Il est donc juste de soutenir que, si l'Etat se croit obligé de fournir des écoles laïques à ceux qui les préfèrent, il doit se regarder pour tenu de procurer des écoles congréganistes à ceux qui en sont partisans. L'Etat est pour tous, sa mission est identique à l'égard de tous.

Du reste, si l'Etat ouvre, aux frais du trésor, des écoles officielles en face des écoles libres, il tue inévitablement celles-ci : car, il n'y a pas de particulier, ni d'association, qui puisse soutenir sa concurrence.

Dans la discussion de la loi de 1844, l'impossibilité de résister à

(1) Revue des Deux-Mondes. 15 juin 1868.

la concurrence de l'Etat, fut mise en vive lumière par M. le marquis de Saint-Barthélemy et par le comte Beugnot. (1)

Ce dernier, rapporteur, en 1850, du projet de loi Falloux, ne pouvait avoir oublié tout à fait les idées qu'il avait éloquemment défendues six ans auparavant. Aussi, « la première condition d'une concurrence sincère, disait-il, est l'égalité parfaite entre les concurrents; or, peut-on fonder sérieusement l'égalité, quand l'Etat se réserve de donner lui-même, avec profusion, l'enseignement dans des établissements nombreux qu'il soutient par tous les moyens dont il dispose ? » Non, ce n'est pas possible.

« Lorsque l'Etat, avec toutes ses ressources financières et politiques, tous ses moyens d'action et d'influence, dit M. V. Nicolet, répand partout l'enseignement, lorsqu'il étend sur tout le pays un vaste réseau d'établissements dotés d'immunités et de concessions de bourses, lorsqu'il remplit ces établissements de professeurs élevés par lui et soumis à sa hiérarchie et à sa dépendance, lorsque l'autorité qui administre ce vaste corps de l'enseignement public, est aussi celle qui surveille l'enseignement libre, peut-on dire qu'il n'y a pas privilège et que la liberté existe ? Elle n'existe en réalité ni pour l'enseignement public, ceux qui le distribuent ne pouvant avoir sous la main de l'Etat aucune autonomie, ni pour l'enseignement libre surveillé par son rival d'abord, et ensuite, paralysé par une concurrence sans égalité. » (2)

II

La liberté de l'enseignement pour les individus et les associations particulières, ne peut donc être qu'une duperie et un leurre en face des écoles officielles, soutenues par la puissance publique. Ce n'est qu'une duperie, parce qu'elle ne peut aboutir qu'à ruiner ceux qui tenteront d'en jouir ; ce n'est qu'un leurre, parce que finalement, ruinés par la concurrence de l'Etat, ceux qui auront tenté d'en jouir, se verront bien vite contraints d'y renoncer.

Eh bien, l'Etat a-t-il le droit d'user de la puissance sociale pour frapper ainsi à mort l'exercice du pouvoir individuel le plus nécessaire ? Non, rien de plus contraire à sa mission. Nous l'avons établi, l'Etat n'est pas fait pour enseigner et élever l'enfant, pour être père de

(1) Chambre des Pairs. Séance du 24 et du 25 avril, du 4 et du 6 mai 1844.
(2) Revue Catholique des Institutions et du Droit. Février 1873.

famille et maître d'école ; son rôle sur ce terrain, est purement subsidiaire ; dès qu'il veut en sortir pour s'arroger le rôle principal, il renverse son ministère propre, il écrase ceux qu'il est chargé de protéger et de soutenir.

Et maintenant, dans ces conditions, n'est-il pas évident que ce que l'on appelle l'école libre ne peut être un véritable contre-poids et un remède sérieux de l'école officielle neutre en matière de religion ? Nous démontrerons tout à l'heure qu'à l'égard de Dieu et en matière d'enseignement, la neutralité est une hostilité réelle. Supposons toutefois, un instant, que la neutralité de l'école soit admissible. Dans cette hypothèse, le motif pour exclure de l'instruction les notions religieuses, c'est le respect de la loi pour la conscience de ceux qui tiennent à les supprimer dans l'éducation de leurs enfants. Eh bien, si ceux-là ont le droit d'avoir des écoles, où il ne soit jamais question de Dieu, de l'âme et de leurs rapports, nous le demandons, ceux qui veulent que ces notions servent de base à l'éducation de leurs fils, n'auront-ils pas aussi le droit d'avoir des écoles où elles soient la lumière et la vie de tout l'enseignement ? Certes, il serait étrange, contradictoire même, que le respect pour la conscience des athées imposât à l'Etat la neutralité de l'école et que le respect pour la conscience des théistes ne lui imposât pas le devoir de reconnaître au moins à ceux-ci la liberté d'ouvrir, à leurs frais, des écoles de leurs croyances. Aussi, la liberté de l'école est-elle, pour tous les libéraux, un principe fondamental et hors de conteste.

Cependant, nous le demandons encore, est-ce que l'école libre est la contre-partie réelle, effective de l'école officielle obligatoire et neutre ? Qui ne voit le contraire ? Qui ne voit l'impuissance de la liberté des individus et des associations particulières, en face de la toute-puissance de l'Etat ? Qui ne voit l'infériorité de la condition de ceux qui sont obligés de faire des écoles spéciales à leurs dépens, pour satisfaire au devoir de leur conscience, tout en contribuant, pour leur part, à en payer d'officielles qu'ils réprouvent, en face de l'Etat lui-même et de ceux à qui l'Etat fournit, aux frais du Trésor public, les moyens d'instruction et d'éducation dont ils ont besoin ? Quand l'école enseignait la notion de Dieu, les athées ne pouvaient trop se plaindre d'être sacrifiés aux théistes. Maintenant, l'école exclurait Dieu, et les théistes ne se trouveraient pas sacrifiés à ceux qui ne veulent pas entendre parler de Dieu ? La réciprocité est évidente, incontestable.

Il n'est donc pas vrai, il faut le répéter, que la liberté de l'école soit la contre-partie adéquate de l'école officielle obligatoire et neutre ; elle laisse à leur faiblesse augmentée de toutes les charges que l'Etat fait peser sur eux, des citoyens qui auraient le besoin et le droit d'être soutenus par l'Etat, tandis que l'école officielle neutre met la puissance souveraine au service de ceux qui préfèrent l'éducation sans Dieu.

Mais, comment accorder, au sujet de l'école, des citoyens qui sont, à ce même sujet, profondément divisés par leurs idées ? On a dit : l'école de l'Etat étant pour tous, il faut qu'elle ne favorise les croyances de personne ; par conséquent, il faut qu'elle soit neutre. Nous venons de voir combien est faux ce moyen de conciliation, puisqu'en fin de compte, il sacrifie les partisans de l'éducation religieuse aux partisans de l'école sans Dieu.

Cette erreur est inévitable, dès que l'on veut qu'il y ait des écoles d'Etat, quand il ne doit y avoir que des écoles de familles, si l'on peut s'exprimer ainsi. Du moment que l'Etat n'est point fait pour enseigner et pour élever l'enfance, il ne lui appartient point d'avoir des écoles propres qui soient en opposition avec celles des familles. Du moment que c'est la famille qui est souveraine en matière d'éducation et que c'est pour lui aider à remplir sa mission, qu'est instituée l'école, la fonction de l'Etat sur ce terrain ne peut être, comme nous l'avons dit, que de lui venir subsidiairement en aide.

Par conséquent, l'Etat ne peut avoir qu'un devoir et qu'un droit à ce sujet, c'est de procurer, autant que possible, à chaque famille les moyens spéciaux dont elle a besoin pour élever ses membres, suivant sa foi et sa conscience. Quand il voit les partisans de l'éducation religieuse assez nombreux pour avoir des écoles propres en harmonie avec leurs croyances, il doit les leur procurer, s'ils sont impuissants à s'en pourvoir. S'il ne les trouve point assez nombreux pour leur donner des écoles séparées, il doit leur fournir, dans les écoles mixtes qu'il peut mettre à leur disposition, les moyens de faire instruire et élever leurs enfants suivant leur religion.

Evidemment, il suit de là que l'Etat ne doit pas établir des écoles qui ne soient pas réclamées par les besoins des familles et de la société. Et, s'il est obligé d'en créer quelques-unes qui soient requises par des nécessités réelles, il doit prendre garde, en satisfaisant à ces nécessités, de ne pas nuire, par sa prépondérance irrésistible, aux établissements libres qui existent et qui répondent à d'autres exigences. Faut-il encore le redire ? Non, l'Etat n'est pas fait pour écraser la liberté, mais pour la soutenir, pour étouffer l'initiative individuelle, mais pour suppléer à son impuissance, pour se substituer à la famille dans sa mission, mais pour l'aider à la remplir, pour empêcher les parents d'atteindre leur fin, mais pour leur procurer les secours dont ils ont besoin dans sa poursuite.

Encore une fois, quand l'Etat ouvre une école, ce n'est pas pour y faire faire son œuvre propre, en donnant lui-même et pour lui-même, l'instruction et l'éducation aux enfants qui y viendront s'asseoir; l'œuvre propre, le but propre de l'Etat, quand il ouvre une école, c'est de venir en aide aux parents pour qu'ils puissent accomplir leur mission, remplir leurs devoirs et atteindre leur fin. Voilà pourquoi il faut que l'Etat oblige l'école de satisfaire, en premier lieu, aux besoins particuliers et de répondre aux vœux spéciaux des familles et non de servir, au mépris de ces vœux et de ces besoins, des intérêts politiques qui ne sont que de faux intérêts de parti, ou qui ne doivent venir qu'en second lieu, alors même que ce seraient des intérêts nationaux véritables.

III

Il s'en suit que l'instituteur « remplace auprès des enfants, non pas l'Etat, mais les parents eux-mêmes à qui Dieu en confie l'âme.»(1)

L'instituteur aura pu être formé, dans une école officielle, par des maîtres officiels, il aura pu être nommé, par l'Etat, dans une école dépendante de l'Etat; n'importe, il n'aura point été ainsi formé et nommé pour exercer un pouvoir propre à l'Etat, pour remplir une fonction spéciale à l'Etat, pour atteindre une fin particulière à l'Etat; non, ainsi formé et nommé pour travailler à la formation intellectuelle et morale des enfants, il le sera pour exercer un pouvoir essentiellement propre à la famille, pour remplir une fonction essentiellement spéciale à la famille, pour poursuivre une fin essentiellement particulière à la famille. Si l'Etat, en établissant des écoles publiques, a eu une autre pensée, un autre but; il a eu des vues d'usurpation qu'il ne peut justifier et qu'il faut réprouver.

L'instituteur ne peut être ainsi que le représentant, l'aide ou le mandataire de ceux qui lui confient leurs enfants; c'est en leur nom, à leur place et en vertu de leur autorité qu'il enseigne et qu'il élève les enfants qui sont par eux envoyés à son école.

(1) Voir Mgr Fava. Lettre circulaire. N° 38.

« A l'instituteur, dit Mgr Dupanloup, appartient cette action puissante et féconde sur l'enfant, cette autorité réelle qui lui donne le droit, qui lui impose le devoir d'agir en maître. Dans l'éducation, comme ailleurs, sans autorité réelle, point d'action légitime.

Mais cette action est une action toute bienfaisante ; car l'éducation est un service *essentiellement paternel, ce maître remplace et représente un père*.....

L'instituteur est un second père préparé par la Providence pour *aider le premier* dans l'accomplissement de son œuvre la plus difficile.

L'instituteur *est associé* intimement à l'action même *du père* et de *la mère* dans ce qu'elle a de plus glorieux et de plus divin, qui est l'élévation des âmes.

Et ce qui ajoute encore à cette gloire, c'est que choisi par le père et par la mère pour ces saintes fonctions et revêtus par eux de tous les droits de la paternité humaine, comme cette paternité elle-même n'est que l'image de la paternité céleste, il est ainsi choisi par Dieu et associé à l'action divine. » (1)

Il s'en suit que l'Etat n'a point un pouvoir absolu pour nommer, à son gré, les instituteurs de ses écoles. Serviteur de la famille sur ce terrain, l'Etat est rigoureusement obligé de tenir compte de l'avis et des vœux de la famille dans le choix des instituteurs qu'il impose à ses écoles. Il commettrait un abus de pouvoir, il violenterait les sentiments les plus intimes et les plus sacrés des âmes, il foulerait aux pieds les droits les plus imprescriptibles de l'autorité paternelle, s'il désignait, pour représenter les parents et remplir leur ministère dans ses écoles, des instituteurs dont ceux-ci auraient des raisons graves de ne pas vouloir.

Par conséquent, une fois qu'il a installé un instituteur dans une école, conformément aux vœux des familles, il ne peut pas vouloir que celui-ci remplisse sa fonction, en opposition avec les volontés de ces mêmes familles. L'Etat est sans aucun droit pour faire de l'instituteur son agent à l'encontre des droits et des intérêts de l'autorité paternelle. Son devoir strict, c'est, au contraire, de contraindre, au besoin, les instituteurs à remplir leur mandat conformément aux intentions de leur mandants, et par conséquent, de soutenir contre eux l'autorité paternelle dans l'exercice de ses droits sur l'éducation de l'enfance. Nous avons dit que le contrat qui lie

(1) De l'Education. T. I. L. I. Ch I. T. II. L. III. Ch. I.

entre eux les parents et leurs auxiliaires, relève, au point de vue civil, du pouvoir politique. C'est donc la charge propre de celui-ci d'obliger les uns et les autres à en respecter les stipulations. L'Etat manquerait certainement à tous ses devoirs, s'il permettait que les instituteurs dont la condition dépend de sa volonté, méprisassent l'autorité paternelle et foulassent aux pieds ses intentions. Ce serait sur lui évidemment que les familles pourraient faire justement retomber la responsabilité de la criante iniquité dont elles souffriraient.

IV

Nous en arrivons à l'importante question des programmes. A qui, du législateur, des parents ou des instituteurs, appartient-il de les dresser dans les écoles publiques ouvertes par l'Etat ? Ce ne peut être aux instituteurs eux-mêmes, puisqu'ils n'ont qu'une situation essentiellement subordonnée ; ils dépendent à la fois de l'Etat qui les nomme, et des parents dont ils sont les auxiliaires et les mandataires.

Il ne peut, non plus, appartenir aux parents, c'est-à-dire à des particuliers, de commander souverainement en un domaine qui intéresse si profondément l'ordre public. Tous les objets autour desquels plusieurs volontés libres peuvent, dans la société, entrer en conflit, relèvent par ce côté là du pouvoir qui préside à l'ordre public. Evidemment, il faut compter de ce nombre les programmes d'instruction dont la rédaction pourrait provoquer entre les parents des divisions et des luttes sans fin.

C'est donc incontestablement à l'Etat de les dresser.

Mais, quelle est la mesure précise de son pouvoir sur ce point ? L'Etat est dans son domaine propre, il est proprement souverain, toutes les fois qu'il s'agit de matières intéressant directement l'ordre public, le bien commun. Ainsi, en matière de programme, il a le droit d'intervenir souverainement pour empêcher qu'un instituteur ne donne à un enfant un enseignement réprouvé avec raison par ses auteurs, pour empêcher qu'un père n'impose à un instituteur une méthode générale d'enseignement rejetée par les autres, enfin, pour rendre obligatoires certaines études auxquelles le bien public est étroitement lié.

Mais l'Etat a-t-il un pouvoir absolu relativement aux matières mêmes qui ont pour objet propre et direct la formation intellectuelle et morale de l'enfant ? Oui, disent les Césariens qui attribuent à l'Etat le droit et la charge d'enseigner et d'élever l'enfance. Rien, certes, ne serait plus logique, si la théorie césarienne n'était aussi profondément fausse que funeste. Il est certain que si l'Etat avait le droit de former la jeunesse à sa guise, en dépit de la volonté des familles, il aurait le droit d'imposer souverainement aux écoles publiques le programme qu'il voudrait. Et il n'est pas moins certain que s'il avait ce dernier droit, il aurait aussi le premier, il pourrait imposer aux jeunes générations l'éducation qui lui agréerait.

Le programme est, en effet, la loi souveraine de l'instruction et de l'éducation. L'expérience le prouve comme le raisonnement le démontre. Avec le pouvoir de dresser à son gré le programme des études, on a le pouvoir de bouleverser à sa guise une société. Un tel pouvoir n'est point un simple pouvoir politique, c'est un vrai pouvoir de réformation dans l'ordre de la nature. Sa portée est immense : au fond, elle est incalculable. Qui le possède peut former et déformer l'homme à son gré. (1) Ainsi, qui aurait le pouvoir d'exclure de l'éducation d'un peuple la connaissance de Dieu, de l'âme et de toutes les notions purement rationnelles, et d'appliquer l'esprit de ce peuple à l'étude exclusive des sciences positives qui développent seulement la sensibilité, la mémoire et l'imagination, celui-là aurait, par là même, le pouvoir de faire de ce peuple un troupeau d'animaux cultivés, mais dépourvus de toute vie intellectuelle et morale véritable.

Aussi, comme l'Etat n'est pas constitué pour *faire des hommes*, il ne peut posséder le pouvoir absolu d'où dépend souverainement leur formation. Non, dès lors l'Etat n'a pas un pouvoir absolu pour dicter, à son gré, le programme des écoles même publiques dont il est le créateur. Comme, en ouvrant ces écoles, il n'a fait que fournir aux parents le moyen de remplir leur mission, ainsi, en dressant le programme de leur enseignement, il ne peut être que l'organe et l'interprète des familles elles-mêmes.

Sans doute, en dressant les programmes des établissements qu'il a fondés, il doit tenir compte des intérêts sociaux dont il est chargé ; mais le premier intérêt dont il doit prendre soin, c'est que tous les parents puissent, par le moyen de ses écoles, faire donner à leurs enfants l'instruction et l'éducation qu'ils croient leur devoir. Incontestablement, l'Etat n'a aucun pouvoir pour sacrifier cet intérêt majeur

---

(1) V. Mgr Dupanloup, op. cit., T. I, L. V, ch. IX.

aux visées secondaires de la politique ; il n'est souverain que pour prendre les moyens de le faire respecter et de le garantir.

Par conséquent, l'Etat, s'il reste dans son rôle, aura soin d'élaborer et de rédiger ses programmes non tant pour exprimer ses idées propres et réaliser ses vues spéciales que pour accomplir les intentions des familles et leur aider à poursuivre leurs destinées.

On comprend dès lors que, dans les pays vivant d'une même vie, sous l'empire d'une même croyance, il n'y ait eu de possible qu'un seul et même programme. Où il n'y a qu'une même foi, il ne peut y avoir qu'une seule et même notion de l'homme et de sa perfection. Le même programme répond à toutes les pensées et à tous les vœux. Mais, comprend-on que là où les esprits sont divisés par l'opposition des doctrines, il n'y ait qu'un même idéal d'instruction et d'éducation ? Non, certes, si le programme des écoles doit exprimer, non les vues de l'Etat, mais celles des familles, il doit y avoir autant d'espèces de programmes qu'il y a de types d'éducation différents ou opposés, admis par les familles. On a pensé, nous l'avons dit, que l'Etat pouvait accorder tout le monde, en ne donnant raison à personne, et on a proclamé la neutralité de l'école en matière religieuse. Immense erreur qui va juste à l'encontre du but à atteindre.

Par là, nous le répétons, on a mis les écoles officielles au service de ceux qui veulent étouffer toutes les religions et l'on a méconnu les droits de tous ceux qui en professent quelqu'une. Du même coup, on a renouvelé la fable de l'huître et des plaideurs. Les parents ne s'entendant pas sur l'éducation commune à donner à leurs enfants, l'Etat, pour accorder leur différend, s'est emparé de l'éducation et, par l'éducation, de leurs enfants eux-mêmes. Usurpation criminelle contre laquelle on ne saurait trop protester. Les divisions religieuses des familles n'autorisent pas plus l'Etat à s'emparer de l'éducation que les différends des plaideurs n'autorisent leurs juges à s'attribuer les biens qui les divisent. Dès lors que l'Etat n'est pas fait pour former les âmes, il ne peut pas être maître du nombre et des espèces de leurs idées. Dès lors qu'il est fait pour assurer à chacun ce qui lui appartient et aider tous ses membres à remplir leurs destinées, il doit diversifier ses programmes suivant les besoins, de manière à satisfaire à toutes les exigences légitimes. Par conséquent, il doit faire, non un programme unique de gouvernement qui sacrifie les volontés des familles aux intérêts de la politique, mais un programme varié qui réponde aux intentions des familles et réalise les intérêts de la politique par le respect de l'autorité paternelle et de ses droits.

V

Des programmes *des établissements libres* d'instruction. Est-ce également à l'Etat de les définir ? L'Etat doit certainement interdire dans les écoles libres tout enseignement contraire à la constitution, aux lois et aux bonnes mœurs, et prescrire tout enseignement nécessaire pour en inspirer le respect. Mais, là s'arrête son intervention. L'Etat n'est le maître ni des doctrines, ni des âmes, redisons-le ; il n'a été constitué ni pour être père de famille, ni pour être maître d'école. Sa mission n'est ni l'enseignement, ni la formation des âmes. Il ne peut donc pas lui appartenir de définir le programme de l'instruction dans le domaine de l'industrie particulière.

Dès qu'on admet la liberté de l'enseignement, il faut nécessairement admettre la liberté des programmes et des méthodes. Par le fait que l'Etat nous dit : « Je vous reconnais la liberté d'enseignement », il s'ôte le droit de nous dire : « Vous n'enseignerez que ce que je voudrai et que par la méthode que je voudrai. »

Le programme, nous venons de le montrer, c'est la loi même de l'enseignement. Les méthodes, ce sont les voies et les procédés mêmes de l'enseignement. Si l'Etat était maître de dresser les programmes de l'enseignement libre et de lui imposer ses méthodes, il n'y aurait pas d'enseignement libre en réalité, il n'y aurait qu'un enseignement subordonné soumis à un réel vasselage. Les esprits et les doctrines retomberaient, par là même, sous le joug de l'Etat qui pourrait régler ainsi à sa guise la forme des âmes et la diffusion de la vérité.

« La liberté n'existe plus, a dit le P. Marquigny, lorsqu'on impose des programmes avec leurs méthodes et leurs formules étroites, avec leurs caprices et leur routine....

La liberté du programme, c'est la liberté du professeur, c'est la liberté d'enseignement. » (1)

La liberté d'enseignement suppose, en effet, trois choses distinctes et également essentielles : la liberté du professeur, la liberté du programme et la liberté des méthodes. (2)

« Il faut, dit aussi M. Baudon, que les Universités soient maîtresses de leur programme, et que, si l'Etat doit y intervenir, ce ne soit que pour

---

(1) Revue catholique des Institutions et du Droit, juillet 1874.
(2) Même Revue, Mai 1876.

certaines grandes lignes qui n'enlèvent rien à leur liberté. Il faut que les Universités elles-mêmes fassent leur cadre d'études. » (1)

Evidemment, il faut réclamer pour toutes les écoles les mêmes droits que pour les Universités. Les écoles secondaires et primaires ne seraient pas libres, si l'Etat pouvait leur dicter ce qu'elles ont à enseigner ou à passer sous silence ; elles auraient, au contraire, les bras étroitement liés. Or, l'Etat n'a pas plus le droit de s'asservir les âmes aux premiers degrés de leur développement, qu'à leurs degrés supérieurs, ni d'enchaîner les doctrines dans leurs premiers principes que dans leurs plus hautes spéculations.

VI

De la surveillance. « Il est bien évident, dit M. Gaston Boissier, que l'Etat, en accordant l'autorisation d'ouvrir des écoles supérieures libres, se réserve le droit de les surveiller ; mais il est bien évident aussi qu'il n'en usera qu'avec une extrême discrétion, s'il veut que la liberté d'enseignement ne soit pas un vain mot.

Son intervention dans les établissements libres ne peut être justifiée que par la nécessité où il se trouve de protéger son existence. Il me semble donc qu'il doit se renfermer dans les limites où s'exerce le droit de légitime défense que les citoyens possèdent aussi dans la vie ordinaire. (2) »

Rien de plus juste. Du moment que l'Etat reconnaît la liberté d'enseignement, il doit se garder de la tuer par l'exercice qu'il pourrait faire de son droit de surveillance. Qui ne comprend combien en cette matière l'abus serait facile ? L'histoire de presque tous les gouvernements prouve que la crainte d'un tel danger n'est point imaginaire.

Nous l'avons dit, la Constitution et les lois ne sauraient édicter des mesures trop précises pour garantir la société contre les empiétements que l'Etat pourrait commettre sur le domaine des âmes, sous le prétexte de surveiller l'enseignement. Il serait, certes, fâcheux qu'il n'eût pas absolument tous les pouvoirs nécessaires pour assurer l'ordre civil et politique, mais il le serait bien davantage si, livré à lui-même et à la fièvre de l'ambition, il en avait assez pour

(1) Revue catholique des Institutions et du Droit, Mai 1876.
(2) Revue des Deux-Mondes, ubi supra.

troubler l'ordre intellectuel et moral. S'il faut que l'Etat moderne manque de quelques attributions utiles à un plus parfait accomplissement de sa tâche, pour n'en avoir pas de dangereuses pour la liberté des âmes, nous pensons, pour notre compte, que c'est une nécessité à laquelle il faut résolûment se soumettre plutôt que de courir les inconvénients de l'alternative opposée. Un gouvernement désarmé pourra ne pas faire tout le bien désirable. Un gouvernement trop armé peut faire, en matière d'éducation, un mal à jamais irréparable. Sous l'ancien régime, l'Etat avait pour règle et contrepoids l'autorité reconnue de l'Eglise, et, malgré ce frein, il a pu, par suite du pouvoir qu'il s'était arrogé sur l'enseignement, renverser l'esprit éminemment chrétien de l'ancienne France. On peut dire que la révolution, dans ce qu'elle a eu de plus triste, fut proprement son œuvre.

Quelle perversion dans les esprits, quelle corruption dans les cœurs ne serait pas capable d'opérer, à la longue, un gouvernement qui, sans règle et sans frein doctrinal et moral, aurait encore le pouvoir de toucher, par la surveillance, au domaine de l'ordre intellectuel ! Les Constitutions politiques peuvent crouler dans le fort d'une tempête ; si les peuples gardent une constitution intellectuelle et morale vigoureuse et solide, les ruines sont vite réparées. Mais les constitutions politiques ont beau être sous la protection de gouvernements absolus, quand les esprits sont égarés, que les cœurs sont corrompus et que les caractères sont amollis, tout s'affaisse et s'éteint dans la boue.

VII

L'Etat, avons-nous dit, doit encourager les études, protéger les savants, leur fournir au besoin les moyens de faire progresser les sciences et d'en répandre la lumière. Mais, doit-il se réserver le monopole de cet appui et de cette protection ? Ne vaut-il pas mieux que les établissements et les associations scientifiques, philosophiques ou littéraires, puissent se fonder librement, sans être obligés de graviter dans son orbite ? Sans aucun doute ; la situation où nous voyons ces établissements chez les divers peuples, nous fait voir que les plus florissants et les plus prospères sont ceux qui sont indépendants de la tutelle de l'Etat. « Dans les sociétés enrichies par le commerce et l'industrie, dit M. Leplay, les Universités libres créées par les dons et legs des particuliers, se montrent de plus en plus supérieures aux Universités régies par les gouvernements et soutenues par l'impôt. Pour s'en convaincre, il suffira de comparer la pénurie de plusieurs grandes institutions scientifiques de France avec l'abondance des ressources qui affluent chaque année dans les institutions analogues des Etats-Unis de l'Amérique du Nord.

.... En résumé, la seule situation qui soit digne pour les sciences et les lettres, pour les corps enseignants et pour les élèves, est celle qui les place sous l'autorité de corporations libres, jalouses de conserver leur indépendance, stimulées, en même temps, par la concurrence de leurs rivales, à se garantir de l'erreur ou du relâchement qui leur feraient perdre la confiance du public. » (1)

CHAPITRE XVIII

De la Gratuité légale de l'Instruction.

I

1re Question. L'Etat, peut-il imposer la gratuité de l'enseignement ?

S'il s'agissait d'une vraie gratuité qui ne coûtât rien aux contribuables, la question ne ferait pas difficulté ; c'est évident.

Mais le mot *gratuité* n'a pas ici le sens absolu qu'on lui donne communément. Il n'est pas possible que l'enseignement ne coûte absolument rien à personne. L'instruction sera toujours inévitablement fort coûteuse pour quelqu'un.

Dans cette question, la gratuité consiste à ne pas faire payer directement aux parents l'instruction et l'éducation des enfants, mais à les mettre au compte du Trésor public et, par conséquent, des

(1) La Réforme sociale, ch. 47, XVIII.

contribuables, sans distinction de familles, et quand même ceux-ci n'en auraient pas à élever.

Eh bien, la loi qui édicterait une semblable gratuité serait-elle juste ? Pour quelles raisons l'Etat la porterait-il ?

« Nous voulons la gratuité au nom de l'égalité, » disait M. Paul Bert, dans son discours du 4 décembre 1880, à la Chambre des Députés. « L'enseignement doit être gratuit, disent aussi MM. Ch. Renouvier et Ch. Fauvety. En effet, la solidarité de toutes les familles dans les frais d'instruction, est un principe éminemment équitable..... Plus de payants et de non payants. La séparation des classes, fâcheuse partout, le serait plus qu'ailleurs sur les bancs de l'école. » (1)

La séparation des classes est un vice ; leur distinction est dans la nature. Certes, ce n'est pas parce que tous les enfants seront également élevés par l'Etat, qu'ils deviendront plus sûrement des égaux étroitement unis et ne se distingueront plus par les différences de leurs qualités et l'opposition de leurs caractères. L'instruction, au contraire, profitant différemment suivant la différence des natures et des vertus, accentue, bien loin qu'elle les efface, les diversités et les oppositions dont le Créateur marque les individus.

Surtout l'instruction ne suffit pas pour unir les classes, pour ne pas dire qu'elle contribue à les séparer et à les mettre en lutte par le développement qu'elle donne à l'orgueil, à l'envie et à l'égoïsme.

Il n'y a que l'éducation qui ait pour but et pour effet d'unir les hommes en leur apprenant à réprimer leurs funestes passions et à pratiquer l'humilité, la modestie, le renoncement, la charité.

Rassemblés de force sur les mêmes bancs, les enfants du pauvre et du riche, du roturier et du seigneur, n'apprendront à se connaître que pour se haïr, s'ils ne reçoivent pas, en outre de l'instruction, un principe supérieur de vie morale qui les oblige à dompter leur mutuelle aversion et à s'aimer réciproquement en dépit des cupidités qui les animent les uns contre les autres. Faute de ce principe, ils ne sortiront de l'école que pour se déclarer la guerre avec plus d'éclat et de fureur.

Mais, si c'est un principe supérieur de morale, disons mieux, si c'est la crainte et l'amour de Dieu qui unissent les hommes, qui ne voit qu'on peut leur inspirer cet amour et cette crainte sans avoir

---

(1) Cités par Larcher, p. 349. Voir la discussion parlementaire de la loi du 28 mars 1852 dans le Journal Officiel, Séances du Sénat, mai, juin, juillet 1881, février, mars 1882.

besoin de les réunir sur les mêmes bancs et de faire également payer leur instruction par les contribuables ? Il suffit d'en faire des chrétiens ; peu importe l'école où ils se formeront, c'est assez pour qu'ils sachent s'estimer et s'aimer les uns les autres suivant le précepte de Celui qui est mort pour tous ses frères.

Du reste, si l'on admet la nécessité de rendre tous les citoyens égaux par l'instruction, ne faudra-t-il pas, pour le même motif, les rendre égaux par la fortune, par l'industrie, par les forces physiques, etc. On pose donc là un principe dont les conséquences sont énormes. C'est le principe du socialisme, nous l'avons prouvé ci-dessus.

Si, en effet, il doit y avoir solidarité pour l'instruction, ne doit-il pas y avoir solidarité pour la nourriture, le vêtement, les soins, etc.? Si cette solidarité veut que tous les enfants soient instruits aux frais du Trésor public, n'exige-t-elle pas également qu'ils soient tous nourris et entretenus aux dépens de l'Etat ? La parité est incontestable.

Mais, si la solidarité alléguée n'implique pas l'égalité des citoyens autour de la même table, elle n'implique pas davantage leur égalité autour de la même chaire d'enseignement.

Il est certain que les pères de famille sont solidaires et que, lorsque les uns ne peuvent pas payer, il faut que les autres payent pour eux. En entrant dans la société, ils ont certainement aliéné, au profit de la société, une partie de leur indépendance naturelle et ont pris l'engagement de fournir solidairement aux frais que peut coûter l'établissement civil et politique.

Mais, nous l'avons dit, ils n'ont pas aliéné toute leur personne ni mis en commun tous leurs intérêts ; surtout, ils n'ont pas aliéné les droits éminemment propres à leurs personnes comme ceux qui ont pour objet leur reproduction complète par le mariage et la famille.

Ils ne se sont pas engagés, non plus, à payer solidairement les frais, à supporter les charges qu'entraîne la gestion de leurs affaires particulières, qu'impose la réalisation de leurs intérêts personnels.

Chacun reste chargé de poursuivre, à ses frais et pour son propre compte, l'accomplissement de ses propres destinées.

Or, l'instruction des enfants est, comme nous l'avons montré, une affaire toute particulière, un intérêt éminemment privé. Ce n'est donc point à l'Etat d'en faire les frais.

II

En effet, la gratuité de l'enseignement, telle qu'on l'entend ici, est tout ce qu'il y a de plus contraire à l'ordre naturel, à l'équité, aux intérêts de l'instruction et de la société. (1)

A l'ordre naturel. « On pourrait se demander, dit M. Saint-René Taillandier, s'il est moral de décharger les familles, de payer la nourriture intellectuelle de leurs enfants ? N'est-ce pas relâcher les liens de famille, en détruisant ces sentiments de reconnaissance qui font de l'amour filial une affection, non plus instinctive, mais éclairée. » (2)

En effet, l'enfant ne doit-il pas être plus lié à son père, par ce que son père fait pour son éducation, que par ce qu'il a fait pour le procréer ? C'est évident.

Eh bien, que l'éducation de l'enfant ne soit ni donnée ni payée par les parents, en quoi viendra-t-elle d'eux ? Et, si elle ne vient pas d'eux, au moins par ce qu'elle coûte, l'enfant ne sera-t-il pas autorisé à leur dire : « Ce n'est pas vous qui m'élevez, vous cessez d'être mes auteurs. C'est l'Etat qui m'élève, c'est à lui que je me dois ? »

Il est certain que l'Etat, en établissant les écoles, en en nommant les maîtres, en en dressant les programmes, en en payant tous les frais, en obligeant les parents à y envoyer leurs enfants, se substitue ainsi à peu près complètement aux premiers dans l'accomplissement de leur mission auprès des seconds.

Il brise, par là, les liens que la nature a formés entre eux, il dissout la famille avant qu'elle ait atteint sa fin, avant que ses fruits soient mûrs.

Rien de plus contraire à l'ordre de la nature. Non, il faut le redire, l'Etat n'a pas le pouvoir de dispenser les parents de leurs devoirs, de les décharger de leur responsabilité, ni de les dépouiller de leurs droits et de se substituer à eux dans la jouissance de leurs enfants. Quand les parents consentiraient à le laisser prendre leur place, il ne pourrait s'en autoriser pour s'emparer ainsi de l'éducation ; car, l'éducation est essentiellement l'œuvre personnelle des parents qui en restent toujours responsables.

(1) Voir un article de M. G. Théry. Revue Catholique des Institutions et du Droit. Mai 1882.
(2) Revue des Deux-Mondes. 15 juin 1870.

III

La gratuité des écoles est contraire à l'équité.

En établissant la gratuité, comme on l'entend, l'Etat fait contribuer tous les citoyens à payer, à raison de leur fortune, les frais de l'instruction de l'enfance. Certes, s'il s'agissait d'un service public dans toute la force du terme, rien ne serait plus équitable ; car on peut bien admettre que la société procure à chacun un avantage d'autant plus grand qu'elle lui assure la tranquille jouissance d'une plus grande quantité de biens. Il est donc juste que chacun contribue à l'entretien des services publics en proportion des avantages qu'il en retire et, dès lors, en proportion de sa fortune.

Mais, est-ce que l'école sert à chacun, à proportion de sa fortune ? Est-ce que l'enseignement et l'éducation de l'enfance sont vraiment des fonctions du pouvoir politique ? Non, nous l'avons prouvé. La reproduction d'un homme, par la génération, la nourriture, l'enseignement et l'éducation, est essentiellement l'œuvre propre, l'intérêt particulier d'un autre homme, ou mieux de la société conjugale et domestique.

Nous ne nions pas que la société civile n'y soit intéressée, mais c'est d'une manière éloignée ; au contraire, rien de plus immédiat ni de plus particulier que l'intérêt de la famille dans l'éducation de l'enfant.

Aussi, est-il vrai de dire que l'école sert à chacun en raison du nombre des enfants qu'elle lui instruit. Si elle nous donne l'instruction à dix enfants, elle nous rend dix fois autant de services que si elle ne nous en élève qu'un, peu importe le chiffre de notre fortune.

Par conséquent, pour que chacun contribue équitablement aux charges de l'enseignement, il faut que chacun y contribue en raison du nombre des enfants dont l'école lui aide à faire des hommes. C'est évident.

Mais, si la loi oblige les citoyens de contribuer, à raison de leurs richesses, aux charges de l'éducation, elle les oblige de contribuer pour des sommes d'autant plus considérables qu'ils sont plus riches, à des charges dont ils retirent d'autant moins de profits qu'ils ont moins d'enfants à faire élever. Il y a là une iniquité flagrante.

Comment ? Voilà un homme qui n'a point d'enfants et beaucoup de fortune ;

En voici un autre qui a peu de fortune et beaucoup d'enfants ;

Et ce sera le premier que la loi contraindra de faire les frais de l'éducation des enfants qui appartiennent au second ?

Et ce sera le second qui bénéficiera de l'éducation qui aura été donnée à ses propres enfants ? Comment ne pas voir là une inégalité choquante ? Le père de ces enfants verra en eux sa vie cultivée, florissante, son nom honoré d'un relief de considération, sa fortune habilement administrée, grâce à l'éducation qu'ils auront reçue ; s'il a besoin d'aliments, de vêtements, d'un logement, la loi lui accorde le droit de recourir à eux. (Code civ. art. 205). Le contribuable, au contraire, qui payera les frais de cette même éducation, n'aura rien à leur réclamer ; il n'aura qu'une charge énorme à porter sans aucun profit à retirer. Et il ne serait pas vrai que la loi prendrait dans la bourse de celui-ci pour faire la fortune de celui-là ? Non, on ne peut nier que la loi de la gratuité n'impose au contribuable une charge qui n'a pas sa compensation dans un avantage correspondant et que condamne la justice : on ne peut nier qu'elle n'accorde au citoyen qui a des enfants, des avantages qui n'ont pas pour contre-poids des obligations corrélatives, et qui, dès lors, ne lui sont pas dus. Il est donc manifeste qu'une telle loi est une criante iniquité.

IV

La gratuité est contraire aux intérêts de l'instruction. C'est ce qu'atteste l'expérience, ce que démontre la réflexion.

« Au premier coup d'œil, a dit Mirabeau, on peut croire l'instruction gratuite nécessaire aux progrès des lumières ; mais en y réfléchissant mieux, on voit que le maître qui reçoit un salaire, est bien plus intéressé à perfectionner sa méthode d'enseignement, et le disciple qui paye, à profiter de ses leçons.....

L'instruction ne doit être gratuite que pour celui qui est dans l'impossibilité d'en acquitter la rétribution. »

En 1865, M. Duruy, ministre de l'Instruction publique fit faire une enquête sur la gratuité de l'instruction ; la très grande majorité des inspecteurs se prononça contre cette innovation, au nom des intérêts mêmes de l'instruction. « L'expérience, concluait le ministre, condamne la gratuité absolue de l'instruction primaire et force de reconnaître que, loin de porter remède au mal, elle ne fait que l'aggraver en dépeuplant les écoles. »

Voici pourquoi : Quand les pères payent l'instruction de leurs enfants, ils en apprécient la valeur par ce qu'elle leur coûte. Plus ils en sentent peser le fardeau, moins ils sont disposés à en perdre les avantages. Aussi veillent-ils à ce que leurs enfants fréquentent exactement l'école et en mettent à profit les leçons.

Au contraire, quand l'école est gratuite, les parents ne sentent pas ce que coûte l'instruction, et dès lors, ils ne l'apprécient plus autant. Ils sont moins vigilants pour envoyer leurs enfants à l'école, ils les dispensent plus facilement de leurs classes. C'est ce que prouve l'expérience. C'est aussi ce qui s'explique par cette disposition du cœur humain qui fait d'autant moins de cas des biens qu'ils lui sont jetés plus facilement comme par la tête.

En outre, le père qui paye de ses sueurs l'instruction de son fils, a sur l'instituteur une action que ne peut avoir celui qui en reçoit gratuitement le bienfait. Il s'inquiète de la manière dont l'instituteur s'acquitte de sa mission ; il a des droits de remontrances.

L'instituteur, sous le sentiment de cette dépendance, se néglige moins facilement, il a intérêt à contenter ceux qui lui payent une rétribution ; il a moins de peines, aiguillonné qu'il est par son intérêt, à redoubler d'efforts dans l'accomplissement de sa tâche. Sans doute, l'instituteur consciencieux trouve dans le culte du devoir, un stimulant qui ne lui permet pas un relâchement notable. Cependant l'homme est tellement dominé par l'amour-propre que, s'il ne puise pas dans ce principe un élément d'activité et d'énergie, il faiblit le plus souvent dans l'accomplissement de son devoir. Incontestablement l'intérêt personnel est un des mobiles les plus puissants pour activer les progrès de l'instruction. Mettez-le en jeu, vous obtiendrez, par son moyen, des résultats magnifiques. Laissez-le hors de cause, et, ce qui est encore plus fâcheux, prévenez ses exigences, vous vous privez d'une des forces les plus inépuisables et les plus efficaces pour atteindre les fins nécessaires de l'enseignement.

Enfin, la gratuité de l'instruction est ainsi contraire aux intérêts économiques de la société.

Un des principes les plus certains de l'économie politique, c'est qu'il vaut mieux mettre à la charge des particuliers les services dont ils profitent directement que de les mettre à la charge de l'impôt. C'est que les particuliers font avec plus de soins et moins de frais, ce qu'ils entreprennent pour eux-mêmes que ce qu'ils font pour un intérêt purement général. (1)

(1) Voir M. Saint-René Taillandier. Revue des Deux-Mondes. 15 juin 1870. M. Leplay. La Réforme sociale. Ch. 27.

L'intérêt privé a plus d'empire sur le cœur humain que l'intérêt commun. Il est bien plus industrieux, plus soigneux pour mettre à profit ce qu'il dépense pour lui-même que ce qu'il dépense pour l'être impersonnel qui se nomme la société.

Rien donc de moins sage que de mettre l'éducation à la charge de la société. Sous un tel régime, l'éducation coûtera toujours plus cher et donnera des résultats toujours moindres.

Il ne faut pas l'oublier, du reste ; la charge de l'éducation n'incombe pas à l'Etat ; c'est le devoir propre de la famille. A quel titre donc mettre au compte de la société civile un fardeau qu'elle n'est pas tenue de porter ?

Quand l'Etat se charge des frais de l'instruction et de l'éducation, on peut le dire, il a quelque but inavouable à réaliser par ce moyen, qu'il ne pourrait atteindre par les seules voies de la politique. Les hommes prudents doivent se tenir en garde contre les vues secrètes de sa tyrannie.

CHAPITRE XIX

De la Laïcité légale de l'Instruction.

I

Que faut-il entendre par la laïcité de l'instruction ?

Si l'on entendait simplement que les laïques seront seuls admis à élever l'enfance dans les écoles publiques, à l'exclusion des instituteurs religieux ou congréganistes, on donnerait à ce mot un sens qui impliquerait une injustice à l'égard de ces derniers citoyens, une violation des conditions auxquelles sont attachés les progrès de l'instruction et enfin un mépris formel de l'autorité paternelle. (1)

---

(1) Voir aussi la discussion parlementaire au Sénat de la loi du 28 mars 1882. Ubi suprà.

Et d'abord, pourquoi exclure des écoles publiques des hommes qui ne se vouent d'une manière plus particulière à la religion que pour pouvoir se dévouer plus complètement à l'instruction de l'enfance ? Perdent-ils leur qualité de citoyens, parce qu'ils contractent avec Dieu des rapports plus intimes, plus étroits et plus nombreux ? La religion serait-elle donc incompatible avec les conditions de l'ordre social ? Mais non ; au contraire, si l'on y regarde de près, on voit que la religion n'est pas moins un lien entre les hommes entre eux qu'entre les hommes et Dieu, et l'on comprend le mot de Plutarque : « Il serait plus facile de bâtir une maison en l'air que de constituer une société sans religion. »

D'autre part, si l'on devient incapable d'enseigner dans les écoles publiques, parce que l'on aura embrassé la vie religieuse, que deviennent la liberté des cultes et de la conscience ?

Les citoyens n'ont plus évidemment la liberté de se conduire suivant leur conscience et d'embrasser la religion qui leur plaît, dès que, pour en suivre les prescriptions, ils sont interdits de quelques-uns de leurs droits civils et naturels les plus importants.

Pourquoi donc exclure de l'école publique l'instituteur religieux ? Est-ce qu'il serait moins apte que le laïque à communiquer sa science et à faire des hommes ? Mais toutes les nations du monde, « poussées par cet instinct qui ne trompe jamais, dit M. de Maistre, ont toujours confié aux prêtres l'instruction de la jeunesse. Quelques-unes même dans la haute antiquité, ont fait de la science elle-même la propriété exclusive du sacerdoce. D'ailleurs, n'est-ce pas Dieu qui est le maître des sciences ? Est-ce qu'on n'est pas plus près de la lumière quand on est plus près de lui ?

Des hommes, du reste, renoncent aux soucis et aux joies de la famille pour n'avoir l'esprit et le cœur préoccupés et partagés par aucun intérêt, et pouvoir se dévouer tout entiers avec plus de liberté au ministère de l'enseignement ; le bonheur auquel nul homme ne peut renoncer, ils veulent le trouver uniquement dans la joie de former plus parfaitement des hommes ; quelles plus heureuses dispositions, quelles plus favorables conditions pour cultiver la science et en perfectionner les méthodes, pour travailler à la culture des intelligences et à la formation des volontés ! Au surplus, qui ne sait combien la liberté de l'esprit et du cœur est nécessaire pour les fortes études et les méditations approfondies ? N'est-ce pas un fait physiologique incontesté qu'il y a une plus grande vigueur dans l'intelligence, quand il ne se fait pas, dans les parties inférieures de l'organisme, de consomption d'énergies vitales aux dépens du cerveau alangui, épuisé ?

La pratique d'une union plus intime avec Dieu n'est pas moins favorable pour amasser dans le cœur des trésors inépuisables d'affection et de dévoûment. Avec quel bonheur l'instituteur religieux, quand il mérite vraiment ce titre, épanche sur ses chers enfants l'amour pur et tendre dont son cœur vit et surabonde? Les enfants le sentent bien d'instinct ; ils y répondent généralement par une affection plus filiale, une ouverture d'âme plus franche, une gaîté plus expansive.

On a dit : « L'homme qui n'a pas d'enfants, ne sait pas ce que c'est que les enfants, il ne sait pas les aimer. »

Rien de moins fondé ! Est-ce que l'homme qui n'a pas d'enfants, n'a pas un cœur pour aimer les enfants comme celui qui en possède ? Entre les deux, il n'y a qu'une différence qui est considérable et qui est tout en faveur du premier : l'instituteur qui a des enfants réserve évidemment pour eux une partie de son affection et de ses sollicitudes, autrement il serait un mauvais père, tandis que l'instituteur religieux ne renonce à avoir des enfants propres, que pour réserver toutes les richesses de son cœur pour les enfants dont l'éducation lui sera confiée.

Nous ne nions pas qu'il n'y ait des instituteurs mariés se dévouant avec générosité à leurs fonctions ; mais il est certain que leur condition est moins favorable par elle-même au parfait accomplissement de ces mêmes fonctions. On peut dire que pour s'en acquitter aussi bien, ils ont personnellement besoin d'une vertu plus haute et plus achevée.

Enfin, la laïcité méconnaît les droits des familles, en leur ôtant le choix des instituteurs qu'elles peuvent préférer. Certes, nous le reconnaissons : des parents peuvent préférer des instituteurs laïques.

Il faut donc que les laïques aient la liberté d'enseigner. Par contre des parents préfèrent les religieux. Si la loi exclut ceux-ci de l'école, n'est-il pas évident qu'elle enlève aux parents la liberté de les prendre, qu'elle condamne inexorablement les parents à faire ou à laisser élever leurs enfants par des maîtres qui n'ont pas leur confiance. C'est donc fouler aux pieds un de leurs droits les plus chers, c'est porter à l'autorité paternelle une cruelle atteinte.

II

Mais telle n'est pas l'unique portée de la laïcité. On ne veut exclure l'instituteur religieux de l'école publique que pour en exclure l'enseignement qu'il représente. La laïcité de l'instruction, c'est la sécularisation de l'école ; c'est l'indépendance de l'instituteur à l'égard de toute autorité religieuse, c'est l'objet de l'instruction réduit au seul domaine des choses contingentes et concrètes, à l'exclusion de toute idée de Dieu, de l'âme et de leurs rapports dans le temps et pour l'éternité.

« La sécularisation de l'école, disait M. Jules Ferry, dans son discours du 24 décembre 1880 à la Chambre des Députés, est à nos yeux et aux yeux du gouvernement la conséquence de la sécularisation du pouvoir civil et de toutes les institutions sociales, de la famille, par exemple, qui constitue le régime sous lequel nous vivons depuis 1789. «

Tous les fils de 89 ne sont pas de cet avis ; tous admettent bien qu'on peut bannir de l'école l'enseignement de toute religion positive, mais ils tiennent qu'on instruise au moins l'enfant de ses devoirs naturels envers Dieu. (1)

Sans doute, la laïcité est un des dogmes de la révolution ; tous les projets d'instruction publique, depuis celui de Talleyrand jusqu'à celui de Romme et à ceux du Directoire, ont exclu de l'école l'enseignement de toute religion. Mais ce n'est déjà plus le souffle libéral qui passe dans ces projets ; c'est déjà la main mise de l'Etat sur les droits de la famille, c'est déjà l'absolutisme gouvernemental tendant à courber jusqu'aux âmes sous le joug de l'Etat. Le souffle libéral a fait proclamer la liberté de la conscience, la liberté des cultes et la liberté de la presse ; s'il eût continué de prévaloir, il eût proclamé le devoir où est naturellement l'Etat de fournir aux parents les écoles de leur choix, sans se préoccuper du caractère de ce choix.

La doctrine et la pratique contraires sont une simple restauration du Césarisme payen, au détriment de l'autorité paternelle et de la liberté de la famille.

On ajoute : « Nous réclamons la laïcité au nom de la liberté de la

---

(1) Voir M. Em. de Laveleye. Revue des Deux-Mondes, 15 août 1866. Voir aussi le Discours de M. Jules Simon en particulier. Séance du Sénat. Commencement de juillet, 1881.

conscience. Il y a des parents qui ne croient pas en Dieu et qui ne veulent point de religion pour leurs enfants ; au nom de la liberté de la conscience, ils ont droit que l'instituteur ne parle à leurs enfants ni de Dieu ni de son culte. L'école doit être neutre.

Eh quoi ! si la volonté des parents qui méconnaissent Dieu et qui ne veulent pas de religion pour leurs enfants, doit être respectée, pourquoi la volonté de ceux qui croient en Dieu et qui tiennent à ce que leurs enfants soient instruits de leur religion, n'aurait-elle pas au moins un droit égal au respect de la loi. Nous disons *au moins égal* ; car nous n'admettons pas que les parents aient le droit de ne pas faire donner à leurs enfants une éducation religieuse ; nous avons, au contraire, prouvé qu'ils sont rigoureusement obligés de leur faire connaître Dieu et les liens de dépendance qui les attachent à lui. Evidemment si la volonté de ceux qui sont en révolte contre le devoir, mérite de prévaloir, il n'est pas possible de refuser ce même droit à ceux dont la volonté est tout à l'accomplissement du devoir.

Craint-on d'éloigner de l'école, si elle est religieuse, les enfants dont les parents sont athées ? Pourquoi ne pas craindre d'en éloigner, si elle est irréligieuse, les enfants dont les parents sont croyants ? Ceux qui croient en Dieu sont infiniment plus nombreux que ceux qui n'y croient pas. Ceux qui veulent que leurs enfants ne soient instruits d'aucun culte, ne forment que de rares exceptions au milieu de la multitude de ceux qui veulent faire donner aux leurs une éducation religieuse profonde et solide. Par conséquent, si c'est la majorité qui fait la loi dans les temps modernes, pourquoi l'instruction publique ne serait-elle pas essentiellement religieuse selon le vœu de la grande majorité des familles ?

On veut que l'école soit neutre. Mais la neutralité à l'égard de Dieu est-elle même possible ? Non, Dieu est un maître tel qu'il n'est pas possible d'être indifférent ou neutre à son égard. Il a, en vertu de sa majesté infinie et de tous ses titres, de tels droits à tous les hommages de l'homme que si l'homme n'est pas pour lui, il est forcément contre lui. C'est la loi que Jésus-Christ proclamait, quand il disait : « Celui qui n'est pas avec moi, est contre moi. » (1)

Ne pas faire connaître à l'enfant par calcul l'être absolu, infini, c'est le nier implicitement ; c'est nier ses attributs et ses droits. Comment ne serait-ce pas un acte d'hostilité ?

La neutralité en fait de doctrine et d'éducation n'est pas plus pos-

1 Matth. XII. 30.

sible en soi qu'à l'égard de Dieu. L'Etat interdit d'autorité l'enseignement d'une doctrine dans ses écoles ; c'est qu'il pense qu'au moins cette doctrine n'est pas démontrée certaine, et d'ailleurs, importante, nécessaire. Comment ne pas voir dans cette interdiction l'acte d'un ennemi ? Passe encore si l'Etat avait quelque compétence pour juger des doctrines qui ne sont pas des institutions sociales. Mais non, de compétence, il n'en a aucune. Il sort ainsi de son domaine pour proscrire une doctrine, et vous voudriez qu'en la proscrivant, il fût indifférent et qu'il gardât la neutralité à son endroit ? C'est une contradiction.

On réplique : « L'Etat n'ayant pas de religion, n'est pas tenu d'en enseigner une à l'enfance. »

Erreur ! Que l'Etat n'ait pas une religion, c'est un fait qui est une faute, un crime, quand ce n'est pas une inexorable nécessité qui l'impose. Mais qu'il ne permette pas, n'ayant pas de religion, que les écoles publiques enseignent les dogmes d'une religion, c'est là méconnaître complètement les conditions dans lesquelles il intervient dans l'enseignement. On comprend que l'Etat, n'ayant point de religion, se place en dehors de toute religion dans l'exercice des prérogatives de la souveraineté politique, c'est logique. Mais l'éducation, nous l'avons montré, n'est pas une prérogative de la souveraineté politique. Quand l'Etat intervient dans l'éducation, ce n'est pas pour remplir une fonction qui lui soit propre ; c'est pour faire l'œuvre propre des parents et assurer le triomphe de leur volonté. Ce n'est donc pas sa vie intellectuelle propre, si toutefois il en a une, qu'il doit transmettre souverainement à l'enfant ; ce n'est point lui qui est chargé et qui a le droit de former l'enfant à son image. Il n'est chargé et il n'a le droit que de garantir aux parents les secours dont ils ont besoin pour le façonner à leur ressemblance comme ils le doivent et comme ils en ont le droit. Il doit donc leur fournir les secours dont ils ont besoin pour communiquer à leur enfant la religion qu'ils professent, et non point l'athéisme dont il fait sa loi propre et qu'eux-mêmes rejettent avec horreur.

On ajoute : « La religion, c'est l'affaire de l'éducation, et l'éducation, c'est l'affaire des parents. A la famille de donner l'éducation, à l'école de donner l'instruction. »

Autre aberration ! L'Etat ne doit intervenir dans l'enseignement et l'éducation, nous venons de le dire, que pour suppléer à l'impuissance des parents et leur fournir les moyens de remplir leur mission auprès de leurs enfants. Or, les parents ne sont pas moins impuissants à élever convenablement leurs enfants par eux-mêmes, qu'à les instruire.

Donc l'Etat n'est pas moins obligé, par le devoir même de sa charge, de procurer aux familles les écoles dont elles ont besoin pour faire donner à leurs enfants l'éducation nécessaire, que pour leur faire donner une instruction convenable ; c'est évident. Il s'en suit que l'Etat ne peut pas se borner à faire donner dans ses écoles un enseignement qui suffise à l'instruction de l'enfance ; il manquerait à la plus importante partie de sa charge. Il est de toute nécessité que ses écoles répandent un enseignement qui serve de base et tout à la fois d'aliment à l'éducation. C'est pourquoi il n'a pas le droit d'exclure, de ses écoles, la notion de Dieu, de l'âme et de leurs rapports.

Comment, du reste, donner à un enfant l'instruction à laquelle il a droit, sans lui faire connaître Dieu et ses attributs, sans lui apprendre ce qu'est son âme avec ses éternelles destinées ? Supprimer l'idée de Dieu, de l'âme et de leurs rapports dans l'enseignement, c'est découronner toutes les sciences et refuser à l'âme humaine la plus haute et la plus noble des connaissances auxquelles elle doive et puisse s'élever.

Mais, est-il vrai que l'éducation puisse se séparer de l'instruction et, réciproquement, que l'instruction puisse s'isoler de l'éducation ? Non. Comment, en effet, se fait l'éducation ? Par l'exercice des facultés humaines. C'est en s'exerçant à produire leurs actes qu'elles développent leur puissance et leur vigueur.

Mais, d'autre part, que faut-il pour que les facultés humaines en arrivent à produire leurs actes propres ? Il faut qu'elles soient appliquées aux objets qui leur sont particuliers. Ce n'est certes pas en faisant entendre des sons qu'on développe et fortifie la vue, mais en l'appliquant à discerner des objets visibles, éclairés par la lumière. De même, ce n'est pas, non plus, en présentant à l'intelligence des objets sensibles qu'on la cultive, mais en l'appliquant à saisir les vérités absolues, nécessaires et immuables. Pareillement encore, ce n'est pas en offrant à la volonté raisonnable des biens concrets et relatifs que l'on met en jeu ses énergies morales, mais en l'habituant à faire des actes d'attachement au bien intellectuel, parfait, souverain.

Mais, appliquer l'esprit à la vérité infinie et le cœur au bien suprême, est-ce autre chose que de communiquer la vérité à l'esprit et le bien au cœur ? en d'autres termes, est-ce autre chose que de les leur faire connaître et aimer ? Evidemment, c'est par la connaissance et l'amour qu'on met ces facultés en contact avec leurs objets, qu'on les met en possession de leurs objets.

La connaissance est donc le premier principe, le principe nécessaire de l'éducation. C'est l'instruction qui fournit, si l'on peut dire, l'aliment indispensable dont se nourrit l'éducation.

D'autre part, point de progrès dans l'instruction sans un développement proportionnel des facultés mentales ? Evidemment, l'instruction d'un homme sera toujours en rapport avec le développement de son esprit ? On ne peut pas mettre la mer dans un petit vase ; on ne peut pas mettre davantage une grande science dans un esprit inculte et étroit.

C'est ainsi que l'instruction est nécessaire à l'éducation et que réciproquement l'éducation sert à l'instruction.

On ne peut donc pas les séparer, ni les isoler l'une de l'autre, sous peine de les faire avorter au moins partiellement toutes deux.

Par conséquent, l'Etat n'a pas le droit d'exclure de l'école publique l'instruction religieuse sans laquelle l'instruction humaine est comme décapitée et l'éducation intellectuelle et morale de l'enfant, impossible.

« Les instituteurs, poursuivent les partisans de la laïcité, peuvent ne pas croire en Dieu ; n'est-il pas dès lors odieux de leur faire enseigner la connaissance de Dieu ? Donc il faut bannir de l'école la notion de Dieu. »

Conclusion fausse. Ce n'est pas la notion de Dieu qu'il faut bannir de l'école ; car elle doit être comme l'âme de tout ce qui s'y enseigne. L'école sans l'idée de Dieu n'est guère plus qu'un foyer de corruption et de ténèbres.

Ce qu'il faut chasser de l'école, ce sont les instituteurs qui ne croient pas en Dieu. Quand, en effet, un fonctionnaire n'a pas les qualités de son emploi, on ne supprime pas l'emploi, mais on le retire à celui qui en est indigne. Les instituteurs pourront bien avoir toutes les opinions qui leur sourient, tous les vices qui leur agréent, mais ce sera à la condition de ne pas se charger de représenter des parents croyants et vertueux, et d'élever des enfants dans la foi et la vertu. S'ils veulent, au contraire, être les mandataires des parents, s'ils veulent se charger de faire l'éducation des enfants, il faut qu'ils aient les qualités essentielles sans lesquelles ils sont incapables d'une telle mission.

Les partisans de la laïcité nous signifient enfin leur volonté. « Nous ne voulons plus, disent-ils, que l'école soit servante de l'Eglise, nous voulons qu'elle en soit indépendante. »

Fort bien ; mais alors, ne l'asservissez pas non plus à l'Etat, qui n'a rien à voir dans les doctrines, qui n'a aucun empire à exercer sur les esprits, qui n'a aucun pouvoir sur la formation intellectuelle et morale de l'enfant. Vous voulez que l'instituteur soit libre à l'égard de l'Eglise, soit, pour le moment ; il est bien plus nécessaire qu'il le soit à l'égard de l'Etat. Eh bien, vous ne l'arrachez au pouvoir de l'Eglise que pour l'assujétir à celui de l'Etat.

Au fond, la laïcité légale, ce n'est pas un nouveau pas de l'Etat dans la voie de son indépendance à l'égard de l'Eglise, c'est un nouveau pas de l'Etat dans l'envahissement du domaine des âmes et de celui de l'autorité paternelle.

Ainsi, de toutes les raisons que l'on allègue en faveur de la laïcité, il n'en est pas une qui puisse résister à une discussion même sommaire.

III

Maintenant, avons-nous besoin de démontrer à nouveau que les parents, devant à leurs enfants une éducation en rapport avec leur nature, leur doivent par là même une connaissance sérieuse de Dieu et de leurs destinées futures ? Nous n'avons que peu de chose à ajouter à ce que nous avons dit dans notre second livre.

« Dans son discours du 4 décembre 1880, M. Paul Bert disait à la Chambre des Députés : « La religion n'est pas nécessaire pour faire un honnête homme ; l'instruction suffit, car elle devient, non simplement une méthode théorique, mais une pratique vulgaire et une cause de moralisation. » (1)

Certes, nous avons démontré combien grande est cette erreur. Non, il ne nous suffit pas de connaître théoriquement nos devoirs, il nous faut encore des motifs puissants pour nous décider à les accomplir, et nous soutenir dans la lutte contre ce qui nous en détourne. Eh bien, supprimez Dieu et la vie future, où trouverons-nous des motifs d'un poids assez lourd pour nous décider à vaincre des passions violentes, à nous imposer des immolations cruelles, à nous

(1) Voir dans l'Officiel la discussion sur la laïcité. Décembre 1880.

priver des jouissances les plus enivrantes et à entreprendre les plus rudes travaux ? Oui, supprimer dans l'instruction Dieu, l'âme et la vie future, c'est enlever à l'homme les motifs les seuls efficaces pour lui faire éviter tout mal et lui faire pratiquer tout bien.

Sans la crainte de Dieu et sans l'appas des éternelles récompenses, l'homme, malgré son instruction, tombe victime du déchaînement de ses passions. « Science sans conscience, s'écrie Rabelais, n'est que ruine de l'âme. » (1)

« Je ne crois pas, a écrit Montaigne, ce que d'autres ont dit, que la science est mère de toute vertu et que tout vice est produit par l'ignorance. Qui nous comptera par nos actions et déportements, il en trouvera un plus grand nombre d'excellents entre les ignorants qu'entre les savants ; je dis en toutes sortes de vertus. » (2)

M. Ch. Dupin a dit, d'autre part : « Nous sommes forcés d'avouer que la complète ignorance s'allie à la moindre proportion des crimes contre les personnes et que l'instruction supérieure l'emporte sur toutes les autres par la multiplicité des crimes. » (3)

Ecoutez Montesquieu : « Moins la religion sera réprimante, plus les lois civiles doivent réprimer. » (4)

« La perception du bien et du mal, atteste Chateaubriand, s'obscurcit à mesure que l'intelligence s'éclaire ; la conscience se rétrécit à mesure que les idées s'élargissent. » (5)

« Le cœur se serre, a osé dire Michelet, quand on voit dans le progrès de toutes choses que la force morale n'a pas augmenté. » (6)

« Tous les hommes, c'est Lamartine qui parle, ont assez d'imagination pour croire ; un très petit nombre ont assez de lumières pour raisonner. » (7)

Terminons par Proudhon : « La religion, dit-il, est encore pour l'immense majorité des mortels, le fondement de la morale, la forteresse des consciences. » (8)

« L'enseignement religieux est, selon moi, disait aussi Victor

---

(1) L. II, Ch. VIII.
(2) L. II, Ch. XII.
(3) Le Monopole Universitaire, p. 540.
(4) Esprit des Lois, Liv. XXIV, Ch. XIV.
(5) Mémoires Conclusion.
(6) Histoire de France, T. II.
(7) LXXXIe Entretien. Socrate et Platon.
(8) La Fédération et l'Unité en Italie, 1862.

Hugo, en 1850, plus nécessaire aujourd'hui que jamais. Plus l'homme grandit, plus il doit croire. Plus il s'approche de Dieu, plus il doit voir Dieu. » (1)

M. P. Bert insistait : « D'après Guizot, la morale existe indépendamment des idées religieuses. L'idée du bien et du mal est dans notre propre nature aussi bien que les lois de la logique. Eh bien, l'instituteur enseignera cette morale naturelle. L'instituteur n'a donc pas besoin de parler de Dieu à l'enfant pour en faire un honnête homme. »

Cette conclusion est plus étendue que les prémisses. Que les lois de la morale soient en nous aussi bien que celles de la logique, c'est vrai ; les lois morales sont les lois mêmes de la substance intellectuelle et libre.

Mais s'en suit-il qu'il y ait dans l'homme même tout ce qui est nécessaire pour les faire observer ? Non ; il n'y a dans l'homme que l'expression même de ces lois et un certain besoin de les observer ; ce qui fait que l'âme souffre d'une réelle douleur qui s'appelle remords, lorsqu'elle ne satisfait pas à ce besoin et qu'elle en viole les exigences. Mais, nous l'avons prouvé, le remords ne suffit pas pour venger cette violation. La juste et nécessaire sanction de ces lois se trouve au-dessus de l'homme, en Dieu même qui en est aussi le type et le principe.

C'est ce que dit ailleurs M. Guizot lui-même : « On essaie aujourd'hui d'établir une autre thèse et de présenter la morale comme absolument indépendante de la religion. C'est là une erreur grave qui enlève à la morale, sinon son principe, du moins sa source et sa fin, son auteur et son avenir. »

Le même auteur explique encore sa pensée dans un autre écrit : « L'être humain entier et vivant est naturellement et à la fois moral et religieux ; à la loi morale qu'il trouve en lui-même, il faut un auteur et un juge ; Dieu est pour lui la source et le garant, l'$\alpha\lambda\varphi\alpha$ et l'$\omega\mu\varepsilon\gamma\alpha$ de la morale. » (2)

M. Barthélemy Saint-Hilaire pense et parle absolument de même : « Le devoir ne repose plus que sur un absolu néant, » ce sont ses paroles, « du moment que l'on ne peut croire ni à Dieu qui a fait la loi

---

(1) V. Officiel, Discussion de la loi du 15 mars 1850.

(2) Cité par Mgr Freppel à la Chambre des Députés, Séance du 22 décembre 1880.

morale, ni à la pensée qui la comprend, ni au libre arbitre qui l'accomplit héroïquement à travers tous les sacrifices. » (1)

Donc, l'enseignement de la religion est indispensable dans les écoles publiques pour former d'honnêtes gens.

Voulez-vous savoir, en effet, ce que sont les hommes élevés sans religion ? « Ecoutez, dit Portalis, la voix de tous les citoyens qui, dans les assemblées départementales, ont exprimé leurs vœux sur ce qui se passe depuis dix ans sous leurs yeux.

Il est temps que les théories se taisent devant les faits : point d'instruction sans éducation, sans morale et sans religion.

Les professeurs ont enseigné dans le désert, parce qu'on a proclamé impudemment qu'il ne fallait jamais parler de religion dans les écoles.

L'instruction est nulle depuis dix ans ; il faut prendre la religion pour base de l'éducation. Les enfants sont sans idées du juste et de l'injuste, sans notion de la divinité. De là, des mœurs farouches et barbares ; de là, un peuple féroce. » (2)

Enfin, les ennemis de Dieu disent encore : « Laissons à l'Eglise et au prêtre l'enseignement de la religion ; il ne faut à l'école et à l'instituteur que l'enseignement des lettres et des sciences. »

Ce n'était pas l'avis de Guizot qu'on nous opposait plus haut ; voici ses paroles : « Pour que l'instruction primaire soit vraiment bonne et socialement utile, il faut qu'elle soit profondément religieuse. Et je n'entends pas seulement par là que l'enseignement religieux doit y tenir sa place et que les pratiques de la religion y doivent être observées. Un peuple n'est pas élevé religieusement à de si petites et si mesquines conditions. Il faut que l'éducation populaire soit donnée et reçue au sein d'une atmosphère religieuse. Il faut que les impressions et les habitudes religieuses y pénètrent de toutes parts. La religion n'est pas une étude à laquelle on assigne son lieu et son heure ; c'est une foi et une loi qui doit se faire sentir constamment et partout et qui n'exerce qu'à ce prix, sur les âmes et sur la vie, sa salutaire action. C'est dire que dans les écoles primaires. l'influence religieuse doit être habituellement présente ; si le prêtre se méfie ou s'isole de l'instituteur, si l'instituteur se regarde comme le rival in-

---

(1) Cité par Mgr Freppel à la Chambre des Députés, Séance du 22 décembre 1880.

(2) Discours au Corps législatif, 15 germinal, an IX.

dépendant, non comme l'auxiliaire fidèle du prêtre, la valeur morale de l'école est perdue. » (1)

Bossuet nous donne la raison de cette loi : « On ne cantonne pas la religion dans un coin de l'âme ; ou elle n'est rien, ou elle est le tout de l'homme. »

En effet, ou Dieu est Dieu, ou il n'est rien. S'il n'est rien, on comprend qu'on n'en parle pas. S'il est Dieu, il faut qu'il règne absolument sur l'homme, qu'il soit le principe, la fin, le maître de l'homme tout entier. Si sa pensée, sa loi, sa crainte ou son amour n'inspire, ne règle, ne domine pas tout dans l'homme, il n'est pas Dieu et, dès lors, il n'est rien.

Chasser Dieu de l'école, c'est, du même coup, le chasser de l'esprit et du cœur de l'enfant. C'est rejeter de la formation de l'humanité dans l'enfant, ce qui en constitue la force, la beauté, la grandeur. Quand la religion ne pénètre, n'anime, ne soutient pas tout dans l'éducation, tout n'y peut être que faible, vain et faux.

« Sans la religion, a dit Lusoart, tous les systèmes d'éducation reposent sur le sable. » (2)

« La science et la foi se complètent l'une par l'autre, a dit avec raison M. P. Pradié. Avec la religion sans la science, on peut être un honnête homme, mais jamais un homme orné ; avec la science sans la religion, on peut bien s'attirer les applaudissements de la foule, mais jamais l'estime des personnes sages. La science double nos facultés, elle ouvre à la foi des horizons nouveaux. Celle-ci, à son tour, illumine la science des splendeurs de sa lumière, et, tandis que, sans elle, le savant végéterait dans les étroites limites où sa raison languit, il s'élève par elle jusqu'à la contemplation des choses surnaturelles, en sorte que pour être vraiment complet, il faut être tout à la fois savant et religieux. » (3)

Arrêtons-nous là pour nous borner ; si nous voulions tout rappeler ce qui a été dit sur ce sujet, nous ne finirions pas.

On voit, par là, ce qu'il faudrait penser d'une loi qui imposerait la laïcité, c'est-à-dire qui exclurait absolument de l'instruction et de l'éducation, les notions de Dieu, de l'âme et de leurs rapports. Ce serait une loi absolument contre nature, une loi foncièrement immorale. Non seulement l'obéissance ne lui serait pas due ; la soumission à de pareilles dispositions, serait un crime.

(1) Mémoires. T. III, p. 60.
(2) Cité par Larcher.
(3) Ibid.

CHAPITRE XX

De l'Obligation légale de l'Instruction.

I

Les parents sont-ils obligés d'instruire leurs enfants ? Oui, avons-nous répondu déjà, les parents sont obligés d'apprendre à leurs enfants tout ce qui leur est nécessaire pour devenir des hommes achevés et remplir leurs destinées terrestres et célestes. L'Etat peut-il les obliger légalement à s'acquitter fidèlement de ce devoir naturel ? « Entre l'enfant et Dieu, disait M. Foucher de Careil au Congrès de Bienfaisance de Londres, on veut mettre l'Etat. Entre Dieu et l'enfant, suivant moi, suivant les prescriptions du droit naturel, inné, il ne doit y avoir que son père. » (1)

M. Thiers a tenu une opinion opposée : « L'enfant qui naît, dit-il, est soumis à deux sortes de droits, au droit du père de famille qui voit dans l'enfant son continuateur, et aussi au droit de l'Etat qui voit dans l'enfant le futur citoyen et le continuateur de la nation. » (2)

Ces deux opinions opposées sont deux erreurs contraires, nous l'avons vu. Fait pour protéger le faible contre le fort et assurer à chacun la jouissance de ses droits, l'Etat est chargé de protéger l'enfant contre ses auteurs et de lui garantir de la part de ceux-ci l'instruction à laquelle il a droit. Mais comme il n'a pas moins la mission de sauvegarder l'autorité paternelle, il n'a aucun pouvoir pour lui porter, en principe et directement, la plus légère atteinte, et, dès lors, il n'a le droit de la contraindre à s'acquitter de sa fonction naturelle que lorsqu'il est constant qu'elle y manque, au préjudice des intérêts nécessaires de l'enfant.

En ces conditions, l'Etat peut-il faire aux parents une obligation légale de donner à leurs enfants une instruction littéraire et scientifique, telle qu'elle se donne dans les écoles ?

---

(1) Cité p. M. de Ravignan. Séance du Sénat. 25 février 1880.
(2) Cité par M. Berthauld, même séance.

En principe, ce genre d'instruction n'est point essentiel pour faire un homme ; on peut être homme, nous l'avons dit, sans la posséder, et, tout en la possédant, on peut être aussi indigne de ce nom.

Il n'y a que peu d'années, d'ailleurs, que plusieurs Etats, en Europe et en Amérique, en imposent l'obligation aux familles. N'est-ce pas une nouvelle preuve que ce genre d'instruction n'est point essentiellement compris dans les exigences indispensables de la nature humaine ? C'est évident. Ce qui est impérieusement commandé par la nature est de tous les temps et de tous les pays.

Nous ne nions pas que l'obligation de l'instruction n'ait été édictée par les Etats-Généraux de 1560 et par les Etats de Navarre en 1571, qu'elle n'ait été intimée par les rois Henri IV, Louis XIV et Louis XV et qu'elle n'ait été rappelée par des arrêts du Conseil et des Parlements, en 1685 et en 1724.

Nous ne contestons pas davantage que l'Eglise n'ait toujours fait aux parents un devoir grave d'instruire et d'élever leurs enfants et que plusieurs Conciles n'aient porté des canons pour renouveler la loi et en presser l'exécution. Tous ces faits sont irrécusables. Toutefois, est-ce bien de l'instruction littéraire et scientifique qu'il s'agit dans tous ces actes législatifs et canoniques ? Qu'on le prouve, si on le peut. Mais si l'on ne peut faire cette preuve, nous nous croirons autorisé à penser que l'obligation dont il est question dans toutes ces mesures, n'a pour objet que l'instruction chrétienne essentielle sans laquelle l'homme est incapable de remplir ses destinées célestes et terrestres.

Nous n'ignorons pas les décrets que la Convention rendit en 1793 et en 1794. Mais déjà il n'est plus question d'obligation dans celui qui fut porté en octobre 1795. L'idée de l'obligation légale était donc déjà abandonnée.

Le Code civil est venu, qui a obligé solidairement les époux de nourrir, entretenir et *élever* leurs enfants. (Art. 203) Toutefois, le législateur a omis de spécifier le genre d'éducation qu'il leur fait un devoir de donner à leur progéniture. Evidemment, par ce mot *élever* il n'a entendu que l'éducation essentielle sans laquelle il n'y a pas d'homme. Quant à l'éducation accidentelle que les parents peuvent faire donner à leur fils suivant leur condition, il l'a abandonnée à leur bon vouloir.

La loi de 1833 a fait un pas dans la voie de l'obligation ; elle a imposé aux communes la charge d'avoir des écoles. « Toute commune, dit aussi la loi de 1850, doit entretenir une ou plusieurs écoles primaires. » (Art. 36.) Mais, qu'on le remarque bien, c'est aux communes et non aux familles qu'est imposée l'obligation par ces deux lois successives.

En France, c'est la loi du 28 mars 1882, qui a édicté, la première, l'obligation pour les parents de donner ou de faire donner à leurs enfants l'instruction littéraire et scientifique à ses premiers degrés. (Art. 1).

II

Quels sont les motifs de cette loi ? Voici, en quelques mots, un exposé abrégé de ceux qu'ont fait valoir pour et contre, ses partisans et ses adversaires.

M. P. Bert, dans son discours du 4 décembre 1880, disait à la Chambre des Députés : « La loi sur l'obligation est fondée, légitime ; elle est nécessaire.

Puis il citait, à l'appui de cette thèse, M. Guizot qui, depuis 1871, s'était converti à l'obligation légale de l'instruction. « La liberté des consciences et la liberté des familles, a écrit l'ancien ministre de Louis-Philippe, sont des faits et des droits qui, dans cette question, doivent être respectés et garantis. Il peut cependant arriver que l'état social et l'état des esprits rendent l'obligation légale en fait d'instruction primaire, légitime, salutaire, nécessaire. »

Au Sénat, M. Le Royer s'écriait dans la séance du 8 juillet 1881 : « Je ne veux pas qu'on ait la liberté de la servitude et de l'ignorance. »

Les publicistes qui ont écrit en faveur de l'obligation, ont dit, en résumé : « L'instruction double les forces de l'individu, elle le soustrait à la misère, elle multiplie, par là, les ressources de la société et diminue ses charges, en augmentant le nombre de ceux de ses membres qui se suffisent, en diminuant celui des malheureux qui vivent à ses dépens. Donc l'Etat a le droit et le devoir d'obliger les parents de donner ou de faire donner l'instruction à leurs enfants. »

Les adversaires de l'obligation légale répondaient par la bouche de Mgr Freppel : « Nous reconnaissons l'obligation morale de l'instruction, mais nous rejetons la contrainte légale comme n'étant pas motivée, comme étant impuissante, dangereuse et funeste.

« Pour frapper le père de famille dans sa liberté, il ne faut rien moins qu'une nécessité grave. Or, cette nécessité n'existe pas ; l'instruction va en se développant par des progrès continus. L'obligation légale ne réussit à vaincre ni la misère, ni la nécessité des situations, ni les incapacités mentales. »

L'Evêque d'Angers rappelait ensuite l'enquête faite par M. Duruy, en 1865. Cinquante-cinq inspecteurs ne firent même pas mention, dans leurs rapports, de la contrainte légale. Parmi les trente-quatre autres qui la discutaient, un seul s'en montrait partisan ; c'était celui des Vosges ; trois semblaient y incliner ; les autres la repoussaient énergiquement. (1)

Les publicistes et les orateurs dans les Chambres, dans les congrès et dans les conférences se sont, en outre, généralement accordés pour repousser l'obligation légale de l'instruction littéraire et scientifique comme une atteinte grave à l'autorité paternelle et comme un formidable instrument de tyrannie entre les mains d'un parti qui serait maître de l'école. (2)

III

En effet, si l'Etat avait le pouvoir d'imposer l'obligation de l'instruction et de rédiger à sa guise le programme de l'enseignement, il n'aurait pas seulement un pouvoir de gouvernement au service de la société, il aurait en main la redoutable puissance de faire de l'homme et de la société tout ce qu'il voudrait. Rien de moins douteux : dès que l'Etat a le pouvoir de décréter souverainement ce que l'enfant devra ou ne devra pas apprendre, dès qu'il a le moyen direct ou indirect de l'obliger à s'asseoir sur les bancs d'écoles où il lui fera donner et refuser à son gré les leçons qu'il lui plaira, il est maître absolu de la formation de l'homme, il a le pouvoir de faire l'homme et de l'empêcher d'être ce qu'il voudra. Un tel pouvoir n'est plus simplement un pouvoir politique. C'est le pouvoir d'un créateur et d'un maître. Rien de plus contraire aux droits de l'autorité paternelle et à la dignité de la nature humaine.

Evidemment, il faut énergiquement refuser à l'Etat un pareil pouvoir.

D'abord, il faut lui refuser le pouvoir de rédiger souverainement à sa guise le programme des écoles publiques, pour les raisons que nous en avons données plus haut.

(1) Voir M. Saint-René Taillandier. Revue des Deux-Mondes, 15 juin 1870.
(2) M. Leplay. La Réforme sociale. Ch. 47. XIII. M. G. Théry. Revue Catholique des Institutions et du Droit. Mai 1882.

Ensuite, il ne faut pas moins lui refuser tout droit d'imposer aux parents une obligation que ne leur imposeraient pas déjà soit les exigences absolues de la nature humaine, soit les exigences relatives qui dérivent de son état social, soit les conditions nécessaires de la société. Il faut lui refuser, en un mot, tout pouvoir, qui par les obligations dont il lui plairait de charger les parents, lui fournirait le moyen de disposer à son gré, soit directement, soit indirectement, de la formation intellectuelle et morale de l'homme. Un tel pouvoir, ne l'oublions pas, ne peut appartenir à l'organisme social qui est fait lui-même pour servir indirectement et, de loin par la politique, l'œuvre de cette formation. Il ne peut appartenir qu'aux auteurs de l'enfant, nous l'avons prouvé.

Or, ceux-ci, nous l'avons démontré, ne sont soumis, dans leur entreprise, qu'aux lois de la nature humaine ; c'est évident, puisque leur œuvre appartient essentiellement au domaine propre de la nature.

Par conséquent, s'il arrivait que les conditions réelles de la société exigeassent effectivement que les parents donnassent à leurs enfants l'instruction littéraire et scientifique, telle qu'elle se donne dans les écoles, les parents seraient positivement obligés par la loi naturelle de la leur donner ou de la leur faire donner. Et s'il arrivait qu'ils manquassent gravement à ce devoir, il serait de celui de l'Etat de les contraindre à le remplir.

Nous disons : *s'il arrivait*. Car l'Etat, nous le répétons, n'est pas tenu *a priori* de sanctionner expressément par la loi toutes les obligations de l'ordre naturel, quand même il s'agirait de celles qui naissent des conditions sociales. Loin de là, sa mission *a priori* est seulement de veiller à ce que cet ordre ne soit pas troublé et renversé. Il ne doit intervenir pour en soutenir les lignes par l'appui de la loi que lorsqu'il les voit formellement attaquées et méconnues. Presque toujours son intervention serait dangereuse et funeste, si elle n'était pas positivement réclamée par de réels besoins. Elle serait toujours infailliblement pernicieuse, quand il s'agit des rapports réciproques des parents et des enfants, si elle n'était pas rigoureusement requise par une incontestable nécessité.

La raison en est que l'Etat ne peut intervenir entre les parents et les enfants, sans porter atteinte, par le fait même, à l'autorité paternelle qui n'est cependant faite que pour le bien des enfants et qui, d'autre part, n'est pas moins le bien des parents. Cela est certain ; on ne peut contester que l'autorité paternelle ne soit amoindrie, quand l'Etat vient lui dire : « Tu donneras à l'enfance telle espèce d'instruction à tel degré. » Evidemment, elle n'est plus maîtresse chez elle. Or, elle est amoindrie injustement, si cette obligation lui est imposée sans un motif suffisant. Ce qui arrive, lorsque la famille n'y est pas astreinte par la loi naturelle ou qu'y étant astreinte, elle s'en acquitte fidèlement d'elle-même. Car, nous le répétons, sa souveraineté consiste à n'être assujétie qu'aux lois de la nature et à ne dépendre de l'Etat que pour l'accomplissement de ces mêmes lois, lorsqu'elle y manque. En d'autres termes, l'Etat n'a le droit de la contraindre légalement qu'à l'accomplissement des devoirs que la nature lui impose et dont elle s'affranchit.

Au fond, la contrainte de l'Etat ne peut être qu'une réelle protection. L'Etat, en effet, ne peut lui faire une obligation légale de ses obligations naturelles que pour la contraindre à suivre le chemin de sa fin, qui est aussi celui de sa perfection. L'Etat est lui-même obligé, nous l'avons prouvé, de la protéger contre ce qui diminuerait sa puissance et l'empêcherait de tendre souverainement à son but.

Si donc elle remplit fidèlement ses obligations naturelles, l'Etat n'a qu'à veiller pour que rien ne vienne lui nuire dans la poursuite de son terme. Si lui-même tentait de peser sur elle en ce cas, il lui ôterait de cette liberté qui fait sa puissance et qui lui est nécessaire pour marcher heureusement au but de sa mission. L'Etat renverserait son rôle, il opprimerait ce qu'il doit soutenir, il affaiblirait ce qu'il doit fortifier, il serait un obstacle au lieu d'être un secours.

L'Etat ne peut donc faire une obligation légale de l'instruction littéraire et scientifique que lorsque la nature en impose l'obligation morale aux parents et que ceux-ci s'obstinent à ne pas en reconnaître la loi.

En ce cas, si les parents se sentent blessés dans leur autorité, ils ne peuvent s'en plaindre qu'à eux-mêmes ; ce sont eux qui ont rendu nécessaire cette intervention de l'Etat en faveur de l'enfant. Toutefois, même en ce cas, l'Etat a pour devoir rigoureux de ne toucher à ce domaine que pour assurer à l'enfant l'instruction à laquelle il a droit.

L'Etat tomberait dans une tyrannie abominable, s'il profitait du droit où il serait de faire une obligation légale de l'instruction, pour empêcher, soit directement, soit indirectement, les parents de donner celle qu'ils croient, en conscience, devoir à leurs fils, et pour les contraindre à laisser donner à ceux-ci une instruction réprouvée par leur foi religieuse.

La loi qui prescrirait cette obligation et en édicterait l'application d'une manière ainsi contraire aux droits de la famille, serait injuste et immorale ; elle serait nulle et de nul effet. Il ne serait pas seulement permis de lui résister, ce serait un devoir de le faire, comme nous le montrerons plus loin. (1)

CHAPITRE XXI

La Sanction.

I

Nous avons défini les droits et les devoirs de l'Etat et des familles en matière d'enseignement et d'éducation.

Est-il possible de violer les uns et les autres impunément ? Non.

Qand l'Etat et les familles sont fidèles à leur mission, les enfants sont les premiers qui bénéficient de leur sagesse et de leur vertu, ils sont parfaitement élevés, ils n'ont qu'à profiter constamment des leçons reçues pour remplir leurs destinées terrestres et célestes et s'assurer le bonheur de la vie présente et celui de la vie future.

« De sorte que ce n'est point un petit avantage à un homme, disait l'ancien Balzac, de n'avoir point à combattre des exemples domestiques et des ennemis qu'il doit révérer, de n'avoir point à faire de guerre à sa patrie pour se faire homme de bien, de n'être point en peine d'étudier en la plus difficile science de toutes, qui est celle de désapprendre les choses mauvaises. » (2)

---

(1) Voir sur cette question, M. Saint-René Taillandier, ubi suprà. M. Brac de la Perrière. Revue Catholique des Institutions et du Droit. Mai 1882. Congrès des Jurisconsultes catholiques de Rheims : même Revue.

(2) Socrate chrétien. Discours à M. Descartes.

Les parents ont la joie de se sentir revivre dans des hommes pleins d'intelligence, de beauté et de force, de savoir la propagation de leur sang et de leurs traits, l'honneur de leur famille et de leur nom assurés à travers les âges par une descendance d'une vigoureuse constitution physique et morale et d'une culture soignée sous tous les rapports. Leurs destinées terrestres sont pleinement accomplies ; c'est, pour eux, le faîte du bonheur temporel. « Le fils qui est sage, disent les Saints-Livres, fait la joie, la gloire et la paix de son père. » (1)

La récompense de l'Etat n'est pas moindre. Quand les citoyens sont fortement élevés, quand les familles sont solidement constituées et étroitement unies, quand la religion du droit et du devoir est pratiquée avec ferveur du haut en bas de l'échelle sociale, l'Etat est assis sur des bases inébranlables, il défie par sa puissance toutes les attaques ; sa prospérité est en quelque sorte sans limites.

Quant aux citoyens qui servent fidèlement la société en exerçant ses droits et en régissant ses intérêts, ils acquièrent des titres aux plus hautes récompenses en ce monde et en l'autre.

« Afin de t'inspirer, ô Africain, plus de zèle à défendre la République, fait dire Cicéron au vainqueur de Carthage, écoute ceci : pour tous ceux qui auront conservé, soutenu, agrandi leur patrie, il y a dans le ciel une place certaine, déterminée où ils jouissent de la béatitude. Car, aux yeux du Dieu souverain qui régit cet univers, il n'y a rien ici bas pour mieux lui plaire que la réunion et l'assemblage d'hommes associés par le droit sous le nom d'Etat ou de Cité. Venus du ciel, c'est là que retournent ceux qui en furent les chefs et les conservateurs. Si donc, tu veux élever ton regard pour contempler ce séjour et cette éternelle demeure, si tu n'asservis pas ta liberté aux propos du vulgaire et ne mets pas dans les récompenses humaines l'espoir de ta fortune, alors, par le charme qui lui est propre, la vertu t'entraînera à la vraie gloire. » (2)

II

Le châtiment et le malheur ne sont pas moins grands, lorsque l'Etat et les familles abdiquent criminellement leurs droits et trahissent indignement leurs devoirs.

---

(1) Proverb. I. I. Eccl. XXX passim.
(2) M. Chesnel. Les Droits de Dieu, etc. Ch. VI.

La première victime de leur infidélité, c'est l'enfant qui est mal ou qui n'est point du tout élevé. Il en résulte que l'homme avorte en lui ; c'est le plus grand des malheurs. Quand l'homme n'a pas été instruit et élevé, il n'est jamais qu'un être impuissant, incapable de remplir ses destinées ; quand il a été instruit et élevé à rebours et à contre-sens, il n'est qu'un monstre en opposition avec tous les biens pour lesquels il est venu à la lumière ; il n'a d'aptitude que pour le mal, il n'a de puissance que pour détruire.

N'est-il pas évident que les parents ne peuvent jouir en lui d'aucune consolation ? Ils n'ont qu'à maudire le jour où ils l'ont mis au monde. « Un fils insensé, dit l'Ecriture, fait la douleur et la honte de sa mère. » (1) Il dissipe la fortune de ses parents, il déshonore leur nom, il livre leur race au vice, à la misère et au mépris des hommes, il déforme de plus en plus leur image, il est incapable de poursuivre la propagation de leur vie dans des conditions qui adoucissent pour eux les horreurs du trépas. Les auteurs d'un tel enfant ont manqué en lui leurs destinées terrestres. C'est peu ; à moins d'expier leur crime par une sévère pénitence, ils ont, du même coup, manqué leurs destinées éternelles ; il faut qu'ils payent, par la perte de leurs âmes, les âmes qu'ils ont perdues par leurs vices.

Les citoyens non ou mal élevés sont inutiles à leur patrie, quand ils n'en sont pas la ruine. Dépourvus de culture intellectuelle et morale, ils ignorent le droit et le devoir et ne croient qu'à l'intérêt et à la force. Ne vivant que par les sens et dévorés par des cupidités ardentes, ils ressemblent à des bêtes avides et insatiables qui se ruent avec fureur contre tout ce qui les gêne. L'Etat qui n'est à leurs yeux qu'un fait brutal, n'a pour les dompter et les maîtriser que la force brutale.

Mais la force est un accident qui change fréquemment de parti ; elle se retourne souvent contre ceux qu'elle servait et démolit ce qu'elle soutenait.

Malheur aux gouvernants qui auront ainsi manqué à leur mission ! Parlant des grands hommes de l'antiquité qui ont été volontairement infidèles à Dieu, saint Augustin dit : « C'est ici-bas qu'ils ont reçu leur récompense, elle fut vaine comme eux, *receperunt mercedem suam, vani vanam*. Pour eux, la louange où ils ne sont

(1) Prov. 1. Eccli XXX. 2

plus, et où ils sont, les supplices. *Laudantur ubi non sunt, torquentur ubi sunt.* » (1)

Qu'ils écoutent aussi la voix du Sage : « La puissance vous a été donnée par le Seigneur et la force par le Très-Haut qui examinera vos œuvres et scrutera vos pensées.

Car, parce qu'étant ministre de son royaume, vous n'avez pas jugé ave droiture, que vous n'avez pas gardé la loi de la justice et que vous n'avez pas marché suivant la volonté de Dieu, il vous apparaîtra bientôt et avec un appareil épouvantable, le jugement sera très dur pour ceux qui commandent.

C'est au petit qu'est réservée la miséricorde ; aux puissants, au contraire, les tourments violents.

Car Dieu ne fera acception de personne, il ne craint la grandeur d'aucun ; c'est lui-même qui a fait le petit et le grand, et il a un soin égal de tous.

Mais aux plus forts sont destinés les supplices les plus forts. » (2)

III

Qu'arrivera-t-il si l'Etat, abusant de son autorité, empêche, par des lois injustes, les familles de remplir leurs devoirs suivant les exigences de leur conscience ? Les citoyens sont-ils tenus de se soumettre à des lois qui les empêcheraient de remplir leur mission ? Non, au point de vue de la loi naturelle, il n'y a point et il ne peut point y avoir de pouvoir qui ait le droit de commander le mal et d'empêcher le bien nécessaire. Il répugne qu'un tel pouvoir existe réellement. Au point de vue de la loi constitutionnelle, il n'y en a point et il ne peut point y en avoir non plus à qui il puisse appartenir de rien commander, ni de rien défendre contre ses dispositions. Tout pouvoir vient sans doute de Dieu comme source, mais tout pouvoir ne vient de Dieu que sous la forme et dans les limites déterminées par la Constitution qui en a défini et réglé souverainement les prérogatives. Par conséquent, tout Etat qui se met en révolte contre la loi naturelle et contre la loi constitutionnelle, n'est plus un pouvoir réel de l'ordre moral ; ce n'est plus qu'un pouvoir de la sphère

(1) Voir M. Chesnel, op. cit. Ch. V.
(2) Sap. VI.

matérielle ; ce n'est plus que la force brutale régnant sous le nom de pouvoir politique.

« Lorsque les rois, les princes, les magistrats et toutes les personnes qui ont autorité sur nous, dit le Catéchisme du Concile de Trente, nous commandent quelque chose de mauvais ou d'injuste, nous ne devons pas leur obéir, parce qu'ils n'agissent pas en cela par cette autorité légitime que Dieu leur a confiée, mais par le mouvement de leur propre injustice et de leur propre malice. » (1)

Par conséquent, si un gouvernement, méprisant les lois naturelles et constitutionnelles, entreprenait d'empêcher les familles de donner à leurs enfants l'éducation qu'elles leur doivent, si, essayant de se substituer à elles, il tentait de faire donner à leurs jeunes membres une instruction mensongère et une éducation perverse, non seulement il n'aurait pas plus de droit au respect et à l'obéissance que la force qui tente de s'imposer sans aucune raison, mais les familles seraient rigoureusement obligées de ne tenir aucun compte de ses lois, et, nonobstant toutes les difficultés, de faire tous leurs efforts pour préserver leurs enfants de l'erreur et du vice et pour les élever dans la lumière de la vérité et dans l'amour de la vertu.

Mais l'Etat veut les contraindre par la force à l'observation de lois injustes. Les familles *peuvent-elles* lui résister aussi par la force ? Si elles lui résistent, ne se mettent-elles pas en contradiction avec la doctrine de l'Eglise tout récemment encore rappelée par Léon XIII ? Non, car il est permis à tous de repousser la force par la force, en vertu du droit naturel et imprescriptible de légitime défense. Il est bien vrai que saint Paul commande d'obéir aux pouvoirs même mauvais ; toutefois il a soin d'ajouter : *aux pouvoirs qui sont réellement, quæ sunt*. Il ne dit nulle part qu'il faille obéir aux pouvoirs qui ne sont pas de vrais pouvoirs, qui ne sont que des pouvoirs usurpés ou supposés.

De même, l'Eglise, par la bouche de ses Pontifes, ordonne bien à ses fidèles de se soumettre aux puissances *légitimes*, mais nulle part elle n'enseigne qu'on doive se courber devant les pouvoirs illégitimes, devant des pouvoirs qui ne sont que la force en révolte contre le droit.

Or, un gouvernement, sorti des limites qui lui sont posées par la

---

(1) IVe Commandement. V. M. Em. Ollivier, op. cit., T. I, p. 330. Revue Catholique des Institutions et du Droit, mai 1882, p. 344.

Constitution dont il procède avec toutes ses prérogatives, n'est plus un pouvoir *légitime*, un pouvoir *qui est réellement*, ce n'est plus que la force matérielle à l'œuvre pour écraser ce qu'elle doit protéger. Les rebelles, ce ne sont pas ceux qui lui résistent pour défendre leurs droits ; c'est le gouvernement qui s'insurge contre le droit naturel et contre la Constitution qui est sa loi, en opprimant ceux qu'il doit abriter de sa force.

Enfin, les familles *doivent-elles* défendre, contre l'Etat, leur autorité et leurs droits en matière d'enseignement et d'éducation ? Ne seraient-elles pas autorisées à céder devant la force ? Il y a des biens et des droits que l'on peut, sans doute, abandonner librement, soit par amour de la paix, soit par crainte de quelques maux considérables. Il peut arriver que l'on soit même obligé d'en faire le sacrifice soit à la charité, soit à l'ordre public. Mais, au nombre de ces biens ne sont ni l'intelligence ni le cœur d'un enfant ; mais au nombre de ces droits, ne sont pas les droits qui ont pour objet la formation d'un homme. L'âme d'un enfant n'est pas la propriété de ses auteurs, ce n'est, entre leurs mains, qu'un dépôt dont ils ont la garde et qu'ils doivent faire fructifier. L'autorité paternelle ne leur est confiée avec tous ses droits, que pour l'accomplissement des devoirs corrélatifs qui leur incombent. Nous l'avons prouvé, comme les parents ne peuvent se faire dispenser de leurs devoirs, comme ils ne peuvent se faire décharger de leur responsabilité, ainsi ils ne peuvent abdiquer l'autorité ni renoncer aux droits qui leur sont conférés pour remplir ces devoirs et porter cette responsabilité.

Les parents, dès lors, n'ont pas seulement le droit, ils ont rigoureusement le devoir de défendre courageusement leur autorité et leurs droits sur l'éducation de leurs enfants. Ils seraient gravement infidèles, s'ils s'en laissaient dépouiller par faiblesse et lâcheté.

Mais, nous diront-ils, s'il faut disputer nos enfants à l'Etat qui nous les vient prendre, c'est une lutte qu'il faut engager au risque de notre fortune, de notre liberté et peut-être de notre vie ? Pouvons-nous être tenus à courir de si grands dangers ? » Eh quoi, la poule brave les serres du vautour pour protéger sa couvée, la lionne s'expose aux coups du chasseur pour lui reprendre ses petits, et vous, parents, vous craindriez de compromettre votre fortune, votre liberté et votre vie pour sauver les âmes de vos enfants ? Votre fortune, votre liberté, votre vie pèseraient plus dans votre estime et votre amour que les âmes de vos enfants ? Il n'y aurait de termes en aucune langue pour qualifier une pareille aberration ou une semblable trahison. Le châtiment, en ce monde et en l'autre, ne serait pas moindre que la forfaiture, et il serait épouvantable.

Les parents, au contraire, qui ont le courage de remplir leurs terribles devoirs jusqu'au bout, sont sûrs, s'ils succombent, de laisser, dans leur mort même, à leurs enfants un principe de vie qui les sauvera et de trouver eux-mêmes, au-delà de la tombe, une récompense proportionnée à l'héroïsme de leur fidélité.

LIVRE IV

DES

DROITS ET DES DEVOIRS

DE L'ÉGLISE

EN MATIÈRE

D'ENSEIGNEMENT ET D'ÉDUCATION (1)

CHAPITRE Ier

Combien la société des âmes dans la vérité est nécessaire au genre humain.

Comme, pour définir les droits et les devoirs de la famille et de l'Etat en matière d'enseignement et d'éducation, il nous a fallu dire ce que sont ces deux grandes institutions de la nature, ainsi, pour établir ce que peut et doit l'Eglise en cette même matière, il nous faut montrer ce qu'elle est dans l'ordre de la grâce. Il suffit, en effet, de se faire une juste idée de son principe, de sa nature, de sa constitution et de sa fin, pour saisir, du même coup, les droits et les devoirs qui lui sont propres relativement à la formation des âmes.

(1) Voir à la fin de ce IVe Livre une liste d'Auteurs à consulter sur la matière.

Donc, qu'est-ce que l'Eglise ? L'Eglise est la société des âmes dans la vérité sous le gouvernement de Dieu. Eh quoi ! en étudiant la constitution de la Famille et de l'Etat, nous avons vu ce qu'est l'ordre de la nature ; est-ce qu'il y aurait un ordre supérieur auquel nous ne nous serions point encore élevés, et dans lequel il faut que l'humanité soit constituée ?

Evidemment, l'ordre de la nature ne répond point, dans son état actuel, à toutes nos aspirations. Non, il ne suffit pas que les hommes se réunissent civilement en société dans le droit ; il faut encore que leurs intelligences soient unies en société dans la vérité pour atteindre leur fin et s'y reposer ; sans cette union, la Famille et l'Etat ne peuvent eux-mêmes jouir temporellement de la paix et de la stabilité dont ils ont besoin. C'est ce que nous allons voir. Cette étude préliminaire nous aidera à mieux comprendre l'Eglise avec ses droits et ses devoirs en matière d'enseignement et d'éducation.

I

Nous n'avons plus besoin de prouver que les âmes sont essentiellement faites pour la vérité.

La vérité est la perfection souveraine des intelligences et le terme suprême dans lequel seul elles trouvent leur repos.

Aussi, ne peuvent-elles rester tranquilles dans l'ignorance. Comme les corps pesants tendent nécessairement vers les centres qui les attirent, ainsi les âmes tendent de tout leur poids vers la vérité absolue qui est leur fin dernière.

Or, les âmes peuvent-elles, isolées et par elles-mêmes, parvenir à ce terme nécessaire de leur vie ? Non, elles ne le peuvent pas plus qu'un enfant ne peut s'élever tout seul par lui-même et sans le secours de sa famille, à la perfection intellectuelle et morale de l'homme achevé. Relativement à la vérité, les âmes, voyageuses sur la terre sont toujours des enfants en voie de s'élever à la lumière qui leur manque. Mais comme des enfants pleins de misères et incapables de se suffire, elles ne peuvent que s'égarer et périr dans l'erreur et le mal, dès qu'elles sont abandonnées à elles-mêmes et à leur faiblesse.

C'est ce qu'atteste l'expérience du genre humain. Les intelligences les plus hautes et les plus fortes, dès qu'elles ont été sincères, n'ont jamais manqué de s'écrier avec Socrate : « Il ne peut être possible à l'homme de parvenir à la vérité, à moins qu'il n'y ait un Dieu qui l'y conduise. » (1)

Du reste, les âmes sont soumises à la loi qui ne permet pas à l'homme de parvenir à ses fins autrement que par la société.

Ainsi, les enfants ne peuvent devenir des hommes que dans la famille et par la famille, et les hommes ne peuvent remplir heureusement leurs destinées temporelles que dans la société et par la société dans le droit ; eh bien, il en est de même des âmes ; elles ne peuvent s'élever à leur perfection et atteindre leur fin éternelle que par leur union en société dans la vérité, sous l'empire de Dieu.

Aussi, de même que l'homme est vivement poussé, par tous ses instincts et tous ses besoins, à rechercher la société de ses semblables dans le droit, ainsi pareillement, les âmes sont poussées par tous leurs instincts et tous leurs besoins à rechercher la société les unes des autres dans la vérité. De là, toutes les religions et toutes les écoles de philosophie.

Poursuivons cette comparaison. Il n'y a pas et il ne peut pas y avoir, nous l'avons dit, de société sans un pouvoir qui, principe d'unité, en réduise et constitue les éléments en un seul et même corps organisé et vivant. Surtout, il n'y a pas et il ne peut pas y avoir de société dans le droit parmi des êtres aveuglés et entraînés par leurs cupidités, sans un pouvoir qui les y soumette, les y maintienne et les y gouverne.

Il n'en est pas autrement des âmes. Point d'ordre parmi elles sans principe d'unité qui les domine, point de société pour elles sans un pouvoir qui les gouverne. Abandonnées à elles-mêmes et à l'isolement, elles sont livrées à toutes les entreprises du mensonge et de l'erreur. Comme il y a des tyrans qui s'efforcent de s'asservir l'homme dans sa vie corporelle, comme il y a des brigands qui tâchent de lui enlever de force sa vie, ses biens, son honneur terrestres, comme il y a des fourbes qui travaillent à les lui soustraire par la fraude, ainsi, il y a des esprits astucieux et méchants qui se font un bonheur de tromper les âmes par le mensonge, de les prendre dans les mailles de leurs sophismes, d'abuser de leur ignorance et de leur simplicité pour les dépouiller de la vérité et du bien, les précipiter et les maintenir dans l'erreur et le mal.

(1) Plat. In Phæd.

Faites pour la société dans la vérité et par la vérité, les âmes, à moins d'un pouvoir qui les y unisse et les y gouverne, ne peuvent trouver dans leurs rapports avec leurs semblables que la division, la contradiction, la guerre et l'oppression, sous la tyrannie de l'erreur et du mensonge. Il est donc nécessaire qu'elles soient constituées en société dans la vérité, sous l'empire d'un pouvoir qui la leur garantisse efficacement.

II

L'Eglise, qui est cette société des âmes dans la vérité, n'est pas moins indispensable à la famille.

Les parents, nous l'avons prouvé, sont obligés de former par l'enseignement et par l'éducation les âmes de leurs enfants, et d'en faire, par ce travail, des hommes vraiment intelligents et libres.

Or, ils ne peuvent remplir cette fonction et en atteindre le but qu'en communiquant à leurs enfants la vérité. Il y a, en effet, opposition et répugnance entre l'âme de l'homme et l'erreur. Autant la vérité perfectionne l'esprit et le comble de paix, autant l'erreur le déforme et lui apporte de tourments.

Eh bien, s'il n'y a point de pouvoir doctrinal qui gouverne les âmes en société dans la vérité, comment les parents seront-ils sûrs de ne communiquer à leurs enfants que la vérité qui les améliore et les élève, et de ne les détourner que de l'erreur qui les déprave et les abaisse ? Nous l'avons vu, ils ne peuvent communiquer à leurs enfants que leurs propres idées ? Eh bien, sont-ils infaillibles pour être sûrs de ne transmettre que des idées justes et vraies ? Et s'ils peuvent se tromper, comment peuvent-ils avoir le droit d'imposer des idées et des croyances qui peuvent être des erreurs, à des âmes qui sont faites avant tout et par dessus tout pour la vérité ? Cela répugne.

Remarquons-le bien ; les parents n'ont aucune autorité doctrinale proprement dite sur les intelligences de leurs enfants. Celle qu'ils possèdent, ne leur vient que de leur titre et de leur fonction d'auteurs.

Comme le pouvoir politique, leur autorité est un pouvoir moral qui dérive de la nature intellectuelle et qui doit être exercé et servi par des intelligences conformément à la lumière dont elles s'éclairent. Mais ce ne sont pas les intelligences elles-mêmes des parents qui ont une autorité absolue et irrésistible sur celles de leurs enfants, non, car toutes les intelligences sont également faites pour la vérité et ne sont également soumises qu'à la vérité. Nous l'avons prouvé, elles sont indépendantes les unes des autres.

Ainsi, d'une part, les parents sont obligés de former les intelligences de leurs enfants, et ils ne peuvent les former que dans des doctrines et par des doctrines qui soient l'expression fidèle de la vérité ; d'autre part, ils n'ont aucune autorité intellectuelle, doctrinale sur ces mêmes intelligences et ils ne sont jamais sûrs par eux-mêmes de ne leur enseigner que la vérité. Qui ne voit l'espèce de contradiction qu'il y a entre leurs fonctions et leurs pouvoirs, entre leurs devoirs et leurs droits, si l'intelligence qu'ils peuvent mettre au service des uns et des autres, n'est pas éclairée, dirigée et soutenue par une autorité doctrinale infaillible ?

En effet, ne peut-il se faire que les enfants, éclairés d'une lumière supérieure, se voient clairement obligés d'embrasser une vérité, et pour cela de résister fermement à l'enseignement de leurs auteurs ? Ne peut-il également arriver que ceux-ci s'obstinent, au nom de leur autorité, à vouloir imposer leurs erreurs ? Eh bien, qui prononcera sur ce douloureux conflit ? Les parents, au nom de l'autorité paternelle, croient avoir le droit de faire prévaloir leur enseignement. Les enfants, au nom de la dignité nécessaire de leurs âmes, se croient tenus de rester fidèles à la vérité et de se défendre contre l'erreur. Ce conflit est insoluble, s'il n'y a pas un pouvoir doctrinal souverain de qui relèvent également et les intelligences des pères et les intelligences des fils. Sans un tel pouvoir, l'autorité paternelle s'égare et devient tyrannique, en méconnaissant les droits des âmes à la vérité et en leur imposant l'erreur, ou bien elle recule devant les résistances des intelligences, et alors, elle se ruine par sa faiblesse et elle se rend incapable de remplir sa mission et d'atteindre sa fin.

Sans un tel pouvoir, l'âme de l'enfant dépourvue de toute protection, devient la triste victime de ceux qui sont chargés de la former, ou bien elle est contrainte de s'insurger contre l'autorité qui a la mission de l'élever.

Par conséquent, si, dans l'ordre civil, il faut un pouvoir politique qui maintienne dans le droit les rapports naturels des parents et des enfants, il n'est pas moins nécessaire qu'il y ait, dans l'ordre intellectuel, un pouvoir doctrinal qui unisse dans la vérité et par la vérité les âmes de tous les membres de la famille.

Nous disons : tous les membres de la famille, car il y aurait les mêmes considérations à faire à propos des rapports moraux qui unissent les époux. Sans un pouvoir intellectuel qui définisse infailliblement leurs droits et leurs devoirs respectifs au point de vue de la morale et qui leur impose également à tous deux la même loi doctrinale, il est inévitable qu'il ne s'élève entre eux, sous ce rapport, des différends irréconciliables, et que le plus faible ne soit, dans sa conscience, victime des violences du plus fort.

La Constitution des âmes, en société intellectuelle est donc nécessaire à la paix et à l'honneur de la famille. Nous allons voir qu'elle l'est tout autant, pour des raisons semblables, à la paix et à l'honneur de l'Etat.

III

Impossible, en effet, que les lois et les institutions d'un peuple ne dérivent pas des doctrines professées par les esprits qui les conçoivent et les édictent. Evidemment, il n'est personne qui veuille établir un ordre de choses en contradiction avec ce qu'il croit être réellement la vérité et le bien. Ce sont les croyances qui sont les inspiratrices et la règle des résolutions et des actes.

Eh bien, si les âmes ne sont pas unies en société dans la vérité et par la vérité, sous l'empire d'un pouvoir qui la leur assure, comment les lois et les institutions sociales qui émaneront de l'esprit des législateurs, pourront-elles ne pas blesser les croyances des citoyens qui auront été formées par des doctrines indépendantes ? Il n'est pas possible, évidemment, que des lois et des institutions inspirées par des convictions contraires ne portent pas au moins indirectement atteinte, dans les sujets, aux droits de la liberté intellectuelle et religieuse. Evidemment, par exemple, les lois inspirées par l'athéisme et le matérialisme, ne peuvent pas ne pas être outrageantes et pernicieuses pour les croyances spiritualistes et théistes.

Et cependant, nous l'avons dit, une des principales fins de l'Etat, c'est de créer pour les citoyens un milieu de paix et de tranquillité qui leur permette de travailler librement à la réalisation de leurs éternelles destinées. C'est, pour le dire en d'autres termes, de leur garantir les conditions civiles qui sont nécessaires pour qu'ils puissent avoir la liberté de leur intelligence et de leur religion.

Ainsi, sans unité de foi ou sans société intellectuelle, il n'est pas possible que l'Etat n'opprime pas très souvent ceux qu'il doit protéger et garantir.

Du reste, les lois, pour être obligatoires, doivent être conformes à la vérité, au droit et à la morale. Elles sont nulles et de nul effet, quand elles sont en contradiction avec ces principes supérieurs. Il ne peut pas se faire que le citoyen soit obligé à des dispositions qui l'empêcheraient de se conduire en homme et de réaliser ses destinées. Les sujets sont tenus envers la vérité, le droit et la morale, avant de l'être envers l'Etat.

Or, comment l'Etat sera-t-il sûr de ne pas sortir du vrai, du juste et de l'honnête, s'il n'y a pas d'autorité dogmatique qui l'éclaire d'une manière infaillible ? Comment, s'il n'y a pas une autorité doctrinale qui gouverne en même temps l'intelligence de ses sujets dans la vérité et par la vérité, pourrait-il contraindre à observer ses lois ceux qui protesteront contre leur tyrannie et leur immoralité ? Qui jugera entre eux et lui, s'il n'y a pas de juge intellectuel compétent ? L'Etat a bien le droit de commander dans le domaine civil, mais il est sans pouvoir dans le domaine intellectuel ; surtout il n'a aucun pouvoir pour blesser, par ses dispositions politiques, les lois de l'ordre intellectuel. Ses sujets ne lui sont soumis que dans leur vie terrestre ; par leur intelligence, ils sont indépendants de son autorité.

L'Etat usera-t-il de la force pour triompher de leur résistance ? Il tombera dans une tyrannie aussi cruelle que ridicule. Cèdera-t-il devant leurs protestations ? C'est un aveu de légèreté ou d'impuissance qui tue moralement son autorité.

On le voit donc, il est nécessaire que les âmes soient unies en société dans la vérité et par la vérité sous un pouvoir compétent qui la leur assure, autrement les citoyens peuvent se réfugier dans leurs droits intellectuels, pour résister aux lois de l'ordre civil, et l'Etat se trouve dans la cruelle alternative d'être frappé d'impuissance ou de se souiller par la tyrannie et la persécution.

Enfin, à quoi se réduit la société des corps dans le droit sans la société des âmes dans la vérité ? Absolument indépendants, par leur nature et par leur dignité, du pouvoir politique, les esprits sont absolument maîtres d'avoir d'autres doctrines que celles des gouvernants. Bien plus, en conséquence toujours de cette indépendance, ils ont le droit de contester aux législateurs la vérité des principes intellectuels dont ils s'inspirent dans la rédaction de leurs lois, et, dès lors, de contester la justice et la moralité de ces mêmes lois.

Mais, si les esprits peuvent ainsi se mettre en opposition dans la sphère intellectuelle avec les chefs de la société civile, comment pourraient-ils ne pas s'y diviser et s'y combattre entre eux ? De là cette multiplication indéfinie d'opinions contraires qui font bien vite d'une société sans autorité dogmatique comme un sable sans consistance et sans cesse tourmenté par toutes les tempêtes.

Ainsi par leur nature et leur dignité, les intelligences demeurent complètement en dehors de l'ordre civil et politique.

Il va sans dire que les volontés ne sont pas plus, que les esprits, susceptibles d'être enchaînées par les liens de l'Etat. Divisées par l'intelligence, les âmes ne tardent pas à l'être aussi par le cœur ; opposées par leurs idées, elles le sont bien vite par leurs affections.

Voilà donc toute la société humaine réduite à la société des corps dans l'ordre exclusivement civil et politique.

Quand la société temporelle est restreinte à des limites si étroites, elle n'a plus une base assez large pour être solide. Il faut alors, pour combattre les effets de la division des esprits, étendre le réseau des lois sur la vie des citoyens et en resserrer les mailles. Moins les citoyens sont liés entre eux par les croyances et les sentiments, moins ils peuvent avoir de liberté civile, plus il faut qu'ils dépendent étroitement de l'Etat.

Cette étroite dépendance politique suffira-t-elle, du moins, pour assurer la stabilité de l'édifice social ? Non, nous l'avons dit, l'édifice social repose sur les croyances et sur les mœurs. Or, ne voit-on pas que si les esprits et les cœurs restent libres et indépendants au sein de leur sphère, ils demeurent maîtres de travailler à changer les idées et les mœurs, et par là, de changer les fondements qui portent l'édifice social. Mais, si les fondements sont changés, n'est-il pas manifeste que l'édifice le sera aussi nécessairement ? Evidemment il n'est pas de régime politique qui puisse tenir debout, quand croulent les convictions et les croyances sur lesquelles il sont tous assis.

C'est ce qu'ont compris tous les Césars ; à leurs yeux, il ne peut y avoir ni unité ni stabilité politique sans doctrines politiques. Voilà pourquoi ils ont toujours tenté de mettre la main sur les âmes en même temps que sur les corps.

Tyrannie sacrilège qu'un tel empiètement ! Pour en préserver l'humanité, il n'y a qu'un moyen, c'est la constitution des âmes en société dans la vérité et par la vérité sous l'empire d'un pouvoir compétent.

Ainsi, d'une part, soit pour satisfaire aux exigences de la nature intellectuelle, soit pour maintenir la famille et la société civile en paix dans le droit et par le droit, rien de plus nécessaire que l'union des âmes dans la vérité et par la vérité sous l'empire d'un pouvoir doctrinal qui la leur assure. Mais, d'autre part, ce pouvoir indispensable n'est ni dans l'autorité politique, ni dans l'autorité paternelle, ni dans les attributions particulières des intelligences. Si donc la société des âmes n'est pas impossible, où faut-il le découvrir? C'est ce que nous allons voir.

CHAPITRE II

Le pouvoir nécessaire pour constituer les âmes en société dans la vérité ne peut être que le pouvoir même de Dieu.

I

Un tel pouvoir, en effet, ne peut être dans la nature. Car les âmes forment elles-mêmes le suprême sommet et la fin dernière de toute la Création. Tout ce qui a été fait, a été fait pour elles et a été mis à leurs pieds. Dans ce *tout*, il ne faut pas hésiter à comprendre l'Etat aussi bien que la famille et toutes les choses du temps et de l'espace.

Immortelles, les âmes voient de haut passer les siècles, sans préjudice pour leur interminable durée. Immenses, elles regardent l'immensité de l'espace comme un point qui ne compte pas devant leur incommensurable grandeur. Intelligentes et libres, elles ont une valeur propre devant laquelle tous les mondes ne sont rien. Faites pour se posséder et s'appartenir, elles ne sont soumises qu'à celui dont elles consentent à accepter l'empire. Leur nature est d'être souveraines. Bien qu'ayant nécessairement Dieu pour principe, pour maître et pour fin, elles disposent si complètement d'elles-mêmes, qu'elles ont, en cette vie, malgré cette condition de leur existence, le pouvoir physique de refuser à Dieu la soumission de leur volonté. Elles ne sont à Dieu que si elles le veulent et qu'autant qu'elles le veulent.

Au fond, nous l'avons dit, leur essence est de n'être soumises qu'à la vérité et au bien absolu, parfait, infini ; et elles ne sont à Dieu et pour Dieu que parce que Dieu est essentiellement lui-même la vérité et le bien absolu, parfait, infini.

Voilà pourquoi Jésus-Christ qui est venu pour rendre aux âmes leur dignité et leur grandeur, disait à ses disciples : « Gardez-vous de vous faire appeler Rabbi, car vous n'avez qu'un seul maître ; pour vous, vous n'êtes tous que des frères.

Ne donnez à personne le nom de père sur la terre ; car vous n'avez qu'un père qui est dans les Cieux.

Ne vous laissez pas appeler maîtres, parce que vous n'avez qu'un maître qui est le Christ. » (1)

En effet, redisons-le, toutes les âmes ayant la même nature et la même dignité, il n'en est aucune qui, par son excellence naturelle, ait quelque titre à dominer ses semblables. Leur seul maître à toutes, c'est le Christ en tant qu'il est la Raison substantielle de Dieu et la lumière véritable éclairant tout homme venant en ce monde.

C'est ce que Jésus-Christ avait déjà proclamé, quand il avait dit : « Rendez à César ce qui est à César et à Dieu ce qui est à Dieu. » En d'autres termes : « Rendez à César votre soumission pour tout ce qui appartient à l'ordre civil et politique ; mais ne rendez qu'à Dieu votre obéissance pour tout ce qui concerne l'ordre intellectuel de la vérité et de la loi morale. Lui seul est au-dessus de vous ; il n'y a que lui qui ait le droit de gouverner vos intelligences. »

Il n'y a donc que Dieu qui soit le roi et le maître des âmes. Il le proclamait dès l'ancien Testament par la bouche d'Isaïe : « Je suis le Seigneur ; tel est mon nom et je ne donnerai point ma gloire à un autre, ni ma louange aux idoles. » (2) Il n'y a donc que Dieu qui ait le pouvoir de constituer les âmes en société dans la vérité et par la vérité et de régner sur elles par l'ordre intellectuel et moral.

La société des âmes ne peut ainsi être que l'œuvre de Dieu, que le royaume de Dieu. C'est la raison pour laquelle l'Eglise est ainsi appelée de ce nom en maints endroits de l'Evangile, comme le remarque fort bien saint Grégoire le Grand dans une de ses homélies. (3)

(1) Matth. XXIII.
(2) Isaïe XLII, 8.
(3) Hom. 12 in Evang.

II

Mais Dieu est-il bien l'auteur de l'Eglise ? A-t-il jamais voulu réellement constituer les âmes en société sous l'empire de la vérité ? Oui, puisque c'est là le but pour lequel il a tout fait, et qu'il n'a rien fait que pour cela. *Omnia propter electos.*

En effet, s'il crée d'abord les anges, c'est pour s'en faire un royaume soumis aux lois de sa vie. Dès qu'une partie de ces pures intelligences se met en révolte contre son sceptre, il la précipite dans les abîmes (1).

Pour les remplacer, il crée l'humanité en son premier père. Aussi la Genèse nous le montre-t-elle donnant ses enseignements et ses lois à Adam et Eve dans le paradis terrestre. (2)

Mais Adam et Eve, à leur tour, se laissent tromper par l'esprit du mensonge, et se perdent. Dieu qui veut encore les sauver, leur promet alors un rédempteur qui les arrachera à l'empire des ténèbres dans lesquelles ils sont tombés, et les reconstituera en société sous celui de la vérité dont ils sont déchus.

Telles ont été, en effet, la mission et l'œuvre de son Fils Jésus-Christ ; c'est pour l'accomplir qu'il l'a envoyé sur la terre. Reprendre les âmes à l'esprit d'erreur qui régnait sur elles, pour s'en faire un royaume sur lequel il régnerait par la vérité, tel est bien le but propre de la venue du Messie en ce monde, le but que lui assignent l'ancien et le nouveau Testament.

« Demande-le-moi, est-il écrit dans les Psaumes, et je te donnerai les nations pour ton héritage, et, pour ton domaine, la terre jusqu'à ses extrémités. » Et le Christ de s'écrier : « J'ai été constitué roi sur Sion, la montagne sainte, pour y enseigner sa loi. » (3)

Ecoutez Isaïe : « Lui-même (le Messie), il portera leurs iniquités, et c'est pour cela que je lui donnerai les multitudes, et il aura pour sa part les dépouilles des forts » ou des démons, tyrans de l'humanité. (4)

On sait que, d'après Daniel, l'empire du Christ doit succéder aux

---

(1) Apocal. X.
(2) Gen. I et II.
(3) Ps. II.
(4) Isaïe, LIII.

grands empires de l'antiquité et qu'il ne doit point avoir de fin. (1)

Dès, en effet, que Dieu, qui est une société dans l'unité de sa nature, créait des esprits intelligents et libres à son image et ressemblance, il ne pouvait les créer que pour en former une société sous son propre empire. Il ne pouvait certainement les faire pour l'isolement ; et, nous l'avons dit, dès qu'il les faisait intelligents et libres, il ne pouvait vouloir les faire que pour Lui. Car seul, il est la vérité, seul il est le bien pour lequel les âmes sont constituées.

La société civile, du reste, pouvait-elle être autre chose qu'un premier pas conduisant à la société intellectuelle ? N'est-ce pas ce qu'indiquent tous ces malaises qui empêchent la première d'être tranquille, toutes ces agitations et toutes ces aspirations qui la poussent à tenter la seconde. Evidemment, dès que les hommes ne peuvent pas vivre ensemble sans avoir besoin de se constituer en société terrestre, comment leurs âmes pourraient-elles être en relations sans avoir besoin de se constituer en société intellectuelle ? La société n'est-elle pas plus encore dans les aptitudes de leur nature que dans celles des corps ? C'est incontestable.

Par conséquent, comme il ne peut pas leur appartenir de se constituer elles-mêmes en société dans la vérité, parce qu'il ne peut leur appartenir de se donner un chef qui ait vraiment l'autorité nécessaire pour les y gouverner, il a fallu que Dieu qui les a faites pour y vivre, les y constituât, en se constituant lui-même leur maître et leur roi.

Tel est, en effet, le résultat final de l'incarnation du Verbe divin, comme nous allons le voir.

(1. Dan. III. VI et VII.

CHAPITRE III

De la Reconstitution de la Société intellectuelle des âmes par le Fils de Dieu, Jésus-Christ.

I

Qu'avait à faire et qu'a fait le Fils de Dieu pour restaurer sur la terre le règne de son Père, en y reconstituant les âmes en société dans la vérité et par la vérité ?

1° Il fallait d'abord qu'il les reconquît sur le péché et sur les suites du péché.

2° Il fallait ensuite qu'il se fît reconnaître pour leur roi et leur maître, en se faisant reconnaître pour leur Dieu.

Reprenons ces deux propositions.

1° Par le péché, les âmes s'étaient insurgées contre Dieu. De ce fait, avait été brisée et dissoute la société intellectuelle qu'elles formaient auparavant avec lui et entre elles sous sa lumineuse autorité.

Du même coup aussi, elles étaient tombées sous le domaine de la justice divine qui les revendiquait pour les punir de leur rébellion et sous la tyrannie de Satan et de toutes les créatures qui abusaient de leur ignorance et de leur faiblesse pour les tenir dans un honteux et dur esclavage.

Comment Jésus-Christ va-t-il les racheter et les affranchir ? Le Verbe incréé ne s'est fait chair que pour se faire tout à la fois Pontife et Victime afin de se substituer à l'homme coupable, d'expier ses crimes par une mort honteuse et cruelle, et de rendre à Dieu, son Père, la gloire qui lui avait été ravie par le péché. Ainsi, a-t-il pris en effet sur lui les iniquités du monde ; ainsi a-t-il été blessé, broyé et immolé pour les péchés de l'humanité. Par là, il a payé chèrement de son sang les dettes des âmes à la justice divine qui les réclamait pour le châtiment ; par là, il a racheté et reconquis les âmes elles-mêmes dans le but de s'en faire un royaume et de régner sur elles de par les droits de la vérité.

Quant à Satan, il s'était emparé de l'humanité de par le droit du plus rusé et du plus fort. Pour l'exproprier de son royaume, le Sauveur n'avait donc rien à payer, il n'avait qu'à l'en chasser honteusement. C'est ce qu'il a fait. « Maintenant, disait Jésus, aux approches de sa mort, le prince de ce monde va être jeté dehors. » Et saint Paul atteste qu'après l'avoir vaincu, il l'a enchaîné à son char de triomphe. » (1)

Sous l'empire du désordre et de l'injustice introduits par le péché dans l'humanité, l'enfant, nous l'avons dit, était devenu la chose de son père, la femme l'esclave de son mari, le citoyen le domaine absolu de l'Etat, l'homme, enfin, la propriété complète de l'homme.

Nous avons montré comment le Christ avait rendu leur dignité et leur grandeur à tous ceux que la force brutale se plaisait à piétiner. Par l'enseignement et par la mort du Sauveur, l'enfant est redevenu la fin même terrestre de ses auteurs, la femme est redevenue l'égal de l'homme dans l'humanité et dans sa famille ; la personne humaine, dans le citoyen et dans tout homme, a été proclamée souveraine, et tous les pouvoirs créés ont dû reconnaître que, loin d'en être les maîtres, ils n'avaient d'autre mission ni d'autres droits que de la servir dans la poursuite de ses destinées temporelles et éternelles.

Enfin, l'âme humaine était encore livrée à l'empire des biens sensibles qui, en frappant vivement ses sens, l'arrachaient à elle-même et se l'enchaînaient par les liens d'un amour irrésistible. Autre servitude dégradante dont le Rédempteur l'a affranchie, en lui apprenant qu'elle a Dieu pour fin dernière et nécessaire, et en lui méritant par sa mort la grâce de se renoncer et de mourir à l'amour désordonné de soi-même et des choses terrestres.

Une fois les âmes ainsi rachetées, affranchies et reconquises, une fois les obstacles au règne de Dieu ainsi renversés et détruits, que restait-il à faire pour reconstituer le royaume de Dieu par la société des intelligences dans la vérité ? Il ne restait plus qu'à leur donner leur véritable chef.

Or, ce véritable chef, nous l'avons dit, ne peut être que Dieu lui-même comme vérité absolue.

Par conséquent, pour régner sur les âmes de par les droits de la vérité, Dieu n'avait qu'à se manifester. Dès lors qu'il s'est révélé aux âmes, les âmes n'ont pu ne pas le reconnaître pour leur maître et leur roi, et elles ont dû se précipiter à ses genoux, en lui disant

(1) Joan. XI, Col. II.

avec Thomas : « *Vous êtes mon Seigneur et mon Dieu. Dominus meus et Deus meus.* »

II

Mais, d'abord, comment Jésus-Christ pouvait-il manifester sa divinité et produire ses titres à la royauté sur les âmes ?

Jésus-Christ ne devait pas découvrir sa divinité aux âmes de manière à la leur montrer face à face. Il les aurait par là tirées des conditions naturelles auxquelles les assujétit leur vie terrestre ; ce qui serait contraire à l'ordre des choses, car la grâce est donnée pour perfectionner et non pour détruire la nature.

Il ne devait donc pas la découvrir aux yeux du corps. La vision béatifique de Dieu ne sera possible à ceux-ci qu'après leur transformation par leur résurrection dans la gloire. La transfiguration du Sauveur, au Thabor, n'est qu'une faveur exceptionnellement accordée aux trois Apôtres qui devaient être les témoins de son anéantissement dans son agonie au Jardin des Oliviers.

Le Verbe ne devait pas mieux se manifester ostensiblement aux yeux de l'âme. Car l'intelligence humaine, dans ses conditions présentes, connaît bien indirectement les substances par leurs effets ; mais elle n'est pas faite pour les connaître directement en elles-mêmes. A plus fortes raisons, ne peut-elle saisir directement en elle-même la substance divine qui habite une lumière absolument inaccessible à son regard.

Enfin, si l'homme innocent et juste avait pu jouir en quelque manière de la vue de Dieu dans le paradis terrestre, l'homme coupable et maudit devait se racheter de son orgueil par son humilité intellectuelle, en se soumettant librement à la foi pour mériter la vision béatifique.

Dieu devait donc se découvrir assez à l'homme pour que l'homme ne pût le méconnaître ; mais il ne devait pas se découvrir à lui jusqu'à lui faire oublier sa condition de pécheur, en lui donnant dans ses splendeurs la lumière du ciel.

Le Fils de Dieu devait ainsi régner sur l'âme par la foi avant d'y régner par la vision directe de sa gloire. Il ne devait, dès lors, manifester sa divinité qu'indirectement par la voie des témoignages, avant de la révéler directement par l'éclat même de ses perfections.

C'est, d'ailleurs, par cette même voie que Dieu s'est découvert à l'homme dans la création. Le monde n'est autre chose qu'un discours qui raconte éloquemment les perfections de son Auteur ? Mais le témoignage du monde n'est que celui de la créature en faveur de son Créateur : ce n'est pas celui-là même que Dieu a rendu à sa divinité dans la personne de Jésus-Christ, soit par sa propre voix, soit par celles des organes qu'il s'est choisis à travers les siècles et les peuples. Or, c'est de ce témoignage qu'il s'agit ici. Entendons le concert admirable de voix qui s'unissent pour proclamer que Jésus-Christ est vraiment le Fils unique de Dieu.

1° Témoignage des prophètes. Longtemps avant d'envoyer son Fils en l'humanité, Dieu avait préparé le monde à sa venue. Les prophètes, sous son inspiration, avaient décrit par le détail la vie et les caractères, la mission et les œuvres, la mort et le triomphe du Sauveur. « Scrutez les Ecritures, disait Jésus-Christ aux Juifs, ce sont elles qui rendent témoignage de moi. » (1)

2° Jésus-Christ naît ; aussitôt, les anges l'annoncent et le chantent dans les airs comme Celui qui vient rendre gloire à Dieu au plus haut des Cieux et paix sur la terre aux hommes de bonne volonté. (2)

3° Les démons, chassés par Lui des corps qu'ils possèdent, ne peuvent empêcher de proclamer qu'il est le Fils de Dieu. (3)

4° Son Père, du haut des Cieux, le reconnaît pour son fils, une première fois à son baptême sur les bords du Jourdain, devant une multitude de témoins (4), une seconde fois, sur le mont Thabor devant Pierre, Jacques et Jean (5), et une troisième fois, six jours avant sa mort, devant une foule nombreuse émerveillée de ce qu'elle a entendu. (6)

5° « L'Esprit qui procède de moi, avait dit Jésus-Christ à ses Apôtres, rendra témoignage de moi. » (7) En effet, l'Esprit-Saint a rendu témoignage à la divinité de Jésus-Christ, en descendant sur lui sous forme de colombe, au moment de son baptême (8), en descendant sur les Apôtres en forme de langues de feu, le jour de la Pentecôte (9),

---

(1) Joan. V, 39.
(2) Luc II, 14.
(3) Luc IV, 41.
(4) Matth. III, 17.
(5) Marc IX, 1.
(6) Joan. XII, 28, 29.
(7) Joan. XV. 26.
(8) Matth. III. 17.
(9) Joan XIV, 26.

enfin, en descendant encore d'une manière visible sur ceux à qui les Apôtres imposaient les mains. (1)

6° Enfin, c'est Jésus-Christ lui-même qui atteste sa divinité en toutes manières possibles.

A) Par son affirmation. « Mon père et moi, dit-il, nous ne sommes qu'une seule et même nature. » (2)

« Le Fils de Dieu, avait-il dit à l'aveugle de naissance, à qui il venait de donner la vue, c'est celui-là même qui te parle. » (3)

B) Par la sublimité de sa doctrine. Les foules, en l'entendant, s'écrient : « C'est vraiment un prophète. » Il n'y a pas jusqu'aux serviteurs des Pharisiens qui confessent que « jamais homme n'a parlé comme cet homme-là. » (4)

C) Par la sainteté de sa vie. Sa conduite est si pure qu'il peut porter à ses ennemis ce défi inouï : « Qui de vous me convaincra de péché ? Si je vous dis la vérité, pourquoi ne me croyez-vous pas. » (5)

D) Par ses miracles. « Si vous ne voulez pas croire à ma parole, au moins croyez à mes œuvres, afin que vous connaissiez et que vous croyiez que mon Père est en moi et que je suis en mon Père. » (6) « Les œuvres que mon Père m'a donné de faire, attestent pour moi que c'est mon Père qui m'a envoyé. » (7)

E) Par sa connaissance des cœurs et de l'avenir. En maintes circonstances, il a dénoncé à ses ennemis leurs plus secrètes pensées et il a montré qu'il voyait jusqu'au fond ce qu'il y a dans l'homme. (8) Quant aux évènements futurs, n'a-t-il pas prédit la ruine de Jérusalem dans ses circonstances les plus précises ? (9)

F) Par son martyre. Il a été condamné pour crime de blasphème, parce qu'il se disait le Fils de Dieu, celui-là même qui viendra pour juger les vivants et les morts, et il a soutenu son affirmation jusqu'au supplice de la croix. (10)

---

(1) Act. VIII, 17.
(2) Joan. X, 30.
(3) Joan. IX, 35 et suiv.
(4) Joan. VII, 46.
(5) Joan. VIII, 46.
(6) Joan. X, 38.
(7) Joan. V, 36.
(8) Luc VI, 8. Joan. II. 25.
(9) Matth. XXIV
(10) Matth. XXVI, 63.

G) A sa mort, le soleil a retiré sa lumière, la terre a tremblé, les rochers se sont fendus, les morts sont sortis de leurs tombeaux, le voile du temple s'est fendu de haut en bas, et le centurion, subjugué par tant de témoignages, a été, à son tour, obligé de lui rendre le sien, en s'écriant : « Celui-là était vraiment le Fils de Dieu. » (1)

H) Jésus-Christ a enfin fait reconnaître et proclamer divinement sa divinité par ceux qui ont été associés à sa mission. D'abord, c'est Jean-Baptiste, son précurseur, qui se confesse indigne de dénouer les cordons de sa chaussure et qui le déclare hautement comme le « Fils de Dieu. » (2)

Ce sont ensuite les Apôtres qui attestent la divinité de leur Maître *par leur prédication, par leur merveilleuse sainteté, par leurs innombrables miracles, et par leur glorieux martyre.* (3)

Enfin, c'est l'Eglise, son œuvre propre qui, à travers les latitudes et les siècles, lui rend le même témoignage et par son immuable doctrine, et par la variété et la multitude de ses saints, et par son inépuisable fécondité, et par son admirable catholicité et par sa triomphante immortalité.

Nous n'avons fait que le sommaire des témoignages portés en faveur de la divinité de Jésus-Christ. C'en est assez pour que nous la touchions comme du doigt et que, vaincus par l'éclat de la lumière, nous répétions avec saint Thomas : « *Dominus meus, Deus meus.*

Or, en même temps que Jésus-Christ proclamait qu'il est Dieu, il proclamait aussi qu'il est la lumière et la vérité. Et il commandait aux âmes de croire en sa doctrine, vouant à leur condamnation celles qui refuseraient de marcher et de le suivre aux clartés de sa parole. (4)

Jésus-Christ s'est donc réellement constitué par là le docteur et le législateur des âmes, en d'autres termes, le seul vrai maître et roi de la société intellectuelle. (5) Et c'est aussi par là qu'il a constitué les âmes en royaume sous son pouvoir dans la vérité et par la vérité, et qu'il leur a donné de vivre toutes ensemble en lui et par lui d'une seule et même vie qui est la vie propre de Dieu.

---

(1) Matth. XXVII, 51 et suiv.
(2) Joan. I.
(3) Joan. XV. Act. I-V.
(4) Joan. VIII, XII, XIV.
(5) Matth. XXIII. 8. Jac. IV, 12. Joel. II. 23.

CHAPITRE IV

De la Reconstitution de la Société intellectuelle des âmes par Jésus-Christ (Suite).

I

Avoir racheté les âmes au prix de sa vie et s'en être constitué le roi par la production authentique de ses titres, ce n'était point cependant assez pour que Jésus-Christ étendît effectivement son règne sur tous les peuples de la terre et à travers tous les âges du monde. Le Fils de Dieu n'est venu que dans un coin de notre globe et que pour la durée moyenne d'une vie d'homme. Après avoir consommé l'œuvre de sa mission, il est remonté à son père dont il était sorti.

Ayant donc dû s'effacer ainsi et retirer sa présence visible à son Eglise, il a dû renoncer à la gouverner ostensiblement par lui-même. Par conséquent, il a fallu qu'il la constituât avec des organes qui, sous sa secrète direction et par son assistance mystérieuse, lui permissent de vivre, de se gouverner et de poursuivre le but de son institution à travers tous les siècles et sous toutes les latitudes ; il a fallu qu'il se constituât en elle des mandataires qui le représentassent, exerçassent ses droits et ses pouvoirs et, par son action intérieure, réalisassent, en son nom et en vertu de son autorité, l'union et la paix des âmes dans la vérité et par la vérité.

C'est, du reste, ce que demandait le plan général de l'œuvre divine Même dans la création où son concours demeure nécessaire, Dieu dissimule et dérobe son intervention providentielle derrière la puissance dont il dote ses créatures. Dans l'ordre surnaturel de la sanctification où il faut qu'il fasse comme tout directement par sa propre puissance, il se devait à lui-même et il devait à la condition de l'homme pécheur de se dissimuler et de se dérober derrière les représentants et les ministres qu'il s'est choisis pour gouverner son Eglise et dispenser les trésors de ses grâces.

II

En effet, circonstance bien remarquable ! Jésus-Christ unit l'acte par lequel il institue Pierre son vicaire et le fondement de son Eglise à l'acte par lequel, se déclarant Fils de Dieu devant ses Apôtres, il se constitue lui-même le roi des intelligences.

On connaît cette scène telle que la rapporte saint Matthieu : « Qu'est-ce que les hommes disent du Fils de l'homme ? » c'est la question que Jésus-Christ pose solennellement aux Apôtres ? Alors ceux-ci de lui répondre : « Les uns disent que vous êtes Jean-Baptiste, d'autres que vous êtes Elie, d'autres que vous êtes Jérémie ou quelqu'un des prophètes. »

« Mais vous, reprend Jésus, que dites-vous que je suis ? »

Alors, Simon Pierre répond et lui dit : « Vous êtes le Christ, le Fils du Dieu vivant. »

Jésus, reprenant la parole, lui réplique : « Tu es bien heureux, Simon, fils de Jean, parce que ce n'est ni la chair ni le sang qui t'a révélé cela, mais mon Père qui est dans les Cieux.

Et moi je te dis : tu es Pierre et sur cette pierre je bâtirai mon Eglise et les portes de l'enfer ne prévaudront pas contre elle. Et je te donnerai les clefs du royaume des Cieux, et tout ce que tu lieras sur la terre, sera lié dans le ciel et tout ce que tu délieras sur la terre, sera délié dans le Ciel. » (1)

Ainsi, c'est en manifestant sa divinité que Jésus-Christ s'est constitué le roi des âmes et que, du même coup, il a constitué son Eglise ; de même, pareillement, c'est l'apôtre qui confesse hautement le premier sa divinité et partant, sa royauté spirituelle, qu'il constitue son premier mandataire et le premier ministre de son royaume.

Mais Pierre suffirait-il à exercer les pouvoirs de Dieu sur toutes les âmes et à répandre les grâces du Ciel sur le monde entier ? Non, sans doute, Pierre sera son premier mandataire, mais Jésus-Christ lui adjoint un collège de onze frères qui partageront son ministère sous sa suprême direction. Car à eux aussi Jésus a dit : « En vérité, je vous l'assure, tout ce que vous lierez sur la terre, sera lié dans le Ciel et tout ce que vous délierez sur la terre sera délié dans le Ciel. » (2)

---

(1) Matth. XVIII.
(2) Matth. XVIII, 18.

Voilà pourquoi saint Paul écrivait aux Corinthiens : « C'est pour le Christ que nous remplissons notre ambassade, comme si c'était Dieu qui vous exhortât par nous. » (1)

Il leur avait déjà écrit : « Qu'ainsi tout homme nous regarde comme les ministres du Christ et comme les dispensateurs des mystères de Dieu. » (2)

Toutefois, remarquons avec Bossuet, (3) que Jésus-Christ fait de Pierre son premier vicaire. qu'il le revêt d'une délégation générale avant d'en étendre la communication aux autres Apôtres et qu'il concentre en lui le dépôt de sa puissance, avant d'en distribuer le rayonnement sur tous les membres du collège apostolique.

Cet ordre, ces dispositions, Jésus-Christ ne fait d'abord pour ainsi dire que les ébaucher, mais il les maintiendra, et il achèvera de les établir définitivement plus tard C'est en effet pour Pierre qu'il prie particulièrement, c'est Pierre qu'il charge de confirmer ses frères ; c'est à Pierre qu'il commande de paître ses agneaux et ses brebis, c'est-à-dire de gouverner les enfants et leurs mères, les fidèles et les évêques. (4)

Mais, ce n'est pas onze apôtres, sous le commandement de leur chef, qui pourront étendre au monde entier les bienfaits de la Rédemption et réunir toutes les âmes en société dans la vérité et par la vérité. Aussi est-il écrit que Jésus-Christ désigna, en outre, soixante-douze autres disciples qu'il envoya, par couple de deux, devant lui, dans toute cité et dans tout lieu où il devait aller. » (5)

Reconnaissons dans ces 72 disciples les simples prêtres que s'associent les évêques dans l'administration des sacrements et dans la prédication de la parole divine.

Plus tard encore. les Apôtres, voulant se décharger de quelques-unes de leurs fonctions inférieures, afin de vaquer plus librement à la prière et au ministère de la parole, instituèrent les diacres. (6)

Il n'est pas douteux qu'ils n'aient également, au fur et à mesure des besoins de l'Eglise, pourvu de sujets les divers autres degrés de l'ordre sacerdotal, suivant les prescriptions que leur en avait tracées leur Maître, avant de monter au Ciel.

(1) 2e Cor. V. 20.
(2) 1e Cor. IV. 1.
(3) Sermon sur l'unité de l'Eglise.
(4) Luc, XXI. XXII. Joan. XXI.
(5) Luc. X.
(6) Act. VI.

Ainsi, Jésus-Christ munit son Eglise de tous les organes dont elle a besoin pour étendre à tous les peuples de la terre les fruits de la Rédemption et reconstituer partout le royaume de Dieu.

Cependant les Apôtres mourront ; l'Eglise, avec ses pouvoirs et sa mission, finira-t-elle avec eux ? Non, car le royaume du Christ est fondé pour durer éternellement, et le Sauveur lui-même promet d'être en lui jusqu'à la consommation des temps.

Ce que Jésus-Christ établit dans ses Apôtres, c'est donc, avant tout, une fonction, un ministère. Dans l'Eglise, comme dans la société civile, l'homme n'est rien ; c'est la fonction, le ministère qui est tout. Les ministres de l'Evangile passent et se remplacent, l'Evangile demeure impérissable pour le salut du monde. Pierre est crucifié, il disparaît, mais sa fonction de vicaire du Christ en terre demeure attachée à son siège. Et Rome qu'il glorifie par sa prédication et par sa mort, devient le centre du royaume de Dieu, comme elle avait été le centre de l'empire romain.

Les autres Apôtres sont tués aussi et disparaissent tous à leur tour ; mais leur ministère passe à leurs successeurs pour continuer jusqu'à la fin des temps de réunir les âmes en société sous le règne intellectuel de Dieu.

L'Eglise est ainsi constituée et organisée pour embrasser la durée des siècles aussi bien que toute l'étendue des contrées de la terre. Royaume de Dieu, elle ne peut avoir d'autres limites que celles où s'arrêtent les droits et l'empire de Dieu.

III

L'Eglise est ainsi une monarchie divine, universelle. Son vrai et unique roi, c'est Jésus-Christ représenté visiblement ici-bas, au premier degré, par le souverain Pontife et, aux degrés inférieurs, par les évêques, qui, aidés des prêtres, des diacres, des sous-diacres et des clercs mineurs, se partagent les fonctions de son gouvernement et la dispensation de ses bienfaits.

L'Eglise est de la sorte une admirable hiérarchie ; selon saint Denis l'Aréopagite, elle est le prolongement et la continuation sur la terre et dans le temps de la hiérarchie angélique, c'est-à-dire de la distribution graduée des pouvoirs et des vertus que Dieu a voulu faire surnaturellement parmi les intelligences, pour leur communiquer à toutes et les unes par les autres, sa vie, sa gloire et son bonheur.

Sans doute, il n'est pas possible de ne pas tenir compte de l'humanité dans l'Eglise. Le Fils de Dieu, son roi, a voulu être homme ; le pape, les évêques et les prêtres qui sont les intermédiaires de Jésus-Christ pour la gouverner, sont hommes aussi. Les âmes qui sont les éléments dont elle se compose, appartiennent à l'humanité. N'est-ce pas, du reste, pour élever tous les hommes jusqu'à lui que Dieu s'est incliné jusqu'à la nature humaine et qu'il se l'est associée dans l'unité de sa personne ? Oui, de même que le Verbe divin s'est abaissé jusqu'à la nature humaine pour se l'unir en un de ses membres et la faire participer en celui-ci à la vie même de l'infini, ainsi le Verbe fait chair dans l'Eglise et par l'Eglise, s'abaisse et s'étend jusqu'au reste de l'humanité pour l'associer à cette union et en faire comme une vraie dépendance et comme un réel prolongement de sa personne.

Si donc l'Eglise tient de l'humanité par ses éléments inférieurs, elle est toute de Dieu par son principe supérieur ; c'est bien Dieu seul qui est son chef, le pouvoir de Dieu même qui la gouverne, la vie propre de Dieu qui circule dans ses membres ; c'est bien Dieu seul qui est sa perfection et son terme suprême.

Cela ressort des principes que nous avons posés. Il n'y a que Dieu qui ait le pouvoir de racheter les âmes du péché et d'établir un ministère pour se les réconcilier, que Dieu qui ait le pouvoir d'en faire réellement ses enfants, de les nourrir d'un aliment vraiment divin et de les gouverner infailliblement dans la vérité et par la vérité.

Or, c'est ce que fait l'Eglise pour Jésus-Christ, à la place et au nom de Jésus-Christ. Sa mission est ainsi absolument surhumaine, surnaturelle, divine.

Il répugne donc que l'Eglise ne soit qu'une institution terrestre ; elle est essentiellement une société théandrique ou humano-divine.

CHAPITRE V

L'Eglise catholique et apostolique est vraiment le royaume de Dieu sur la terre.

Nous venons de voir que, par son institution et par sa nature, l'Eglise de Jésus-Christ est vraiment divine ; sa vie prouve-t-elle aussi qu'elle l'est véritablement ? C'est ce qui va nous être démontré par son établissement, par son immortalité, par son universalité, par son immutabilité, par sa fécondité et par sa sainteté.

I

Etablissement de l'Eglise. L'Eglise, à sa sortie du flanc de Jésus-Christ sur la croix, s'avance dans le monde pour imposer à la raison humaine une doctrine qui confond son orgueil, à la volonté une loi qui brise son indépendance, au cœur et aux sens une morale qui les immole.

Elle rencontre, en effet, devant elle l'opiniâtreté envieuse des Juifs qui, n'ayant pu l'étouffer dans son principe, redoublent d'efforts pour l'étouffer dans son berceau, la science superbe des philosophes qui s'insurgent contre ses mystères, l'âpre cupidité des prêtres payens qui défendent contre ses progrès leur fortune, leur pouvoir et leur existence, les passions impérieuses et frémissantes d'une société qui se soulève contre la lumière pour garder la liberté de pécher à l'aise dans les ténèbres de son ignorance et de ses erreurs, l'ambition triomphante des Césars qui ne peuvent consentir à se voir arracher de la tête la tiare du souverain pontificat et changer leur despotisme en un simple service public. De la part de tels et de si nombreux ennemis conjurés, il n'est pas une violence ni une perfidie auxquelles l'Eglise n'ait été en butte dès sa naissance et durant de longs siècles.

Or, de quelles forces dispose-t-elle pour résister à toutes ces attaques et conquérir progressivement l'humanité ? Elle n'a que douze pêcheurs de la Galilée qui sont sans instruction, sans renommée, sans richesses, sans ressources ni puissance humaine d'aucune sorte. Ces douze ignorants quittent leurs familles et leur pays. Leur maître les a prévenus qu'il les envoie comme des agneaux au milieu des loups ; n'importe, ils partent et ils partent à la conquête du monde.

Quelle folie ! Toutes les faiblesses humaines sont de leur côté et toutes les forces contre eux. Quel projet jamais humainement plus impossible, plus absurde ! Et cependant qui triomphe ? Les Apôtres qui sont persécutés et mis à mort. Qui est vaincu ? C'est en particulier Rome, la maîtresse du monde, qui se baigne dans leur sang et les tue. Trente ans s'étaient à peine écoulés et saint Paul écrivait aux Romains que « leur foi était déjà prêchée dans le monde entier » (1) et aux Corinthiens : « Peu nombreux sont parmi vous les sages suivant la chair, les puissants, les nobles. Mais Dieu a choisi ce qu'il y a d'ignorant dans le monde pour confondre les sages, et il a choisi ce qu'il y a de faible pour confondre les puissants, et il a choisi ce qu'il y a de bas et de méprisable et ce qui n'est pas, pour détruire ce qui est, afin qu'il n'y ait pas de chair qui se glorifie devant lui. » (2)

Ainsi l'ignorance triomphe de la science, la simplicité de l'astuce, la faiblesse de la force, la mortification de la volupté, l'ignominie de la gloire du siècle. Quoi de plus incompréhensible, si derrière l'ignominie, la mortification, la faiblesse, la simplicité et l'ignorance, il n'y a pas la sagesse, la puissance, l'action souveraine de Dieu ? Comme l'a dit saint Augustin, ou l'Evangile s'est établi par des miracles ou il s'est établi sans miracle. S'il s'est établi par des miracles, évidemment il est de Dieu. S'il s'est établi sans miracle, sa divinité n'est pas moins incontestable ; car son triomphe sur le paganisme et sur l'humanité, sans le secours des miracles, est le plus grand des miracles. Il n'y a que Dieu qui puisse en être l'auteur.

II

L'immortalité de l'Eglise. L'Eglise n'eut pas longtemps à se défendre contre les Juifs qui, vaincus à Jérusalem par Titus, furent

(1) Rom. I. 8.
(2) I Cor. I. 28.

dispersés à tous les coins du monde. Mais la lutte a duré trois cents ans contre le paganisme qui, ne pouvant se décider à mourir, reprenait sans cesse l'offensive, contre la philosophie rationaliste qui, se refusant à courber la tête sous le joug de la foi, ne cessait de répandre contre elle le flot de ses sophismes, de ses sarcasmes et de ses calomnies, contre la société tout entière qui, condamnée dans sa corruption et ses vices, se débattait toujours pour rejeter la lumière dont les clartés l'offusquaient, contre l'État césarien qui ne pouvait se résoudre à reconnaître ses criminels empiètements et à rentrer dans ses justes limites. Pendant trois siècles, le sang des chrétiens a rougi les échafauds, leurs os ont craqué sous la dent des fauves, leurs membres ont été déchirés par les ongles de fer ou ont crépité sous l'action des flammes. Or, non seulement l'Église est sortie victorieuse de cette fournaise de maux dans laquelle elle est restée plongée si longtemps, mais, comme l'a dit Tertullien, le sang des martyrs était une semence de chrétiens, et ses enfants se multipliaient à proportion des efforts tentés pour les détruire et des ravages que la mort faisait parmi eux. Au commencement du IVe siècle, elle montait avec Constantin sur le trône des Césars.

Elle ne cessera cependant jamais de trouver à travers les siècles ici ou là des étrangers qui lui déclareront la guerre et exerceront contre elle les plus terribles violences. Les coups qu'elle en recevra ne serviront qu'à faire éclater la puissance de sa vie, et même souvent, qu'à renouveler ses forces avec sa jeunesse. N'est-ce pas un signe que c'est Dieu lui-même qui la fait vivre ?

Mais si les êtres de la nature sont parfois capables de résister aux ennemis qui les attaquent par le dehors, il n'en est point qui puissent résister aux ennemis qui, formés en leur sein, les rongent par le dedans ; il n'en est point surtout qui puissent résister aux vices internes qui, envahissant leur constitution même, les minent secrètement par un travail persévérant de dissolution. Ainsi les empires les plus solides croulent, les écoles de philosophie les plus célèbres disparaissent. Tout, dans la nature, a son commencement, ses progrès, son apogée, sa fin. Ne faut-il pas que l'Église ne soit pas de la nature, qu'elle soit supérieure à la nature, puisque, attaquée par tous les principes de corruption, qui lui viennent des hommes, elle triomphe de toutes les causes de mort et qu'elle jouit d'une vigueur absolument indéfectible.

Dès son berceau, l'Église a été troublée, divisée intérieurement par une multitude d'hérésies ; il n'est pas un article de son dogme qui n'ait été combattu par quelqu'un de ses propres enfants. Toutes ces attaques n'ont abouti qu'à lui faire définir sa foi avec plus de précision et d'autorité et qu'à faire briller d'un plus vif éclat la vérité dont elle a la garde.

Une ambition violente lui a plus d'une fois aussi déchiré sa robe et arraché par le schisme des membres importants. L'Eglise ne pouvait pas n'en pas souffrir ; loin d'en mourir, elle retrempait son zèle dans le sentiment douloureux des pertes qu'elle faisait, et, pour les compenser, elle volait à de nouvelles conquêtes qui ne lui manquaient jamais.

Combien de rois et d'empereurs, que le baptême avait faits ses fils, n'ont-ils pas torturé son cœur de mère, soit en empiétant sur son propre domaine, soit en lui refusant ses prérogatives les plus essentielles ! Elle a défendu ses droits sacrés et elle a combattu les usurpations sacrilèges avec une douceur qui n'a rien ôté à sa fermeté, et avec une constance qui n'a fait que dévoiler le mérite de sa modération. Et toujours, dans le passé, elle est sortie victorieuse des luttes de la politique.

Longtemps, la richesse et les honneurs ont afflué dans les mains de ses pontifes. Ce fut peut-être le plus grand danger auquel aient pu être exposés les hommes qui, héritiers du ministère apostolique, présidaient à son gouvernement et à ses destinées. Combien d'entre eux, et des plus haut placés, qui ont été vaincus par les charmes des choses terrestres ! Mais, semblable à un corps vigoureux, l'Eglise a toujours éliminé de sa divine constitution tous les germes de maladie et de corruption qui ont pu lui être inoculés par l'élément humain.

Les princes chrétiens, souvent aussi, se sont joints à leurs peuples pour la combler de biens et mettre à son service la puissance de leurs épées. Alors, ses ennemis ont crié qu'elle reposait sur un bras de chair. Mais Dieu, pour montrer que seul il en est le soutien, a permis que ses protecteurs temporels fissent défaut ou même se retournassent contre elle. A-t-elle chancelé, pour n'être plus soutenue ? A-t-elle succombé, pour avoir de nouveau contre elle les puissances de la terre ? Loin de là, sa vie propre n'a paru de nouveau que plus indestructible. Pour les Etats qui l'ont trahie et se sont déclarés ses ennemis, ils ont montré que c'était d'elle qu'ils tiraient leur force et leur solidité. Le commencement de leur décadence et de leur ruine date du commencement de leur crime. On voit les progrès des vers qui les rongent, maintenant qu'ils ne sont plus défendus par l'Eglise. Les craquements sinistres qu'ils font entendre, annoncent leur écroulement à bref délai dans de violentes convulsions.

Les peuples aussi se sont à leur tour prononcés contre elle. Mal leur en a pris. Ce n'est pas elle qui souffre le plus de leur défection et de leur haine. En croyant s'affranchir, les peuples se sont tous précipités dans la servitude, sous le joug de fer du Césarisme. Pour elle, elle demeure le refuge où tous ceux qui sont las de la tyrannie, viennent renfermer leurs espérances et préparer leur prochaine délivrance.

Enfin, la science s'est flattée d'être plus puissante pour démolir l'Eglise que l'aversion des peuples et que les trames de la politique, et elle s'est appliquée à dresser contre elle ses plus formidables batteries. Qu'est-il arrivé ? La vraie science, par ses découvertes, a fourni à l'Eglise des armes pour défendre ses dogmes les plus attaqués, des lumières pour en éclairer les abords avec plus de splendeur. Quant à la fausse science, elle s'est, comme l'iniquité, menti à elle-même, et l'on peut se demander aujourd'hui si elle jouit encore quelque part d'assez de considération sérieuse pour mériter une réfutation sérieuse. Dans tous les cas, elle est en train de perdre les insensés qui persistent à lui donner leur confiance.

L'Eglise a ainsi résisté à tous les assauts de ses modernes ennemis aussi bien que de ses anciens persécuteurs. Elle a montré qu'elle n'a pas plus peur des bras de chair qu'elle n'en a de besoin.

Eh bien, est-ce que cette résistance invincible de l'Eglise à tous les principes de dissolution, est-ce que cette immortalité merveilleuse au milieu d'un monde où tout meurt, n'est pas une preuve éclatante de sa divinité ? On ne peut le contester, s'il est vrai qu'il n'y a pas d'effet sans cause, s'il est vrai surtout qu'il n'y a pas d'effet en contradiction avec sa cause. Cette indestructible vitalité est surhumaine ; elle ne peut venir que de Dieu. C'est l'accomplissement de la promesse de son fondateur : « Les portes de l'enfer ne prévaudront jamais contre elle. »

III

La Catholicité. Ce qui rend cette immortalité plus admirable encore, c'est qu'elle appartient à une puissance qui embrasse le monde. Que l'Eglise ne se laisse point entamer par la dent mordante du temps, qu'elle triomphe de tous ses ennemis, soit du dedans, soit du dehors, c'est un caractère qui suffit par lui-même à la mettre au-dessus de toutes les institutions naturelles. Mais ce caractère de divinité devient encore plus éclatant, si l'on considère qu'elle ne se renferme pas seulement dans les limites d'un royaume, mais qu'elle comprend elle-même tous les peuples de la terre. Il est évident que plus l'Eglise s'étend, si elle n'est qu'une institution humaine, plus aussi elle dissémine ses forces, plus elle donne de prise à ses ennemis, plus elle se heurte à de nombreuses difficultés, plus elle sort des conditions où la défense est facile et où la durée est naturelle. Par conséquent, plus il est certain que l'immortalité de l'Eglise est en opposition avec les propriétés de la nature, plus il est clair qu'elle a son principe nécessaire en Dieu même.

Toutefois, la catholicité est par elle-même un sceau irrécusable de la divinité. Depuis la division des langues et le partage du genre humain en peuples différents, il n'y a plus de royaume universel possible dans l'ordre politique. Les oppositions de races, d'intérêts, de langues et de mœurs, creusent des abimes infranchissables entre les diverses fractions de l'humanité. Les plus grands conquérants n'ont pas mieux réussi à en triompher pour reconstituer l'empire universel des citoyens que les plus grands philosophes pour réunir toutes les âmes sous la loi d'un même enseignement. C'est que s'il n'y a pas dans la nature d'autorité doctrinale capable de reconstituer la société universelle des intelligences dans la vérité, il n'y a guère davantage de puissance politique capable d'englober les hommes de toutes les races, sous un même régime civil, en dépit des différences qui les divisent et les séparent en peuples divers. Il n'y a que la souveraineté de Dieu qui soit assez élevée pour s'étendre partout et sur tous. Il n'y a que le pouvoir de Dieu qui soit assez fort pour soumettre tous les hommes à la même loi. Il n'y a que la loi de la vérité et du bien absolu, infini, qui puisse convenir également à tous les hommes et répondre parfaitement à tous les besoins de leurs âmes.

Il n'y a donc proprement que le royaume de Dieu dans la vérité et par la vérité, qui puisse être réellement universel, catholique.

Si donc l'Eglise est réellement catholique, elle est par là même revêtue d'un caractère qui ne convient qu'au royaume de Dieu.

Or qui lui contestera son universalité ? Son Fondateur lui ordonne d'enseigner toutes les nations. Les prophètes lui avaient annoncé qu'elle s'étendrait jusqu'aux extrémités de la terre. Elle même, dès ses premiers commencements, s'avance, sans s'arrêter jamais, à travers tous les peuples du monde. Elle se proclame nécessaire à tous, elle soutient que personne ne peut, sans périr, se soustraire à son enseignement. Et, merveille inouïe ! Tous les peuples, dès qu'ils l'ont entendue, lui répondent : « Vous êtes le salut, nous croyons en vous. » Il n'y a généralement que les gouvernements qui la rejettent à cause des limites qu'elle vient, pour le bien de leurs sujets, poser à leur absolutisme. Or l'expérience confirme sa parole. Tous ceux qui la reçoivent avec soumission, trouvent, sous son joug, la paix, la prospérité, la civilisation. Ceux qui lui ferment leurs portes, restent plongés dans la barbarie.

Ses ennemis ont bien crié de nos jours qu'elle ne suffisait plus aux besoins nouveaux des peuples modernes. Ces besoins nouveaux ne sont que ceux de passions vieilles comme l'humanité déchue. C'est l'Eglise qui, en arrachant les peuples à leur empire, les a sauvés des désordres et de la corruption dont elles sont la source intarissable. En se soustrayant à l'autorité de l'Eglise, les peuples ne peuvent que retomber sous la tyrannie de ces mêmes passions et que se précipiter par là dans la fange et la dissolution. L'Eglise n'est donc pas moins nécessaire aux temps modernes qu'aux âges passés.

La catholicité n'est pas moins certaine que son immortalité. C'est donc une preuve irrécusable de sa divinité.

IV

Mais ce qui est un prodige encore plus étonnant, c'est que pour réunir tous les peuples sous son sceptre, l'Eglise ne va pas, par des concessions politiques, mutiler son dogme ni altérer sa morale, en vue de les adapter aux volontés changeantes des esprits suivant les lieux et les temps. Loin de là ; elle impose avec la même autorité la même foi et la même loi à tous, aux peuples du Midi et à ceux du Nord, aux nations des âges écoulés et à celles des temps modernes. Les sociétés ont beau varier avec leurs opinions, elle maintient immuablement, contre leurs variations, l'unité de sa doctrine et de son code moral. Cela est si vrai, que ses ennemis lui font un crime de ne pas changer et un devoir de se réconcilier avec les idées modernes, en reniant son enseignement passé. Quelle marque plus éclatante que c'est Dieu même qui est en elle et qui la dirige ! Est-ce qu'elle n'est pas faite d'hommes, gouvernée par des hommes ? S'il n'y avait en elle que ce qui est de l'homme, est-ce que ses idées ne varieraient pas et ne se contrediraient pas, comme celles de tous les hommes, à travers les temps et les contrées de la terre ? C'est évident, il n'y a que Dieu qui soit un et immuable. Si donc l'Eglise ne change ni son dogme, ni sa morale à travers les siècles et l'espace, il faut que son dogme et sa morale ne viennent pas des hommes eux-mêmes qui en sont les organes, mais de Dieu même qui les enseigne par leur bouche ; impossible de le contester. Cette unité et cette immutabilité doctrinale ne peuvent être naturelles ; elles sont nécessairement et proprement de Dieu.

Or, caractère non moins divin ! c'est que cette unité et cette immutabilité n'excluent point le progrès. La foi de l'Eglise, si une et si immuable, est susceptible d'être enseignée et saisie par chacun dans une lumière variée et toujours grandissante. Aux peuples dont l'esprit est dans l'enfance, elle n'apparaît que dans une clarté plus ou moins pâle et confuse, comme en quelque sorte les nébuleuses du firmament aux regards qui ne sont point armés du télescope. Mais, à mesure que les esprits s'élèvent et que leur vue devient plus forte et plus perçante, elle se découvre à leurs yeux dans une lumière de plus en plus nette et de plus en plus puissante jusque dans ses profondeurs les plus cachées et dans ses cimes les plus sublimes, et elle ravit par ses splendeurs les intelligences les plus transcendantes et les plus exigeantes. Evidemment, il n'y a que l'enseignement de Dieu qui puisse revêtir des caractères en apparence si contraires et, au fond, si identiquement uns. Non, il n'y a pas de doctrine humaine qui puisse être ainsi à la fois immuable et progressive. Les conceptions des hommes sont changeantes et souvent contradictoires ; leurs progrès ne sortent jamais d'un cercle fort étroit.

V

Enfin, ce qui montre dans un éclat plus irrésistible encore la divinité de l'Eglise, c'est son inépuisable fécondité pour produire des saints. Incontestablement, il n'appartient qu'à Dieu de faire des saints, c'est-à-dire d'arracher les âmes à l'amour des créatures et d'elles-mêmes et de les élever à son union intime, de manière à vivre en elles et à les faire vivre en lui.

Eh bien, c'est là ce que l'Eglise ne cesse de faire, surtout depuis dix-huit cents ans. Les familles s'éteignent, les races elles-mêmes s'épuisent, l'Eglise, gardant sa divine jeunesse et sa constante fécondité, ne cesse de donner au Christ, son époux, des générations d'âmes d'une sainteté héroïque. Plus le monde est corrompu, plus elle multiplie ses sublimes enfantements, comme pour compenser, par le nombre et l'héroïsme des saints, la multitude des âmes lâches qui s'enfoncent dans le bourbier du mal. L'Eglise a donc effectivement]la vertu même de Dieu, et dès lors, elle est positivement de Dieu.

C'est ainsi que, divine par son Fondateur et par son institution, l'Eglise apparaît également divine dans son établissement et dans les caractères de sa vie. Elle est bien, par conséquent, le propre royaume de Dieu même.

CHAPITRE VI

L'Eglise catholique est une Société complète, indépendante, souveraine.

I

Une société est complète quand elle a tout ce qu'il lui faut pour se suffire, sans avoir besoin de rien emprunter à une autre pour vivre et atteindre sa fin. Or, comment serait-il possible de refuser cette perfection à l'Eglise, dès qu'il a été démontré qu'elle a été fondée par Dieu et qu'elle a Dieu pour maître et roi ? Ne serait-ce pas un blasphème de soutenir que le royaume de Dieu ne peut pas se suffire et que, pour vivre et remplir sa destinée, il a besoin d'emprunter ? Evidemment, car Dieu est essentiellement l'être qui n'a besoin de personne, ni de rien ; il est lui-même la source suprême de tous les biens. C'est donc à Dieu seul que l'Eglise doit recourir pour obtenir ce qui lui est nécessaire. Dieu, du reste, étant la sagesse infinie et aimant son Eglise d'un amour souverain, n'a pu négliger de lui donner tout ce qu'il lui faut pour vivre et atteindre sa fin. Au surplus, il n'y a que lui qui possède tous les pouvoirs dont elle a besoin et qui soit capable de les lui communiquer.

Evidemment, appliquer aux âmes les mérites de Jésus-Christ pour les racheter, les régénérer dans la vie divine, les y entretenir par un aliment divin, les unir en société dans la vérité et par la vérité, ce sont autant d'actes qui ne peuvent être que le propre du Dieu rédempteur.

Par conséquent, dès lors que Jésus-Christ réunit en société dans la vérité les âmes qu'il a rachetées et conquises par son sang et qu'il veut les y gouverner par le ministère même de la société dans lequel il les rassemble, il ne se peut qu'il ne communique à cette société tous les pouvoirs qu'il a sur elle comme roi et dont elle a besoin pour faire, en son nom et pour lui, l'œuvre qu'il lui impose.

C'est ce qu'il a fait ; il a investi, nous l'avons vu, son Eglise de tous les pouvoirs qu'il a reçus de son Père. « Toute puissance m'a été donnée au ciel et sur la terre, allez, dit-il aux Apôtres, comme mon Père m'a envoyé, je vous envoie. » (1)

Il lui a, en effet, conféré le pouvoir de régénérer les âmes par le baptême et de les faire réellement enfants de Dieu. (2)

Il l'a chargée d'enseigner la vérité qu'il lui a révélée et de faire les lois nécessaires pour l'exécution de ses propres commandements. (3)

Il lui a communiqué la puissance de remettre les péchés (4) et de reproduire avec le mystère de sa mort, sa chair et son sang sous les apparences du pain pour en nourrir les âmes, comme il l'avait fait lui même avant sa Passion. (5)

Enfin, il lui a donné le mandat de présider en son nom à l'union conjugale et de consacrer pour ses ministres ceux qu'il appelle au sacerdoce par l'élection intérieure de sa grâce.

Mais l'Eglise a-t-elle le moyen de faire respecter par les esprits indisciplinés son enseignement et ses lois ? Jésus-Christ, nous le savons, n'a pas manqué de mettre en ses mains toutes les sanctions dont elle a besoin à cette fin. S'il lui a donné le pouvoir de délier, il lui a aussi donné celui de lier ; s'il lui a conféré la puissance de remettre les péchés, il ne lui a pas moins attribué celle de les rete-

---

(1) Matth. ult. Joan. 20.
(2) Matth. Marc. in fin.
(3) Ibid.
(4) Joa. XX. 23.
(5) I, Cor. XI.

nir. S'il lui a confié les clefs du ciel pour l'ouvrir, il les lui a aussi remises pour le fermer. « Si quelqu'un n'écoute pas l'Eglise, a-t-il ajouté, qu'il soit regardé comme un payen et un publicain. » (1) Et il s'est engagé à ratifier, dans le ciel, tout ce que l'Eglise fait en son nom sur la terre, d'après les lois qu'il lui a tracées.

C'est en vertu de ces pleins pouvoirs que l'Eglise *suspend* des fonctions sacrées, *interdit* et *excommunie*, suivant les cas, ceux de ses sujets qui poussent la rébellion jusqu'à l'opiniâtreté.

L'Eglise est ainsi une société complète, parfaite en elle-même et par elle-même ; il n'y a point et il ne peut point y avoir, au-dessus d'elle, de société à laquelle elle ait quelque chose à demander ; c'est de Jésus-Christ, son chef, qu'elle tient exclusivement tout ce qui lui est nécessaire pour vivre et remplir sa destinée. La société domestique et la société politique peuvent et doivent lui faire des conditions *extérieures* qui lui rendent plus faciles l'accomplissement de sa mission. Mais elles n'ont rien de ce qu'il faut pour ajouter intrinsèquement aux pouvoirs essentiels dont le Christ l'a investie, en vue de sa fin propre.

II

Il s'en suit que l'Eglise est indépendante.

C'est ce que le pouvoir civil n'a jamais voulu reconnaître en dehors de l'Evangile. Dans l'antiquité payenne, il n'est guère que l'Egypte où le sacerdoce n'ait pas été asservi à l'Etat. Sous l'ère de l'Evangile même, que de peuples où l'Eglise du Christ est l'esclave des pouvoirs terrestres ! En Allemagne, en Angleterre, en Russie et ailleurs, l'Eglise officielle est à la merci des Princes et des Parlements. En France, n'y a-t-il pas un parti qui convoite le souverain Pontificat ? Erreur immense, fatale ! Il est contre nature que le pouvoir intellectuel qui doit dicter la loi morale à la liberté humaine, dépende de l'institution politique qui est soumise à la liberté et à la loi morale. Il est contre nature qu'une société, complète et parfaite par elle-même, ne soit pas maîtresse d'elle-même, mais relève de quelque pouvoir qui n'est, cependant, pour rien dans son principe ni dans sa fin.

Dieu n'est-il pas d'ailleurs le roi des rois et le seigneur des sei-

---

(1) Matth. XVIII, 1718.

gneurs ? Comment le royaume dont il est le chef, dépendrait-il de ceux qui sont à sa merci ?

L'Eglise, évidemment, ne peut dépendre que de celui qui est son principe, sa fin et la source de ses pouvoirs. Or, l'Eglise ne vient que de Dieu, elle n'est faite que pour Dieu, et elle ne trouve qu'en Dieu tout ce dont elle a besoin pour remplir sa destinée. Elle ne peut donc dépendre que de Dieu.

D'autre part, les âmes, nous l'avons dit, forment le sommet suprême de toute la création ; elles dominent tout ; elles sont maîtresses de tout ; tout, étant subordonné à la raison et fait pour elles, leur est par conséquent subordonné. Comment donc la société qu'elles forment entre elles dans la vérité, pourrait-elle dépendre de quelque créature ou des institutions de quelque créature ? Autant vaudrait dire que l'esprit dépend de la matière, que la raison est subordonnée aux appétits, que les choses de l'éternité sont faites pour les choses du temps.

L'Eglise ne peut donc dépendre ni de la famille ni de l'Etat. Elle n'a ni dans l'un ni dans l'autre le principe et la fin de son existence, elle a été établie pour remplir en dehors et au-dessus des institutions de la nature, une fonction qui est en dehors et au-dessus de tous les pouvoirs de la nature.

Elle n'a donc pu être subordonnée par son Fondateur à aucune des institutions de l'ordre créé.

Impossible qu'il en soit autrement. Tandis que la famille est faite pour faire des enfants des hommes, l'Eglise est faite pour faire des hommes des dieux. Tandis que la famille a pour objet d'élever l'enfant à la perfection humaine, l'Eglise a pour objet d'élever les hommes à la perfection divine. Evidemment, si ce n'est pas cette dernière fin qui dépend de la première, ce n'est pas l'Eglise qui dépend de la famille, ce n'est pas le pouvoir divin qui dépend du pouvoir paternel, pas plus que ce n'est la paternité divine qui relève de la paternité humaine.

Il en est de même relativement à l'Etat ; il ne se peut que ce soit le pouvoir spirituel qui soit subordonné au pouvoir terrestre. L'Etat a pour objet de gouverner les hommes dans le droit et par le droit, et l'Eglise, de gouverner les âmes dans la vérité et par la vérité. L'Etat est chargé de produire la paix civile par l'ordre temporel, et l'Eglise, de produire la paix intellectuelle des âmes par l'ordre éternel. Evidemment, ce ne peut être l'Eglise qui dépende de l'Etat.

Autrement il faudrait dire que c'est l'intelligence qui doit recevoir sa loi du pouvoir à qui, suivant l'ordre naturel, elle doit imposer la sienne.

On objecte que Jésus-Christ s'est cru obligé, sur les réclamations des officiers du fisc, de payer le tribut. Mais on ne remarque pas qu'il ne s'y astreint qu'en vertu de la loi de la charité et pour éviter le scandale ; c'est lui-même qui le dit expressément. Car, du même coup, il a soin de montrer qu'en justice il ne doit rien. « Que t'en semble, Simon, dit-il à Pierre ? Sur qui les rois de la terre perçoivent-ils le tribut ou le cens ? Est-ce sur leurs fils ou sur les étrangers ? » Simon lui répondit : « Sur les étrangers. » « Donc répliqua Jésus, les fils en sont exempts. Cependant, pour ne pas scandaliser, va à la mer, jette l'hameçon, et saisis le premier poisson que tu en tireras, tu trouveras dans sa gueule un statère que tu donneras pour toi et pour moi. » (1)

L'Eglise n'est donc pas soumise, par sa nature, aux lois des pouvoirs terrestres. Il n'est pas conforme à la loi de l'ordre naturel que le royaume propre de Dieu soit obligé d'obéir aux volontés des législateurs humains. Tel est le fondement solide des immunités ecclésiastiques.

Cependant, par charité et pour éviter le scandale, l'Eglise est autorisée, par l'exemple de Jésus-Christ, à se soumettre aux lois du pouvoir politique, quand elles ne sont pas en opposition avec la fin de sa mission. C'est ce qu'elle fait sans difficulté ici et là, en payant l'impôt et en se pliant aux dispositions de l'ordre public.

Toutefois, l'Eglise ne se soumet qu'aux lois qui concernent exclusivement le domaine civil et politique. Relativement à celles qui touchent au domaine intellectuel et moral, elle défend son indépendance avec une fermeté invincible. Elle consent bien à faire parfois des concessions qu'elle règle par les Concordats, mais elle repousse énergiquement les empiètements de l'Etat sur le domaine des âmes, et elle maintient, avec une constance indomptable, la distinction de l'ordre terrestre et de l'ordre éternel, et l'indépendance du pouvoir doctrinal à l'égard du pouvoir politique. Si elle peut s'accommoder à la nécessité de subir le joug de l'Etat dans les choses qui n'intéressent que l'ordre politique, elle ne peut nullement souffrir son asservissement dans les choses qui intéressent l'ordre spirituel et le salut éternel de l'homme. Elle trahirait sa mission, elle se

(1) Matth. XVIII, 24, 25.

renierait elle-même, si elle n'entendait pas absolument rester complètement libre dans ce qui a pour objet et pour fin la sanctification et le gouvernement des âmes.

III

L'Eglise est donc parfaitement maîtresse d'elle-même, elle est donc absolument souveraine. C'est évident. Dès qu'il est admis que l'Eglise est la société des âmes dans la vérité sous le propre pouvoir de Dieu, il ne peut y avoir de pouvoir supérieur dont elle relève et auquel elle doive compte de ses actes. Dieu n'a pas de maître, il est lui-même le maître de tous les maîtres. La vérité suprême, absolue, est le principe, le prototype, la loi et la fin de toutes les vérités relatives. Les âmes couronnent la création, le pouvoir qui, seul, a le droit de les dominer et de les régir, ne peut être subordonné à quelque pouvoir créé. Par conséquent, de même que la famille peut souverainement tout dans la formation de l'enfant par l'enseignement et l'éducation, de même que l'Etat peut également tout pour le bon gouvernement des citoyens dans le droit et par le droit, ainsi pareillement, l'Eglise peut souverainement tout pour le bon gouvernement des âmes dans la vérité et par la vérité. De même qu'il n'y a pas dans la nature de pouvoir supérieur qui soit, au-dessus du pouvoir paternel, chargé de former l'enfant, de même qu'il n'y a pas dans la nature de pouvoir supérieur qui ait, au-dessus du pouvoir politique, la fonction de présider à l'ordre civil, ainsi, il n'y a nulle part, ni dans la nature, ni en dehors, de pouvoir supérieur qui ait, au-dessus du pouvoir doctrinal de l'Eglise, le droit de toucher à l'ordre intellectuel.

Rien de plus formel, du reste, que les paroles de Jésus-Christ : « Toute puissance m'a été donnée au ciel et sur la terre, allez, comme mon Père m'a envoyé, je vous envoie. Tout ce que vous lierez, sera lié ; tout ce que vous délierez, sera délié ; celui qui vous écoute, m'écoute : voici que je suis avec vous jusqu'à la fin des temps. » On le voit, Jésus-Christ n'excepte rien, il soumet tout au pouvoir qu'il confère à son Eglise, sans conditions, ni restrictions autres que celles de la vérité et du bien qu'il lui donne la mission de procurer aux hommes.

Nulle part ainsi on ne voit qu'il ait subordonné son Eglise à quelque pouvoir de ce monde. Au contraire, on voit partout qu'en lui promettant d'être toujours avec elle pour l'assister, il lui impose la charge de gouverner souverainement dans l'ordre intellectuel, toutes les créatures et, par conséquent, comme nous le montrerons plus loin, tous les pouvoirs créés, le paternel et le politique aussi bien que l'individuel.

La souveraineté absolue de l'Eglise dans la sphère intellectuelle, est ainsi certaine, incontestable. Elle n'est soumise qu'aux lois et aux conditions propres de sa nature.

CHAPITRE VII

L'Eglise réunit, dans l'ordre surnaturel, la double mission que la Famille et l'Etat se partagent dans celui de la nature.

I

Les créatures étant multiples et dès lors finies, il ne se pouvait qu'elles ne se partageassent les perfections et les vertus de leur Créateur et qu'elles ne possédassent même que d'une manière bornée celles auxquelles elles sont admises, chacune, à participer.

Il en est de même des fonctions et des pouvoirs. Dieu les a séparés et partagés entre les créatures qu'il a faites pour en exercer les droits et en poursuivre les fins. Ainsi, il a institué la famille avec la fonction et le pouvoir de mettre au monde l'enfant et de travailler à en faire un homme par l'enseignement et par l'éducation, et il a établi l'Etat avec la fonction et le pouvoir de réunir et de gouverner les hommes en société dans le droit et par le droit.

Mais il n'a point donné à la famille la mission de l'Etat, ni à l'Etat la mission de la famille. La famille n'est point instituée pour gouverner la société civile ni l'Etat pour faire des hommes.

Pour l'Eglise, agent du propre pouvoir de Dieu dans l'ordre surnaturel, organe de sa paternité et de sa royauté suprême, elle réunit en elle, à l'égard des âmes, la double mission que la famille et l'Etat se partagent, à l'égard des enfants et des hommes, dans l'ordre de la nature.

1° Elle est faite pour procréer les enfants de Dieu et les former à la vie divine par l'enseignement et l'éducation.

2° Elle est aussi établie pour réunir les âmes en société et les y gouverner dans la vérité et par la vérité.

En effet, les enfants de Dieu naissent de Dieu comme les enfants des hommes naissent des hommes.

Mais, seul, l'homme n'a pas ce qu'il faut pour se reproduire. Aussi, Dieu a-t-il tiré des flancs d'Adam, en la personne d'Eve, une aide semblable à lui ; il les a unis en une seule et même chair et, par là, il a achevé de les mettre en état de propager leur vie.

La création de l'homme dans la nature n'était qu'un mystère et une figure de la merveille qu'il devait faire dans l'ordre surnaturel par l'institution de son Eglise.

Le Fils de Dieu vient, en effet, dans l'humanité. Mais, seul, il ne peut régulièrement, non plus, remplir sa destinée, suivant l'ordre déterminé par sa sagesse. Pendant qu'il est endormi sur la croix comme Adam dans le Paradis terrestre, Dieu lui tire de son côté ouvert une aide semblable à lui en la personne de l'Eglise. Il la lui unit comme une épouse en un seul et même corps et, il les rend capables de se reproduire en d'innombrables enfants, à travers les siècles et l'espace.

« Allez, dit l'époux Jésus à son épouse l'Eglise, enseignez toutes les nations, les baptisant au nom du Père et du Fils et du Saint-Esprit.... Voici que je suis avec vous jusqu'à la fin du monde. » (1)

« Celui qui naîtra de vous par la foi et le baptême, sera sauvé ; celui qui ne naîtra pas de vous par la foi, sera condamné. » (2)

Saint Jean a énoncé cette doctrine dès les premières pages de son Evangile :

« Dieu, y est-il dit, a donné le pouvoir d'être faits enfants de Dieu à ceux qui l'ont reçu et qui croient en son nom ; ceux-là ne sont pas nés du sang, ni de la volonté de la chair, ni de la volonté de l'homme, mais ils sont nés de Dieu. » (3) Mais comment ?

---

(1) Matth. ult. in fin.
(2) Marc. ult. in fin.
(3) Joan. I.

Un peu plus loin, c'est Jésus-Christ qui l'explique à Nicodème : « Si quelqu'un ne renaît de l'eau et du Saint-Esprit, il ne peut entrer dans le royaume de Dieu. » (1)

Ainsi, c'est l'Eglise qui, épouse féconde du Christ, est chargée de produire de lui et pour lui les enfants en qui il veut se sentir revivre.

Les fonts du baptême sont, au dire des saints Pères, comme le sein où l'Eglise conçoit son fruit divin, et la parole qu'elle répand de ses lèvres, est comme la semence de la vie divine dont elle l'anime.

C'est pour cela que l'Eglise est appelée et est, en réalité, la nouvelle Eve ou la mère des vivants, c'est-à-dire des chrétiens ; et c'est par une analogie solidement fondée que ses ministres, représentant Jésus-Christ et faisant son œuvre, sont qualifiés du titre de pères, appelant eux-mêmes leurs enfants ceux qu'ils baptisent et instruisent dans la foi.

Mais l'enfant de Dieu, comme le fils de l'homme, ne commence que par un germe sans développement. Longtemps il reste incapable de se suffire pour grandir, se fortifier et travailler à la poursuite de sa fin.

A qui le droit et le devoir, à qui la charge et le pouvoir de nourrir et de cultiver ce germe, d'en provoquer et d'en diriger l'épanouissement ? Evidemment à l'Eglise et à l'Eglise seule. C'est l'Eglise qui, en le concevant et en le mettant au monde, s'est reproduite en lui avec sa vie, avec ses traits, avec son nom, avec ses biens et toutes ses destinées. C'est elle qui, en ne le produisant qu'à l'état de germe ou, si l'on peut dire de fœtus incapable de se suffire, l'a mis dans cet état de faiblesse et d'impuissance, et qui est par là cause de tous les besoins dont il souffre. C'est elle aussi qui profitera de tous les progrès qu'il fera dans la vie divine, car plus il grandira et se fortifiera, plus elle retrouvera en lui ses traits, plus elle se sentira revivre en lui, plus elle sera assurée de la propagation et de la perpétuation de sa vie.

Par conséquent, comme c'est à ceux qui ont mis un enfant au monde de le nourrir, de l'entretenir, de l'instruire et de l'élever jusqu'à la perfection complète de l'homme, ainsi c'est à l'Eglise de fournir aux enfants de Dieu qu'elle a mis au monde de la grâce, l'aliment dont ils ont besoin pour se nourrir, se développer et se fortifier, de per-

(1) Joan. III.

fectionner en eux ses traits, d'achever en eux sa ressemblance, et enfin de les élever par mille et mille soins divers à la perfection de leur Père qui est dans les cieux. C'est elle qui les a lancés sur la voie ; c'est donc à elle de les conduire à leur terme. Evidemment une pareille tâche ne peut incomber, de pareils droits et pouvoirs ne doivent appartenir à ceux qui ne sont pour rien dans leur naissance spirituelle, qui, n'ayant pas été leur principe, n'ont rien de ce qu'il faut pour être leur fin, qui, ne s'étant pas reproduits en eux, n'ont ni titre ni intérêt pour développer en leurs âmes une vie dans laquelle ils ne peuvent pas, comme auteurs, se reconnaître. La vie divine n'est qu'en Dieu et qu'en ceux à qui Dieu l'a communiquée par son Eglise. C'est donc à l'Eglise seule qui est leur vraie mère dans l'ordre de la grâce, de nourrir et de cultiver dans leurs intelligences par l'enseignement de la vérité divine, le principe de vie divinement lumineuse qu'elle y a formé, de fortifier dans leurs aspirations l'espérance du ciel qu'elle y a infusée, de perfectionner dans leurs cœurs, comme le veut et le prescrit la loi de la sainteté divine, l'amour de Dieu pour lui-même qu'elle y a fait naître. Puisque le droit d'enseigner et d'élever un enfant, c'est, nous l'avons dit, le droit de l'amour à achever par de nouveaux dons ceux qu'il n'a faits qu'en principe, c'est à l'Eglise et à l'Eglise seule de donner d'elle-même tout ce qui est nécessaire pour consommer dans leur perfection les êtres qu'elle y a ébauchés.

Ainsi, l'Eglise n'est pas seulement l'épouse féconde qui conçoit et produit à la lumière divine les enfants de Dieu, elle doit être encore la mère qui les y allaite et les y entretient, qui veille sur eux et les entoure des soins les plus tendres et les plus assidus, qui dirige leurs pas dans la voie de leur fin et les élève progressivement à leur perfection suprême.

C'est le ministère qu'elle remplit avec un amour ardent et un dévoûment sans borne, lorsqu'elle leur distribue, avec la lumière de la parole divine, les secours des divers sacrements, corroborant en eux la vie de la foi par la Confirmation, la nourrissant par l'Eucharistie de la substance du Christ qui est son époux et leur père, la leur rendant par la Pénitence, lorsqu'ils l'ont perdue par le péché, les délivrant du reste de leurs dernières infirmités par l'Extrême Onction quand approchent les terreurs de l'heure dernière. Entendez par la bouche de saint Paul le cri de son cœur et l'expression de ses sollicitudes maternelles. « Mes petits enfants, écrivait l'Apôtre aux Galates, vous que je continue d'enfanter jusqu'à ce que le Christ soit

formé en vous, combien je voudrais être toujours auprès de vous. » (1)
Et aux Ephésiens : « Faisant la vérité dans la charité, écrit-il, croissons de toutes manières en Celui qui est le Christ, notre chef. » (2)

Ainsi l'Eglise a, pour faire des hommes des enfants de Dieu, tous les devoirs et tous les droits qu'a la famille pour faire des enfants des hommes achevés, complets.

Comme et plus encore que les droits naturels des parents, ses droits sont absolument sacrés et imprescriptibles. Ce sont les droits mêmes de Dieu et des âmes réunis. Qui pourrait s'inscrire contre, soit légitimement, soit validement. ?

Comme et plus encore que les devoirs et la responsabilité des parents, ses devoirs et ses responsabilités sont absolument sacrés et indispensables. Il n'y a personne qui puisse l'en décharger effectivement.

Cela se comprend, l'Eglise étant essentiellement l'organe, l'agent ou même simplement l'instrument de la paternité suprême de Dieu, de cette paternité souveraine de qui dérive toute paternité soit au ciel, soit sur la terre. Malheur à elle, si elle ne donnait pas des enfants à son époux, et si, après les lui avoir donnés, elle n'en prenait pas soin et ne les élevait pas à la perfection de sa ressemblance !

II

L'Eglise n'a pas seulement une fonction, des pouvoirs et des droits analogues à ceux de la famille, elle en a aussi de tout semblables à ceux de l'Etat. Elle n'est pas seulement, nous le répétons, une épouse et une mère qui a la fonction de donner à Dieu des enfants et de les lui élever ; elle est aussi une reine qui a la charge de réunir et de gouverner intellectuellement en société les âmes qu'elle a formées par l'enseignement et l'éducation. Elle est, ne l'oublions pas, une société politique aussi bien qu'une famille. Nous venons de prouver au chapitre précédent, que, dans l'ordre surnaturel, elle n'est pas moins que l'Etat dans l'ordre naturel, une société complète, indépendante et souveraine. Elle a donc, dans sa propre sphère, comme l'Etat dans la sienne, toutes les prérogatives et tous les pouvoirs dont elle a besoin pour remplir sa mission politique. Ainsi que l'Etat, par conséquent, elle a un pouvoir législatif, un pouvoir exécutif, un pouvoir judiciaire et un pouvoir administratif.

(1) Gal. IV. 19.
(2) Eph. IV, 15.

Comment pourrait-elle en manquer, dès lors qu'elle est proprement le royaume même de Dieu ? Dieu n'est-il pas également la source de tout pouvoir politique aussi bien que de toute paternité. « C'est par moi que règnent les rois, dit la Sagesse, et que les législateurs décrètent des lois justes. » (1)

On ne peut donc refuser aucune prérogative politique dans l'ordre intellectuel au pouvoir que Dieu possède et qu'il a le droit d'exercer par lui-même et par ses mandataires sur les âmes réunies en société. Dès lors qu'il constitue les âmes sous son empire pour les conduire à leur fin suprême, et qu'il décide de les gouverner en société par l'intermédiaire de délégués et de ministres, évidemment il est nécessaire qu'il communique à ceux-ci tous les pouvoirs qu'il a sur elles et dont ils ont besoin pour remplir leur mission. Il a donc dû donner à son Eglise le pouvoir de faire des lois, de les faire exécuter et d'en punir la violation.

Ecoutez en effet Jésus-Christ : « Je te donnerai les clefs du royaume des cieux, a-t-il dit à Pierre, et c'est sur toi comme sur son fondement que je bâtirai mon Eglise. » Qu'est-ce à dire ? Si Pierre a les clefs du royaume des cieux, il peut en ouvrir les portes et y faire entrer. Il a donc en main tous les pouvoirs nécessaires pour écarter les obstacles qui en fermaient le chemin, par conséquent, pour dissiper efficacement les ténèbres de l'erreur et la corruption du mal et pour donner sûrement la loi de la vérité et du bien. Si Pierre est le fondement de la société des intelligences dans la vérité, il a le pouvoir doctrinal nécessaire pour les y réunir et les y gouverner infailliblement.

Mais voici exprimée et conférée en termes explicites et formels l'omnipotence législative, exécutive, judiciaire et administrative de l'Eglise : « Tout ce que vous lierez sur la terre, sera lié dans le ciel, dit-il d'abord à Pierre seul, et ensuite, à tous ses frères réunis, et tout ce que vous délierez sur la terre, sera délié dans le ciel. » Evidemment le lien dont il s'agit ici, n'est point un lien matériel. Ce n'est point avec un tel lien qu'on astreint les âmes à faire ce qui est commandé ou à omettre ce qui est défendu. Il s'agit ici du lien moral qui peut s'appliquer aux âmes, de l'obligation par laquelle on enchaîne les consciences elles-mêmes. Il s'agit donc du lien de la loi, en tant qu'elle est obligatoire et qu'elle impose un devoir.

Jésus-Christ donne ainsi à Pierre seul et ensuite au collège apostolique, comme tel, le pouvoir le plus universel et le plus absolu pour

(1) Prov. VIII. 15.

édicter et abolir les lois. « Tout ce que vous lierez, sera lié, tout ce que vous délierez, sera délié. » C'est comme s'il leur disait : « Toutes les lois que vous ferez, seront rigoureusement obligatoires au ciel non moins que sur la terre, toutes celles que vous abolirez, ne seront pas moins réellement abolies dans le ciel que sur la terre. Jésus-Christ ne met point de limites, on le voit, au pouvoir dont il les investit. Dans les attributions qu'il leur confère, il comprend toutes celles qui leur sont nécessaires pour arracher les âmes à l'erreur et au mal et les conduire à la possession de leur fin suprême.

Ainsi l'Eglise définit le dogme et la loi morale ; ses définitions ont toute l'autorité dont elles ont besoin pour s'imposer aux intelligences comme vérités intellectuelles et aux volontés comme règles de conduite. Elle fait des règlements pour pourvoir à l'exécution de ses lois et au respect de ses enseignements. Ses règlements disciplinaires ou administratifs sont rigoureusement obligatoires pour tous ceux qu'ils concernent.

Quelqu'un de ses sujets a-t-il l'audace d'en transgresser les articles, elle a le droit de le citer devant elle, de le juger, de le condamner et, si le bien général le requiert, de le retrancher même de son sein, comme l'Etat qui retranche les grands criminels de la société en les punissant de mort.

Il n'y a certes pas dans l'ordre civil et politique de législateur, ni de juge, ni de gouvernement qui ait des pouvoirs plus étendus et plus absolus que ceux de l'Eglise dans l'ordre intellectuel et moral du salut.

Pour que personne n'ait le droit de soulever un doute sur ce point, il n'est pas de sujet sur lequel le Sauveur soit revenu et ait insisté plus souvent que sur celui-là. Plus il approche du moment où il va se dérober pour toujours à leur regard, plus il prend soin de leur renouveler la délégation de sa toute puissance.

Suivant l'ordre même des promesses, c'est à Pierre qu'il s'adresse encore le premier. Après lui avoir fait faire une triple protestation d'amour pour réparer sa triple négation : « Pais mes agneaux, lui dit-il, pais mes brebis. » (1) En d'autres termes : « C'est toi qui seras le suprême Pasteur de mon troupeau. De même qu'un pasteur a un droit souverain et absolu pour gouverner dans le bien ses agneaux et ses brebis, ainsi je te charge et je te revêts du droit souverain et absolu de gouverner toute mon Eglise dans la vérité, comme bon te semblera. Il suffit que tu m'aimes, je m'en rapporte à toi. »

(1) Joa. XXI

Puis, au moment même de monter au ciel, c'est au collège apostolique tout entier, qu'il adresse les paroles déjà plusieurs fois citées : « Toute puissance m'a été donnée au ciel et sur la terre. Allez donc, enseignez toutes les nations, les baptisant au nom du Père, du Fils et du Saint-Esprit et leur apprenant à observer toutes les choses que je vous ai ordonnées. Voici que je suis avec vous jusqu'à la consommation des siècles. »

« Enseignez toutes les nations, » voilà le pouvoir législatif de l'Eglise dans l'ordre intellectuel.

« Apprenez-leur à garder les commandements que je vous ai donnés, » voilà son pouvoir législatif dans l'ordre moral.

« Baptisez-les au nom du Père et du Fils et du Saint-Esprit, » voilà, sous le nom du premier des sacrements, son pouvoir législatif dans l'ordre des choses qui appartiennent au culte.

Il est donc vrai que l'Eglise est chargée de la fonction et qu'elle possède le pouvoir de réunir et de gouverner souverainement les âmes en société dans la vérité et par la vérité. C'est là sa mission politique de reine.

Nous avons vu qu'elle est investie de la fonction et qu'elle possède le pouvoir d'enfanter et de former les âmes à la vie divine par l'enseignement et par l'éducation. C'est là sa mission familiale d'épouse et de mère.

Ainsi, il est vrai qu'elle réunit dans l'ordre surnaturel la double fonction que la Famille et l'Etat se partagent dans l'ordre naturel.

CHAPITRE VIII

L'Eglise a le droit et le devoir d'enseigner toutes sciences.

I

Il s'en suit que le pouvoir de l'Eglise est essentiellement et avant tout un pouvoir intellectuel, un pouvoir doctrinal. C'est en cela qu'il se distingue particulièrement du pouvoir paternel et du pouvoir politique qui, nous l'avons prouvé, ne peuvent avoir, dans leur domaine, ni les doctrines ni les intelligences.

Il n'y a que l'Eglise à qui il ait été dit : « Enseignez toutes les nations ; celui qui vous écoute, m'écoute, et celui qui croit à votre parole, sera sauvé. »

Mais, pour l'Eglise, elle est essentiellement le dépositaire, l'interprète et l'organe de la Vérité et de la Parole de Dieu, le mandataire et le ministre des pouvoirs et des droits de Dieu sur les doctrines et sur les intelligences. Son essence est d'être un pouvoir enseignant. Comme il n'est pas possible que la Parole de Dieu n'exprime pas la vérité divine, ainsi il n'est pas possible que l'Eglise ne parle pas la Parole de Dieu. Comme il est contre nature que la vérité divine ne répande pas ses clartés, ainsi il est contre nature que l'Eglise renferme en elle-même sa lumière. De même que tous les actes de l'homme sont des manifestations de sa vie et, partant, de son âme, ainsi encore, tous les actes de l'Eglise ne peuvent être qu'une manifestation de la vérité qui est en elle et, partant, un enseignement de cette même vérité.

Comment donc viendrait-on lui dire : « Pourquoi enseignez-vous ? » « J'enseigne, répond-elle, comme je vis, comme je respire. Est-ce que celui-là qui est fait pour vivre et pour respirer n'a pas le droit de vivre et de respirer ? Eh bien, ma vie et ma respiration à moi, c'est d'enseigner. Je ne suis faite que pour cela. J'enseigne, parce que je suis essentiellement l'organe de Celui qui est essentiellement la Parole substantielle et la Vérité infinie, de Celui, dès lors, qui est le Maître et le roi nécessaire des intelligences. Comment donc pouvez-vous me dire : « Pourquoi enseignez-vous ? » Ainsi, refuser à l'Eglise le droit d'enseigner, c'est refuser à la Parole de se faire entendre, à la Vérité de s'affirmer, à la Lumière de luire, à Dieu de régner sur les intelligences.

C'est conséquemment, du même coup, refuser aux âmes le droit de tendre à la Lumière et d'aspirer à ses clartés, d'ouvrir l'oreille à la Parole et d'en recevoir la Vérité ; c'est les empêcher d'entrer en participation du bien qui est la perfection essentielle de leur être et sans lequel il ne peut point y avoir de bonheur pour elles.

C'est encore méconnaître le droit de la société à savoir la Vérité et à se mouvoir dans la Lumière ; c'est la condamner à ignorer les conditions nécessaires de l'ordre et de la paix et les bases indispensables de sa stabilité et de sa durée.

Enfin, c'est fouler aux pieds tout l'intérêt des citoyens à connaître le principe, la nature, la fin, les limites et le caractère sacré de leurs droits et de leurs devoirs ; c'est les livrer aux caprices aveugles et changeants de la force brutale, abandonnée à elle-même sans guide, c'est les vouer tout entiers à l'avilissement d'un dur et universel esclavage.

Nous l'avons prouvé, il n'y a et il ne peut y avoir que l'Eglise qui ait l'autorité voulue pour définir les rapports des intelligences entre elles dans l'ordre des doctrines ou de la vérité. Supprimez l'Eglise, ou ce qui est la même chose, fermez-lui la bouche, vous faites la nuit sur le monde, vous ouvrez une vaste carrière aux violences du brigandage et de la barbarie ; c'est une atteinte cruelle à tous les esprits qui ont besoin de lumière et de vérité.

Ainsi, le droit de l'Eglise à répandre librement sa doctrine n'est pas seulement un droit qui lui est propre ; il s'appuie encore sur le droit des sociétés et des citoyens. Il n'est donc pas moins réel que les droits de Dieu et des âmes, que ceux des Etats et des particuliers.

Quoi de plus vain, du reste, que tous les raisonnements par lesquels on attaque la liberté la plus essentielle de l'Eglise! « La société, dit-on, n'a besoin que de la raison ; avec la raison, elle se suffit. » Insoutenable prétention ! Serait-il possible que les âmes n'eussent pas un immense et intolérable besoin de s'unir en société dans la vérité et par la vérité, ou qu'elles pussent s'y constituer sans une autorité doctrinale qui ait vraiment le droit de leur commander ? Serait-il possible que les membres divers de la Famille et de l'Etat pussent être régis dans le droit, d'une manière conforme à la lumière de leur intelligence et aux prescriptions de leur conscience, sans un pouvoir doctrinal qui soumît leurs chefs au même enseignement qu'eux-mêmes, sans un pouvoir doctrinal qui les réunît tous, gouvernants et gouvernés, sous le joug d'une même doctrine ? Rien de plus inadmissible !

Du reste, si Dieu a jugé bon d'exercer sur les intelligences l'empire auquel il a droit comme vérité suprême, s'il a jugé bon, pour gouverner le royaume des intelligences, de se constituer des mandataires et des ministres parmi les hommes, qui osera lui dire : « Vous ne le pouvez pas ; nous ne nous soumettrons pas à l'ordre que vous avez établi ? » Il répondrait : « Je suis le Maître; malheur à l'audacieux qui me conteste mes droits ! »

On oppose la souveraineté de l'Etat à la souveraineté de l'Eglise. C'est contre toute raison. L'Etat, nous le répétons, n'a aucun pouvoir où l'Eglise est maîtresse, c'est-à-dire dans l'ordre intellectuel et doctrinal. Il n'a non plus, nous l'avons prouvé, aucun pouvoir contre la vérité, le bien, le droit, la morale, c'est-à-dire contre l'ordre intellectuel et doctrinal ; bien mieux, il est soumis à cet ordre, c'est nécessaire. Toute sa souveraineté est renfermée dans les limites et sous l'empire des lois qui le constituent dans le vrai, le juste et l'honnête. Il ne peut plus rien au point de vue du droit, dès qu'il en sort. La souveraineté de l'Etat n'empêche donc pas celle de l'Eglise. Ce sont deux souverainetés qui appartiennent à des ordres différents, et qui peuvent parfaitement coexister.

Pour nier le droit de l'Eglise à enseigner librement, il faut aller jusqu'à nier sa divinité et celle de son Fondateur, jusqu'à nier l'existence de Dieu, de la raison et de l'âme humaine ; il faut aller jusqu'à s'attribuer à soi-même, jusqu'à attribuer à la force brutale la souveraineté qu'on lui refuse sur l'homme dans l'ordre intellectuel et moral. Au fond, si l'on ne peut souffrir que l'Eglise enseigne, c'est que l'on hait ses doctrines, c'est que l'on redoute de voir régner sur les intelligences la vérité dont elle est l'organe, c'est qu'on voudrait tenir les âmes dans une nuit ténébreuse, afin de pouvoir les plier plus facilement comme des esclaves aux exigences de tous les caprices de la chair et des sens.

Incontestablement, refuser à l'Eglise le droit d'enseigner librement, ce n'est pas seulement renverser l'ordre de la grâce, c'est aussi renverser le rempart nécessaire qui protége l'ordre de la nature, c'est éteindre la lumière qui éclaire et en découvre les lignes ; c'est un premier pas dans la plus violente tyrannie et dans la plus honteuse barbarie.

Il n'en saurait être autrement, puisqu'il n'y a pas d'autorité compétente qui ait le droit de contester légitimement à l'Eglise sa souveraineté en matière d'enseignement. Quand les pouvoirs politique et paternel en viennent à se révolter contre elle et à lui dénier le droit de vivre et de remplir librement sa mission, ce sont comme des enfants qui se révoltent contre l'autorité paternelle et qui refusent de se laisser élever. Leur crime est le principe même de leur ruine ; c'est leur premier châtiment.

Pour l'Eglise, elle ne peut pas ne pas revendiquer invinciblement le droit d'enseigner librement la vérité : droit qui est pour elle le moyen nécessaire de remplir sa nécessaire mission. Aussi répètet-elle la parole de saint Paul : «Si je prêche, ce n'est pas pour la gloire, c'est la nécessité qui m'y contraint. Malheur à moi si je ne prêchais pas l'Evangile ! » (1)

Pour garder sa liberté, il n'est pas de combat qu'elle n'ait livré, nous l'avons dit, pas de souffrance qu'elle n'ait endurée. Même alors qu'elle avait les bras chargés de liens, elle redisait encore la fière affirmation du grand Apôtre : « Je suis dans les fers, mais la parole de Dieu n'est point enchaînée. » Même alors qu'on veut étouffer sa voix, elle enseigne par ses indomptables revendications ; même alors qu'on s'efforce de la faire mourir dans d'humides et ténébreux cachots, elle darde encore sur le monde par ses inflexibles résistances les rayons de sa lumière et de sa charité.

II

Mais quel est l'objet propre de son enseignement? L'Eglise est spécialement faite, sans doute, pour garder la parole divine renfermée dans les Ecritures et la Tradition et pour en transmettre infailliblement aux peuples les divines clartés. Pouvoir intellectuel de l'ordre surnaturel, elle a pour objet propre la garde et la diffusion de la vérité surnaturelle manifestée par la révélation. Sur ce point, d'ailleurs, point de difficultés. « L'Eglise, nous le reconnaissons, confessent les rationalistes, a le droit d'enseigner les doctrines surnaturelles qu'elle croit tenir miraculeusement du Ciel ; mais, pour les sciences de l'ordre naturel, c'est exclusivement à la société laïque d'en inculquer les principes et d'en propager la lumière. »

Ainsi on prétendrait interdire à l'Eglise l'enseignement des lettres humaines, de l'histoire profane, de la physique et des mathématiques. Quoi de plus révoltant quand, au flambeau de l'histoire, on voit que c'est l'Eglise qui a conservé et réchauffé dans son sein toutes les sciences pendant le long règne de la barbarie, quand on remarque que c'est à des clercs que sont dus les premiers progrès d'où sont sorties, comme naturellement, toutes les découvertes qui font l'orgueil des modernes ! Certes que seraient toutes les sciences, si le clergé n'avait pas eu le droit de les cultiver ? Que serait la société laïque, s'il n'avait pas eu le droit de les lui enseigner ? C'est de l'Eglise que les sciences et la société laïque tiennent tous les avantages dont elles

---

(1) Timoth. II, 9. I Cor., IX, 16.

s'arment pour lui faire la guerre. Sans l'Eglise, la société laïque, avec toutes les sciences, serait encore dans les langes d'une interminable enfance.

Et maintenant, si nous descendons au fond du débat, pourquoi l'Eglise n'aurait-elle pas le droit d'enseigner toutes les sciences ? Sans doute son objet direct, c'est l'enseignement de la Révélation ; mais est-ce que, indirectement, les sciences naturelles peuvent ne pas l'intéresser ? Non, certes, car, entre l'ordre de la nature et celui de la grâce, il y a des traits de ressemblance merveilleux, des rapports nombreux et étroits. Impossible d'approfondir la connaissance des choses de la création sans s'élever à soupçonner et à entrevoir ce que peut être le monde de la grâce. Par contre, impossible aussi de sonder les mystères de l'ordre divin, sans en tirer des rayons qui éclairent l'ordre de la nature. Que s'ensuit-il ? C'est qu'il n'y a pas d'erreur scientifique qui n'ait pour conséquence de répandre quelques ténèbres sur le dogme, et qu'il n'y a pas d'erreur dogmatique qui ne puisse amasser quelques nuages sur quelque point des sciences naturelles.

Cela est si vrai que les ennemis de l'Eglise n'ont pas trouvé de meilleur terrain que celui des sciences naturelles pour attaquer, combattre et nier ses enseignements dogmatiques. Comment, dès-lors, refuser à l'Eglise le droit de les suivre sur le terrain où ils se placent et de prendre, pour se défendre, les armes dont ils se servent pour lui faire la guerre ? Comment l'Eglise qui est la maîtresse souveraine des intelligences, n'aurait-elle pas le droit de prémunir et de garder celles-ci contre les mirages d'une fausse science ? Comment, obligée de conserver intact le dépôt de la vérité révélée, se verrait-elle interdit de le couvrir de la cuirasse d'une science éclairée par la vérité et inspirée par la charité, contre les attentats d'une science troublée et égarée par les sophismes et la haine ? Rien de plus inadmissible.

D'ailleurs, si les sciences naturelles ne forment pas elles-mêmes le temple de la vérité divine édifié par l'Eglise dans les âmes, elles sont comme les avenues qui y conduisent, comme le portique par lequel passe l'esprit humain pour y pénétrer. Si l'Eglise est chargée d'introduire les âmes dans le saint des saints de la vérité incréée, comment n'aurait-elle pas la mission aussi de parcourir les voies qui y mènent et de travailler au portique qui en précède l'entrée ? Obligée de guider les intelligences dans leur marche vers la vérité, il faut bien qu'elle aille les trouver sur toutes les voies où elles s'engagent ; il faut bien qu'elle descende dans les chemins des sciences naturelles où, de nos jours plus que jamais, elle les voit s'arrêter comme à leur terme ; il faut bien qu'elle leur apprenne à s'y avancer en vue de la vérité infinie qui renferme toute vérité et qui est leur fin dernière.

Enfin, il ne peut pas plus être défendu à l'Eglise d'étudier et d'enseigner les sciences naturelles, qu'à la société laïque d'étudier et d'enseigner les sciences divines ; si la foi, dans l'homme, cherche l'intelligence, l'intelligence n'y tend pas moins à la foi en l'invisible. La séparation et l'antagonisme qu'on veut établir entre les deux sociétés est contre nature. Un savant laïque, pour avoir le droit de sonder les mystères de la création, ne doit pas s'interdire de méditer sur les mystères de la grâce ; bien loin de là, son devoir rigoureux est de donner sa plus grande attention aux choses de la vie éternelle. Pareillement un clerc, pour se soumettre à la foi, ne perd pas le droit de connaître les choses qui forment son empire terrestre. Pour ouvrir son intelligence à la lumière de la Révélation, il ne doit pas fermer les yeux à celle qui éclaire le monde de la Création. La grâce ne détruit pas la nature, elle la présuppose. La foi ne supprime pas la science, elle profite de ses services et l'aide de ses clartés. L'ordre surnaturel n'exclut pas l'ordre naturel, il le perfectionne et le fortifie.

Evidemment, il ne peut y avoir aucune opposition réelle entre la société des intelligences même et le domaine des sciences, entre le royaume de Dieu et la lumière naturelle. Dieu est le maître de toutes les sciences, et son empire est aussi celui de toutes les lumières. Les sciences sont le bien de tous les esprits, et les esprits sont faits pour les cultiver toutes et chercher en elles leur joie et leur paix.

Ce n'est donc que par une cruelle tyrannie qu'on peut, comme le fit Julien l'Apostat, interdire à l'Eglise l'étude et l'enseignement des lettres profanes et des sciences naturelles. De par le droit essentiel qu'ont toutes les intelligences à la vérité pleine et entière, il n'est pas de vérité qu'on puisse légitimement leur soustraire. Bien mieux : plus les intelligences sont élevées en lumière, plus elles sont fondées à revendiquer leur droit de connaître et d'enseigner tout ce qui peut être un objet d'enseignement et d'étude. Il faut le dire hardiment, nulle part les sciences naturelles ne sont mieux chez elles que dans l'Eglise où elles s'illuminent de la lumière d'en haut. Et personne n'a plus le droit de les étudier et de les enseigner que l'Eglise en la foi de laquelle elles s'éclairent des rayons de la science divine.

Aussi est-ce un fait universel que les peuples n'aient pas seulement reconnu aux prêtres le droit d'enseigner toutes les sciences, mais encore que la plupart de ceux de l'antiquité leur en aient exclusivement abandonné le monopole. Du moins, les temps modernes prouvent encore, par des exemples fameux, que le sacerdoce catholique n'est pas moins digne aujourd'hui qu'autrefois de ce glorieux ministère.

CHAPITRE IX

L'Eglise a le droit et le devoir d'enseigner tous les âges de la vie soit en particulier soit en public.

I

« Allez, lui a dit son Fondateur, enseignez toutes les nations, prêchez l'Evangile à toute créature. »

C'est un devoir rigoureux dont il ne la dispense à l'égard de personne. C'est un droit qu'il lui confère sur tout être intelligent et qu'aucun n'est autorisé à méconnaître. Aussi, entendez-la s'écrier avec l'Apôtre : « Je suis débitrice de l'Evangile envers les Grecs et les Barbares, envers les savants et les ignorants. Il me presse d'aller l'annoncer à tous, quelque part où ils se trouvent. » (1)

Ainsi, rencontre-t-elle un payen adulte ; elle ne peut, certes, pas lui imposer son enseignement sous la sanction de ses canons, car le payen n'est pas encore son enfant et son sujet. Mais elle a le droit et le devoir de lui proposer sa doctrine en vertu de toute l'autorité que lui donne sa mission divine, et si le payen, ouvrant les yeux à la lumière, reconnaît la vérité, il est obligé par sa conscience de lui demander le baptême et de se soumettre à son autorité doctrinale.

(1) Rom. I. 14.

Mais c'est un chrétien qui est devant l'Eglise. C'est donc un enfant qui est devant sa mère ; c'est aussi un sujet qui est devant son souverain. Evidemment l'Eglise a, comme mère et comme souveraine, le droit et le devoir de lui dicter les lois de son dogme, de sa morale et de sa discipline.

Ce chrétien est-il rebelle à son autorité, essaie-t-il de briser les liens par lesquels il lui est attaché ? La rébellion ne change pas le droit. Elle ne peut rien pour renverser la nature des choses et empêcher les conséquences nécessaires d'un fait réel. Un homme a été baptisé, par là il est réellement devenu enfant de Dieu et de l'Eglise ; il s'en suit qu'il appartient réellement à Dieu et à l'Eglise et qu'il est soumis réellement aux lois de Dieu et de l'Eglise. Ce sont des conséquences nécessaires, inévitables. De même qu'un homme qui est né d'un homme, ne peut pas faire qu'il ne soit pas fils de l'homme et qu'il ne soit pas soumis aux lois de l'humanité qui régissent ses auteurs, ainsi un homme qui est né de Dieu et de l'Eglise, ne peut pas faire qu'il ne soit pas fils de Dieu et de l'Eglise et qu'il ne soit pas soumis aux lois de Dieu et de l'Eglise. En vain se révolte-t-il contre ces lois et contre l'autorité qui les lui impose. Sa rébellion ne constitue qu'un crime qui le voue au châtiment. L'Eglise n'a pas moins le droit, après qu'avant, de lui dicter son enseignement et de le rappeler au devoir de l'obéissance. Il en est du chrétien comme de l'homme qui se révolte contre les lois de l'humanité, il ne cesse pas pour cela d'y être assujéti et d'être obligé de revenir par la pénitence à leur accomplissement.

Mais il s'agit d'un enfant qui s'élève après avoir été baptisé ; l'Eglise a-t-elle le droit et le devoir de le former par une action constante à la vie chrétienne, comme ses parents ont la charge de le former par un travail incessant à la vie intellectuelle et morale de l'homme ? Evidemment, puisque nous l'avons prouvé, l'Eglise est une mère qui ne conçoit et n'enfante un être à la vie divine, qu'en s'obligeant au devoir de développer, suivant sa nature, ce qu'elle n'a produit qu'en germe et de le conduire, par tous les soins voulus, au terme de sa perfection nécessaire.

En vain dira-t-on que l'enfant est victime de la violence, puisqu'il n'est point en état de défendre les droits de son intelligence et de sa volonté contre la pression d'une autorité irrésistible pour lui. C'est absolument comme si l'on prétendait que l'enfant dans les langes est victime de la violence, parce qu'il n'est point en état de se défendre contre l'affection maternelle qui prend soin de lui.

Non, nous l'avons prouvé, les parents ne violent pas le droit et la dignité de leurs enfants, quand, au nom de l'autorité qui leur appartient, ils usent même de contrainte pour les obliger à recevoir et à embrasser la loi de la vérité et du bien ; loin de là, les parents ne font en cela que remplir leurs propres devoirs envers leurs enfants, et, par là, que satisfaire aux droits de leurs enfants, que mettre leurs enfants en possession de la dignité humaine.

Ainsi en est-il de l'Eglise ; en communiquant les règles de la vérité et du bien absolu aux enfants qu'elle a mis au monde de la vie divine, elle ne fait que leur donner ce qu'elle leur doit, que les mettre en possession de ce qui leur manque pour qu'ils soient ce qu'ils doivent être et qu'ils puissent remplir leurs destinées.

Certains légistes veulent bien admettre que l'Eglise soit faite pour définir dogmatiquement et de haut la règle de la vérité et du bien ; mais ils prétendent qu'elle déroge en s'abaissant à en pénétrer individuellement, dès l'enfance, les esprits et les cœurs. Eh quoi ? Est-ce que Dieu n'est pas le roi et le maître des intelligences et des cœurs de l'enfance aussi bien que de ceux de l'âge mûr et de la vieillesse ? « Laissez venir à moi les petits enfants, » disait Jésus à ceux qui voulaient les éloigner de lui, et lui-même il allait à eux, les embrassant, leur imposant les mains et répandant sur eux ses meilleures bénédictions.

D'autre part, est-ce que les enfants ne sont pas aussi bien faits pour la vérité divine que les hommes achevés ? Fils de l'homme, ils ont besoin pour grandir dans la vie de l'homme de recevoir très souvent un aliment en rapport avec leur faiblesse ; comment, fils de Dieu par le baptême, n'auraient-ils pas besoin, pour grandir dans la vie de leur Père qui est aux cieux, de l'enseignement de la vérité divine qui en est l'aliment nécessaire ? Si les âmes déjà fortes ne peuvent se passer de cette nourriture surnaturelle, comment accuser l'Eglise de s'abaisser à un enseignement plus élémentaire et plus détaillé pour le proportionner aux besoins des âmes qui ne font que de naître à la vie éternelle ? Entendez donc, ô légistes, les lamentations du prophète : « Les enfants ont demandé du pain, et il n'était personne pour le leur rompre. » (Threni IV, 4).

L'Eglise a reçu la mission de son Fondateur ; elle doit arracher les âmes à l'erreur et au vice pour les transférer dans la lumière et dans la vérité des enfants de Dieu. Il faut donc qu'elle adapte son action à l'état des âmes ; sans cela, impossible d'atteindre sa fin. Pour certaines intelligences, il suffit qu'elle définisse la vérité et la consigne dans ses canons. Les esprits éclairés sauront bien l'y trouver et l'y comprendre. S'ils y rencontrent encore des obscurités, ils examineront s'ils ne doivent pas de nouveau recourir à l'autorité qui les y a laissées.

Mais il y a des esprits qui, moins instruits et moins développés, demandent un enseignement plus explicite, plus détaillé et plus simple. A ceux-là, l'Eglise envoie ses prêtres qui, périodiquement, en un langage plus ou moins élevé, leur rompent en fragments considérables le pain de la doctrine divine.

Mais est-ce que ces instructions périodiques, encore un peu fortes, peuvent suffire ou même convenir à des enfants qui viennent comme de naître à la vie surnaturelle ? Non, ce qu'il faut à ces nouveau-nés, c'est du lait et du lait en abondance et fréquemment. Tout autre nourriture les fatiguerait, les tuerait. Un adulte peut rester quelque temps sans prendre d'aliment ; il n'en peut être de même d'un enfant pendant les premières années de sa vie. Moins il y a de temps qu'il est venu à la vie, plus souvent il faut lui donner le sein de sa mère. Voilà pourquoi l'Eglise doit réduire comme en lait le pain de la parole divine et le donner souvent ainsi à ses petits enfants sous cette forme qui en rend facile l'assimilation.

Nous l'avons vu, pour faire un homme d'un enfant, combien ne faut-il pas souvent réprimer en lui les appétits de la bête ! Quels soins ne faut-il pas pour cultiver en lui les germes de la vie intellectuelle et morale ! Or, il est bien plus laborieux encore de faire un Dieu d'un homme. Il y a bien plus d'obstacles qui s'y opposent et bien moins d'aptitudes qui s'y prêtent. Si vous n'avez soin, par une alimentation et une culture actives, d'assurer bien vite la prédominance de la vie divine sur la vie animale, vous aurez, non pas un Dieu, mais pas même un homme, vous n'aurez qu'une brute de la dernière espèce. Sans doute, l'Eglise ne cessera jamais d'offrir l'aliment divin à cette âme dégradée qui se méconnaît elle-même ; ce sera trop tard le plus souvent ; et si parfois elle ne se heurte pas à un aveuglement invincible, combien ne lui en coûtera-t-il pas davantage pour faire pénétrer en elle la lumière surnaturelle !

Du reste, pourquoi l'Eglise n'aurait-elle pas le droit d'agir constamment par son enseignement et par ses soins moraux sur les âmes des enfants pour les soustraire à l'esclavage des sens et des créatures ? Ces enfants lui appartiennent. Ils ont ses traits et sa ressemblance, et il n'est personne qui ait le droit de les former en opposition avec son image. Comment donc refuser à cette mère le droit de prendre les moyens nécessaires pour élever ses enfants? Si elle ne l'a pas, ce droit, qui peut l'avoir à sa place? Toutes les créatures lutteront pour s'emparer de son fruit, et elle ne pourrait travailler ni à le défendre ni à le nourrir en vue de sa maturité? Quoi de plus déraisonnable! Quoi de plus injuste!

L'injustice ne serait pas moins grande envers l'enfant. Comme le fils de l'homme a le droit d'être instruit et élevé par ceux-là mêmes qui l'ont mis au monde, ainsi le fils de Dieu et de l'Eglise a le droit d'être formé à la vie divine par la mère qui l'y a enfanté. De même que ce serait un crime d'empêcher par la force un enfant d'être allaité, soigné, entretenu, cultivé par sa propre mère, ainsi ce n'en est pas un moins grand d'empêcher par la violence un baptisé de recevoir les soins de l'Eglise, sa mère dans la foi.

L'Eglise ne définit ainsi les doctrines que pour les inculquer aux âmes suivant leurs besoins et par une méthode appropriée à leur état. Elle n'a pas moins le droit et le devoir de les communiquer à l'enfance par un enseignement constant et élémentaire qu'aux âges plus avancés par des discours plus relevés et périodiques. Certes, il n'y a que là où l'Eglise est indépendante du pouvoir politique, qu'on lui conteste ce droit. Partout où l'Etat la tient en vasselage, il ne trouve personne qui soit plus capable et qui ait mieux le droit qu'elle de travailler à la formation de l'enfance par l'enseignement et par l'éducation. Au fond, la raison secrète pour laquelle on refuse à l'Eglise le droit de façonner l'enfance à la vie de l'Evangile par le moyen de l'école, c'est son indépendance du pouvoir civil, c'est-à-dire c'est précisément ce qui est une des conditions nécessaires de sa capacité et de son droit en cette matière.

II

« Du moins, objectent encore les légistes, si l'Eglise a le droit d'enseigner chacun en particulier, elle n'a pas celui de faire des assemblées publiques pour inculquer collectivement sa doctrine à son peuple. C'est à l'autorité civile qu'il appartient de permettre ou de défendre les réunions publiques. L'Eglise ne peut donc pas, sans l'autorisation de l'Etat, réunir ses évêques en concile, ses fidèles dans des temples et les petits enfants dans des écoles. »

Rien de plus insoutenable que cette prétention.

Sans doute on ne peut refuser à l'Etat le droit de régir politiquement tout ce qui regarde les réunions publiques ; mais qu'il soit luimême la source du droit en cette matière et qu'il ait celui d'interdire à son gré les assemblées qui ne lui plaisent pas, rien de plus intolérable. Le droit de se réunir est pour les citoyens un droit naturel. S'il appartient à l'Etat d'en régler la jouissance d'après les conditions de l'ordre public, il ne lui appartient pas de la restreindre plus que ne l'exige réellement le bien de la paix. Son devoir est, au contraire, de la protéger toutes les fois qu'elle s'exerce dans des conditions légitimes.

Mais est-il vrai que les réunions chrétiennes prescrites par l'Eglise relèvent politiquement de l'Etat ? Non, puisque Jésus-Christ, en constituant son Eglise, l'a faite indépendante du pouvoir politique.

En effet, Jésus-Christ recommande à ses disciples de se réunir en son nom pour prier ; est-ce qu'il les avertit d'en demander préalablement l'autorisation à César ? Non, il leur dit simplement : « Où il y aura deux ou trois d'entre vous de réunis en mon nom, je serai là au milieu d'eux. » (1) Il leur donne donc, lui qui est le maître, le droit de se réunir à leur gré. Comment, dès lors, les rois pourraient-ils avoir celui de les en empêcher ? Les réunions religieuses sont d'ailleurs des moyens essentiels pour le peuple chrétien de rendre à Dieu ses hommages publics, et pour chacun de ses membres de travailler à la conquête de sa fin dernière. Si l'Etat était le maître de les autoriser et de les interdire à son gré, il serait donc le maître de la destinée de l'homme, il serait donc le maître d'un des moyens essentiels par lesquels les hommes sont tenus de rendre à Dieu leurs adorations ? Rien de plus absurde, l'Etat n'existant, nous l'avons prouvé, que pour servir l'homme dans l'accomplissement de sa destinée, que pour lui procurer, suivant le besoin, les moyens de s'acquitter de ses devoirs envers son Créateur !

D'autre part, l'Eglise est essentiellement une société. Or, le droit essentiel de toute société, c'est de se réunir. Une société qui n'aurait pas ce droit, ne pourrait pas subsister. Par conséquent, si l'Eglise est une société indépendante et souveraine, il faut que le droit dont dépend essentiellement son existence, ne dépende pas lui-même de l'Etat. S'il en dépend, l'Eglise est subordonnée, elle n'est pas souveraine, elle est, avec sa mission, à la merci de l'Etat. Quoi de plus répugnant pour l'œuvre de Jésus-Christ, pour le royaume de Dieu !

(1) Matth. XVIII. 19 et 20.

Aussi voyons-nous les apôtres se rassembler à Jérusalem pour la première fois en Concile, sans même prévenir le pouvoir civil. Les fidèles se réunissent, eux, en assemblées fréquentes. Il ne peut pas même leur venir à la pensée d'en demander l'autorisation à César.

La synagogue, d'abord, interdit sans doute aux apôtres de rassembler les peuples et de leur prêcher la parole de Dieu ; plus tard, ce sont les Césars qui tentent d'empêcher, sous peine de mort, les assemblées chrétiennes.

Or, les chrétiens, toujours si soumis aux pouvoirs dans tout ce qui est juste, ne tiennent aucun compte de toutes ces prohibitions ; ne pouvant se rassembler à la face du soleil, ils s'enfoncent dans les profondeurs ténébreuses des catacombes pour y assister, tous réunis, à l'offrande du saint sacrifice et à la prédication de la doctrine évangélique. Les accusera-t-on d'avoir violé des lois obligatoires ? Non, ce sont leurs persécuteurs que l'on accuse avec raison d'injustice et de tyrannie, car c'était eux qui violaient cruellement le droit de l'Eglise à vivre et à remplir sa mission, et c'étaient les chrétiens qui étaient les victimes de leurs criminelles violences.

L'Eglise s'est toujours conduite avec la même indépendance pour la fondation de ses écoles. Dès les temps apostoliques, elle en établit à Alexandrie une qu'illustrèrent plus tard saint Pantène, Clément et Origène. Quand Julien ferma les écoles payennes aux chrétiens, elle se mit à l'œuvre, nous l'avons dit, pour en ouvrir d'exclusivement chrétiennes. Jamais elle ne put même songer à s'y faire autoriser par les empereurs. Elle ouvrait ses écoles, comme elle prêchait dans les temples, parce que Jésus-Christ lui avait commandé d'enseigner et qu'elle voulait remplir son indispensable mission. Les écoles lui étaient nécessaires pour pénétrer autant qu'elle le doit, la jeunesse et l'enfance de la vérité divine, elle les établissait simplement en vertu des pouvoirs de Celui qui lui avait dit : « Allez, enseignez toutes les nations. »

Plus tard, elle n'use pas seulement du droit que le Sauveur lui a conféré, elle se voit encore constitutionnellement investie par tous les peuples chrétiens des attributions politiques qui appartiennent à l'Etat, en matière d'instruction publique, et elle les exerce pendant sept siècles.

L'Etat reprend, sous Philippe le Bel, la fonction politique qui lui est propre, mais il ne peut pas ôter à l'Eglise les droits qu'elle tient du Christ. Si l'Etat se sent assez de lumières et de forces pour gouverner l'enseignement public dans l'ordre politique, l'Eglise garde le droit d'établir avec indépendance, dans la plénitude de sa souveraineté, les écoles dont elle a besoin pour remplir son ministère auprès de l'enfance et de la jeunesse. Les constitutions politiques des peuples sont variables, les rapports terrestres de l'Eglise avec l'Etat dépendent des circonstances, mais la constitution divine de l'Eglise est immuable. L'Eglise, nous le répétons, ne tient que de Dieu le pouvoir de faire tout ce qui est nécessaire pour répandre la vérité divine et établir solidement son règne dans les âmes et sur les peuples. Jamais il n'appartiendra à un pouvoir terrestre de l'en empêcher. Ce qu'elle a pu et dû dans le passé, elle en aura le droit et le devoir jusqu'à la fin des temps, en vertu du saint mandat que Dieu lui a imposé et devant lequel doivent s'incliner tous les Gouvernements.

Cependant est-ce qu'aujourd'hui l'Eglise ne consent pas à soumettre à l'Etat l'exercice de son droit, en cette matière, dans tout ce qui touche à l'ordre civil et politique ? Il est vrai, l'Eglise se plie avec une sublime douceur aux conditions que lui fait la société moderne. Mais les violences qu'elle subit de la part des pouvoirs terrestres ne changent rien aux droits qu'elle tient de Dieu. Si elle se soumet à des entraves sacrilèges, c'est, comme son divin Fondateur, pour ne pas scandaliser et pour pouvoir garder autant que possible la liberté de remplir sa mission essentielle. Ce n'est que lorsqu'on lui refuse absolument et le droit et le moyen d'enseigner la vérité divine qu'elle lève l'étendard d'une résistance irréconciliable, et l'histoire apprend que ce n'est pas à elle qu'il arrive d'être vaincue. Dans ce combat, en attendant et tant qu'on lui laisse le moyen de remplir sa divine mission, elle tâche de s'accommoder à toutes les conditions qui lui sont faites, tout en maintenant le droit et en revendiquant l'indépendance dont le Christ l'a revêtue.

Mais les Césars et les peuples vont-ils jusqu'à méconnaître son caractère divin et sa nécessité sociale ? Alors elle s'abrite momentanément sous le respect dû aux droits civils et politiques des citoyens qui lui ont librement soumis leur intelligence ; elle rappelle aux Gouvernements la loi naturelle qui leur défend de fouler aux pieds la conscience de leurs sujets dans ses droits légitimes et qui les oblige à leur garantir même la liberté dont ils ont besoin pour poursuivre à leur gré leurs fins dernières.

Ainsi, constitution divine, droits spirituels des âmes, droits civils et politiques des citoyens, voilà les fondements solides et variés sur lesquels l'Eglise s'appuie pour réunir librement ses évêques en concile, ses fidèles dans ses temples, et les jeunes enfants dans ses écoles. Sans doute l'usage de cette liberté la met souvent aux prises avec ceux qui veulent lui arracher les âmes. Encore une fois, ce n'est pas sa faute, si l'accomplissement de sa mission provoque ces attaques et lui suscite des ennemis. D'une part, elle serait indigne de son mandat et elle n'aurait plus de raison d'être, si, par amour de la paix, elle renonçait à la conquête des âmes. De l'autre, malheur à qui empiète sur son domaine et qui lui conteste le droit d'y régner librement par la vérité ! C'est Dieu même qui se charge de le punir de son crime.

CHAPITRE X

L'Eglise a le droit d'enseigner les Nations et leurs Gouvernements.

I

On pourrait exprimer la même vérité en ces termes : L'Eglise est intellectuellement supérieure à l'Etat ; ou bien encore : L'Etat est soumis doctrinalement au pouvoir intellectuel de l'Eglise.

Or, c'est là une doctrine que ne peuvent entendre les légistes et tous les libéraux. (1)

Et cependant, il n'y en a pas qui soit mieux fondée dans la révélation, dans les principes de la raison et dans les témoignages de l'histoire.

La Révélation. « J'ai été établi roi sur la montagne sainte de Sion, pour dicter son commandement, » dit Jésus-Christ par la bouche de David.

---

(1) Voir M. E. Ollivier, L'Eglise et l'Etat, et M. Minghetti, Lo Stato è la Chiesa.

Le Seigneur m'a dit : Tu es mon Fils, je t'ai engendré aujourd'hui : Fais-moi ta prière et je te donnerai les *nations* pour ton héritage. » Les *nations*, voilà qui est formel ; les nations comme telles c'est-à-dire comme États ou corps politiques constitués, sont au Roi des âmes, le Christ. C'est Dieu, son père, qui les lui donne pour son héritage.

Jésus-Christ n'est pas moins exprès dans son Evangile : « Allez, dit-il à ses Apôtres, d'après saint Matthieu, enseignez *toutes les nations*. » Ce que saint Marc exprime ainsi : « Préchez l'Evangile à toute créature. » Evidemment, ôtez les individus, il ne reste plus que les familles et les États comme créatures intelligentes à qui les Apôtres puissent raisonnablement faire entendre l'Evangile. Le texte de saint Marc revient donc absolument pour le sens à celui de saint Matthieu.

D'après l'Apocalypse (XIX-16), « Un glaive à double tranchant sort de la bouche du Verbe pour en frapper les *nations*, *gentes* ; c'est lui-même qui les gouvernera avec une verge de fer, et c'est lui qui foule le pressoir de la colère furibonde du Dieu tout-puissant et il porte écrit sur son vêtement et sur sa cuisse : Roi des Rois et Seigneur des Seigneurs. »

Quoi de plus clair, de plus fort ? Le Christ est le roi des rois et le maître des maîtres, il a le droit de les gouverner, et quand ils se révoltent, de les châtier avec une verge de fer. Or, quel est l'empire qu'il prétend exercer sur eux, lui qui a dit : « Mon royaume n'est pas de ce monde » ? Evidemment, ce ne peut être que l'empire de la *vérité*, car il est essentiellement, Lui, la Parole divine exprimant la vérité infinie ; il est, comme il l'a dit, la vérité infinie elle-même, *ego sum veritas*. Il a donc essentiellement le droit de régner sur les nations par la vérité et de les soumettre à l'Eglise qu'il a chargée d'enseigner la vérité.

Aussi l'Eglise n'a-t-elle cessé d'annoncer l'Evangile avec autorité aux rois aussi bien qu'à leurs sujets. A partir de Constantin le Grand du reste jusqu'à la Révolution, les peuples et les rois de l'Europe se sont crus obligés de se soumettre à ses définitions, soit au point de vue du dogme, soit au point de vue de la morale. Et, lorsque entraînés par des passions violentes, ils en ont transgressé les préceptes et les décisions, ils se sont confessés coupables et tenus à la pénitence. Souvent, pour les ramener à résipiscence, l'Eglise a dû les frapper de ses miséricordieuses sentences. Alors, on les a vus refouler toutes les révoltes de leur orgueil humilié, et reconnaissant l'autorité qui les condamnait, baisser la tête sous le coup de ses jugements afin de pouvoir rentrer dans la vérité et le bien.

Ce sont des faits qu'attestent toutes les pages de l'histoire, depuis la conversion des empereurs romains à l'Evangile jusqu'à la Réforme protestante en Angleterre et en Allemagne, jusqu'à la Révolution en France, et jusqu'à nos jours encore dans quelques autres Etats de l'Europe.

On répond : « Oui, mais la Révolution a brisé les liens par lesquels les Etats s'étaient enchaînés au joug de l'Eglise. »

Sans doute, la Révolution a brisé violemment l'ordre politique qui résultait de cette soumission ; elle n'a pu briser l'obligation morale à laquelle le Christ a assujéti les Etats. Nous le répétons, la révolte n'abolit pas l'autorité ; le crime ne supprime pas la loi qui le condamne. Quoiqu'ils méconnaissent l'autorité de l'Eglise depuis la Révolution, les Etats ne restent pas moins tenus de lui obéir. Tant qu'ils persévèrent dans leur rébellion, ils restent dans le désordre.

La raison. Nous avons prouvé plus haut que l'Etat est soumis à la vérité et à la raison, en droit et en morale ; nous lui avons dénié absolument le pouvoir d'être faux et menteur, injuste et immoral. Qui oserait soutenir le contraire ? Qui prouverait que la vérité en droit et en morale n'est pas autant nécessaire aux peuples qu'aux individus, et que ce qui est erroné en ces matières n'est pas mauvais aussi bien pour les uns que pour les autres ? Donc, c'est notre conclusion, l'Etat est soumis à l'enseignement doctrinal de l'Eglise.

Il n'est pas difficile de le prouver. L'Etat, nous l'avons établi, n'est pas une intelligence. Il n'a donc pas par lui-même, nous le répétons, le pouvoir intellectuel nécessaire pour percevoir et comprendre ce que prescrit ou interdit la raison, ce que commandent ou défendent les lois naturelles et éternelles. Il est obligé, pour découvrir les exigences de la vérité en droit et en morale, de recourir à la lumière intellectuelle des individus qui le gouvernent.

Mais les citoyens qui le gouvernent, soit pris à part, soit pris ensemble, sont capables de se tromper. Ce n'est donc pas à leurs intelligences que l'Etat peut être absolument soumis en dernier lieu. Les intelligences individuelles, nous l'avons vu, doivent à l'Etat le service de leurs lumières ; mais ce n'est pas elles qui ont l'autorité de la vérité en droit en morale, à laquelle l'Etat est nécessairement assujéti, qui ont, dès lors, le droit de lui imposer absolument leurs idées et leurs doctrines. Du reste, les intelligences sont elles-mêmes subordonnées à la vérité et à l'autorité instituée pour la définir.

Où est donc cette autorité ? Elle n'est, nous l'avons dit, dans aucun être de la nature ; elle n'est qu'en Dieu qui est, Lui, la vérité substantielle, la loi substantielle d'où dérive la règle naturelle du droit et de la morale.

Mais, nous l'avons aussi montré, cette autorité intellectuelle de Dieu ne se trouve déposée que dans l'Eglise que Jésus-Christ a fondée comme Dieu et comme vérité et avec laquelle il a promis de demeurer jusqu'à la fin du monde. C'est l'Eglise qui seule est le représentant, l'agent, l'organe par lequel le Verbe de Dieu enseigne l'humanité et règne sur elle dans la vérité et par la vérité.

Donc, si l'Etat est soumis à la vérité, il ne peut pas ne pas être soumis à l'Eglise ; rien de plus inéluctable, de plus irréfragable.

Pour que l'Etat ne fût pas soumis à l'autorité doctrinale de l'Eglise, il faudrait, nous le répétons, ou que l'Eglise ne fût pas l'organe infaillible de la vérité ou que l'Etat ne fut pas soumis à la vérité. Mais dès qu'on admet que l'Etat n'a pas le droit de se jeter volontairement dans l'erreur et le mal, il faut admettre, si l'on croit à l'autorité doctrinale de l'Eglise, qu'il est obligé de se soumettre à cette autorité ; pas de milieu, c'est une alternative que la logique impose rigoureusement.

L'histoire. Aussi, jusqu'à nos temps, nous l'avons déjà dit, n'est-il pas un peuple qui ait affranchi son gouvernement de l'autorité de la religion. Partout et toujours, il a fallu que les lois, pour être obligatoires, vinssent du ciel et fussent conformes à l'ordre prescrit par Dieu. Dans les pays où, comme en Egypte le sacerdoce était indépendant de la royauté, c'était aux prêtres que les rois devaient demander la loi doctrinale et la règle morale de leur politique.

A Rome, en Grèce et ailleurs, on n'a pas mieux réussi à s'affranchir de la logique. Mais là, pour ne pas avoir à recevoir des interprètes de la pensée du Ciel des règles de morale gênantes, les rois ou chefs de république se faisaient les premiers chefs de la religion, ils se créaient grands pontifes. Alors c'étaient eux-mêmes qui s'expliquaient souverainement à eux-mêmes l'ordre divin. Toutefois, il n'y fut jamais venu à l'esprit de personne de soutenir que l'Etat n'est pas soumis à la vérité et à Dieu et, dès lors, au sacerdoce en qui l'on croyait que Dieu a mis le dépôt de la vérité et de ses volontés. C'est là un manque de logique dans lequel les peuples, jusqu'à ces derniers temps, n'avaient jamais pu tomber.

Il ne manque pas, non plus, chez les modernes, d'esprits qui, se sentent contraints, pour rester conséquents avec eux-mêmes, de nier Dieu et la religion, dès qu'ils en arrivent à nier leur autorité sur les Etats et sur la politique. Ceux-là, nous les comprenons. Mais comment s'expliquer ceux qui, croyant à Dieu et à la Révélation, à Jésus-Christ et à son Eglise, proclament cependant l'indépendance des gouvernements à l'endroit de leur puissance et de leurs droits, qui admettent la nécessité de la lumière révélée dans les affaires particulières et qui la nient relativement aux affaires publiques, qui reconnaissent au Rédempteur le droit de régner sur les individus et lui refusent celui de régner sur les peuples ? Esprits faux ! Ils ne voient qu'un côté de la vérité évangélique et ils méconnaissent aveuglément le reste. Esprits inconséquents ! Ils reculent devant la nécessité d'admettre que si l'Evangile était nécessaire pour éclairer la conduite des individus, il ne pouvait que l'être davantage pour éclairer la politique des Etats. Ils ne veulent pas voir que si le Sauveur est venu pour briser le pouvoir despotique des maîtres sur leurs esclaves, il n'avait pas moins à briser le pouvoir tyrannique des Etats sur leurs sujets et que s'il a obligé les maîtres à voir dans leurs esclaves des hommes de même dignité qu'eux devant Dieu, il n'était pas moins nécessaire qu'il obligeât les gouvernements à respecter dans leurs sujets la lumière de la raison, la voix de la conscience, la loi de la nature, tous les droits, enfin, que possèdent les hommes pour poursuivre leurs destinées temporelles et éternelles. Enfin, ils ne font pas attention que si l'Evangile a le droit de s'imposer à la raison et à la conscience des individus, il s'impose, par là même, aux Etats comme règle inviolable de leur politique. Car, il ne se peut que, dans la même société, les principes de vérité, de justice et de morale qui doivent gouverner les individus, ne soient pas également obligatoires pour le corps social qui résulte de l'union de ces mêmes individus ; il ne se peut que les chefs des Etats qui sont obligés de soumettre leur conduite privée à ces principes, ne soient pas tenus de les appliquer au gouvernement de la chose publique. Nous l'avons démontré, il n'y a pas deux morales, une pour la vie privée et une autre pour la vie publique ; il n'y a pas davantage deux consciences, une pour la conduite des intérêts particuliers et une autre pour la conduite des affaires politiques. Il n'y a qu'une conscience et qu'une morale dont l'empire s'étend sans réserve sur toutes les choses qui appartiennent au domaine de la liberté humaine. Par conséquent, la Constitution et le gouvernement des Etats appartenant à ce domaine aussi bien que la direction des individus et l'administration des intérêts particuliers, il faut qu'ils soient, au même titre que celles-ci, soumis à cette unique morale et à cette seule et même conscience, et, dès lors, à l'autorité constituée de Dieu pour gouverner souverainement la conscience et définir infailliblement la morale.

II

Mais ne résulte-t-il pas de là que l'Eglise a un vrai pouvoir sur les affaires politiques et que l'Etat lui est subordonné comme un vassal à un souverain ? Cette doctrine ne porte-t-elle pas atteinte à l'indépendance et à la souveraineté du pouvoir politique ? Nullement. Pour le comprendre, il suffit de remarquer deux choses. D'abord, l'Eglise qui a un pouvoir doctrinal souverain sur les intelligences, n'a pas le moindre pouvoir politique direct sur la société civile ; et ensuite, d'autre part, l'Etat qui a un pouvoir souverain sur la société civile, n'a absolument aucun pouvoir doctrinal direct sur les intelligences.

L'Eglise et l'Etat forment donc deux sphères complètement distinctes et d'ordres différents ; ils ont chacun un domaine propre, et sur ce domaine, ils ne sont en rien subordonnés l'un à l'autre ; ils ont ainsi chacun une souveraineté spéciale, réelle et absolue qu'aucun pouvoir, dans le même ordre, ne vient dominer.

Contre ces propositions s'élèvent deux erreurs extrêmes. L'une attribue à l'Etat un pouvoir doctrinal sur les intelligences, et refuse à l'Eglise la souveraineté dont Jésus-Christ l'a investie. Nous avons montré que cette première erreur n'est pas capable de résister à la moindre discussion ; nous n'avons plus à y revenir.

L'autre erreur accorde à l'Eglise un pouvoir direct sur le temporel des rois. Elle est aussi directement contraire à la parole de Jésus-Christ qui a dit expressément : « Mon royaume n'est pas de ce monde. » Aussi, cette opinion est-elle aujourd'hui complètement abandonnée. Mais s'ensuit-il qu'il ne faille pas, avec le plus grand nombre des docteurs et des théologiens, reconnaître que l'Eglise et l'Etat, en remplissant, chacun, la mission respective qui leur est propre, et, sans sortir de leurs attributions particulières, exercent une action réciproque indirecte sur le domaine l'un de l'autre ? Ce serait être aveugle que de le nier. Il n'en peut être autrement, dès que l'Eglise et l'Etat ont pour sujets les mêmes individus et pour mission de les gouverner directement ou indirectement en vue de la même fin.

Ainsi l'Eglise a été instituée pour travailler directement à mettre l'homme en possession de la vérité et du bien infini. Il en résulte, pour elle, le devoir de définir les articles de la vérité qu'il doit croire et du bien qu'il doit faire. N'est-il pas vrai, dès-lors, que si l'Eglise remplit le devoir de sa mission, elle pose des actes contre lesquels l'Etat n'aura pas le droit de s'élever, des limites que l'Etat n'aura pas le droit de franchir ? C'est évident. L'Etat a pour mission et pour devoir, non seulement de ne rien faire qui empêche l'homme de tendre à sa fin, mais encore, nous l'avons dit, de lui faire un milieu favorable de tranquillité où il lui soit possible de travailler, en toute liberté, à réaliser ses suprêmes destinées. La conduite spirituelle de l'Eglise dans la sphère des doctrines, exerce donc indirectement une réelle influence sur la conduite de l'Etat dans la sphère de l'ordre social. C'est inévitable. Dès que l'Etat est obligé de tenir compte des fins de l'homme, et de concourir à leur poursuite et à leur réalisation par les moyens dont il dispose, il trouve là, dans cette fin, des conditions qui restreignent son absolutisme.

Mais, par contre, l'Etat remplit sa fonction avec conscience, il fait des lois, il les applique, il juge, récompense ou punit avec justice ; son action politique n'exerce-t-elle pas indirectement une influence sérieuse sur les intelligences ? C'est également incontestable. De même que la définition des doctrines a son contre-coup dans le domaine de la politique, ainsi la confection et l'exécution des lois ont le leur sur les idées et les croyances d'un peuple.

Eh bien, est-ce que cette action indirecte que l'Eglise et l'Etat exercent inévitablement l'un sur l'autre, en restant strictement, chacun, dans leur domaine propre, ne porte pas atteinte à leur souveraineté respective ?

C'est ce qui doit être, d'après M. E. Ollivier et les légistes. « La distinction du pouvoir direct et du pouvoir indirect, dit le premier, n'est que nominale, et sous le nom de pouvoir indirect, c'est un pouvoir direct que l'on poursuit. Si l'on admet que tout ce qui peut contribuer au salut, dépend de la juridiction du Pape, quel est l'acte du gouvernement temporel qui échappera à cette dépendance ? »

M. E. Ollivier fait là un misérable sophisme. Qui ne voit qu'on pourrait également rétorquer ce raisonnement contre les partisans de l'Etat et dire : « Si l'on admet que tout ce qui peut contribuer à l'ordre civil, dépend de la juridiction de l'Etat, quel est l'acte du gouvernement spirituel qui échappera à cette dépendance ? »

Or, de même que tous les actes du pouvoir spirituel qui contribuent indirectement à l'ordre civil, ne dépendent pas, par là même, du pouvoir politique, ainsi tous les actes du pouvoir politique qui influent indirectement sur les doctrines et sur l'état des esprits, n'appartiennent pas pour cela au pouvoir intellectuel de l'Eglise. Cependant, il ne suit pas de là que l'Etat n'ait pas un pouvoir souverain dans le domaine politique, ni que l'Eglise n'en ait pas un tout aussi souverain dans le domaine des doctrines.

Nous ne nions pas qu'il ne puisse y avoir des abus ; tous les hommes, clercs et laïques, sont capables d'erreurs et de fautes. Mais si le désordre n'est pas l'ordre, les abus que les hommes peuvent commettre, non plus, ne sont pas la règle de l'ordre à laquelle ils doivent se soumettre. Les légistes sont donc mal venus à s'appuyer sur les empiètements possibles des clercs, pour refuser à l'Eglise les pouvoirs dont Dieu l'a revêtue et l'action légitime qui lui appartient essentiellement sur les âmes, et par elles, indirectement sur les choses temporelles qui en dépendent. Les canonistes ne seraient pas mieux autorisés à s'appuyer sur les usurpations possibles des hommes d'Etat pour contester les prérogatives naturelles du pouvoir politique sur les choses du temps et, par elles, indirectement sur les âmes qui y sont attachées.

Il est certain que si l'Eglise et l'Etat restent chacun, dans leur véritable domaine respectif, ils demeurent l'un et l'autre en possession de la souveraineté absolue qui leur appartient à chacun. Si l'Etat se borne à faire des lois pour l'ordre civil et à les y appliquer d'une manière conforme à la raison, en respectant parfaitement la vérité, le droit et la morale, il ne touchera en rien au domaine de l'Eglise qui restera souveraine incontestée dans l'ordre intellectuel. Pareillement, si l'Eglise se contente de définir les dogmes et la loi morale dans leurs rapports avec tout ce qui intéresse la fin dernière de l'homme, elle n'empiètera en rien sur le domaine propre de l'Etat qui demeurera parfaitement souverain dans le domaine politique.

Il est bien vrai que, si l'Etat est obligé d'accepter et de suivre une règle intellectuelle, doctrinale, il n'a plus la liberté de se jeter en aveugle et en criminel dans l'erreur et dans le mal ; il ne peut plus absolument tout faire. Mais, qu'il se console, le pouvoir de tout faire, en dépit de la vérité et du bien, n'est que la puissance physique de la brute ; ce n'est pas la souveraineté morale qui lui convient et qui lui est nécessaire pour atteindre sa fin.

Du moment que le pouvoir intellectuel, auquel tout doit se subordonner, est le pouvoir même infaillible de la vérité, l'Etat ne peut être soumis qu'aux justes conditions de sa nature et de sa mission, il ne peut être réduit qu'aux justes limites en dehors desquelles il n'est plus souverain, en dehors desquelles il n'a plus même le moindre pouvoir. Ces limites étant celles de la vérité, il serait contre l'essence même des choses que l'Etat pût avoir quelques droits qui ne fussent pas circonscrits dans leurs lignes.

La subordination à l'Eglise, dans l'ordre intellectuel, ne porte donc aucune atteinte à la souveraineté de l'Etat dans l'ordre politique; loin de là, elle en est la véritable force et la plus sérieuse garantie. Tant que l'Etat reste soumis à l'autorité doctrinale établie par Dieu, il demeure certainement dans son domaine et il a incontestablement le droit d'exiger l'obéissance de ses sujets.

Quand, au contraire, l'Etat s'affranchit de cette soumission, il s'expose à sortir de la vérité et il n'a plus, dans la même mesure, le droit de contraindre ses sujets à l'obéissance; il court le danger de se heurter aux droits de leurs consciences qu'il doit respecter.

Il n'y a donc pas, dans la souveraineté politique de l'Etat, de prérogative qui soit inconciliable avec la souveraineté intellectuelle de l'Eglise, ni, dans la souveraineté intellectuelle de l'Eglise, de pouvoir qui blesse la souveraineté politique de l'Etat. Il est dans la nature des choses que le domaine de celui-ci soit subordonné au domaine de celle-là. Mais l'Eglise et l'Etat n'ont, ni l'un ni l'autre, de supérieur dans le domaine où, chacun, ils commandent respectivement en maîtres.

CHAPITRE XI

L'Eglise a le droit et le devoir de veiller sur l'enseignement de la Famille et des écoles publiques et d'exiger que ses enfants y soient instruits et élevés dans la foi de leur baptême.

La vérité de cette proposition ressort et découle de la souveraineté de l'Eglise comme mère et comme reine des intelligences. Comme mère, elle n'a pas seulement le droit et le devoir d'élever elle-même ses enfants dans la vie de leur Père céleste, elle est aussi rigoureusement tenue de veiller et de s'opposer de toutes ses forces à ce qu'ils ne soient pas déformés par un enseignement contraire à l'Evangile et d'exiger de leurs instituteurs qu'ils les instruisent dans la lumière de la foi. Comme reine, elle est strictement obligée de garder et de défendre la Constitution divine, les lois et les mœurs qui lui sont propres contre toutes les attaques de ses ennemis, de protéger chacun de ses sujets contre les mensonges de l'esprit d'erreur et de leur garantir à tous l'acquisition et la jouissance de la vérité qui leur est promise et réservée.

L'Eglise a ces droits et ces devoirs, soit vis-à-vis de l'Etat, soit vis-à-vis des Familles.

I

Vis-à-vis de l'Etat. L'Etat a beau avoir la force, l'Eglise a le droit et le devoir de lui interdire de rien faire et de rien permettre de contraire à la vérité dont elle est la gardienne et l'organe autorisé. L'Etat ne peut donc pas légitimement ouvrir une école pour combattre l'enseignement de l'Eglise ; bien plus, son devoir, par suite de sa subordination intellectuelle au Christ et à l'Evangile, est de veiller à ce que les chaires de ses écoles ne dégénèrent pas en ennemies des saines doctrines et en servantes du mensonge et de l'erreur.

L'Eglise de son côté ne peut fermer les yeux sur les leçons qui s'y donnent ; elle est tenue de signaler à l'Etat et de proscrire autant qu'elle le peut par ses condamnations, les enseignements erronnés et pervers qui s'y distribuent sous un couvert officiel. Certes, rien de plus grave que ce devoir ; si l'Eglise y manquait, elle abandonnerait la vérité et les intelligences à tous les attentats que les sophistes pourraient entreprendre contre elle à la faveur d'une position politique. Tout serait perdu, et ce serait par sa faute.

Par conséquent, de même que l'Etat a le droit de pénétrer dans les établissements libres pour s'assurer qu'il ne s'y enseigne rien de contraire à sa Constitution, à ses lois et aux bonnes mœurs, ainsi l'Eglise doit avoir celui d'entrer jusque dans les écoles gouvernementales pour veiller à ce qu'elles ne se mettent pas au service de l'erreur contre la vérité. C'est ce qu'avait fait la loi de 1850 avec un grand esprit de sagesse et de conciliation. Elle avait attribué réciproquement à l'Etat et à l'Eglise, sur leurs écoles respectives, l'exercice des droits particuliers qui leur peuvent respectivement compéter, en raison de leur mission sociale propre à chacun. Faute d'une disposition équivalente, il n'y aura jamais dans les écoles la moindre sécurité pour les intelligences et les consciences des enfants. Le brigandage intellectuel pourra s'y exercer tranquillement contre la faiblesse et la simplicité de l'enfance, et ce qui est bien pire, avec l'aide du prestige qui s'attache aux institutions du Gouvernement.

Mais, ce n'est pas assez de ne pas combattre la vérité au profit de l'erreur. L'Etat a besoin de la vérité, car il ne peut pas vivre de ce qui n'est pas, mais de ce qui est.

L'Etat est soumis à la vérité, à qui il appartient essentiellement de régner sur tout ce qui est intelligence ou dérive de l'intelligence.

L'Etat est constitué pour faire à l'homme des conditions temporelles et terrestres qui lui permettent de poursuivre, en toute liberté, la conquête de la vérité qui est sa fin. L'Etat doit donc servir la vérité pour servir l'intelligence humaine et, par là, remplir sa propre mission. S'il négligeait la vérité, il ferait à l'homme une condition sociale qui l'éloignerait de sa fin ; il manquerait lui-même le but de son institution.

L'Etat est une œuvre du Créateur ; il doit donc concourir, à sa place et par la vertu qui lui est propre, à l'accomplissement final des desseins de Dieu. Voilà pourquoi les grands empires payens nous apparaissent dans les prophètes et dans l'histoire comme des agents qui contribuent, à leur insu, par leurs œuvres, à préparer l'avènement du Messie. Leurs erreurs et leurs vices étaient, dès lors, en opposition avec leurs destinées ; ils étaient et ils ont tous été faits pour embrasser la vérité et travailler à son triomphe.

Mais les Etats chrétiens ont plus particulièrement la mission de servir l'Eglise dans l'œuvre de la rédemption et du salut des âmes. C'est ce qu'annonçait le Seigneur, quand il disait par la bouche d'Isaïe « Voici que j'élèverai ma main vers les nations et que je dresserai mon signe devant les peuples. Et ils t'apporteront tes fils dans leurs bras, et ils porteront tes filles sur leurs épaules. Et les rois seront tes nourriciers et les reines tes nourricières, et ils te vénéreront la face contre terre et ils baiseront la poussière de tes pieds. » (1)

Rien, du reste, de plus conforme à l'ordre naturel. La loi morale ne veut-elle pas que la force serve le droit et l'intelligence, et que les choses du temps contribuent au salut éternel des âmes ? Ainsi ont compris et accompli leur mission les rois et les empereurs chrétiens qui ont mis leurs épées et leurs richesses au service de l'Evangile et qui ont couvert l'Europe civilisé de temples et d'écoles, pour fournir à l'Eglise les moyens de le semer et de l'implanter dans les âmes.

Or, ce qui a été le devoir des Etats dans le passé, ne l'est pas moins dans le présent et le sera tout autant dans l'avenir. Quand les Etats chrétiens ouvrent des établissements d'instruction, il faut nécessairement que ce soit pour la diffusion de la vérité chrétienne. Comment d'ailleurs concevoir, chez les peuples chrétiens, des écoles d'où serait banni l'enseignement de la vérité évangélique ? De telles écoles ne seraient que des moyens détournés et perfides pour y éteindre la lumière et y propager les ténèbres. Bien plus, il faut que partout où les besoins des peuples le réclament, les gouvernements érigent des chaires qui soient comme des foyers élevés, d'où la vérité évangélique rayonne avec éclat sur tous les esprits.

Le droit des familles lui en impose l'obligation. L'Etat, nous l'avons établi, est constitué pour suppléer à leur insuffisance. Si donc les familles sont fondées à lui demander des écoles qui forment l'esprit de leurs enfants dans la connaissance des lettres et des sciences humaines, elles ne le sont pas moins pour exiger de lui, quand elles sont chrétiennes, des écoles qui élèvent leurs fils et leurs filles dans les lettres et les sciences divines.

Telle est aussi l'exigence que l'Eglise a le droit de lui intimer. Car l'ordre intellectuel réclame que tout être vrai et bon concoure à répandre la vérité et le bien et que quiconque peut nuire à la vérité par son indifférence, mette son zèle à la propager. Par conséquent, comme c'est l'Eglise qui est proprement chargée, sous sa responsabi-

(1) Is. XLIX.

lité, de répandre la lumière divine, c'est à elle d'appeler à son aide tous ceux qui, par leur abstention, créeraient des obstacles à l'accomplissement de sa mission. Elle a donc le droit de s'associer les Etats dont la neutralité ne pourrait qu'équivaloir à une sourde hostilité.

Sans doute, en dehors de l'Evangile, nous l'avons établi, les Etats ne peuvent pas avoir de doctrines ni d'action directe sur les intelligences ; ils manquent de l'autorité et de la direction intellectuelles nécessaires pour remplir utilement un semblable ministère. Mais il n'en est pas de même dans l'ordre surnaturel où sont élevés les peuples chrétiens par leur soumission à l'Eglise. Sous la direction de son autorité dogmatique, les Etats ne sauraient faire un meilleur emploi de leur puissance que de la faire servir à la propagation de vérité évangélique.

Voilà pourquoi les législateurs de 1850 avaient mis le catéchisme et l'histoire sainte au nombre des matières dont l'enseignement devait être obligatoire dans les écoles publiques. Ils n'avaient fait que remplir un grave devoir.

II

L'Eglise a également le droit d'exiger des parents qu'ils instruisent et élèvent chrétiennement leurs enfants.

En effet, dès lors que les parents sont baptisés, ils sont aussi ses fils et ses sujets. Ils sont donc soumis au Droit canonique.

En outre, l'Eglise n'admet jamais un enfant au baptême sans que ses auteurs y consentent et sans qu'ils prennent l'engagement formel de l'élever dans la foi de sa régénération. Il y a ainsi, relativement à cet objet, une pacte solennelle entre l'Eglise et les parents. Ces derniers manquent donc à leur parole et à leur honneur, lorsqu'ils s'affranchissent de l'obligation qu'ils ont librement contractée d'élever chrétiennement leurs enfants. Aujourd'hui, il y a trop de pères de famille qui traitent leurs engagements sur ce point avec une singulière désinvolture. Ils veulent que leurs enfants soient baptisés, ils se croiraient mauvais pères, s'ils les privaient volontairement de cet immense bienfait. Et quand leurs enfants atteignent l'âge de raison, ils jugent bon encore de leur faire donner une teinture d'instruction chrétienne, mais ils regarderaient comme un excès ridicule de former leurs âmes tout entières dans une connaissance approfondie et dans une pratique exacte de l'Evangile. Ils manquent à la logique autant qu'à la morale. Comment ne voient-ils pas qu'il ne peut leur être permis d'élever ou de laisser élever leurs fils dans une vie en opposition avec celle dans laquelle ils les ont fait entrer ? Ils n'en sont pas moins coupables envers Dieu, envers l'Eglise et envers leurs enfants, dont ils violent les droits sacrés, en méconnaissant leurs propres devoirs.

Mais voici un enfant qui, contre la défense formelle du droit canonique, a été baptisé, avant l'âge de raison, sans le consentement de ses auteurs : l'Eglise doit-elle, peut-elle même exiger qu'il soit élevé chrétiennement ? Incontestablement. Il est de l'essence même des choses que les êtres soient élevés conformément aux lois de leur nature. Un être naît avec la nature humaine : il a beau regretter ensuite d'être venu au monde sous l'empire des lois propres et essentielles à cette nature, il y est et il faut, nous l'avons dit, qu'il y demeure ; il faut que, conformément aux lois de l'humanité il soit élevé et qu'il vive dans la lumière d'une saine raison et dans la possession de la liberté morale. C'est le devoir de ses auteurs de l'y élever ; c'est son devoir propre d'y vivre ; rien ne les en peut dispenser, ni les soustraire à la responsabilité qui en résulte. Car si l'homme, dans sa liberté, a le droit de jouir de sa nature, il n'a pas celui d'en disposer ; c'est lui-même qui est assujéti aux lois qui la font ce qu'elle est.

Ainsi, en est-il de celui qui est né enfant de Dieu. Il a beau regretter, par un renversement monstrueux du sens humain, d'avoir été régénéré par le baptême dans la nature divine, et dès lors d'avoir été mis sous l'empire des lois propres et essentielles à la Divinité ; il est ainsi né à la vie divine, il faut qu'il demeure ce qu'il est et qu'il soit ce qu'il doit être. Il a beau dire, avec ses auteurs selon la chair, qu'ils n'a pas été consulté. Le fait positif de son baptême a pour eux tous des conséquences inéluctables qui ne dépendent d'aucune volonté ; il ne peut appartenir à personne de pouvoir les méconnaître. Par le fait qu'il est réellement fils de Dieu, il faut qu'il soit élevé en fils de Dieu et qu'il vive en fils de Dieu dans la lumière surnaturelle de la foi et dans la loi morale de l'Evangile.

L'Eglise a donc parfaitement raison d'exiger que tous les enfants baptisés soient élevés dans la vie chrétienne, quand bien même ils auraient été régénérés à l'insu et contre la volonté de leurs parents. Il est juste que la réception du baptême soit laissée à notre volonté ou à celle de nos auteurs. Mais une fois que nous sommes devenus enfants de Dieu, il n'est pas possible que les devoirs dérivant de ce fait, dépendent de notre liberté ou du pouvoir de qui que ce soit au monde.

Mais les parents se révoltent contre leurs nécessaires devoirs. Ce sont des payens, des juifs ; ils vont mettre tout en œuvre pour détruire dans leur enfant le fruit du baptême. Quel est le droit, le devoir de l'Eglise ? C'est d'arracher le baptisé aux mains de ceux qui veulent le perdre, et de se charger elle-même de son instruction et de son éducation dans la foi. Elle est mère, et une mère, nous l'avons dit, doit être prête à donner sa vie terrestre pour sauver la vie céleste de son enfant. Elle est reine, et la mission d'une reine, c'est de défendre, jusqu'à la mort, sa sujette contre toute injustice et de lui garantir à tout prix les biens spirituels auxquels elle a droit.

C'est, en effet, ce qu'elle a prescrit dans le Droit canon. (Cap. Judæorum II causa 28. q. I. Concil. Tolet. 4.) et c'est aussi ce qu'elle fait dans la mesure de ses forces, comme le prouve l'histoire de l'enfant Mortara. Baptisé secrètement par une servante chrétienne, cet enfant fut enlevé en 1853, par ordre de Pie IX, aux mains de ses parents qui étaient Juifs et il fut confié à un établissement chrétien pour y être élevé chrétiennement. C'est lui qui depuis est devenu le chanoine Mortara.

Mais alors, nous dit-on, que faites-vous des droits imprescriptibles des parents ?

Eh quoi ! les parents n'ont ni autorité ni droit pour détruire le bien naturel qui est dans leurs enfants, comment pourraient-ils en avoir pour détruire la vie divine elle-même qui leur a été communiquée dans le baptême ? Ils n'ont ni autorité ni droit pour reproduire en leurs enfants leurs défauts naturels qui les abaissent, les déshonorent eux-mêmes, à quel titre en auraient-ils pour vouloir que leurs enfants soient, comme eux-mêmes, privés de la lumière et de la sainteté divines ? Nous le répétons, les parents n'ont de droit sur leurs enfants que pour les combler de biens et non pour les dépouiller de ceux qu'ils possèdent, ou pour les empêcher d'acquérir ceux qui leur manquent.

Un enfant a été baptisé ; le vrai droit et même le devoir de ses auteurs, nous le répétons, c'est de pourvoir autant qu'ils le peuvent à ce qu'il soit élevé dans la vie de son baptême. Sans doute, telle n'est pas leur conviction ; ils croient avoir le droit d'étouffer cette vie qui ne vient pas d'eux et qui a été transmise à leurs enfants contre leur gré. Leur erreur est impuissante à changer la nature des choses ; elle ne peut leur donner de droit qui répugne à leur ministère ou à la nature de la grâce. On affirme le contraire ;

autant vaudrait soutenir que la vie divine qui est dans un enfant, est à la merci de ses auteurs suivant la chair, quand la vie humaine elle-même dont il jouit, est au-dessus de tous leurs pouvoirs. Les parents se retranchent derrière les droits de leur autorité ; autant vaudrait encore prétendre qu'atteints de folie, par exemple, ils ont dans leur autorité, le droit de tuer la raison dans leurs enfants, afin de se reproduire en eux avec le vice qui fait leur propre malheur. Evidemment le seul vrai droit des parents, c'est de voir leurs enfants aussi parfaitement élevés que possible, c'est de jouir dans leurs enfants des biens les plus sublimes qui soient à la disposition de l'homme. Rien de plus contraire à un tel droit que celui de dépouiller leurs enfants de la vie divine pour ne leur permettre de vivre que d'une vie inférieure.

Du reste, ainsi que nous l'avons montré au chapitre second de notre premier livre, le principe de cette doctrine est admis dans le Code pénal. Comme l'Eglise refuse aux payens et aux Juifs d'élever leurs enfants baptisés en opposition avec la loi de leur baptême, ainsi l'Etat refuse aux parents de former leurs enfants à la pratique de la corruption et de la débauche, en opposition avec les lois de l'honnêteté et de la pudeur. Le principe est le même, l'application seule en est plus étendue dans le premier cas que dans ce dernier.

Ainsi l'Eglise a le droit de veiller sur l'éducation qui est donnée à ses enfants aussi bien dans le sanctuaire de la famille que dans les écoles publiques, et d'exiger que cette éducation soit en rapport avec la vie surnaturelle qu'elle leur a transmise par le baptême. Non, il n'y a ni dans le pouvoir politique, ni dans le pouvoir paternel, de droit qui soit en opposition avec ceux qu'elle possède comme mère et comme reine. Suivant l'ordre voulu de Dieu, nous le répétons, elle est maîtresse souveraine, pour élever les âmes à leur fin dernière, elle ne peut trouver d'obstacle que dans les révoltes de la force brutale. Eh bien, a-t-elle aussi la force à son service pour dompter celle qui lui est opposée ? C'est ce que nous allons voir au chapitre suivant qui formera la conclusion de ce dernier livre.

CHAPITRE XII

De la Sanction des Droits de l'Eglise.

Dieu est admirable par la variété et l'harmonie de ses voies. Il a donné le pouvoir politique à l'Etat qui étend son empire sur les corps, mais il lui a refusé le pouvoir intellectuel qui s'exerce sur les âmes. Par contre, il a donné le pouvoir intellectuel à l'Eglise pour gouverner les âmes et il lui a refusé le pouvoir politique dont elle aurait besoin pour contraindre les corps. Roi des rois, maître de toutes les couronnes par droit de naissance, Jésus-Christ a formellement renoncé à tous les trônes de l'univers, refusant de se laisser proclamer roi, déclarant qu'il n'a pas été constitué juge des différends de la terre, et proclamant à son heure suprême que son royaume n'est point de ce monde. (1)

Et l'Eglise qu'il a instituée pour le représenter et continuer sa mission dans l'humanité, il l'a faite ce qu'il est, reine et maîtresse des âmes, et il lui a délégué ses pouvoirs sur les intelligences ; mais il ne lui a conféré aucun pouvoir politique sur les nations ; il ne l'a faite reine temporelle d'aucun peuple.

Les peuples chrétiens, dans leur admiration et leur reconnaissance, pourront déférer constitutionnellement à son vicaire le sceptre de vingt royaumes. Il n'y a pas incompatibilité absolue entre la royauté terrestre et la royauté céleste. Pour recevoir la royauté surnaturelle de Dieu sur les âmes, le successeur de Pierre n'est point inhabile à être désigné pour exercer la souveraineté naturelle des rois sur les peuples. Toutefois Dieu qui a créé le monde, ne vient pas, en fondant son Eglise, renverser les institutions qu'il y a établies. Il a donné aux rois les couronnes de la terre, il les leur laisse ; il ne veut pour lui et pour son Eglise que l'empire intellectuel sur les âmes. Ainsi, de par l'institution de son Fondateur, l'Eglise n'a pas de pouvoir terrestre pour se défendre contre les violateurs de ses droits. Quel

---

(1) Joan. VI. 15. Matth. XIV. 23. Luc XII. 14. Joan. XVIII. 36.

moyen de sanction a-t-elle donc pour imposer le respect de ses lois ?

Dieu a voulu que les rois chrétiens, comprenant les services qu'elle rend à l'ordre social, aient souvent mis en retour à son service la puissance de la société politique. Pour n'en citer que quelques-uns, Constantin, Théodose I*er*, Charlemagne, Saint Louis, ont aimé à se proclamer *évêques des affaires extérieures* et Auxiliaires du Saint-Siège *en toutes choses*.

Est-ce un mal, comme le répètent à grands cris les libéraux ? La puissance civile ne doit-elle jamais soutenir le pouvoir religieux ni la force se mettre au service de la vérité et des âmes ? Eh quoi ? nous l'avons dit, peut-il y avoir rien en soi de plus conforme à la nature des êtres et à l'ordre divin ? Tout n'est-il pas fait pour la vérité et pour les âmes ? N'est-il pas raisonnable que les êtres inférieurs servent les supérieurs et que la matière concoure aux œuvres de l'esprit ? N'est-ce pas la perfection, quand la force n'entre jamais en jeu que sous la direction de l'intelligence et pour les justes fins de l'intelligence ? Qui le contestera ?

Les libéraux prétendant que, parfaitement distinctes, la puissance spirituelle et la puissance temporelle doivent être et rester complètement séparées et isolées. C'est une erreur ; tout ce qui est distinct dans le monde, est fait pour s'unir en un tout unique et parfaitement harmonieux et concourir avec ensemble à un même but suprême. N'est-ce pas l'homme qui est le centre, le lien et la fin de tout ? Et, dans l'homme, ce qui est la raison, le terme dernier de tout, n'est-ce pas son âme avec sa destinée finale ? Evidemment, tout est fait pour servir l'homme dans la réalisation de la fin dernière de son âme. Il est donc nécessaire que toutes les puissances s'unissent pour concourir, suivant leur ordre et leur vertu, à mettre l'homme en possession de sa perfection souveraine, définitive. Leur division ne ferait que dissoudre le faisceau de forces que le Créateur a formé avec soin dans ce but suprême. Ce serait un divorce contre nature, un divorce qui ne serait pas moins fatal au salut éternel de l'homme que la séparation des époux, à l'éducation morale des enfants.

La séparation de l'Eglise et de l'Etat n'est pas seulement une faute, elle est toujours un immense malheur. N'est-elle pas cependant nécessaire, lorsque les citoyens sont divisés de croyances ou même qu'ils n'ont plus de religion ?

Oui, la séparation de l'Eglise et de l'Etat peut s'imposer comme un mal qu'il faille subir pour ne pas en produire un plus grand. Mais ce n'est jamais un droit qu'on doive respecter et qu'on puisse exercer librement sans crime et sans préjudice pour le bien commun. Le devoir de ceux qui sont obligés de tolérer ce mal, c'est de travailler prudemment à y remédier par tous les moyens en leur pouvoir. L'union de l'Eglise et de l'Etat, à cause de l'action réciproque de l'un sur l'autre, est impérieusement requise par les intérêts respectifs dont ils ont l'un et l'autre la garde.

Enfin, pour détourner l'Etat de prêter à l'Eglise l'appui de son bras, les libéraux soutiennent encore qu'il est contre nature de peser sur les âmes par la force matérielle en vue de les arracher à leurs erreurs. D'après eux, il ne serait jamais permis d'user, pour les amener à la vérité, que de la force intellectuelle de la vérité elle-même.

Un tel raisonnement est spécieux ; au fond, il est faux, parce qu'on n'y tient pas compte des conditions dans lesquelles se trouve l'esprit humain. Ainsi, il serait juste, s'il n'était pas vrai que les passions organiques aveuglent l'entendement et entraînent la volonté. Dans ce cas, l'intelligence serait exempte de toute pression venant d'en bas ; on ne devrait donc agir sur elle que par la force intellectuelle de la vérité.

Mais, dans les conditions actuelles de l'humanité, la lumière intellectuelle ne suffit pas pour désiller les yeux de l'âme séduite, enchantée, aveuglée, entraînée par les désirs ardents de la chair qui la brûlent et par les charmes des biens sensibles qui les enflamment. Pour la sauver de cette fascination, de la cécité mentale et de l'asservissement moral qui en résultent, il est souvent indispensable d'en combattre directement les causes, c'est-à-dire de soustraire l'âme à l'attrait des créatures en la soustrayant à leur présence, et d'abattre l'exaltation des sens, en affligeant la chair de quelques peines médicinales. C'est par ces raisons, on s'en souvient, que nous avons justifié le régime des corrections corporelles dans l'éducation de l'enfance. Or, comme relativement à sa perfection finale, l'homme est toujours un enfant en travail d'éducation, ce qui est tant recommandé par les Saints-Livres pour l'enfant en voie de s'élever à la perfection de l'homme, ne doit pas être moins bon pour l'homme en voie de devenir un saint.

Nous répéterons seulement ici ce que nous avons déjà dit. Ce qui est difficile, ce n'est pas d'expliquer la légitimité de la contrainte corporelle dans la formation des âmes ; c'est de faire de ce principe une application vraiment politique, vraiment heureuse. Comme il y a des enfants à qui il n'est jamais bon de faire sentir la verge, il y a aussi des âmes, il y a même des peuples à qui il ne faut jamais faire subir une autre pression que celle de la vérité et du bien lui-même. Toutefois, si le danger de faire une application fâcheuse de ce principe doit rendre les gouvernements et les instituteurs plus prudents et plus circonspects dans sa mise en pratique, ce n'est pas une raison de ne pas s'en servir, quand c'est possible avec profit pour les deux sociétés terrestre et céleste. Nous le répétons, il ne faut pas juger des devoirs et des droits des Etats qui sont dans l'ordre surnaturel et qui se meuvent sous la direction doctrinale d'une autorité intellectuelle infaillible, par les droits et les devoirs des Etats qui sont dans l'ordre naturel et qui manquent d'une lumière doctrinale absolument sûre. Ceux-ci commettraient la plus ridicule et la plus abominable tyrannie, s'ils prétendaient se servir de la contrainte pour plier les esprits à une doctrine. Mais ceux-là ne feraient que remplir leur devoir, s'ils pouvaient prudemment mettre leur puissance au service de l'Eglise pour propager la vérité et défendre les âmes contre l'erreur.

Nous n'ignorons pas tout ce que cette doctrine soulève de violentes répulsions et de protestations furibondes dans le camp dit libéral, toutes les injustes représailles et toutes les cruelles vengeances qu'elle provoque de la part des hérétiques et des apostats. « Vous êtes les ennemis de la liberté, nous crient-ils, vous n'avez pas le droit de l'invoquer. Vous refusez la liberté à ceux qui ne pensent pas comme vous, on vous la refusera à vous-mêmes impitoyablement. » Fort bien, nous voyons certainement dans tout cela des passions ardentes, des colères violentes, mais pas l'ombre de raison ni de logique. Nous croyons que MM. les libéraux se laissent emporter beaucoup trop vite par leur indignation. Nous n'irons pas jusqu'à dire que cette doctrine ne blesse pas le cœur de l'homme dans ses aveugles penchants ; mais en quoi choque-t-elle son intelligence ? Ce n'est pas en elle-même ; c'est la raison qui l'impose ; oui, il est souverainement raisonnable qu'on se serve de la contrainte corporelle pour dissiper les fascinations aveugles qui viennent de la chair, pour rendre les âmes à elles-mêmes et ouvrir leur intellect à la vérité ; c'est souvent le seul moyen de les sauver.

Ce n'est pas dans son application. D'après cette doctrine elle-même, il ne faut se servir de la contrainte corporelle pour agir sur les âmes, que lorsqu'on a la certitude prudente de ne leur faire aucun mal, d'une part, et de l'autre, de leur faire le bien dont elles ont besoin ;

les Etats, évidemment, ne peuvent se servir de la contrainte physique pour aider au triomphe de la vérité que d'après les règles d'après lesquelles les pères peuvent se servir de la verge pour corriger leurs enfants.

Du reste, ce qui ôte aux protestations des libéraux la plus grande partie de leur force, c'est qu'ils ne les ont jamais fait entendre que contre l'Eglise et contre les Etats catholiques. En Angleterre, en Prusse, en Russie, ce sont les souverains politiques qui sont aussi souverains Pontifes. Ne mettent-ils pas tous les jours leur puissance au service de la religion officielle de leurs Etats ? Et les libéraux se taisent ? Et cependant ces souverains n'ont aucune autorité doctrinale, ni aucune direction intellectuelle infaillible. Leur intervention politique en faveur de leurs croyances religieuses, est donc, chez eux, un véritable empiètement sur un domaine qui doit leur rester complètement étranger. Si dès lors les libéraux ne protestent pas contre cette tyrannie, ce n'est donc pas même l'abus de cette doctrine qui leur déplaît. Combien qui s'en rendent coupables eux-mêmes, dès qu'ils arrivent au pouvoir ! Ce qui leur déplaît, c'est qu'on en ait quelquefois fait application à quelques-uns de leurs ancêtres.

Ils peuvent se tenir tranquilles aujourd'hui. Ce n'est pas eux qui en sont menacés. La plupart des Etats, bien loin d'être prêts à servir l'Eglise, lui sont hostiles ou au moins indifférents. L'Eglise ne peut plus compter sur eux pour soutenir son autorité.

N'a-t-elle donc plus aucun secours à attendre des hommes ?

Elle peut et elle pourra toujours s'appuyer sur les droits civils et politiques des citoyens qui sont ses enfants et ses sujets.

Il plaît en effet à des citoyens de reconnaître la divinité de l'Eglise et de se soumettre intellectuellement à son autorité doctrinale. Ils ont le droit de revendiquer la liberté de leur conscience à l'endroit du pouvoir civil qui est lui-même sans titre pour la gouverner. Ils ont donc le droit d'exiger que leur gouvernement ne prenne aucune mesure politique capable de porter atteinte aux droits de l'Eglise dans l'ordre du salut. Avec de la constance, ils parviennent souvent à obtenir des lois qui sont favorables à leur foi. C'est ainsi que peu à peu, par l'action politique qui leur est propre, ils peuvent amener leur Gouvernement à devenir lui-même chrétien et à remplir à l'égard de l'Eglise tous les devoirs d'un pouvoir chrétien.

Mais il y a des nations qui se mettent complètement en révolte contre l'Eglise ; quel est le châtiment qui les attend ?

Les citoyens, dans ces nations, perdent bien vite la vérité, et avec elle, la notion du droit. De là, par une pente rapide, ils tombent progressivement dans toutes les servitudes. Comme nation, ils se précipitent dans l'anarchie, à moins qu'ils ne courbent la tête sous le joug de fer d'un despote. Ce n'est pas tout ; Dieu tient en réserve des vengeances particulières. Ecoutez le Prophète-roi : « Pourquoi les nations ont-elles frémi et les peuples, médité de vains complots, s'écrie-t-il ?

Les rois de la terre se sont levés et les princes se sont réunis ensemble contre le Seigneur et contre son Christ.

Brisons leurs liens ; *ont-ils dit*, et rejetons leur joug loin de nous.

Celui qui habite dans les cieux, se rira d'eux et il les accablera d ses dérisions.

Alors il leur parlera dans sa colère et il les bouleversera dans sa fureur.

Ensuite s'adressant à son Fils : « Tu les gouverneras, *lui dit-il*, avec une verge de fer et tu les briseras comme un vase d'argile.

Et maintenant, ô rois, comprenez, instruisez-vous, vous qui jugez la terre.

Servez le Seigneur dans la crainte et triomphez pour lui avec tremblement.

Acceptez sa discipline, de peur que le Seigneur ne s'irrite et que vous ne périssiez en sortant de la voie juste.

Lorsque bientôt s'enflammera sa colère, bienheureux seront ceux qui se confient en lui. » (Ps. 11).

L'histoire prouve que les menaces du prophète n'ont jamais été vaines. Les Etats qui se sont heurtés à la pierre angulaire qui est Jésus-Christ, se sont brisés, et tous ceux sur qui cette pierre est tombée, ont été écrasés.

Achevons en disant que, société complète et souveraine, l'Eglise a dans sa vie intérieure tous les pouvoirs dont elle a besoin pour faire respecter par ses propres enfants son autorité et ses droits. Nous l'avons dit, elle suspend ses ministres de leurs fonctions, elle les dépose et elle les dégrade suivant les crimes dont ils sont coupables. Pour certains attentats, elle frappe d'interdit ses sujets et les lieux saints. Enfin, elle retranche de son sein ceux de ses membres qui s'opiniâtrent dans le scandale.

L'Eglise a donc ses tribunaux ; juste juge, elle ne condamne pas, sans entendre la défense des accusés.

Elle a donc aussi le droit d'employer la force à l'égard de ses propres sujets pour faire exécuter ses sentences ; sinon ses jugements seraient dérisoires et les criminels se moqueraient de ses condamnations. Elle a, dès lors, le droit d'avoir ses prisons et ses officiers, et jadis, elle les avait sans conteste.

Cependant, comme société spirituelle, elle n'a jamais frappé personne de mort. Elle frappe, au contraire, d'irrégularité ceux de ses membres qui participent à une condamnation capitale. Quand elle s'est trouvée en face d'un criminel ayant mérité le dernier supplice, elle l'a toujours livré au bras séculier.

Aujourd'hui, dans notre société telle qu'elle est issue de la révolution, les tribunaux ecclésiastiques n'ont plus le pouvoir de faire exécuter temporellement par eux-mêmes leurs sentences. Ils en sont empêchés par l'Etat. C'est une violence que l'Eglise subit avec résignation, pour ne pas occasionner de plus grands maux par des revendications dangereuses. Cependant, dans certains cas, jusqu'à ces derniers temps, l'Etat s'est encore cru obligé d'en faire lui-même respecter les lois et exécuter les jugements. Mais, à mesure que la séparation entre les deux sociétés devient plus profonde, le nombre de ces cas devient aussi de plus en plus restreint.

Quelle que soit l'infidélité des peuples à l'ordre évangélique, il reste toujours Dieu pour exécuter lui-même les sentences de l'Eglise sur ses enfants. C'est des malédictions de l'Eglise surtout qu'il faut dire comme de celles d'une mère : « Elles arrachent jusqu'aux fondements des maisons sur lesquelles elles tombent. »

Notre tâche est achevée. Nous avons défini et établi de notre mieux les Droits et les Devoirs de la Famille, de l'Etat et de l'Eglise en matière d'enseignement et d'éducation. Nous avons bien dû demander à l'histoire ce qu'ont pensé et fait les hommes à ce sujet ; mais nous n'avons pu nous arrêter à leurs opinions souvent si contradictoires les unes par rapport aux autres. Nous avons dû étudier la nature même des êtres dont il s'agissait de définir les attributions, nous avons interrogé leurs principes et consulté leurs fins. C'est d'après les réponses claires et précises qui nous sont venues de ces profondeurs que nous avons dit : « Voilà ce que doivent et peuvent la Famille, l'Etat et l'Eglise en matière d'enseignement et d'éducation. » Il ne se peut que nous ne nous soyons heurté à bien des préjugés. Nous attestons que nous n'avons jamais eu en vue que les intérêts de la pure vérité. Nous n'avons jamais cherché que les lois réelles auxquelles il faut que la Famille, l'Eglise et l'Etat soient soumis pour être ce qu'ils doivent être et pour remplir fidèlement leurs nécessaires destinées.

Puissent ces Etudes sincères apporter quelque lumière sur un sujet si important et contribuer pour une part à la défense de la vérité et au triomphe du bien !

FIN

AUTEURS A CONSULTER

Sur le Sujet de ce quatrième Livre.

Le P. BOTTALA S. J. *De l'Autorité infaillible du Pape dans l'Eglise et dans les rapports avec l'Etat.* 2 vol. in-8°. Oudin. Paris.

L'abbé CHESNEL. *Les Droits de Dieu et les Idées modernes.* 2 vol. in-8. Oudin, Paris,

Le P. LIBERATORE. *L'Eglise et l'Etat.* 1 vol. in-8. Palmé, Paris.

Le P. MONSABRÉ. *Carême.* 1882.

Le P. SAMBIN. *Histoire du Concile du Vatican.* 1 vol. in-8. Oudin, Paris.

Le P. TARQUINI. *Les Principes du Droit public de l'Eglise réduits à leur plus simple expression.*

La Revue Catholique des Institutions et du Droit. Baratier et Dardelet. Grenoble.

Octobre 1874. Claudio JANNET ;

Janvier et Juin 1875. Jude de KERNAERET ;

Février 1879. Lucien BRUN ;

Mars 1879. G. DESJARDINS ;

Novembre 1879. TOUZAUD :

Février et Août 1880. H. ROUZIÈRE ;

Novembre 1881. Mgr de KERNAERET, Abbé CHÈRE, P. RAMIÈRE, BRAC de la PERRIÈRE, Abbé PILLET.

Janvier et Février 1882. P. COUSSEYROUX :

Avril et Juillet 1882. G. MOULLIÉ.

DES

DROITS ET DES DEVOIRS

DE LA FAMILLE ET DE L'ÉTAT

EN MATIÈRE

D'ENSEIGNEMENT ET D'ÉDUCATION

Tous droits réservés.

MONTBÉLIARD, IMPRIMERIE P. HOFFMANN. — 2, 215.

DES

DROITS ET DES DEVOIRS

DE LA

FAMILLE ET DE L'ÉTAT

EN MATIÈRE

D'ENSEIGNEMENT ET D'ÉDUCATION

OUVRAGE COURONNÉ

PAR L'ACADÉMIE DES SCIENCES MORALES ET POLITIQUES

AUGMENTÉ D'UNE

ÉTUDE COMPLÉMENTAIRE

SUR

LES DROITS ET LES DEVOIRS DE L'ÉGLISE

EN LA MÊME MATIÈRE

AVEC L'APPROBATION DE PLUSIEURS ARCHEVÊQUES ET ÉVÊQUES

par l'Abbé J^h **CROZAT**

MEMBRE CORRESPONDANT DE L'ACADÉMIE DELPHINALE

DEUXIÈME ÉDITION

LYON

DELHOMME & BRIGUET, Libraires

3, Avenue de l'Archevêché, 3.

1883

PRÉFACE

DE LA DEUXIÈME ÉDITION

Extrait du rapport de M. Beaussire à l'académie des sciences morales et politiques.

« Les mémoires N°s 4 et 6 présentent une étude plus complète et plus approfondie du sujet. Leurs auteurs font preuve d'une science beaucoup plus étendue...

Le N° 6 se compose de neuf cahiers in-folio formant un ensemble de 813 pages.

Cette œuvre intéresse par l'esprit libéral qui l'anime d'un bout à l'autre, par une élévation constante, par une certaine force de pensée, enfin par l'accent d'une entière sincérité....

Seul entre tous les mémoires envoyés au concours, l'auteur s'étend sur les devoirs des parents dans toutes les parties de l'éducation. Il considère successivement l'éducation du corps, l'éducation de l'intelligence et de ses diverses facultés, l'éducation de la volonté et du caractère, l'éducation morale et religieuse. Il indique aux parents leurs obligations, non seulement quand ils élèvent eux-mêmes leurs enfants, mais aussi quand ils les confient à des maîtres....

Dans une série de chapitres... il combat par des arguments excellents tout retour soit franc et direct, soit détourné et déguisé, au monopole de l'Etat. Il repousse surtout la prétention d'imposer aux familles l'enseignement de l'Etat pour assurer soit le maintien de l'unité, soit du caractère national, soit d'une doctrine nationale.

Il montre qu'une telle prétention, si elle pouvait aboutir, n'aurait pour effet qu'une uniformité de sentiments et de pensées qui serait à la fois une odieuse tyrannie et le pire obstacle à tous les progrès.

Il serait désirable qu'une œuvre de cette importance et de cette valeur fût publiée.... »

L'honorable rapporteur fait ici quelques observations dont l'auteur avait reconnu la justesse et dont il a fait bénéficier son livre.

L'auteur aurait été heureux de donner également satisfaction à M. BEAUSSIRE sur tous les autres points de sa critique. Rien ne lui eût moins coûté s'il n'y eût eu en jeu que son sentiment personnel. Mais comme il y va de l'intérêt des doctrines, il lui demande la permission de répondre brièvement à ses observations avec tout le respect dû à un juge aussi compétent.

1° M. le rapporteur nous reproche « d'avoir emprunté la plupart de nos citations aux écrivains catholiques. » La vérité, c'est que sur 230 à 240 noms d'auteurs que nous citons, il y en a plus de cent qui ne sont nullement catholiques. Nos investigations ont donc été aussi larges et aussi variées que possible.

2° Il nous reproche « d'être trop remonté aux fondements des choses, d'avoir parlé du divorce et de la polygamie et discuté le mariage civil. » Nous sommes flatté de cette critique. Est-ce qu'il ne faut pas chercher un terrain solide, quand on veut fonder solidement ? Si, en effet, le mariage n'a été principalement constitué qu'en vue de la procréation et de la formation intellectuelle et morale des enfants, comment traiter des droits respectifs des parents sur l'éducation de leurs enfants sans remonter aux liens qui les unissent en vue de cette fin (1). Si, d'autre part, l'Etat était maître du mariage, comment ne le serait-il pas de la famille et de ses droits sur l'éducation des enfants (2). C'eût été bâtir en l'air que de traiter notre sujet sans aborder ces questions fondamentales.

3° Le savant rapporteur, discutant notre exposé de la conduite de l'Eglise dans le passé, soutient qu'elle n'a jamais « défendu, sous l'ancien régime, la liberté d'enseignement et l'autorité paternelle pour elles-mêmes. »

---

(1) Voir Livre II, C. II.
(2) Voir L. II. Ch. I § II et III et Liv. III. Ch. IX, § I.

Pour l'autorité paternelle, les légistes qui tendaient à reconstituer au profit du roi le pouvoir de César, tendaient aussi à reconstituer au profit des parents l'autorité paternelle telle qu'elle était admise en droit romain. L'Eglise n'a donc pas eu à s'en faire le champion ; jusqu'à la révolution, elle a plutôt dû combattre pour la maintenir dans ses justes limites.

Quant à la liberté d'enseignement, l'Eglise l'a soutenue en principe et en pratique. Il est vrai que, pour des raisons d'ordre politique et religieux, elle en a admis la restriction, aux degrés secondaires et supérieurs, par le monopole des Universités. Toutefois nous avons montré qu'elle l'a encore défendue vers le commencement du XIIIe siècle au profit des Dominicains et des Franciscains, vers la fin du XVIe siècle au profit des Jésuites, et enfin plus tard, au profit des séminaires épiscopaux (1).

4° M. Beaussire nous reproche de nous engager sur un terrain dangereux en soutenant que la Constitution politique d'un Etat est la loi souveraine de son gouvernement. « Car, dit-il, toutes les usurpations pourraient être justifiées par la volonté expresse ou présumée des Constituants. »

Que l'honorable rapporteur se rassure ! Nous refusons aux Constituants le droit de fonder leur établissement politique sur le mépris de la vérité, de la justice et de la morale, aussi bien qu'aux gouvernants, celui d'être faux, injustes, malhonnêtes dans leur conduite politique. Les Constituants ne sont pas moins que les gouvernants soumis à la raison et à la loi naturelle (2).

5° L'honorable rapporteur trouve que nous allons trop loin en refusant absolument à l'Etat le droit d'enseigner. « Du reste, dit-il, l'auteur se contredit lui-même, puisque, tout en contestant absolument à l'Etat le droit d'enseigner, il lui accorde le droit de fonder des écoles. »

Est-il vrai qu'en reconnaissant à l'Etat le droit de fonder des écoles, nous lui reconnaissions le droit d'enseigner ? Non. Quand, en effet, l'Etat bâtit une maison d'école, qu'il y installe un institu-

---

(1) V. Liv. I. Ch. II et III.
(2) Voir Liv. III. Ch. VI. § IV et C. XI, § II.

teur, qu'il dresse le programme de l'instruction publique, est-ce qu'il agit comme une intelligence d'un ordre supérieur et qui a une doctrine avec le droit de l'imposer à d'autres intelligences d'un ordre inférieur ? Non, encore une fois, cent fois non. En bâtissant des écoles, en y installant des instituteurs, en en dressant les programmes, il n'agit qu'en vertu de son pouvoir politique, il n'agit nullement en vertu d'un pouvoir intellectuel qu'il ne saurait avoir. Il ne peut avoir en vue que l'ordre civil à établir ou à maintenir parmi les hommes, il ne peut prétendre à établir ou à maintenir *directement* l'ordre parmi les intelligences. C'est là une sphère qui ne relève aucunement de son autorité propre. Dès lors, il n'est pas exact que nous nous soyons mis en contradiction avec nous-mêmes (1).

6° Un journal libéral nous fait aussi faussement le reproche d'être tombé dans une autre contradiction et d'avoir renié dans notre IV° Livre les idées libérales que nous avons développées dans le Livre précédent. « Dans le troisième Livre, dit-il, vous refusez à l'Etat moderne, non seulement le droit d'enseigner, mais encore celui de mettre son pouvoir au service d'un enseignement. Et, dans le quatrième, vous faites un devoir à l'Etat chrétien de se mettre au service de l'Eglise pour concourir à la diffusion de l'Evangile. »

Cette contradiction n'est pas plus réelle que la précédente, et, bien loin d'avoir renié les doctrines libérales, nous n'avons fait que leur poser leur couronnement nécessaire. Qu'est-ce, en effet, que l'Etat moderne ? C'est l'Etat constitué par les seules forces de la raison humaine en dehors de la sphère des doctrines et des intelligences. N'est-il pas évident que le pouvoir politique qui, par sa nature, n'est point un pouvoir intellectuel et doctrinal, ne peut avoir, de par sa constitution moderne, ni le droit ni le devoir de prendre fait et cause pour une doctrine ? Incontestablement, en se mettant au service d'un enseignement, il sortirait du domaine qui lui est assigné par sa constitution et il s'exposerait à mettre la force au service de l'erreur.

Au contraire, l'Etat chrétien, constitué d'après l'enseignement et sous la direction doctrinale du pouvoir intellectuel de l'Eglise, s'é-

---

(1) V. Liv. III. C. XVI, § III et C. XVII.

tend jusque sur les esprits et fait des dogmes de l'Eglise le fondement et la règle de ses lois et de ses institutions politiques. N'est-il pas logique que l'Etat constitué sur la vérité religieuse sous le gouvernement d'un pouvoir intellectuel infaillible, se mette au service de la vérité et prête l'appui de son bras au pouvoir compétent qui a la mission de la défendre et de la propager ? (1)

La contradiction, ce n'est pas de soutenir que l'Etat chrétien a d'autres devoirs et d'autres droits que l'Etat payen.

Ce serait de soutenir que des Etats constitués d'une manière si opposée, n'ont que les mêmes droits et les mêmes devoirs.

Nous avons répondu brièvement aux attaques dont notre travail a été l'objet ; qu'on nous permette maintenant de citer les encouragements qui sont venus le soutenir.

Dès son apparition, Mgr l'Archevêque de Tours écrivait :

« C'est une œuvre de main de maître, qui est d'une actualité incontestable et qui est appelée à rendre de très grands services. C'est un livre que je lirai la plume à la main.

Mgr d'Annecy et Mgr de Bayeux portaient sur lui le même jugement.

Le journal de Rennes disait à la date du 23 février dernier :

Ouvrage remarquable et plein d'actualité, le livre de M. Crozat offre partout un vif intérêt ; toutes les questions qui font aujourd'hui l'objet de nos débats, y sont traitées avec logique, clarté, compétence, beaucoup de talent.

L'Union de Bretagne tenait un langage analogue dans son N° du 24 avril.

Enfin Monseigneur Fava, évêque de Grenoble, daignait nous adresser la lettre suivante :

ÉVÊCHÉ
DE
GRENOBLE

Cher Monsieur le Curé,

Après avoir parcouru votre ouvrage sur : Les Droits et les Devoirs de la Famille, de l'Etat et de l'Eglise, en matière d'enseignement et d'éducation, surtout après avoir vu l'appréciation qu'en fait M. Claudio Jeannet, si compétent dans la matière, je me fais un devoir et un bonheur de vous féliciter

---

(1) V. L. III. C. VI, § IV. C. XI, § II. Liv. IV, C. XI et XII.

de ce travail. Il est digne du caractère sacerdotal dont vous êtes revêtu ; en harmonie avec la mission que vous remplissez au sein des populations catholiques, si violemment attaquées de nos jours dans leur foi ; il fait honneur à son auteur et au diocèse de Grenoble ; il sert d'une façon opportune les intérêts de l'Eglise catholique.

Que les mérites de ce glorieux labeur, cher Monsieur le Curé, retombent sur votre paroisse et sur vous-même en bénédictions célestes.

Pour moi, je vous bénis et je demande à Dieu pour vous, la récompense qu'il accorde en ce monde et dans l'autre à ceux qui aiment la vérité et s'efforcent de la faire briller aux yeux de leurs frères.

ARMAND JOSEPH,
évêque de Grenoble.

Voici maintenant quelques extraits du compte rendu que M. Claudio Jeannet, l'éminent professeur d'économie politique à la Faculté libre de Droit de Paris, a consacré à cet ouvrage dans la Revue catholique des Institutions et du Droit (Mai 1883).

M. l'abbé Crozat est un des plus anciens collaborateurs de cette revue ; aussi sommes-nous fiers d'applaudir à son succès devant l'Institut et à celui non moins assuré que son livre aura dans le public... L'auteur a envisagé la question sous toutes ses faces et telle qu'elle se pose actuellement.

L'ouvrage se divise en quatre parties. Dans le livre premier, l'auteur fait un historique complet du sujet...

Les livres II et III exposent les droits et les devoirs respectifs de la Famille et de l'Etat. Que n'a-t-on pas écrit là-dessus, que de systèmes, que de controverses ! Eh bien, quand on lit l'ouvrage de notre docte collaborateur, on est frappé de la simplicité et de la clarté que revêt sous sa plume une question en apparence si compliquée. C'est que M. Crozat remonte aux principes. Il établit d'abord ce qu'est la Famille, ce qu'est l'Etat....

M. Crozat montre avec une grande puissance d'analyse et en s'appuyant sur les observateurs les plus consciencieux,... quel est le vrai rôle de l'instruction proprement dite dans cette grande œuvre de la formation des hommes....

Quant à l'Etat, M. Crozat résume tout dans ces deux phrases : « Ce n'est pas l'homme qui vient de l'Etat et qui est fait pour l'Etat, c'est l'Etat qui vient de l'homme et qui est fait pour l'homme. La fin de la famille est de faire des hommes. Quelle est celle de l'Etat ? de produire le milieu d'ordre et de tranquillité dont la famille a besoin pour faire des hommes....

M. Crozat traite avec beaucoup de sagacité la question du monopole et de la prétendue liberté résultant de la concurrence entre les institutions de l'Etat et celles des particuliers....

Sous une forme très condensée, on trouvera dans son livre sur tous ces points une quantité d'aperçus ingénieux et de citations qui attestent une prodigieuse somme de lectures.

La famille et l'Etat ne sont pas seuls en présence. Il faut tenir compte de l'ordre surnaturel et de la Constitution de l'Eglise....

L'Eglise catholique est une société complète, indépendante, souveraine, voilà le principe fondamental qu'il ne faut jamais perdre de vue. M. Crozat le met en pleine lumière. Dans tout le IV° livre, il réfute les erreurs répandues à ce sujet par des légistes comme Troplong, Marghetti, Emile Ollivier, pour ne citer que les plus récents. Son ouvrage nous paraît à ce point de vue particulièrement opportun....

Nous ne quitterons pas ce livre si intéressant et si instructif sans faire remarquer qu'il se distingue par la lucidité du style, la bonne ordonnance des matières, la vigueur du raisonnement, la parfaite et judicieuse compréhension de toutes les faces d'un sujet essentiellement complexe. Ces qualités sont fort rares de nos jours, car les études philosophiques, par le fait des programmes de l'Etat, qui s'imposent même à l'enseignement libre, ont disparu à peu près complètement en France depuis un demi-siècle. La logique s'est réfugiée dans les grands séminaires. Grâce à eux, il y a heureusement encore pour le pays dans tous nos presbytères une réserve de forces intellectuelles, et nous ne saurions trop souhaiter, ne fut-ce qu'à ce point de vue, que les questions de droit public et d'économie sociale fussent plus souvent traitées par les membres du Clergé.

Claudio Jeannet.

www.ingramcontent.com/pod-product-compliance
Lightning Source LLC
Chambersburg PA
CBHW060504230426
43665CB00013B/1383